Strafbarkeit des Vorstands der Aktiengesellschaft
wegen Untreue

Europäische Hochschulschriften

Publications Universitaires Européennes

European University Studies

Reihe II
Rechtswissenschaft

Série II Series II
Droit
Law

Bd./Vol. 4474

PETER LANG
Frankfurt am Main · Berlin · Bern · Bruxelles · New York · Oxford · Wien

Henning Loeck

Strafbarkeit des Vorstands der Aktiengesellschaft wegen Untreue

PETER LANG
Europäischer Verlag der Wissenschaften

Bibliografische Information der Deutschen Nationalbibliothek
Die Deutsche Nationalbibliothek verzeichnet diese Publikation in der Deutschen Nationalbibliografie; detaillierte bibliografische Daten sind im Internet über <http://www.d-nb.de> abrufbar.

Zugl.: Berlin, Freie Univ., Diss., 2006

D 188
ISSN 0531-7312
ISBN 3-631-55883-X

www.peterlang.de

Meiner Familie

Vorwort

Die vorliegende Arbeit wurde von der Freien Universität, Fachbereich Rechtswissenschaft, im Wintersemester 2005/2006 als Dissertation angenommen.

Mein besonderer Dank gilt an dieser Stelle allen Personen, die mich bei der Anfertigung der Dissertation bis zu ihrem Abschluss durch die mündliche Prüfung am 23.06.2006 begleitet und in vielfältiger Weise unterstützt haben. Zuallererst gilt dieser Dank selbstverständlich meinem Lehrer und Doktorvater, Herrn Prof. Dr. Axel Montenbruck. Er hat mich vom ersten Augenblick an auf sehr angenehme Art und Weise wissen lassen, dass er an mich glaubt und war mir zu wirklich jeder Zeit ein guter Gesprächspartner. Als mein Chef an seinem Lehrstuhl hat er immer die Freiheiten gewährt, um dieses große Vorhaben zu einem erfolgreichen Abschluss bringen zu können. Besonderer Dank gilt aber auch Herrn Univ.-Prof. Dr. Martin Schwab, der nicht nur äußerst zügig sein Zweitgutachten erstellt hat, sondern in diesem Zusammenhang auch sehr hilfreiche Kritik am gesellschaftsrechtlichen Teil der Arbeit geäußert und sehr konkrete Verbesserungsvorschläge geliefert hat. Danken möchte ich hier aber auch meinen Kolleginnen und Kollegen vom Lehrstuhl Prof. Montenbruck und vom Lehrstuhl Prof. Geppert, insbesondere unserer lieben gemeinsamen Sekretärin Natalie Korth-Ndiaye und Herrn Dr. Erik Kraatz, die immer ein offenes Ohr für meine vielen Fragen zur Dissertation und das ganze Drumherum hatten. Die außerordentlich angenehme Arbeitsatmosphäre an diesen Lehrstühlen hat die oft schwierigen Phasen der Promotion immer wieder entschärft. Großer Dank gilt aber auch meinem Freund und Kollegen Herrn Jan Dembski, der mir immer wieder den richtigen Weg in den oft schwierigen gesellschaftsrechtlichen Fragen gewiesen hat und der trotz eigener Dissertations-Qualen immer wieder aufmunternde Wort für mich hatte.

Schließlich möchte ich auf diesem Wege meiner damaligen Freundin Julia Schramm danken. Danke für vier tolle Jahre und Dein ungeheures Verständnis für einen teilweise sehr gestressten Doktoranden! Danke aber vor allem auch Dir liebste Silke, Deine Liebe und Dein unglaublicher Optimismus haben mir die letzten Monate unvergesslich gemacht und den angebrachten Respekt vor der mündlichen Prüfung auch Respekt bleiben lassen. Zuletzt gilt mein Dank meiner tollen Familie und stellvertretend für alle meinem Vater, Carsten Loeck sowie meiner Tante Katrin Griep. Ihr alle ward nach dem Tod meiner geliebten Mutter im Jahre 1995 ein toller Rückhalt und nur mit Eurer Liebe und ungeheuren Hilfe war es trotz einiger Stolpersteine möglich, diese Arbeit erfolgreich zu vollenden.

Berlin, im August 2006 *Henning Loeck*

Inhaltsübersicht

Inhaltsverzeichnis

Einleitung

(A) Der Vorstand als Leitungsorgan der Aktiengesellschaft

Die Statistik zeigt, dass die Aktiengesellschaft als typische Rechtsform für Großunternehmen im Hinblick auf absolute Zahlen zwar eine relativ unbedeutende, im Bezug auf ihr repräsentatives Grundkapital jedoch eine überragende Rolle im Wirtschaftsleben spielt. Wie das Deutsche Aktieninstitut (DAI) am 03.07.2003 unter Berufung auf die damals jüngste Kapitalmarktstatistik der Bundesbank mitteilte, gab es Ende April 2003 insgesamt 15033 Aktiengesellschaften in der Bundesrepublik Deutschland. Seit dem Tiefststand im Jahr 1983 mit nur 2122 hat sich die Zahl der Aktiengesellschaften damit mehr als versiebenfacht. Die Börsenkapitalisierung der Ende Juni 2001 an der Frankfurter Wertpapierbörse notierten 916 Aktiengesellschaften betrug insgesamt 1312,2 Mrd. Euro[1] (im Vergleich dazu: bereits 2001 wurde die Gesamtzahl der Gesellschaften mit beschränkter Haftung [einschließlich der neuen Bundesländer] auf über 850000 geschätzt.[2] 1996 belief sich das Gesamtstammkapital von schätzungsweise[3] 770.000 GmbH auf vergleichsweise nur 302,4 Mrd. DM[4]).

Diesen beeindruckenden Zahlen und der daraus zu entnehmenden überragenden volkswirtschaftlichen Bedeutung dieser Gesellschaftsform steht ein deutsches Aktienrecht gegenüber, welches den Vorständen in ihrer Position als Leitungsorgane der AG erhebliche Handlungsspielräume bei der Unternehmensleitung zugesteht: Nach § 76 I AktG hat der Vorstand die Gesellschaft unter eigener Verantwortung zu leiten, wobei ihm nach der sogenannten „business judgement rule“[5] ein erheblicher unternehmerischer Ermessensspielraum zukommt. Im Gegensatz zum Geschäftsführer der GmbH ist er dabei also nicht an Weisungen anderer Gesellschaftsorgane, bzw. an solche von (Groß-) aktionären gebunden.[6] Diese durchaus risikobehaftete Tatsache kann auch durch die im Gesellschaftsrecht grundsätzlich unbeschränkte Satzungsautonomie keine Einschränkung erfahren. Der in § 23 V AktG geregelte Grundsatz der Satzungsstrenge schränkt diese nämlich zum Schutz von Gläubigern und künftigen Aktionären erheblich ein. Zwingender Natur sind danach insbesondere die Normen, die den Zustän-

---

[1] *Hansen*, AG 2001, R 315, 316.

[2] *Hansen*, GmbHR 2002, 148.

[3] Eine Erhebung über Unternehmen nach ihrer Rechtsform wird in der amtlichen Statistik nicht mehr vorgenommen; die Erhebungen zur Umsatzsteuer geben jedoch Anhaltspunkte.

[4] *Hansen*, GmbHR 1997, 204, 205; das Statistische Bundesamt schätzt die Zahl für 1996 auf 637.000.

[5] Dazu *Abeltshauser*, Leitungshaftung im Kapitalgesellschaftsrecht, 130 ff.; *Merkt*, US-amerikanisches Gesellschaftsrecht, Rn. 673; *Roth*, Unternehmerisches Ermessen und Haftung des Vorstands, 37 ff.; GK- *Hopt*, § 93 Rn. 81 ff.

[6] *K. Schmidt*, Gesellschaftsrecht, 805.

digkeitsbereich der Organe[7], ihre Zusammensetzung und ihre innere Organisation regeln. Trotz dieser Tatsache findet die Unternehmensleitung durch den Vorstand jedoch keinesfalls schrankenlos statt: Nach § 93 I AktG haben die Vorstandsmitglieder die Sorgfalt eines ordentlichen und gewissenhaften Geschäftsleiters anzuwenden und müssen zudem über vertrauliche Angaben und Gesellschaftsgeheimnisse Stillschweigen bewahren. Darüber hinaus erwächst dem Vorstand sowohl aus der Organstellung als auch aus dem Anstellungsverhältnis eine besondere Interessenwahrungs- und Treuepflicht, die seine Mitglieder verpflichtet, die Interessen der Gesellschaft wahrzunehmen und alles zu unterlassen, was die Gesellschaft schädigen könnte.[8] Bei alledem bleibt dem Vorstand neben diesen umfangreichen Pflichten allerdings immer noch ein erheblicher Ermessenspielraum[9], der einer detaillierten Regelung nur teilweise zugänglich ist. Ermessensausübung bedeutet in diesem Zusammenhang die sachgerechte Wahrnehmung aller in der Gesellschaft und ihrem Unternehmen zusammentreffenden Interessen. Träger solcher Interessen sind die Aktionäre (Kapital), die Arbeitnehmer (Arbeit) und die Öffentlichkeit (Gemeinwohl). Eine bestimmte Rangfolge der maßgeblichen Interessen gibt es nicht. Es ist also Aufgabe, aber auch Recht des Vorstands, divergierende Interessen gegeneinander abzuwägen und danach zu einer richtigen Entscheidung zu gelangen - Gebot praktischer Konkordanz. Schranken findet diese Ermessensausübung nur in der auch hinsichtlich § 266 StGB relevanten Pflicht des Vorstands, für den Bestand des Unternehmens und somit für dauerhafte Rentabilität zu sorgen. Hierin liegt nicht nur ein ökonomisches Gebot, sondern, trotz aller Konkretisierungsprobleme, eine Rechtspflicht.[10] Die diesbezüglichen Wertungsgrundlagen sind aber auch dem Unternehmen nur zum Teil abstrakt vorgegeben. Die Konkretisierung hat sich im einzel- wie im gesamtwirtschaftlichen Bereich, nicht zuletzt wohl auch durch politische Entscheidungen in den Gremien des individuellen Unternehmens zu vollziehen.[11]

(B) Gefahr durch Fehlverhalten des Vorstands – praktische Relevanz von § 266 StGB

Durch den soeben aufgezeigten Einfluss auf die in der AG zu treffenden Entscheidungen und den erheblichen Gestaltungsspielraum, den ihre Position regelmäßig beinhaltet, haben AG-Vorstände unmittelbaren Zugriff auf zivilrechtlich, aber vor allen Dingen auch strafrechtlich geschützte Rechtspositionen Dritter. Dies gilt vor allen Dingen für das durch § 266 StGB geschützte Gesellschaftsvermögen, welches sie treuhänderisch verwalten, daneben aber konsequenterweise auch für die Vermögensinteressen von Gesellschaftern, Gläubigern

---

[7] *Timm*, DB 1980, 1201, 1204; MünchHdbGesR/AG-*Wiesner*, § 6 Rn. 10; *Hüffer*, AktG, § 23 Rn. 36.
[8] MüKo/AktG-*Hefermehl/Spindler*, § 76 Rn. 14.
[9] Eingehend: KK-*Mertens*, § 93 Rn. 29-56.
[10] *Hüffer*, AktG, § 76 Rn. 13; so wohl auch KK-*Mertens*, § 76 Rn. 23.
[11] *K. Schmidt*, Gesellschaftsrecht, 806.

und Geschäftspartnern.[12] Fast jede Handlung im Rahmen der Vorstandstätigkeit weist einen irgendgearteten Bezug zum Gesellschaftsvermögen auf. Daher kann und muss das kritische Augenmerk häufig auch auf solche Verhaltenspflichtverletzungen gerichtet werden, die auf den ersten Blick keine klassische Untreuekonstellation zu sein scheinen. Dies folgt nicht zuletzt auch daraus, dass die im Rahmen von § 266 StGB für die Täterqualifikation erforderlichen Merkmale der Verpflichtungs- bzw. Verfügungsbefugnis (Missbrauchstatbestand) sowie die richtigerweise für beide Tatbestandsvarianten erforderliche Vermögensbetreuungspflicht für kaum einen Personenkreis so eindeutig angenommen werden können, wie für die Mitglieder des AG-Leitungsorgans Vorstand.[13] Es ist mithin keinesfalls gewagt, zu behaupten, dass dieser sich insbesondere im Hinblick auf seine fast uneingeschränkte Leitungsbefugnis einem deutlich erhöhten Untreue-Risiko ausgesetzt sieht.

Wenngleich die Kritik an den Vorständen nun keine grundsätzlich neue ist, sondern periodisch insbesondere dann auftritt, wenn Aktiengesellschaften Zeichen einer negativen Entwicklung erkennen lassen[14], so muss doch die zunehmende Intensität festzustellender Vorwürfe überraschen. Nicht erst seit dem aufsehenerregenden Urteil des LG Düsseldorf zum Fall Mannesmann im Jahr 2004[15] werden Tagespresse und ihr folgend die betriebs- und rechtswissenschaftliche Literatur zunehmend durch Schlagzeilen beherrscht, in denen AG-Vorständen Fehlverhalten vorgeworfen wird, das sehr häufig auch in Zusammenhang mit § 266 StGB gebracht wird.[16] Dies hängt sicherlich auch damit zusammen, dass die Öffentlichkeit die Fehlleistungen von Managern in wirtschaftlich schwierigen Zeiten aufgrund ihrer verhängnisvollen Auswirkungen besonders kritisch beleuchtet. Umso mehr erstaunt es aber, dass sich ein erkennbarer Handlungswille in Kreisen von Anlegern, z.B. wegen der möglichen negativen Folgen für den Aktienkurs oder bei den Überwachungsorganen häufig erst bei Kurseinbrüchen im zweistelligen Prozentbereich oder der Eröffnung eines Insolvenzverfahrens - sprich kurz vor bzw. in der Krise – verdichtet, einem Zeitpunkt also, zu dem oft schon irreparable Schäden entstanden sind. So schlägt sich die Schlüsselbedeutung des Untreuetatbestandes für die entwickelte Industriegesellschaft wegen seines im Ausmaß naturgemäß nicht bekannten, aber mutmaßlich extrem hohen Dunkelfeldes[17] nur begrenzt in der Kriminalstatistik nieder, die für 2002 knapp 12.000 Untreuefälle (davon knapp 1.000 bei Kapitalanlagegeschäften) ausweist

---

[12] *Thümmel*, Persönliche Haftung, Rn. 63, S. 48.

[13] *Achenbach/Ransiek-Seier*, HWSt, V 2 Rn. 103 und 206; GK-*Otto*, Vor § 399 Rn. 23; LK-*Schünemann*, § 266 Rn. 49 und 126; *Schönke/Schröder-Lenckner/Perron*, § 266 Rn. 8 und 25.

[14] *Seibert*, ZBB 1994, 349.

[15] LG Düsseldorf NJW 2004, 3275 ff. = ZIP 2004, 2044 ff. = BB 2004, 2464 ff. = NZG 2004, 1057 ff.

[16] Siehe hierzu die den jeweiligen Teilen und Unterpunkten vorangestellten Fallbeispiele.

[17] LK-*Schünemann*, § 266 Rn. 3.

und damit weitaus geringere Zahlen als für das Wirtschaftsdelikt des Betruges[18], was sich aber zwanglos durch das viel höhere Entdeckungsrisiko bei § 263 StGB erklären lassen dürfte. Die höchstwahrscheinlich wichtigste Ursache für diese Dunkelziffer wird bei den erheblichen Beweisschwierigkeiten zu suchen sein. Der Untreueparagraph des § 266 StGB setzt ausnahmslos vorsätzliche Begehung voraus, so dass der Einlassung des Beschuldigten erhebliche Bedeutung zukommt.

Ein nicht minder gravierendes Problem ist aber auch die Tatsache, dass viele Unternehmen mögliche Tathergänge vorrangig durch interne Kontrollmechanismen (interne Revision/interne Task Force) untersuchen und es wegen der möglicherweise negativen Außenwirkung dann scheinbar grundsätzlich vorziehen, nur zivilrechtliche und keine strafrechtlichen Schritte einzuleiten. In einer 1999 durchgeführten Studie zur Wirtschaftskriminalität hat die Wirtschaftsprüfungsgesellschaft KPMG festgestellt, dass durchschnittlich nur jede fünfte Straftat in Unternehmen zur Anzeige gebracht wird.[19] Dieser Trend hat mittlerweile jedoch einen deutlichen Richtungswechsel erfahren. Bei der erneuten Durchführung dieser Studie im Jahreszeitraum 2003/2004 gaben nunmehr 74% der befragten Unternehmen an, dass sie bei entsprechenden Anhaltspunkten für Fehlverhalten strafrechtliche Maßnahmen einleiten würden.[20]

(C) Gang der Untersuchung

Die Arbeit soll in möglichst umfassender Weise versuchen, den Bereich der vorstandsspezifischen Untreuestrafbarkeit in der Aktiengesellschaft zu bestimmen. Auch, wenn es in diesem konkreten Bereich immer noch vergleichsweise selten zur Einleitung des strafrechtlichen Hauptverfahrens kommt, vermag § 266 StGB in der Praxis doch ein erhebliches Maß an Unsicherheit zu verbreiten. Denn die Grenze zwischen strafrechtlich erlaubtem und unerlaubtem Verhalten ist infolge ungenügender Abstimmung von Strafrecht und Gesellschaftsrecht außerordentlich undeutlich.[21] Zur Erreichung eines in diesem Zusammenhang mehr als erstrebenswerten Mehr an Rechtssicherheit sollen die im folgenden kurz skizzierten Untersuchungsschwerpunkte wesentlich beitragen:

Die beiden am meisten prägenden Charakteristika der Finanzverfassung einer jeden Aktiengesellschaft sind die durch strenges Gesetzesrecht gewährleisteten

---

[18] BKA (Hrsg.), Polizeiliche Kriminalstatistik Bundesrepublik Deutschland, Berichtsjahr 2002, 2003, Tabelle 07 mitsamt S. 234.

[19] KPMG, Integrity Sevices – Umfrage zur Wirtschaftskriminalität 1999, S. 14. Die hier interessierenden Vorstandsmitglieder waren in 29% der betroffenen Unternehmen an den Straftaten beteiligt, siehe dort S. 11; vgl. dazu auch *Eisenberg*, Kriminologie, § 26 Rn. 48.

[20] KPMG, Wirtschaftskriminalität in Deutschland 2003/04 - Ergebnisse einer Umfrage bei 1000 Unternehmen, S. 16; hier waren Vorstandsmitglieder im Vergleich zu 1999 bereits in 51% der betroffenen Unternehmen an den Straftaten beteiligt, siehe dort S. 13.

[21] So auch *Busch*, Konzernuntreue, 8 für ebendiese.

Grundsätze der Kapitalaufbringung und der Kapitalerhaltung. Es ist zwar durchaus umstritten, inwieweit dieses bewährte Modell in einem mehr und mehr kapitalmarktgesteuerten Aktienrecht noch den ihm vom deutschen Gesetzgeber eingeräumten Rang verdient.[22] Es ist und bleibt aber nicht nur geltendes Recht, sondern auch der faire Preis für die vielen, vor allen Dingen haftungsrechtlichen Vorteile, die der juristischen Person Aktiengesellschaft zugestanden werden. In jeder Phase, die die AG durchläuft, sind sie so allgegenwärtig, dass Delikte des Vorstands immer irgendwie auch Berührungspunkte mit diesen Grundsätzen aufweisen werden. Stecken die genannten Grundsätze die Grenzen unternehmerischen Handelns aus aktienrechtlicher Sicht ab, so könnte man durchaus erwägen, § 266 StGB als deren Pendant im Strafrecht zu bezeichnen. Die folgende Untersuchung soll in diesem Zusammenhang versuchen, sich der Formen von vorstandlichem Fehlverhalten anzunehmen, die typischerweise im Zusammenhang mit der üblichen Tätigkeitsausübung im Vorstand (Tagesgeschäft) zusammenhängen. Allerdings darf hier der Begriff „gewöhnlich" nicht zu eng verstanden werden insofern, als die Untersuchung auch solches Verhalten berücksichtigen muss, bei dem sich eine mögliche Strafbarkeit nicht gleich auf den ersten Blick aufdrängt. Nicht eingegangen werden soll dagegen mangels eindeutigen Bezugs zu Vorstand und Aktiengesellschaft lediglich auf eindeutige Untreuekonstellationen wie z.B. den Griff in die Gesellschaftskasse. Im einzelnen baut die Untersuchung auf den im folgenden genannten, als allgemein bzw. besonders zu bezeichnenden Parametern auf.

Da die Untreue durch Organe der Aktiengesellschaft noch bis 1965 durch den speziell hierfür geschaffenen § 294 AktG a.F. bestraft wurde, stellt sich zunächst die grundlegende Frage, inwieweit § 266 StGB die Handlungen der Vorstandsmitglieder nach dessen Streichung erfasst und ob sich die Strafbarkeitsgefahr für Vorstandsmitglieder durch § 266 StGB im Vergleich zu § 294 AktG a.F. verändert hat. Schließlich muss als weiteres grundsätzliches Problem vorab geklärt werden, welche Bedeutung den gesellschaftsrechtlichen Vorgaben des Aktienrechts für die strafrechtliche Begriffsbestimmung im Sinne von § 266 StGB zukommt (1. Teil).

Im Rahmen der Auseinandersetzung mit der Untreuerelevanz der einzelnen „gewöhnlichen" Verhaltensweisen des Vorstands findet eine Abstufung statt, an deren Beginn die im Zusammenhang mit § 266 StGB wohl relevanteste Gruppe der Risiko- und Spekulationsgeschäfte steht. Die Untergliederung erfolgt hier wiederum nach der Relevanz von der Kreditgewährung über Spekulationsgeschäfte und Schmiergeldzahlungen zu der Frage, ob sanktionsbewährtes Verhalten zugunsten der AG Untreue sein kann. Da hier insbesondere Geschäfte im Außenverhältnis angesprochen sind, muss zumindest kurz auch auf die für die

---

[22] Vgl. die Grundsatzkritik von *Kübler*, Gesellschaftsrecht, § 4 IV, S. 29 ff.; *ders.* ZHR 159 (1995), 550, 555; *ders.*, WM 1990, 1853 ff.

Aktiengesellschaft im Vergleich zur GmbH noch wenig diskutierte Frage eingegangen werden, welche Bedeutung eine mögliche Zustimmung der Hauptversammlung für die Untreuestrafbarkeit des Vorstands hat (2. Teil).

Spricht man vom Aushöhlen des Gesellschaftsvermögens bzw. seiner Belastung durch überhöhte oder unberechtigte Leistungen, dann ist der Fokus zwangsläufig auf die Untreuerelevanz von Unternehmensspenden und die Gewährung von Vorstandsvergütungen zu richten. Diese bisher eher stiefmütterlich behandelten Konstellationen sind durch aufsehenerregende Prozesse und nicht zuletzt durch ihre prominenten Protagonisten ins Blickfeld der Öffentlichkeit geraten. Erörterungswürdig sind beide Konstellationen insbesondere deswegen, weil es hier weniger auf die lapidare Frage der zulässigen Höhe von Spenden/Vergütungen ankommt, als vielmehr schon im Vorfeld darauf, ob diese im Hinblick auf § 266 StGB überhaupt aus dem Vermögen der Aktiengesellschaft bestritten werden dürfen (Teil 3).

Unter der Überschrift sonstige Pflichtverletzungen werden schließlich solche vermögensbezogenen Verhaltensweisen angesprochen, die nicht nur explizit als vorstandliche Pflicht im Aktiengesetz ausgestaltet sind, sondern deren Verletzung durch strafrechtliche Spezialtatbestände im Aktiengesetz und im HGB zusätzlich sanktioniert wird. Zwar kommt diesen in der Praxis weniger Bedeutung zu, ihre Untreuerelevanz ist jedoch wegen des gegebenen Vermögensbezugs naheliegend. Angesprochen sind in diesem Zusammenhang die fehlerhafte Buchführung, die Verletzung der vorstandlichen Verschwiegenheitspflicht, Insolvenzstraftaten und schließlich als Sonderfall die sogenanten Kapitalmarkt- und Börsendelikte, deren Strafbarkeit explizit im Wertpapierhandelsgesetz geregelt ist (Teil 4). Abgeschlossen werden die Erörterungen des besonderen Teils mit der wichtigen Frage, wie sich die Untreuestrafbarkeit des für die Aktiengesellschaft handelnden Vorstands im Konzernverbund darstellt. Es wird hierbei zwischen der Aktiengesellschaft als Teil eines Vertragskonzerns und einer solchen, die Teil einer faktischen Konzernverbindung ist, unterschieden, wobei alle denkbaren Richtungen im Hinblick auf eine mögliche Untreuestrafbarkeit ausgeleuchtet werden (Teil 5).

Wird im Rahmen der Ausführungen zum „besonderen Teil“ grundsätzlich nur von der strafrechtlichen Verantwortung des „Vorstands“ bzw. der „Vorstandsmitglieder“ gesprochen, so bleibt die für den Urteilsspruch so wichtige Klärung der individuellen Vorwerfbarkeit des einzelnen Vorstandsmitglieds als Teil des Kollektivs unbeantwortet. Die Aufmerksamkeit zu diesem Problemkreis ist vor allen Dingen durch die vom BGH zur strafrechtlichen Produkthaftung ergangene sog. „Lederspray-Entscheidung“[23] geweckt worden. Zwar betrifft sie die Frage nach der strafrechtlichen Haftung bei Schädigungen Dritter, wogegen § 266

[23] BGHSt 37, 106 ff.

StGB allein den Schutz des Gesellschaftsvermögens bezweckt. Die in der Urteilsbegründung angestellten Überlegungen sind jedoch keineswegs so restriktiv zu verstehen, dass sie nicht in irgendeiner Weise fruchtbar für unsere Problematik sein könnten. Von besonderem Interesse ist das Urteil aus strafrechtsdogmatischer Sicht vor allen Dingen insofern, als der BGH hier das von der individuellen Schuld ausgehende und daher primär auf das Fehlverhalten von Einzeltätern zugeschnittene Strafrecht auf eine kollegial organisierte Geschäftsleitung anwenden musste. An der Spitze der großen (börsennotierten) Aktiengesellschaften stehen schließlich nur in den seltensten Fällen Einzelpersonen. Innerhalb des Kollegialorgans Vorstand wird es also zumeist Aufgabenzuweisungen in Form von sogenannten Ressorts geben. Eine in diesem Zusammenhang bedeutende Frage muss also dahin gehen, ob das untreuerelevante Fehlverhalten eines Mitglieds innerhalb seines Ressorts möglicherweise eine Untreuestrafbarkeit der anderen nicht teilzuständigen Vorstandsmitglieder impliziert (bis hierhin 6. Teil B).

Darüber hinaus gibt es vor allen Dingen im AG-Vorstand Bereiche, die einer Aufteilung in Ressorts aufgrund gesetzlicher Vorgaben nicht zugänglich sind und daher grundsätzlich die Entscheidungsfindung des Gesamtvorstands in Form sogenannter Kollegialentscheidungen voraussetzen. Hier bedarf es einer eingehenden Auseinandersetzung mit der Frage, unter welchen Voraussetzungen das Votum des einzelnen kausal für die letztlich untreuebringende Gremiumsentscheidung wird. Sowohl für das rechtwidrig als auch für das rechtmäßig stimmende Vorstandsmitglied sind schließlich die im Hinblick auf eine Straflosigkeit erforderlichen Verhaltensanforderungen für den Zeitraum vor und nach der Abstimmung zu ermitteln (6. Teil C).

(D) Die Einheit der Rechtsordnung als wichtige Grundlage der Untersuchung

Die zu behandelnde Strafbarkeit der Vorstandsmitglieder soll anhand der Rechtsstellung des Vorstands de lege lata erörtert werden. Es muss mithin in jedem Fall die Frage nach der gesellschaftsrechtlichen Stellung und den Einflussmöglichkeiten des Vorstands gestellt werden. Die grundlegende Bedeutung dieser Frage für die Beurteilung der Strafbarkeit folgt aus dem Grundsatz der Einheit der Rechtsordnung. Danach kann die Beurteilung von Recht und Unrecht innerhalb der allumfassenden Rechtsordnung[24] nur einheitlich beantwortet werden.[25] Insoweit bezieht sich die Entscheidung eines Rechtsteils, hier also primär des Zivilrechts, nicht nur auf diesen, sondern hat auch Implikationen hinsichtlich der anderen Rechtsgebiete und damit auch des Strafrechts. Das Erfordernis einheitlicher Bewertungsmaximen hinsichtlich des Rechtsganzen ist heute

---

[24] Vgl. dazu *Engisch*, Die Einheit der Rechtsordnung, 55 ff.; *Cramer*, Vermögensbegriff und Vermögensschaden im Strafrecht, 91 ff.; *Hardtung*, Erlaubte Vorteilsnahme, 76 ff.

[25] *Riemann*, Vermögensgefährdung und Vermögensschaden, 68; *Schünemann*, Grund und Grenzen, 223; *Hsü*, Garantenstellung, 195.

weitgehend anerkannt. Grundlegende Beispiele sind in diesem Zusammenhang die Verknüpfung strafrechtlicher und außerstrafrechtlicher Rechtfertigungsgründe[26], die Entwicklungen bei der Bestimmung des strafrechtlich zu schützenden Vermögens[27] sowie erst in „jüngerer" Zeit die Frage nach der Übertragbarkeit zivilrechtlicher Verkehrspflichten auf die strafrechtliche Produkthaftung.[28]

Beim vorliegend zu behandelnden Straftatbestand der Untreue wird vor allen Dingen die Klärung des Verhältnisses der in § 266 StGB vorausgesetzten strafrechtlichen Pflichtwidrigkeit zum Zivilrecht relevant. Im Rahmen dieses Problems muss man sich in jedem Fall vor dem auch heute noch verbreiteten Missverständnis hüten, dass es bei § 266 StGB im Kern um die Pönalisierung einer zivilrechtlichen Pflichtverletzung gehe[29], so dass das Strafrecht hier notwendig zivilrechtsakzessorisch sei und die Aufgabe der Subsumtion ausschließlich darin bestehe, die zivilrechtliche Rechtslage nachzuvollziehen.[30] Ausgangspunkt muss vielmehr umgekehrt der schon von Binding bezeichnete Unrechtskern der Untreue, die Verletzung des fremden Vermögens von innen heraus, und damit die Herrschaftsposition über fremdes Vermögen als ihre sachlogische Voraussetzung sein.[31] Entscheidend ist dabei die dem Zivilrecht wie dem Strafrecht gleichermaßen zugrundeliegende soziale Struktur, nicht dagegen die dafür im Zivilrecht gefundene konstruktive Einkleidung. Mit dieser Materialisierung wird wohlgemerkt nicht etwa eine radikale „Befreiung des Strafrechts vom zivilistischen Denken" im Sinne der z.T. von nationalsozialistischem Strafrechtsdenken geprägten Schrift von Bruns aus dem Jahre 1938 propagiert, deren Ideologie Lüderssen in der Entwicklung des modernen Wirtschaftsstrafrechts wieder aufleben sieht und zu Recht kritisiert.[32] Vielmehr geht es um die Erkenntnis, dass die rechtsgüterschützende Norm des Strafrechts unter Umständen andere und häufig sehr viel dringlichere Zwecke verfolgt als die den gleichen Sachverhalt unter dem Aspekt der Einklagbarkeit und formalen Klarheit würdigende des Zivilrechts. Gerade die moderne Konzeption eines rechtsgüterschützenden Straf-

---

[26] Vgl. RGSt 61, 242, 247; BGHSt 11, 241, 244; *Cramer*, Vermögensbegriff und Vermögensschaden im Strafrecht, 91; *Engisch*, Die Einheit der Rechtsordnung, 57 ff.

[27] Vgl. vor allem *Cramer*, Vermögensbegriff und Vermögensschaden im Strafrecht, 91 ff.; *Lenckner*, JZ 1967, 105, 107; vgl. auch *Riemann*, Vermögensgefährdung und Vermögensschaden, 67 f.

[28] Vgl. *Puppe*, JR 1992, 30; *Ransiek*, ZGR 1992, 203 ff.; *Nölle*, Die Eigenhaftung des GmbH-Geschäftsführers für Organisationspflichtverletzungen, 130 ff.

[29] LK-*Hübner* (10. Auflage), § 266 Rn. 59-62; im Anschluss daran *Schönke/Schröder-Lenckner/Perron*, § 266 Rn. 17; *Maurach/Schröder/Maiwald*, BT 1, § 45 Rn. 19, freilich im Widerspruch dazu – für eine Subsumtion jeglichen Unterlassens unter den „Missbrauch" in § 45 Rn. 22; ebenso widersprüchlich *Lackner/Kühl*, § 266 Rn. 6; *Labsch*, Untreue, 307; *ders.*, Jura 1987, 343, 348 und 411, 413 f.; *Lampe*, GA 1987, 241, 247 f.

[30] *Schünemann*, Organuntreue, 21.

[31] *Binding*, Lehrbuch BT 1, 397, damals freilich noch auf den Missbrauchstatbestand beschränkt.

[32] *Lüderssen*, FS Hanack, 487 ff.

rechts darf deshalb nicht von vornherein in das „Korsett" der Zivilrechtsakzessorietät gepresst werden.

Zudem ändert diese Maxime auch daran nichts, dass ein enger Zusammenhang mit der zivilrechtlichen Ausgestaltung erhalten bleibt, denn diese bestimmt zwingend die Handlungsmöglichkeiten und damit auch den Herrschaftsumfang. Es sollte mithin nicht der Eindruck entstehen, dass die zivilrechtliche Regelung der Rechtsposition des Vorstands bei der Prüfung der Pflichtwidrigkeit in § 266 StGB auch nur ansatzweise ignoriert werden dürfte. Das Verhältnis ist vielmehr komplizierter, weil die Pflichtverletzung zwar regelmäßig, nicht aber in jedem Fall aus der Vermögensschädigung folgt.[33] Welches dieser beiden Modelle (strafrechtliche Pflichtwidrigkeit als Folge der Schädigung oder aber aufgehoben durch das Zivilrecht) im konkreten Fall einschlägig ist, hängt nicht von der Interpretation des § 266 StGB ab, sondern von Inhalt und Reichweite der zivilrechtlichen Rechtsstellung des Organs. Insoweit existiert also doch eine zumindest sektorale - wie sich zeigen wird -, keinesfalls unbedeutende Zivilrechtsakzessorietät.[34] Diese Grundsätze folgen schon aus den teilweise erheblich divergierenden Regelungszwecken von Zivil- und Gesellschaftsrecht einerseits und Strafrecht andererseits sowie aus dem Umstand, dass das Erfordernis der Tatbestandsbestimmtheit im Zivilrecht im Gegensatz zum Strafrecht keine Geltung besitzt.[35] Daraus folgt für die hier aufgeworfene Frage also durchaus eine Interdependenz zwischen gesellschaftsrechtlicher Stellung der Vorstandsmitglieder und ihrer strafrechtlichen Verantwortlichkeit, keinesfalls aber eine starre Zivilrechtsakzessorietät.

---

[33] Dazu näher LK-*Schünemann*, § 266 Rn. 94: Die Pflichtwidrigkeit wird in zahlreichen Fällen aus der Vermögensschädigung rückgeschlossen; sie kann aber durch Ableitung aus den Grenzen der Geschäfts-führungsbefugnis und damit zivilrechtsakzessorisch bestimmt werden.
[34] *Schünemann*, Organuntreue, 25.
[35] Vgl. *Schünemann*, Grund und Grenzen, 226, 228.

1. Teil - Aktienrechtliche Organuntreue – Grundsatzfrage

(A) Historische Entwicklung der aktienrechtlichen Organuntreue

Der Tatbestand des § 266 StGB hat bis zum 01.01. 1966, bis dahin war die Organuntreue als spezifisch aktienrechtlicher Tatbestand – zuletzt in § 294 AktG 1937 – geregelt, keine nennenswerte Bedeutung für die vorliegend zu behandelnde Problematik gehabt. Nach § 294 Absatz 1 AktG a.F. war eine Gefängnisstrafe für den vorgesehen, der als Mitglied des Vorstands oder Aufsichtsrats oder als Abwickler vorsätzlich zum Nachteil der Gesellschaft gehandelt hat.[36] In besonders schweren Fällen war eine Strafschärfung vorgesehen, wenn die Untreue das Wohl des Volkes geschädigt, einen besonders großen Schaden zur Folge gehabt oder der Täter besonders arglistig gehandelt hat.[37] Bei der Streichung der Vorschrift des § 294 AktG handelte es sich um den Niederschlag der jetzt wieder „kodifikatorischer" gewordenen, das Nebenstrafrecht nach Möglichkeit wieder in das StGB zurücklenkenden Bemühungen des Gesetzgebers bei der Strafrechtsreform.[38] Die Aufhebung dieser Vorschrift durch das AktG 1965 wurde damit begründet, dass der gesamte Anwendungsbereich des § 294 AktG bereits durch den allgemeinen Untreuetatbestand des § 266 StGB mit umfasst sein dürfte, der auch eine entsprechende Bestrafung ermögliche.[39]

I. Bedeutung des Wegfalls von § 294 AktG a.F. für die Strafbarkeit des Vorstands aus § 266 StGB

Klärungsbedürftig ist im Zusammenhang mit der Streichung von § 294 AktG a.F. zunächst die Frage, welche Handlungen der Vorstandsmitglieder in welchem Umfang tatsächlich dem Tatbestand des § 266 StGB unterfallen. Keine Zweifel bestehen daran, dass die Strafbarkeit des Vorstands nach der Streichung dieses Spezialtatbestandes nun – mangels Alternativen - ausschließlich an § 266 StGB zu messen ist.[40] Damit ist nun nicht nur zwischen Missbrauchs- und Treubruchstatbestand zu unterscheiden, sondern immer auch zu fragen, ob der Vorstand für die konkrete Fallgestaltung überhaupt zum Täterkreis dieses Sonderdelikts gezählt werden kann. Keinesfalls folgt nämlich aus der Tatsache, dass der Gesetzgeber die Fälle des Anwendungsbereiches des § 294 AktG a.F. dem allgemeinen Untreuetatbestand unterstellt wissen wollte, die Überflüssigkeit eingehender Subsumtion strafwürdigen Verhaltens unter § 266 StGB. Der Anwendungsbereich beider Vorschriften weist – auch mit Blick auf die Motive des Gesetzgebers – zahlreiche Parallelen auf, aber es besteht auch kein Zweifel daran, dass § 266 StGB als allgemeines Strafgesetz wesentlich weiter geht und daher auch für den Vorstand der Aktiengesellschaft ein breiteres Feld an Strafbarkeitsgefahren in sich birgt. Die Ermittlung der Strafbarkeit hat sich natürlich allein aus § 266 StGB selbst zu ergeben, wobei

---

[36] RGBl. 1937 I, 107, 163.

[37] RGBl. 1937 I, 107, 163.

[38] KK-*Geilen*, Vorb. § 399 Rn. 5.

[39] Vgl. BT-Drucks. IV/171, S. 260; dazu auch *Meyer*, AG 1966, 109.

[40] Dazu kritisch: KK-*Geilen*, Vorb. § 399 Rn. 6 f.

eine Ausdehnung über den Wortlaut hinaus unzulässig ist. Als Ergebnis ist sogar denkbar, dass der Gesetzgeber sich in seinen Motiven geirrt hat und sich nach Streichung der aktienrechtlichen Untreue doch eine veränderte Rechtslage ergibt.[41]

Vergleicht man insofern die beiden Tatbestände, fällt in jedem Fall auf, dass sowohl die aktienrechtliche Untreue als auch § 266 StGB als Verletzungsdelikte ausgestaltet sind, womit bezogen auf die Aktiengesellschaft das Erfordernis der Zufügung eines Nachteils für das Gesellschaftsvermögen einhergeht. Diesem Schutzzweck sind beide Tatbestände zu dienen bestimmt, wobei der Umfang des Schutzes im Sinne einer offenen Handlungsbeschreibung verschiedenste Handlungen beinhalten soll – Handeln zum Nachteil, - womit übereinstimmend auf eine Begrenzung des Tatbestandes hinsichtlich ganz konkreter Handlungen verzichtet wird.[42] Neben diesen Parallelen finden sich aber auch zahlreiche, nicht unerhebliche Unterschiede. So trug § 294 AktG a.F. in besonderem Maße der Tatsache Rechnung, dass im Hinblick auf das tatbestandlich geschützte Gesellschaftsvermögen neben den Interessen der Aktionäre auch die der Gesellschaftsgläubiger und Arbeitnehmer betroffen sind, wogegen § 266 StGB ausschließlich den Schutz des Gesellschaftsvermögens bezweckt, ohne sich dabei von Drittinteressen abhängig zu machen. Beispielsweise sah § 294 AktG a.F. im Gegensatz zu § 266 II StGB heute kein Angehörigenprivileg vor, so dass also auch bei der Familien-AG mit nur einem Aktionär kein Antragserfordernis bestand. Auf der anderen Seite wird die erweiterte Zielrichtung der Vorschrift durch Berücksichtigung der Interessen der Allgemeinheit dadurch offenbar, dass ein besonders schwerer Fall namentlich dann gegeben sein soll, wenn das Wohl des Volkes geschädigt ist[43]

Die bei § 294 AktG a.F. gezeigte Tendenz, Sondertatbestände zugunsten allgemeiner Tatbestände des StGB zu streichen, führte neben der aktienrechtlichen Untreue auch noch zum Wegfall anderer, früher speziell geregelter Fälle der Organuntreue.[44] Sie stand allerdings im Gegensatz zur Tendenz des Strafrechtsreformgesetzgebers, im Umkreis des § 263 StGB und des § 266 StGB das Unrecht spezieller Betrugs- und Untreuehandlungen in Sondertatbeständen zu erfassen. Dennoch überzeugen die gegen die Streichung geltend gemachten Bedenken nicht. Sie gehen dahin, dass die Unschärfe des Untreuetatbestandes nunmehr auch das Aktienstrafrecht in diesem Bereich belaste und dass die Neuregelung zu einer zweifelhaften Strafbarkeitsausdehnung führe, weil der Täterkreis des §

---

[41] *Poseck*, Strafrechtliche Haftung, 62; *Nelles*, Untreue zum Nachteil von Gesellschaften, 141 f.

[42] *Poseck*, Strafrechtliche Haftung, 63.

[43] Vgl. *Hirsch*, Strafrechtsschutz, 36.

[44] So etwa § 81a GmbHG, § 146 GenG, § 142 VersAufsG und § 95 BörsG.

266 StGB nicht ausdrücklich benannt sei[45]. Die Differenzen über die Auslegung des Treubruchstatbestandes, § 266 I, 2. Alt. StGB, berühren die gesetzliche Neuregelung nicht, da sie für den in § 294 AktG a.F. erfassten Personenkreis nicht relevant sind, weil (um den weitest möglichen Wortsinn des Ausdrucks „Organ“ zugrunde zu legen) den auf Dauer tätigen Sachwalter eines fremden Vermögens und damit den Vorstand selbstverständlich eine (scil. fremdnützige) Vermögensfürsorgepflicht trifft. Die Ausweitung der Strafbarkeit auf andere als die in § 294 AktG a.F. genannten Personen hat wiederum mit der Streichung dieser Vorschrift vielleicht de facto zu tun, aber nicht de iure.

II. Kritik und Alternativentwürfe

Es kann nach alledem nicht verwundern, dass die Eingliederung des Spezialtatbestandes der aktienrechtlichen Untreue in den allgemeinstrafrechtlichen Tatbestand des § 266 StGB für mannigfaltige Diskussionen gesorgt hat und in diesem Prozeß auch noch kein Ende abzusehen ist.[46] So wurde beispielsweise der bei § 266 StGB aufgrund des Erfordernisses eines Vermögensnachteils wesentlich später einsetzende Strafrechtsschutz bemängelt. Dies führte zur Forderung nach der Einführung von Vorfeldtatbeständen in Form von Gefährdungstatbeständen, deren Schutz eben nicht erst dann einsetzt, wenn dem Opfer ein nach objektiven Maßstäben feststellbarer, greifbarer Vermögensschaden entstanden ist.[47] Dieser Überlegung soll hier jedoch nicht weiter nachgegangen werden, ihr wurde spätestens in dem Moment das Fundament entzogen, als auch konkrete Vermögensgefährdungen betrugsanalog durch den Nachteilsbegriff des § 266 StGB erfasst wurden.[48]

Dennoch darf im Hinblick auf später noch folgende Überlegungen nicht unberücksichtigt bleiben, dass durchaus Alternativen diskutiert wurden, die das Ziel einer Ausgliederung der aktienrechtlichen Untreue aus § 266 StGB verfolgten. So sah ein Alternativentwurf zum StGB[49] einen gesellschaftsrechtlichen Untreuetatbestand mit präziser Beschreibung des Täterkreises sowie einer Handlungsbeschränkung auf den bisherigen Missbrauchstatbestand vor, der tatbestandlich wiederum keinen Vermögensnachteil erforderte:

„§ 183 Missbrauch gesellschaftsrechtlicher Befugnisse“
Wer zum eigenen oder fremden Vorteil
1. als vertretungsberechtigtes Organ oder als Mitglied des vertretungsberechtigten Organs einer Aktiengesellschaft oder einer Erwerbs- oder Wirtschaftsgenossenschaft,

[45] Vgl. KK-*Geilen*, Vor § 399 Rn. 12; entspr. zu § 81a GmbHG a.F. *Scholz-Tiedemann*, GmbHG, Vor §§ 82 ff. Rn. 11.
[46] Vgl. u.a. *Weber*, FS Dreher, 555 ff.; *Arzt/Weber*, LH 4, 52 f.
[47] *Weber*, FS Dreher, 555, 560 ff.
[48] Vgl. *Schönke/Schröder-Lenckner/Perron*, § 266 Rn. 45 m.w.N..
[49] Alternativentwurf eines Strafgesetzbuches, BT, S. 60, vorgelegt von *Ernst-Joachim Lampe*.

2. als Geschäftsführer
a) einer Gesellschaft mit beschränkter Haftung
b) einer Kommanditgesellschaft auf Aktien oder
im Rahmen seiner Vertretungsbefugnis pflichtwidrig in erheblichem Umfang über Vermögenswerte der Gesellschaft oder Genossenschaft verfügt oder Verpflichtungen eingeht, wird mit Freiheitsstrafe bis zu drei Jahren oder mit Geldstrafe bestraft.

Verständlicherweise hat sich dieser Vorschlag nicht durchsetzen können, da der Wirkungskreis von § 266 StGB richtigerweise als weitgehend genug eingeschätzt wurde und wird. Der Alternativentwurf hatte vor allen Dingen die Rechtslage in romanischen Ländern zum Vorbild[50], in denen jedoch im Gegensatz zu Deutschland zumeist keine umfassenden Untreueregelungen existierten, also ein unbedingtes diesbezügliches Regelungsbedürfnis bestand. Ein weiteres Argument gegen die Ausgliederung der aktienrechtlichen Untreue auf Spezialtatbestände ist die dort praktizierte Beschränkung auf den Missbrauchstatbestand. Zwar wird im Hinblick auf die Vertretungsfunktion insbesondere der AG-Vorstand häufig als Täter des Missbrauchstatbestandes in Frage kommen, die umfangreiche Judikatur zu Fällen, in denen der Vorstand eben nicht rechtsgeschäftlich gehandelt hat, das Gesellschaftsvermögen aber in vergleichbarer Gefahr war, zeigen, wie unverzichtbar die Erfassung der sonstigen Verhaltensweisen im Sinne eines umfassenden Vermögensschutzes war und ist. Zudem sind hinsichtlich eines umfassenden Strafrechtsschutzes durch diesen Spezialtatbestand auch schon deswegen erhebliche Zweifel angebracht, weil diese mit ihrer tatbestandlichen Enge nur schwer oder gar nicht mit der Fülle an unterschiedlichen und scheinbar ständig mutierenden Erscheinungsformen gesellschaftsschädigenden Verhaltens Schritthalten können. Zwar könnte diesem Manko mit unzähligen, ständig aktualisierten Spezialtatbeständen gegenübergetreten werden werden. Dies ist jedoch im Interesse einer Rechtsklarheit nicht wünschenswert und würde der beabsichtigten Entzerrung und Konkretisierung der Untreuevorschrift zuwiderlaufen. Es ist daher trotz nicht zu leugnender Bedenken einzig sachgerecht, die aktuelle Rechtslage beizubehalten, also auch zur Beurteilung strafrechtlich relevanten Verhaltens auf dem Gebiet gesellschaftsrechtlicher Schädigungen auf die allgemeine und wohl auch verfassungskonforme Vorschrift des § 266 StGB zurückzugreifen. Die anzustellenden Untersuchungen dieser Arbeit lassen erhoffen, dass sich die hier geäußerte Bedeutung von § 266 StGB auch für das Verhalten des Vorstands der Aktiengesellschaft bestätigt.

(B) Vorfrage: Bedeutung gesellschaftsrechtlicher Vorgaben für die strafrechtliche Begriffsbestimmung im Sinne von § 266 StGB

Bei dem Vorhaben, die Bedeutung von § 266 StGB für vorstandliches Fehlverhalten zu ermitteln, stößt man, wie bereits im Rahmen der Einleitung angedeu-

---

[50] Vgl. *Tiedemann*, FS Würtenberger, 241, 252.

tet, auf ein Gegenüber von Strafrecht und Gesellschaftsrecht, wobei trotz der unumstrittenen Primärgeltung des Strafrechts feststeht, dass auch die gesellschaftsrechtlichen Vorgaben die Bestimmung von Inhalt und Umfang der Tatbestandsmerkmale des § 266 StGB beeinflussen. Einfach gesagt stellt sich damit also die Frage, inwieweit die unterschiedlichen Wertungen der beiden Rechtsdisziplinen nebeneinander bestehen können, womit man wieder bei der oben angesprochnen Problematik zwingender, nur eingeschränkter oder sogar vollständig abzulehnender Zivilrechtsakzessorietät angelangt ist. Bedeutung erlangt eine diesbezügliche Klärung insbesondere auch für die Frage, ob die gesellschaftsrechtlichen Vorgaben zur Vermögenszuordnung die zwingend äußerste Grenze zur Bestimmung der Dispositionsbefugnis darstellen oder ob die gesellschaftsrechtliche Wertung nur die Funktion einer Auslegungshilfe, einer Untergrenze bzw. eines Gradmessers hinsichtlich der Abweichung der von beiden Disziplinen vertretenen Sichtweisen einnimmt. Damit ist dann wiederum das Problem angesprochen, inwieweit das Strafrecht von anderen Rechtsgebieten und deren Begriffsbildung abhängig sein kann.

Auszugehen ist in diesem Zusammenhang von der unabdingbaren Prämisse, dass das Strafrecht eigenen Regeln und Prinzipien folgt[51], bzw. eine Abhängigkeit nicht als Regel gilt[52]. Gleichwohl folgt aber auch das Strafrecht in seiner Begriffsbildung teilweise vollständig außerstrafrechtlichen Vorgaben. In diesem Zusammenhang wird häufig der Rückgriff auf den zivilrechtlichen Eigentumsbegriff genannt, der im Rahmen der Anwendung der §§ 242, 246, 249 StGB unverändert zugrunde gelegt wird.[53] Zutreffend erscheint deshalb die von Zipf getroffene Feststellung, dass sich die „Aspekte der Selbständigkeit und der Abhängigkeit des Strafrechts vermischen" und „das Strafrecht in seinen Folgen grundsätzlich unabhängig, in seinen Voraussetzungen dagegen bedingt abhängig" ist („Partikularität").[54] Im Sinne einer diesbezüglichen Verdeutlichung gilt es damit zu klären, ob die Aktiengesellschaft geschütztes Rechtssubjekt im Sinne des § 266 StGB ist, ob und in welchem Umfang ihr Vermögen unter wirtschaftlich-materieller Betrachtung zuzuordnen und schließlich, ob ein fremdes, vom Willen der Anteilseigner unabhängiges bzw. diesem vielleicht sogar entgegengesetztes Vermögensinteresse existiert, welches der Vorstand im Rahmen seiner Vermögensbetreuungspflicht zu respektieren hat.[55]

---

[51] Vgl. *Cadus*, Die faktische Betrachtungsweise, 19.

[52] Vgl. *Jescheck/Weigend*, AT, § 7 II 2, auch hinsichtlich zahlreicher Beispiele für eine eigene Begriffsbestimmung durch das Strafrecht.

[53] Vgl. *Cadus*, Die faktische Betrachtungsweise, 169 f.; *Tiedemann*, NJW 1977, 777, 779; *Fleck*, ZGR 1990, 31, 32; *Flum*, Der strafrechtliche Schutz, 6; *Cramer*, Vermögensbegriff und Vermögensschaden im Strafrecht, 78, zur Lockerung der Akzessorietät in diesem Bereich, um Wertungswidersprüche zu vermeiden.

[54] *Maurach/Gössel/Zipf*, AT 1, § 2 III B, Rn. 17.

[55] Dazu *Kaufmann*, Organuntreue, 13 f.

I. Geschütztes Rechtssubjekt im Sinne von § 266 StGB

Träger des durch § 266 StGB geschützten Vermögens kann nur eine vom Täter verschiedene natürliche oder juristische Person sein.[56] Bei der Aktiengesellschaft kommen in diesem Zusammenhang also nur die Anteilseigner als natürliche Personen oder die Aktiengesellschaft selbst als juristische Person in Betracht. Dass der Aktiengesellschaft als juristischer Person die für § 266 StGB erforderliche Opferqualität zukommen kann, wird von der absolut herrschenden Meinung in Rechtsprechung[57] und Literatur[58] angenommen, was zunächst auch Folge der die Aktiengesellschaft ausdrücklich als Opfer bezeichnenden, mittlerweile gestrichenen strafrechtlichen Nebenbestimmung des § 294 AktG 1937 sein dürfte. Aber auch der Blick auf das geltende Recht - § 1 AktG - verdeutlicht, dass das Vermögen der Gesellschaft auch den Gesellschaftern grundsätzlich fremdgestellt ist. Mit erfolgter Eintragung ist die Aktiengesellschaft damit grundsätzlich auch dann taugliches Opfer einer Untreue durch ihren Vorstand, wenn den dem Verhalten des Vorstands zustimmenden Gesellschaftern der Zugriff auf das betroffene Gesellschaftsvermögen rechtlich verwehrt ist.[59] Hieran vermag auch die Tatsache nichts zu ändern, dass die Gesellschaft als solche ein „willenloses“ Wesen ist, deren Wille bei einverständlichem Handeln sämtlicher Gesellschafter mit dem Organwillen grundsätzlich identisch ist, denn dieser Interessengleichlauf ändert nichts an der objektiven Vermögenszuordnung zur Gesellschaft, welche das Gesetz durch § 1 AktG unzweideutig getroffen hat.[60]

II. Geschütztes Vermögen im Sinne von § 266 StGB

Der Begriff des Nachteils bei § 266 StGB meint, wie angesichts der systematischen Stellung des § 266 StGB auch nicht bezweifelt wird, einen Vermögensnachteil. Dieser hat nach fast schon allgemeiner Meinung dieselbe Bedeutung wie der Vermögensschaden beim Betrug.[61] Zum Teil[62] wird aber auch vertreten, dass der Vermögensbegriff des § 266 StGB umfassender sei als der des § 263 StGB, weil Objekt der Untreue auch solche Vermögensmassen sein könnten, die

---

[56] GK-*Otto*, Vor § 399 Rn. 54.

[57] RGSt 42, 278; BGHSt 3, 23, 32; 34, 379; 35, 333; BGH wistra 1983, 71; 1990, 99.

[58] *Schulte*, NJW 1984, 1671; *Hachenburg-Kohlmann*, GmbHG, § 82 Rn. 40; *Otto*, JZ 1985, 69, 74; *Reiß*, wistra 1989, 81, 83; SK/StGB-*Samson/Günther*, § 266 Rn. 47; *Scholz-Tiedemann*, GmbHG, Vor §§ 82 ff. Rn. 12 ff.; *Nelles*, Untreue zum Nachteil von Gesellschaften, 178; a.A. wohl nur *Labsch*, wistra 1985, 1, 7; *ders.*, JuS 1985, 602, 604, der das Vermögen einer juristischen Person als identisch mit dem Vermögen der Teilhaber bezeichnet. Die meisten hier genannten Verweise beziehen sich zwar auf die GmbH, jedoch kann diese Entscheidung auch uneingeschränkt auf die Aktiengesellschaft übertragen werden.

[59] *Kaufmann*, Organuntreue, 14.

[60] Vgl. LK-*Hübner* (10. Auflage), § 266 Rn. 22.

[61] BGHSt 15, 342, 343 f.; BGH NJW 1975, 1234, 1235; BGH LM § 335 Nr. 1; RGSt 71, 333 m.w.N.; RGSt 73, 283, 285; *Tröndle/Fischer*, § 266 Rn. 56; *Lackner/Kühl*, § 266 Rn. 17; *Maurach/Schröder/Maiwald*, BT 1, § 45 Rn. 41; *Schönke/Schröder-Lenckner/Perron*, § 266 Rn. 39.

[62] LK-*Lackner* (10. Auflage), § 263 Rn. 122 f.

dem Täter nur formell gehören, diesem wirtschaftlich aber entzogen sind. Inhaltlich betreffen diese Fragen allerdings richtigerweise nicht den Vermögensbegriff, sondern allein die Verfügungsberechtigung. Welcher der zahlreichen Vermögensbegriffe in diesem Zusammenhang zugrundgelegt wird, soll im folgenden mit Hilfe eines kurzen Abrisses über die wesentlichen Vermögenstheorien ermittelt und sodann auf die Aktiengesellschaft angewendet werden.

1. Der juristische Vermögensbegriff

Der von Binding[63] begründete juristische Vermögensbegriff setzt das Vermögen mit den subjektiven Rechten einer Person gleich. Er ist als Basis des strafrechtlichen Vermögensbegriffs unbrauchbar, weil die hierfür unerlässliche Saldierung von Aktiven und Passiven nach einer homogenen Ertragskategorie verlangt, die nur vom Geldeswert gebildet werden kann.[64] Da er zudem das strafrechtliche Rechtsgut fälschlich auf eine nur innerhalb der Zivilrechtsdogmatik, also „binnensystematisch" bedeutungsvolle Konstruktion reduziert, wird er heute überhaupt nicht mehr vertreten, behält mithin nur noch historische Bedeutung.

2. Der personale Vermögensbegriff

Die personale Vermögenstheorie[65] geht von der Funktion des Vermögens als „Grundlage der Persönlichkeitsentfaltung" aus und stellt im Zuge der Schadensfeststellung vorrangig auf die Minderung der wirtschaftlichen Potenz des Vermögensträgers und den mit der Verfügung abgestellten Zweck ab.[66] Vermögen wird mithin als Beziehung zwischen dem Vermögensträger und den Vermögensgegenständen verstanden.

3. Der wirtschaftliche Vermögensbegriff

Die neuere Rechtsprechung sowie die herrschende Meinung im Schrifttum hält am Prinzip des bewährten und als Ausgangspunkt vorzugswürdigen wirtschaftlichen Vermögensbegriffes fest.[67] Danach bedeutet Vermögen die Gesamtheit der wirtschaftlichen Güter einer natürlichen oder juristischen Person[68], wobei dessen wichtigste Konsequenz darin besteht, dass zum Vermögen auch widerrechtlich erlangte Güter gehören und es somit grundsätzlich keine wirtschaftlichen Werte gibt, die nicht gegen Betrug, Erpressung, Untreue usw. geschützt sind.[69] Nachteil dieser Begrifflichkeit ist vor allen Dingen, dass wirtschaftlich wertlose Posi-

---

[63] *Binding*, Lehrbuch BT 1, 238 und 341; nahestehend RGSt 3, 332, 333; 11, 72, 73 f.

[64] LK-*Schünemann*, § 266 Rn. 133.

[65] *Otto*, Die Struktur des strafrechtlichen Vermögensschutzes, 26 ff.

[66] Vgl. *Alwart*, JZ 1986, 563, 565; *D. Geerds*, Jura 1994, 309; *ders.*, Wirtschaftsstrafrecht und Vermögensschutz, 116 ff.; *Otto*, Die Struktur des strafrechtlichen Vermögensschutzes, 34 ff., 69; krit. dazu LK-*Lackner* (10. Auflage), § 263 Rn. 124.

[67] BGHSt 34, 199, 203; 38, 186, 190, 196 mit krit. Bespr. *Ranft*, wistra 1994, 41; BGH JR 2003, 163 mit zust. Anm. *Engländer*; OLG Düsseldorf NJW 1988, 922, 923; OLG Düsseldorf wistra 1995; 276, 277; OLG Celle StV 1996, 154, 155; KG NJW 2001, 86.

[68] *Otto*, Die Struktur des strafrechtlichen Vermögensschutzes, 26 ff.

[69] Vgl. *Wessels/Hillenkamp*, BT/2, Rn. 534.

tionen nicht zum geschützten Vermögen gehören, dagegen aber sitten- und gesetzwidrige Positionen enthalten sind, die grundsätzlich nicht schützenswert erscheinen. Die Rechtsprechung hält daher einen rein wirtschaftlichen Vermögensbegriff nicht stringent durch, sondern stellt in Grenzfällen ergänzend rechtliche Wertungen an, wodurch ein rechtsfreier Raum entsteht.[70]

4. Die juristisch-ökonomischen Vermittlungslehren

Zwischen rein wirtschaftlichem Vermögensbegriff und juristischer Vermögenstheorie haben sich in der Rechtslehre zunehmend die in vielfältigen Schattierungen auftretenden juristisch-ökonomischen Vermittlungslehren zum Vermögensbegriff durchgesetzt, die die wirtschaftliche Vermögenslehre dergestalt einschränken, dass zum Vermögen einer Person nur solche Wirtschaftsgüter zählen sollen, die dieser „ohne rechtliche Missbilligung" zukommen[71] oder die ihr „unter dem Schutz der Rechtsordnung" zu Gebote stehen.[72]

5. Konsequenzen für die Aktiengesellschaft

Im Hinblick darauf, dass § 266 StGB keine nur formalrechtlichen Positionen schützt, ist eine Entscheidung des skizzierten Theorienstreits auf vermögensschädigende Maßnahmen nicht erforderlich. Alle genannten strafrechtlichen Vermögenstheorien stellen für den Begriff des Vermögens auf die vom materiellen Recht, also auch von § 1 AktG getroffene Zuordnung, ab. Ordnet das materielle Recht der Aktiengesellschaft damit ausdrücklich einen Vermögensbereich zu, dann ist richtigerweise auch aus Sicht des Strafrechts davon auszugehen, dass der materiellrechtlich vermögensschützende Charakter des § 266 StGB dieses Vermögen vollumfänglich erfasst. Allein für den Fall, dass aus der zivilrechtlichen Vermögenszuordnung keine wirtschaftliche Zuordnung des Vermögens zu der Gesellschaft folgen würde, ließe sich eine abweichende strafrechtlich-wirtschaftliche Zuordnungsbetrachtung rechtfertigen, womit auch § 266 StGB ausgeschlossen sein könnte. Dies ist jedoch ein im Hinblick auf die Aktiengesellschaft eher unwahrscheinliches Szenario.

Der vermögensmäßige Grundstock in Form des Grundkapitals, das sonstige der Gesellschaft zustehende Vermögen und die damit erwirtschafteten Gewinne und Verluste sind wirtschaftlich bei der Aktiengesellschaft selbst anzusiedeln. Diese zustimmungswürdige Tatsache versucht Kaufmann durch den Vergleich mit der ebenfalls an einer wirtschaftlichen Betrachtungsweise orientierten steuerlichen

---

[70] So in BGHSt 4, 373 („Dirnenbetrug") und 20, 136, 137 f. („wirtschaftlich wertlose Ansprüche").

[71] *Gössel*, BT 2, § 21 Rn. 121; *Lenckner*, JZ 1967, 105; *Seelmann*, Grundfälle zu den Eigentums- und Vermögensdelikten, 72; *Schönke/Schröder-Cramer*, § 263 Rn. 82 ff.; enger: *Zieschang, FS Hirsch*, 831, 840.

[72] *Franzheim*, GA 1960, 269; *Mitsch*, BT 2/1, § 7 Rn. 84; *Rengier*, BT 1, § 13 Rn. 55; *Tenckhoff*, JR 1988, 126; vgl. auch *Nelles*, Untreue zum Nachteil von Gesellschaften, 426; krit. *Kargl*, JA 2001, 714 ff.

Behandlung zu belegen.[73] So sei nach dem Körperschaftssteuergesetz eine einkommenssteuerliche Abschottung von der Gesellschafterebene gegeben, die zur Folge habe, dass die Gewinne bzw. Verluste zunächst nur auf der Ebene der Gesellschaft versteuert werden bzw. nutzbar sind. Hieran ändere sich auch dadurch nichts, dass die Körperschaftssteuer bei ordnungsgemäßer, d.h. den gesellschaftsrechtlichen Gewinnverwendungsregeln entsprechender Ausschüttung der Gewinne, wie auch bei steuerlich als verdeckte Gewinnausschüttungen zu behandelnden Vermögensverschiebungen auf der Ebene der Gesellschaft durch Anrechnung auf die persönliche Einkommenssteuerschuld des Gesellschafters letztlich neutralisiert wird.[74] Dieses Anrechnungsverfahren verfolgt nämlich lediglich den wirtschaftspolitischen Zweck, die bis zur Körperschaftssteuerreform 1977 bestehende Benachteiligung der Gesellschafter von Kapitalgesellschaften gegenüber den Einzel- und Mitunternehmern auszuräumen und Investoren damit den Einstieg in haftungsmäßig abschätzbare Unternehmensgestaltungen auch steuerlich zu erleichtern.[75] Die festgestellte wirtschaftliche Vermögenszuordnung gilt – zumindest in bestimmtem Umfang – auch gegenüber dem Organ, dass den Gesellschaftswillen bestimmt, also der Hauptversammlung. Dies kann zumindest im Hinblick auf das nominelle Grundkapital, respektive dessen Schaffung und Erhalt zweifelsfrei behauptet werden und folgt zwingend aus der auch für die Aktiengesellschaft geltenden Haftungsfreistellung durch das Trennungsprinzip. Um die durch § 1 AktG getroffene materielle Vermögenszuordnung sowie die daraus folgende strikte Trennung von Gesellschafts- und Gesellschaftervermögen nicht vollends zu ignorieren, wird man also selbst dann, wenn man dem wirtschaftlichen Vermögensbegriff als dem sich am weitesten von zivilrechtlichen Vermögenszuordnungen entfernenden strafrechtlichen Vermögensprinzip folgt, einen möglichen Rechtsträger für eine Zuordnung des Vermögens voraussetzen müssen, dem man zuordnen kann. Diesen Rechtsträger – hier die Aktiengesellschaft als juristische Person – vermag auch die juristisch-wirtschaftliche Vermögenslehre nicht zu leugnen. Sie wirkt nur insofern modifizierend, als sie die tatsächliche, aber materiell rechtswidrige Vermögensinhaberschaft nicht anerkennt.

Damit steht fest, dass der materielle Vermögensschutz des § 266 StGB in Bezug auf das gesamte Gesellschaftsvermögen eingreift. Dies folgt daraus, dass das Gesellschaftsvermögen der AG auch materiell-rechtlich und nicht nur objektiv-formal zugeordnet ist. Strafrechtliche und gesellschaftsrechtliche Vorgaben las-

---

[73] *Kaufmann*, Organuntreue, 16 f.

[74] *Kaufmann*, Organuntreue, 17, Fn. 77: „Für eine getrennte Vermögenszuordnung spricht vielmehr die Entwicklung der Körperschaftsbesteuerung aus der echten Doppelbesteuerung hin zum Anrechnungsverfahren"; zu dieser Entwicklung vgl. *Knobbe-Keuk*, Bilanz- und Unternehmenssteuerrecht, 450 ff.

[75] *Knobbe-Keuk*, Bilanz- und Unternehmenssteuerrecht, 827; Regierungsbegründung des KSt-Reformgesetzes, BT-Drucks. VII/1470, 328.

sen sich mithin auch in Bezug auf den Vermögensschutz auf einen gemeinsamen Nenner bringen.

III. Eigenständiges Vermögensinteresse der Aktiengesellschaft im Rahmen des § 266 StGB

Nach Bejahung der Vermögensträgerschaft der Aktiengesellschaft muss nun abschließend noch festgestellt werden, inwieweit das der Gesellschaft materiell zugeordnete Vermögen der Hauptversammlung als dem den Gesellschaftswillen bildenden Organ zu nachteiligen Verfügungen entzogen ist. Vermögensinteressen definieren sich durch das Ziel des Gewinnens, Erhaltens und Vermehrens wirtschaftlicher Werte.[76] Wie der Begriff „Interessen" bereits erahnen lässt, sind sie grundsätzlich subjektiver Natur[77], was bedeutet, dass sie dem Willen dessen entspringen müssen, der Inhaber der Interessen ist. Dies ist hier - nach auch im Strafrecht ganz h.M. – zunächst einmal die Aktiengesellschaft selbst, die, wie gesehen, nicht nur durch § 266 StGB geschütztes Rechtssubjekt ist, sondern der auch das Vermögen in seiner Gänze nach § 1 AktG zugeordnet ist. Dies bedeutet jedoch nicht zwingend auch, dass die Hauptversammlung als willensbildendes Organ gänzlich von der Möglichkeit des Zugriffs auf dieses Vermögen ausgeschlossen ist. Ergibt die anschließende Untersuchung nun aber, dass der Hauptversammlung insoweit Grenzen gesetzt sind, die ihr in keiner Weise gestatten, über das Gesellschaftsvermögen zu verfügen, dann kann bereits jetzt angenommen werden, dass entsprechende Handlungsanweisungen über Beschlüsse keinerlei strafbarkeitsausschließende Wirkung für die Vorstandsmitglieder haben können. Hiezu bedarf zuallererst die Frage der Klärung, ob sich das Strafrecht der Beurteilung des Gesellschaftsrechts zur – zweifellos vorhandenen - Möglichkeit der Verfügung über das Gesellschaftsvermögen anschließt oder ob es einen hiervon abweichenden Standpunkt vertritt. Dabei ist es durchaus nicht ausgeschlossen, dass das Strafrecht die Möglichkeit einer Verfügungsgestattung sogar vollständig ablehnt.

1. Akzessorietät

Nach einer im Sinne des geläufigen Akzessorietätsbegriffes verstandenen, vollständigen Anbindung des Untreuetatbestandes an die zivil- bzw. gesellschaftsrechtlichen Vorgaben wäre tatbestandliches Handeln nur möglich, wenn und soweit das Zivil- bzw. Gesellschaftsrecht dem Rechtssubjekt Aktiengesellschaft ein eigenständiges, der gesellschafterlichen Disposition nicht unterliegendes Vermögensinteresse zugestehen würde. Eine dermaßen lückenlose Akzessorietät des Strafrechts zu den Prämissen des Gesellschaftsrechts wird zwar von zahlrei-

---

[76] BHGSt 15, 342, 344; *Schönke/Schröder-Lenckner/Perron*, § 266 Rn. 23; LK-*Schünemann*, § 266 Rn. 21.

[77] LK-*Hübner* (10. Auflage), § 266 Rn. 21.

chen Stimmen im Schrifttum befürwortet[78], sie ist jedoch aus den oben bereits genannten Gründen abzulehnen.[79]

2. Nichtberücksichtigung gesellschaftsrechtlicher Vorgaben, rein strafrechtliche Betrachtung

Trotz der oben getroffenen Entscheidung zu der nicht zu leugnenden Interdependenz zwischen Strafrecht und Gesellschaftsrecht soll hier aus Gründen der Vollständigkeit auch die Konstellation zugrundegelegt werden, dass das eigenständige Vermögensinteresse der Aktiengesellschaft ausschließlich unter näherer Konkretisierung des Inhalts einer solchen strafrechtlich-wirtschaftlichen Betrachtungsweise bestimmt wird, wovon im Falle einer spezifisch strafrechtlichen Betrachtungsweise auszugehen wäre. Folge könnte dabei sowohl die völlige Unanwendbarkeit des Untreuetatbestandes[80] als auch eine Einschränkung der Strafbarkeit selbst innerhalb der Geltung gesellschaftsrechtlicher Dispositionsverbote oder - im Gegenteil - eine Erweiterung der Strafbarkeit über den gesellschaftsrechtlichen Verbotsbereich hinaus sein.[81] Während die erste Alternative letztlich die Rechtspersönlichkeit der Aktiengesellschaft und damit auch ihre Rechtssubjektivität im Sinne von § 266 StGB verneinen würde, womit sie nach den oben gefundenen Ergebnissen ausscheidet, negiert die zweite Alternative eben diese Rechtssubjektivität nicht vollständig und ist daher nicht grundsätzlich ausgeschlossen. Die dritte, tatbestandserweiternde Alternative geht dagegen von dem unausgesprochenen Grundsatz aus, dass das Vermögen der Gesellschaft in vollem Umfang gegen Zugriffe der Gesellschafter geschützt ist. Dies folge daraus, dass der Gesellschaft nicht nur das zur Kapitalerhaltung erforderliche, sondern das gesamte Vermögen wirtschaftlich zuzuordnen ist.[82]

3. Limitierte Akzessorietät unter Anerkennung einer Interdependenz zwischen Straf- und Gesellschaftsrecht

Im Schrifttum werden dagegen vielfach Mischformen der beiden letztgenannten Betrachtungsweisen vertreten. Dem oben angenommenen Grundsatz einer zumindest weitgehenden Interdependenz zwischen gesellschafts- und strafrechtlicher Wertung folgen weite Teile der Literatur, wobei jedoch teilweise sehr un-

---

[78] Ausdrücklich: *Fleck*, ZGR 1990, 31 f.; *Flum*, Der strafrechtliche Schutz, 77; *Brammsen*, DB 1989, 1609; ohne ausdrückliche Erwähnung, aber dem Ergebnis der jeweiligen Untersuchung zugrundegelegt haben dies *Vonnemann*, GmbHR 1988, 329 ff.; *Hellmann*, wistra 1989, 214 ff.; *Lipps*, NJW 1989, 502 f.; *Meilicke*, BB 1988, 1261 f.; *Winter*, Treubindungen, 210; *Zöllner*, Schranken, 22 Fn. 14; vgl. weiterhin *Schwinge/Siebert*, Das neue Untreuestrafrecht, § 4 II 2 und 3, nur Zivilrechtsabhängigkeit des Untreuetatbestands. Vgl. allgemein zur Zivilrechtsakzessorietät: *Tiedemann*, NJW 1977, 777, 779.

[79] Vgl. oben Einleitung D.

[80] So *Nelles*, Untreue zum Nachteil von Gesellschaften, 546 ff; *Schönke/Schröder-Lenckner/Perron*, § 266 Rn. 21.

[81] *Kaufmann*, Organuntreue, 20.

[82] *Kaufmann*, Organuntreue, 20.

terschiedliche Lösungswege gewählt werden. Angesichts der oben[83] gewonnenen Erkenntnis, dass eine vollständige Loslösung des Strafrechts vom Zivilrecht wegen der ansonsten gegebenen Wertungswidersprüche nicht hinnehmbar ist, gibt es verschiedene Ansätze, die vorhandene strafrechtliche Judikatur mit dem Gedanken grundsätzlicher Akzessorietät zu vereinbaren. Zur Begründung einer jedenfalls grundsätzlichen Akzessorietät werden die von Gribbohm[84] ausführlich begründeten Theorien der limitierten Akzessorietät, der umgekehrten Maßgeblichkeit[85] sowie ein Bündel von Ansätzen aus neueren gesellschaftsrechtlichen Entwicklungen herangezogen. Ihm zufolge steht auch den Gesellschaftern der Aktiengesellschaft außerhalb der Regeln über die Kapitalerhaltung zivilrechtlich grundsätzlich die freie Dispositionsbefugnis über das Gesellschaftsvermögen zu[86], womit er grundsätzlich mit der zivilrechtlichen Rechtssprechung[87] konform geht. Dies bedeute allerdings nicht, dass allein der Verstoß gegen die Kapitalerhaltungsvorschriften die abschließende Grenze der Strafbarkeit bilde. Maßstab für die Beurteilung der Pflichtwidrigkeit im Rahmen der Strafbarkeit nach § 266 StGB ist vielmehr die aus dem System des § 266 StGB herzuleitende, eng zu fassende Pflicht zur Vermögensfürsorge gegenüber der AG. So ist der Verstoß gegen die gesellschaftsrechtliche Treuepflicht zwar in jedem Fall ein möglicherweise zum Schadensersatz verpflichtender Verstoß gegen die Grundsätze eines ordentlichen Geschäftsführers - § 93 I AktG -, nicht aber zwangsläufig auch strafbare Missachtung der Pflicht zur Beachtung der Vermögensinteressen der Aktiengesellschaft. Auf der anderen Seite sind durchaus auch Fälle denkbar, in denen die strafrechtliche Treuepflicht weitergestreckt sein kann als die zivilrechtliche.[88]

Über den Weg des Zivilrechts versucht Gribbohm nun, das Handeln der Gesellschafter, also deren Dispositionsbefugnis über das Gesellschaftsvermögen, auch außerhalb der Grenzen der Kapitalerhaltungsvorschriften über den zivilrechtlichen Grundsatz der guten Sitten zu beschränken. Schließlich sei mittlerweile von höchstrichterlicher Zivilrechtsprechung anerkannt, dass ein Schadensersatzanspruch gegen einen Gesellschafter wegen der Verletzung der Treuepflicht auch dann möglich sein könne, wenn die Voraussetzungen des § 826 BGB[89] nicht erfüllt sind.[90]. Die hierzu von ihm herangezogenen Beispiele sind jedoch mit größter Zurückhaltung zu betrachten, da sie ausschließlich Konzern- und damit Ausnahmekonstellationen betreffen, die, wie sich später zeigen wird[91],

---

[83] Siehe oben Einleitung D.
[84] *Gribbohm*, ZGR 1990, 1 ff.
[85] *Wodicka*, Die Untreue zum Nachteil, 191; *Fleck*, ZGR 1990, 31 f.
[86] *Gribbohm*, ZGR 1990, 1 f.
[87] BGHZ 90, 381, 386; 93, 146, 148; 95, 330, 340.
[88] *Gribbohm*, ZGR 1990, 1, 16.
[89] Siehe dazu zum Beispiel MüKo/BGB-*Wagner*, § 826 Rn. 5 ff.
[90] BGHZ 65, 15, 21.
[91] Siehe dazu unten den 5. Teil dieser Arbeit.

auch aus strafrechtlicher Sicht einer gesonderten Betrachtung bedürfen. Mit seinem Ansatz stellt Gribbohm eine Abkehr vom Grundsatz der nach hier vertretener Ansicht[92] in jedem Fall abzulehnenden strengen zugunsten einer limitierten Akzessorietät des § 266 StGB dar. Diese Vorgehensweise ist der Strafrechtsprechung zwar durchaus nicht mehr fremd, es drängt sich jedoch der Verdacht auf, dass ein über die gesetzlichen Kapitalerhaltungsvorschriften hinausgehendes Dispositionsverbot nur noch mit Schwierigkeiten aus dem primären Schutzzweck von § 266 StGB, dem des Gesellschaftsvermögens, ableitbar ist.[93] Zudem ist zwingend zu beachten, dass die Begründung eines über die Kapitalerhaltungsvorschriften hinausgehenden gesellschafterlichen Dispositionsverbots keinesfalls mit dem möglichen Schutz außenstehender Gläubiger oder sonstiger Drittinteressen begründet werden kann und darf. Hiermit würde ein für die Strafbarkeitsbegründung nach § 266 StGB untauglicher Ansatz gewählt werden, da der Schutz des § 266 StGB unzweifelhaft allein der Gesellschaft zukommen soll. Erlaubt das Gesellschaftsrecht die Disposition mithin zumindest im Fall der hier überwiegend relevanten Konstellation unverbundener Aktiengesellschaften, so kann unter Berücksichtigung des Grundsatzes der Einheit der Rechtsordnung auch für das Strafrecht nichts grundlegend Anderes gelten. Der Ausdehnung des Untreuetatbestandes ist daher aus den genannten Gründen die Zustimmung zu verweigern.

Bereits im Rahmen der Einleitung wurde festgestellt, dass das Strafrecht bei der Verwendung zivilrechtlicher Begriffe als Tatbestandsmerkmale von der Vorgaben des Zivilrechts abweichen darf. Dies gilt jedenfalls uneingeschränkt, wenn die spezifisch strafrechtliche Auslegung zivilrechtlicher Begriffe zu im Vergleich zum Zivilrecht reduzierten Anforderungen gelangt. Konstatiert das Strafrecht demgegenüber schärfere Anforderungen an die Rechtmäßigkeit des Verhaltens als die zivilrechtlichen Vorgaben, so gelangt man zwangläufig zu Wertungswidersprüchen, die vor allen Dingen nicht mit dem Grundsatz der Einheit der Rechtsordnung vereinbar sind. Für den angesprochenen Fall der Ausdehnung der Dispositionsverbote im Hinblick auf das AG-Vermögen findet sich kein gesellschaftsrechtliches Fundament. Dieser Tatsache scheint die neuere Strafrechtsprechung keine Rechnung zu tragen, wenn sie von einem über den Schutz der aktienrechtlichen Kapitalerhaltung hinausgehenden, strafrechtlichen Dispositionsverbot ausgeht, welches insbesondere im Bereich existenzgefährdender Maßnahmen Geltung beansprucht. Unabhängig von der Frage der Berechtigung eines solchen Standpunktes, sollte im Interesse eines einheitlichen Vermögensschutzes versucht werden, solche vermeintlichen Widersprüche zu vermeiden. Andernfalls würde man strafbar stellen, was zivil- bzw. gesellschaftsrechtlich nicht nur nicht verboten, sondern sogar geboten ist.[94] Mithin ist

[92] Vgl. oben Einleitung D.
[93] *Kaufmann*, Organuntreue, 23.
[94] Vgl. *Kaufmann*, Organuntreue, 26.

den gesellschaftsrechtlichen Prämissen – allerdings nicht im Sinne einer vollständigen Zivilrechtsakzessorietät - auch im Hinblick auf § 266 StGB verstärkt Rechnung zu tragen. Der materiell vermögensschützende Charakter des § 266 StGB gebietet es daher, seine tatbestandlichen Voraussetzungen grundsätzlich, keinesfalls jedoch ausschließlich an den Vorgaben des Gesellschaftsrechts zu orientieren und die Strafbarkeit von Handlungen und Rechtsgeschäften der Organe der Aktiengesellschaft zumindest auch an den gesellschaftsrechtlichen Vermögensbindungen auszurichten.

Unter Berücksichtigung der Tatsache, dass Handelsgesellschaften in der Europäischen Union auch in der Rechtsform einer Europäischen Aktiengesellschaft (Societas Europaea – SE; Art. 1 SE-VO) gegründet werden können[95], stellt sich die Frage, welchen Einfluss man einer solchen Gründung auf die soeben gefundenen Grundsätze zuschreiben muss. Die Europäische Aktiengesellschaft besitzt Rechtspersönlichkeit (Art. 1 Abs. 3 SE-VO), sie gilt als Aktiengesellschaft und wird, soweit die Verordnung keine Regelung trifft, wie eine Aktiengesellschaft behandelt, die nach dem Recht ihres Sitzstaates gegründet wurde (Art. 3, 10 SE-VO).[96] Hat die Europäische Aktiengesellschaft demgegenüber ihren Sitz in einem anderen Mitgliedstaat, ist dessen Recht zu beachten.[97] Wird eine Europäische Aktiengesellschaft mit Sitz in Deutschland von einem anderen Unternehmen beherrscht, greifen die Rechtsvorschriften für deutsche Aktiengesellschaften. Handelt es sich um ein ausländisches Unternehmen, gilt deutsches Kollisionsrecht (Internationales Gesellschaftsrecht).[98] An der grundsätzlichen Anwendbarkeit und dem ermittelten Einfluss des deutschen Gesellschafts- und Strafrechts kann sich demnach nur dann etwas ändern, wenn die Europäische Aktiengesellschaft ihren Sitz im Ausland hat.[99] Eine eingehendere Auseiandersetzung mit den Besonderheiten der Europäischen Aktiengesellschaft ist mithin nicht angezeigt.

---

[95] Verordnung (EG) Nr. 2157/2001 v. 8. 10. 2001 über Statut der Europäischen Gesellschaft (SE), ABl. L 294 v. 10.11. 2001, S. 1 (SE-VO).

[96] Vgl. MüKo/AktG-*Luttermann*, Band 5/1, E XI Rn. 207.

[97] MüKo/AktG-*Luttermann*, Band 5/1, E XI Rn. 208.

[98] MüKo/AktG-*Luttermann*, Band 5/1, E XI Rn. 208.

[99] Selbstverständlich ändert sich hierdurch nichts an der Bedeutung von § 7 II Nr. 1 StGB, sofern das betreffende Vorstandsmitglied Deutscher ist.

2. Teil Untreue durch Risiko- und Spekulationsgeschäfte

Als strafrechtliche Bezugsnorm kommt dem Untreuetatbestand des § 266 StGB bei sogenannten Risikogeschäften durch den Vorstand die zentrale Bedeutung zu.[100] Dies folgt schon daraus, dass ein Großteil der durch den Vorstand zu tätigenden Geschäfte dadurch gekennzeichnet ist, dass die Prognose, ob die projektierte Maßnahme zu Gewinn oder Verlust führt, mit einem erhöhten Maß an Ungewissheit belastet ist.[101] In diesem Zusammenhang besteht aber Einigkeit darüber, dass der Tatbestand nicht allein deswegen erfüllt sein kann, weil ein gewagtes, risikobehaftetes Geschäft fehlgeschlagen ist[102]: „Das Wagnis ist aus dem Wirtschaftsleben nicht wegzudenken und daher auch nicht grundsätzlich verboten. Wohl aber muss unterschieden werden: In manchen Lebenslagen ist die Spekulation verpönt, in anderen ist sie das tägliche Brot. Es gibt Bereiche in der Wirtschaft, bei denen solche Geschäfte wie im Börsenwesen zur eigentlichen Geschäftstätigkeit gehören."[103] Aufgabe der folgenden Untersuchungen ist die Bestimmung der Strafbarkeitsgrenzen, welche § 266 StGB im Hinblick auf die äußerst praxisrelevantesten Risikogeschäfte vorgibt.

(A) Risikogeschäft: Begriffsbestimmung unter Berücksichtigung wirtschaftswissenschaftlicher und strafrechtlicher Prämissen

Fraglich ist, ob die im folgenden aufgeführten Fallkonstellationen überhaupt als Risikogeschäfte bezeichnet werden können. Die Schwierigkeiten mit dem sogenannten „kaufmännischen Risikogeschäft" beginnen bereits bei der Begriffsbestimmung. Schon über die Definition herrscht nämlich weitgehend Unklarheit.[104] So kann es nicht verwundern, dass die Diskussion der darin angedeuteten Rechtsprobleme auf verschiedenen Ebenen oft aneinander vorbei geführt wurde und wird. Der Begriff des „kaufmännischen Risikogeschäfts" kommt in keinem Gesetz explizit vor, so dass er zunächst nicht mehr als ein deskriptiver Begriff für bestimmte Fallgestaltungen sein kann, an welche rechtliche Beurteilungen erst anknüpfen können.[105] Dies wirft aus der Sicht des Strafrechts die Frage auf, warum eine Definition überhaupt erfolgen muss. Denn selbst, wenn sich eine allgemein gültige Definition aufstellen lässt, ist damit noch nicht entschieden, ob

---

[100] *Waßmer*, Untreue bei Risikogeschäften, 170; *Achenbach/Ransiek-Seier*, HWSt, V 2 Rn. 316.

[101] So die Definition bei *Schönke/Schröder-Lenckner/Perron*, § 266 Rn. 20; vgl. auch *Martin*, Bankuntreue, 97 ff.; *Thomas*, FS Riess, 795, 800 ff.

[102] So auch die aktuelle Rechtsprechung des BGH, in: StV 2004, 424: „Wirtschaftlich vernünftige Ausgaben im Rahmen kaufmännischen Unternehmergeistes dürfen nicht ohne weiteres pönalisiert werden. Ein riskantes Handeln, dessen Folgen einen anderen treffen, ist allerdings in der Regel pflichtwidrig, wenn der Handelnde den ihm gezogenen Rahmen nicht einhält, insbesondere die Grenzen des verkehrsüblichen Risikos überschritten hat.".

[103] *Geßler/Hefermehl-Fuhrmann*, Vor § 399 Rn. 10.

[104] Vgl. die zusammenfassende Übersicht der angebotenen Definitionen bei *Hillenkamp*, NStZ 1981, 161, 162 f.

[105] *Nelles*, Untreue zum Nachteil von Gesellschaften, 563.

und warum das betreffende Risikogeschäft strafbar oder straflos ist.[106] Eine Definition ist aber dennoch schon allein deswegen angebracht, weil die Entscheidungsträger in der Wirtschaft wissen müssen, bei welcher Art von Geschäften erhöhte Vorsicht hinsichtlich einer Untreuestrafbarkeit geboten ist.[107] Darüber hinaus hilft die Definition auch bei der Systematisierung der Fallgruppen, was zumindest für diesen Teilbereich Synergieeffekte hinsichtlich der schwierigen Klärung der vorstandlichen Untreuestrafbarkeit erhoffen lässt.

I. Wirtschaftswissenschaften

Im Bereich der Wirtschaftswissenschaften gibt es keine Legaldefinition für den Begriff des Risikogeschäfts, jedoch befasst sich die sog. Entscheidungstheorie mit dem Terminus Risiko. Da über die Zukunft nur unvollkommene Informationen vorliegen, jedoch alle Unternehmensentscheidungen in die Zukunft reichen, ist Wirtschaften untrennbar mit Risiken verbunden.[108] Der Begriff Risiko charakterisiert deshalb ein wirtschaftliches Grundprinzip[109], wird jedoch in den Wirtschaftswissenschaften nicht einheitlich definiert.

So finden sich zum einen ursachenbezogene Definitionen, die zwischen den drei Zuständen Sicherheit, Risiko und Ungewissheit unterscheiden[110] und dabei die Intensität der Information des Entscheidungsträgers als Anhaltspunkt heranziehen. Entscheidungen unter Risiko sollen demnach vorliegen, wenn bezüglich der Konsequenzen objektive, also statistische, oder subjektive, d.h., auf Erfahrung beruhende Eintrittswahrscheinlichkeiten bekannt sind, wogegen bei Entscheidungen unter Ungewissheit überhaupt keine Informationen über Eintrittswahrscheinlichkeiten vorhanden seien. Die in der Realität vorkommenden Entscheidungen ließen sich auf einem Kontinuum zwischen Sicherheit und Ungewissheit einordnen, wobei Entscheidungen unter Risiko am häufigsten vorkommen sollen.[111] Für jeden dieser Informationszustände wurden Entscheidungsregeln entwickelt.[112]

Daneben existieren wirkungsbezogene Definitionen, wonach das Risiko die „Möglichkeit des Misslingens von Plänen“, die „Gefahr einer Fehlentscheidung“ bezeichnen, also allgemein die Möglichkeit einer subjektiven Zielverfehlung

---

[106] *Kohlmann*, Strafrechtliche Verantwortlichkeit, Rn. 316.

[107] *Waßmer*, Untreue bei Risikogeschäften, 5.

[108] *Bea/Friedl/Schweitzer*, Allgemeine Betriebswirtschaftslehre 1, 31; *Schneider*, Investition, Finanzierung und Besteuerung 23.

[109] *Kohlmann*, StrafrechtlicheVerantwortlichkeit, Rn. 316.

[110] Die folgende Einteilung orientiert sich an *Bamberg/Coenenberg*, Entscheidungslehre, 25 und wird hier wegen der Vernachlässigbarkeit der wirtschaftswissenschaftlichen Feinheiten stark vereinfacht dargestellt.

[111] *Bamberg/Coenenberg*, Entscheidungslehre, 77 f.

[112] Dazu *Bamberg/Coenenberg*, Entscheidungslehre, 43 ff. (Sicherheit), 76 ff. (Risiko), 126 ff. (Ungewissheit).

charakterisieren soll.[113] Zudem wird differenziert, ob der Begriff eine Doppelnatur aufweist, also Gefahr und Chance umfasst, oder lediglich die Gefahr negativer Zielverfehlungen bezeichnet.[114]

Schließlich wird der Begriff Risiko auch durch eine duale Definition beschrieben. Er soll nicht nur einen bestimmten Informationszustand, sondern zugleich die Verfehlung subjektiver Zielsetzungen kennzeichnen. Begründet wird dies damit, dass die gleiche Situation für ein Subjekt ein Risiko beinhalten, für ein anderes aber frei davon sein kann, wenn keine individuelle Zielsetzung gefährdet ist.[115]

II. Strafrecht

Hillenkamp setzt den Akzent in diesem Zusammenhang auf den Begriff „Risiko", der in der betriebswirtschaftlichen Entscheidungslehre als die Möglichkeit einer Fehlentscheidung definiert werde und erklärt das Risikogeschäft demnach als „eine geschäftliche Disposition, die eine Fehlentscheidung sein kann."[116] Problematisch ist dieser Rückgriff auf die wirkungsbezogene Definition von Risiko jedoch aufgrund ihrer Weite, denn die Möglichkeit eines Fehlschlagens ist stets gegeben. Eine präzisere Benennung der Art der „Fehl"-Entscheidung liefert Prieß[117], die diese Fragestellung bereits im Jahre 1933 als erste systematisch vertiefend aufgegriffen hat. Nach ihr besteht das riskante Geschäft darin, „dass der Gewinnerwartung wegen relativ sichere Vermögenswerte gegen unsichere eingetauscht werden, welche mit dem Risiko oder einem höheren Risiko des Verlustes behaftet sind."[118] Den Versuch, Risikogeschäfte anhand der Art und Höhe des eingegangenen Risikos von Normalgeschäften abzugrenzen, unternehmen aber auch andere[119]. Da der Grad des Risikos jedoch eine normative Wertung darstellt, besteht bei diesen Ansichten die Gefahr, dass Dispositionen ausgegrenzt werden, die zwar nur mit einem geringen Risiko behaftet sind, dafür aber eindeutig pflichtwidrig sind. Warum diese allerdings nicht auch unter den Terminus Risikogeschäft fallen sollen, ist nicht ersichtlich. Schließlich werfen diese Ansichten die kaum zu beantwortende Frage auf, wann ein erhöhtes Maß an Ungewissheit vorliegt.[120] Ayasse versucht daher nach der Art der Risikofaktoren zu differenzieren, wobei er abstrakte Risikofaktoren, bei denen im speziel-

---

[113] Zu den verschiedenen Ansätzen: *Braun*, Risikomanagement, 22 f.
[114] Ausführlich *Braun*, Risikomanagement, 23; *Schneeweiß*, Entscheidungskriterien bei Risiko, 71.
[115] *Braun*, Risikomanagement, 25 ff.
[116] *Hillenkamp*, NStZ 1981, 161, 165.
[117] *Prieß*, Die aktienrechtliche Untreue, 36 ff.
[118] *Prieß*, Die aktienrechtliche Untreue, 36.
[119] *Schönke/Schröder-Lenckner/Perrron*, § 266 Rn. 20; ähnlich *Wessels/Hillenkamp*, BT/2, § 18 Rn. 757: „gesteigertes" Wagnis; *Arzt*, FS Bruns, 365, 377, Fn. 33 „Gefahr eines Verlustes wahrscheinlicher als Aussicht auf Gewinnzuwachs"; *Trifterer*, NJW 1975, 612, 614 „hohe Wahrscheinlichkeit der Verwirklichung".
[120] *Ayasse*, Untreue im Bankenbereich bei der Kreditvergabe, 47.

len die bloße Möglichkeit der Realisierung besteht (etwa politische Unruhe oder Konjunkturabschwächungen), als ungeeignet ausscheidet, ein Risikogeschäft zu begründen. Lägen hingegen Anhaltspunkte, Vergleichszahlen oder gesicherte Erfahrungen vor, die darauf hindeuten, dass sich bestimmte Gefahren tatsächlich realisieren könnten, würden diese „konkreten" Risikofaktoren eine Disposition zum Risikogeschäft machen. Auch Ayasse stellt bei seiner Lösung wiederum auf die Höhe des Risikos ab, wählt dabei lediglich andere Faktoren als die vorher genannten Autoren.

Einen Versuch, die Definition nicht allein an der Höhe des Risikogrades auszurichten, liefert Waßmer[121] in seiner Monographie. Da es um die Bewertung wirtschaftlicher Aktionen gehe, müsse ein wirtschaftswissenschaftlicher Ausgangspunkt gewählt werden. Entscheidend sei unter anderem der Stand der Information, den der Geschäftsführer habe, der jedoch wegen der Zielorientiertheit wirtschaftlicher Aktionen durch die Zielverfehlung als ökonomischem Filter ergänzt werden müsse. Die Definition muss einerseits so weit sein, dass alle Risikogeschäfte, strafbare wie straflose erfasst werden, andererseits so eng, dass möglichst nur untreuespezifische Verhaltensweisen erfasst werden. Dies könne durch einen strafrechtlichen Filter geschehen, den Waßmer wegen der Vermögensdeliktsqualität der Untreue darin sieht, dass nur Zielsetzungen relevant sein sollten, die das Vermögen zum Inhalt haben. Das Risiko muss also die Gefahr eines Vermögensverlustes, nicht etwa eines Vermögensgewinnes, kennzeichnen. Der gesuchte strafrechtliche Filter ist danach die Vermögensschädigung. Zusammenfassend kann nach alledem wenigstens konstatiert werden, dass das Risikogeschäft eine geschäftliche Disposition sein muss, bei der ungewiss ist, ob Konsequenz eine Vermögensmehrung oder eine Vermögensschädigung ist.

Die folgenden Fallbeispiele aus der jüngeren Presse sollen die Vielschichtigkeit risikobehafteter Geschäfte durch den Vorstand der AG illustrieren und schließlich auf ihre mögliche Tatbestandsmäßigkeit im Hinblick auf § 266 StGB untersucht werden. Die vorgenommene Unterteilung in Untergruppen entspricht dabei der bisher zu Risikogeschäften ergangenen Rechtsprechung.[122]

---

[121] *Waßmer*, Untreue bei Risikogeschäften, 9 f.
[122] Vgl. dazu die Übersicht bei *Müller-Gugenberger/Bieneck-Schmid*, § 31 Rn. 118.

(B) Die einzelnen Fallgruppen
I. Untergruppe Kreditgewährung
Beispielsfall 1: WestLB (Vorstandsmitglieder)
Verdacht: Untreue
Wegen der Absegnung eines verlustreichen Geschäfts (Kreditvergabe) mit dem britischen TV-Vermieter Boxclever im Jahr 1999 besteht der Verdacht der Untreue gegen mehrere ehemalige Vorstandsmitglieder der WestLB. Die Berichte der Sonderprüfer von Ernst&Young legten erschreckende Fehler der WestLB Verantwortlichen bei Anbahnung und Abwicklung des Boxclever-Geschäfts offen. Zahlreiche Warnsignale über den bedenklichen Zustand des Engagements wurden ignoriert. So tauchte Boxclever in den Risikoberichten der neuntgrößten deutschen Bank bis Ende März 2003 überhaupt nicht auf. Nachträglich musste die WestLB ihre Bilanz korrigieren, ein gutes Viertel des Jahresverlustes für 2002 von 1,7 Mrd. Euro entfiel allein auf das Engagement bei Boxclever. Die BaFin sah sich nach der Sonderprüfung veranlasst, die Prüfakten der StA zu übergeben. „Keinem Verantwortlichen werde persönliche Untreue vorgeworfen, und Dummheit sei schließlich nicht strafbar", heißt es im Umfeld der Düsseldorfer Bank. Einige Manager des Instituts räumten in diesem Zusammenhang ein, sie hätten das Finanz-Engagement bei Boxclever nicht durchschaut.
(Quelle: Handelsblatt vom 28.11.2003)

Beispielsfall 2: Sparkasse U. (Vorstandsmitglieder)
Verdacht: Untreue
Die Angeklagten B., S. und der frühere Mitangeklagte St. waren Vorstände der Sparkasse U., B. Vorstandsvorsitzender. Durch Vorstandsbeschluß vom 18. Juni 1991 erhöhten sie das Kreditlimit der Firma HR-W. GmbH und ihres alleinigen Gesellschafters, des Kaufmanns R., die eine Kreditnehmereinheit nach § 19 Abs. 2 KWG bildeten, um 2980000 DM. Die Mittel dienten dem Erwerb eines Lagers nicht mehr aktueller Textilien, das die Kreditnehmer weiterverkaufen wollten. Der Blankoanteil der Kreditgewährung betrug 1779900 DM, bei Berücksichtigung einer Zusatzsicherheit aus dem Warenlager 1046000 DM. Das Gesamtengagement der Sparkasse gegenüber den Kreditnehmern belief sich damit auf 4281600 DM; dem standen Sicherheiten von maximal 2501700 DM entgegen. Den Kreditnehmern gelang es in der Folgezeit nicht, das Warenlager zu verkaufen. Letztlich wurden die sicherungsübereigneten Waren zu einem Erlös von lediglich 406500 DM veräußert.[123]

Beispielsfall 3: Sparkasse M. (Vorstandsmitglieder)
Verdacht: Untreue
Die Angekl. R, S und H bildeten den Vorstand der Sparkasse M. R war Vorstandsvorsitzender, S war stellvertretender Vorstandsvorsitzender und betreute unter anderem das Privatkundengeschäft; H war unter anderem für das Firmen-

---
[123] BGHSt 46, 30.

kundengeschäft zuständig. O war im Dezernat H. tätig und Verhinderungsvertreter des Vorstands. Im August 1994 wurde er stellvertretendes Vorstandsmitglied für das Dezernat H. Ende der 80er Jahre entschied sich die Sparkasse, ermuntert von dem Verwaltungsratsvorsitzenden - dem Oberbürgermeister der Stadt M. -, das Kreditgeschäft auszuweiten und „die offensive Akquisition in diesem Bereich zu forcieren". Es sollten nicht mehr nur Kredite innerhalb des Gebiets des Gewährträgers („Regionalprinzip") vergeben werden. Durch diese Kreditpolitik geriet die Sparkasse in erhebliche wirtschaftliche Schwierigkeiten. Den im Jahre 1999 aufgelaufenen Verlust von 900 Mio. DM konnte sie nicht mehr aus eigener Kraft bewältigen.[124]

1. Problemeinführung

Es ist offensichtlich, dass der Wettbewerb zwischen den Banken im Bereich der Europäischen Union immer schärfer wird, mithin also auch die Jahreserfolgserwartungen durch die einzelnen Geschäftsleitungen immer höher geschraubt werden. Zwar mündet die seit jeher wesentliche Zielsetzung der Umsatzausweitung nunmehr in eine gewisse Konsolidierungsphase ein, was insbesondere nach der Hochfinanzierungsphase in den neuen Bundesländern dringend geboten war, die Ertragskraft der Banken soll und muss aber nach wie vor erhöht, zumindest aber stabilisiert werden.[125] Diesem allgegenwärtigen Zwang der Umsatzerweiterung sieht sich jeder Filialleiter bzw. Vorstand einer Bank ausgesetzt, wobei das Bewusstsein besteht, dass sich eine Erhöhung des Bilanzvolumens in der Regel nur durch eine Erweiterung des Kreditumfanges verwirklichen lässt.[126] Häufig wird hierbei dann die Prüfung der Kreditwürdigkeit und die Beachtung der Beleihungsgrenzen in den Hintergrund gedrängt. Wird hierdurch das Sicherungsinteresse der Bank verletzt, kommt insbesondere die Verwirklichung des Straftatbestandes der Untreue durch die für die Kreditentscheidung verantwortlichen Personen in Betracht. An Bedeutung gewonnen hat § 266 StGB im Hinblick auf die Vergabe von Krediten insbesondere im Zusammenhang mit der stetig wachsenden Zahl der Insolvenzen[127] von Großunternehmen, welche regelmäßig den Ausfall von dem Unternehmen gewährten Krediten zur Folge haben, insbesondere aber auch angesichts des sogenannten Berliner Bankenskandals.[128]

Obgleich es anerkannt ist, dass der Umstand eines Kreditausfalls für sich alleine eine Haftung nicht zu begründen vermag, ist noch weitgehend ungeklärt, welche Kreditvergaben noch tolerabel und damit strafrechtlich haftungsfrei sind. Die

---

[124] BGHSt 47, 148, der Sachverhalt findet sich jedoch bei BGH NJW 2002, 1211.

[125] *Doster*, WM 2001, 333.

[126] *Doster*, WM 2001, 333.

[127] Im Jahr 2001 stellten 32278 deutsche Unternehmen einen Insolvenzantrag, 2002 waren es 37579 und im Jahr 2003 bereits 39320 bis die Zahl schließlich im Jahr 2004 leicht um 0,3% auf 39213 zurückging; Quelle für die Jahre 2001-2004: Statistisches Bundesamt, abrufbar unter http://www.destatis.de/basis/d/insol/insoltab1.html.

[128] Vgl. hierzu *Preussner/Zimmermann*, AG 2002, 657 f.

Klärung dieser Frage im Rahmen der Pflichtwidrigkeit[129] erfordert eine eingehende Auseinandersetzung mit zwei relativ aktuellen Entscheidungen des Bundesgerichtshofes[130], die sich, wie sich zeigen wird, nicht ganz zu Unrecht zahlreicher, teilweise heftiger Kritik aus dem Schrifttum ausgesetzt sahen und sehen. Für die Erörterungen wird mit Blick auf den Untersuchungsgegenstand davon ausgegangen, dass es sich bei dem kreditausreichenden Institut um eine Aktiengesellschaft handelt.

2. Der AG-Vorstand als tauglicher Täter der Kredituntreue

a) Vergabekompetenz

In der hier angenommenen, durchaus als Regelfall zu bezeichnenden Konstellation, dass ein Kreditinstitut in der Rechtsform der Aktiengesellschaft organisiert ist[131], stellt sich zunächst die grundsätzliche Frage, ob bzw. wie und wann der Vorstand überhaupt in das Vergabegeschehen eingreift. Üblicherweise werden die Entscheidungen über Kreditvergaben von Banken gestaffelt nach deren internen Kompetenz- bzw. Kreditrichtlinien getroffen. Kleinere Kredite werden danach etwa vom Sachbearbeiter selbst bewilligt (in der Regel abgesichert durch ein rein formales „Vier-Augen-Prinzip), „mittelgroße" sind vom Kreditausschuss zu prüfen und bei einer großen Summe ist zusätzlich eine Entscheidung des Vorstands herbeizuführen.[132] Die Verlagerung der Entscheidung auf die höhere Ebene und auf ein größeres Gremium und damit auf eine größere Personenzahl soll dabei eine Verbesserung und Intensivierung der Kontrolle bewirken. Beim Fall der WestLB handelte es sich um einen Kredit in der Größenordnung von 690 Mio. Euro, so dass in jedem Fall eine Vorstandsentscheidung in diesem Sinne eingeholt werden musste. Vorstandsmitglieder und ihre Stellvertreter sind unzweifelhaft vermögensfürsorgepflichtig im Sinne des Treubruchstatbestandes des § 266 I, 2. Alt. StGB.[133] Außerdem besteht in Bankenverfahren die Besonderheit, dass mit der Verpflichtungs- und Verfügungsbefugnis des Missbrauchstatbestands stets die für beide Tatbestände erforderliche Vermögensbetreuungspflicht einhergeht. Denn wer in der Hierarchie der Bank mit der Kompetenz ausgestattet ist, das Geldinstitut in Geldangelegenheiten nach außen hin rechtsgeschäftlich zu vertreten, hat zwangsläufig auch eine Vermögensbetreuungspflicht.[134] Es kann mithin festgestellt werden, dass dem Vorstand vor allen Dingen bei größeren Krediten entscheidende Kompetenzen im Rahmen des Verga-

---

[129] Dazu unten 2. Teil B I 3.

[130] BGHSt 46, 30 ff. (Sachverhalt auf S. 29) und BGHSt 47, 148 ff. (Sachverhalt auf S. 29 f.).

[131] Die Eigenschaft des Kreditinstituts im Sinne von § 1 I 1 KWG ist grundsätzlich unabhängig von der Rechtsform, lediglich bei Spezialkreditinstituten ist die Wahl der Rechtsform beschränkt (vgl. § 2 I HGB; § 2 I SchiffsBG; § 2 I BSpKG); vgl nur *Fischer*, in: *Boos/Fischer/Schulte-Mattler*, KWG, § 40 Rn. 6; *Fülbier*, in: *Boos/Fischer/Schulte-Mattler*, KWG, § 1 Rn. 15.

[132] Vgl. dazu *Knauer*, NStZ 2002, 399, 403.

[133] GK-*Otto*, Vor § 399 Rn. 23; LK-*Schünemann*, § 266 Rn. 126; BGHR § 266 Abs. 1 Vermögensfürsorgepflicht 8.

[134] Vgl. *Martin*, Bankuntreue, 48.

beprozesses zukommen. Diese lassen den Schluss zu, dass der AG-Vorstand nicht nur theoretisch tauglicher Täter der Kredituntreue sein kann, sondern dies in der Praxis auch sein wird.

Steht die Tätertauglichkeit des Vorstands damit im Hinblick auf die eigene Kreditentscheidung fest, so könnte man noch die Frage aufwerfen, ob eine diesbezügliche täterschaftliche Verantwortlichkeit auch hinsichtlich der Kreditvergabe durch andere Bankmitarbeiter, insbesondere Kreditsachbearbeiter, in Betracht kommt. Da Kreditsachbearbeiter im Rahmen der Satzung oder Geschäftsordnung des Kreditinstituts eigenständig bestimmte Kreditentscheidungen treffen können, wäre unter Umständen an eine diesbezügliche mittelbare Täterschaft des Vorstandsmitglieds zu denken. Diese Überlegung erscheint vor dem Hintergrund der BGH-Rechtsprechung zu den Mauerschützenprozessen, nach der Entscheidungsträger unter bestimmten Voraussetzungen kraft ihrer Organisationsherrschaft über staatliche Befehlsstrukturen rechtlich als mittelbare Täter gewertet werden[135], zumindest beachtungswürdig. Zwar werden die hier aufgestellten Grundsätze für alle staatlichen, unternehmerischen oder gesellschaftsähnlichen Organisationsstrukturen und Befehlshierarchien in Betracht gezogen[136], eine Gleichsetzung von Wirtschaftsunternehmen wie einer Bank in der Rechtsform der Aktiengesellschaft mit dem totalitären Unrechtsregime der DDR verbietet sich jedoch zwingend.[137] Trotz der weit gefächerten vorstandlichen Leitungsbefugnis, die sich in erster Linie durch Vertretungsmacht nach außen manifestiert, bestehen in der Aktiengesellschaft keine auch nur annähernd mit diesem Konstrukt vergleichbaren Machtstrukturen bzw. eine solch intensive Organisationsherrschaft. Zwar trifft den Vorstand unter Umständen eine Mitverantwortlichkeit für das Fehlverhalten des sich untreuepflichtwidrig verhaltenden Kreditsachbearbeiters, diese erschöpft sich in der Regel jedoch in einer Ordnungswidrigkeit im Sinne von § 130 OWiG, soweit man die Verletzung der Aufsichts- oder Organisationspflicht geltend machen kann.[138] Eine mittelbare Täterschaft scheidet hingegen richtigerweise aus.

b) Missbrauchs- oder Treubruchstatbestand?

Nicht offen bleiben kann dagegen die Frage, welche konkrete Tatbestandsalternative durch die pflichtwidrige Kreditvergabe erfüllt wird. Die diesbezügliche Notwendigkeit besteht nicht nur im Hinblick auf das Recht des Täters zu erfahren, welche Tat ihm konkret zur Last gelegt wird, sondern auch dahingehend, dass beim weitergefassten Treubruchstatbestand möglicherweise strengere Anforderungen an den Vorsatz zu stellen sind.[139] Die Kreditvergabe muss in insgesamt vier unterschiedliche Phasen eingeteilt werden:

---

[135] Grundlegend BGHSt 40, 218, 236 f.
[136] Anerkannt unter anderem sogar für eine kleine GmbH, vgl. *Kiethe*, WM 2003, 861, 869.
[137] So auch *Kiethe*, WM 2003, 861, 869.
[138] Vgl. *Doster*, WM 2001, 333, 334.
[139] Vgl. BGH wistra 1997, 301.

Im einzelnen sind dies die Kreditbewilligung, die Kreditvergabeentscheidung, die Bereitstellung des Kredits und die Kreditüberwachung. Der Vorstand der AG wird in erster Linie in der Phase der Kreditbewilligung[140] und vor allen Dingen bei der Kreditvergabeentscheidung aktiv, wenn ein Kunde – von dem üblicherweise der Antrag auf Abschluss eines Kreditvertrages ausgeht – seinen Kreditwunsch geäußert hat. Die Kreditbewilligung ist eine rein interne Kreditentscheidung, in der Informationen über persönliche und wirtschaftliche Kreditwürdigkeit und angebotene Sicherheiten eingeholt werden und der Kreditwunsch nach allgemeinen wirtschaftlichen Gesichtspunkten beurteilt wird. Sodann wird vorstandsintern durch Beschluss entschieden. Da es sich bei dieser Kreditbewilligung - wie gesehen - um eine rein interne Entscheidung handelt, können pflichtwidrige Verhaltensweisen der Vorstandsmitglieder allein dem Treubruchstatbestand unterfallen.[141] Von dieser internen Entscheidungsfindung ist die sogenannte Kreditzusage zu unterscheiden, mit der die getroffene Entscheidung im Verhältnis zum Kreditnehmer bindend wird. Sie kann allein durch den einzel- oder gesamtvertretungsberechtigten Vorstand erteilt werden und sorgt für das Zustandekommen des Kreditvertrages.[142] Der Kreditgeber ist damit verpflichtet, dem Kreditnehmer Geldkapital auf bestimmte oder unbestimmte Zeit zur Verfügung zu stellen. Ist den Vorstandsmitgliedern bei der Kreditzusage, d.h. bei Abschluss des Kreditvertrages, ein ungetreues Verhalten anzulasten, wird die Verpflichtungsbefugnis gemäß § 266 I, 1. Var. StGB missbraucht. In Anlehnung an betrugsspezifische Begrifflichkeiten könnte man in diesem Fall von einer Eingehungsuntreue sprechen.

In den beiden abschließenden Phasen der Bereitstellung des Kredits wird der Vorstand - wenn überhaupt - noch die Anweisung zur Auszahlung des Darlehens erteilen, so dass insofern nur eine Tatbeteiligung über die Grundsätze der mittelbaren Täterschaft in Betracht kommt. Aus Übersichtlichkeitsgründen sollte entsprechend den Regelungen beim Betrug in den Stadien 2 und 3 eine Unterscheidung zwischen Eingehungsuntreue und Erfüllungsuntreue vorgenommen werden. Da Grund und Ziel jeder Verpflichtung die Erfüllung ist – hier liegt eindeutig auch der wirtschaftliche Schwerpunkt – sollte beim Zusammentreffen beider Alternativen durch den Vorstand eine Subsidiarität der Eingehungsuntreue gegenüber der Erfüllungsuntreue angenommen werden. Schließlich kann auch in der Phase der Kreditüberwachung eine Untreue in Betracht kommen. Für eine ordnungsgemäße Kreditüberwachung gelten die gleichen Grundsätze

---

140 Auch „Kreditbeurteilung“, „Kreditwürdigkeitsprüfung“ oder „Bonitätsbeurteilung“ genannt; vgl. *Schmoll*, Kreditüberwachung, 34.

141 So auch *Martin*, Bankuntreue, 49.

142 Nach der älteren Realvertragstheorie ist dieser Vertrag lediglich ein Vorvertrag, da als konstitutives Element des Darlehensvertrages die (gleichzeitige) Hingabe der Darlehensvaluta (arg. ex. § 607 BGB) vorausgesetzt wird. Demgegenüber sieht die Konsensualvertragstheorie, die der modernen Verkehrsauffassung und Kreditpraxis entspricht und sich zu Recht durchgesetzt hat, in diesem Darlehensversprechen den eigentlichen Darlehensvertrag.

wie für die Gewährung von Krediten.[143] Kommt der Vorstand der Überwachungspflicht nicht nach, so kann eine Treubruchsuntreue in Betracht kommen.[144]

Anders stellt sich die Situation dar, wenn der Vorstand aufgrund seiner Überwachung Handlungsbedarf erkennt, dann aber untätig bleibt. In solchen Fällen ist nämlich eine rechtsgeschäftliche Handlung[145] vorzunehmen, deren Unterlassen ein Fall der Missbrauchsuntreue sein kann. Entscheidender Zeitpunkt für die Bestimmung der Untreuepflichtwidrigkeit ist und bleibt jedoch die in der Regel im Gesamtgremium getroffene abschließende Entscheidung über die Kreditgewährung. Diese unterfällt wegen ihrer rechtlichen Verbindlichkeit grundsätzlich dem Missbrauchstatbestand. Im räumlichen und zeitlichen Zusammenhang mit dieser Entscheidung läßt sich neben formellen Pflichten, die im Vorfeld der eigentlichen Entscheidung zu beachten sind, insbesondere die materielle Pflicht, den vorhandenen Entscheidungsspielraum richtig auszuüben, feststellen, wobei das Hauptaugenmerk – wie sich zeigen wird – auf einer umfassenden, detaillierten Risikoprüfung liegen muss.

3. Pflichtwidrigkeit der Kreditentscheidung

a) Die Ansicht des BGH (1. Strafsenat)

Es dürfte kaum außer Zweifel stehen, dass jedes Kreditgeschäft mit einem gewissen Risiko behaftet ist, weil immer denkbar ist, dass der Rückzahlungs- und Verzinsungsanspruch der Bank nicht erfüllt wird. Ein derartiges Ausfallrisiko mag bei sorgfältiger Prüfung zum Zeitpunkt der Kreditvergabe – objektiv gesehen – sogar erkennbar gewesen sein. Wird der Kredit in einem solchen Fall dann später tatsächlich notleidend, kann aber selbstverständlich nicht schon allein deshalb eine im Sinne von § 266 I, 1. Var. StGB relevante Pflichtverletzung angenommen werden. Dies hat auch der BGH ausdrücklich klargestellt, nach dessen 1. Strafsenat vielmehr die Risiken der Kreditvergabe auf Grundlage umfassender Informationen gegen die sich daraus ergebenden Chancen abzuwägen sind.[146] Während sich der BGH hinsichtlich der Bedeutung des Abwägungsvorgangs für die Pflichtwidrigkeit im klaren ist, so besteht im Hinblick auf die für die Abwägung heranzuziehenden Kriterien offensichtlich noch Diskussionsbedarf. Dies zeigt vor allen Dingen die Gegenüberstellung der beiden in diesem

[143] Sie ist daher nichts anderes als eine Kreditweiterbearbeitung; vgl. *Dierkes*, Kreditüberwachung, 35.
[144] So auch *Martin*, Bankuntreue, 56 und *Müller-Gugenberger/Bieneck-Nack*, § 66 Rn. 86.
[145] Wobei man von der Mahnung absehen muss, da diese nur als rechtsgeschäftsähnliche Handlung zu qualifizieren ist.
[146] BGHSt 46, 30; BGHSt 47, 148.

Zusammenhang grundlegenden Entscheidungen aus den Jahren 2000[147] und 2001[148].

Gemeinsam ist beiden Entscheidungen die Auseinandersetzung mit dem Gesetz über das Kreditwesen (KWG), insbesondere mit § 18 KWG, der in seinem ersten Satz bestimmt, dass ein Kreditinstitut einen Kredit von insgesamt mehr als 500000 DM nur gewähren darf, wenn es sich vom Kreditnehmer die wirtschaftlichen Verhältnisse, insbesondere durch Vorlage der Jahresabschlüsse, offenlegen lässt. Bisher hat der BGH fast jeden Verstoß gegen diese Vorschrift relativ unproblematisch als die Pflichtwidrigkeit begründend angesehen.[149] Als strafbarkeitsbegründend wird mithin einbewertet, dass die Kreditentscheidung nicht auf der Grundlage einer auf umfassenden Informationen beruhenden Abwägung der Risiken des Kreditgeschäfts gegen die sich daraus ergebenden Chancen getroffen wurde. In der zeitlich früheren Entscheidung wird allerdings auch klargestellt, dass die Nichtbeachtung oder Verletzung des zugrundegelegten § 18 KWG lediglich indizierende Bedeutung im Hinblick auf die Feststellung der Pflichtverletzung habe. Der tatrichterliche Rückschluss darauf, dass die angesprochene Abwägung von Risiken und Chancen tatsächlich vorgenommen wurde, könne dagegen auf den folgenden äußeren Indizien basieren, die wiederum die Vernachlässigung der Informationspflichten beinhalten:

- „die Informationspflichten wurden vernachlässigt,
- die Entscheidungsträger besaßen nicht die erforderliche Befugnis,
- im Zusammenhang mit der Kreditgewährung wurden unrichtige oder unvollständige Angaben gegenüber Mitverantwortlichen oder zur Aufsicht befugten oder berechtigten Personen gemacht,
- die vorgegebenen Zwecke wurden nicht eingehalten,
- die Höchstkreditgrenzen wurden überschritten,
- die Entscheidungsträger handelten eigennützig“.[150]

Diese Kriterien sind, so ist die Entscheidung zumindest zu verstehen[151], wirklich nur Indizien, deren Wirkung immer dann zu verneinen ist, wenn andere, stärkere Anhaltspunkte für die Chance der Erfüllung des Zins- und Rückzahlungsanspruchs sprechen. Folgt man dem Wortlaut der BGH-Passagen nun exakt, dann kann konstatiert werden, dass es für die Bestimmung der Pflichtwidrigkeit bei der Kreditvergabe nicht darauf ankommen soll, ob und wie das Darlehen gesichert oder wie es um die Bonität des Schuldners bestellt war. Vielmehr könne der Missbrauch nur dann angenommen werden, wenn die entsprechenden Prü-

---

[147] BGH, Urteil vom 6.4.2000 – 1 StR 280/99 (LG Augsburg), abgedruckt in: BGHSt 46, 30.
[148] BGH, Urteil vom 15.11.2001 – 1 StR 185/01 (LG Mannheim), abgedruckt in: BGHSt 47, 148.
[149] Vgl. nur BGH wistra 1985, 190.
[150] BGHSt 46, 30, 34.
[151] Und so verstehen sie u.a. auch *Otto*, JR 2000, 517 und *Knauer*, NStZ 2002, 399, 400.

fungs- und Informationspflichten verletzt oder diese zwar erfüllt, anschließend aber nicht oder nicht sorgfältig das Für und Wider der Darlehensgewährung abgewogen wurde.

Bereits die nächste, in diesem Zusammenhang grundlegende, Entscheidung verlässt den bei BGHSt 46, 30 ff. eingeschlagenen Weg einer zurückhaltenden Berücksichtigung von § 18 KWG und rückt diesen nunmehr sogar soweit in den Vordergrund, dass den Erläuterungen zu § 18 KWG eine konkretisierende Funktion im Hinblick auf den objektiven Tatbestand des § 266 StGB zukommen soll.[152] Danach sei für die Pflichtverletzung im Sinne des Missbrauchstatbestandes des § 266 StGB maßgebend, ob die Entscheidungsträger bei der Kreditvergabe ihre banküblichen Informations- und Prüfungspflicht bezüglich der wirtschaftlichen Verhältnisse des Kreditnehmers gravierend verletzt haben. Aus der Verletzung der in § 18 Satz 1 KWG normierten Pflicht zum Verlangen nach Offenlegung der wirtschaftlichen Verhältnisse können sich Anhaltspunkte dafür ergeben, dass der banküblichen Informations- und Prüfungspflicht nicht ausreichend Genüge getan wurde.[153] Zwar kann bei genauer Betrachtung dieses Leitsatzes in formaler Hinsicht keine grundsätzliche Abkehr von dem in BGHSt 46, 30 ff. eingeschlagenen Weg ausgemacht werden, die Urteilsgründe tendieren jedoch in eine andere Richtung, wenn insoweit der materielle Gehalt der Vorschrift und deren Konkretisierung durch Rundschreiben des Bundesaufsichtsamts für das Kreditwesen (BAK)[154] in umfassender Weise dargestellt werden. Der Senat sieht in § 18 KWG den Ausfluss einer zur gesetzlichen Norm erhobenen „Selbstverständlichkeit“[155], nämlich des anerkannten bankkaufmännischen Grundsatzes, Kredite nur nach umfassender und sorgfältiger Bonitätsprüfung zu gewähren und bei bestehenden Kreditverhältnissen die Bonität des Kreditnehmers laufend zu überwachen. Die Vorschrift sei also nicht nur formal, sondern auch materiell einzuhalten.[156] Da aber § 18 KWG keine eigenständige Aussage über den exakten Inhalt der aus Offenlegung korrespondierenden Pflichten des Kreditinstituts enthält, werden diese in Zitatform den Rundschreiben des damaligen BAK entnommen, wonach sich das Verfahren in drei Schritten vollzieht: Vorlage der erforderlichen Unterlagen, Auswertung, Dokumentation. Die Verpflichtung besteht während der gesamten Dauer des Engagements. Zwar seien die Informationspflichten, deren Vernachlässigung eine Pflichtwidrigkeit im Sinne des Missbrauchstatbestandes begründeten, und die Pflicht zum Verlangen nach Offenlegung der wirtschaftlichen Verhältnisse nach § 18 KWG

152 BGHSt 47, 148, 150.
153 BGHSt 47, 148, 150.
154 Das zum damaligen Zeitpunkt noch zuständige Bundesaufsichtsamt für das Kreditwesen (BAK) ist zum 1. Mai 2002 mit den damaligen Bundesaufsichtsämtern für den Wertpapierhandel (BAW) und das Versicherungswesen (BAV) zur Bundesanstalt für Finanzdienstleistungsaufsicht (BaFin) verschmolzen worden; siehe hierzu die §§ 6 ff. KWG.
155 BGHSt 47, 148, 150.
156 BGHSt 47, 148, 151.

nicht vollständig deckungsgleich. Gravierende Verstöße gegen die bankübliche Informations- und Prüfungspflicht begründen aber eine Pflichtwidrigkeit im Sinne des Missbrauchstatbestandes des § 266 StGB.[157] Bei der Frage, ob solche Verstöße vorliegen, kann auch auf die Erläuterungen des damaligen BAK zum Verfahren nach § 18 Satz 1 KWG zurückgegriffen werden. In dem zugrundeliegenden Fall nahm der Senat dann auch für alle Verstöße gegen § 18 KWG eine objektive Pflichtwidrigkeit im Sinne von § 266 StGB an.

b) Stellungnahme

Mag das vom BGH gefundene Ergebnis auch Zustimmung verdienen und seine ausführliche Herleitung begrüßenswert erscheinen, so ist doch die Begründung der Pflichtwidrigkeit wegen ihrer allzu engen Orientierung an § 18 KWG mit erheblicher Vorsicht zu würdigen. Hier wird der Verstoß gegen ein außerstrafrechtliches Gesetz und gegen dieses interpretierende Äußerungen der Bankaufsicht mit dem objektiven Tatbestand der Untreue gleichgesetzt, wobei es insbesondere inakzeptabel ist, die Pflichtverletzung im Sinne von § 266 StGB aus der Nichtbefolgung der Rundschreiben des damaligen BAK abzuleiten.[158] So sieht sich der BGH offenbar auch genau aus diesem Grund gezwungen, ausdrücklich festzustellen, dass die in § 18 KWG gesetzlich geregelte, bußgeldbewehrte (§ 56 III Nr. 4 KWG n.F.) Informationspflicht und die sie erläuternden amtlichen Verlautbarungen des damaligen BAK die Grenzen des rechtlichen Dürfens von Bankleitern bei der Kreditvergabe konkretisieren und den Missbrauchstatbestand damit zugleich hinreichend bestimmt machen.

Zunächst erstaunt in diesem Zusammenhang, dass auf die im Gegensatz zum Treubruchstatbestand eigentlich nicht allzu problematische Bestimmtheit des Missbrauchstatbestandes eingegangen wird. Was aber noch deutlicher überrascht, ist der Versuch, den Missbrauchstatbestand durch ein außerstrafrechtliches Gesetz bestimmter zu machen. Es sollte und wird auch dem BGH bekannt sein, dass sich die Bestimmtheit eines Strafgesetzes im Sinne von Art. 103 II GG allein aus diesem selbst ergeben muss[159], sich aus ihm also ein klarer gesetzgeberischer Schutzzweck entnehmen lässt und der Wortlaut der beliebigen Ausdehnung des Tatbestandes immerhin noch Grenzen setzt.[160] Der BGH scheint sich damit also offenbar der neuerdings vom Bundesverfassungsgericht vertretenen Ansicht anzuschließen, der Bestimmtheitsgrundsatz wende sich nicht nur an den Gesetzgeber, sondern auch an die Rechtsprechung, so dass eine

---

[157] BGHSt 47, 148, 152; vgl. auch BGH wistra 1985, 190; 1990, 148.

[158] *Knauer*, NStZ 2002, 399, 400.

[159] Vgl. *Tröndle/Fischer*, § 1 Rn. 5. Vorliegend geht es nicht um die Problematik der Blankettgesetzgebung im eigentlichen Sinne, die sich insofern anders darstellt, als die strafgesetzliche Norm durch den Verweis auf eine Verordnung konkretisiert wird; vgl. hierzu *Schönke/Schröder-Eser*, § 1 Rn. 8.

[160] *Roxin*, AT I, § 5 Rn. 75.

zu unbestimmte, „entgrenzende“ richterliche Auslegung als verfassungswidrig beurteilt wird.[161]

Aber auch im Hinblick auf das geschützte Rechtsgut, das bei § 266 StGB ausschließlich das Vermögen des Treugebers ist[162], kann § 18 KWG, der seinerseits zumindest nicht allein den Schutz des Vermögens der Kreditinstitute und deren Gläubiger (insbesondere also das der Einleger) bezweckt[163], sondern in zumindest gleichem Umfang das öffentliche Interesse an einem vertrauenswürdigen Bankwesen schützen soll[164], nicht das alleinige Kriterium zur Bestimmung der Pflichtwidrigkeit sein. Entscheidend sind nämlich in diesem Zusammenhang zunächst einmal alleine die - sofern nicht sittenwidrigen - risikopolitischen Vorgaben, die der Geschäftsherr festlegt[165], so dass es etwa einem Privatbankier grundsätzlich möglich sein muss, selbst innerhalb wirtschaftlich unvernünftig gesetzter Grenzen insoweit über das Bankvermögen zu verfügen, als er Anweisungen an seinen Vorstand hinsichtlich der Kreditgewährung erteilen kann, die dessen Pflichtwidrigkeit ausschließen. Agiert der Angestellte mithin innerhalb der durch die Bank vorgegebenen Befugnisse, so kann der objektive Missbrauchstatbestand nicht erfüllt sein. Darüber hinaus spricht die Tatsache, dass der Gesetzgeber einen Verstoß gegen § 18 Satz 1 KWG in § 56 III KWG bußgeldbewehrt hat, entgegen der Ansicht des BGH ebenfalls eher gegen eine Identität der Schutzrichtung von § 266 StGB und § 18 KWG. Denn die Bußgeldvorschrift liefe – von der Möglichkeit eines Vorgehens nach § 30 OWiG einmal abgesehen – weitgehend leer, wenn jeder das Vermögen der Bank gefährdende Verstoß gleichzeitig eine strafbare Untreue darstellen würde.

Einen weiteren gewichtigen Kritikpunkt im Hinblick auf eine Gleichsetzung von Verstößen gegen § 18 KWG und der untreuerelevanten Pflichtwidrigkeit liefert Luttermann, wenn er richtigerweise hinterfragt, welche „Wertigkeit“ Jahresabschlüsse in strafrechtlicher Dimension haben.[166] Denn namentlich bei Großkrediten (über 250.000 €), um die es bei einem Kreditinstitut in der Rechtsform der AG regelmäßig gehen wird, muss sich die Bank die „wirtschaftlichen Verhältnisse“ offenlegen lassen, was insbesondere durch Vorlage des Jahresabschlusses zu geschehen hat (§ 18 Satz KWG). Dieser allein könne noch kein verlässliches Bild geben, wenn man berücksichtigt, dass bei der Erstellung teilweise erhebli-

---

[161] BVerfGE 92, 1.

[162] BGHSt 43, 293, 297 = NJW 1998, 913, 914; *Lackner/Kühl*, § 266 Rn. 3; *Tröndle/Fischer*, § 266 Rn. 2.

[163] *Beck/Samm-Früh*, KWG § 18 Rn. 17 f.; *Bock, in: Boos/Fischer/Schulte-Mattler*, KWG, § 18 Rn. 3; vgl. auch auch die Begr. zu § 17 RegE, abgedr. M 13.

[164] Der Zweck der Offenlegung ist in der Vorschrift expressis verbis nicht genannt. Der Gesetzgeber ging aber offensichtlich davon aus, dass Banken Kreditsuchenden, deren wirtschaftliche Verhältnisse nicht genügend geordnet sind, keine Kredite gewähren; vgl. *Beck/Samm-Früh*, KWG, § 18 Rn. 17.

[165] *Hillenkamp*, NStZ 1981, 161, 165; LK-*Schünemann*, § 266 Rn. 97.

[166] *Luttermann*, ZIP 2000, 1212.

che gesetzliche Erleichterungen in Anspruch genommen werden können. Dies ist nun aber bei kleinen und mittelgroßen Aktiengesellschaften hinsichtlich der größenabhängigen Erleichterungen (§§ 267, 274a, 276, 288 HGB) gerade signifikant der Fall und selbst bei geprüften und testierten Jahresabschlüssen (§§ 316 ff., 322 HGB) kann im Einzelfall die bankeigene Auswertung des Prüfberichts erforderlich sein, um ein hinreichend verlässliches Urteil über die wirtschaftlichen Verhältnisse zu ermöglichen. Nicht vorliegende Jahresabschlüsse können zudem durch andere, gleichwertige Informationen ersetzt werden.[167] Es zeigt sich mithin, dass die scheinbar so strengen Anforderungen an die Beachtung der Informationspflichten in Einzelfällen in Wirklichkeit nur ein vages Bild der Bonität liefern werden. Auch diese Tatsache spricht letztlich dagegen, die Verletzung der in § 18 KWG normierten Pflicht mit der Pflichtverletzung im Sinne von § 266 StGB gleichzusetzen. Der deutlich zu weiten Entfernung von der Vermögensschutzrichtung des § 266 StGB ist mithin richtigerweise dadurch zu begegnen, dass man weitestgehend auf Grundsätze zurückgreift, die in der ersten hier genannten BGH-Entscheidung aus dem Jahr 2000 festgelegt wurden.

Unabhängig davon, wie die soeben getroffene Entscheidung letztlich ausgefallen ist, muss jedoch konstatiert werden, dass sich die im Sinne von § 266 StGB erforderliche unmittelbare Pflichtwidrigkeit in der Praxis dennoch regelmäßig begründen lässt. Dies folgt aus der insbesondere bei Geschäftsbanken und Sparkassen zu beobachtenden Praxis, vollkommen fehlender Vorgaben des Geschäftsherrn oder aber einer vertraglichen Einbeziehung des KWG samt seiner Grundsätze in das Verhältnis zwischen Bank und angestelltem Manager.[168]

Werden die KWG-Vorschriften nun aber durch Arbeitsvertrag, beispielsweise aber auch durch Beleihungsrichtlinien und Satzung als Beschränkung in das Innenverhältnis einbezogen, dann werden die Grenzen des rechtlichen Dürfens richtigerweise eben auch durch § 18 KWG festgelegt. Häufig wird es dort dann zwar an einem wörtlichen Verweis auf § 18 KWG fehlen, jedoch wird in der Regel erkennbar sein, dass die gewählten Formulierungen zumindest auch auf dessen Inhalt basieren. Dies zeigt sich dann zumeist dadurch, dass dessen Anforderungen konkretisiert werden bzw. über diese sogar hinausgegangen wird. Aber selbst, wenn sich ein solcher Bezug überhaupt nicht herstellen lässt, wenn also eine „risikopolitische Anweisung" des Geschäftsherrn vollständig fehlt, sind mangels anderer Anhaltspunkte die allgemeinen bankkaufmännischen Grundsätze heranzuziehen.[169] In diesem Fall – insofern kann dem 1. Senat beigepflichtet werden – ist die Verletzung der Informations- und Prüfungspflichten, die in § 18 KWG ebenfalls ihren Niederschlag finden, ein bedeutender Anhaltspunkt für die Pflichtverletzung im Sinne von § 266 StGB.[170] Nun darf diese

[167] BGHSt 46, 30, 32.
[168] *Knauer*, NStZ 2002, 399, 401.
[169] *Feigen*, FS Rudolphi, 445, 452; *Hillenkamp*, NStZ 1981, 161, 167.
[170] *Knauer*, NStZ 2002, 399, 402.

Aussage aber sicherlich nicht als Automatismus verstanden werden, was anhand des folgenden Beispiels deutlich gemacht werden soll:

Kennt der Vorstand die Bonität eines Kunden genau aus dem täglichen Umgang, so ist die Verletzung der Informations- und Prüfungspflicht zwar ein Verstoß gegen § 18 KWG, nicht jedoch strafbare Untreue. Wenn nämlich aus objektiv anerkennenswerten Gründen Informationen nahelegen, dass der Kredit geschäftlich gesehen erfolgreich wird, Chancen und Risiken des Geschäfts also sorgfältig abgewogen wurden, dann kann eine Pflichtwidrigkeit im Sinne von § 266 StGB keinesfalls begründet werden.[171] Der Entscheidung des 1. Senats aus dem Jahr 2000 ist inhaltlich mithin insoweit zuzustimmen, als dieser die Abwägung im Sinne von § 18 KWG erwartet, zu deren Überprüfung aber eigene, vom KWG unabhängige, zumindest jedoch nicht ausschließlich an das KWG angelehnte, Kriterien aufstellt.[172] Die in BGHSt 47, 148 erfolgte faktische Gleichsetzung eines KWG-Verstoßes mit der Pflichtwidrigkeit im Sinne von § 266 StGB geht demgegenüber deutlich zu weit.[173]

4. Vermögensnachteil

Die Pflichtwidrigkeit erfüllt für sich gesehen noch nicht den Tatbestand der Untreue, vielmehr bedarf es eines durch die Verletzung der Befugnisse zugefügten Nachteils bei der Bank. Zeitliche Ansatzpunkte für die Entstehung eines Nachteils können die Kreditvergabeentscheidung, die Kreditausreichung, die Kreditlaufzeit und unter Umständen auch schon die bloße Verletzung der allgemein üblichen Bankregeln sein. Reicht die Bank also infolge der Pflichtverletzung als Leistung einen Geldbetrag aus, büßt sie ihr Vermögen um den nominellen Betrag ein. Gleichzeitig wird ihr Vermögen aber durch die vertraglich vereinbarte Gegenleistung um einen Rückzahlungsanspruch sowie den Verzinsungsanspruch vermehrt. Ob und unter welchen Voraussetzungen dieses Anspruchsbündel trotz des ihm anhaftenden Risikos den Vermögensverlust auszugleichen vermag, ist die zentrale Frage, die es zu klären gilt. Entsprechendes gilt natürlich für die Situation, in der es noch nicht zur Ausreichung gekommen ist und es ausschließlich um die Wertigkeit der einander versprochenen Leistungen geht. Hier wäre dann an einen Fall der sogenannten Eingehungsuntreue zu denken.

a) Zeitpunkt des Nachteileintritts

Zunächst könnte man den entscheidenden Zeitpunkt in der Einwirkung der Untreuehandlung auf das Gesellschaftsvermögen sehen, mithin also dem Moment der pflichtwidrigen Kreditausreichung oder der unterlassenen Einforderung stärkerer Sicherheiten durch den Vorstand. Damit wäre seine Strafbarkeit unmittelbar festzustellen und nicht mehr von einer kaum überschaubaren, unvorherseh-

---

[171] BGHSt 47, 148, 149 f.

[172] *Knauer*, NStZ 2002, 399, 401, 402.

[173] So auch *Feigen*, FS Rudolphi, 445, 452; *Knauer*, NStZ 2002, 399, 401.

baren Verschlechterung der Vermögensverhältnisse des Kreditnehmers abhängig. In dieser Phase könne dem Vorstand dann allenfalls der Vorwurf pflichtwidrigen Unterlassens gemacht werden, wenn er seinen Überwachungspflichten nicht nachkommt, den Kredit nicht zurückstellt oder fällig stellt.

Zwingend ist diese Sichtweise allerdings nicht, dem Wortlaut nach könnte für den objektiven Tatbestand vielleicht auch ein zeitlich späterer Schadenseintritt genügen. In der Regel wird man im Fall der Kredituntreue allerdings davon ausgehen können, dass Pflichtwidrigkeit und Vermögensnachteil zeitlich äußerst eng miteinander verzahnt sind.[174] Verstößt der Vorstand gegen seine Pflicht, die Aktiengesellschaft vor Verlustrisiken zu bewahren, ergibt sich der Vermögensnachteil in Form eines Risikoschadens schließlich regelmäßig von selbst.[175] Diese Feststellung vermag nicht zuletzt der Blick auf den subjektiven Tatbestand – auch der Untreue - zu stützen, denn nach § 16 StGB muss der Täter den Schädigungsvorsatz zur Zeit der Tat, d.h. bei der Pflichtverletzung haben. Dies bedeutet freilich nicht, dass § 266 StGB ausschließlich den endgültig eingetretenen Schaden erfasst. Soweit der Leistung der darlehensgebenden Bank ein schon zum Zeitpunkt der Tat gefährdeter und damit minderwertiger Anspruch gegenübersteht, wird ein möglicher künftiger Schadenseintritt vielmehr in Form der schadensgleichen konkreten Vermögensgefährdung berücksichtigt.[176] In diesem Fall spielt dann auch die künftige Entwicklung des Engagements keine Rolle mehr für die Schadensberechnung, so dass sich der Vorstand später nicht durch die Tatsache exkulpieren kann, dass der Kreditnehmer überraschend zu Geld kommt und die Forderung zu begleichen imstande ist. Daneben sind für den Straftatbestand auch solche Vorteile irrelevant, die erst nachträglich aus der Untreuehandlung resultieren.[177] Sie können allenfalls als Wiedergutmachung eines bereits eingetretenen Schadens berücksichtigt werden.[178] Maßgebender Zeitpunkt für die Feststellung, ob ein Nachteil vorliegt, ist mithin der Zeitpunkt der Pflichtverletzung, also entweder die Beschlussfassung über die Kreditvergabe oder aber - spätestens - der Abschluss des Kreditvertrages bzw. in Ermangelung eines solchen (absolute Ausnahme) das Zulassen der Kontoverfügung.[179]

---

[174] *Wessels/Hillenkamp*, BT/2, Rn. 777.

[175] *Hillenkamp*, NStZ 1981, 161, 166 f.; *Waßmer*, Untreue bei Risikogeschäften, 144 ff., 150; zum Risikoschaden bei Kreditgeschäften: BGHSt 46, 30, 34; *Müller-Gugenberger/Bieneck-Nack*, § 66 Rn. 103 ff.; krit. *Martin*, Bankuntreue, 124, 128.

[176] Die Figur der schadensgleichen Vermögensgefährdung ist nicht nur für den Betrug, sondern auch für die Untreue anerkannt, ständige Rspr. seit RGSt 16, 77, 81; BGHSt 15, 24, 27; 21, 112, 113; 34, 394, 395; BGH NJW 1995, 603, 606; weitere Nachweise bei *Hefendehl*, Vermögensgefährdung, 49 ff., 256 ff.

[177] BGH, Urt. v. 2.10.1951 – 1 StR 463/51, 4.

[178] Dies gilt selbstverständlich nicht für die von der Rechtsprechung anerkannten Fälle, in denen der Täter von Anfang an zum Ersatz eines Verlustes imstande und auch willens ist.

[179] *Doster*, WM 2001, 333, 338.

b) Bankregelverletzung/Pflichtverletzung als Schaden

Wegen des festgestellten zeitlichen Zusammenfallens von Pflichtverletzung und Schaden könnte man erwägen, bereits die Verletzung der allgemein üblichen Bankregeln, insbesondere der risikobegrenzenden Strukturnormen als den Nachteil begründende schadensgleiche Vermögensgefährdung anzusehen. In diesem Zusammenhang scheint beispielsweise Hillenkamp[180] unter Bezugnahme auf den von ihm entwickelten Begriff des Risikogeschäfts[181] offensichtlich die Auffassung zu vertreten, den Verstoß gegen risikopolitische Anweisungen des Treugebers als Nachweis für eine Nachteilszufügung genügen zu lassen, wobei es dann im einzelnen nicht mehr auf die Bonität des Schuldners, seine Sicherheiten und die aus solchen Faktoren möglicherweise erwachsenden Exspektanzen auf Gewinn ankommen könne.[182] Ob sich dieser Befund auch für Kreditgeschäfte verallgemeinern lässt, welche nicht dem von Hillenkamp verstandenen Begriff des Risikogeschäfts entsprechen, ist zweifelhaft. Jedenfalls stellt die Rechtsprechung bei der Feststellung des Vermögensschadens in erster Linie auf eine Schadensberechnung im Sinne des Differenzschadens ab. Allein eine zu hohe Risikoattitüde könne den Vermögensschaden noch nicht begründen, wenngleich derartiges Verhalten natürlich bei der Beurteilung des Differenzschadens gebührend berücksichtigt werden müsse. Sie sieht darin vor allen Dingen den internen Exzess und dies primär unter dem Gesichtspunkt der Pflichtwidrigkeit. So verlangt sie, um den Vermögensschaden als bewiesen anzusehen, zusätzlich stets eine Kreditwürdigkeitsprognose und legt dabei auch Wert auf Gestellung werthaltiger Sicherheiten. Im Ergebnis verschmelzen deshalb beide Schadensbegriffe, wobei der Differenzschaden der maßgebliche Ausgangspunkt bleibt.

Grundsätzlich erscheint der Standpunkt, den Vermögensschaden allein schon in einer solchen Pflichtverletzung zu sehen, eine zu weite Vorverlegung der strafrechtlichen Grenzen zu implizieren. Es bietet sich zwar durchaus an, sich an den zwingenden Strukturnormen des KWG zu orientieren, wenn man bedenkt, dass ihnen die volle Breite langjähriger Bankerfahrungen zugrunde liegt und dass sie klar und eindeutig sind. So kann man etwa eine unzulässige Risikoattitüde annehmen, wenn Kredite unter Verletzung der Strukturnormen ausgereicht werden. Eingrenzend sollten zur Annahme eines Vermögensschadens aber zwei weitere Umstände hinzukommen. So sollte der Verstoß gegen die Strukturnormen zum einen gravierend sein, zum anderen sollte eine durch den Verstoß bedingte schadensgleiche Vermögensgefährdung verursacht worden sein, welche einem Nachteil gleichgestellt ist. Darüber hinaus ist eine weitergehende Prüfung des Schadensmerkmals auch aus anderen Gründen unverzichtbar. Wäre allein die Pflichtverletzung für den Schadenseintritt maßgeblich, könnte ein für das Vermögensdelikt „Untreue“ wesentliches Kriterium nicht berücksichtigt wer-

---

[180] *Hillenkamp*, NStZ 1981, 161 ff.

[181] Vgl. 2. Teil A II.

[182] *Hillenkamp* spricht insofern von einem „Saldierungsverbot“, vgl. NStZ 1981, 161, 166; vgl. auch *Knauer*, NStZ 2002, 399, 402.

den: die Höhe des eingetretenen Schadens, die aber eine maßgebliche Rolle bei der Strafzumessung spielt. Daneben hängen von ihr auch die Fragen hinsichtlich des Vorliegens von Regelbeispielen im Sinne der §§ 266 II iVm § 263 III Nr. 2 StGB, der Geringwertigkeit im Sinne der §§ 266 II iVm 243 II StGB oder eines etwaigen Antragserfordernisses gemäß §§ 266 II iVm 247, 248a StGB ab.

Außerdem liefe der Verzicht auf das quasi „funktionslose“[183] Tatbestandsmerkmal „Nachteilszufügung“ auf eine mit dem Gesetz nicht zu vereinbarende Veränderung der Schutzrichtung des Untreuetatbestandes hinaus. Zu Recht macht Waßmer[184] in diesem Zusammenhang darauf aufmerksam, dass allein die Dispositionsfreiheit des Vermögensinhabers geschützt würde, wenn man Hillenkamp folgend, den bloßen Verstoß gegen die bankrechtlichen Vorgaben sanktionieren würde. Geschützes Rechtsgut ist bei § 266 StGB jedoch nicht die Dispositionsfreiheit, sondern allein das Vermögen.[185] Mithin muss der Nachteil losgelöst von der Pflichtverletzung[186] geprüft werden und damit ein exakt rechnerisch zu bestimmendes Merkmal des Untreuetatbestandes bleiben. Die Auffassung von Hillenkamp kann jedoch möglicherweise insoweit Relevanz entfalten, als die Verletzung im Innenverhältnis ein Nachteil in der Form des persönlichen Schadenseinschlags sein könnte. Dieser Möglichkeit wird an späterer Stelle noch nachzugehen sein.

c) Schadensgleiche Vermögensgefährdung bei drohendem Kreditausfall

Beim Kreditvertrag trifft die Bank eine Kreditzusage, wodurch der Kreditnehmer den Anspruch auf Auszahlung der Darlehensvaluta erwirbt. Im Gegenzug verpflichtet sich der Kreditnehmer, das empfangene Darlehen nebst Zinsen zurückzuzahlen. Nachteilig im Sinne der auch bei § 266 StGB anzuwendenden Differenzmethode ist das Kreditgeschäft folglich, wenn die Belastung des Bankvermögens mit dem Auszahlungsanspruch zuzüglich des zu erwartenden Zinsanspruchs größer ist als der Wert des Rückzahlungsanspruchs unter Berücksichtigung der zur Verfügung gestellten Sicherheiten und der Bonität des Kreditnehmers im übrigen. Berücksichtigt man nun aber, dass sich der Kredit in der Zukunft durchaus auch positiv entwickeln kann, ein wirklicher Schaden also noch nicht besteht, so kann diese Differenz nur über die Grundsätze der schadensgleichen Vermögensgefährdung tatbestandsmäßig sein. Wie konkret die Gefahr eines endgültigen Verlustes in diesem Zusammenhang sein muss, scheint nach der Rechtsprechung unklar zu sein, die bisher anscheinend rein kasuistisch entschieden hat. Dagegen bemüht sich die Literatur um klarere Abgrenzungskri-

---

[183] So auch *Nelles*, Untreue zum Nachteil von Gesellschaften, 574; *Riemann*, Vermögensgefährdung und Vermögensschaden, 161.

[184] *Waßmer*, Untreue bei Risikogeschäften. 111.

[185] BGHSt 8, 254, 255 ff.; BGH wistra 1998, 103, 104; LK-*Schünemann*, § 266 Rn. 28; *Schönke/Schröder-Lenckner/Perron*, § 266 Rn. 1; *Lackner/Kühl*, § 266 Rn. 1; *Tröndle/Fischer*, § 266 Rn. 1; umfassend: *Nelles*, Untreue zum Nachteil von Gesellschaften, 283 ff.

[186] So auch LK-*Schünemann*, § 266 Rn. 98.

terien, die von der „konkreten Wahrscheinlichkeit des endgültigen Verlustes“[187] über die Formulierung „wenn sich die Gefahr einer realen Einbuße von Vermögenswerten bereits so verdichtet hat, dass diese nach objektivem Urteil praktisch schon jetzt endgültig abgeschrieben werden müssen“[188] bis hin zur Bejahung der Gefahr bei einer „geringen Möglichkeit der Einbuße“[189] reichen. Klare, abgrenzungstaugliche Richtlinien sind hierin freilich nicht zu entdecken. Häufig wird in der Praxis zudem der Blankoanteil eines Kredits oder der sich im Nachhinein zeigende Wertberichtigungsbedarf als Gefährdungsschaden angenommen, wobei aber das wahre wirtschaftliche Risikopotential entscheidend sein muss, das die Bank im Zeitpunkt der Kreditvergabe eingeht. Nack[190] beschreibt letzteres als Differenz aus dem hingegebenen Kreditbetrag, um das die Bank ihr Vermögen nominell eingebüßt hat, und dem Wert des Rückzahlungsanspruchs und bezeichnet es daher als „Differenzschaden“. Andere[191] sehen in dieser Konstellation keinen Gefährdungsschaden, sondern einen bereits realen Schaden, wenn in diesem Moment feststeht, dass die Forderung wirtschaftlich beurteilt – der hingegebenen Summe nicht gleichwertig ist. Übersehen werden bei dieser Ansicht jedoch die nicht zu leugnenden Unsicherheitselemente, die jede unter wirtschaftlichen Gesichtspunkten vorgenommene Bewertung eines Rückzahlungsanspruchs enthält. Ein realer Schaden kann immer erst dann angenommen werden, wenn bereits zu Beginn ganz sicher feststeht, dass nur noch ein Teil des Kreditbetrages einbringlich sein wird. Da auch der Gefährdungsschaden als Fall der schadensgleichen Vermögensgefährdung und damit als Nachteil im Sinne der Untreue anerkannt ist[192], kommt dieser Begrifflichkeit freilich keine grundlegende Bedeutung zu.

Dagegen besteht darüber Einigkeit, dass der hingegebene Kreditbetrag dem Wert des Rückzahlungsanspruchs gegenübergestellt werden muss. In diesem Zusammenhang sieht Bringewat[193] einen bereits eingetretenen Nachteil durch die Weggabe des Geldbetrags, der allenfalls durch einen gefährdeten Vermögensvorteil kompensiert werden kann[194], und nimmt wie Otto ebenfalls einen realen Schaden an. Würde man diese beiden Posten verrechnen, so würde sich in jedem Fall ein effektiver, wenn auch im Einzelfall geringerer Vermögensschaden ergeben. Bringewat hat nun insofern recht, als bei ihm ein in Wirklichkeit realer Nachteil (ausgezahlte Darlehensvaluta) mit einem gefährdeten Vorteil (Kreditrückzahlung) verglichen wird, und es daher nicht um den typischen Fall

---

[187] LK-*Lackner* (10. Auflage), § 263 Rn. 153 a.E.
[188] *Lenckner*, JZ 1971, 320, 322.
[189] LK-*Lackner* (10. Auflage), § 263 Rn. 153 a. E..
[190] *Müller-Gugenberger/Bieneck-Nack*, § 66 Rn. 98 ff.
[191] So etwa *Otto*, Bankentätigkeit und Strafrecht, 73; *ders.*, JR 2000, 517; *Bosch*, wistra 2001, 257; *Keller/Sauer*, wistra 2002, 365 Fn. 9.
[192] *Wessels/Hillenkamp*, BT/2, Rn. 571 ff.
[193] *Bringewat*, JZ 1977, 667, 670.
[194] *Bringewat*, JZ 1977, 667, 671.

einer schadensgleichen Vermögensgefährdung geht. Jedoch ist gerade im Vergabezeitpunkt noch nicht klar, ob der „gefährdete Vorteil“ sich zu einem vollwertigen Vorteil entwickelt, und endgültig kein Schaden eintritt. Daher erscheint es auch unter Berücksichtigung von Bringewats Argumentation angebracht, in dem Saldo aus weggegebenen Geldbetrag und gefährdetem Rückzahlungsanspruch insgesamt einen Gefährdungsschaden zu sehen.

Die Höhe des für die Schadensermittlung erheblichen Werts des Rückforderungsanspruchs ist nach objektiven Kriterien zu ermitteln. In diese Bewertung fließen ein: die Bonität des Kreditnehmers, insbesondere dessen Geschäftsaussichten, und die zur Verfügung gestellten Sicherheiten. Bei der Bewertung des Rückforderungsanspruchs ist deshalb auf den Zeitpunkt der Kreditentscheidung abzustellen. Dabei wird sich auch ergeben, ob die von der Bank vorgenommene Sicherheitenbewertung zutreffend war. Über den für die Feststellung der schadensgleichen Vermögensgefährdung wesentlichen Zeitpunkt hinaus spielt aber durchaus auch die Ermittlung des Kreditverlaufs in der Folgezeit eine Rolle.[195] So könnte beispielsweise der tatsächliche Ausfall des Kredits weitaus geringer sein, als die zunächst angenommene schadensgleiche Gefährdung oder es kommt überhaupt nicht zum Ausfall. Hier ist jedoch, sofern der geringere Kreditausfall darauf beruht, dass außergewöhnliche Umstände eingetreten sind, z.B. der glückliche Ausgang hochspekulativer Geschäfte oder ein unerwarteter Vermögenszuwachs beim Kreditnehmer, ohne weiteres immer noch eine schadensgleiche Vermögensgefährdung begründbar.[196] Entsprechendes hat zu gelten, wenn ein laufendes Engagement noch nicht notleidend ist, aber offensichtlich bei der Kreditgewährung ein hohes Risiko eingegangen wurde und absehbar ist, dass es zu einem Kreditausfall kommen wird. Demgegenüber wird man bei in der Abfindung befindlichen Engagements, aus denen nicht erkennbar ist, dass der geringer als zunächst angenommene Kreditausfall auf außergewöhnlichen Umständen beruht, weitaus umfassender differenzieren müssen und im Zweifel zugunsten des Vorstandsmitglieds entscheiden müssen, dessen Prognose sich ja zumindest dem äußeren Anschein nach als zutreffend erwiesen hat.

Im vorliegenden Fall der West LB scheint die Begründung einer schadensgleichen Vermögensgefährdung über die hier erarbeiteten Grundsätze nicht von vornherein abwegig. Es ist nämlich grundsätzlich üblich, dass Großbanken die historischen Ausfallraten von Krediten an bestimmte Branchen erfassen und vergleichen. Die gewonnenen Erfahrungswerte aus diesem oder anderen Ratings ermöglichen der Bank einen Rückschluss auf die durchschnittliche Wahrscheinlichkeit von Schadensfällen bei zukünftigen Kreditvergaben. Die Summe der konkreten Einzelrisiken wirkt sich wiederum – neben anderen Größen wie die

[195] *Doster*, WM 2001, 333, 338.
[196] *Doster*, WM 2001, 333, 338.

persönliche Bonität[197] oder die wirtschaftliche Situation[198] des Kreditnehmers – auf die vorzunehmende Bewertung der künftigen Gegenleistung aus. Im Fall der West LB war der Kreditnehmer Boxclever überhaupt nicht in den Risikoberichten der Bank zu finden. Zudem wurden anscheinend zahlreiche Warnsignale im Hinblick auf zweifelhafte Gewinnaussichten ignoriert. Ein derartiges Verhalten des Vorstands ist nur dann akzeptabel, wenn es sich um einen sogenannten „unproblematischen" Kredit, also einen Kredit ohne erkennbare Ausfallrisiken handelt. Hier gibt es keinen Minderwert, der ausgeglichen werden müsste. Dagegen ist bei den problematischen Krediten die Gegenleistung mit signifikant erhöhten oder nicht abschließend beurteilbaren Risiken behaftet, so dass es in jedem Fall eines Ausgleichs der Minderwertigkeit bedarf. Der Ausgleich hat vor der Kreditauskehr bzw., wenn sich ein relevantes Risiko erst später ergibt – auch während der Laufzeit des Kredites zu erfolgen. Denn nur, wenn die Wertdifferenz zwischen den Leistungen zu jedem Zeitpunkt ausgeglichen ist, kann ein Gefährdungsschaden durchgängig verneint werden.

d) Schadensbegründung über die Grundsätze zum persönlichen Schadenseinschlag

Nicht immer lässt sich der Vermögensschaden jedoch durch die objektiv rechnerische Gleichwertigkeit von Leistung und Gegenleistung ausschließen. So werden bei der Schadensermittlung in bestimmten, von der Rechtsprechung genau festgelegten Konstellationen ausnahmsweise die individuellen Verhältnisse des betroffenen Vermögens, die persönlichen Bedürfnisse des Vermögensinhabers, aber auch die Zwecke, die mit der Gegenleistung verfolgt werden, berücksichtigt. Diese ursprünglich für den Betrugstatbestand entwickelten Grundsätze gelten anerkanntermaßen auch im Rahmen der Untreue.[199] Ein in diesem Sinne konkret individueller Schaden könnte nun immer dann anzunehmen sein, wenn der Vorstand institutsspezifische Regeln verletzt, so jedenfalls die von Hillenkamp[200] vor einiger Zeit geäußerte Auffassung. Als Anhaltspunkt könnten in diesem Zusammenhang etwa die Kreditobergrenzen des KWG dienen, welche zwar für alle Banken gleichsam gelten, einem institutsspezifischen Nachteil aber dennoch nicht entgegenstehen, da sich die Grenzen der Kreditvergabe an der Eigenkapitalausstattung der jeweiligen Bank orientieren und diese naturgemäß von Institut zu Institut variiert. Auch hinsichtlich der Begründung eines persönlichen Schadenseinschlags der Aktiengesellschaft führt allerdings kein Weg an der Berücksichtigung der auf Restriktion bedachten Voraussetzungen vorbei, welche der BGH in seinem Grundsatzurteil zum persönlichen Schadenseinschlag[201] entwickelt hat. Im Bereich der ersten Fallgruppe ist ein persönlicher Schadenseinschlag anzunehmen, wenn der Erwerber die angebotene Leistung nicht

---

[197] BGH, Urt. v. 13.11.1956 – 5 StR 620/55, 15; *Nack*, NJW 1980, 1599, 1601.
[198] Vgl. BGH, Urt. v. 22.2.1979 – 4 StR 652/78, 7; *Nack*, NJW 1980, 1599, 1601.
[199] BGH NStZ 1998, 514, 515; LK-*Schünemann*, § 266 Rn. 142.
[200] *Hillenkamp*, NStZ 1981, 161, 166.
[201] BGHSt 16, 321, 325 ff.

oder nicht in vollem Umfang zu dem vertraglich vorausgesetzten Zweck oder in anderer zumutbarer Weise verwenden kann.[202] Da das betroffene Kreditinstitut als Gegenleistung für die Kreditgewährung einen Rückzahlungs- und Verzinsungsanspruch erhält, kann hier keinesfalls von einer „unnützen Leistung"[203] gesprochen werden, so dass ein persönlicher Schadenseinschlag nach den Grundsätzen dieser Fallgruppe jedenfalls nicht in Frage kommt.[204]

Gleiches muss aber auch für die zweite Fallgruppe gelten, nach der ein persönlicher Schadenseinschlag damit begründet wird, dass der Erwerber durch die eingegangene Verpflichtung zu weiteren vermögensschädigenden Maßnahmen genötigt wird. Handelt es sich bei dem „Erwerber", wie in unserem Fall, um eine Bank in der Rechtsform der Aktiengesellschaft, so ist es nicht nur aus tatsächlichen, sondern auch aus rechtlichen Gründen undenkbar, dass ein von dieser Bank auszureichender Kreditbetrag fremdfinanziert wird bzw. durch den unvorteilhaften Verkauf von Sachwerten beschafft wird. Dies würde nämlich bedeuten, dass sich die AG schon vor Vertragsschluss in einem den KWG-Regeln aber auch den aktienrechtlichen Kapitalerhaltungsregeln widersprechenden erheblichen Liquiditätsengpass befunden haben muss.

Tritt ein solcher Engpass jedoch erst als Folge des fraglichen Kreditgeschäfts ein, so könnte schließlich die dritte und damit letzte Fallgruppe einschlägig sein, nach der ein persönlicher Schadenseinschlag anzunehmen ist, wenn der Erwerber „infolge der Verpflichtung nicht mehr über Mittel verfügen kann, die zur ordnungsgemäßen Erfüllung seiner Verbindlichkeiten oder sonst für eine seinen persönlichen Verhältnissen angemessene Wirtschafts- oder Lebensführung unerlässlich sind"[205]. Da Banken insbesondere in der Rechtsform der AG darauf angewiesen sind, zur Erfüllung ihrer Aufgaben über einen Teil ihres Vermögens jederzeit verfügen zu können,[206] kann also bereits die pflichtwidrige Eingehung oder Erfüllung der Verpflichtung trotz ausgeglichener Vermögensbilanz zu einem Nachteil in Form des persönlichen Schadenseinschlags führen.

Damit kann nun abschließend festgestellt werden, dass der Nachteil der Aktiengesellschaft nur auf zweierlei Wegen begründbar ist. Entweder liegt rein rechnerisch eine objektive Vermögenseinbuße vor oder die Kreditvergabe führt zu Liquiditätsschwierigkeiten mit der Folge der Bejahung eines persönlichen Schadenseinschlags bei der Aktiengesellschaft. Bestätigt wird diese, zugegebener-

---

[202] Vgl. die Leitsätze in BGHSt 16, 321 ff.

[203] BGHSt 16, 321, 328.

[204] Zahlreiche Vertreter im Schrifttum verneinen dagegen bereits die grundsätzliche Anwendbarkeit des Zweckverfehlungskriteriums auf § 266 StGB: LK-*Schünemann*, § 266 Rn. 142; *Schönke/Schröder-Cramer*, § 263 Rn. 102; *Gerhold*, Zweckverfehlung und Vermögensschaden, 75 f.

[205] Leitsatz des BGH in BGHSt 16, 321 ff.

[206] BGH, Urt. v. 13.11.1965 - 5 StR 620/55, 15.

maßen restriktive Anwendung der Grundsätze zum persönlichen Schadenseinschlag durch eine aktuelle BGH-Entscheidung[207], derzufolge ein Vermögensnachteil bei Gleichwertigkeit von Leistung und Gegenleistung nur unter den besonderen, von BGHSt 16, 321, 325 ff. entwickelten Voraussetzungen in Betracht kommen kann. Weicht man davon ab, so würde der Tatbestand der Untreue für diese Fälle seinen Charakter als Vermögensdelikt verlieren und damit bereits die bloße Kompetenzüberschreitung bestrafen.[208]

e) Schadensbemessung

Bei der Beurteilung, ob die hingegebene Kreditsumme durch entsprechende Gegenansprüche hinreichend kompensiert wird, ist zunächst zu fragen, ob der Kreditnehmer die nach Gesetz, Satzung oder anerkannten Erfahrungssätzen gebotenen Sicherheiten geleistet hat. Außerdem sind seine Einkommens- und Vermögensverhältnisse, das im persönlichen Umgang gewonnene Vertrauen in seine Kreditwürdigkeit sowie die Höhe des Kredits von Bedeutung.
Zu nennen sind als in der Praxis typische Sicherheiten vor allen Dingen Hypotheken, Grundschulden, Bürgschaften und Sicherungsübereignungen. Reichen diese zur Deckung des Kreditrisikos – auch bei Berücksichtigung des Verwertungsrisikos[209] – nicht aus, so muss ein Nachteil in Gestalt einer schadensgleichen konkreten Vermögensgefährdung angenommen werden. In der im Folgenden zitierten Entscheidung des Reichsgerichts[210] wird einerseits deutlich, welche überragende Bedeutung den Sicherheiten für den Ausgleich eines Minderwertes zukommt, andererseits zeigen sich die enormen Schwierigkeiten bei der Ermittlung des Nachteils im Sinne von § 266 StGB:

> „ .... In den Fällen jedoch, in denen die sich aus dem Darlehensvertrag ergebenden Gegenansprüche des Darlehensgebers für sich dem Gegenstande des Darlehens nicht gleichwertig sind, bedarf es einer besonderen Prüfung, ob die gegebenen Sicherheiten vollwertig sind und die Gegenforderungen für den Zeitpunkt des Vertragsschlusses dem hingegebenen Darlehensbetrage gleichwertig machen. Minderwertige Gegenforderungen werden aber dem Gegenstande des Darlehens regelmäßig nur durch solche Sicherheiten gleichwertig, die es dem Darlehensgeber ermöglichen, bei Fälligkeit seiner Ansprüche ohne besondere Schwierigkeiten und Aufwendungen alsbald zu seinem Gelde zu kommen. Das kann unter Umständen durch Bestellung vollwertiger Faustpfänder, durch rechtswirksame und ausreichende Sicherungsübereignung oder durch selbstschuldnerische Bürgschaft eines Zahlungsfähigen erreicht werden. Dagegen sind Sicherheiten, bei denen der Darlehensgeber, um sein Geld zu erhalten, z.B. einen Rechtstreit

---

207 BGH NStZ 1998, 514 f.
208 BGH NStZ 1998, 514, 515.
209 Vgl. hierzu BGH NStZ 1981, 351.
210 RGSt 74, 129, 130 f.

führen oder erhebliche Kosten aufwenden muß, in der Regel auch dann keine vollwertige Sicherung der an sich minderwertigen Gegenforderungen des Darlehensgebers, wenn deren Befriedigung aus den Sicherheiten schließlich zu erwarten steht."

Um diesen auch heute noch Geltung beanspruchenden Grundsätzen zu entsprechen, wird man nicht umherkommen, bei der Bewertung von Sicherheiten erhebliche Bewertungsabschläge vorzunehmen. Hierbei können jedoch wiederum erhebliche Unterschiede ausgemacht werden. So gilt beispielsweise bei Grundstücken in der Regel eine Beleihungsgrenze von 60%.[211] Demgegenüber kann bei hervorragender Bonität des Kreditnehmers sogar ein Blankokredit vertretbar sein[212], z.B. bei Bank-zu-Bank-Krediten.[213] Darüber hinaus wird sich die Intensität des Kreditrisikos grundsätzlich auch in der Höhe der Kreditzinsen widerspiegeln. So kann der im Vergleich zu weniger riskanten Krediten deutlich höhere Zins durchaus kompensatorische Wirkung entfalten, sofern er der erhöhten Gefährdung des Rückzahlungsanspruchs angemessen gegenübersteht.

Der Blick in das Zivilrecht zeigt, dass im Falle der nachträglichen Änderung des Verhältnisses von Sicherheiten- und Kreditvolumen die Grenze für das Entstehen eines Freigabeanspruchs für Sicherungsgut regelmäßig bei 150% des Schätzwertes liegt (§ 237 S. 1 BGB).[214] Gehen die Deckungsgrenzen in den AGB des Kreditgebers noch darüber hinaus, so sind sie zudem regelmäßig unwirksam.[215] Solange die Sicherungsabrede jedoch infolge der nachträglichen Übersicherung nicht unwirksam wird und die Grenze von 150% des Schätzwertes tatsächlich Bestand behält, wird man aus untreuestrafrechtlicher Sicht jedenfalls keinen Vermögensnachteil begründen können. Für die Bestimmung des Nachteils bei § 266 StGB muss die nachträgliche Übersicherung damit grundsätzlich folgenlos bleiben.

Die diesbezügliche Grenze im Falle anfänglicher Übersicherung ist demgegenüber in Rechtsprechung und Schrifttum noch umstritten.[216] Einigkeit besteht hier aber jedenfalls dahingehend, dass eine solche Sicherungsabrede regelmäßig nach § 138 I BGB sittenwidrig und damit von Anfang an nichtig ist.[217] Zwar hat die strafrechtliche Rechtsprechung einen Schaden für den Fall verneint, dass das Kreditinstitut im Kreditvertrag übermäßige Sicherheiten vereinbart hat, sich dann tatsächlich aber mit weniger Sicherheiten begnügt, sofern die Sicherheiten

---

[211] *Müller-Gugenberger/Bieneck-Nack*, § 66 Rn. 78.
[212] *Nack*, NJW 1980, 1599, 1600; *ders.*, in: *Müller-Gugenberger/Bieneck*, § 66 Rn. 70.
[213] Vgl. *Gallandi*, wistra 2001, 281, 284.
[214] Siehe dazu BGH NJW 1998, 671.
[215] BGH NJW 1998, 671.
[216] Vgl. BGH ZIP 1998, 684, 685 einerseits; *Schwab*, JuS 1999, 740, 744 andererseits.
[217] Vgl. BGH ZIP 1998, 684, 685; *Schwab*, JuS 1999, 740, 745.

im ganzen zur Abdeckung des Kreditrisikos ausreichen.[218] Hier war die Übersicherung aber offensichtlich nicht derart gravierend, dass die drastische Folge des § 138 I BGB anzunehmen war. Tritt demgegenüber die Rechtsfolge des § 138 I BGB ein, dann wird man unabhängig von der Klärung der zivilrechtlichen Frage bereicherungsrechtlicher „Schlupflöcher" der Bank[219] zu Recht zumindest vom Vorliegen einer schadensgleichen Vermögensgefährdung auszugehen haben. Dies folgt nicht zuletzt daraus, dass bereicherungsrechtliche Ansprüche für die strafrechtliche Schadenskompensation keinerlei Berücksichtigung finden.[220]

f) Zusammenhang zwischen Pflichtwidrigkeit und Schaden

Der BGH hat schließlich noch betont, dass auch im Falle einer Pflichtverletzung und eines später notleidend werdenden Kredits der objektive Tatbestand der Untreue noch nicht erfüllt ist, sofern der Vermögensnachteil nicht auf die Pflichtwidrigkeit zurückzuführen ist.[221] Das Erfordernis eines solchen Kausalzusammenhangs ergibt sich jedoch bereits eindeutig aus dem Wortlaut von § 266 StGB („dadurch"), so dass eine erneute diesbezügliche Klarstellung überflüssig ist.

5. Subjektiver Tatbestand: Schädigungsvorsatz

Der Vorsatz muss sich auf sämtliche Tatbestandsmerkmale der Untreue beziehen. Zunächst gehört damit also auch zum Vorsatz, dass sich der Täter der Pflichtwidrigkeit seines Handelns bewusst ist. So dürfte der Vorsatz dann unproblematisch sein, wenn die Pflichtwidrigkeit in einer Überschreitung der durch Gesetz oder Satzung gezogenen Kreditgrenzen besteht. Schwierigkeiten kann die Begründung dagegen bei Verstößen gegen § 18 KWG oder gegen allgemeine bankkaufmännische Sorgfaltspflichten bereiten. Für die Praxis besonders bedeutsam ist der Vorsatz hinsichtlich der Vermögensschädigung. Nach der Rechtsprechung muss sich das Wissenselement allein auf die Vermögensgefährdung beziehen.[222] Es fällt folglich auch nicht weg, weil das Vorstandsmitglied beabsichtigt, hofft oder glaubt, den endgültigen Schaden abwenden zu können. Vielmehr ist erforderlich, dass es die Minderwertigkeit des Rückzahlungsanspruchs im Vergleich zu der ausgereichten Darlehensvaluta im Zeitpunkt der Kreditgewährung gekannt hat, wobei allein die diesbezügliche Kenntnis genügt, mag es die Situation selbst auch anders bewerten.[223] Für die Bejahung des Vorsatzes ist es also nicht entscheidend, dass der Verantwortliche vom Endschaden weiß. Bei dieser Vorstellung handelt es sich lediglich um eine Zukunftserwartung, zu der der BGH bemerkt[224]:

---

[218] BGH NJW 1964, 874; BGH wistra 1988, 188, 190.
[219] Siehe hierzu die Ausführungen von *Schwab*, JuS 1999, 740, 745.
[220] Statt vieler: *LPK/StGB-Kindhäuser*, § 263 Rn. 170; *Tröndle/Fischer*, § 263 Rn. 93.
[221] BGHSt 46, 30, 34.
[222] BGH wistra 1993, 265, 266; BGH NStZ 1999, 353, 354.
[223] BGH NJW 2002, 1211, 1216; BGH wistra 1993, 265, 266; vgl. auch BGHR StGB zu § 263 I – Vorsatz 2; BGH NStZ-RR 2001, 328.
[224] BGH, NJW 1979, 1512; ebenso BGH, wistra 1985, 190, 191; 1988, 305, 306.

„Diese Zukunftserwartung steht einem für die jeweilige Gegenwart vorhandenen bedingten Benachteiligungsvorsatz nicht entgegen, sondern betrifft nur die spätere Nachteilsbeseitigung oder Wiedergutmachung.“

Dementsprechend muss sich auch das Billigungselement des bedingten Vorsatzes nur auf die schadensgleiche Vermögensgefährdung beziehen.[225] Die Ermittlung des für das reine Vorsatzdelikt Untreue neben dem Wissenselement unabdingbaren Willenselementes hat in den beiden hier relevanten BGH-Entscheidungen jedoch eine gravierende Richtungsänderung erfahren. Während die erste Entscheidung die Tatgerichte noch vor „formelhaften“ Schlüssen aus der objektiven Gefahrenlage gewarnt und die Bedeutung der „Umstände des Einzelfalles“ betont hat[226], engt der BGH nunmehr den tatrichterlichen Entscheidungsspielraum durch weitreichende beweisrechtliche Vorgaben ein, die einen Freispruch unter Anwendung des Grundsatzes „in dubio pro reo“ erheblich erschweren.[227] Zwar könne nicht allein aus der Höhe des bewusst eingegangenen Risikos auf eine Billigung der schadensgleichen Vermögensgefährdung geschlossen werden. Jedoch seien bei einer gravierenden Verletzung der Informations- und Prüfungspflicht durchaus Schlüsse auf das Vorhandensein des Billigungselements möglich. Deren Stärke bestimmt der BGH nach Art und Umfang des bewusst eingegangenen Risikos, wobei er zu einer Unterscheidung von drei Stufen gelangt.

Erstens: Bei „höchster Gefährdung des Rückzahlungsanspruchs“ liege ein billigendes In-Kauf-Nehmen nahe.[228] Zweitens: „Die Billigung liegt noch näher, wenn das Kreditengagement unbeherrschbar ist.“[229] Drittens: Eine Billigung sei „nahezu stets anzunehmen“, wenn hochriskante Kredite „die Existenz der Bank aufs Spiel setzen“.[230] Eine dermaßen konkrete Aufstellung von Beweisregeln muss jedoch zwingend Bedenken auslösen. Zwar lässt die mehrfach benutzte Formulierung „es liegt nahe“ erkennen, dass die tatrichterliche Beweiswürdigung nur durch die Äußerungen des BGH angeregt werden soll, was zudem die äußerste Grenze revisionsgerichtlicher Feststellung beschreibt. So unwirksam solche Beweisregeln schon aus Gründen revisionsgerichtlicher Kompetenzüberschreitung wären, so sehr ist doch zu befürchten, dass die untergerichtliche Rechtsprechung in ihrer schon längst angelsächsische Folgsamkeit gegenüber Leitentscheidungen übertreffenden Demut die Äußerungen des BGH als geset-

---

[225] BGHSt 47, 148, 157; *Keller/Sauer*, wistra 2002, 365, 368; *Kühne*, StV 2002, 198, 199; *Nack*, NJW 1980, 1599, 1602.
[226] BGHSt 46, 30, 35.
[227] *Marxen/Müller*, EWiR 2002, 307, 308.
[228] BGH NJW 2002, 1211, 1216.
[229] BGH NJW 2002, 1211, 1216.
[230] BGH NJW 2002, 1211, 1216.

zesgleiche Beweisregeln rezipieren wird.[231] Der vom BGH vertretenen Vorgehensweise, aus dem Wissenselement des dolus eventualis auf das Willenselement zu schließen, kann mithin nicht gefolgt werden. Es bedarf in jedem Fall einer eingehenden Einzelfallprüfung von Wissens- und Wollenselement, der gegenüber die oben genannten Beweisregeln rein indizielle Bedeutung haben. Würde man in diesem Zusammenhang anders vorgehen, so widerspräche dies in jedem Fall § 15 StGB und bedänge letzten Endes eine strafrechtliche Verantwortlichkeit wegen fahrlässiger Untreue, die das Strafgesetzbuch aber gerade nicht kennt.

6. Sonderfall: Sanierungs- oder Folgekredite

a) Die aktive Vergabe eines Sanierungs- oder Folgekredits

Ein Sonderproblem stellen in diesem Zusammenhang die sogenannten Sanierungs- oder Folgekredite dar. Dabei stellt sich die wichtige Frage, ob der Vorstand der Bank-AG einen Kredit vergeben darf, um einem Kreditnehmer, der sich in finanziellen Schwierigkeiten befindet, die Sanierung zu ermöglichen. Dabei kann es sich sowohl um die erste Kreditvergabe an das angeschlagene Unternehmen als auch um einen Folgekredit, d.h. regelmäßig um eine Aufstockung des bereits gewährten Kreditvolumens handeln, wobei letztgenannter Fall wohl die Regel sein dürfte. Denkbar ist eine Strafbarkeit aus § 266 StGB in dieser Konstellation sowohl durch positives Tun als auch durch Unterlassen, also durch die Entscheidung, den Kredit nicht zu gewähren.

Festzustellen ist allerdings zunächst einmal, dass sich hinsichtlich der Frage der Pflichtwidrigkeit auch bei den hier behandelten Sanierungs- und Folgekrediten nichts an den oben erarbeiteten Grundsätzen ändern wird. Im Gegenteil kann die Pflichtwidrigkeit bei der Vergabe von Folgekrediten dann entfallen, wenn sie Erfolg bei der Sanierung des Gesamtengagements verspricht. Dies ist nach Ansicht des BGH insbesondere bei einem wirtschaftlich vernünftigen Gesamtplan der Fall, der auf einen einheitlichen Erfolg angelegt sei und bei dem erst nach einem Durchgangsstadium - der Sanierung - ein Erfolg erzielt werde.[232] Sofern die Existenz der Bank nicht bedroht sei und die Kreditwürdigkeit sorgfältig geprüft werde, könnten bei der Erfolgsbewertung neben der Chance auf das „Auftauen“ eingefrorener Kredite auch andere Umstände wie die ökonomisch sinnvolle Erhaltung eines Unternehmens und seiner Arbeitsplätze berücksichtigt werden.[233] Darüber hinaus sollte man nicht unberücksichtigt lassen, dass Kreditinstitute im Verhältnis zu ihren Vertragspartnern unter Umständen sogar nach Treu und Glauben verpflichtet sein könnten, riskante Sanierungskredite zu vergeben.[234] In diesen Fällen könnte möglicherweise ein tatbestandsausschließen-

---

[231] *Kühne*, StV 2002, 198, 199.
[232] BGHSt 47, 148, 153; vgl. auch BGH wistra 1992, 26.
[233] BGHSt 47, 148, 153 f.
[234] *Feigen*, FS Rudolphi, 445, 454; *Hillenkamp*, NStZ 1981, 161, 162; *Müller-Gugenberger/Bieneck-Nack*, § 66 Rn. 127.

des Einverständnis und damit keine Pflichtverletzung bzw. eine strafrechtliche Rechtfertigung des die Grenzen des Innenverhältnisses überschreitenden Risikogeschäfts in Betracht kommen.[235]

Daneben stellt sich bei der Vergabe von Sanierungskrediten aber insbesondere auch die Frage, ob eine Vermögensgefährdung hier wirklich einen Schaden darstellen kann, der einer mit den Mitteln des Strafrechts abzugeltenden Rechtsgutsverletzung entspricht. Speziell bei dieser Kreditkonstellation kommt nämlich die Möglichkeit in Betracht, dass ein wirtschaftlicher Minderwert durch eine erhöhte Wahrscheinlichkeit der wirtschaftlichen Gesundung des Kreditnehmers und damit der Rückzahlung von Altkrediten ausgeglichen sein kann. Dies muss vor allen Dingen dann gelten, wenn das Vermögen global und nicht punktuell, bezogen auf die einzelne Kreditvergabe, betrachtet wird. Kredite unterscheiden sich hinsichtlich der Vermögensgefährdung jedoch nur in der Gefährdungs- und Schadenshöhe, die aber kein Tatbestandsmerkmal, sondern lediglich ein im Rahmen der Strafzumessung zu beachtender Gesichtspunkt ist. Dem Schadensmerkmal kommt mithin auch bei Sanierungskrediten keine tatbestandsbegrenzende Funktion mehr zu. Sanierungskredite, die pflichtwidrig erteilt worden sind, unterfallen mithin immer dem objektiven Straftatbestand der Untreue.[236]

b) Unterlassene Vergabe eines Sanierungs- oder Folgekredits

Weitaus problembehafteter ist die allein im Zusammenhang mit Sanierungskrediten zu stellende Frage, ob auch ein Unterlassen der Kreditvergabe den Untreuetatbestand verwirklicht. Die die Unterlassungsstrafbarkeit begründende Einstandspflicht (Garantenstellung) ist hier für den Vorstand insoweit unproblematisch, als sie, sofern nicht bereits durch die gesetzliche Norm, welche dem Vorstand die Vertretungsbefugnis zuschreibt, doch zumindest aus dem Gesellschaftsvertrag abgeleitet werden kann.[237] Schließlich kann für den Vorstand, da eine Beschützergarantenstellung für das Vermögen der Bank-AG bereits für einfache Bankmitarbeiter aufgrund ihres Arbeitsvertrags angenommen wird[238], „erst recht" nichts anderes gelten. Hinsichtlich der Pflichtwidrigkeit kann in jedem Fall festgestellt werden, dass den Vorschriften des KWG noch nicht einmal die oben im Fall aktiven Tuns festgestellte indizielle Bedeutung zukommt, sondern überhaupt keine. Die Vorschriften stellen Grundsätze allein für die Vergabe, nicht aber für die Nichtvergabe von Krediten auf. Einschlägig ist vielmehr die sich aus Gesetz und Arbeitsvertrag ergebende Pflicht, kaufmännisch vernünftig zu handeln, also die Grundsätze ordnungsgemäßen Wirtschaftens einzuhalten. Hier ist dann auf die oben erarbeiteten Grundsätze einer risikoorientierten Kreditvergabe zurückzugreifen, die sich, insoweit dann doch wieder der

---

[235] Vgl. hierzu allgemein *Hillenkamp*, NStZ 1981, 161, 168.
[236] *Aldenhoff/Kuhn*, ZIP 2004, 103, 107.
[237] *Aldenhoff/Kuhn*, ZIP 2004, 103, 108.
[238] *Aldenhoff/Kuhn*, ZIP 2004, 103, 108.

Rückgriff, natürlich in erheblichem Maße an den durch das Kreditwesengesetz aufgestellten Kriterien zur bankkaufmännischen Sorgfalt zu orientieren haben.

Argumentative Probleme bereitet die Unterlassungskonstellation vor allen Dingen im Hinblick auf den Vermögensschaden des nichthandelnden Kreditgebers. Als sicher dürfte in diesem Zusammenhang gelten, dass die Nichtgewährung eines Kredits das Bankvermögen vor allen Dingen dann in Gefahr bringen kann, wenn die Bank dem Unternehmen bereits Kredite gewährt hat, hinsichtlich derer eine nur geringe Rückzahlungszahlungswahrscheinlichkeit besteht. Bei der Schadensberechung sind nämlich die einzelnen Kreditgewährungen gesamtheitlich zu bewerten. Wird einem insolvenzbedrohten Unternehmen ein Kredit nicht gewährt, dann droht das vollständige Abgleiten in die Insolvenz mit der für die AG negativen Folge, dass bereits gewährte Altkredite möglicherweise vollständig ausfallen. Hat der Sanierungskredit nun mit an Sicherheit grenzender Wahrscheinlichkeit die Rettung des Unternehmens zur Folge, dann bedingt das Nichthandeln in jedem Fall einen kausalen Vermögensschaden. Ebenso unproblematisch ist auch der umgekehrte Fall, dass eine Rettung auch bei weiterer Kreditvergabe mit an Sicherheit grenzender Wahrscheinlichkeit ausgeschlossen ist. Hier ist zwingend von einer Kreditvergabe abzusehen, da § 266 StGB sonst zumindest objektiv verwirklicht wird.

Ist eine derartige Eindeutigkeit nicht gegeben ist, dann wird es tatsächlich problematisch, da nun die erhöhte Gefährdung des Neukredits auf Grund des besonderen Risikos durch eine zumindest messbar erhöhte Chance auf Rettung der Altkredite ausgeglichen werden könnte. Hier bietet sich eine Einteilung in Risikoklassen an, wie sie Laskos in seiner Monographie vorgenommen hat[239]. Nach ihm erfolgt die Einteilung in: kein erkennbares Risiko (Klasse 1), anmerkungsbedürftig (Klasse 2), notleidend (Klasse 3) und uneinbringlich (Klasse 4). Liegen wirtschaftliches Gesundungspotenzial des kreditverlangenden Unternehmens und das hierzu umgekehrt proportionale Ausfallrisiko in etwa, wenn auch nicht exakt, gleich, dann kann die letztlich fehlerhafte Entscheidung nicht zur Strafbarkeit wegen Untreue führen, denn dann würde die anzustellende Prognose, die in einer 49 zu 51%-Situation praktisch kaum möglich ist, zur Strafbarkeit führen, sofern sie fehlgeht. Dies ist aber keinesfalls mit dem Schuldprinzip vereinbar, denn eine persönliche Vorwerfbarkeit kann dann auf keinen Fall gegeben sein, wenn dem Vorstandsmitglied eine Wahl strafrechtlich ohnehin nicht gegeben ist. Die gegenteilige Auffassung des BGH ist demgegenüber nicht nachvollziehbar, da sie, wenn auch bei der Untreue Tun und Unterlassen gleichermaßen anerkennt, wenn sie strafrechtliche Verantwortung an praxisferne Wahrscheinlichkeiten knüpft. Die untreuestrafrechtliche Haftung im Hinblick auf das Unterlassen einer Kreditvergabe an ein insolvenzbedrohtes Unternehmen ist demnach auf die Fälle zu reduzieren, in denen die potentielle Gesundung zumindest so

---

239 *Laskos*, Die Strafbarkeit wegen Untreue bei der Kreditvergabe, Anhang 5, S. 217.

wahrscheinlich war, dass sie in zumutbarer Weise erkannt werden konnte. Der Sorgfaltsmaßstab hat sich hier jedoch selbstverständlich am Erkenntnishorizont eines Bankvorstandsmitglieds als Fachmann in diesbezüglichen Fragen zu orientieren.

II. Untergruppe Spekulationsgeschäfte, vor allen Dingen Aktien- und Termingeschäfte

Beispielsfall 1: Mannheimer Versicherungen AG (Vorstandvorsitzender der Gruppe und Finanzvorstand)

Verdacht: Anfangsverdacht der Untreue

Die gesamte Versicherungsgruppe der Mannheimer Versicherungen AG war vor allen Dingen wegen verfehlter Aktienspekulationen ihres Lebensversicherers in finanzielle Schwierigkeiten geraten. Dies ging soweit, dass der Vorstandsvorsitzende der Gruppe (Hans Schreiber) gehen und die Lebensversicherung von der Auffanggesellschaft Protektor übernommen werden musste, was deren erster wirklicher Einsatzfall war. Die Lebensversicherungs-AG verfügte nach Angaben der StA über kein effizientes System zur Absicherung und Kontrolle von Risiken. Ein Versicherer habe jedoch nach Aussage eines Behördenmitarbeiters weiter gehende Verpflichtungen als zum Beispiel ein Privatmann, der sein Geld in Aktien anlege.

(Quelle: Handelsblatt vom 24.09.2003)

1. Begriff des Spekulationsgeschäfts - Begriffsdefinition über § 283 I Nr. 2 StGB

Betrachtet man die erste Alternative von § 283 I Nr. 2 StGB, so fällt vor allen Dingen der Begriff der Spekulationsgeschäfte auf. Mit diesem Begriff sind nach der von Rechtsprechung und Lehre übernommen Definition der amtlichen Begründung Geschäfte gemeint, bei denen ein besonders großes Risiko in der Hoffnung eingegangen wird, einen das übliche Maß übersteigenden Gewinn zu erzielen, wobei um dieses Preises willen auch ein möglicher größerer Verlust hingenommen werden soll.[240] Da hierbei in erheblichem Maße ungewiss ist, ob Konsequenz eine Vermögensschädigung ist, handelt es sich eindeutig um ein Risikogeschäft. Strafbar können allerdings nur solche Spekulationsgeschäfte sein, die den Anforderungen einer ordnungsgemäßen Wirtschaft widersprechen. Diese starke Einschränkung ist angemessen, da diese Geschäfte im heutigen Wirtschaftsleben eine große Rolle spielen und aus vielen Branchen nicht mehr wegzudenken sind. Der Gesetzgeber wollte sie deshalb so weit wie möglich straflos belassen, um den Wirtschaftsverkehr nicht zu behindern.

Als Beispiel für solche Geschäfte nennt der Regierungsentwurf[241] die Beteiligung an unseriösen Unternehmen mit dem Ziel des Ausgleichs bereits erlittener Verluste, Spekulation mit Waren auf ausländischen Märkten oder Kreditgewährung ohne Bonitätsprüfung. Diese Beispiele geben jedoch nicht den gesamten Katalog der im Hinblick § 266 StGB zu beobachtenden Spekulationsgeschäfte wieder. Zudem darf der definitorische Rückgriff auf § 283 I Nr. 2 StGB nicht zu

---

[240] BT-Drucks. VII/3441, 35; LK-*Tiedemann*, § 283 Rn. 55; *Schönke/Schröder-Stree*, § 283 Rn. 10; *Tröndle/Fischer*, § 283 Rn. 8; *Lackner/Kühl*, § 283 Rn. 12; *Müller-Gugenberger/Bieneck-Bieneck*, § 86 Rn. 4.

[241] BT-Drucks. VII/3441, 35.

dem Schluss führen, untreuerelevante Spekulationsgeschäfte würden nur in der bei § 283 I Nr. 2 StGB erforderlichen Situation drohender oder eingetretener Zahlungsunfähigkeit oder Überschuldung der Aktiengesellschaft in Betracht kommen. Die Beispiele des Regierungsentwurfs sind daher nur exemplarisch zu verstehen, wobei der Fall der Kreditgewährung oben[242] bereits gesondert besprochen worden ist. Die für den Vorstand typischen Konstellationen werden daher vor allen Dingen Aktienspekulationen mit Gesellschaftsmitteln (siehe obigen Fall Mannheimer Versicherungs-AG) und die verschiedenen Arten von Termingeschäften sein.

2. Pflichtwidrigkeit

a) Aktienspekulationen

Zunächst ist im Hinblick auf die Frage der Beteiligung an anderen Unternehmen festzustellen, dass die Aktiengesellschaft verpflichtet ist, den Gegenstand ihres Unternehmens im Gesellschaftsvertrag anzugeben, § 23 III Nr. 2 AktG. Gegenstand des Unternehmens ist die Tätigkeit, die die Gesellschaft zu treiben beabsichtigt, also das Mittel, mit dem der Gesellschaftszweck erreicht werden soll.[243] Die Angabeverpflichtung im Gesellschaftsvertrag bezweckt, die Grenze der Geschäftsführungsbefugnis des Vorstands (§ 82 II AktG) zu bestimmen und außenstehende Dritte über den Tätigkeitsbereich der AG zu informieren.[244] Auf die Vertretungsmacht des Vorstands hat die Angabe des Unternehmensgegenstands nach § 82 I AktG freilich keinen Einfluss. Mit welchen Mitteln (auch Sozialaufwendungen) der Unternehmensgegenstand verfolgt wird, entscheidet der Vorstand im Rahmen seines Leitungsermessens. Er muss sich dabei jedoch an die Satzungsbestimmungen zum Unternehmensgegenstand halten; je präziser dieser gefasst ist, desto genauer ist die Geschäftsführungsbefugnis begrenzt. Der Vorstand leitet die Aktiengesellschaft daher nur im Rahmen des satzungsmäßig festgelegten Tätigkeitsbereichs der Gesellschaft in eigener Verantwortung. Daraus folgt, dass der Vorstand in diesem Rahmen auch über die Beteiligung der Aktiengesellschaft an anderen Unternehmen zu entscheiden hat und sich zunächst grundsätzlich pflichtgemäß verhält, wenn der Beteiligungsadressat einem ähnlichen Geschäftsfeld wie die beteiligende Aktiengesellschaft zuzuordnen ist. Außergewöhnliche Geschäfte, zu denen auch die Vornahme von Spekulationsgeschäften gezählt werden muss, können dem Vorstand also nur insoweit durch die Satzung untersagt werden, als dadurch der Gegenstand des Unternehmens begrenzt wird.[245] Auf der anderen Seite kann dann auch mit relativer Bestimmtheit behauptet werden, dass die Beteiligung an einem Unternehmen aus einem

---

[242] 2. Teil B I.

[243] BayObLG NJW 1976, 1694; *Hüffer*, AktG, § 23 Rn. 22.

[244] BGH WM 1981, 163, 164, (insoweit nicht in BGHZ 78, 311 = NJW 1981, 682); BayObLG NJW-RR 1996, 413; OLG Frankfurt OLGZ 1987, 40; krit zur Begrenzungsfunktion: *Wallner*, JZ 1986, 721, 724 f.

[245] Vgl. *Tieves*, Der Unternehmensgegenstand der Kapitalgesellschaft, 210 ff.; *Schön*, ZGR 1996, 429, 436 ff.

grundlegend differenten Geschäftsfeld regelmäßig pflichtwidrig sein muss, wobei zunächst die typische Situation des Missbrauchstatbestandes, wirksames Handeln im Außenverhältnis unter Überschreitung der Befugnisse im Innenverhältnis, gegeben ist. Es ist jedoch zu beachten, dass sich nicht im allgemeinen sagen lässt, dass der Unternehmensgegenstand unzulässig verändert wurde, solange die Identität des Unternehmens als Marktteilnehmer erhalten bleibt.[246] Dies gilt namentlich auch beim Erwerb von Beteiligungen, selbst bei solchen, bei denen unternehmerische Führung angestrebt wird.[247]

Aber selbst im Falle der Beachtung der durch den Unternehmensgegenstand vorgegebenen Richtung der Geschäftstätigkeit bleibt die dringende Gefahr der Verletzung des Untreuetatbestandes, womit wir bei der Frage des strafbaren Risikos von Aktienspekulationen angelangt sind. Der hohen Bedeutung der Vermögensverwaltung steht bei einer Aktienanlage ein hohes Risiko gegenüber, da erhebliche Kursverluste auch bei den so genannten Standardwerten nicht ausgeschlossen sind[248]. Der Vorstand unterliegt damit im Bereich der Vermögensanlage mittels Aktien professionellen Maßstäben[249]. Zu den wesentlichen Anforderungen an eine professionelle Vermögensverwaltung[250] zählen grundsätzlich das Gebot einer produktiven Vermögensverwaltung, das Verbot der Spekulation sowie, hier wesentlich, das Gebot der Risikominderung durch maximale Diversifikation[251]. Dem Vorstand ist es jedoch nicht verboten, sondern nach dem Unternehmensgegenstand der Aktiengesellschaft aus unterschiedlichsten Gründen regelmäßig sogar geboten, Beteiligungen an anderen Unternehmen zu erwerben, um Synergieeffekte, Kursgewinne oder einfach nur Dividende für die eigene Gesellschaft zu erzielen. Dabei steht fest, dass die dem Aktienerwerb grundsätzlich innewohnende Gefahr von Kursverlusten, selbst wenn diese hoch war und die Verluste am Ende wirklich eintreten, für sich gesehen noch keine Pflichtverletzung zu begründen vermag. Ähnlich der oben erarbeiteten Grundsätze zur Kredituntreue[252], wird man dem Vorstand jedoch auch hier eine umfassende Prüfungspflicht auferlegen müssen, die das Ziel hat, das Risiko im bestmöglichen Maße zu minimieren. Als Maßstab für den Umfang der Prüfungspflicht

---

[246] *Hüffer*, AktG, § 82 Rn. 9.

[247] *KK-Mertens*, § 82 Rn. 14 ff., 26 ff.; *Tieves*, Der Unternehmensgegenstand der Kapitalgesellschaft, 210 ff.; *Säcker*, FS Lukes, 1989, 547, 550 f.

[248] Beispiele: Deutsche Telekom, Allianz, Münchner Rück, MLP.

[249] So auch *Carstensen*, Vermögensverwaltung, Vermögenserhaltung und Rechnungslegung gemeinnütziger Stiftungen, 237.

[250] Vgl. *Schäfer*, Haftung für fehlerhafte Anlageberatung und Vermögensverwaltung, 107.

[251] Der Vermögensverwalter muss daher eine ordnungsgemäße Beurteilung des Anlageobjektes inklusive einer Risikoeinschätzung vornehmen. Der Wert einer Einzelaktie kann mit Methoden der Unternehmensbewertung überprüft werden. Als Methoden der Risikominimierung bieten sich beispielweise die Portfolio-Theorie von *Markowitz*, die Asset Allocation und die Bestimmung der Depotgröße an. Ausf.: *Steiner/Bruns*, Wertpapiermanagement, Tz. 2.1.2.2.5 und Tz. 2.2. (S. 68 [77ff.]); *Garz/Günther/Moriabadi*, Portfolio-Management, S. 20 ff.

[252] Siehe oben 2. Teil B I 3.

könnten hier nun die Grundsätze dienen, die die Finanzbranche im Zuge der Absicherung gegen den sich mehrenden Vorwurf falscher Beratung entwickelt hat: Zum Beispiel teilen Banken ihre Kunden beim Anlagegespräch in eine von fünf Risikogruppen ein: „Stufe 1“ steht für sichere Anlagewünsche, wie Geldmarktfonds, „Stufe 5“ steht für hoch spekulativ. Das können ausländische Aktien oder Optionsscheine sein. Nachfolgend wird ein knapper Gesamtüberblick über die maximalen Risikoklassen von Wertpapieren als Geldanlage aufgeführt:

Risikoklasse 1
- kurzlaufende Euro-Rentenfonds und Euro-Anleihen bester Qualität, soweit Restlaufzeit der gewünschten Anlagedauer entspricht
- offene Euro-Immobilienfonds

Risikoklasse 2
- Euro-Anleihen sehr guter Qualität, Euro-Rentenfonds
- Internationale Immobilienfonds
- strukturierte Wertpapiere, z.B. Zertifikate, strukturierte Anleihen, Strategiefonds auf Renten oder Rentenindizes in EUR

Risikoklasse 3
- Euro-Anleihen guter Qualität, Anleihen bester Qualität in Standardwährung, kurzlaufende Rentenfonds in Standardwährung, international gestreute Rentenfonds, spekulative Euro-Rentenfonds
- Euro-Standardaktien, Euro-Standardaktienfonds, breit gestreute Euro-Akt.nebenwertefonds, international breit gestreute Standardakt.fonds
- Zertifikate und Strategiefonds auf Standardindizes oder -aktien in EUR; strukturierte Wertpapiere in EUR, z.B. Diskontzertifikate, Aktienanleihen und sonstige nstige verbriefte Anlagestrategien
- Diversifizierte Hedge Fonds-Zertifikate in EUR

Risikoklasse 4
- spekulative Euro-Anleihen in sonstigen Standardwährungen, spekulative internationale Rentenfonds
- Euro-Aktiennebenwerte, internationale Standardaktien und –fonds, international breit gestreute Aktiennebenwertefonds
- strukturierte Wertpapiere
- Hedge Fonds-Zertifikate in Währung

Risikoklasse 5
- sehr spekulative Anleihen, Rentenfonds in sonstigen Währungen
- internationale Aktiennebenwerte und -fonds
- Zertifikate, Aktienanleihen und Strategiefonds auf Aktiennebenwerte
- Private Equity
- Optionsscheine, Futures und Options

(Quelle: Deutsche Bank AG – KapitalAnlageCheck / Kundenangaben zum Wert-papiergeschäft 2005)

Mit Blick auf die vorstehende Einteilung wird deutlich, dass die Finanzbranche die Beteiligung an einem anderen Unternehmen über den Erwerb von Wertpapieren in die oberen Gruppen einordnet und damit von einem im Vergleich zu anderen Geldanlagegeschäften erhöhten Risiko ausgeht. Um sich pflichtgemäß zu verhalten, muss der Vorstand die Chancen und Risiken des Anlagegeschäfts insoweit abwägen, als nur solche Geschäfte getätigt werden dürfen, bei denen die Aussicht auf Gewinnzuwachs zum Erwerbszeitpunkt höher lag als diejenige auf einen Verlust durch mögliche Kursverluste. Allerdings kann diese Aussage nicht pauschal getätigt werden. Die Frage, welche Intention hinter dem Erwerbsgeschäft steht, ist eine solche des Einzelfalls. Im Einzelfall kann aber auch der Erwerb weniger aussichtsreicher Wertpapiere durch strategische Maßnahmen angezeigt sein. Bei der Beteiligung an einem anderen Unternehmen durch den Erwerb von Wertpapieren ist eine untreuerelevante Pflichtwidrigkeit mithin nur dann anzunehmen, wenn die Beteiligung offensichtlich nicht mit dem Unternehmensgegenstand zu vereinbaren ist. Darüber hinaus sind nur solche Erwerbsgeschäfte pflichtwidrig, die bereits im Zeitpunkt des Erwerbs eine negative Kursentwicklung erahnen ließen. In den übrigen Fällen kann dagegen auch unter Berücksichtigung der Tatsache, dass eine langfristige Prognose der Kursentwicklung außerordentlich schwierig ist, nicht von einer Pflichtwidrigkeit im Sinne von § 266 StGB ausgegangen werden.

b) Termingeschäfte

Termingeschäfte sind Zeitgeschäfte, also im weiteren Sinne alle Geschäfte, die erst zu einem späteren Zeitpunkt, jedoch zu den am Tag des Vertragsabschlusses vereinbarten Bedingungen (Lieferung, Zahlung) erfüllt werden.[253] Sie dienen der Absicherung gegen Währungs-, Zins- und andere Risiken und verbreitern die Anlagemöglichkeiten für institutionelle und andere Anleger. Termingeschäfte im engeren Sinn sind die Börsentermingeschäfte im Gegensatz zum Kassageschäft, wobei Termingeschäfte und Kassageschäfte miteinander verknüpft werden können. Gegenstand von Börsentermingeschäften sind Waren, Devisen, Wertpapiere (Terminpapiere) oder abstrakte Basiswerte (z.B. Aktienindizes). Erzeuger und Verarbeiter können sich durch Börsentermingeschäfte als Preis- bzw. Kurssicherungsgeschäfte gegen zukünftige Preisschwankungen schützen (sog. Hedging).[254] Börsentermingeschäfte können aber durchaus auch der reinen Spekulation dienen.[255]

---

[253] *Groß*, Kapitalmarktrecht, BoersG, Vorb. vor §§ 50-70 Rn. 2.

[254] *Schwintowski/Schäfer*, Bankrecht, § 20 Rn. 19; eine weitere klassische Nutzungsmöglichkeit von Börsentermingeschäften ist die sogenannte Arbitrage; siehe hierzu ebenfalls *Schwintowski/Schäfer*, Bankrecht, § 20 Rn. 20.

[255] Siehe dazu insgesamt *Groß*, Kapitalmarktrecht, BoersG, Vorb. vor §§ 50-70 Rn. 1-8; vgl. auch *Schwintowski/Schäfer*, Bankrecht, § 20 Rn. 21.

Hinsichtlich der Risikogeneigtheit von Termingeschäften kann zunächst festgestellt werden, dass die typische Gefährlichkeit dieser Geschäftsart im Gegensatz zur reinen Aktienspekulation nicht allein aus dem Risiko folgt, durch Kursspekulationen Verluste zu erleiden, sondern dass sich ein zusätzliches Risiko aus dem Charakter des Börsentermingeschäfts als Zeitgeschäft und aus der vom Hebeleffekt[256] ausgehenden Anreizwirkung ergibt. Für Termingeschäfte ist es typisch, dass sie den Einsatz eines nur geringen oder gar keines Kapitals erfordern bei gleichzeitig hohen Gewinnchancen bzw. Verlustrisiken.[257] Bei der Terminspekulation sollen Gewinne grundsätzlich ohne Einsatz eigenen Vermögens und ohne Inanspruchnahme eines förmlichen Bankkredits allein durch ein Gegengeschäft erzielt werden, das die erwartete oder zumindest erhoffte Entwicklung des Marktpreises ermöglichen soll. Der Kunde – in unserem Fall die Aktiengesellschaft – verlässt sich bei der Erfüllung der eigenen Verbindlichkeit allein auf eine günstige, jedoch ungewisse Entwicklung des Marktpreises. In dieser beabsichtigten Glattstellung des die Terminspekulation eröffnenden Geschäfts durch ein Gewinn bringendes Gegengeschäft liegt die besondere Gefährlichkeit der Termingeschäfte.[258] Entwickelt sich der Marktpreis nämlich gegenläufig, dann droht der Aktiengesellschaft ein nur schwer voraussehbarer Schaden aus dem Glattstellungsgeschäft zu einem dann verlustbringenden Marktpreis. Ist das Termingeschaft dann noch als Festgeschäft – dem eigentlichen Grundtypus der Termingeschäfte – ausgestaltet, übernehmen die Kontrahenten häufig ein – zwar symmetrisches – jedoch betragsmäßig unbegrenztes und für sie nicht überschaubares Verlustrisiko.[259]

Bei den Optionen ist das Risiko demgegenüber asymmetrisch zwischen Käufer und Verkäufer verteilt. Tritt die Aktiengesellschaft als Käufer einer Option[260] auf, besteht zwar ebenfalls das Risiko eines Totalverlustes. Im Unterschied zu den Kontrahenten des Festgeschäftes und dem Stillhalter bei Optionsgeschäften kann jedoch der Käufer einer Option sein Risiko auf den gezahlten Optionspreis begrenzen, denn er braucht die Option nicht auszuüben, wenn bei einer Kaufoption der vereinbarte Basispreis über dem Marktpreis oder bei einer Verkaufsoption unter dem Marktpreis liegt.[261] Es dürfte allerdings feststehen, dass bereits der (Total)-Verlust der gezahlten Prämie einen untreuerelevanten Vermögens-

---

256 Siehe dazu die Ausführungen im nächsten Absatz.

257 *Schwintowski*/Schäfer, Bankrecht, § 20 Rn. 19; *Kümpel*, Bank- und Kapitalmarktrecht, Rn. 15.123, S. 1947.

258 *Kümpel*, Bank- und Kapitalmarktrecht, Rn. 15.123, S. 1947.

259 Dieselbe Gefahr besteht regelmäßig bei der Übernahme der Stillhalterposition bei den Termingeschäften in Form der Optionsgeschäfte. Dem Kontrahenten des Stillhalters droht der Totalverlust seines in Form der Optionsprämie gezahlten Einsatzes; siehe dazu *Kümpel*, Bank- und Kapitalmarktrecht, Rn. 15.128, S. 1948.

260 Aus der Sicht des vom BGH betonten Schutzzweckes der termingeschäftlichen Regelungen ist die Einstufung des Optionsgeschäfts als Termingeschäft konsequent; vgl. *Kümpel*, Bank- und Kapitalmarktrecht, Rn. 15.130, S. 1949.

261 *Kümpel*, Bank- und Kapitalmarktrecht, Rn. 15.129, S. 1949.

nachteil für die Aktiengesellschaft zu begründen vermag. Tritt die AG dagegen als Optionsverkäufer auf, besteht für sie ein theoretisch unbegrenztes Risiko, wobei der Gewinn lediglich auf die Höhe der Optionsprämie begrenzt ist.[262]

Eine zusätzliche Steigerung der aus den genannten Verlustrisiken resultierenden Gefahr bedingt der oben bereits angesprochene sogenannte Hebel- oder Leverage-Effekt als ebenso prägendes Merkmal der Termingeschäfte. Er ist vor allen Dingen dadurch gekennzeichnet, dass beim Termingeschäft oft nur ein geringer Kapitaleinsatz geleistet wird, der dem Leistenden den wahren Umfang der eingegangenen Verpflichtung verschleiert. Die Partei - häufig der unerfahrene Anleger - spekuliert mit geringem Mitteleinsatz auf Basiswerte, für deren Direkterwerb ihm das Kapital fehlen würde. Es entsteht der verführerische Anschein (Hebelwirkung), mit wenig Kapitaleinsatz hohe Gewinne erzielen zu können. Insbesondere auch hiervon geht die terminspezifische Gefährlichkeit aus.[263] Vergleicht man die genannten Varianten der Terminspekulation mit dem oben bereits behandelten[264], ebenfalls auf Kursgewinn spekulierenden Kauf von Aktien am Kassamarkt, so zeigt sich bei näherer Betrachtung, dass aus der Sicht eines Totalverlustes der Erwerb einer Rechtsposition am Terminmarkt ungleich risikoreicher ist.[265] Denn beim Erwerb dieser Wertpapiere am Kapitalmarkt tritt ein Totalverlust erst ein, wenn der Emittent in die Insolvenz gerät und es zu keinerlei Zahlungen an den Wertpapierinhaber kommt. Dieses Insolvenzrisiko ist nach der Lebenserfahrung als äußerst gering zu bewerten, wenn man einmal von dem nicht schutzwürdigen Kauf von Wertpapieren eines erkennbar insolvenzbedrohten Emittenten absieht. Es geht beim Kriterium „Zeitgeschäft" aber vor allen Dingen auch um die Abgrenzung des Börsentermingeschäfts vom spekulativen Kassageschäft. Während das Kassageschäft, etwa der Kauf von Aktien, sofort, d.h. in zwei Tagen[266] zu erfüllen ist, ist der Erfüllungszeitpunkt beim Termingeschäft als einem Zeitgeschäft hinausgeschoben. Daher müssen die Parteien eines Termingeschäfts bis zum Erfüllungszeitpunkt warten, ehe sie wissen, ob ihre Spekulation aufgeht. Die Einschätzung der mit einem Wertpapiergeschäft verbundenen Risiken - Bonitätsrisiko, Kursentwicklung - ist somit beim Termingeschäft ungleich schwieriger als beim Kassageschäft; auch kann bei Termingeschäften nicht solange mit dem Erwerb oder Verkauf der Wertpapiere

---

[262] *Schwintowski/Schäfer*, Bankrecht, § 20 Rn. 22; *Schwark*, Börsengesetz, Einl. §§ 50-70 Rn. 8.

[263] *Kümpel*, Bank- und Kapitalmarktrecht, Rn. 15.140 ff., S. 1951 ff.; *Jaskulla*, ZBB 1997, 171, 176; *Assmann/Schütze*-Häuser/Welter, § 16 Rn. 108 f.; *Kleinschmitt*, Das Informationsmodell bei Börsentermingeschäften, 44; BGH WM 1998, 1281, 1283. - Die Hebelwirkung als Merkmal des Börsentermingeschäfts ablehnend: *Paus*, Börsentermingeschäfte, 182 ff.

[264] Siehe oben 2. Teil B II 2.

[265] *Kümpel*, Bank- und Kapitalmarktrecht, Rn. 15.133, S. 1950.

[266] Die zweitägige Erfüllungsfrist ergibt sich aus § 15 I der vereinheitlichten Handelsbedingungen der deutschen Börsen (Bedingungen der Frankfurter Wertpapierbörse abrufbar unter: http://www.exchange.de).

gewartet werden, bis ein als vertretbar empfundenes Kursniveau erreicht ist.[267] Überdies ist das zum Totalverlust führende Bonitätsrisiko beim Erwerb von Kapitalmarktpapieren wesentlich sicherer zu quantifizieren, da die diesbezügliche Beurteilung durch die verschiedenen kapitalmarktrechtlichen Informationspflichten[268] erleichtert wird.

Dem dargestellten, im Vergleich zum reinen Aktienerwerb deutlich erhöhten Risiko von Termingeschäften im allgemeinen muss durch einen noch intensiveren Sorgfaltsmaßstab Rechnung getragen werden. So wird man selbst im Falle der grundsätzlichen Üblichkeit von Spekulationsgeschäften bei solchen Geschäften eine Verletzung der Vermögensbetreuungspflicht annehmen müssen, bei denen ein das konsentierte Spekulationsrisiko übersteigendes, zusätzliches Verlustrisiko eingegangen wird[269], etwa wenn aufgrund unüblicher Aufschläge auf die Kosten nur bei einer außerordentlich unwahrscheinlichen Kursentwicklung mit einem Gewinn gerechnet werden kann.[270] Immer dann, wenn das Vorstandsmitglied gegen das ihm obliegende Sicherheitsgebot, nachdem bei Geldanlagen auf ausreichende Sicherheiten zu achten ist, verstößt, lässt sich die Pflichtwidrigkeit relativ unproblematisch bejahen.[271]

Als weiterer Grund für eine Pflichtwidrigkeit sowohl von Termingeschäften als auch der vorher behandelten Aktienspekulationen kommt schließlich noch in Betracht, dass das Spekulationsvolumen im Vergleich zum gesamten Geschäftsvolumen unverhältnismäßig groß ist und deshalb die Kreditwürdigkeit des Unternehmens insgesamt beeinträchtigt, weil die Prosperität oder sogar die Existenz des Unternehmens auf dem Spiel steht.[272] In diesen Fällen wirft dann auch die Erfüllung des weiteren Tatbestandsmerkmals des „Vermögensnachteils" keine besonderen Probleme mehr auf.

Der Vollständigkeit halber ist hier schließlich festzustellen, dass die Pflichtwidrigkeit der Eingehung von Börsentermingeschäften auch dann nicht mit Sicherheit ausgeschlossen ist, wenn sie als Preis- bzw. Kurssicherungsgeschäfte den Schutz der Aktiengesellschaft gegen zukünftige Preisschwankungen (sog. Hedging) zum Ziel haben, der Vorstand sich mithin nach allgemeinem Verständnis

---

[267] *Kümpel*, Bank- und Kapitalmarktrecht, Rn. 15.133 ff., S. 1950 f.; *Jaskulla*, ZBB 1997, 171, 175 f.; *Assmann/Schütze*-Häuser/Welter, § 16 Rn. 105.

[268] Hierzu gehört vor allem die jährliche Rechnungslegung. Bei den im Amtlichen Markt der inländischen Börse gehandelten Wertpapieren sind im übrigen Zwischenberichte zu veröffentlichen. Die Ad-hoc-Publizität von kursrelevanten Sachverhalten ist für die Emittenten des Amtlichen und geregelten Marktes vorgeschrieben.

[269] BGH – VI ZR 117/82 – NJW 1984, 800, 801, freilich im Rahmen des Vorsatzes.

[270] LK-*Schünemann*, § 266 Rn. 97; Nachweise zur einschlägigen Rechtsprechung unter dem Gesichtspunkt des Betruges bei *Lackner/Kühl*, § 263 Rn. 48b.

[271] Siehe dazu insbesondere LG Stuttgart, Urt. v. 24.1.1996 - 14 KLs 184/95.

[272] Wie in den Fällen der Herstatt Bank - BGH, wistra 1985, 69 f. und der Klöckner KGaA - Urt. des LG Duisburg v. 6.5.1991, XVII KLs 28 Js 108/88 (13/90).

grundsätzlich im Rahmen der Sorgfalt bewegt hat, die an einen ordentlichen und gewissenhaften Geschäftsleiter zu stellen ist. Auch unter der Prämisse eines insofern billigenswerten Motivs kann nicht von der Abwägung des drohenden Risikos abgesehen werden. Zudem dienen Börsentermingeschäfte in nicht seltenen Fällen reiner Spekulation, also alles andere als dem Schutz des Gesellschaftsvermögens.

3. Nachteil

Hinsichtlich des Vermögensnachteils darf wiederum nicht allein auf den Zeitpunkt der Tathandlung abgestellt werden, in dem sowohl Wertpapiere als auch die Leistung aus dem Termingeschäft (in der Regel auch Wertpapiere oder Waren) ein grundsätzliches Risiko vermitteln, welches sehr häufig die für die Nachteilsbejahung ausreichende schadensgleiche Vermögensgefährdung begründen können wird. Insoweit unterscheidet sich die Situation nicht von der bei der Kredituntreue, d.h. grundsätzlich wird bei Anlage- wie bei Kreditgeschäften die Grenze dort überschritten, wo der Vorstand nach „Art eines Spielers“ naheliegende oder sich aufdrängende Verlustgefahren eingeht, um dafür außerhalb jeder kaufmännischen Sorgfalt vage Chancen eines überdurchschnittlichen Gewinns zu erlangen. Zudem ist auch hier wiederum zu fragen, ob nicht ein wirtschaftlich vernünftiger Gesamtplan den temporären Verlust bzw. die konkrete Gefahr desselben im Hinblick auf die Erwartung eines späteren Gewinns rechtfertigen kann.

Erörterungswürdig ist stattdessen insbesondere die Frage der Kompensation bzw., sollte eine solche ausscheiden, der genauen Ermittlung der Schadenshöhe, da der Preis von Wertpapieren aber auch Waren durch den Markt bestimmt wird und daher erheblichen Schwankungen ausgesetzt sein kann. Fraglich ist mithin, ob dieses allgegenwärtige Risiko Bedeutung für die Schadensermittlung haben kann oder sogar muss. In der bereits im Rahmen der Pflichtwidrigkeit angesprochenen Entscheidung des BayObLG zu Spekulationsgeschäften durch Geschäftsleiter wurden die für die Aktienspekulationen bewilligten Kredite aus dem Verkauf der Aktien immer wieder ganz oder teilweise abgedeckt, so dass der Vermögensnachteil zunächst fraglich war. Das Gericht hatte nun zu prüfen, ob der Nachteil im Anschluss an BGHSt 15, 342 deswegen ausgeschlossen sein konnte, weil der Sparkassenleiter jederzeit die zum Ausgleich erforderlichen Mittel, hier waren dies Wertpapiere, bereit hielt. Dem Urteil zufolge können Wertpapiere flüssigen Mitteln nur insoweit gleichgeachtet werden, als sie eine ausreichende Sicherheit bieten. Bei Aktien sei eine solche Sicherheit jedenfalls im Sparkassenverkehr nur bis zur Höhe ihrer in der Sparkassenordnung festgelegten Beleihungsgrenze gegeben. Sie und nicht der Kurswert sei für die Deckungsfrage entscheidend. Reichen die Deckungsmittel nicht aus, so liegt für die Sparkasse in dem Risiko eines Kurssturzes zwischen dem An- und Verkauf der Aktien eine Vermögensgefährdung und damit ein Nachteil im Sinne des § 266 StGB. Nach § 29 SpkO kann eine Sparkasse Kredite gegen Verpfändung von

Wertpapieren gewähren. Aktien können dabei bis zu 60% des Kurswertes beliehen werden. Aus der Festsetzung dieser Beleihungsgrenze ist ersichtlich, dass bei Aktien angesichts des Risikos eines Kurssturzes nur der genannte Hundertsatz des Kurswertes als eine sparkassenrechtlich ausreichende Sicherung angesehen wird. Dass die Aktien um 40% fallen könnten, wird bei ihrer Beleihung als Unsicherheitsfaktor in Rechnung gestellt. Daher war im Rahmen der Prüfung zu beachten, ob der zur Rückzahlung der Kreditzahlung bestimmte Erlös aus dem Aktienverkauf einen entsprechenden Ausgleich zugunsten der Sparkasse schuf; denn nur insoweit, d.h. in Höhe des das Risiko eines Kurssturzes berücksichtigenden Beleihungswertes der Aktien kann nach allgemeinen objektiven Gesichtspunkten unter Berücksichtigung der Aufgaben der Sparkassen von einer ausreichenden Deckung durch flüssige Mittel gesprochen werden. Ob es möglich sein würde, die Aktien zu dem gleichen Kurswert zu verkaufen, zu dem sie der Angeklagte bekommen hatte, war jeweils ungewiss. Den Geldern, die der Angeklagte der Sparkasse aus dem Aktienankauf schuldete, standen nicht genügend flüssige Deckungsmittel gegenüber. Damit lag eine Vermögensgefährdung – auch objektiv – schon darin, dass das Risiko eines Kurssturzes bestand und – mangels ausreichender flüssiger Deckungsmittel des Angeklagten – zwischen dem An- und Verkauf der Aktien jeweils von der Sparkasse getragen werden musste.

Nun ist allerdings zu berücksichtigen, dass sich insbesondere bei Aktienkursverlusten das Problem der Möglichkeit einer plötzlichen Schadensänderung stellen kann. Es könnte mithin in Betracht kommen, dass eine zukünftige Kurserholung der Aktien möglicherweise den Schaden vermindert oder ihn sogar vollständig aufhebt. Grundsätzlich fehlt es jedoch nur dann an einem Vermögensnachteil infolge Kompensation, wenn der Nachteil durch gleichzeitig eingetretene wirtschaftliche Vorteile für das betreute Vermögen ausgeglichen wird. Dies ist, wie bereits festgestellt neben dem Fall, dass sich die dem Vermögensinhaber zukommende Gegenleistung bei Austauschgeschäften als gleichwertig darstellt, auch dann anerkannt, wenn eine äquivalente Erwerbschance eröffnet wird.[273] Inwiefern nun aber im Zusammenhang mit der bei Wertpapieren gegenwärtigen Möglichkeit eines Kursanstiegs bereits von einer äquivalenten Erwerbschance gesprochen werden kann, ist zweifelhaft.

Der Kurs von Wertpapieren oder Derivaten ist das Ergebnis von Angebot und Nachfrage am Markt. Zusätzlich wird der Kurs aber von bestimmten Einflussfaktoren mitbestimmt. Wichtige, den Aktienkurs beeinflussende Faktoren sind die wirtschaftlichen Erwartungen, die in ein börsennotiertes Unternehmen gesetzt werden, volkswirtschaftliche Rahmenbedingungen (v.a. Zinsen), aber auch

---

[273] BGH NJW 1975, 1234, 1235 (dazu *Trifterer*, NJW 1975, 612, 613; *Bringewat*, JZ 1977, 667 ff.; *Schreiber/Beulke*, JuS 1977, 656 ff.); BGH NStZ 1997, 543; BGH bei *Holtz*, MDR 1979, 636.

politische Erwartungen, Spekulationen und Interessenkäufe. Eine annähernd exakte Prognose der künftigen Kursentwicklung lässt sich nach alledem nicht wirklich abgeben, da der Kurs von zu vielen äußeren Faktoren abhängt. Dennoch kann und muss die kurzfristig zu erwartende Entwicklung des Kurses im Rahmen der Schadensermittlung Berücksichtigung finden. Sofern die diesbezügliche Kurzzeitprognose nun nicht völlig eindeutig in Richtung Stagnation oder sogar Kursverfall geht, kann die Erwartung der diesbezüglichen Vorteile den zunächst angenommenen Nachteil bereits bei seiner Entstehung ausgleichen und wirtschaftlich aufheben[274]. Es genügt hierbei eine Sachlage, bei der das Zuwachsen eines Vermögensvorteils mit Wahrscheinlichkeit zu erwarten ist.[275] Diese Wahrscheinlichkeit ist für den Einzelfall mit Hilfe einer Wertpapieranalyse (Portfolio) zu ermitteln, wobei ein realistischer, vor allen Dingen aber strenger Maßstab anzusetzen ist. Darüber hinaus gilt es allerdings zu bedenken, dass ggf. auch weitere Schadenspositionen geltend gemacht werden können, die ihrerseits nicht durch eine Kurserholung ausgeglichen werden.

---

[274] BGH NJW 1975, 1234, 1235; BGH, Urt. v. 19.1.1954 – 1 StR 579/53 – sowie v. 6.10.1959 – 1 StR 203/59.

[275] Vgl. BGHSt 17, 147, 148 = NJW 1962, 973 zu § 263; RGSt 63, 187, 191.

III. Untergruppe Schmiergeld- und Provisionsvereinbarungen

1. Problemeinführung

Nach der Definition des Lexikons sind Schmiergelder Geldgeschenke und Ähnliches, die einem Angestellten oder Beauftragten eines Unternehmens oder einer Behörde gemacht werden, um eine bevorzugte Behandlung (v.a. bei der Vergabe von Aufträgen) zu erreichen.[276] Selbstverständlich sind Zahlung aber auch Empfang solcher Gelder auch im Rahmen der Leitung einer Aktiengesellschaft von besonderer Relevanz. So ist die Zahlung von Schmiergeldern häufig probates Mittel, um den Zuschlag für ein Geschäft, einen Großauftrag etc. zu erhalten. Vielfach ist sie sogar der einzige Schlüssel, um den Zugang zu ausländischen Märkten zu eröffnen. Dies ist auch der Grund, warum gerade solche „Auslandsschmiergelder", die häufig als „nützliche Aufwendungen" bezeichnet wurden, bis Anfang 2000 legal waren und sogar steuerlich abgesetzt werden konnten. Dies wird in den beiden aufgeführten Fallbeispielen selbst im Bezug auf europäische Staaten deutlich. Aber selbst innerhalb der Landesgrenzen lassen sich Genehmigungen und Aufträge, Geschäftsabschlüsse etc. häufig nur über Schmiergeldzahlungen an öffentlich Bedienstete bzw. im geschäftlichen Verkehr gewährleisten.

Strafrechtlich relevant ist neben den hier nicht zu behandelnden Bestechungsdelikten (§§ 299 ff. StGB)[277], dem Betrug (§ 263 StGB) und der Steuerhinterziehung (§ 370 AO) vor allen Dingen § 266 StGB. Dabei wird der geschulte Blick nicht nur in die eine Richtung, also die Ausreichung von Schmiergeldern, sondern insbesondere auch auf den diesbezüglichen Empfang durch den Vorstand gerichtet sein. Im Hinblick auf die Untreue wird daher zwischen der Geberseite und der Nehmerseite unterschieden[278], wobei § 266 StGB auf beiden Seiten Bedeutung erlangen wird. Auf der Nehmerseite wird vor allen Dingen der immer weiter verbreiteten Praxis sogenannter „kick-backs" Aufmerksamkeit geschenkt werden müssen. Bei der Bezeichnung „Kick-back" handelt es sich um eine der englischen Sprache entnommene Metapher, nach der – wohl in Anlehnung an den Fußball-Sport – der Empfänger einer geldwerten Leistung im Rahmen einer Geschäftsbeziehung einen Teil davon an eine dritte Person in der im weitesten Sinn verstandenen Sphäre des Gebers zurückspielt.[279] Problematisch ist dies insbesondere, da der Vorstand die Provisionszahlungen eigentlich aus dem Vermögen der eigenen Aktiengesellschaft erhält. Sämtliche Fragen zur Bedeutung der Strafbarkeit wegen Untreue bei Schmiergeldzahlungen betreffen – diesbezüglich

---

[276] Der Brockhaus in zehn Bänden - Bd. 8: Rein-Sor., Erscheinungsdatum 2005.

[277] Den §§ 299 ff. StGB dürfte hierbei vor allen Dingen für die Frage der Pflichtwidrigkeit bei § 266 StGB Bedeutung zukommen.

[278] *Achenbach/Ransiek-Seier*, HWSt, V 2 Rn. 331.

[279] Vgl. *Wilhelm Schäfer*, Wirtschaftswörterbuch Band I (Englisch-Deutsch), 7. Auflage 2004 - Stichwort: kickback (com, infml) = Schmiergeld n (syn, bribe money, qv); vgl. auch *Pons*, Großwörterbuch (Englisch-Deutsch), 2001 - Stichwort: kickback (as bribe) = Provision (im Bestechungskontext).

bestehen keine Zweifel - den Vorstand, dessen Tätertauglichkeit damit auf Geber- wie auf Nehmerseite feststeht.

Beispielsfall 1: ABB (Deutschland-Chef Michael Pohr und andere)
Verdacht: Schmiergeldzahlungen, Angestelltenbestechung, Untreue
Die deutsche Tochter des schweizerisch-schwedischen Technologiekonzerns ABB steht im Verdacht, zwischen 1993 und 1997 insgesamt 300 Millionen Mark auf Nummernkonten bei elf Schweizer Banken überwiesen und mit dem Geld ein System schwarzer Kassen eingerichtet zu haben, um an Aufträge in der Autoindustrie und im Anlagenbau zu kommen. Aus diesen seien die Schmiermittel in die unterschiedlichsten Richtungen und auch schon mal in die eigene Tasche geleitet worden. Im Anlagenbau müssen Konzerne für Aufträge in Asien, Afrika oder Lateinamerika oft Schmiergelder zahlen, da sonst in vielen Ländern keine Aufträge zu bekommen sind. Solche Zahlungen für Auslandsaufträge, die als „nützliche Aufwendungen" bezeichnet werden, waren nach deutschem Recht bis Anfang 2000 legal und konnten steuerlich abgesetzt werden. Bei ABB flossen Gelder in die eigenen Taschen, bzw. es wurden Schmiergelder für Aufträge in Deutschland bezahlt.
(Quelle: Der Spiegel Nr. 6/2000, 82)

Beispielsfall 2: Fraport AG (Vorstandsvorsitzender Wilhelm Bender und dessen Vize Manfred Schöch sowie weitere Personen)
Verdacht: Schmiergelder/Korruption/Untreue
Vorstandsmitglieder der Fraport AG sollen einem usbekischen Spitzenfunktionär rund 500000 Euro Schmiergeld gezahlt haben. Über eine zwischengeschaltete Firma hätten sie das Bestechungsgeld für ein Millionenprojekt – die Modernisierung des Flughafens von Taschkent, verschleiert weitergeleitet. Im Zusammenhang mit diesem Projekt ist schon 1998 über einen Schmiergeldeinsatz gesprochen worden, auch von einem leitenden Manager. Der ließ für den Vorstand eine Graphik erstellen, derzufolge Zahlungen für sogenannte „nützliche Aufwendungen" – die Steuerchiffre für Schmiergelder – über ein zwischengeschaltetes Subunternehmen erfolgen sollten. Grundlage der Ermittlungen ist das in Deutschland seit 1999 geltende internationale Bestechungsgesetz, mit dem das bisher straflose Unwesen von Korruption bei grenzüberschreitenden Geschäften bekämpft werden soll. Den überwiegenden Teil des Geldes hat nach den bisherigen Ermittlungen, die neben dem Verdacht der Bestechung eines Amtsträgers im Ausland auch eine mögliche Untreue zu Lasten des Flughafenbetreibers in Frankfurt betreffen, der damalige Chef des Flughafens der usbekischen Hauptstadt erhalten.
(Quelle: Der Spiegel Nr. 44/2003; FAZ.net vom 13.01.2004)

2. Untreue des schmiergeldzahlenden Vorstands

a) Pflichtwidrigkeit

Soweit ersichtlich, ist die Zahlung von Schmiergeldern, bestritten aus fremdem Vermögen, bislang noch nie als strafbare Untreue eingestuft worden.[280] Die Gründe hierfür sind vielfältig und sollen im Folgenden für den AG-Vorstand erarbeitet werden. Für den Fall, dass der Vorstand ein Schmiergeld im geschäftlichen Verkehr zahlt, kommt zunächst der Missbrauchstatbestand in Betracht, welcher dadurch geprägt ist, dass dem rechtlichen Können nach außen ein rechtliches Nicht-Dürfen im Innenverhältnis gegenübersteht. Ob die Aktiengesellschaft in diesen Konstellationen aber tatsächlich – wie von § 266 I, 1. Var. StGB vorausgesetzt – durch ein nach außen hin wirksames Rechtsgeschäft verpflichtet wird, hängt allein von den Regeln des bürgerlichen Rechts ab. Grundsätzlich lässt der Missbrauch der Vertretungsmacht die Befugnis, im Außenverhältnis wirksam rechtsgeschäftlich tätig zu werden, unberührt.[281] Namentlich in den Fällen der Kollusion und des offensichtlichen Missbrauchs der Vertretungsmacht macht die Zivilrechtsdogmatik hiervon eine wichtige Ausnahme. So ist bei kollusivem Zusammenwirken zwischen Vorstand und Geschäftspartner von der Nichtigkeit des Vertrages, also der Schmiergeldabrede, gemäß § 138 BGB auszugehen, womit § 266 I, 1. Var. StGB Fall entfällt. Von der weniger intensiven, aber dennoch relevanten Konstellation eines offensichtlichen Missbrauchs wird dagegen gesprochen, wenn der Vertreter von seiner Vertretungsmacht in so evident verdächtiger Weise Gebrauch macht, dass sich dem Geschäftspartner der begründete Verdacht eines Treueverstoßes aufdrängen musste. Hier entfällt die Wirksamkeit des Vertrages, also der Schmiergeldabrede, wegen des Einwands der unzulässigen Rechtsausübung, § 242 BGB.[282] Für die Zahlung von Schmiergeldern, die zumeist dem Motiv des Verkäufers entspringen dürfte, den Käufer zu einer für die Aktiengesellschaft günstigen Auftragserteilung zu veranlassen, kann wohl regelmäßig vom Vorliegen der beiden genannten Ausnahmekonstellationen ausgegangen werden. Aber selbst dann, wenn dies nicht der Fall ist, muss zumeist davon ausgegangen werden, dass es sich bei der Vereinbarung zwischen dem Schmiergeldzahlenden und dem Empfänger um eine Unrechtsvereinbarung i.S. der §§ 299 ff. StGB handelt, also um ein nichtiges Rechtsgeschäft (§§ 134, 138 BGB). Mithin wird die Aktiengesellschaft im Regelfall gerade nicht rechtswirksam verpflichtet, so dass hier auf die Untreuevariante des Treubruchstatbestandes zurückgegriffen werden muss. Hier ist im Hinblick auf die Pflichtwidrigkeit anzumerken, dass die Grenzen zwischen verkehrsüblichem, kaufmännisch gebotenem, erlaubtem, noch vertretbarem oder schon unverantwortlichem Risiko fließend sind.[283] So steht das Risiko, dass der Spieler eingeht, weit außerhalb der Überlegungen eines ordentlichen Geschäftsmannes. Dies gilt

---

[280] *Achenbach/Ransiek-Seier*, HWSt, V 2 Rn. 336.

[281] MüKo/BGB-*Schramm*, § 164 Rn. 106.

[282] BGHZ 113, 315, 320; vgl. auch BGH, Beschl. v. 26.3.2003 – 1 StR 549/02; weitere Nachweise bei *Palandt-Heinrichs*, BGB, § 164 Rn. 14.

[283] BGH NJW 1975, 1234, 1236.

erst recht für das Risiko unsittlicher oder gesetzlich verbotener Geschäfte, so dass solche Geschäfte niemals pflichtgemäß sein können.[284]

Die Zahlung von Schmiergeldern im geschäftlichen Verkehr fällt unter § 299 StGB, dessen Schutzgüter – neben der Lauterkeit des Wettbewerbs – die Interessen der Mitbewerber und des Geschäftsherrn sind.[285] Verwirklicht der Vorstand daher den Tatbestand des § 299 II StGB dadurch, dass er dem Geschäftspartner einen Vorteil dafür gewährt, dass dieser die Aktiengesellschaft beim Bezug von Waren oder gewerblichen Leistungen bevorzugt, dann verletzt er pflichtwidrig seine Vermögensbetreuungspflicht im Sinne von § 266 I 2. Var. StGB. An der Pflichtwidrigkeit kann in diesem Fall auch ein tatbestandsausschließendendes Einverständnis des Willensbildungsorgans, sofern ein solches bei der Aktiengesellschaft überhaupt denkbar ist[286], nichts mehr ändern, denn ist das Verhalten, dem zugestimmt wurde, selbst Straftat, dann ist die Zustimmung zwingend unwirksam.[287] Zwischen § 299 StGB und § 266 StGB ist schließlich anerkanntermaßen Tateinheit möglich.[288] Sind derartige Zahlungen dagegen nicht von einem Verbot im Gesellschaftsvertrag erfasst und sind die Tatbestände der §§ 299 StGB nicht erfüllt, dann könne die Pflichtwidrigkeit, so der BGH, entfallen, wenn die Zahlungen ersichtlich im Interesse der Gesellschaft erfolgen.[289] In dem dem Urteil zugrundeliegenden Fall wurde § 266 StGB verneint, weil sich der Angeklagte bei seiner Handlungsweise von dem wirtschaftlichen Vorteil der Gesellschaft leiten ließ und nicht willkürlich Vermögensgegenstände der Gesellschaft anderen zuschob. Dies zeigt wiederum die besondere Bedeutung der Einzelfallbeurteilung bei der Vornahme von Risikogeschäften. Die Zahlung von Schmiergeldern ist demnach in jedem Fall pflichtwidrig im Sinne von § 266 StGB, wenn Sie einen Straftatbestand erfüllt oder gegen die Vermögensinteressen der Aktiengesellschaft verstößt. Andernfalls hängt die Beurteilung auch von den subjektiven Momenten ab, welche den Vorstand zu seinem Verhalten veranlasst haben.

b) Nachteil

Wird die Pflichtwidrigkeit bejaht, wovon nach den oben gefundenen Ergebnissen regelmäßig auszugehen ist, so wird im Zuge des zu ermittelnden Vermögensnachteils vor allen Dingen die Frage nach der Kompensation durch einen späteren Vermögensvorteil relevant, die im überwiegenden Regelfall durch den Vorstand beabsichtigt sein wird. Hierbei darf bei der gebotenen wirtschaftlichen Gesamtbetrachtung nicht außer Acht gelassen werden, dass die durch den/oder

---

[284] LK-*Schünemann*, § 266 Rn. 96.

[285] NK/StGB-*Dannecker*, § 299 Rn. 4; *Tröndle/Fischer*, § 299 Rn. 2; LK-*Tiedemann*, § 299 Rn. 5.

[286] Hierzu an späterer Stelle unter 2. Teil D.

[287] Vgl. NK/StGB-*Kindhäuser*, § 266 Rn. 170.

[288] BGHSt 31, 207, 208; BGH NJW 2001, 2102, 2105; NK/StGB-*Dannecker*, § 299 Rn. 89.

[289] BGH wistra 1984, 226.

die ins Auge gefassten Auftrag/Aufträge erstrebte Vermehrung des Gesellschaftsvermögens regelmäßig von der Zahlung der Schmiergelder abhängig ist.[290] Gerade bei Schmiergeldzahlungen ist es daher verfehlt, isoliert auf die einzelne Zahlung abzustellen, der unmittelbar kein wirtschaftliches Äquivalent gegenübersteht. Es kann nämlich durchaus als Regelfall vermutet werden, dass eine einzelne, zunächst nachteilig erscheinende, Schmiergeldzahlung Teil einer wirtschaftlich insgesamt vorteilhaften Gesamtstrategie ist, so dass nicht nur die Pflichtwidrigkeit, sondern auch der Vermögensnachteil zu verneinen ist. In diesen konkreten Fällen ist jedoch richtigerweise davon auszugehen, dass die Strafbarkeit bereits wegen fehlender Pflichtverletzung zu verneinen ist, so dass es nur noch ausnahmsweise zur Prüfung des Nachteils kommt. Voraussetzung dafür ist jedoch, dass nicht willkürlich und nach Gutdünken über das Vermögen des Treugebers verfügt wird.[291]

Problematisch ist in diesem Zusammenhang nun aber noch die Frage, ob die Schadenskompensation ausscheiden muss, weil die durch die strafbare Handlung[292] bezweckte, meist vertragliche Bindung eigentlich grundsätzlich unwirksam sein müsste. Hier geht es nicht um die im Rahmen der Pflichtwidrigkeit untersuchte und bejahte Frage, ob die Schmiergeldabrede nichtig ist, sondern ob auch die für die Nachteilskompensation entscheidenden Folgeverträge von der Nichtigkeit erfasst werden. Es steht fest, dass es für die Kompensation allein darauf ankommen kann, dass der eingetretene Vorteil rechtsbeständig ist[293]. Hiervon ist immer dann auszugehen, wenn dieser nicht von der Nichtigkeit oder Anfechtbarkeit der Vorgänge erfasst wird, die zu einem solchen Verlauf der Geschäftsbeziehungen geführt haben.[294] Grundsätzlich folgt aus § 134 BGB die Nichtigkeit jedes Rechtsgeschäfts, das gegen ein gesetzliches Verbot verstößt. Betroffen ist von dieser Nichtigkeit aber, wie bereits festgestellt wurde, grundsätzlich erst einmal nur die durch den Vorstand vereinbarte Schmiergeldabrede, bei der es sich zweifellos um ein Rechtsgeschäft handelt. Im Zusammenhang mit der hier untersuchten Fallgruppe der Schmiergeldabreden hat sich mittlerweile eine klare Linie in der Rechtsprechung herausgebildet. In seiner Entscheidung aus dem Jahr 1999 hat der Bundesgerichtshof[295] ausgesprochen, „dass die Nichtigkeit einer Schmiergeldabrede nicht ohne weiteres einen daraufhin abgeschlossenen Folgevertrag erfasst. Der Folgevertrag muss seinerseits von der Rechtsordnung derart missbilligt sein, dass auch ihm die Wirksamkeit zu versagen ist. Dies gilt gleichermaßen bei Verstößen gegen gesetzliche Verbote (§ 134 BGB)

[290] In diesem Sinne auch BGH wistra 1984, 226.
[291] Siehe insofern im Zusammenhang mit der Bildung schwarzer Kassen auch die Nachweise bei *Tröndle/Fischer*, § 266 Rn. 46, 70 m.w.N.
[292] Damit ist die Schmiergeldabrede gemeint, die nach den oben gemachten Ausführungen fast ausnahmslos nichtig sein wird.
[293] Vgl. LK-*Schünemann*, § 266 Rn. 138.
[294] Vgl. *Lüderssen*, FS Müller-Dietz, 467, 470.
[295] BGH NJW 1999, 2266, 2267.

wie bei Verstößen gegen die guten Sitten (§ 138 BGB)".[296] Bei der Suche nach Kriterien für diese besondere Missbilligung des Folgevertrages wird man in zweifacher Weise fündig:

Als Ausnahme von der Wirksamkeit gilt zunächst der Fall, dass das Fehlverhalten eine zuungunsten des Geschäftsherrn wirkende Ausgestaltung des Folgevertrages zur Folge gehabt hat.[297] Bezieht sich daneben der Schutzzweck der Norm (§§ 134, 138) „auch auf den Folgevertrag, oder liegt der verfolgte wettbewerbswidrige Zweck in dem Vertragsschluss, und soll er durch diesen verwirklicht werden, ist also das Rechtsgeschäft seinem Inhalt nach mit den grundlegenden Wertungen der Rechts- und Sittenordnung unvereinbar, so wird der Folgevertrag wegen seiner sittenwidrigen Zweckverfolgung und Zielsetzung von den Verbotsnormen mit erfasst und ist daher nach den §§ 134, 138 BGB nichtig".[298] Der BGH wollte diese scheinbar recht weitreichende Erfassung der Folgeverträge jedoch nicht als Automatismus verstanden wissen.[299] Es bedarf mithin weitergehender Kriterien zur Bestimmung der Nichtigkeit kompensierender Folgegeschäfte. Hier kann wieder auf das hier zugrundgelegte wichtige Urteil des BGH[300] zurückgegriffen werden, wonach die Nichtigkeit dann anzunehmen ist, wenn der Folgevertrag seinerseits derart von der Rechtsordnung missbilligt ist, dass auch ihm die Wirksamkeit versagt werden muss. In diese rechtliche Erörterung ist zudem weiterhin die Frage einzubeziehen, ob das Rechtsgeschäft nach seinem aus der Zusammenfassung von Inhalt, Beweggrund und Zweck zu entnehmenden Gesamtcharakter mit den guten Sitten nicht zu vereinbaren ist. Lüderssen sieht hierin ein Kausalitätsproblem und legt dabei einen Fall zur Wirksamkeit eines Architektenvertrages bei Bestechung[301] zugrunde.[302] Hält die betroffene Partei den Vertrag danach auch in Kenntnis aller Umstände für sinnvoll und ausgewogen, wird nach dem Beweis des ersten Anscheins die Kausalität verneint. Schadenseinschätzungen dieser Art sind aus dem Betrugsstrafrecht bekannt. Trotz Täuschung und Irrtum wird kein Schaden angenommen, wenn das, was schließlich als Belastung für den Getäuschten herauskommt, nach einem – der Prüfung zugänglichen Maßstab – als billig und gerecht erscheint. Wendet man diese Konstruktion auf die hier interessierenden Fälle an, so erscheint die Bejahung eines angemessenen Verhältnisses der wechselseitigen Verträge durchaus nicht ausgeschlossen. Die Beurteilung bleibt nach alledem jedoch nach

---

[296] *Emmerich*, JuS 2000, 87.
[297] BGH NJW-RR 1996, 442, 443 unter Bezugnahme auf BGH NJW 1989, 26.
[298] *V. Gamm*, UWG, § 1 Rn. 367.
[299] BGH NJW 1999, 2266, 2267. Hier sagt er von einem Architektenvertrag mit regulären Architektenleistungen und Honorar, dessen Gegenstand Wohnbausanierungen sind, dass „dieser Vorgang ... von § 12 UWG beziehungsweise § 299 StGB nicht erfasst werde".
[300] BGH NJW 1999, 2266, 2267.
[301] BGH NJW 1999, 2266, 2267.
[302] *Lüderssen*, FS Müller-Dietz, 467, 473.

wie vor stark einzelfallabhängig. Eine eingehende Betrachtung beider Vertragsseiten ist in jedem Fall unverzichtbar.

Es ist mithin grundsätzlich möglich, dass die durch die Straftat gesicherte Wettbewerbsposition des Unternehmens den daneben entstandenen mittelbaren Vermögensnachteil kompensieren kann. Mit Blick auf die im Zusammenhang mit sogenannten Risikogeschäften entwickelten Grundsätze zur Schadenskompensation, die entscheidend darauf abstellen, ob das Produkt aus Erfolgswahrscheinlichkeit und Gewinnfaktor mindestens so groß ist wie der aufgewendete Einsatz[303], wird man auch hier eine Kompensation annehmen können, wenn es um signifikante Wettbewerbspositionen des Unternehmens geht. Eine Kompensation kommt aber nicht nur dann in Betracht, wenn sich vorteilhafte Folgeverträge ergeben. Allein der Blick auf die Wettbewerbsposition der Gesellschaft vor und nach dem sanktionsbringenden Ereignis wird Aufschluss bringen. Mit den wenigsten Schwierigkeiten ist im Rahmen der Schadensberechung allerdings dann zu rechnen, wenn es darum geht, den Wert von Rechtsgeschäften zu beziffern.

c) Subjektiver Tatbestand

Es ist bekannt, dass bei der Untreue strenge Anforderungen an den Vorsatz zu stellen sind, wenn nur bedingter Vorsatz in Frage steht und der Täter nicht eigennützig gehandelt hat.[304] Eben dies dürfte aber wohl die typische Situation sein, wenn der Vorstand Schmiergelder zahlt, die kurz- oder mittelfristig ausschließlich der Aktiengesellschaft zugutekommen sollen. Der Täter muss sich daher nicht nur der Pflichtwidrigkeit seines Tuns, sondern auch und gerade des dadurch bewirkten Nachteils für das zu betreuende Vermögen bewusst sein.[305] Das OLG Frankfurt a.M. hat diesem Erfordernis erst jüngst in besonderer Weise Rechnung getragen und dabei folgenden Grundsatz aufgestellt:

„Im Falle von Schmiergeldzahlungen ist bei der Frage, ob der Täter dem Vermögen des Treugebers einen Nachteil im Sinne von § 266 I StGB zufügen wollte, eine die Geschäftsentwicklung des Unternehmens umfassende Betrachtungsweise geboten. Hat der Täter darauf vertraut, dass die Schmiergeldzahlungen, wenn auch nicht bei einem konkreten Einzelgeschäft, so doch auf Dauer dem Vermögen des Treugebers einen Gesamtgewinn (insbesondere den Ausbau der Marktposition) verschaffen werdem, ohne dass aus seiner Sicht bloß höchst zweifelhafte Gewinnaussichten bestanden hätten, ist ein Nachteilszufügungsvorsatz nicht gegeben."[306] Für die Ermittlung, ob der Täter unter diesen Gesichtspunkten gleichwohl mit bedingtem Vorsatz hinsichtlich der Nachteilszufügung gehandelt hat, kann mithin nicht allein auf die jeweils unmittelbar mit einer

---

[303] LK-*Schünemann*, § 266 Rn. 148.

[304] BGHSt 3, 23, 25; BGH NJW 1975, 1234, 1236; 1983, 461; 1984, 800, 801; BGHR StGB § 266 I Nachteil 38; LK-*Schünemann*, § 266 Rn. 151.

[305] BGHR StGB § 266 I Nachteil 38 m.w.N.

[306] OLG Frankfurt a.M. NStZ-RR 2004, 244 ff.

Schmiergeldzahlung zusammenhängenden Aufträge abgestellt werden, sondern es ist auch der von dem Täter ins Auge gefasste Gesamt- oder Schlussgewinn des Unternehmens zu berücksichtigen, der letztendlich aus dem Ersterhalt eines Auftrags resultieren soll. Wichtig ist dabei, dass durch das Verhalten keine schwarzen Kassen gebildet werden sollten, da durch diese die Gefahr eines jederzeitigen unberechtigten Zugriffs oder der missbräuchlichen Verwendung geschaffen wird. Im zugrundliegenden Fall war vielmehr davon auszugehen, dass die vermeintlichen Schmiergelder objektbezogen gezahlt werden sollten, dass heißt sie sollten erst bei Abschluss eines Großauftrags beschafft und sodann an den jeweiligen Schmiergeldempfänger ausgereicht werden. Das Vorstandsmitglied hat demnach nur dann den erforderlichen Nachteilszufügungsvorsatz, wenn die erwarteten Gewinnaussichten, die erst durch die Zahlung des Schmiergelds erwachsen sind, nicht nur höchst zweifelhaft sind, mit ihnen also nach verständiger Würdigung gerechnet werden durfte. Diese durch das OLG Frankfurt vorgenommene Einschränkung des subjektiven Tatbestandes wird der Forderung nach restriktiver Würdigung des subjektiven Tatbestandes in nachvollziehbarer Weise gerecht und ist daher uneingeschränkt zu begrüßen.

d) Teilnahme an fremder Untreue-Haupttat

Ist demnach in den genannten, durchaus zahlreichen Fällen davon auszugehen, dass die Pflichtwidrigkeit, zumindest aber der Schaden durch kompensatorischen Ausgleich entfällt, dann ist zumindest eine Strafbarkeit wegen Anstiftung oder Beihilfe zur möglicherweise zu bejahenden vorsätzlichen und rechtswidrigen Haupttat (Untreue) des schmiergeldempfangenden Gegenübers denkbar. Dem Schmiergeldleistenden ist nämlich in aller Regel nicht nur die Vermögensbetreuungspflicht des Gegenübers bekannt, sondern ebenso das Pflichtwidrige dessen Tuns. Ihm kommt es gerade darauf an, dass er einen Brückenkopf beim Auftraggeber erreicht, der ihn bevorzugt und damit günstigere Konkurrenten aus dem Felde schlägt.[307] Damit umfasst sein Wissen und Wollen aber gerade auch den Vermögensnachteil beim Auftraggeber. Wegen dieser virulenten Gefahr wird die Einlassung des Schmiergeldzahlers regelmäßig dahin gehen, dass er sich auf einen Preisnachlass nie eingelassen hätte bzw. die Provision losgelöst vom konkreten Geschäft (etwa zum Zweck des „Anfütterns") gezahlt hat.[308] Zu der in diesem Zusammenhang entscheidenden Frage, inwieweit sich der Empfänger des Schmiergeldes wegen Untreue zu verantworten hat, daher nun im Folgenden.

---

[307] *Wabnitz/Janovsky-Schubert*, 10. Kapitel Rn. 100.

[308] *Achenbach/Ransiek-Seier*, HWSt, V 2 Rn. 335.

3. Untreue des schmiergeldempfangenden[309] Vorstands
a) Nichtabführung empfangener Schmiergelder an die AG
aa) Verletzung qualifizierter Vermögensbetreuungspflichten

Man stelle sich den vor allen Dingen im öffentlichen Vergaberecht, aber auch für die private Aktiengesellschaft typischen Fall vor, dass ein Vorstandsmitglied einen Auftrag zu erteilen hat bzw. ein Angebot abzugeben hat. Nun lässt es das für die AG – in verschiedene Richtung denkbar – günstigere Angebot unter den Tisch fallen und erteilt gegen Zahlung eines Honorars der teureren Firma den Auftrag, bzw. erwirbt etwas von der teureren Firma bzw. leistet an die Firma, die ein schlechteres Angebot gemacht hat. Sind dem Vorstandsmitglied Provisionsannahmen intern untersagt bzw. rechtlich verboten und wurde es durch das Schmiergeld veranlasst, das günstigere Angebot eines anderen Unternehmens auszuschlagen oder für den Geschäftsherrn ein wirtschaftlich unausgewogenes Geschäft abzuschließen, dann liegt Untreue unproblematisch vor.[310] Der Schaden liegt dann darin, dass der Geschäftsherr einen überhöhten Preis zahlt bzw. zu zahlen sich verpflichtet hat. Ist die Situation dagegen nicht so eindeutig, weil letzteres (oder der entsprechende Vorsatz) nicht nachgewiesen werden können, dann kann nur darauf abgestellt werden, dass das Vorstandsmitglied die Provision, statt sie an die Aktiengesellschaft abzuführen, für sich behält. Grundsätzlich besteht, was den letztgenannten Fall anbetrifft, insofern Einigkeit, dass selbst dann, wenn das Geschäft durch die Abführung der Provision an die AG „per Saldo" geringer gewesen wäre, keine Untreuestrafbarkeit des Vorstands statuiert werden kann, sofern man wiederum davon ausgeht, dass Leistung und Gegenleistung sich abgesehen von der Provision grundsätzlich entsprechen. Dies folgt daraus, dass die Verpflichtung, Schmiergelder bzw. Provisionen gemäß §§ 687 II, 681 S. 2 i.V.m. 667 BGB an den Geschäftsherrn herauszugeben, nicht als spezifische Treuepflicht im Sinne von § 266 StGB zu qualifizieren ist. Sie unterscheidet sich nicht von sonstigen Herausgabe- und Rückerstattungspflichten anderer Schuldverhältnisse, die regelmäßig keine Treueabrede enthalten.[311]

Anders kann es sich allenfalls dann verhalten, wenn ein Anspruch, auch ein Provisionsanspruch, dem Treugeber selbst zusteht, die Forderung aber treuwidrig vom Treunehmer vereinnahmt wird.[312] Ermittelt werden muss in diesem Zusammenhang die Intention, die der schmiergeldzahlende Geschäftspartner mit der Zahlung verfolgt. Ergibt sich nach Würdigung der gesamten Umstände eindeutig der Charakter einer Provision oder personengebundenen Spende, so steht das Geld zumindest, was den Vertrag mit dem Geschäftspartner anbetrifft, nicht

---

309 Der Begriff ist hier weit zu verstehen und meint daher neben dem reinen Empfang auch die zeitlich vorgelagerte Einforderung und die nachgelagerte Nicht-Herausgabe an die Aktiengesellschaft.

310 BGHSt 47, 22, 24; BGH NStZ 1995, 233 f. m. Anm. *Sonnen*, JA 1995, 627.

311 BGH NStZ 1995, 233, 234; vgl. auch BGH, NJW 2001, 2102, 2105; BGH NStZ 2002, 648, 649; BGH wistra 1991, 137, 138 und BGH wistra 1987, 65; 1993, 300, 301.

312 BGH NJW 2002, 2801, 2802 m.w.N.; BGHR StGB § 266 I Nachteil 40.

der Aktiengesellschaft zu.[313] Dienstvertraglich kann der Vorstand dagegen sehr wohl zur Herausgabe des Erlangten verpflichtet sein.[314] Unterlässt er dies, dann folgt hieraus zwar regelmäßig ein dienstvertraglicher Verstoß, eine qualifizierte Vermögensbetreuungspflicht wird hierdurch jedoch nicht verletzt, denn es ist nicht Aufgabe des Vorstands, der Aktiengesellschaft durch Schmiergeldvereinbarungen Vermögensvorteile zu verschaffen.[315] Die Nichterfüllung des Herausgabeanspruchs erfüllt deshalb in der Praxis regelmäßig nicht den Treubruchstatbestand. Nur ausnahmsweise, wenn sich aus der Würdigung der Intention, die der Geschäftspartner bei Zahlung des Schmiergelds hatte, ergibt, dass der Provisionsanspruch der Aktiengesellschaft zustehen sollte, ist die Vereinnahmung des Geldes durch das Vorstandsmitglied treuwidrig und damit pflichtwidrig im Sinne von § 266 StGB.

bb) Vermögensnachteil

Liegt der zuletzt genannte Ausnahmefall vor, dann muss sich nach Ansicht des BGH jedoch trotzdem nicht jede Schmiergeldzahlung an einen Angestellten zwangsläufig als Schaden bei dessen Arbeitgeber auswirken[316]. Es ist nämlich durchaus denkbar, dass solche Zahlungen –ohne dass der Bestechende im gleichen Umfang seine Preise verhandelbar stellen würde – im Hinblick auf noch unbestimmte zukünftige Geschäftsbeziehungen erfolgen oder allgemein der Kundenpflege dienen sollen. Für die Preisgestaltung im Blick auf den jeweiligen Kunden sind nämlich eine Reihe von Faktoren mitbestimmend. Deshalb wird es auch im Einzelfall, je geringer der Umsatzanteil und je niedriger die Beiträge in ihrer absoluten Höhe sind, umso gewichtigerer Anhaltspunkte bedürfen, die den Schluss zulassen, dass die Schmiergeldzahlungen in die Kalkulation des Bestechenden eingestellt waren. Nur dann können sie sich nämlich als Nachteil i.S. des § 266 StGB zum Nachteil der Aktiengesellschaft auswirken.[317]

Bei einem Schmiergeldanteil von beispielsweise 5% des Gesamtumsatzes ist der Einfluss auf die Kalkulation naheliegend, und damit auch der gleichzeitige Nachteil für den Geschäftsherrn, denn dieser finanziert die Bestechungsgelder für seine Angestellten in diesem Fall gleichsam mit. Machen die Leistungen dagegen nur 0,5% Anteil am Gesamtumsatz aus, waren über 5 Jahre verteilt, können kalkulatorisch nicht sicher einzelnen Jahresgängen zugeordnet werden und stehen sie mit 220 000 DM einem Umsatzvolumen von 60 Mio. DM gegenüber, dann – so der BGH in seiner Untreue-Entscheidung zum Fall Bayrisches Rotes Kreuz[318] – können sie einem Urteil nicht als Mindestschaden im Sinne von § 266 StGB zugrundegelegt werden. Ist das Schmiergeld tatsächlich in die Kalku-

---

[313] Vgl. BGH NJW 2002, 2801, 2802.
[314] Vgl. BGHZ 39, 1 ff.; BGH NJW 1982, 1752 f.
[315] Vgl. LK-*Schünemann*, § 266 Rn. 125d.
[316] BGH NJW 2001, 2102, 2105; vgl. auch BGH NStZ 1995, 233, 234.
[317] BGH NJW 2001, 2102 ff.
[318] BGH NJW 2001, 2102, 2105.

lation des Bestechenden eingestellt worden, so steht es zweifellos der Aktiengesellschaft selbst zu. Die Nichtabführung desselben ist in diesem Fall pflichtwidrig im Sinne von § 266 StGB und führt zu einem untreuerelevanten Vermögensnachteil für die Aktiengesellschaft.

cc) Schadenskompensation

Aber selbst, wenn das Schmiergeld nach Erhalt durch den Vorstand an die Aktiengesellschaft weitergereicht werden soll, könnte man die Möglichkeit einer Schadenskompensation allein schon deswegen ablehnen, weil die Gegenleistung (die Leistung der Aktiengesellschaft) – in der Regel – vorher erbracht werden wird. Der Bestochene wird daher nach Erbringung seiner Leistung regelmäßig keine Möglichkeit haben, das versprochene Geld einzufordern, so dass dann auf eine grundsätzlich nicht durchsetzbare Forderung (§ 138 BGB) geleistet wird. In diesem Zusammenhang könnte ein Schaden zumindest in Form einer schadensgleichen konkreten Vermögensgefährdung anzunehmen sein. In der Praxis wird sich die Situation allerdings regelmäßig so gestalten, dass die Schmiergeldzahlung allein schon im Hinblick auf die Gefahr einer möglichen Denunziation erfolgen wird. In seiner Entscheidung zum Bundesligaskandal hat der BGH diese Konstellation so gelöst, dass er die gesamte Manipulation als Einheit gesehen hat, ohne dass es darauf ankomme, wann der Schmiergeldzahlende tatsächlich gezahlt habe.[319]

Ein weiteres Problem bei einer solchen kompensatorischen Betrachtung stellt sich im Hinblick auf das grundsätzliche Erfordernis der Gleichzeitigkeit von Vermögenseinbuße und Kompensation. Ist diese nämlich nicht gegeben, liegt grundsätzlich nur eine bloße nachträgliche Schadenswiedergutmachung vor, die allein im Rahmen der Strafzumessung von Bedeutung sein kann. Problematisch ist dies insbesondere deshalb, weil man bei § 266 StGB im Gegensatz zu den §§ 253, 263 StGB auf Fälle langfristiger Vermögensverwaltung trifft. Demzufolge wird eine Ausnahme von diesem Gleichzeitigkeitserfordernis dann für angebracht gehalten, wenn – bei wirtschaftlicher Betrachtung – nach einem vernünftigen Gesamtplan mehrere Verfügungen erforderlich sind, um den ausgleichenden Erfolg zu erreichen[320] und eine konkrete, schadensgleiche Gefährdung des zu betreuenden Vermögens ausscheidet. Diesen Übergang von einer Einzelbetrachtung der jeweiligen Handlung zu einer Gesamtbetrachtung hat bereits das Reichsgericht vollzogen.[321] Wenn im Rahmen einer längerfristigen Verwaltung eines fremden Gutes Handlungen vorgenommen würden, deren nachteilige Folgen nur als Durchgangsstadium zum endgültigen Erfolg gedacht seien, so reiche es, wenn per Saldo die Nachteile durch die Vermögensvorteile ausgeglichen werden. Ist also nach einem wirtschaftlichen Gesamtplan ein Handlungsbündel

---

[319] BGH NJW 1975, 1234, 1236.

[320] LK-*Schünemann*, § 266 Rn. 137.

[321] RGSt 65, 422, 430; 75, 227; RG, Das Recht 1928 Nr. 2617; RG JW 1934, 2923; RG JW 1935, 2638; RG JW 1936, 882; auch RGSt 71, 344 ff. geht von dieser Basis aus.

auf einen einheitlichen Erfolg so angelegt, dass dieser nicht anders, als über die zunächst nachteilige Maßnahme erreicht werden kann, so wird der starre Grundsatz der Einzelbetrachtung ausnahmsweise außer Kraft gesetzt.[322] In diesem Zusammenhang kann also ein Vermögenserwerb, der kausal auf dem Schmiergeldgeschäft beruht, kompensatorische Wirkung entfalten, sofern die Aussicht auf diesen im Zeitpunkt der Schädigung schon so gefestigt ist, dass man zivilrechtlich bereits von einer Anwartschaft sprechen könnte. Ausgehend von einem Vermögensbegriff, der wirtschaftliche Gesichtspunkte mit berücksichtigt, sprach die Rechtsprechung diesbezüglich von einer Sicherheit, einer hohen Wahrscheinlichkeit oder auch von einer bloßen Wahrscheinlichkeit der Erlangung eines Vermögensvorteils[323].

Heute spricht sie eher davon, dass die Aussicht bereits derart konkretisiert sein muss, dass ihr die Verkehrsauffassung einen messbaren wirtschaftlichen Wert beimisst.[324] Besteht also im Zeitpunkt des Vermögensverlustes eine noch näher zu konkretisierende Chance auf Erlangung eines Wertzuwachses (Exspektanz), so kann diese Aussicht den Nachteil kompensieren. Da die Exspektanz zugleich mit dem Vermögensverlust entsteht, sind schließlich auch die Bedenken, es dürfe sich nicht nur um einen späteren Schadensausgleich handeln, ausgeräumt. Die Rechtsprechung hat in diesem Zusammenhang zudem stets gefordert, dass der erhoffte Gewinn größer sein müsse, als der eingetretene Schaden. Noch ist allerdings immer nicht eindeutig geklärt, in welchem Umfang die Gewinnchance den Verlust übersteigen muss. Zu verlangen sein dürfte eine Aussicht auf einen im Verhältnis zum aufgebrachten Vermögensopfer erheblich höheren Gewinnzuwachs, wobei die Sittenwidrigkeit des Bestechungsgeschäftes keinen Einfluss auf den Wert der Exspektanz haben kann, denn sittenwidrig ist ja lediglich die Bestechungsvereinbarung.[325] Die in Frage kommende Exspektanz würde also in jedem Fall auf der Aussicht auf zukünftige rechtmäßige Einkünfte beruhen.

---

[322] LK-*Schünemann*, § 266 Rn. 137.

[323] RGSt 23, 55, 57; 38, 108, 109; 41, 373, 375; 51, 205, 209; 64, 181, 182; BGHSt 2, 364, 367.

[324] BGHSt 17, 147, 148; BGH GA 1978, 332, 333; BGH bei Holtz, MDR 1981, 98, 100; zum ganzen eingehend: *Hefendehl*, Vermögensgefährdung, 25 ff.

[325] LK-*Schünemann*, § 266 Rn. 98.

b) Sonderfall „kick-backs"

Eine weitere Ausnahme von dem oben aufgeführten Grundsatz des Fehlens einer qualifizierten Vermögensbetreuungspflicht im Hinblick auf die Herausgabe der durch den Vorstand erlangten Schmiergelder kann sich bei der Vereinbarung eines sogenannten „kick-backs"[326] ergeben. Hierbei handelt es sich um eine Rückfluss- oder Rückvergütungsvereinbarung zwischen dem Entscheidungsträger (hier Vorstand) und dem Vertragspartner der Aktiengesellschaft, d.h. der Vorstand macht den Abschluss des Vertrages von der Zahlung eines Schmiergeldes an sich selbst abhängig. Da dieses Schmiergeld, welches nach Vertragsschluss oder -durchführung gezahlt wird, wirtschaftlich aus dem vom Vorstand betreuten Vermögen der Aktiengesellschaft stammt, ist die Bedeutung von § 266 StGB in solchen „kick-back"-Konstellationen immanent.[327] Dies wird vor allen Dingen dann deutlich, wenn man berücksichtigt, dass die Gegenleistung möglicherweise zu einem um das Schmiergeld erhöhten und damit überhöhten Preis erlangt wird, so dass ein Vermögensnachteil sowohl nach dem Saldierungsprinzip als auch nach der Zweckverfehlungslehre möglich erscheint.[328]

aa) Die untreuestrafrechtliche Behandlung von „kick-backs" durch den BGH

In seiner Grundsatzentscheidung zu einer als „kick-back" qualifizierbaren Konstellation vertritt der BGH die Ansicht, dass zur Pflicht, fremde Vermögensinteressen wahrzunehmen, nicht nur die Bewahrung des Treuguts vor Vermögensschäden gehört, sondern „in geeigneten Fällen auch, für eine Vermögensmehrung Sorge zu tragen".[329] Unproblematisch wären danach vor allen Dingen die Fälle, in denen der Vorstand einen Vertrag mit „kick-back"-Vereinbarung abschließt und sich aus diesem dann ein negativer Saldo aus Leistung und Gegenleistung ergibt. Hierin kann ohne Zweifel die pflichtwidrige Verursachung eines Vermögensnachteils und damit die Verwirklichung des Untreuetatbestandes gesehen werden. Wird dagegen kein negativer Saldo ermittelt, dann könnte ein Schaden immer noch in denkbarer Weise dadurch begründet werden, dass der Vorstand die Chance auf ein vorteilhafteres Geschäft nicht wahrgenommen hat.[330] Nicht ausreichend für die Annahme eines Vermögensschadens soll in diesem Zusammenhang der „Verlust einer nur mehr oder minder gesicherten Aussicht eines Geschäftsabschlusses" sein[331], „da § 266 StGB eine „Nachteilszufügung verbietet, nicht Gewinnmaximierung verlangt."[332] Anders sei dagegen zu

---

[326] Siehe hierzu auch die Ausführungen im Rahmen der Problemeinführung, oben 2. Teil B III 1.
[327] LK-*Schünemann*, § 266 Rn. 125d; LPK/StGB-*Kindhäuser*, § 266 Rn. 85.
[328] LPK/StGB-*Kindhäuser*, § 266 Rn. 85.
[329] BGH NJW 1983, 1807.
[330] *Rönnau*, FS Kohlmann, 239, 242.
[331] BGH NJW 1983, 1807, 1809; BGH, bei *Holtz*, MDR 1979, 454, 456; vgl. ferner bei *Dallinger*, MDR 1969, 532, 535; BGH GA 1971, 210.
[332] BGH NJW 1983, 1807, 1809.

entscheiden, wenn der Treuhänder die „konkrete, sichere Möglichkeit eines günstigeren Erwerbs nicht wahrgenommen hat." „Denn die aufgrund der Bewertung der Leistungen durch den Verhandlungspartner deutlich gewordene Möglichkeit eines dem betreuten Vermögen vorteilhaften (sich vermögensmehrend auswirkenden) Vertragsschlusses darf der Treupflichtige nicht vereiteln oder unberücksichtigt lassen, um unter Berufung darauf, dass Leistung und Gegenleistung äquivalent sind, für sich den Betrag zu erlangen, den der Treugeber mit Sicherheit erspart oder zusätzlich bekommen hätte, wenn die Möglichkeit des vorteilhaften Vertragsschlusses im Interesse des betreuten Vermögens genutzt worden wäre."[333] In den genannten problematischen Fällen des Entsprechens von Leistung und Gegenleistung stützt sich der BGH mithin auf den Verlust einer vermögenswerten Exspektanz, um den Vermögensnachteil zu begründen. Unterlässt es der Vorstand dagegen, die nur vagen Chancen auf ein weiteres Nachgeben des Vertragspartners wahrzunehmen, oder existierte eine solche Chance von Anfang an nicht, weil die Schmiergeldzahlung losgelöst vom konkreten Geschäft aus Gründen erfolgte, die in der Person des Vorstands wurzelten, kommt eine Untreue desselben jedenfalls nicht in Betracht.[334] Sicher ist jedenfalls, dass auch in dieser Konstellation wiederum fast ausschließlich der Treubruchstatbestand in Betracht kommt, da der Missbrauchstatbestand noch eher als bei der oben aufgeführten Fallgruppe wegen Kollusion oder offensichtlichen Missbrauchs der Vertretungsmacht ausscheiden wird.[335]

bb) Qualifizierung des ungünstigen Vertragsschlusses als aktives Tun oder Unterlassen?

Fraglich ist nun noch, ob das Täterverhalten in der vorliegenden Konstellation als Tun oder Unterlassen qualifiziert werden muss. So könnte einerseits Unterlassen (einer Vermögensmehrung) darin gesehen werden, dass die für das Unternehmen bestehende Chance auf einen günstigeren Geschäftsabschluss nicht wahrgenommen wurde.[336] Möglich ist es aber auch, an ein aktives Tun anzuknüpfen und dem Vorstand vorzuhalten, dass er die für die Aktiengesellschaft vorhandene – deren Vermögen bereits zugeordnete – Exspektanz auf ein noch vorteilhafteres Geschäft durch den Vertragsschluss zu schlechteren Konditionen sowie der Vereinbarung einer Rückvergütungsabrede aktiv zerstört hat.[337] Diese These könnte insbesondere im Hinblick auf die oben getroffene Feststellung, dass Exspektanzen einen bereits messbaren wirtschaftlichen Wert haben und

---

[333] BGH NJW 1983, 1807, 1809.

[334] BGH NJW 1983, 1807, 1808; vgl. auch BGH NStZ 2002, 648, 650 dazu *Rönnau*, JuS 2003, 232 ff.

[335] Siehe dazu oben 2. Teil B III 2a.

[336] So nämlich der BGH in der hier zugrundegelegten Grundsatzentscheidung, BGH NJW 1983, 1807; vgl. aber auch BGH wistra 1984, 109; wistra 1989, 224; bereits RGSt 71, 333, 335.

[337] So durchaus nachvollziehbar *Rönnau*, FS Kohlmann, 239, 249.

daher dem Vermögen der Aktiengesellschaft zuzuordnen sind, von Bedeutung sein.

Zu recht macht Rönnau in diesem Zusammenhang darauf aufmerksam, dass die Annahme eines Unterlassungsdelikts und damit die Begründung einer zukunftsgerichteten Pflicht zur Vermögensmehrung bedeuten würden, dass der Betreuer des Vermögens dann eigentlich jede sich ihm bietende Chance auf Vermögenszuwachs ergreifen müsste, und zwar unabhängig vom Wahrscheinlichkeitsgrad ihrer Realisierung.[338] Dies widerspricht aber in erheblichem Maße der bei § 266 unumstrittenen Prämisse, nach der der Treubruchstatbestand (auch in der Unterlassungsvariante) ausschließlich vor Einbußen an bestehendem Vermögen schützt. Zudem ist nicht daran zu rütteln, dass § 266 I StGB ein reines Vermögensschädigungsdelikt ist. Berücksichtigt man diese Selbstverständlichkeiten, dann fehlt es in den hier relevanten problematischen Fällen eines ausgeglichenen Saldos aber gerade an einem Vermögensnachteil, da der wirtschaftliche Gesamtwert der (noch nicht dem Opfervermögen zuzuordnenden) Chance auf ein günstigeres Geschäft unangetastet bleibt.[339] Mithin ist mit Rönnau anzunehmen, dass der Treubruchstatbestand nur Pflichtverletzungen erfasst, die zu einer Vermögensschädigung führen. Das heißt, dass dem Vorstand im Hinblick auf die Vereinbarung eines „kick-backs" vorzuhalten ist, dass er die Chance auf ein besseres Geschäft durch aktives Tun vernichtet hat, hingegen nicht, dass er es unterlassen hat, eine nur zivilrechtlich begründete Pflicht zur Vermögensmehrung wahrzunehmen. Versäumt das Vorstandsmitglied danach die Möglichkeit zum Vertragsschluss zu für die Aktiengesellschaft günstigeren Konditionen und lässt es sich zudem ein Schmiergeld im Umfang der realisierbaren Chance auf einen niedrigeren bzw. höheren Kaufpreis auszahlen, so handelt es aktiv pflichtwidrig im Sinne des Treubruchstatbestands.[340]

cc) Begründung des Vermögensnachteils

Zur tatsächlichen Untreuetatbestandsmäßigkeit kommt es jedoch nur dann, wenn die Chance, die durch das genannte Verhalten vernichtet wird, Vermögenswert hat und bereits dem Vermögen der Aktiengesellschaft zugeordnet werden kann. Dies ist für die sogenannten Exspektanzen, also dem Fall, dass es sich nicht nur um allgemeine und unbestimmte Aussichten oder bloße Hoffnungen handelt, sondern ein Vermögenszuwachs mit hinreichender Wahrscheinlichkeit zu erwarten und die Gewinnaussicht realisierbar ist, angenommen worden.[341] Wenig Begründungsschwierigkeiten bereitet in diesem Zusammenhang die Konstellation, in der das Vorstandsmitglied eine zugunsten der Aktiengesellschaft bestehende

---

[338] *Rönnau*, FS Kohlmann, 239, 250.

[339] *Rönnau*, FS Kohlmann, 239, 251; vgl. auch *Labsch*, Untreue, 321 f.

[340] So auch LK-*Schünemann*, § 266 Rn. 135 u. 145: Zerstörung einer vermögenswerten Anwartschaft.

[341] Statt aller LK-*Schünemann*, § 266 Rn. 135.

Marktexspektanz[342] vernichtet.[343] Hier folgt der Schaden bereits aus dem negativen Saldo von Leistung und Gegenleistung, so dass hierauf nicht weiter eingegangen werden muss. Kann dagegen ein positiver Saldo ermittelt werden und war der Vertragspartner – etwa wegen einer Preisbindung – zu keinem Zeitpunkt bereit, seine Leistung zu einem um das Schmiergeld reduzierten Betrag zu erbringen, lässt sich ein Nachteil im Sinne von § 266 StGB nicht begründen.[344]

Problematisch bleibt die Begründung eines durch „kick-back" verursachten Vermögensnachteils damit allein in den Fällen, dass es sich bei der vereitelten Chance um eine sogenannte personalisierte Exspektanz handelt. Von personalisierten Exspektanzen muss dann gesprochen werden, wenn die Exspektanz durch Verhandlungen mit einem konkreten Vertragspartner und daher in einem individuell ausgestalteten Beziehungsverhältnis entsteht.[345] In diesen Fällen bleibt zumeist ungeklärt, ob überhaupt eine Chance auf ein günstigeres Geschäft vorhanden war oder ob der Geschäftspartner das Schmiergeld nicht vielmehr losgelöst vom konkreten Vertragsprojekt aus eigenen Mitteln aufgebracht hat. Eine Lösung dieses Problems kann letztlich allein auf der Analyse der vom Geldgeber mit der Schmiergeldzahlung verfolgten Interessen basieren.[346] Denn nur hierdurch erhält man Aufschluss darüber, inwieweit schon eine abgeschirmte Position für die Aktiengesellschaft erwachsen ist, der wirtschaftlicher Wert zukommt. Ist es dem Schmiergeldzahler gleichgültig, ob er an den Vorstand eine Provision zahlt oder das ihm zustehende Entgelt von vornherein um den entsprechenden Betrag kürzt, in der Sache also einen Preisnachlass gewährt, liegt eine vermögenswerte personalisierte Exspektanz vor. Hier hängt es allein vom Verhalten des Vorstands ab, ob die AG in den Genuss eines günstigeren Geschäfts kommt oder nicht. Hatte der Geldgeber dagegen konkrete Gründe, das Schmiergeld gerade und nur persönlich an den Vorstand zu zahlen, dann bestand

---

342 Die Unterscheidung zwischen Marktexspektanzen und personalisierten Exspektanzen (dazu im Folgenden) geht auf *Hefendehl*, Vermögensgefährdung, 231 ff., 249 ff., zurück. Ihm zufolge kann die Chance, einen günstigeren Vertrag abzuschließen, einmal darauf beruhen, dass ein hinreichend homogener (starrer) Markt besteht, auf dem Güter des ständigen Bedarfs ohne weiteres absetzbar sind, es also keiner individualisierten Vermögenshandlungen bedarf. Hier wird eine der zivilrechtlichen Anwartschaft vergleichbare Sicherheitslage geschaffen (Marktexspektanz).

343 Vgl. *Rönnau*, FS Kohlmann, 239, 257.

344 Vgl. LPK/StGB-*Kindhäuser*, § 266 Rn. 86.

345 *Rönnau*, FS Kohlmann, 239, 257.

346 Diese Vorgehensweise hat der BGH in seiner Entscheidung zum sog. „Herzklappenskandal" (BGH NJW 2002, 2801 ff.) beherzigt. Hier wurden die umsatzbezogenen Zuwendungen, die einem ärztlichen Direktor einer Herzklinik über einen Förderverein im Zusammenhang mit seinem Einfluss auf die Materialbeschaffung zuflossen, als rein personengebundene Spende (Provisionscharakter) qualifiziert, nicht aber als Rückerstattung auf den Kaufpreis, die allein der Universität als Vertragspartner zugestanden hätte. Folgerichtig wurde hier keine Fall des sog. „kick-backs" angenommen und daher die Untreuestrafbarkeit des Professors verneint, da zudem weder überhöhte Preise vereinbart wurden, noch davon auszugehen war, dass die Preise ohne die Zuwendungen geringer ausgefallen wären.

für die Aktiengesellschaft niemals eine Chance, die Ware bzw. Dienstleistung günstiger zu bekommen bzw. loszuwerden. Vernichtet das Vorstandsmitglied mithin durch die aufgeführte Vorgehensweise eine zugunsten der Aktiengesellschaft bestehende vermögenswerte personalisierte Exspektanz, führt dies grundsätzlich zu einem Vermögensnachteil bei der Aktiengesellschaft. Eine gleichzeitige mit dem Nachteil eintretende Kompensation ist zwar nicht grundsätzlich ausgeschlossen, praktisch jedoch kaum vorstellbar.[347]

[347] *Rönnau*, FS Kohlmann, 239, 261.

IV. Untergruppe: Straftaten zugunsten der Aktiengesellschaft als Untreue

1. Einleitung

Nicht selten kommt es im Rahmen der Vorstandsausübung zu Verhaltensweisen, die allein dazu bestimmt sind, dem Wohle der Aktiengesellschaft zu dienen, dabei jedoch gegen zivil- und sogar strafrechtliche Vorschriften verstoßen. Die betreffenden Verhaltensweisen können unterschiedlichster Art sein, der diesbezügliche Schwerpunkt dürfte jedoch ganz klar bei der vorstehend bereits behandelten Zahlung von Schmiergeldern liegen. Die Einordnung dieser möglichen Untreuevariante in den Kreis der Risikogeschäfte erfolgt allerdings nicht aus diesem Grund, sondern allein im Hinblick auf das Risiko einer möglichen Sanktion[348], die in vermögensmäßiger Hinsicht regelmäßig die Aktiengesellschaft selbst treffen wird. Führt ein solches Vorstandshandeln, das auf den ersten Blick weder aus Sicht des Unternehmens noch seiner Anteilseigner verwerflich bzw. missbilligenswert erscheint, dazu, dass die AG einem Sanktionsrisiko ausgesetzt ist bzw. realisiert sich dieses sogar bei tatsächlicher Verhängung der Sanktion, so stellt sich die Frage, ob neben den zivil- oder sogar strafrechtlichen Folgen auch noch wegen Untreue gemäß § 266 StGB zu bestrafen ist. Im Verfahren des Landgerichts Bonn[349] gegen den früheren CDU-Vorsitzenden Dr. Kohl wurde die nach dem Parteigesetz verbotene und sanktionierte Annahme einer anonymen Spende unter dem Gesichtspunkt einer möglichen Untreue untersucht. Hier kam es zwar im Ergebnis nicht zur Verurteilung, das Gericht hat generell aber auch nicht ausgeschlossen, dass bereits die Herbeiführung einer voraussehbaren Sanktionsgefahr zu Lasten des Treugebers (hier: Partei) eine Untreue sein könne.[350]

2. Fallgruppen

Beispielsfall 1: DaimlerChrysler AG (Vorstand)

<u>Verdacht:</u> Anlegerbetrug

Der New Yorker Anwalt Vincent Cappucci will beweisen, dass die Chrysler-Aktionäre getäuscht worden sind, als der Daimler-Vorstand ihnen einen „Merger of Equals“ versprach, eine Fusion unter Gleichen. Dass der Zusammenschluss immer als Übernahme geplant war und sie ihre Aktien unter Wert eingetauscht haben. Er hat den Konzern wegen Anlegerbetrugs verklagt. Cappucci war durch eine Zeitungsmeldung auf die Fährte gekommen. In dieser stand, dass der Großaktionär Kirk Kerkorian den Konzern auf drei Mrd. Dollar Schadensersatz verklagt hatte. Es gehe darum, dass jedem amerikanischen Chrysler-Aktionär eine Nachzahlung zustehe, weil bei einem Firmenkauf die Aktien des Übernahmekandidaten in der Regel höher bewertet werden als bei einer Fusion.

---

[348] Sanktionen werden hier als Oberbegriff für Rückzahlungen, Strafgelder und den Verlust des Anspruchs auf staatliche Zuwendungen verstanden, vgl. *Velten*, NJW 2000, 2852; krit. zu diesem Begriff: *Ipsen*, JZ 2000, 685, 693.

[349] LG Bonn NStZ 2001, 375 ff.

[350] Zum konkreten Fall des Verstoßes gegen das Parteiengesetz als Untreue siehe: *Volhard*, FS Lüderssen, 673 ff.

(Quelle: Der Spiegel Nr. 47/2002, 120)

Der bereits oben genannte Milliardär und einstige Mehrheitseigner von Chrysler hat einen Schadensersatzprozess angestrengt. Er wirft dem Manager Jürgen Schrempp Betrug vor, fordert Wiedergutmachung von dessen Konzern. Die 36 Mrd. Dollar Fusion von Daimler und Chrysler 1998 sei keinesfalls eine Verbindung unter Gleichen gewesen, wie Schrempp es den Aktionären vorgegaukelt habe, sondern eine verkappte Übernahme. Kerkorian beruft sich auf ein Interview Schrempps in der Financial Times im Oktober 2000, indem er Chrysler als die „Abteilung" von Daimler bezeichnete und die Idee des „merger of equals", die im ersten Satz des Fusionsvertrags verankert ist, als „symbolisch" abgetan hatte.

(Quelle: http://www.spiegel.de/wirtschaft/0,1518,277642,00.html)

a) Problemansatz

Im Raume steht die vom Landgericht Bonn aufgeworfene, im entschiedenen Einzelfall[351] jedoch offen gelassene Frage, ob rechtswidrige, zugunsten der Aktiengesellschaft begangene Handlungen, denen die Gefahr einer Sanktionierung – zum Beispiel nach § 30 OWiG - innewohnt, zusätzlich noch nach § 266 StGB geahndet werden können oder vielleicht sogar müssen. Das Schrifttum hat sich dieser erkennbaren Offenheit des LG Bonn gegenüber einer solchen sprichwörtlichen „Doppelbestrafung" ebenfalls nicht grundsätzlich verschlossen. Durch eine im Zusammenhang mit der dienstlichen Tätigkeit für die Gesellschaft begangene Ordnungswidrigkeit oder Straftat verletze das Vorstandsmitglied regelmäßig auch seine Organpflichten gegenüber der Gesellschaft.[352] Das Risiko unsittlicher oder gesetzlich verbotener Geschäfte stehe weit außerhalb der Überlegungen eines ordentlichen Geschäftsmannes und könne daher unter keinen Umständen pflichtgemäß sein.[353], denn schließlich sei nicht alles, was der Gesellschaft Vorteile bringe, gesellschaftsrechtlich auch zulässig.[354] Für die Annahme einer Pflichtverletzung könne es außerdem keine Rolle spielen, ob der Gesetzesverstoß subjektiv im Interesse der Gesellschaft erfolge und das Entdeckungs- und Verfolgungsrisiko im Verhältnis zum zu erwartenden Vorteil vernachlässigbar sei, da die Bindung an gesetzliche Vorschriften Opportunitätsüberlegungen vorgehe.[355] Nur in Ausnahmekonstellationen wird daher trotz Begehung einer Straftat noch von einem im Sinne des § 93 I AktG pflichtgemäßen Verhalten ausgegangen, so etwa im Fall einer zweifelhaften Rechtslage, wenn im Rahmen eines rechtlich vertretbaren Standpunkts gehandelt wird oder bei

---

[351] Vgl. insbesondere LG Bonn NStZ 2001, 275, 378.

[352] *Krieger*, FS Bezzenberger, 211, 215; *Lutter/Hommelhoff* (15. Auflage), GmbHG, § 43 Rn. 14; KK-*Mertens*, § 84 Rn. 81; *U. H. Schneider*, Jahrbuch der Fachanwälte für Steuerrecht, 1983/1984, 165, 184.

[353] LK-*Schünemann*, § 266 Rn. 96.

[354] *U. H. Schneider*, Jahrbuch der Fachanwälte für Steuerrecht 1983/1984, 165, 185.

[355] GK-*Hopt*, § 93 Rn. 99; KK-*Mertens*, § 93 Rn. 34.

Strafen und Geldbußen, die im Ausland verhängt werden.[356] Ob dieser durch das Gesellschaftsrecht gefundene Pflichtwidrigkeitsmaßstab allerdings auch in der strafrechtlichen Praxis Bestand haben kann, darf bezweifelt werden. Um zu verhindern, dass sich das Gesellschaftsrecht hier zu weit vom strafrechtlichen Denken befreit, erscheint mithin ein strafrechtsdogmatischerer Ansatz von Nöten. Keinesfalls ist es in diesem Zusammenhang nun aber so, dass sich die Begründung der untreuerelevanten Pflichtwidrigkeit unter Berücksichtigung teilweise gravierender zivilrechtlicher oder sogar strafrechtlicher Verfehlungen von selbst ergibt. Es wird in jedem Fall dogmatisch begründet werden müssen, warum hier eine Doppelbestrafung in Frage kommt, wobei alle Aussagen immer unter der Prämisse stehen müssen, dass grundsätzlich zugunsten der AG gehandelt wurde und dies auch dem inneren Willen des Vorstands entsprach.

b) Dogmatische Begründung
aa) Anknüpfungspunkt Pflichtverletzung

Unter Zuhilfenahme einer älteren BGH-Entscheidung[357] kann hier zunächst folgendes festgestellt werden: Es gibt keine gesellschaftsrechtliche Verpflichtung des AG-Vorstands, eine Straftat zugunsten der Gesellschaft zu begehen. Anders formuliert bedeutet dies, dass die unterbliebene Vermögensmehrung, die der Betreuungspflichtige durch die – unterlassene – Straftat zugunsten der Gesellschaft hätte erlangen können, jedenfalls nicht strafrechtlich als Untreue bewertet werden kann. Fraglich bleibt nun aber, ob dies so weit geht, dass auch das aktive strafbare bzw. rechtswidrige Handeln des Vorstands, welcher die mögliche Strafbarkeit bzw. Rechtswidrigkeit sicher kennt, jedenfalls aber bedingt für möglich hält, noch deshalb pflichtgemäß sein kann, weil dessen Handlungsentschluss allein darauf beruht, der Gesellschaft einen Vorteil zu verschaffen oder wenigstens zu erhalten. Einer rechtlichen Würdigung, die in diesem Zusammenhang tendenziell von Pflichtgemäßheit ausgeht, könnte zunächst entgegengehalten werden, dass auch um diesen, für die Aktiengesellschaft grundsätzlich hohen Preis, keine Straftaten begangen werden dürften. Hiergegen könnte man allerdings wiederum einwenden, dass die Anknüpfungsstraftat ja im Falle ihrer Ermittelbarkeit uneingeschränkt sanktioniert wird. Eine über die Ahndung der Ausgangstat hinausgehende nochmalige Sanktion erscheint dann nämlich unter dem Gesichtspunkt der Untreue nicht mehr erforderlich, denn der Untreuetatbestand schützt zwar das anvertraute Vermögen, stellt dabei aber nicht den Rechtssatz auf, sich generell rechtstreu zu verhalten. Ist also das Vermögen der juristischen Person nicht geringer, als vor der Begehung der Straftat, so sollte grundsätzlich auch nicht mehr zusätzlich auf den Tatbestand der Untreue zurückgegriffen werden, um die Einhaltung der Strafgesetze gleichsam zweifach sanktionierbar zu machen.[358]

---

[356] KK-*Mertens*, § 84 Rn. 79; *Krieger*, FS *Bezzenberger*, 211, 215 f.
[357] BGH bei *Holtz*, MDR 1979, 454, 456.
[358] *Taschke*, FS Lüderssen, 663, 668 f.

In eine solche Richtung tendiert auch der Tenor des Gutachtens von Otto, dass dieser zur der Frage erstellt hat, ob sich der ehemalige Parteivorsitzende der CDU, Dr. Helmut Kohl, bei der rechtswidrigen Entgegennahme von Parteispenden wegen Untreue strafbar gemacht hat. Ihm zufolge ist ein Treubruch bei Verhängung vermögenswirksamer Sanktionen gegen eine juristische Person zu verneinen, da dies eine Doppelbestrafung des Täters sei.[359] Würde man den sanktionierenden Zugriff auf das Vermögen der Vereinigung nach § 30 OWiG als Vermögensnachteil ansehen, so sei der Täter durch die Ordnungswidrigkeit immer Täter einer Untreue.[360] Hiermit verkennt er allerdings die Systematik der Vorschrift. Ausweislich der Gesetzesbegründung liegt das Hauptziel der Norm darin, die Abschöpfung der durch die Straftat oder Ordnungswidrigkeit des Vertretungsberechtigten der Vereinigung zugeflossenen Vermögensmassen zu regeln.[361] Sie soll die vermögensmäßige Besserstellung juristischer Personen verhindern, die selbst nicht handlungs- und schuldfähig sind. Warum das Vorliegen des Ordnungswidrigkeitstatbestandes den Untreuetatbestand sperren soll, vermag Otto nicht überzeugend zu begründen. Das durch die Ordnungswidrigkeit geahndete Unrecht umfasst keinesfalls das Unrecht des Täters, das Vermögen der Vereinigung schädigen zu wollen. Diesen Schutz der Gesellschaft leistet allein der Untreuetatbestand. Dem Argument, eine „Doppelbestrafung" sei ausgeschlossen, soll daher im Folgenden keine weitere Beachtung mehr geschenkt werden.

Darüber hinaus kann in diesem Zusammenhang jedoch nicht unberücksichtigt bleiben, dass der Schaden für die Gesellschaft im Falle des vorstandlichen Unterlassens der aus Sicht der Strafjustiz strafbaren Handlung häufig viel größer sein wird, als der Schaden, der durch eine drohende bzw. tatsächlich verhängte Sanktion entstehen würde. Diese der Chronologie der Tatbestandsprüfung vorgreifende Frage muss im Rahmen der Pflichtwidrigkeit sicherlich nicht abschließend beantwortet werden, jedoch muss einer offensichtlichen Kompensation bereits an dieser Stelle Rechnung getragen werden.

Tiedemann[362] führt in diesem Zusammenhang zur Bestimmung der Treuepflichtverletzung zutreffend aus, im Hinblick auf Art. 103 II GG folge letztlich das strafrechtliche Ergebnis, dass jedes wirtschaftlich irgendwie sinnvolle oder vertretbare Ziel einer Geldzahlung oder einer anderen vermögensmindernden Maßnahme als legitim und damit nicht pflichtwidrig hingenommen werden müsse. Hiernach wäre eine Untreue des Vorstands grundsätzlich zu verneinen, da nur eindeutig unvertretbare Handlungsweisen und Zielsetzungen den Anwendungsbereich des § 266 StGB eröffneten. Entscheidend ist dabei, ob ein unter-

---

[359] *Otto*, Gutachten zur Verteidigung von Helmut Kohl für die Kanzlei Holthoff-Pförtner, 17; Kurzfassung: *Otto*, RUP 2000, 109 f.
[360] *Otto*, Gutachten zur Verteidigung von Helmut Kohl für die Kanzlei Holthoff-Pförtner, 17.
[361] BT-Drucks. V/1269, 57 f. zum damaligen § 19 OWiG; vgl. auch HKOWiG, § 30 Rn. 5.
[362] *Tiedemann*, FS Tröndle, 319, 329.

nehmensfremdes Ziel verfolgt wird oder ein Handeln innerhalb der Unternehmensinteressen vorliegt. In einer konkreten Entscheidungssituation stehen dem Vorstand also zwei Verhaltensalternativen zur Auswahl: Entweder nimmt er eine dramatische Verschlechterung der Wettbewerbssituation des Unternehmens in Kauf und riskiert damit den weiteren Bestand des Unternehmens oder er entschließt sich im Interesse des Unternehmens zu einem Verhalten, welches möglicherweise strafbar ist. In der letztgenannten Konstellation ist er in jedem Fall wegen des konkret verletzten Tatbesb tandes zu bestrafen, eine Untreue zum Nachteil der Gesellschaft ist hierin grundsätzlich nicht mehr zu sehen. Ob der Feststellung der Vermögensbetreuungspflichtverletzung im Hinblick auf die letztlich möglicherweise treugeberfreundlich ausfallende Gesamtsaldierung noch die hier geschenkte Beachtung gebührt, kann nach alledem durchaus bezweifelt werden. Denn wenn eine nicht korrekte Vermögensminderung durch den damit erzielten Vorteil ausgeglichen wird, wäre es nur konsequent, die Verletzung der Vermögensbetreuungspflicht abzulehnen, wenn die fragliche Aktion dem jeweiligen Treugeber insgesamt nützt. Eine solche Wertung erfolgte seinerzeit richtigerweise auch beim Bundesligaskandal, als darauf hingewiesen wurde, dass es eigentlich schon an einer Verletzung der Vermögensbetreuungspflicht gefehlt habe[363] – allerdings nur bei hoher Wahrscheinlichkeit der Gewinnaussicht.

bb) Anknüpfungspunkt Vermögensnachteil

Wird die Pflichtwidrigkeit des vorstandlichen Verhaltens bejaht, so gelangt man im Rahmen der Prüfung des Nachteils zum wichtigsten dogmatischen Problem. Wird eine Sanktion nämlich tatsächlich verhängt, dann stellt sich die bereits im Rahmen der Pflichtwidrigkeit angedeutete Frage, ob ein möglicherweise durch die Straftat erlangter Vorteil für die Gesellschaft kompensationsfähig ist. Einer solchen, auf nachträgliche Kompensation abzielenden Blickweise liegt allerdings unausgesprochen zu Grunde, dass in diesen Fällen eine Sicht ex post maßgeblich ist. In diesen Fällen, in denen die Sanktion bereits verhängt wurde, dürfte die Begründung des Nachteilseintritts kaum nennenswerte Schwierigkeiten bereiten. Weniger klar erscheint die Problematik, wenn man, wie es einzig richtig ist, auf den Zeitpunkt der möglichen Untreuehandlung, also auf die Sicht ex ante abstellt.[364] Hier stellt sich die Situation grundsätzlich so dar, dass eine Sanktion für die Aktiengesellschaft lediglich droht.

Im Hinblick auf die Nachteilsqualität drohender Sanktionen könnte man aus Vereinfachungsgründen zunächst geneigt sein, bestimmte Sachverhaltskonstellationen auszuscheiden. Besteht nämlich die drohende Sanktion gegen die Aktiengesellschaft lediglich in der Abschöpfung der durch das vorstandliche Fehlver-

---

[363] *Schreiber/Beulke*, JuS 1977, 656 ff. zu BGH NJW 1975, 1234 ff.; weitere Nachweise bei *Schönke/Schröder-Lenckner/Perron*, § 266 Rn. 41.

[364] So auch *Velten*, NJW 2000, 2852, 2855.

halten erlangten Gewinne – etwa nach §§ 73 III StGB, 29, 29a OWiG -, so wäre nach Saldierung kein Vermögensnachteil bei der Gesellschaft mehr feststellbar. Abgeschöpft wird nach den genannten Vorschriften nämlich der durch die Straftat/Ordnungswidrigkeit erlangte Vorteil. Der Gesellschaft würde also nur das genommen, was sie auf unrechtmäßige Art und Weise erlangt hat, so dass ihr Vermögen am Ende grundsätzlich wieder ausgeglichen wäre. Ob diese hier nur theoretisch durchgespielte Situation jedoch der Vorgehensweise der Gerichts in der Praxis entspricht, muss bezweifelt werden, denn dass das mit der Sache befasste Gericht nur den entstandenen Gewinn abschöpft, mag zwar im Einzelfall möglich sein, entspricht jedoch keinesfalls dem gesetzlichen Leitbild. Nach § 30 III OWiG iVm § 17 IV OWiG soll nämlich die Geldbuße den wirtschaftlichen Vorteil, den der Täter aus der Ordnungswidrigkeit gezogen hat, übersteigen. Im Falle der Sanktionierung nach gesetzlichem Leitbild ergibt sich also vordergründig folgendes Bild: Das Vermögen der Gesellschaft ist nach Verhängung der Sanktion geringer, als es vor der Begehung der vermeintlichen oder tatsächlichen Straftat war. Die durch die Straftat zugeflossenen Vorteile sind geringer als die Nachteile durch die Sanktion, die das Unternehmen am Ende erleidet. Zudem könnte man durchaus auch den mit einer verhängten Sanktion regelmäßig einhergehenden Imageverlust des Unternehmens als geldwerten Vermögensschaden in Ansatz bringen, sofern dieser überhaupt messbar ist.

Damit ist der Vorgang der Schadensermittlung jedoch noch keinesfalls abgeschlossen. In die strafrechtliche Bewertung des Schadens ist nämlich außerdem noch einzustellen, wie die Aktiengesellschaft ohne das zu ihren Gunsten getätigte vorstandliche Fehlverhalten gestanden hätte. Denkbar ist auch hier wieder die Möglichkeit, dass bereits zum Zeitpunkt der Untreuehandlung die Gefahr der Sanktionierung durch vermögenswerte Exspektanzen kompensiert wird. Zutreffend hatte der BGH in diesem Zusammenhang eine Kompensation der Vermögenseinbuße auch dann angenommen, „wenn nach einem wirtschaftlich vernünftigen Gesamtplan ein Handlungsbündel auf einen einheitlichen Erfolg so angelegt ist, dass dieser nicht anders als über zunächst nachteilige Maßnahmen erreicht werden kann.“[365] In der Regel ist im Zusammenhang mit kompensierenden Maßnahmen auch hier an die Verbesserung der wechselseitigen Geschäftsbeziehungen, bzw. Vorbeugung ihrer Verschlechterung, vor allen Dingen aber an die Sicherung der Position der Aktiengesellschaft im Wettbewerb zu denken. Inhaltlich stellt sich die Möglichkeit der Kompensation hier nicht anders dar, als

---

[365] LK-*Schünemann*, § 266 Rn. 137. Allerdings darf man die „Ausnahme von der Einzelbetrachtung“ nicht dahin deuten, dass auch der „nachträgliche Schadensausgleich“ den Nachteil im Sinne des § 266 StGB entfallen lässt. Hier bleibt es bei den klassischen Positionen; der nachträgliche Schadensausgleich ist „tatbestandlich für § 266 StGB ebenso bedeutungslos wie für § 263 StGB“ (Schünemann mit Nachweisen); vgl. auch *Lüderssen*, Entkriminalisierung des Wirtschaftsrechts, 98 f.

bei der oben behandelten Untreue durch Schmiergeldzahlungen. Es wird daher in diesem Zusammenhang auf die dort gemachten Ausführungen verwiesen.[366]

Findet die Nachteilskompensation im genannten Sinne tatsächlich statt, so könnte man ihr schließlich noch mit dem Einwand begegnen, dass die Sanktion in diesen Fällen dann eben einfach höher ausfallen müsse. Dieser, auf Ablehnung der Kompensation abzielende Einwand geht jedoch im Ergebnis aus folgenden Gründen fehl: Das, was als Kompensation in die Schadensberechnung einzustellen ist, ist nicht identisch mit dem erlangten Vorteil im Sinne des Ordnungswidrigkeitenrechts. Die Vorteilsberechnung nach § 17 IV OWiG hat sich auf die Vorteile zu konzentrieren, die aus einer Straftat erlangt sein mögen. Bei der Vermögenssaldierung nach § 266 StGB fließen dagegen auch weitergehende Positionen ein, die der verhängten Sanktion kompensatorisch entgegengestellt werden können und müssen. Hierbei hat eine wirtschaftliche Betrachtungsweise zu erfolgen, die auch die zukünftigen, nicht bemakelten und daher legalen Geschäftschancen und geschäftlichen Entwicklungen berücksichtigt. Im Ergebnis bedeutet dies, dass zunächst das Risiko einer Sanktion oder die (später) tatsächlich erfolgende Sanktion des Unternehmens nicht höher einzustufen sind, als die legalen Wettbewerbsvorteile, die das als Folge des Vorstandshandelns Unternehmen erlangt.[367]

c) Ergebnis

Im Ergebnis kann damit festgestellt werden, dass die Begehung von Straftaten zugunsten einer Aktiengesellschaft nur dann noch zusätzlich über die Ausgangsstraftat hinausgehend als Untreue geahndet werden kann, wenn eine Sanktion gegen die Aktiengesellschaft verhängt wird und dem vom Vorstand bezweckten schadenskompensierenden Effekt ausnahmsweise selbst die Rechtsbeständigkeit versagt werden muss.[368] Bestätigung findet dieses Ergebnis in der Überlegung, dass eine Sanktion nach § 30 OWiG nicht nur bei Begehung von Straftaten durch die Vorstandsmitglieder, sondern auch bei der auf einen Vorteil der Gesellschaft abzielenden Begehung von Ordnungswidrigkeiten in Betracht käme. Würde man in diesem Fall aufgrund der nicht zu verneinenden Pflichtwidrigkeit und des Schadens eine Untreue nach § 266 StGB annehmen, so würde das zunächst nur ordnungswidrige Verhalten über den Umweg des § 266 StGB nachträglich kriminalisiert.

(C) Bedeutung gesetzlicher Risikosteuerungspflichten bezüglich der Untreuestrafbarkeit

Durch das Gesetz zur Kontrolle und Transparenz im Unternehmensbereich (KonTraG) wurde in der 13. Wahlperiode ein neuer § 91 II AktG eingeführt.

---

[366] Vgl. oben 2. Teil B III 3 a cc.

[367] *Taschke*, FS Lüderssen, 663, 668.

[368] Vgl. dazu oben 2. Teil B III 2 b; siehe zu diesem Ergebnis vor allen Dingen auch *Taschke*, FS Lüderssen, 663 ff.

Dieser verpflichtet den Vorstand, „geeignete Maßnahmen zu treffen, insbesondere ein Überwachungssystem einzurichten, damit den Fortbestand der Gesellschaft gefährdende Entwicklungen früh erkannt werden“. Neben anderen Faktoren[369] nennt die Gesetzesbegründung[370] vor allen Dingen die soeben behandelten Risikogeschäfte als potentielle, das Unternehmen und dessen Fortbestand gefährdende Entwicklungen. Fraglich ist nun, ob ein Verstoß gegen die Überwachungspflichten nach § 91 II AktG, in dessen Zusammenhang der Gesetzesentwurf explizit auf die zivilrechtliche Schadensersatzpflicht nach § 93 II AktG verweist und der zudem auch arbeits-(kündigungs-)rechtliche Konsequenzen nach sich ziehen kann[371], zusätzlich auch noch eine strafrechtliche Haftung wegen Untreue zu begründen vermag. Diesbezüglicher Klärungsbedarf besteht hier insbesondere deshalb, weil die im Zusammenhang mit den verschiedenen Konstellationen der Risikountreue erarbeiteten Anforderungen an die vorstandliche Sorgfaltspflicht hierdurch unter Umständen eine Modifizierung erfahren könnten, die eine erhöhte Strafbarkeitsgefahr mit sich bringen könnte. Um diesem Ansatz nun Glaubwürdigkeit zu verleihen, muss man zunächst, wie dies einige Vertreter des Schrifttums vorbehaltlos praktizieren[372], bestrebt sein, die in § 91 II AktG statuierte Pflichtenbindung für sich gesehen als „treuhänderische Vermögenssorge“ im Sinne von § 266 StGB zu verstehen. Hierzu ist zunächst die Untersuchung des durch § 91 II AktG konstituierten Pflichtenumfangs vonnöten.

In diesem Zusammenhang ist umstritten, ob § 91 II AktG dem Vorstand die Einführung eines umfassenden Risikomanagements nach betriebswirtschaftlichem Verständnis auferlegt[373] oder ob diesem lediglich eine „Bestandssicherungsverantwortung“[374] übertragen wird. Nach einem rein betriebswirtschaftlichen Verständnis hat ein umfassendes Risikomanagement im Sinne einer systematischen Analyse und der Bewertung von Risiken und einer dem Unternehmensziel entsprechenden Risikopolitik zu erfolgen.[375] Darüber hinaus muss durch Einführung eines geeigneten Überwachungssystems sichergestellt werden, dass entsprechende Maßnahmen nicht nur eingeleitet, sondern auch dauerhaft umgesetzt werden.[376]

---

[369] So etwa Mängel in der Rechnungslegung sowie jegliche Verstöße gegen gesetzliche Vorschriften.

[370] BGBl. 1998 I, 786 ff.; Inkrafttreten am 01.05.1998.

[371] Vgl. LG Berlin BKR 2002, 969 ff.

[372] Vgl. *Windolph*, NStZ 2000, 522 ff.; *Eidam*, Unternehmen und Strafe, 149; *Preussner/Pananis*, BKR 2004, 347, 356; a.A. wohl *Wabnitz/Janovsky-Dierlamm*, Kapitel 27 Rn. 7, wo lediglich von persönlicher Schadensersatzpflicht die Rede ist.

[373] So etwa *Brebeck/Herrman*, WPg 1997, 381, 384 ff.; *Eggemann/Konradt*, BB 2000, 503, 505 ff.; *Füsser/Gleißner/Meier*, DB 1999, 753; *Kromschröder/Lück*, DB 1998, 1573; *Kuhl/Nickel*, DB 1999, 133; *Lück*, DB 1998, 1925; *Pollanz*, DB 1999, 393; *ders.*, DB 2001, 1317, 1318; *Wolz*, WPg 2001, 789.

[374] Begriff nach *Hüffer*, AktG, § 91 Rn. 4.

[375] Vgl. *Pahlke*, NJW 2002, 1680.

[376] *Mosiek*, wistra 2003, 370, 371, dort auch Fn. 18 m.w.N.

Nach der überwiegend dem rechtwissenschaftlichen Schrifttum zuzuordnenden Gegenauffassung lässt sich die Pflicht, ein in diesem Maße umfassendes Risikomanagement zu errichten, aus rechtlichen aber auch tatsächlichen Gründen nicht begründen.[377] Eine Verpflichtung bestehe allein im Hinblick auf die Einführung von Maßnahmen zur Früherkennung lediglich bestandsgefährdender Risiken sowie auf einer zweiten Stufe – die unternehmensinterne Kontrolle, ob das Veranlasste auch geschieht, namentlich, ob Innenrevision und Controlling die von Ihnen gewonnenen Erkenntnisse zeitnah dem Vorstand weiterleiten.[378] Diese Auffassung wird in erheblichem Maße durch den Gesetzeswortlaut des § 91 II AktG gestützt, in dem ausdrücklich nur von „Entwicklungen" die Rede ist, nicht aber von „Risiko". Entwicklungen sind aber im Gegensatz zum bloßen Risiko globalere Zustandsveränderungen, mithin die unternehmensspezifische nachteilige Veränderung von Risiken, die bereits begonnen hat. Zudem spricht auch die Begründung zum Gesetzesentwurf nur von Entwicklungen, die den „Fortbestand" des Unternehmens gefährden. Es geht damit nicht um Veränderungen jeder Art, sondern ausschließlich um nachteilige Veränderungen, die von wesentlicher Auswirkung auf die Vermögens-, Ertrags- oder Finanzlage des Unternehmens sein können.[379] Gemeint sind daher möglicherweise zur Insolvenz des Unternehmens führende Entwicklungen. Der Gesetzeswortlaut ist mithin insoweit aussagekräftig, als die vorgeschriebenen Maßnahmen lediglich der Erkennung („früh erkannt"), nicht aber der – nach der weiten Ansicht ebenfalls notwendigen – Bewältigung identifizierter bestandsgefährdender Entwicklungen dienen sollen.

Mithin hilft die Examination des Wortlauts und der Gesetzesbegründung insoweit weiter, als sicher feststeht, dass § 91 II AktG lediglich eine Bestandsicherungspflicht begründet, die Einrichtung eines darüber hinausgehenden Risikomanagements hingegen im Leitungsermessen des Vorstands steht. Daran ändert auch die im Gesetzesentwurf zu findende Verwendung des Begriffes „Risikomanagement" nichts. Dieser bezieht sich allein auf die nach § 91 II AktG zu treffenden Maßnahmen zur Früherkennung bestandsgefährdender Entwicklungen.[380] Bestärkt wird die getroffene Entscheidung zudem durch die Tatsache, dass im Gesetzesentwurf von einem angemessenen, nicht aber von einem umfassenden Risikomanagement die Rede ist. Der Hinweis auf das Erfordernis der Angemessenheit des einzurichtenden Früherkennungssystems im Einzelfall spricht nämlich gerade gegen die Annahme, dass dem Unternehmensvorstand durch § 91 II AktG eine zwingende Verpflichtung zur Einrichtung eines umfassenden Systems auferlegt werden sollte.[381]

---

[377] *Bitz*, BFuP 2000, 231, 236 f.; *Hüffer*, FS Imhoff, 1998, 91, 105; *Hüffer*, AktG, § 91 Rn. 8 f.; *Seibert*, FS Bezzenberger, 427, 436 ff.
[378] *Mosiek*, wistra 2003, 370, 371.
[379] Vgl. dazu die Begr. der RegE, BT-Drucks. XIII/9712, 15.
[380] *Pahlke*, NJW 2002, 1680, 1682.
[381] *Pahlke*, NJW 2002, 1680, 1682.

Als Zwischenergebnis kann mithin konstatiert werden, dass § 91 II AktG ausdrücklich nur dazu verpflichtet, eine geeignete Organisation zur Früherkennung bestandsgefährdender Entwicklungen einzurichten und zu überwachen. Dies bedeutet allerdings nicht, dass der Gesetzgeber davon ausgegangen ist, die Vorschrift des § 91 II AktG sei in irgendeiner Weise geeignet, die sich aus der allgemeinen Leitungspflicht ergebenden Vorstandspflichten zu verdrängen. Bereits im Rahmen der eben behandelten Fallgruppen zur Risikountreue konnte festgestellt werden, dass der Vorstand die umfassende Pflicht innehat, die Aktiengesellschaft nicht durch aktives Verhalten zu schädigen und den Vorteil der Gesellschaft zu wahren sowie andererseits von dritter Seite drohende Schädigungen zu verhindern. Unangemessene und bestandsgefährdende Risiken für die Aktiengesellschaft können jedoch richtigerweise nur durch ein über die Anforderungen von § 91 II AktG hinausgehendes System zur Erkennung, Einschätzung und schließlich Bewältigung dieser Risiken vermieden werden. Mittelbare Hinweise auf diese Pflicht enthalten auch die durch das KonTraG neu gefassten Regelungen der §§ 289 I Halbs. 2, 317 II 3 und 321 I 2 HGB, in denen ein Eingehen auf die Risiken der künftigen Entwicklung im Lagebericht und die Beurteilung dieser Darstellung durch den Abschlussprüfer angeordnet wird. Genau genommen sind die Anforderungen damit nun doch dermaßen weit, dass Sie, zumindest, was ihre Intensität anbelangt, als Quasi-Risikomanagement verstanden werden können.[382] Dennoch ist eine Einrichtung im oben angeführten betriebswirtschaftlichen Sinne nicht erforderlich. Vielmehr unterfällt die erforderliche Risikosteuerung ausschließlich dem vorstandlichen Leitungsermessen, welches auch hier richtigerweise einzelfallabhängig[383] auszufüllen ist. Gleichwohl können die bislang entwickelten Grundsätze zur Ausgestaltung eines Risikomanagements – gewissermaßen auf einer Vorstufe zur Sorgfaltspflicht – als „Referenzpunkte einer Sorgfaltsbestimmung" dienen.[384]

Im Ergebnis ist mithin festzustellen, dass die in § 91 II AktG normierte Pflicht des Vorstands, für ein angemessenes Risikomanagement zu sorgen, eine gesetzliche Hervorhebung seiner allgemeinen Leitungsaufgabe im Sinne von § 76 I AktG ist. Ihre Verletzung führt nicht nur zur zivilrechtlichen Schadensersatzpflicht nach § 93 II AktG, sondern bei vorsätzlicher Verletzung durch Tun oder Unterlassen und dadurch verursachter Vermögensgefährdung bzw. einem Vermögensnachteil zur Strafbarkeit nach § 266 StGB. § 91 II AktG ist mithin als treuhänderische Sorge im Sinne von § 266 StGB zu qualifizieren. Mit dem hier gefundenen Ergebnis bestätigt sich die im Zusammenhang mit der Untersuchung der einzelnen Risikokonstellationen erlangte Einschätzung des Pflichtenmaß-

---

[382] Siehe dazu die diesbezüglichen Anforderungen bezogen auf die Kreditwirtschaft bei *Preussner/Pananis*, BKR 2004, 347, 348 ff.

[383] Größe des Unternehmens, Unternehmensgegenstand, konkrete Markt- und Wettbewerbsverhältnisse sowie die im einzelnen Unternehmen herrschende Risikoakzeptanz, vgl. *Mosiek*, wistra 2003, 370, 372 und *Pahlke*, NJW 2002, 1680, 1683.

[384] *Pahlke*, NJW 2002, 1680, 1683 f.

stabs.[385] Dieser wurde durch die Einführung des § 91 II AktG nicht verschärft, sondern lediglich mit „einem standfesteren Fundament“ versehen.

[385] Vgl. oben 2. Teil B I 3 b; 2. Teil B II 2 a, b; 2. Teil B III 2 a; 2. Teil B III 3 a aa.

(D) Einwilligung bzw. Einverständnis des Vermögensinhabers – Bedeutung eines wirksamem Hauptversammlungsbeschlusses für die Untreuestrafbarkeit

I. Ausschluss der Pflichtwidrigkeit der Handlung

Die Pflichtwidrigkeit der Tathandlung ist wie gesehen unabdingbares Tatbestandsmerkmal beider Untreuevarianten. Liegt dem Täterverhalten eine erklärte oder zu vermutende Einwilligung des Vermögensträgers zugrunde, so ist nach h.M. schon der objektive Tatbestand der Untreue nicht erfüllt.[386] Dem ist beizupflichten, weil sich die Befugnisse des Täters im Innenverhältnis bzw. der Inhalt seiner Vermögensbetreuungspflicht nach den Interessen und damit nach der Willensentschließung des Vermögensinhabers richten. Die Einwilligung hat mithin die Bedeutung eines tatbestandsausschließenden Einverständnisses.[387] Das Einverständnis, nicht aber die nachträgliche Genehmigung[388], des Inhabers des zu betreuenden Vermögens schließt die Tatbestandsmäßigkeit daher grundsätzlich aus.[389]

Fraglich ist nun, ob dieses obiter dictum auch insoweit grundsätzliche Geltung für sich in Anspruch nehmen kann, als es auch für die Anweisung oder Zustimmung der Aktionärsgesamtheit zu schädigenden Eingriffen des Vorstands in das Gesellschaftsvermögen gilt. In diesem Fall wären vor allen Dingen die zuvor behandelten Risikogeschäfte betroffen, wobei der Vorstand trotz Überschreitung des nach den erarbeiteten Grundsätzen erlaubten Risikos wegen Tatbestandslosigkeit straffrei ausgehen könnte. Für die in diesem Zusammenhang am ehesten vergleichbare GmbH hat sich mittlerweile eine recht gefestigte Rechtsprechung herauskristallisiert, nach der die Zustimmung der Gesellschafter immer dann unwirksam ist, wenn durch die Handlung die zwingenden Vorschriften des GmbHG über die Kapitalerhaltung verletzt sind oder aber eine Existenzgefährdung der GmbH ausgelöst wird.[390] Diese Ansicht kann mittlerweile wohl als auch im Schrifttum herrschende Meinung bezeichnet werden.[391] Zwar wird diese

---

386 BGHSt 3, 23, 25; 34, 221, 223; OLG Hamm NStZ 1986, 119; *Jordan*, JR 2000, 133, 137; *Mitsch*, BT 2/1, § 8 Rn. 29, 47; LK-*Schünemann*, § 266 Rn. 100; *Wessels/Hillenkamp*, BT/2, Rn. 758.

387 Wenn freilich der BGH zuweilen in der Einwilligung lediglich einen Rechtfertigungsgrund sieht (vgl. BGHSt 9, 203, 216), dann liegt dem die durchaus richtige Erkenntnis zugrunde, dass die Wirksamkeit des Einverständnisses nach den Regeln zu beurteilen ist, die für die rechtfertigende Einwilligung gelten, dazu *Achenbach/Ransiek-Seier*, HWSt, V 2 Rn. 87.

388 OLG Hamm, NStZ 1986, 119.

389 BGHSt 3, 23, 25; OLG Hamm, NStZ 1986, 119; *Hillenkamp*, NStZ 1981, 161, 165; *Jordan*, JR 2000, 133, 137; *Lackner/Kühl*, § 266 Rn. 20; *Schönke/Schröder-Lenckner/Perron*, § 266 Rn. 21 u. 38; LK-*Schünemann*, § 266 Rn. 100; SK/StGB-*Samson/Günther*, § 266 Rn. 46; *Arzt/Weber*, BT, § 22 Rn. 70; *Wessels/Hillenkamp*, BT/2, Rn. 758; vgl. auch BGHZ 100, 190, 197.

390 BGHSt 35, 333 ff.

391 *Ulmer*, FS Pfeiffer, 853 ff.; *Brammsen*, DB 1989, 1609 ff.; *Kohlmann*, FS Werner, 387 ff.; *Gribbohm*, ZGR 1990, 1 ff.; LK-*Schünemann*, § 266 Rn. 125.

Ansicht bei der Beantwortung der aufgeworfenen Frage durchaus Anhaltspunkte liefern können, jedoch darf bei alledem nicht vergessen werden, dass die Machtverhältnisse bei der GmbH im Vergleich zur Aktiengesellschaft deutlich zugunsten der Gesellschafterversammlung verschoben sind.[392] Grundsätzlich unterliegt hier das nicht zur Stammkapitaldeckung erforderliche GmbH-Vermögen in vollem Umfang der Dispositionsfreiheit der Gesellschafter[393], die zudem erhebliche Einwirkungsmöglichkeiten auf die Geschäftsführung besitzen[394]. Die Aktiengesellschaft ist dagegen im Besonderen durch die größere Ferne des Aktionärs zur Gesellschaft geprägt, insbesondere also die eingeschränkten Befugnisse der Hauptversammlung im Bereich der Verwaltung und der Verfügung über das Gesellschaftsvermögen.[395] Allein diese Tatsache steht einer uneingeschränkten Übertragung der im Bezug auf die GmbH gewonnenen Erkenntnisse auf die Aktiengesellschaft entgegen. Im Folgenden wird sich der Untersuchungsgegenstand daher vorwiegend im Bereich des Aktienrechts bewegen.

1. Die Rechtssprechung zur Einwilligung in der AG

Die nur dünn gesäte strafrechtliche Rechtsprechung zur tatbestandsausschließenden Einwilligung in der Aktiengesellschaft hat sich ungeachtet der bereits angesprochenen Unterschiede zwischen den Organkompetenzordnungen, aber auch zwischen den zum Schutz des Gesellschaftsvermögens aufgestellten Kapitalerhaltungsregeln, weitgehend an die Rechtsprechung zur GmbH angelehnt, wobei die zu GmbH-Geschäftsführern ergangenen Entscheidungen teilweise sogar explizit herangezogen wurden[396]. Dies mag unter anderem auch dadurch begründet sein, dass die Organkompetenzen im Aktienrecht bis zu dessen Reform im Jahr 1937 analog denen im GmbH-Recht gestaltet waren. Die Hauptversammlung war damals das oberste und umfassende Entscheidungsorgan der Aktiengesellschaft.[397] Die damit einhergehende Möglichkeit des umfassenden Eingriffs in die Geschäftsführungs- und Verwaltungskompetenzen des Vorstands ging mit der Aktienrechtsreform 1937 verloren, so dass der Zustimmung der Hauptversammlung seit diesem Zeitpunkt keine auch nur annähend entscheidende Rolle mehr zukam.

---

[392] Vgl. dazu die ausführliche Darstellung von *Kaufmann*, Organuntreue zum Nachteil von Kapitalgesellschaften, 1999.
[393] *Kaufmann*, Organuntreue, 153.
[394] Zu nennen ist in diesem Zusammenhang vor allen Dingen die aus § 37 I GmbH folgende Möglichkeit der Beschränkung der Vertretungsmacht. Oft wird daher auch davon gesprochen, dass die Geschäftsführer der GmbH der Gesellschafterversammlung gegenüber weisungsgebunden sind.
[395] *Kaufmann*, Organuntreue, 5.
[396] BGHSt 21, 101: „...(im Anschluss an BGHSt 3, 32)".
[397] *V. Rechenberg*, Die Hauptversammlung, 13.

Diese Tendenz spiegeln auch die wenigen zur Aktiengesellschaft ergangenen Entscheidungen des Reichsgerichts wider, die jeweils von der Unbeachtlichkeit des erteilten Einverständnisses ausgingen[398] Im Hinblick auf diese gewichtigen Argumente könnte man nun annehmen, dass die Zustimmung der Hauptversammlung zu vermögensmindernden Maßnahmen des Vorstands strafrechtlich grundsätzlich unbeachtlich ist. Dieser Schritt erscheint jedoch vor allen Dingen unter Berücksichtigung der sogenannten „Holzmüller-Entscheidung" des BGH[399] verfrüht. In diesem grundlegenden Zivilurteil wurde im Hinblick auf für die Aktiengesellschaft wesentliche Grundlagenentscheidungen, wie etwa die Ausgliederung bedeutender Unternehmensteile, festgestellt, dass der Vorstand „nicht nur berechtigt, sondern auch verpflichtet sein kann, gemäß § 119 Abs. 2 AktG eine Entscheidung der Hauptversammlung herbeizuführen". Diese ungeschriebene Ausnahme-Zuständigkeit der Hauptversammlung wurde jedoch in der sogenannten „Gelatine-Entscheidung"[400] des BGH noch weiter eingeschränkt. Zwar gelte diese hiernach über die der „Holzmüller-Entscheidung" zugrunde liegende Konstellation der Ausgliederung hinaus auch für die sogenannte Verenkelung einer Tochtergesellschaft[401], sie sei aber ausdrücklich „nur ausnahmsweise und in engen Grenzen anzuerkennen"[402]. Fest steht jedenfalls, dass die in diesen beiden Entscheidungen anerkannten ungeschriebenen Mitwirkungsbefugnisse der Hauptversammlung auf Ausnahmekonstellationen beschränkt sind, die für die Aktiengesellschaft von „existenzieller" Bedeutung sein können. Möglicherweise lassen sich über diesen Umweg nun doch wieder Parallelen oder zumindest inhaltliche Verbindungen zur GmbH herstellen. Hier kann es mittlerweile als gefestigte Rechtsprechung bezeichnet werden, dass eine Gesellschafterzustimmung bei drohender Existenzgefährdung der GmbH grundsätzlich unbeachtlich ist.

2. Das Schrifttum zur Einwilligung in der AG

Auch im speziell mit der aktienrechtlichen Untreue befassten Schrifttum findet man lediglich eine kursorische Auseinandersetzung mit der hier relevanten Zustimmungsproblematik. Sie ist zu alledem auch noch überwiegend auf im Konzernverbund befindliche Aktiengesellschaften bezogen und daher nur von eingeschränkter Brauchbarkeit. So geht etwa Hirmer für den Fall eines Beherrschungsvertrages von einem grundsätzlichen Verbot pflichtwidriger Schädigun-

---

[398] RGSt 7, 279 ff.; 47, 32 ff. Zu den genannten Urteilen muss allerdings folgendes gesagt werden: Im ersten Urteil ging es um die Relevanz eines Aufsichtsratsbeschlusses und im zweiten um die Duldung der Einzelvertretung bei beschlossener Gesamtvertretung durch Aufsichtsrat und Generalversammlung.

[399] BGHZ 83, 122 ff. = NJW 1982, 1703.

[400] BGH ZIP 2004, 993.

[401] Für den Fall der Verenkelung, also die Umstrukturierung einer Tochter- in eine Enkelgesellschaft, komme die Ausnahmezuständigkeit wegen des mit ihr verbundenen weiteren Mediatisierungseffekts in Betracht; vgl. BGH ZIP 2004, 993.

[402] BGH ZIP 2004, 993.

gen der Aktiengesellschaft sowohl in zivilrechtlicher als auch weitestgehend deckungsgleich in strafrechtlicher Hinsicht aus.[403] Dies folge daraus, dass hier das Weisungsrecht der herrschenden Aktiengesellschaft und die diesbezüglich korrespondierende Weisungsbefolgungspflicht des beherrschten Unternehmens ihre Grenze in zivil- wie in strafrechtlicher Hinsicht in dem allgemeinen Verbot pflichtwidriger Schädigung der Gesellschaft finden.

In die entgegengesetzte Richtung geht die Ansicht von Nelles[404], die eine Strafbarkeit des Vorstands im Falle des Vorliegens einer wirksamen Zustimmung selbst in den bei der GmbH unbestritten strafbewehrten Fällen des Eingriffs in das Grundkapital bzw. bei Verstößen gegen das Rückgewährverbot ablehnt.[405] Die Gesellschaft könne ihre eigenen Vermögensinteressen auch durch einen gesellschaftsrechtlich aus Gründen des Gläubigerschutzes unverbindlichen Beschluss materiell wirksam definieren.[406] Der Vorstand handle daher jedenfalls im Verhältnis zum untreuegeschützten Rechtssubjekt Gesellschaft nicht pflichtwidrig, wenn er einen solchen Beschluss ausführt.[407]

In der in dieser Hinsicht eingehendsten Auseinandersetzung mit der Relevanz des Hauptversammlungsbeschlusses für die Strafbarkeit wählt Ewald[408] - allerdings wiederum nur für die konzernverbundene Aktiengesellschaft - das aus § 119 II AktG folgende Vorlagerecht des Vorstands als Ansatzpunkt. Wird auf eine solche Vorlage hin ein Beschluss durch die Hauptversammlung gefasst, so habe dieser bindende Wirkung für den Vorstand, § 83 II AktG, womit etwaige Schadensersatzverpflichtungen des Vorstands der Gesellschaft gegenüber gemäß § 93 IV AktG entfallen, also auch die Pflichtwidrigkeit. Bestehen bleibe gemäß § 93 V AktG lediglich die Ersatzpflicht gegenüber den Gläubigern, die aber bekanntlich nicht zum geschützten Personenkreis des § 266 StGB gehören. Dieser Tatsache versucht Ewald dadurch auszuweichen, dass er den Aktionären die alleinige Trägerschaft des geschützten Rechtsgutes abspricht und neben deren Vermögensinteressen auch die rechtlich geschützten Interessen der Gläubiger und der Arbeitnehmer der Gesellschaft berücksichtigt, so dass der zustimmende Hauptversammlungsbeschluss nicht wirksam gefasst werden kann.[409] Eine andere Bewertung wäre im Übrigen auch deshalb nicht unbedenklich, weil sie dem Vorstand mit dem Vorlagerecht ein Instrument an die Hand gebe, welches die Manipulation der eigenen Strafbarkeit ermögliche.[410]

---

[403] *Hirmer*, Verbot pflichtwidriger Schädigung, 134.
[404] *Nelles*, Untreue zum Nachteil von Gesellschaften, 546 ff.
[405] *Nelles*, Untreue zum Nachteil von Gesellschaften, 552.
[406] *Nelles*, Untreue zum Nachteil von Gesellschaften, 552.
[407] *Nelles*, Untreue zum Nachteil von Gesellschaften, 552.
[408] *Ewald*, Untreue zwischen „verbundenen Unternehmen", 236 ff.
[409] *Ewald*, Untreue zwischen „verbundenen Unternehmen", 237 f.
[410] *Ewald*, Untreue zwischen „verbundenen Unternehmen", 237.

3. Stellungnahme

Im Ergebnis kann keiner der aufgeführten Begründungsversuche wirklich überzeugen. So verkennt Nelles bei ihrer „wirtschaftlichen Betrachtungsweise", dass beim einverständlichen Handeln des Vorstands im Falle der ausschließlichen Zuordnung des Vermögens an die Gesellschafter weder ein Überschreiten der Innenbefugnisse im Sinne des Missbrauchstatbestandes in Frage kommt, noch sich eine aus Gesetz, Satzung oder ungeschriebenen Rechtssätzen herzuleitende Treuepflicht konstruieren lässt, die in diesen Fällen verletzt sein könnte. In der Konsequenz müsste man dann auch die nach ganz herrschender Meinung für beide Tatbestände erforderliche Vermögensbetreuungspflicht verneinen. Jedenfalls ist diese aber bei einvernehmlichem Handeln der Organe Hauptversammlung und Vorstand durch übergeordnete Gesellschafterinteressen mit der Folge überlagert, dass eine Strafbarkeit bei Befolgung eines Beschlusses der Gesellschaftergesamtheit generell ausscheidet. Im Endeffekt liefe ihre Sichtweise damit auf die Negation der Rechtsperson Aktiengesellschaft im Strafrecht hinaus. Dies widerspricht jedoch in erheblicher Weise der Wertung des Strafrechts im Hinblick auf die eindeutige Regelung des § 14 I Nr. 1 StGB. Gefahr besteht zudem für das in § 1 I 2 AktG geregelte Trennungsprinzip. Hebelt man dieses nämlich strafrechtlich aus, in dem man eine Nutzung der Vorteile der Vermögenstrennung unter gleichzeitiger Vermeidung der Nachteile gestattet, würde ein offenkundiger Missbrauch nicht verhindert, sondern sogar straffrei gestellt. Eine solche Vorgehensweise ist nicht zu rechtfertigen. Einem strafwürdigen Verhalten darf nicht unter Durchbrechung von gesellschaftsrechtlichen Grundprinzipien ausnahmsweise zur Straffreiheit verholfen werden. Aber selbst wenn die Gesellschafter als wirtschaftliche Eigentümer der Aktiengesellschaft betrachtet werden, ist damit noch nicht über den Umfang ihrer Dispositionsbefugnis entschieden.[411] Allein aus der Vermögensinhaberschaft kann nämlich genauso wenig auf eine unbeschränkte Dispositionsbefugnis geschlossen werden, wie aus der Dispositionsbefugnis auf die Vermögensinhaberschaft.[412]

Das strafrechtlich-wirtschaftliche Argument stellt also auch eine Durchbrechung der für die Einheit der Rechtsordnung auf diesem Gebiet erforderlichen zumindest teilweisen Akzessorietät des Strafrechts zum Gesellschaftsrecht dar und ist aus diesem Grund als nicht tragfähig abzulehnen. Die Gesellschafter sind daher auch strafrechtlich nicht als Inhaber des Gesellschaftsvermögens anzusehen. Der Ansatz von Ewald[413], wonach der Zugriff auf das Gesellschaftsvermögen bei tangierten Arbeitnehmer- oder Gläubigerinteressen trotz einstimmigen Beschlusses verwehrt sein soll, verkennt dagegen, dass für die Strafbarkeit aus § 266 StGB unter keinen Umständen Gläubigerschutzaspekte maßgeblich sein

---

[411] *Waßmer*, Untreue bei Risikogeschäften, 89.
[412] *Brammsen*, DB, 1989, 1609, 1610; *Wodicka*, Die Untreue zum Nachteil, 195, 200 f.
[413] Vgl. 2. Teil D I 2.

können. Er ist bereits aufgrund dieses nicht zulässigen Begründungsansatzes zu verwerfen.

Die angeführten Literaturstimmen konnten - wie gesehen - keinen nennenswerten Beitrag zur Lösung des Problems liefern. Hieraus muss konsequenterweise der Schluss folgen, dass die strafrechtliche Relevanz der Gesellschafterzustimmung nicht anders als bei der GmbH allein davon abhängen kann, inwieweit die aktienrechtliche Vermögensbindung ein eigenständiges Gesellschaftsinteresse der Aktiengesellschaft als Vermögensinhaberin widerspiegelt und schützt.[414] Um diese Frage zu beantworten wird es zwingend erforderlich, die Vermögensbindung in der unverbundenen Aktiengesellschaft umfassend darzustellen. Es ist davon auszugehen, dass ihr ganz erhebliche wenn nicht sogar die alleinige Bedeutung für die Frage nach der strafrechtlichen Verantwortlichkeit des Vorstands bei Verfügungen zu Lasten des Gesellschaftsvermögens zukommt.

II. Vermögensbindungen im Aktienrecht

Im Gegensatz zur Situation bei der GmbH mit der starren, auf einer mehr schematischen Kapitaldeckungsrechnung aufbauenden Stammkapitalerhaltungsregel des § 30 GmbHG sollte die aktiengesetzliche Regel des § 57 AktG als Prinzip einer umfassenden Vermögensbindung der Aktiengesellschaft verstanden werden. Konsequenz dieser Sichtweise ist, dass nicht der konkrete Einlagegegenstand, sondern das Vermögen der AG in seinem Wert gebunden ist.[415] Mithin schützt das Aktienrecht über § 57 AktG grundsätzlich das gesamte, der Gesellschaft über § 1 I AktG zugeordnete Vermögen. Dies bedeutet, dass außer dem ordnungsgemäß festgestellten und zur Verteilung beschlossenen Bilanzgewinn oder Gewinnabschlag grundsätzlich nichts an den Aktionär als solchen von der AG geleistet werden darf. Die aktiengesetzliche Kapitalerhaltung bietet damit einen wesentlich umfassenderen Vermögensschutz als ihr Pendant im Recht der GmbH.[416]

Weitere Ausprägungen dieses Grundsatzes der Kapitalerhaltung sind das teilweise Erwerbsverbot im Hinblick auf eigene Aktien nach den §§ 71 ff. AktG[417],

---

[414] So auch *Kaufmann*, Organuntreue, 62.

[415] MüKo/AktG-*Bayer*, § 57 Rn. 9; *Hüffer*, AktG, § 57 Rn. 3; KK-*Lutter*, § 57 Rn. 30; ausführlich *Joost*, ZHR 149 (1985), 419, 420.

[416] Vgl. *Wellkamp*, Vorstand, Aufsichtsrat und Aktionär, 77; *Hachenburg-Goerdeler/Müller*, GmbHG, § 30 Rn. 13; a.A. *Wilhelm*, FS Flume Bd. II, 337, 359 ff.

[417] Grundsätzlich ist der derivative Erwerb eigener Aktien eine Einlagenrückgewähr der AG an den Verkäufer (=Aktionär) und damit nach § 57 I 1 AktG unzulässig. Von diesem Verbot macht § 57 I 2 AktG im Wege der gesetzlichen Fiktion – eine Ausnahme, soweit die §§ 71 ff. AktG den Erwerb ausdrücklich gestatten, vgl. MüKo/AktG-*Bayer*, § 57 Rn. 117.

die Beschränkung gegenseitiger Beteiligungen nach § 71 d Satz 2 AktG[418], die Regeln über die Kapitalherabsetzung nach den §§ 222 ff. AktG sowie das Niederstwertprinzip im Sinne der §§ 253 ff. HGB.[419] Von diesen Verbotsregeln werden jedoch auch einige erwähnenswerte Ausnahmen gemacht:

Zu nennen sind in diesem Zusammenhang abschließend der zulässige Erwerb eigener Aktien gemäß § 71 I AktG, der zulässige Erwerb wechselseitiger Beteiligungen gemäß § 71 d Satz 2 AktG, die Rückzahlung im Rahmen einer ordentlichen Kapitalherabsetzung, soweit die §§ 222, 225 AktG beachtet werden, die Kapitalherabsetzung durch Einziehung von Aktien im Sinne der §§ 237 ff. AktG und schließlich die im Rahmen der später zu behandelnden Untreue bei verbundenen Aktiengesellschaften relevanten konzernrechtlichen Sonderfälle.[420] Die Frage, ob eine Ausnahme darüber hinaus noch aufgrund des § 26 AktG bei Sondervorteilen einschließlich Gründerlohn angenommen werden muss, ist umstritten[421], kann hier jedoch mangels Relevanz für die weitere Untersuchung offen bleiben.

Inhaltlich sind dem Gesellschafter im Rahmen des § 57 AktG – wie bei der GmbH – auch die Vermögensverschiebungen zu Lasten der AG zuzurechnen und als Verstoß gegen § 57 AktG zu werten, in denen auf seine Veranlassung an Dritte geleistet wird, mitunter also exakt die hier interessierenden Fälle der Erteilung von Weisungen an den Vorstand durch einen Hauptversammlungsbeschluss. Dabei spielt es für das Vorliegen des Tatbestandes keine Rolle, ob etwaige, aus der Leistung gezogene Vorteile durch rechtliche Beziehungen zwischen Drittem und Aktionär oder nur durch die tatsächlichen Gegebenheiten bedingt waren. Mithin reicht die Veranlassung durch den Aktionär regelmäßig aus, um eine Leistung der Gesellschaft an Dritte als gegen § 57 AktG verstoßende Zuwendung an den Aktionär zu qualifizieren.[422] Voraussetzung ist lediglich eine Leistung der Gesellschaft im Hinblick auf die mitgliedschaftliche Stellung des Aktionärs[423]. Damit sind hier allein die Fälle auszuschließen, in denen die Gesellschaft schon vor der Weisung zur Leistung rechtlich verpflichtet war, oder

---

[418] Die Verbotsvorschriften der §§ 56, 57 AktG kommen nach allg. Meinung wegen der insoweit vorrangigen speziellen Regelung in § 19 AktG nur insoweit zur Anwendung, als ein Verstoß gegen die §§ 71 ff. AktG vorliegt, also nicht bei der nur einfachen wechselseitigen Beteiligung und auch nicht im Falle eines nach § 71d Satz 2 AktG zulässigen Erwerbs, vgl. MüKo/AktG-*Bayer*, § 57 Rn. 118.

[419] KK-*Lutter*, § 57 Rn. 3.

[420] KK-*Lutter*, § 57 Rn. 76 ff.

[421] Vgl. *Hüffer*, AktG, § 26 Rn. 3; KK-Lutter, § 57 Rn. 47.

[422] *Geßler/Hefermehl-Hefermehl/Bungeroth*, § 57 Rn. 28.

[423] *Kaufmann*, Organuntreue, 142.

ihr eine angemessene Kompensation in Form einer Gegenleistung zugeflossen ist.[424]

III. Kompetenzen der Verwaltungsorgane der Aktiengesellschaft
Problementscheidend sind aber insbesondere auch die Rechte und Pflichten, hier speziell Weisungsrechte und Weisungsbefolgungspflichten der problembeteiligten Organe Hauptversammlung und Vorstand. Entscheidend verändert hat sich die Möglichkeit der Einflussnahme durch die Hauptversammlung durch die im Rahmen der Aktienrechtsreform vom 04.02.1937[425] durchgeführte „formelle Entthronung“[426] der zu diesem Zeitpunkt noch übermächtigen Generalversammlung zur ihrer heutigen Form der Hauptversammlung. Dieser Einschnitt sorgte vor allen Dingen dafür, dass die Hauptversammlung in Geschäftsführungsfragen nur noch dann bindende Weisungen erteilen konnte, wenn der Vorstand dies verlangte, § 103 II AktG 1937[427]. Eine in diesem Sinne gewichtige Ausnahme wird allein für das Vorliegen der im sogenannten „Holzmüller“-Verfahren erarbeiteten Grundsätze anerkannt, die allerdings nur äußerst restriktiv angewendet werden sollten.[428] Schließlich wurde der Hauptversammlung außerdem auch noch die Befugnis zur Feststellung des Jahresabschlusses entzogen. Nur wenn sich Vorstand und Aufsichtsrat für die Feststellung durch die Hauptversammlung entscheiden, ist diese dazu berufen, § 125 AktG 1937.[429] Übrig bleibt im Rahmen der originären Entscheidungsbefugnis der Hauptversammlung nach alledem lediglich die Verteilung des Reingewinns.[430]

Mithin haben sich die Machtverhältnisse im Rahmen der AG deutlich zugunsten der Stellung des Vorstands verschoben, der die AG nach § 76 I AktG unter eigener Verantwortung zu leiten hat, wobei das Aktiengesetz dafür Sorge trägt, dass dessen Verwaltungskompetenzen nicht nur unbeschränkt sind, sondern auch unbeschränkbar bleiben, § 82 I AktG. Im Vergleich dazu hat GmbH- Geschäftsführer keinen eigenen Kernbereich eigenverantwortlicher Geschäftsleitung, er ist in besonderem Maße an die Weisungen der Gesellschafterversammlung gebunden.

Auch der Aufsichtsrat als Kontrollorgan der Aktiengesellschaft kann und darf sich nicht in die dem Vorstand gesetzlich zugewiesenen Bereich einmischen. Zwar können gemäß § 111 IV 2 AktG Satzung oder der Aufsichtsrat selber ei-

---

424 *Kaufmann*, Organuntreue, 142; vgl.zur insoweit identischen Situation im Rahmen des § 30 GmbHG: *Hachenburg-Goerdeler/Müller*, GmbHG, § 30 Rn. 47; *Lutter/Hommelhoff*, GmbHG, § 30 Rn. 29.
425 RGBl. 1937 I, 107.
426 GK-*Assmann*, Einl., Rn. 164.
427 Seit der Aktienrechtsreform 1965 § 119 II AktG (BGBl. I, 1089).
428 Vgl. *Buchta*, DStR 2003, 740, 743.
429 Seit der Aktienrechtsreform 1965 § 172 AktG (BGBl. I, 1089).
430 In neuerer Terminologie „Verwendung des Bilanzgewinns“, § 174 I 2 und II AktG.

nen Zustimmungsvorbehalt für bestimmte Geschäfte vorsehen, diese Regelung dient jedoch in erster Linie der Stärkung der Kontrollkompetenz durch die Begründung eines sachlich begrenzten Vetorechts[431]. Der Vorstand kann also, abgesehen von der oben genannten Ausnahme, weder durch die Hauptversammlung noch durch den Aufsichtsrat in rechtlich zulässiger Weise dazu gezwungen werden, eine bestimmte Geschäftsführungsmaßnahme vorzunehmen.

Die dargestellten Grundsätze zu den Vermögensbindungen und den Organkompetenzen in der Aktiengesellschaft haben gezeigt, dass eigentlich keine nennenswerten Möglichkeiten der gesellschafterlichen Einflussnahme auf den Vorstand begründet werden können. Aber selbst dann, wenn man das Vorhandensein einer Weisungskompetenz der Hauptversammlung unterstellen würde, ließe sich höchstwahrscheinlich kein Fall finden, in dem diese rechtmäßig ausgeübt werden könnte. Die aktienrechtliche Literatur sieht in der Weisung eine Willenserklärung, da sie auf die Herbeiführung eines bestimmten Rechtserfolges gerichtet ist und diesem Erfolg wegen der Befolgungspflicht jedenfalls im Fall ihrer Rechtmäßigkeit auch bewirkendes Verhalten darstellt.[432] Da nun aber mit dem Erfordernis der Rechtmäßigkeit in diesem Sinne nur rechtsmäßig im Sinne des Aktiengesetzes gemeint sein kann, welches mit § 76 AktG unzweideutig regelt, dass dem Vorstand die uneingeschränkte und als Organkompetenz unentziehbare Ausübung der Verwaltungskompetenz für die Gesellschaft und gegenüber den anderen Gesellschaftsorganen zukommt, muss diesem eine Rechtfertigung aufgrund Zustimmung oder Weisung der Hautversammlung bei vermögensschädigenden Eingriffen weitgehend versagt werden.[433] Andernfalls würde sich das Strafrecht in einen Wertungswiderspruch zum Aktienrecht setzen. Die innergesellschaftliche Kompetenzverteilung muss auch im Rahmen des § 266 StGB Geltung beanspruchen.[434]

IV. Aktiengesetzliche Vermögensbindungen und Eigeninteresse der AG

Fraglich ist nun im Hinblick auf den Tatbestand des § 266 StGB, ob die vorstehend dargestellte aktienrechtliche Vermögensbindung zum Schutze eines Eigeninteresses der Aktiengesellschaft erfolgt, oder ob allein Drittinteressen gewahrt werden sollen, welche ja bekanntlich im Rahmen des § 266 StGB keine Rolle spielen dürfen. In diesem Zusammenhang kann es nun aber keinesfalls genügen, das mit den Vermögensbindungen deckungsgleiche Eigeninteresse der AG aus dem Rückgewähranspruch des § 62 AktG abzuleiten. Zwar deckt dieser sämtliche Verstöße gegen die vorstehenden Vermögensbindungen ab, jedoch könnten diese Ansprüche wie bei der GmbH allein auf die Innenhaftung abzielen, die

---

431 *Geßler/Hefermehl-Hefermehl*, § 76 Rn. 12.
432 KK-*Koppensteiner*, § 308 Rn. 12; MüKo/AktG-*Altmeppen*, § 308 Rn. 9; *Emmerich/Habersack-Emmerich*, § 308 Rn. 23 f.; *Hüffer*, AktG, § 308 Rn. 10.
433 *Kaufmann*, Organuntreue, 149; *Schramm*, Untreue und Konsens, 143.
434 *Schramm*, Untreue und Konsens, 143.

möglicherweise nicht dem Eigeninteresse der Aktiengesellschaft, sondern ausschließlich den Interessen der Gläubiger zu diesen bestimmt ist.

Im aktienrechtlichen Schrifttum kann im Hinblick auf den in § 57 AktG geregelten Verbotstatbestand zunächst die Tendenz festgestellt werden, dass die Interessen der Gläubiger und die der Aktionäre, die nicht an der verdeckten Gewinnausschüttung partizipieren, vordergründig sein sollen. Bedenkt man allerdings, dass die Vermögensbindung im Aktienrecht das gesamte Gesellschaftsvermögen umfasst, dann lässt sich diese auch durch die Rechtsprechung praktizierte[435], offensichtliche Zurückhaltung in Bezug auf die Anerkennung eines Eigeninteresses der AG gleichsam besser nachvollziehen. Zwar lehnt die Rechtsprechung einen allgemeinen Bestandsschutz der Gesellschaft gegenüber den Maßnahmen der Gesellschafter ab, denn letztere sind jederzeit berechtigt, den Gesellschaftszweck ohne Vorliegen sachlicher Gründe zu beenden und die Auflösung der Gesellschaft zu beschließen.[436] Diese Aussage stellt jedoch richtigerweise allein fest, dass im Falle drohender Insolvenz keine Pflicht der Aktionäre begründet werden kann, ihrer Aktiengesellschaft frisches Kapital zuzuführen. Sie sind ausschließlich zur Erbringung ihrer Einlagen verpflichtet, § 54 I AktG. Diese Begrenzung der Pflichten darf nun aber nicht so verstanden werden, dass das Recht zur Kapitalentnahme besteht. Diesbezüglich kommt man nicht umhin, den Blick erneut auf die Anspruchsnorm des § 62 AktG zu richten. Diese konstatiert explizit, dass der Gesellschaft sämtliche in diesem Sinne verbotswidrig erbrachten Leistungen ausnahmslos zurückzugewähren sind, womit die Vorschrift wesentlich restriktiver ist als ihr Pedant im GmbH-Recht. Der empfangende Aktionär ist also selbst dann zur Rückgewährung verpflichtet, wenn das Empfangene nicht zur Befriedigung der Gesellschaftsgläubiger erforderlich ist, wobei ihm auch seine mögliche Gutgläubigkeit nicht zum Vorteil gereicht. Zurückgeführt werden kann diese Strenge möglicherweise darauf, dass § 62 AktG auch die nicht empfangenden Mitaktionäre schützen soll, die nach dem gesetzlichen Leitbild ihrer Gesellschaft ferner stehen als die Mitgesellschafter der GmbH. Allerdings gilt § 62 I 1 AktG unbeschränkt auch im Falle der Einmann-AG, so dass der Minderheitenschutz die Rückgewährspflicht nicht ausschließlich zu begründen vermag. Darüber hinaus ist das Vorhandensein oder Fehlen von schutzwürdigen Gläubigerinteressen in § 62 I AktG nicht zu berücksichtigen.[437]

Die Tatsache, dass der empfangende Aktionär die Leistung selbst im Falle von Gutgläubigkeit und fehlenden Gläubigerinteressen zurückgewähren muss, zeigt, dass die Vermögensbindungen des Aktiengesetzes auch dem Schutz der Eigeninteressen der AG dienen sollen. Damit kann der strafrechtliche Schutz des AG-

---

[435] BGH ZIP 1995, 819 ff. (Girmes).

[436] BGHZ 151, 181, 186; BGH NJW 2004, 2248, 2250; BGH ZIP 1995, 819, 824 (Girmes); vgl. auch BGH ZIP 1980, 275, 276; 1988, 301, 303.

[437] *Kaufmann*, Organuntreue, 150 f.

Vermögens also als deckungsgleich mit den positiv-rechtlichen Vermögensbindungen des Aktiengesetzes bezeichnet werden. Greift der Vorstand mithin außerhalb der genannten Ausnahmevorschriften (ordnungsgemäße Gewinnverwendung) in das Gesellschaftsvermögen ein, unterliegt er der vollen Kontrolle durch § 266 StGB. Dies gilt richtigerweise auch für den Fall der Zustimmung der Hauptversammlung, da diese die gesetzliche Vermögensbindung nicht zu überwinden vermag, sondern strafrechtlich unbeachtlich ist.

V. Ergebnis

Jeder rechtswidrige Eingriff des Vorstands in das aktienrechtlich geschützte Vermögen unterliegt einem strafbewehrten Verbot. Folge dieses umfassenden Vermögensschutzes ist, dass die ihm zuwiderlaufenden Verstöße des Vorstands auch bei Zustimmung sämtlicher Aktionäre als Untreue zu Lasten der Aktiengesellschaft zu werten sind, sofern nicht die gesetzlichen Ausnahmen gemäß §§ 71 I, 71 d Satz 2, 237 II, III, 26, 222 III AktG einschlägig sind. Wird mithin ein Hauptversammlungsbeschluss über eine Frage der Geschäftsführung gemäß § 119 II AktG herbeigeführt bzw., ist eine Vorlagepflicht analog § 119 II AktG gegeben, so kann nur ein rechtmäßiger, an den aktiengesellschaftsrechtlichen Vorgaben für die Vermögensbindung orientierter Beschluss das anschließende Vorstandshandeln rechtfertigen. Dies bedeutet, dass sich aus der Regelung des § 119 AktG keine gesellschaftsrechtlich oder auch nur strafrechtlich irrelevante Handlung des Vorstands ergeben kann, wenn dieser einen unrechtmäßigen, d.h. einen gegen die aktienrechtlichen Vermögensbindungen verstoßenden Beschluss befolgt.[438]

---

[438] Im Ergebnis ebenso *Schramm*, Untreue und Konsens, 143; *Kaufmann*, Organuntreue, 151.

3. Teil - Aushöhlung/Belastung des Gesellschaftsvermögens durch überhöhte oder unberechtigte Leistungen

(A) Untergruppe: Unternehmensspenden

I. Einleitung

Häufig stellt sich bei der Ermittlung der vorstandlichen Kompetenzen auch die Frage, ob dieser berechtigt ist, mildtätige Einrichtungen[439], kulturelle Veranstaltungen oder politische Parteien durch Zahlungen oder sonstige Leistungen aus dem Vermögen der Aktiengesellschaft zu unterstützen. Logische Vorfrage ist in diesem Zusammenhang auch im Hinblick auf eine durch die Spendenvergabe verwirklichte Untreue zunächst die nach der gesellschaftsrechtlichen Zulässigkeit von Spenden durch die Aktiengesellschaft.[440] Bejaht man diese Frage und die Kompetenz des Vorstands, Spenden zu vergeben, stellt sich wiederum auch im Hinblick auf § 266 StGB die Frage, ob und wenn ja, inwieweit diese Kompetenz nach Art und Höhe der Spende begrenzt ist. In jedem Fall soll die Strafbarkeit wegen Untreue hier nach Auffassung des BGH[441] lediglich eine mögliche zusätzliche Folge der gesellschaftsrechtlichen Pflichtverletzung sein, so dass man durchaus von einem Stufenverhältnis zwischen gesellschaftsrechtlicher und strafrechtlicher Verantwortlichkeit sprechen könnte.[442] Das folgende Fallbeispiel aus der jüngsten Praxis dient als anschauliche Illustration vorstandlichen Fehlverhaltens im Rahmen der Spendenvergabe.

Beispielsfall 1: Südwestdeutsche Verkehrs AG (Vorstandsvorsitzender und Verkehrsminister von Baden-Württemberg)
Verdacht: Untreue
Verurteilung: Untreue
K war Vorstandsvorsitzender der SWEG AG, deren Alleinaktionär das Land Baden-Württemberg war. S war Umwelt- und Verkehrsminister von BW. In seiner Eigenschaft als Verkehrsminister wurde er turnusmäßig zum 1.1.1996 zum Aufsichtsratsvorsitzenden der SWEG AG gewählt. Zudem war er seit November auch Präsident eines regional ansässigen Fußballvereins. Mitte 1995 forderte S den K zu einer Spende für den Verein auf, wobei seine baldige Übernahme des Aufsichtsratsvorsitzes der SWEG AG bereits feststand. K übergab S daraufhin 20000 DM aus dem AG-Vermögen in einem neutralen Briefumschlag. Zur Verbuchung des Betrags ließ K für die Hauptkasse einen Beleg mit dem Vermerk „Zuwendung für die Jugendarbeit des ..." erstellen. S leitete das Geld weiter, eine Verbuchung in den Geschäftsbüchern des Vereins erfolgte jedoch nicht.

---

439 Der Begriff ist äußerst weit zu verstehen: Vgl. dazu die Spendentätigkeit der Deutsche Bank AG, die u.a. auch die Unterstützung für den ortsansässigen Fußballverein Eintracht Frankfurt und sogar die Sanierung des New Yorker Stadtteils Bronx umfasst, FAZ Nr. 273 vom 23.11.2000, S. 35.

440 Vgl. zu der auch vom BGH angewandten mehrstufigen Prüfung, *Gehrlein*, NZG 2002, 463.

441 BGHSt 47, 187 ff.

442 Vgl. *Lange*, DStR 2002, 1102, 1103.

Dieser Vorgang wiederholte sich nach Übernahme des Aufsichtsratsvorsitzes durch S im Januar 1996, wobei der Verein dieses Mal 15.000 DM in bar erhielt und als Verwendungszweck wiederum die Jugendarbeit des SSV auf dem Beleg vermerkt wurde. Das Geld leitete S daraufhin an einen Darlehensgeber und Gönner des Vereins weiter, um diesen nach spürbarer Reduzierung seines Engagements dem Verein gegenüber wieder geneigter zu stimmen. Dies geschah in gleicher Weise im Juni 1997, wobei die in diesem Fall von K gezahlten 10000 DM erneut an einen Mäzen des Vereins weitergeleitet wurden.[443]

II. Begriff der Spende und genaue Einordnung

Unter einer Spende ist eine Leistung der Aktiengesellschaft zu verstehen, der keine vertragliche oder sonst wirtschaftlich gleichwertige Gegenleistung durch den Empfänger gegenübersteht. Von dieser Fallgruppe nicht erfasst sind also beispielsweise Verträge mit einer Gegenleistung, die mittelbar dem Unternehmensgegenstand dienen, etwa mit Werbung verbundenes Sponsoring[444] oder Maßnahmen im Bereich Public Relations.[445] Die Zahlungen an den Fußballklub sind jedenfalls als Spende in diesem Sinne zu qualifizieren, da ihnen keine vertragliche oder sonst wirtschaftlich gleichwertige Gegenleistung gegenüberstand.

Klärungsbedürftig ist nun aber die exakte Einordnung von Spenden im Hinblick auf deren zivil- und damit grundsätzlich auch strafrechtliche Zulässigkeit. In Betracht zu ziehen ist entweder eine Qualifizierung als betriebsbedingte Ausgabe oder aber eine Zuordnung zur aktienrechtlichen Gewinnverteilung im Sinne von § 58 AktG. In diesem Zusammenhang haben Kohlmann und Felix im Zuge des Versuchs, Parteispenden von Unternehmen unter steuerrechtlichen Gesichtspunkten zu beurteilen, bereits zu Beginn der achtziger Jahre deutlich gemacht, welche Bedeutung hierbei insbesondere dem Zusammenhang zwischen Gesellschaftsrecht und Körperschaftssteuerrecht zukommt.[446] Ließen sich Parteispenden etwa dem Aufwand des Unternehmens zuordnen, dann müsste man diese als betrieblich veranlasste Ausgaben anerkennen, deren Vergabe zweifellos von der Geschäftsführungsbefugnis der Vertretungsorgane des Unternehmens umfasst ist. Können Spenden hingegen nicht dem Betriebsaufwand zugeordnet werden, so sind sie auch keine Betriebsausgaben, sondern müssten als Gewinnverteilung verstanden werden. Diese unterfällt aber – berücksichtigt man § 174 I 1 AktG - zweifellos nicht dem Aufgabenkreis des Vorstands.[447] Eine derartige Interpretation hätte zudem die einschneidende Folge, dass zwangsläufig jede Spendenvergabe als pflichtwidrige Gewinnverteilung angesehen werden müsste und damit grundsätzlich auch als Untreue des ausreichenden Vorstands im Sinne von § 266

---

[443] BGHSt 47, 187 ff. = BGH NStZ 2002, 322 ff.

[444] Zum Begriff des Sponsoring siehe z.B.: *Bruhn-Mehlinger*, Rechtliche Gestaltung des Sponsoring, Bd. I, 3 ff.; *Krome*, DB 1999, 2030.

[445] *Laub*, AG 2002, 308.

[446] Vgl. *Kohlmann/Felix*, DB 1983, 1059 ff.

[447] Vgl. dazu *K. Schmidt*, Gesellschaftsrecht, 917.

StGB. Mit Blick auf den oben genannten Fall muss daher die Frage gestellt werden, ob es dem Vorstand der AG im Rahmen seiner Kompetenzen gestattet sein kann, finanzielle Beträge aus dem Gesellschaftsvermögen an gesellschaftsfremde Institutionen zu spenden und wenn ja, wie weit eine solche Spendenkompetenz inhaltlich gehen kann. Für den Fall sogenannter Parteispenden haben Kohlmann und Felix dies unter bestimmten Voraussetzungen angenommen. Diese könnten im Hinblick auf die neueste Entscheidung des BGH[448] zum vorliegenden Problembereich in einem völlig neuen Licht erscheinen, ja unter Umständen sogar obsolet geworden sein.

1. Die Auffassung des Bundesgerichtshofes – BGHSt 34, 272, 293

In einer zum damaligen Zeitpunkt grundlegenden Entscheidung des 3. Strafsenats, in der es allerdings allein um eine Strafbarkeit wegen Steuerhinterziehung ging, blieb im Ergebnis offen, ob sogenannte gezielte Parteispenden im engeren oder weiteren Sinne[449] als Betriebsausgaben steuerlich abziehbar sein könnten.[450] In jedem Fall gestand der BGH jedoch Spenden zur allgemeinen Förderung politischer Parteien nicht die Eigenschaft von Betriebsausgaben zu. Von solchen könne nur die Rede sein, wenn sie durch den Betrieb veranlasst seien[451], wozu sie objektiv mit dem Betrieb zusammenhängen und ihm subjektiv zu dienen bestimmt sein müssten.[452] Keine Betriebsausgaben seien mithin die Aufwendungen des Steuerpflichtigen für den Haushalt, den Unterhalt seiner Familienangehörigen sowie für das, was die Lebensführung, die die wirtschaftliche oder gesellschaftliche Stellung mit sich bringe, erfordere, selbst, wenn diese zur Förderung seines Berufs oder seiner Tätigkeit gemacht würden. Die Verfolgung privater Interessen bleibe nur außer Betracht, wenn sie wegen weitaus überwiegender betrieblicher Veranlassung nahezu ausgeschlossen, d.h. bei einer Gesamtwürdigung des Falles als bedeutungslos zu werten und deshalb zu vernachlässigen sei.[453] Im Hinblick auf allgemein zur Förderung politischer Parteien bestimmte Spenden einer Kommanditgesellschaft zog der BGH daraus die – nach seiner Auffassung ohne weiteres auf Spenden einer GmbH und damit wohl auch der AG übertragbare – Konsequenz, dass es sich nicht um Betriebsausgaben handele. Begründet wurde dies damit, dass die Geschäftsleitung der KG mit den Zahlungen an politische Parteien keinen Einfluss auf konkrete politische Entscheidungen nehmen wollte. Stattdessen sollte lediglich ein Beitrag zur Stärkung der parlamentarischen Demokratie und der auf ihr beruhenden freiheitlichen Eigentums- und Wirtschaftsordnung geleistet werden, weil sie darin die Existenzgrundlage für ein Unternehmen wie die KG sah. Es handelte sich nach Ansicht

---

448 BGHSt 47, 187 ff. = NJW 2002, 1585 ff. = NStZ 2002, 322 ff.

449 Z.B. zur Erlangung eines Auftrags oder zur Pflege des geschäftlichen Umfelds.

450 BGHSt 34, 272, 293.

451 Vgl. § 4 Abs. 4 EStG.

452 BFH GS BStBl 1984 II, 160, 163; BFH BStBl 1985 II, 92, 93; vgl. auch BFH BStBl 1982 II, 465, 466.

453 BGHSt 34, 272, 288.

des Senats mithin „um Spenden, die nur der Erhaltung und Förderung der allgemeinen politischen und wirtschaftlichen Rahmenbedingungen im weitesten Sinne dienten, unter denen die KG ihr Gewerbe betreibt. Bei ihnen fehlt es damit objektiv und subjektiv schon an dem erforderlichen Zusammenhang mit dem Betrieb.“[454] In allen anderen Fällen von Zuwendungen an politische Parteien scheide ein Abzug einkommenssteuerrechtlich dagegen aus, weil Spenden jedenfalls zugleich als Ausdruck einer politischen Haltung gelten und deshalb auch dem Bereich der privaten Lebensführung zuzuordnen sind.[455]

2. Die neueste Entscheidung des BGH – BGHSt 47, 187 ff.

Eine von diesem engen Standpunkt bereits im Grundsatz abweichende Auffassung hat der 1. Strafsenat in der oben aufgeführten Entscheidung vertreten. Danach sei es selbstverständlich, dass „eine Beteiligung am Sozialleben durch mildtätige, politische, kulturelle oder an den Sport gerichtete Zuwendungen auch für Aktiengesellschaften im Rahmen ihrer Geschäftstätigkeit gesellschaftsrechtlich grundsätzlich zulässig ist.“[456] Zudem obliege die Abgrenzung, ob Unternehmensinteressen oder ausschließlich Privatbelange verfolgt werden, grundsätzlich der Beurteilung des Vorstands. Dies gehe sogar soweit, dass dieser seine eigene politische Überzeugung, private Liebhabereien für Kunst und Wissenschaft oder seine Begeisterung für eine bestimmte Sparte des Sports verfolgen darf, wenn auch nur bei Vorliegen bestimmter Voraussetzungen bzw. Einhaltung gewisser Schranken.[457] Deren Bestehen ändert allerdings nichts daran, dass Pflichtverletzungen „gravierend“ sein müssen, um im Sinne des Untreuetatbestandes relevant zu sein. Es genügt mithin nicht jede gesellschaftsrechtliche Pflichtverletzung, die den gesteckten Rahmen verletzt. Wann eine Pflichtverletzung als in diesem Sinne „gravierend“ bezeichnet werden kann, bestimmt sich aufgrund einer Gesamtschau, insbesondere der gesellschaftsrechtlichen Kriterien. Bedeutsam sind dabei: Fehlende Nähe zum Unternehmensgegenstand, Unangemessenheit im Hinblick auf die Ertrags- und Vermögenslage, fehlende innerbetriebliche Transparenz sowie Vorliegen sachwidriger Motive, namentlich Verfolgung rein persönlicher Präferenzen.[458]

Trotz unterschiedlicher Grundkonstellationen zielen beide aufgeführten Entscheidungen im Kern auf ein und dieselbe Frage ab: Können Unternehmens-

---

[454] BGHSt 34, 272, 289.
[455] BGHSt 34, 272, 290.
[456] BGHSt 47, 187, 192 f.
[457] BGHSt 47, 187, 196; Diese positiven und negativen Voraussetzungen werden an späterer Stelle im Einzelnen erörtert; siehe 3. Teil A V.
[458] BGHSt 47, 187, 197. Im konkreten Fall wurde der Vorstandsvorsitzende der SWEG AG wegen Untreue in zehn Fällen zu einer Gesamtgeldstrafe von 90 Tagessätzen verurteilt. Das Gericht nahm die erforderliche gravierende Pflichtverletzung im Sinne von § 266 StGB hier an, weil nicht nur einzelne, sondern sämtliche der genannten tatbestandseinschränkenden Kriterien erfüllt waren; siehe dazu die Ausführungen des Senats bei BGHSt 47 187, 198 ff.

spenden Betriebsausgaben sein und wenn ja, unter welchen Voraussetzungen? Die Beantwortung dieser wichtigen Frage steht im engen Zusammenhang mit der Frage, ob und wieweit der Vorstand mit einer Spende seinen Pflichten als Vorstandsmitglied der AG, insbesondere nach § 93 I AktG, genügen kann. Im Rahmen seiner eigenverantwortlichen Leitungsbefugnis (§ 76 I AktG) hat jedes Vorstandsmitglied im Rahmen der Gesetze und der Satzung sowie der für die Geschäftsführung verbindlichen Beschlüsse anderer Gesellschaftsorgane den Unternehmenserfolg zu fördern und Schaden von der Gesellschaft abzuwenden. Die Geschäftsleitung hat ihr Handeln dabei nicht an ihren eigenen Interessen auszurichten, sondern an den Interessen der Gesellschaft. Dieses Interesse wird weithin als Unternehmensinteresse bezeichnet. Im Sinne einer Klärung der Zulässigkeit von Unternehmensspenden durch den Vorstand ist mithin die Frage zu klären, ob Spenden grundsätzlich im Interesse des Unternehmens liegen können und wenn ja, unter welchen konkreten Voraussetzungen.

III. Unternehmensinteresse und Spenden, vereinbar?

Zum Unternehmensinteresse gehört, das dürfte nicht bestritten sein, vorrangig, jedoch nicht ausschließlich, das Interesse der Aktionäre an der Erhaltung und ertragreichen Verwendung ihres Kapitalbeitrags.[459] In diesem Zusammenhang könnte man vorschnell geneigt sein, die Vertretungsmacht des Vorstands im Hinblick auf die Spendenausreichung in Zweifel zu ziehen, weil Unternehmensspenden mit einer solchen statutarischen Zielsetzung der Gesellschaft eigentlich nichts gemein haben oder ihr sogar zuwiderlaufen.[460] Dieser Grundgedanke der alten ultra-vires-Lehre[461], welche Rechtsmacht und Zweckverfolgung aufeinander abstimmte und damit vor allen Dingen dem Schutz der Anteilseigner diente, gilt jedoch im Interesse eines angemessenen Verkehrsschutzes bereits seit langem als überwunden.[462] Die Lehre betrifft zudem lediglich die Vertretungsmacht des Vorstands im Außenverhältnis, welche § 82 I AktG explizit als unbeschränkt und unbeschränkbar erklärt. Für die hier zu erörternde Frage des rechtlichen Dürfens im Innenverhältnis ist die Auseinandersetzung mit dieser Lehre somit gänzlich unergiebig.

Im Zusammenhang mit dem Stichwort Unternehmensinteresse wird aber auch vom sogenannten Gesellschaftsinteresse als dessen wichtigstem Element gesprochen. Zweck der Aktiengesellschaft ist mithin, soweit sich aus der Satzung nichts Gegenteiliges ergibt, die Erzielung von Gewinn[463], woraus sich das pri-

---

[459] *Hueck/Windbichler*, Gesellschaftsrecht, § 23 Rn. 15.

[460] Fleischer, AG 2001, 171, 173.

[461] Dazu auch *K. Schmidt*, Gesellschaftsrecht, 214, nach dem Schenkungen eines OHG-Gesellschafters ein ultra-vires-Problem darstellen.

[462] Vgl. *Fleischer*, AG 2001, 171, 173 und Fn. 19.

[463] Vgl. dazu OLG Hamm AG 1995, 512, 514; *Fleischer*, AG 2001, 171, 173; *Goette*, FS 50 Jahre BGH, 123, 127; *Hüffer*, AktG, § 76 Rn. 13; KK-*Mertens*, § 76 Rn. 17 und 22; *Zachert*, Grenzen, 129 ff.

märe Verhaltensziel des Vorstands ableiten lässt, für dauerhafte Rentabilität der Aktiengesellschaft zu sorgen, um damit den Bestand des Unternehmens zu sichern.[464] Damit drängt sich nun aber geradezu die Frage auf, ob die korporative Freigiebigkeit des Vorstands nicht den Renditeinteressen der Aktionäre zuwiderläuft, weil sie möglicherweise den ausschüttbaren Gewinn der Gesellschaft schmälert.

In diesem Zusammenhang könnte nun man zunächst versucht sein, Gewinnstreben und Freigiebigkeit nicht als konträre, sondern als komplementäre Ziele anzusehen.[465] So vermögen die Spenden im Ausgangsfall die ausschüttbare Dividende zwar kurzfristig zu schmälern, langfristig aber möglicherweise den Grundstein für die Eröffnung neuer Geschäftsfelder oder die Gewinnung neuer Kunden zu legen.[466] Der beschriebene Gleichklang von Gewinnerzielung und Freigiebigkeit trägt zwar gewiss ein gutes Stück, doch bietet er bei genauem Hinsehen keinen umfassenden Begründungsansatz.

Betriebsausgaben, wie etwa Aufwendungen für Rohstoffe, den Verarbeitungsprozess, die Werbung, den Vertrieb etc. können in eine unmittelbare Beziehung zum Gegenstand des Betriebs gesetzt werden. In diesen beispielhaft genannten Fällen bereitet der Nachweis der Förderung des Betriebs keine erwähnenswerten Schwierigkeiten. Anders, zumindest jedoch nicht so unproblematisch, dürfte sich eine solche inhaltliche Einordnung in Bezug auf Spenden im engeren, sicherlich aber auch auf solche im weiteren Sinne (z.B. zur Erlangung eines Auftrags oder zur Pflege des geschäftlichen Umfelds) gestalten.[467] Eine Anerkennung solcher bilanziellen Ausgänge als Betriebsausgaben ist bei Vorliegen des unmittelbaren wirtschaftlichen Zusammenhangs relativ unproblematisch.[468] Versteht man dagegen Gewinnorientierung allein als bilanziell nachweisbare Gewinnerzielung, so müsste man den Betriebsausgabencharakter dieser beiden unentgeltlichen Zuwendungen eigentlich verneinen. Diese gewinnbringende Charakterisierung liefe jedoch vielfach auf eine Fiktion hinaus, wenn man bedenkt, dass sich die erhoffte Wirkung einer Spende keineswegs immer in Mark und Pfennig beziffern und schon gar nicht bilanziell abbilden lässt.[469] Die Erfahrung zeigt zudem, dass eine zu enge Fixierung auf die Gewinnerzielung dieser geradezu abträglich ist, so dass es letztlich wohl richtig ist, das Ziel der Gewinner-

---

[464] Vgl. *Goette*, FS 50 Jahre BGH, 123, 127; *Hüffer*, AktG, § 76 Rn. 13; KK-*Mertens*, § 76 Rn. 17 und 22; OLG Hamm AG 1995, 512, 514.

[465] In dieser Weise angeregt von *Fleischer*, AG 2001, 171, 173 f.

[466] Spenden an Privatunternehmen, denen ein Profifußballklub wie der SSV Reutlingen ungeachtet seiner Rechtsform gleichzusetzen ist, sind in der Regel von großer, zumindest regionaler Öffentlichkeitswirkung. Ihre Synergieeffekte dürfen selbst bei kleineren Klubs wie dem hier genannten nicht unterschätzt werden.

[467] *Laub*, AG 2002, 308 nennt in diesem Zusammenhang etwa mit Werbung verbundenes Sponsoring oder Maß-nahmen im Bereich Public Relations.

[468] Vgl. *Otto*, wistra 1983, 213, 214 m.w.N.; *Laub*, AG 2002, 308.

[469] *Fleischer*, AG 2001, 171, 174.

zielung um gewinnunabhängige Zielsetzungen zu erweitern oder aber die Absicht der Gewinnerzielung aus dem engen Raum des geldlich messbaren Erfolges herauszuführen.[470]

IV. Gewinnunabhängige Zielsetzungen der Aktiengesellschaft

1. Gemeinwohlbezug durch § 70 AktG 1937

Im geschichtlichen Überblick zur aktienrechtlichen Organuntreue[471] wurde unter anderem auch § 70 I AktG 1937 genannt. Dieser bestimmte, dass der „Vorstand [...] unter eigener Verantwortung die Gesellschaft so zu leiten hat, wie das Wohl des Betriebes und seiner Gefolgschaft und der gemeine Nutzen von Volk und Reich es erfordern." Festgestellt werden kann also, dass dieser Vorschrift grundsätzlich eine von der Gewinnerzielung unabhängige Zielsetzung, nämlich die Berücksichtigung von Gemeinwohlinteressen und Arbeitnehmerinteressen entnommen werden kann. Der Aktiengesetzgeber von 1965 hat diese Vorschrift zwar ersatzlos gestrichen, bisweilen wird die Regierungsbegründung aber dahin verstanden, dass die Gemeinwohlklausel der Sache nach fortgelte.[472]. Unabhängig von der im Gesellschaftsrecht zu diesem Problembereich geführten Kontroverse lässt sich jedoch auf dem Boden einer derart unsicheren Grundlage keine gesetzlich abgesicherte Verhaltensmaxime zur Ausreichung von Spenden durch den Vorstand begründen.[473] § 70 AktG 1937 muss mithin als Begründungsansatz ausscheiden.

2. Art. 14 GG – Sozialbindung des Eigentums

Ebenfalls abzulehnen ist auch der im gesellschaftsrechtlichen Schrifttum zu findende Versuch[474], ein vom Gesellschaftsinteresse der Gewinnerzielung abweichendes weiteres Interesse mit der verfassungsrechtlich verankerten Sozialpflichtigkeit des Eigentums, Art. 14 II GG, zu begründen. Sie vermag weder die Pflicht des Vorstands zur Ausreichung gemeinnütziger Unternehmensspenden zu begründen, noch führt diese Ansicht zur Begründung eines eigenständigen Interesses neben dem Gesellschaftsinteresse der Gewinnerzielung.[475] Legt nämlich Art. 14 II GG eine für den Vorstand verbindliche Sozialbindung fest, so

---

470 *Otto*, FS Kohlmann, 187, 194.

471 Siehe oben 1. Teil A.

472 Vgl. KK-*Mertens*, § 76 Rn. 16; *Baumbach/Hueck*, Aktiengesetz, § 76 Rn. 1; *v. Falkenhausen*, Verfassungsrechtliche Grenzen der Mehrheitsherrschaft nach dem Recht der Kapitalgesellschaften (AG und GmbH), 68; *Farthmann*, BB 1968, 473, 475; *Flume*, Um ein neues Unternehmensrecht, 6 ff.; *Hanau*, BB 1969, 760, 761; *Kunze*, ZHR 144 (1980), 100, 120 f; *Ott*, Recht und Realität der Unternehmenskorporation, 129; *Raiser*, ZHR 144 (1980), 206, 211; *Rumpff*, DB 1971, 1400; *Schilling*, ZHR 144 (1980), 136, 138; dagegen mit ausführlicher Begründung: *Rittner*, FS Geßler, 139, 142 ff.

473 Vgl. *Fleischer*, AG 2001, 171, 175; *Otto*, FS Kohlmann, 187, 195.

474 Vgl. *Geßler/Hefermehl-Hefermehl*, § 76 Rn. 21; *Leo*, AG 1957, 152, 154; *Baas*, Leitungsmacht und Gemeinwohlbindung der AG, 81.

475 Scharf ablehnend daher auch *Vorderwülbecke*, DB 1989, 505, 507; zweifelnd auch *H.P. Westermann*, ZIP 1990, 771, 773.

modifiziert diese Bindung lediglich das Ziel der Gewinnerzielung. Schließlich ist eine aktienverfassungsrechtliche Argumentation auch sachlich nicht veranlasst, weil sich die gesuchte Begründung bereits anderweitig finden lässt.[476] Im Übrigen ist in diesem Zusammenhang der Ansicht von Fleischer[477] beizupflichten, der die deutsche Eigenart, Einzellösungen für einfachgesetzliche Interessenkonflikte aus der Verfassung abzuleiten und in ihr zu verankern, im Gleichklang mit zahlreichen Stimmen aus den Nachbarländern kritisiert: „Die Münze des Verfassungsrechts wird ihren hohen Wert nur dann bewahren können, wenn man ihre Ausgabe- und Umlauffähigkeit knapp hält."[478]

3. Konkretisierung und Modifizierung des Gesellschaftsinteresses der Gewinnerzielung auf andere Weise

Versuche, den Begriff des Unternehmensinteresses als unbestimmten, im Einzelfall auszufüllenden Rechtsbegriff zu interpretieren[479] oder als prozessuale Kategorie zu verstehen[480], können im Hinblick auf ihre Weite kein wirklich tauglicher Ansatz für die Bestimmung pflichtwidrigen Verhaltens des Vorstands bei der Spendenvergabe sein. Im Hinblick auf die bereits oben gewonnene Erkenntnis der Dominanz des Gesellschaftsinteresses der Gewinnerzielung im Rahmen des Unternehmensinteresses wird mithin eher die Konkretisierung des Gewinnerzielungsbegriffs fruchtbar sein. Wirtschaften wird heute als Teil der gesamtsozialen Wirklichkeit verstanden und der Betrieb „als gesamtwirtschaftliche Institution" erfasst, wobei letztere nicht einen in sich geschlossenen autarken Körper, sondern eine soziale Lebenseinheit im Rahmen einer Gesamtheit darstellt, die ihre Existenz im Wesentlichen entscheidend mitbestimmt.[481] Gesamtwirtschaftliche Rahmenbedingen, in denen sich Unternehmen bewegen, spielen mithin eine entscheidende Rolle bei der Bestimmung der Gesellschafts-/Unternehmensinteressen. „Die stimmigste Produktstrategie nützt einem Unternehmen langfristig nichts, wenn es gesellschaftliche Trends und Herausforderungen nicht berücksichtigt".[482] Nachhaltiges Wirtschaften eines Unternehmens setzt demgemäss nicht nur die Sicht auf Produkte, Märkte und das eigene Unternehmen voraus, sondern zugleich das Vertrauen der Märkte in die Leistungsfähigkeit des Unternehmens. Ziel der Aktiengesellschaft kann daher nicht Gewin-

---

[476] *Fleischer*, AG 2001, 171, 175.
[477] *Fleischer*, AG 2001, 171, 175.
[478] *Fleischer*, AG 2001, 171, 175.
[479] Vgl. dazu im Einzelnen: *Junge*, FS Caemmerer, 1978, 547 ff.; *Koch*, Das Unternehmensinteresse, 17; *Mülbert*, ZGR 1997, 129, 142; *Raisch*, FS Hefermehl, 347, 348 ff.; *Salm*, Das Unternehmensinteresse – Ein Beitrag zur Auseinandersetzung um den Begriff, 123 ff.; *Schilling*, ZHR 144 (1980), 136, 144; *Ulmer*, in: Hanau/Ulmer, Mitbestimmungsgesetz, § 25 Rn. 94.
[480] *Krämer*, Das Unternehmensinteresse, 82; vgl. auch *Brinkmann*, Unternehmensinteresse und Unternehmensrechtsstruktur, 36 ff.; *Hopt*, ZGR 1993, 534, 537; *Laske*, ZGR 1979, 173, 196 ff.
[481] Dazu mit Nachweisen aus der älteren Literatur bereits *Otto*, wistra 1983, 213, 215.
[482] *Steinert*, Handelsblatt v. 21.8.2002, Nr. 160, S. B3.

nerwirtschaftung als solche sein, sondern nachhaltige Gewinnerzielung. Die Sicherstellung dauerhafter Rentabilität der Aktiengesellschaft ist keineswegs nur ökonomisches Gebot für die Vorstandsmitglieder, sondern schlichtweg Rechtspflicht.[483] Mit ihrer Gewährleistung bleiben letztlich keine Einzelinteressen[484] unberücksichtigt. Unter volkswirtschaftlichen Gesichtspunkten sichert die Orientierung an der Rentabilität eine optimale Lenkung des Kapitals hin zu seiner besten und damit volkswirtschaftlich effizientesten Verwendung. Neben der Verpflichtung des Vorstands, für dauerhafte Rentabilität zu sorgen, kommt der Bestandserhaltung der Aktiengesellschaft im Sinne der Kapitalerhaltung und der Erhaltung der wirtschaftlichen Substanz keine eigenständige Bedeutung mehr zu. Kapital und wirtschaftliche Substanz lassen sich nämlich nur gewährleisten, wenn die Gesellschaft rentabel arbeitet.[485]

a) Problem 1: Möglicher Konflikt mit dem Shareholder-value-Konzept

Kommt der Vorstand seiner Pflicht, für dauerhafte Rentabilität der Aktiengesellschaft zu sorgen, durch die Ausreichung von Unternehmensspenden nach, dann droht möglichweise ein Konflikt mit dem sogenannten Shareholder-value-Konzept, nach welchem neben dem Marktwert der AG allein die zur Verteilung an die Anteilseigner zur Verfügung stehende Dividende maßgebende Verhaltensmaxime für den Vorstand zu sein scheint. Unternehmensspenden, zumindest auf den ersten Blick wohl nichts anderes als die Verschwendung von Gesellschaftsvermögen, scheinen einer solchen Maxime jedoch gerade diametral zuwiderzulaufen. Eine derart allein auf die Interessen der Anteilseigner gerichtete Zielsetzung widerspricht jedoch eigentlich deren Interessen. Dauerhafte Rentabilität ist nämlich nur dann zu erzielen, wenn neben den Anteilseignerinteressen auch die Interessen von Arbeitnehmern und Geschäftspartnern berücksichtigt werden und das öffentliche Erscheinungsbild des Unternehmens beachtet und gepflegt wird.[486] Dass deren Berücksichtigung durchaus dem Gebot ökonomischer Vernunft entspringen kann, zeigt sich etwa, wenn geographisch fest verwurzelte Unternehmen auf Arbeitskräfte aus ihrer Region und eine möglichst reibungslose Zusammenarbeit mit lokalen Behörden angewiesen sind.[487] Berücksichtigt man mithin, dass langfristiger Unternehmenserfolg nur unter Beachtung der Interessen der genannten Bezugsgruppen sowie des öffentlichen Erscheinungsbildes des Unternehmens gewährleistet ist, so muss konstatiert wer-

[483] Vgl. *Hüffer*, AktG, § 76 Rn. 13; KK-*Mertens*, § 76 Rn. 23.

[484] Dies sind neben den Interessen der Anteilseigner namentlich auch die der Arbeitnehmer, Geschäftspartner und sicherlich auch des Gemeinwohls.

[485] *Otto*, FS Kohlmann, 187, 199; *Krämer*, Das Unternehmensinteresse, 198 f.

[486] Man spricht in diesem Zusammenhang vom sogenannten Stakeholder-Management-Modell von *Richard Freeman*, Strategic Management: A Stakeholder Approach (1984); Dazu auch *von Colbe*, ZGR 1997, 271, 272 ff.; *Fleischer*, AG 2001, 171, 176; *Grossmann*, Unternehmensziele, 112; *Krämer*, Das Unternehmensinteresse, 119 f.; *Mülbert*, ZGR 1997, 129, 138 f.

[487] So das Beispiel bei *Fleischer*, AG 2001, 171, 176.

den, dass das Shareholder-value-Konzept nicht entgegenstehen kann, wenn der Vorstand seiner Rentabilitätspflicht – auch – durch die Ausreichung von Unternehmensspenden nachzukommen versucht.

b) Problem 2: Mögliche Entscheidungskompetenz der Hauptversammlung

Ein weiterer denkbarer Einwand könnte schließlich eine mögliche Entscheidungszuständigkeit der Hauptversammlung sein. Wird nämlich durch die korporative Freigiebigkeit das Gewinnbezugsrecht der Anteilseigner berührt, dann müssten eigentlich auch diese über Umfang und die von der Spende Begünstigten befinden. Der Einwand stützt sich dabei auf § 58 III 2 AktG, wonach die Hauptversammlung mit einfacher Mehrheit über eine andere Gewinnverwendung – und das heißt vor allem: über die Förderung gemeinnütziger Zwecke – beschließen kann. Eine solche Auffassung würde jedoch den Anspruch der Aktionäre auf den Bilanzgewinn in unzulässiger Weise mit der Geschäftsführungskompetenz des Vorstands verknüpfen.[488] Bereits der Wortlaut des § 58 IV AktG macht nämlich deutlich, dass der Anspruch auf den Bilanzgewinn nur besteht, soweit er nicht anderweitig verwandt wurde. Inhalt des Anspruchs ist daher nicht der gesamte Bilanzgewinn, sondern nur der Teil, der den Aktionären zusteht.[489] Die Kompetenz der Hauptversammlung bezieht sich daher ausschließlich auf den bilanziell ausgewiesenen Gewinn, nicht aber auf gewinnmindernde Spenden. § 58 AktG regelt nämlich nur die Verteilungskompetenz bezüglich des Bilanzgewinns, nicht jedoch die Kompetenzabgrenzung zwischen Vorstand und Hauptversammlung in Bezug auf wirtschaftliche Vorgänge der Geschäftstätigkeit.[490]

V. Übertragung der gewonnenen Erkenntnisse auf die Spendenproblematik

Es dürfte keinen Zweifeln unterliegen, dass ein Unternehmen zwingend auf den Rückhalt aller sozialen Bezugsgruppen angewiesen ist, um, wie oben angesprochen, nachhaltig und vor allen Dingen rentabel wirtschaften zu können.[491] Gesellschaftliche Akzeptanz kann und muss sich das Unternehmen aber insbesondere auch durch finanzielle Zuwendungen in verschiedenste Richtungen, insbesondere also auch die hier relevanten Unternehmensspenden, erwerben. Im Rahmen der vorstehenden Ausführungen wurde nun eingehend festgestellt, dass die Vergabe von Unternehmensspenden aus diesem Grund grundsätzlich auch mit dem Unternehmensinteresse einer Aktiengesellschaft vereinbar sein muss und tatsächlich ist. Aus Sicht des hier maßgeblichen Straftatbestandes der Untreue kann es jetzt also nur noch darauf ankommen, den aktienrechtlichen Grenzbereich zu ermitteln, ab dessen Überschreitung eben nicht nur ein Verstoß

---

[488] Vgl. *Laub*, AG 2002, 308, 309.
[489] *Hüffer*, AktG, § 58 Rn. 26.
[490] I. E. ebenso *Mertens*, FS Goerdeler, 349, 358 f.; a.A. *Philipp*, AG 2000, 62, 65, der für Großspenden die Kompetenz der Hauptversammlung nach § 58 III AktG annimmt.; dagegen *Mertens*, AG 2000, 157, 160.
[491] Vgl. *Fleischer*, AG 2001, 171, 175; *Zachert*, Grenzen, 154.

gegen Aktienrecht, sondern auch eine Pflichtverletzung im Sinne von § 266 StGB anzunehmen ist.

Hinsichtlich des Volumens der auszureichenden Spende wird man sich dabei rasch auf die allgemeine Formel verständigen können, dass die korporative Freiheit einen vernünftigen Rahmen nicht überschreiten darf.[492] Das Kriterium der Angemessenheit, wonach sich die Freigiebigkeit im Rahmen dessen halten muss, was nach Größenordnung und finanzieller Situation des Unternehmens als angemessen angesehen werden kann[493], genügt in diesem Zusammenhang für sich gesehen nicht als Maßstab. Darüber hinaus wird man auch den Gesichtspunkt des Verkehrsüblichen heranziehen müssen, weil Unternehmensspenden die Akzeptanz der Aktiengesellschaft innerhalb ihrer sozialen Gemeinschaft sichern sollen und deren Verhaltenserwartungen durch bisherige Gepflogenheiten maßgeblich vorgeprägt sind.[494] Außerdem spielt die Nähe zum Unternehmensgegenstand eine nicht unwesentliche Rolle: Je enger diese Verbindungslinie, desto weiter reicht der Handlungsspielraum des Vorstands.[495] In jedem Fall müssen die bereits genannten und weiteren, nicht aufgezählten Interessen im Sinne praktischer Konkordanz zu einem das Unternehmensinteresse verwirklichenden Ausgleich gebracht werden. Dies hat der BGH in der oben erwähnten Entscheidung[496] auf anschauliche Weise getan. Neben der Größe und der finanziellen Situation des Unternehmens sowie der sozialen Akzeptanz der Spende nennt er in diesem Zusammenhang die Nähe zum Unternehmensgegenstand und das zwingende Verbot der Verfolgung rein privater Interessen.

> „Bestehen bei bedeutsameren Zuwendungen Zweifel, ob sie im Interesse des Unternehmens liegen, oder erfüllt das einzelne Vorstandsmitglied damit seine ganz persönlichen Vorlieben oder Interessen, so kann das betroffene Vorstandsmitglied die Entscheidung nicht allein treffen, auch wenn es nach der internen Geschäftsverteilung[497] für die Vergabe von Fördermitteln zuständig wäre. Darüber hinaus ist der Vorstand – als Kehrseite seines Ermessensspielraums – gegenüber den anderen Gesellschaftsorganen zur Offenheit verpflichtet, um ihnen Kontroll- und Rügemöglichkeiten zu eröffnen für den Fall, dass ihrer Meinung nach Mittel der Gesellschaft ausschließlich für andere als

---

[492] Vgl. GK-*Barz* (3. Auflage), § 58 Anm. 24, 25; *Geßler/Hefermehl-Hefermehl*, § 76 Rn. 27.
[493] Vgl. BGHSt 47, 187, 197; *Fleischer*, AG 2001, 171, 177 ff.; GK-*Hopt*, § 93 Rn. 120; *Hüffer*, AktG, § 76 Rn. 14; *Krämer*, Das Unternehmensinteresse, 199 f.; KK-*Mertens*; § 76 Rn 33.
[494] *Fleischer*, AG 2001, 171, 178.
[495] *Fleischer*, AG 2001, 171, 178.
[496] BGHSt 47, 187, 197.
[497] Zur Bedeutung der internen Geschäftsverteilung für die Strafbarkeit aus § 266 StGB an späterer Stelle dieser Arbeit; siehe 6. Teil B.

> durch den Gesellschaftsgegenstand vorgegebene Zwecke verwendet werden.“

Hiermit verleiht der BGH dem wichtigen Ziel innerbetrieblicher Transparenz bei solchen Entscheidungen erkennbar Nachdruck.

Darüber hinaus schränkt der BGH die immer wieder kritisierte tatbestandliche Weite des § 266 StGB für die konkrete Problematik insoweit ein, als nur gravierende gesellschaftsrechtliche Pflichtverletzungen den Tatbestand erfüllen sollen. Der Begriff der gravierenden Pflichtverletzung bleibt dabei leider insoweit unbestimmt, als im Hinblick auf seine Ermittlung lediglich auf eine Gesamtschau, die sich insbesondere aus gesellschaftsrechtlichen Kriterien ergeben soll, verwiesen wird. Im konkreten Fall erübrigte sich eine Konkretisierung, da die Pflichtverletzung hier unproblematisch war. Es handelte sich vorliegend um eine Zuwendung aus rein persönlichen, sachwidrigen Gründen, die zudem zum Zwecke persönlicher Bereicherung gewährt wurde. Hierin lag eine eindeutige Verletzung der Geschäftsführungsbefugnis.

Eine Begriffsinterpretation erscheint mithin dahingehend vertretbar, dass der BGH unternehmerische Entscheidungen, die strittig beurteilt werden können, nur dann als pflichtwidrig bewerten möchte, wenn sie evident sachwidrig sind derart, dass sie nach einheitlichem Konsens der einschlägigen Fachleute als unvertretbar, d.h. schlicht willkürlich erscheinen.[498] Diese Interpretation ist auch insoweit gerechtfertigt, als damit gleichsam der Zusammenhang mit der allgemeinen Bestimmung der Pflichtverletzung durch ein Vorstandsmitglied einer AG durch den BGH in Zivilsachen hergestellt wird. Eine relevante Pflichtverletzung kommt danach nämlich erst dann in Betracht, „ wenn die Grenzen, in denen sich ein vom Verantwortungsbewusstsein getragenes, ausschließlich am Unternehmenswohl orientiertes, auf sorgfältige Ermittlung der Entscheidungsgrundlagen beruhendes unternehmerisches Handeln bewegen muss, deutlich überschritten sind.“[499] Auch im Schrifttum besteht Einigkeit darüber, dass jedes „wirtschaftlich irgendwie sinnvolle oder vertretbare Ziel einer Geldzahlung oder einer anderen vermögensmindernden Maßnahme als legitim hingenommen werden muss“[500]. Hieran ändert auch eine angespannte Finanzlage der Gesellschaft grundsätzlich nichts. Denn so wie es in Krisenzeiten ein Kardinalfehler sein kann, den Werbeetat drastisch zu kürzen, wird man von den Vorstandsmitgliedern in Verlustjahren weder juristisch noch ökonomisch verlangen können, auf

---

[498] *Otto*, FS Kohlmann, 187, 202.

[499] BGHZ 135, 244, 253 f.; Zur Relevanz dieses Maßstabs für das Strafrecht vgl. *Thomas*, FS Riess, 795, 806.

[500] *Tiedemann*, FS Dünnebier, 1982, 519, 531 f.; *ders.*, FS Tröndle, 328, 329.

Unternehmensspenden gänzlich zu verzichten.[501] Bei dauerhafter oder längerer Ertragsschwäche sind durchgreifende Änderungen der Spendenpraxis allerdings unabweisbar.[502]

Die im obigen Fall getätigte Spende an einen Sportverein erfüllt genauso die Förderung der Kunst, Wissenschaft und des Sozialwesens und damit das Ziel eines Werbeeffekts, der zweifellos im wohlverstandenen Unternehmensinteresse liegen wird. Solche Spenden sind daher grundsätzlich pflichtgemäße Aufwendungen, da sie durchaus im Hinblick auf Gewinnerzielung legitimiert sind. Es genügt dabei, dass die Maßnahme unter Berücksichtigung der Gesamtsituation der AG sinnvoll und vernünftig erscheint.

Ebenso zulässig, wenn auch unter strengeren Voraussetzungen, sind sogenannte Spenden im engeren Sinne für gemeinnützige Zwecke. Dies gilt selbst dann, wenn mit Kenntnisnahme der Öffentlichkeit von der Zuwendung nicht zu rechnen ist, denn nach heutigem Unternehmensverständnis setzt ein nachhaltiges Wirtschaften die Akzeptanz des Unternehmens als Sozialpartner voraus. Dies gilt nach der zugrundeliegenden Entscheidung des BGH augenscheinlich auch für Parteispenden, denn der Senat sieht keinen Anlass zu einer diesbezüglichen Differenzierung. Hierin liegt zudem kein Widerspruch zu den aufgestellten Grundsätzen, denn die Arbeit der Parteien dient – unabhängig von der Beurteilung der einzelnen Partei durch den Bürger – anerkanntermaßen dem Gemeinwohl.[503] Ein Verbot von Parteispenden durch juristische Personen könnte wohl auch vor Art. 5 I i.V.m. Art. 19 III GG kaum bestehen. Dahin lässt sich vor allem die Rechtsprechung des BVerfG verstehen, wonach das Grundgesetz Parteispenden durch juristische Personen als eine gegenläufige Form politischer Interessenwahrung hinnehme.[504] Mithin sind auch Spenden an Parteien im Rahmen des Angemessenen grundsätzlich vom Unternehmensinteresse umfasst. Dieses kann in einer verantwortungsbewussten, am Unternehmenswohl orientierten und auf sorgfältige Ermittlung der Entscheidungsgrundlagen beruhenden Entscheidung durchaus konkretisiert werden.[505] Zuzustimmen ist in diesem Zusammenhang jedoch der Forderung von Fleischer nach einer Verbesserung der handelsrechtlichen Publizität von Parteispenden entsprechend dem US-amerikanischem

---

[501] BGHSt 47, 187, 197; KK-*Mertens*, § 76 Rn. 32; *Rittner*, FS Geßler, 139, 156; *Schmidt-Leithoff*, Die Verantwortung der Unternehmensleitung, 363, 464 f.; *H.P. Westermann*, ZIP 1990, 771, 775.

[502] BGHSt 47, 187, 197.

[503] Vgl. Art. 21 I 1 GG: „Die Parteien wirken bei der politischen Willensbildung des Volkes mit".

[504] Vgl. BVerfG, Urt. vom 14.7.1986 – 2 BvE 2/84, 2 BvR 442/84, BVerfGE 73, 40, 49 f.; allerdings mit abweichendem Sondervotum von *Böckenförde*, BVerfGE 73, 103, 105 ff.

[505] Vgl. dazu *Kulitz*, Unternehmensspenden an politische Parteien, 160, 166 f.; KK-*Mertens*, § 76 Rn. 32; *Rittner*, FS Geßler, 139, 154 f.; *U. H. Schneider*, AG 1983, 205, 213; *Zachert*, Grenzen, 205 ff.

Vorbild.[506] „Bislang werden Parteispenden wie andere unentgeltliche Zuwendungen auch, im Rechenwerk der Aktiengesellschaft nicht einzeln, sondern ununterscheidbar unter dem Sammelposten „sonstige betriebliche Aufwendungen"[507] in der Gewinn- und Verlustrechnung verbucht. Ihre obligatorische Aufschlüsselung und Veröffentlichung im Jahresabschluss könnte es aus gesellschaftsrechtlicher Sicht rechtfertigen, die Kontrolle politischer Spenden bis zu einem gewissen Grad den Marktkräften zu überantworten."[508]

Im Ergebnis kann mithin festgestellt werden, dass Unternehmensspenden durch den Vorstand der Aktiengesellschaft grundsätzlich zivil- und damit auch strafrechtlich im Sinne der Untreue zulässig sind. Im Hinblick auf die Rechtmäßigkeit der Spendenvergabe sind allerdings die hier erarbeiteten Grundsätze uneingeschränkt anzuwenden.

---

[506] *Fleischer*, AG 2001, 171, 180.
[507] Im Sinne des § 275 II Nr. 8 HGB; vgl. *Borchert*, in: Küting/Weber, Hdb. der Rechnungslegung, Bd. Ia, § 275 Rn. 76; *Förschle*, in: Beck'scher Bilanz-Kommentar, § 275 Rn. 171.
[508] *Fleischer*, AG 2001, 171, 180 f.

(B) Untergruppe: Unangemessene Vergütung von Vorstandsmitgliedern

I. Einleitung

Im Rahmen der ausschließlich von der Entscheidungsautonomie des Aufsichtsrats abhängigen Festsetzung der Vorstandsvergütung stellt sich die Frage nach dem Ob und Wie bestimmter Vergütungsformen, insbesondere aber auch nach der zulässigen Höhe der Vergütung. Neben diesen zunächst rein aktienrechtlichen Fragen wurde und wird vor allen Dingen in letzter Zeit vermehrt diskutiert, ob die aktienrechtswidrige Gewährung der Vergütung auch eine Strafbarkeit wegen Untreue nach sich ziehen muss. Die Beantwortung dieser schwierigen Frage soll nun im Hinblick auf die nach dem Aktiengesetz üblichen Vergütungsbestandteile (Beispielsfall 1), insbesondere aber auch bezüglich der beiden Formen von Sondervergütung, denen die Aufmerksamkeit der Medien in letzter Zeit ganz besonders zuteil wurde, den Aktienoptionen (Beispielsfall 2) und den sogenannten „appreciation awards" (Beispielsfall 3), erfolgen. In diesem Zusammenhang führt kein Weg daran vorbei, die aktienrechtliche Zulässigkeit der genannten „Vergütungsformen" zu ermitteln. Aufgrund der im Hinblick auf Vergütungsfragen ausschließlichen Entscheidungsautonomie des Aufsichtsrats (§ 87 AktG) ist der Vorstand hier ausnahmsweise nicht der erste Anlaufpunkt bei der Ermittlung einer möglichen Untreuestrafbarkeit. Für ihn wird sich darüber hinaus vor allen Dingen die Frage nach der Beteiligungsform stellen.

Beispielsfall 1: Deutsche Bank AG

Den Vorstandsmitgliedern der Deutsche Bank AG werden in den Jahren 2000 und 2001 vermeintlich unangemessen hohe Festgehälter gezahlt. So zahlt die Bank ihren Vorstandsmitgliedern je 16 Mio. DM Jahresgehalt in 2000 und immerhin 10,5 Mio. DM Jahr 2001.[509] *Insgesamt erhält der Gesamtvorstand damit im Jahr 2001 ca. 135 Mio. Euro zuzüglich nicht näher beziffeter Aktienoptionen, obwohl die Gesellschaft in jenem Jahr eines der schlechtesten Ergebnisse ihrer Unternehmensgeschichte erzielt hatte.*

Beispielsfall 2: Telekom AG

Verdacht: Untreue

Zwei Stuttgarter Rechtsanwälte erstatten Strafanzeige gegen Mitglieder von Aufsichtsrat und Vorstand der Telekom AG wegen des Verdachts der Untreue. Nach Ansicht der Rechtsanwälte sei der Optionsplan der Telekom fehlerhaft und in der Höhe unangemessen. Zudem seien die Aktionäre auf der Hauptversammlung "grob wahrheitswidrig" über das Programm informiert worden. Diesen Vorwürfen widerspricht die Telekom. Die Aktienoptionspläne bewegten sich "vollkommen" im Rahmen vergleichbarer Programme bei anderen Unternehmen. Zur Information: Der Gesamtvorstand der Deutschen Telekom AG erhielt im Jahr 2002 17 Mio. Euro Barbezüge und circa 100 Mio. Euro in Aktienoptio-

---

[509] DSW-Studie über die Vorstandsgehälter der DAX-30-Gesellschaften in den Jahren 2000 und 2001.

nen, obwohl die Telekom im Jahr 2001 einen erheblichen Verlust ausweisen musste.
(Quelle: Handelsblatt vom 06.08. 2002 und Die Welt vom 06.08.2002)

Beispielsfall 3: Mannesmann AG (Vorstandsvorsitzender Klaus Esser, Mitglieder des Aufsichtsrates Klaus Ackermann, Klaus Zwickel, Joachim Funk, Personalchef Dietmar Droste)
Verdacht: *Untreue*
Die Geschäftsleitung von Vodafone möchte die Mannesmann AG, ein weltweit tätiges Großunternehmen, übernehmen. Zu diesem Zweck wird den Aktionären der Mannesmann AG ein Kaufangebot über ihre Aktien unterbreitet. Der Vorstand von Mannesmann bezeichnet das Angebot als bei weitem unzureichend, woraufhin es zunächst zurückgewiesen wird. In der Folge erhöht Vodafone ihr Angebot, bis die verkaufswilligen Aktionäre der Mannesmann annehmen. Der Endpreis beträgt etwa das Doppelte des zunächst für die Aktien gebotenen Betrags. Bevor die Anteile an Mannesmann auf Vodafone übertragen werden, sichert der Aufsichtsrat der Mannesmann in Abstimmung mit einem Großaktionär dem Vorstandsvorsitzenden Esser – zusätzlich zu seinen jährlichen Bezügen von rund 2 Mio. DM – als Anerkennung für seine Verdienste im Rahmen der Übernahme, insbesondere mit Blick auf die „Steigerung des Unternehmenswertes", eine als „appreciation award" bezeichnete Zahlung i.H. von 32 Mio. DM. Diese wird wenig später an Esser ausgezahlt.[510]

II. Untreuepflichtwidrigkeit des Aufsichtsrats bei Abschluss eines für die AG nachteiligen Anstellungsvertrages

Da die entscheidende Kompetenz zur Bestellung der Vorstandsmitglieder sowie zum Abschluss des für die Vorstandsvergütung maßgebenden Anstellungsvertrages dem Aufsichtsrat bzw. einem aus Aufsichtsratsmitgliedern zu bildenden Ausschuss (Präsidium) obliegt, ist die Strafbarkeit nach § 266 StGB zunächst für diesen als Tatnähesten zu bestimmen, wobei anzunehmen ist, dass hieraus hilfreiche Anhaltspunkte für die Strafbarkeit des Vorstands entnommen werden können. Dazu ist es zunächst erforderlich, sich einen Überblick über die möglichen Vergütungsbestandteile zu verschaffen, die der Aufsichtsrat im Rahmen seiner Kompetenz üblicherweise zu gewähren befugt ist.

1. Überblick über die in der AG-Praxis üblichen Gesamtbezüge eines Vorstandsmitglieds

Die Vergütung von Vorstandsmitgliedern soll sowohl fixe als auch variable Bestandteile enthalten.[511] Neben dem grundsätzlich üblichen monatlichen Festge-

---

[510] Aus Platzgründen ist der Sachverhalt auf die für die Frage der Untreuestrafbarkeit wesentlichen Eckpunkte beschränkt, wobei insbesondere die konzerninternen Umstrukturierungen nach der Übernahme außer Betracht geblieben sind. Eingehend dazu jedoch das Gutachten von *Hüffer*, Beilage 7 zu BB 2003; außerdem *Adams*, FS Weizsäcker, 295 ff.
[511] Vgl. Punkt 4.2.3. des Deutschen Corporate Governance Kodex.

halt einschließlich Nebenleistungen jeder Art, wie z.B. die Überlassung einer Dienstwohnung oder eines Kraftwagens sind daher regelmäßig auch Gewinnbeteiligungen oder dividendenabhängige Tantiemen vorzufinden.[512] Durch den in § 87 AktG genannten Begriff der „Gesamtbezüge" werden allerdings fast alle Gehaltsbestandteile erfasst, die in irgendeiner Weise die Arbeit des Vorstands betreffen und entgelten können. Neben den seit jeher üblichen Gehaltsformen haben sich daher in den letzten Jahren insbesondere solche variablen Vergütungsbestandteile entwickelt, die die Vorstandsarbeit nicht nur nach dem kurzfristigen Erfolg (bspw. Tantieme), sondern auch nach dem von ihm begründeten langfristigen Erfolg bewerten. Diese, den Empfehlungen des Corporate Governance Kodex entsprechende Variabilität[513] zeigt sich dann insbesondere in der Praxis sog. Stock Options (Aktienoptionen), die den Vorstandsmitgliedern Gelegenheit geben, durch den Erwerb von Aktien zu einem festgelegten Preis am Kursgewinn teilzuhaben (vgl. § 192 II Nr. 3 AktG). Darüber hinaus wird seit dem Fall Mannesmann mehr und mehr die Vereinbarkeit der sogenannten „appreciation awards" mit den aktienrechtlichen Vergütungsgrundsätzen diskutiert. Im Gegensatz zu den „stock options" fallen diese allerdings, soviel gilt als sicher, nicht mehr unter die gesetzlich anerkannten Abfindungen nach Beendigung des Anstellungsvertrages.

a) Aktienoptionen als variabler Bestandteil

Mit der Möglichkeit der Schaffung eines bedingten Kapitals nach § 192 II Nr. 3 AktG zur Gewährung von Bezugsrechten an Vorstandsmitglieder sind in den letzten Jahren auch verstärkt Aktienoptionen als Bestandteil der Vorstandsvergütung in die Diskussion gekommen. Es ist unstreitig[514], dass diese zu den von § 87 I AktG erfassten Vergütungsbestandteilen gehören, da sie im wesentlichen dazu dienen, die Leistung der Vorstandsmitglieder am Unternehmenserfolg zu messen und darüber hinaus Anreize zur Berücksichtigung des „shareholder value" schaffen[515]. Aktienoptionen werden dem Vorstand im Gegensatz zu anderen Vergütungen nicht von der Gesellschaft, sondern unmittelbar vom Eigentümer, also den Aktionären (Anteilseigner), gewährt.[516] Dies hat einen besonderen Grund: Der Vorstand ist in seiner Management-Tätigkeit Treuhänder des „Eigentümers", womit er gewissermaßen Stellvertreter des „Eigentümers" als Unternehmer ist. Von den unternehmerischen Entscheidungen des Vorstands hängt nun der Erfolg oder Misserfolg des Unternehmens ab. Daher wird der „Eigentümer" zu seinem eigenen Schutz geneigt sein, einen Teil seiner eigenen Chancen und Risiken auf den Vorstand zu verlagern. Der konzeptionelle Hintergrund

---

[512] Dazu BGHZ 145, 1 ff.

[513] Ziff. 4.2.3. des Deutschen Corporate Governance Kodex.

[514] *Adams*, ZIP 2002, 1325, 1338; *Hoffmann-Becking*, NZG 1999, 797, 798; *Hüffer*, ZHR 161 (1997), 214, 234 f.; *Baums*, FS Claussen, 3, 20 f.; *Kohler*, ZHR 161 (1997), 246, 255; *Krieger*, Personalentscheidungen, § 63 Rn. 27.

[515] Statt vieler: *Hüffer*, ZHR 161 (1997), 214, 216.

[516] *Kallmeyer*, ZIP 2002, 1663.

erfolgsabhängiger Vergütung liegt nun darin, dass der Vorstand beim Misserfolg des Unternehmens einen spürbaren Rückgang seiner Bezüge auch dann erfährt, wenn seine getroffenen Entscheidungen nicht zu beanstanden sind, er also die Grenzen seines unternehmerischen Ermessens eingehalten hat.[517]

b) Abfindungen und „appreciation awards“ (Anerkennungsprämien)
Bei Abfindungen handelt es sich zumeist um Zahlungen, die durch einen Aufhebungsvertrag die restlichen Gehaltszahlungen bis zur Grenze der fünfjährigen Bestellung oder das Risiko eines Rechtsstreits über die Wirksamkeit einer fristlosen Kündigung abgelten sollen.[518] Hiervon klar abzugrenzen sind nachträgliche Anerkennungsprämien, sog. „appreciation awards“, die über die Grenzen des Anstellungsvertrages hinaus für die bereits geleisteten Dienste bezahlt werden.[519] Im Kern handelt es sich bei einer solchen Anerkennungsprämie um eine nachträgliche Heraufsetzung der Bezüge des Vorstandsmitglieds für die Vergangenheit, die allerdings keinerlei Anreizwirkung mehr für die Zukunft ausüben kann, wenn das Vorstandsmitglied definitiv ausscheidet.[520] Zwar können Boni und Tantiemen für besondere Leistungen auch nachträglich vom Aufsichtsrat beschlossen werden, etwa bei sog. Ermessenstantiemen, doch handelt es sich in der Regel trotz ihres nachträglichen Charakters um Vergütungsbestandteile, deren Wesen darin liegt, Anreizwirkung für die Zukunft auszuüben.[521] Diese Signalwirkung bildet nämlich regelmäßig den Grund dafür, dass ihre Ausreichung noch mit dem Angemessenheitskriterium des § 87 AktG vereinbar ist.

2. Zeitlicher Anknüpfungspunkt der Strafbarkeit – Missbrauch oder Treubruch?
Die Beantwortung der Frage, ob die Mitglieder des Aufsichtsrats bei der Festsetzung überhöhter Vorstandsvergütungen den Missbrauchs- oder den Treubruchstatbestand verwirklichen, hängt entscheidend davon ab, welchen zeitlichen Ansatzpunkt man für ihr etwaiges Fehlverhalten festlegt. Ansatzpunkt für strafbares Verhalten des Aufsichtsrats im Sinne von § 266 I, 1. Var. StGB kann sowohl die Bestellung als auch der Abschluss des Anstellungsvertrages sein. Ist dies für letzteren unproblematisch, da es sich hierbei um rechtsgeschäftliches Handeln dreht, kann auch für die Bestellung nichts anderes gelten, obwohl diese kein Rechtsgeschäft im engeren Sinne ist, sondern einen körperschaftlichen Akt

---

[517] *Kallmeyer*, ZIP 2002, 1663.
[518] *Spindler*, DStR 2004, 36, 44.
[519] *Spindler*, DStR 2004, 36, 44; ebenso *Baums*, Rechtsgutachten vom 22.10.2003 zur Zulässigkeit einer freiwilligen Anerkennungsprämie, unveröffentlicht, 36 f. zur Unterscheidung zwischen Abfindung und Anerkennungsprämie.
[520] *Käpplinger*, NZG 2003, 573, 574; *Thüsing*, ZGR 2003, 457, 503; MüKo/AktG-*Hefermehl/Spindler*, § 84 Rn. 160.
[521] *Spindler*, DStR 2004, 36, 44; a.A. *Hüffer*, BB 2003, Beil. 7, 23: Keine unmittelbare Anreizwirkung.

darstellt. Obgleich nach dem Zivilrecht unter den Begriff der Verpflichtung oder Verfügung nur Rechtsgeschäfte gefasst werden[522], kommt hier zum Tragen, dass das Strafrecht in seiner Begriffsbildung eigenständig ist und damit eine divergierende Auslegung der Begriffe möglich ist.[523]

Die spezifisch strafrechtliche Definition hat den Zweck dieses Merkmals in § 266 StGB zu berücksichtigen, der vor allem in einer auf die Art der Einwirkung hinsichtlich des jeweiligen Tatobjekts abstellenden Abgrenzung zu den §§ 242, 246 StGB liegt. Danach ist weniger der rechtsgeschäftliche Charakter des Handelns, sondern vielmehr die Zivilrechtswirksamkeit für die Annahme einer Verfügung im Sinne des § 266 I, 1. Var. StGB entscheidend.[524] Von daher kann auch die Bestellung hierunter subsumiert werden; eine unterschiedliche Behandlung von Bestellung und Abschluss des Anstellungsvertrags wäre künstlich. Selbst wenn man die Tathandlung stärker zivilrechtlich auslegen wollte, ist ihre Bejahung hinsichtlich der Bestellung vertretbar. Dies folgt daraus, dass auch diese insofern rechtsgeschäftliche Züge aufweist, als der Bestellte sein Einverständnis erklären muss und sich an den Vorgang rechtliche Wirkungen knüpfen. Da jedoch durch den Bestellungsakt für sich gesehen regelmäßig noch keine Belastung des Gesellschaftsvermögens mit schuldrechtlichen Verbindlichkeiten eintritt, ist wohl grundsätzlich erst der Anstellungsvertrag, durch den die rechtgeschäftliche Ausgestaltung des Bestellungsakts vorgenommen wird, als Ansatzpunkt für missbräuchliches Verhalten im Sinne von § 266 I, 1. Var. StGB zu wählen. Nach einhelliger Ansicht steht die Wirksamkeit des Anstellungsvertrages bei einer den Maßstab des § 87 AktG verletzenden Vergütungsvereinbarung grundsätzlich nicht in Frage, sondern begründet nur eine interne Pflichtwidrigkeit des Aufsichtsrats.[525] Eine tatsächliche Nichtigkeit des Anstellungsvertrages, welche den Missbrauchstatbestand entfallen lassen würde, tritt allein unter den besonderen Voraussetzungen der §§ 134, 138 BGB ein.[526] In diesen Fällen ist dann in konsequenter Weise auf den Treubruchstatbestand zurückzugreifen.

3. Vermögensbetreuungspflicht des Aufsichtsrats[527]

Der Aufsichtsrat müsste nun auch die für den Untreuetatbestand erforderliche Vermögensbetreuungspflicht innehaben. Diese muss definitionsgemäß eine durch Eigenverantwortlichkeit geprägte und als Hauptpflicht geschuldete Geschäftsbesorgung in einer wirtschaftlich nicht ganz unbedeutenden Angelegen-

---

[522] BGHZ 1, 294, 304; 75, 221, 226; 101, 24, 26; *Palandt-Heinrichs*, BGB, Überbl. v. § 104 Rn. 16.

[523] Speziell zur Frage des Verfügungsbegriffs: *Wittig/Reinhart*, NStZ 1996, 467, 468 ff.

[524] *Wittig/Reinhart*, NStZ 1996, 467, 469.

[525] *Hüffer*, AktG, § 87 Rn. 5; KK-*Mertens*, § 87 Rn. 3; insoweit kann sich der Aufsichtsrat jedoch schadensersatzpflichtig machen (§ 116 AktG).

[526] *Geßler/Hefermehl-Hefermehl*, § 87 Rn. 10; KK-*Mertens*, § 87 Rn. 3; *Hüffer*, AktG, § 87 Rn. 6; *Hoffmann-Becking*, NZG 1999, 797, 798.

[527] Vgl. dazu die eingehende Darstellung bei *Poseck*, Strafrechtliche Haftung, 76 ff.

heit zum Gegenstand haben.[528] Auch beim Aufsichtsrat wird diese Pflicht grundsätzlich außerstrafrechtlichen Pflichtenkatalogen – zumeist dem vorgelagerten Zivil- bzw. Gesellschaftsrecht – entnommen.[529] Die Verhaltensregeln im Zusammenhang mit der Vergütungsentscheidung des Aufsichtsrats enthält das Aktienrecht. Nach heute h.M. kommt dem Aufsichtsrat neben seiner Kernaufgabe, die Geschäftsführung zu überwachen (§ 111 I AktG), jedenfalls[530] in solchen Bereichen eine Führungs- und Gestaltungsfunktion mit unternehmerischer Handlungsfreiheit zu, in denen ihm das Aktiengesetz unternehmerische Leitungsaufgaben überträgt.[531] Hierzu gehört in jedem Fall auch die Festsetzung der Vergütung der Vorstandsmitglieder gemäß § 87 AktG, weshalb richtigerweise auch keine Zweifel dahingehend bestehen[532], dass der Aufsichtsrat im Hinblick auf Vergütungsentscheidungen einer Vermögensbetreuungspflicht im Sinne von § 266 StGB unterliegt.

4. Untreuerelevante Pflichtverletzung als Folge aktienrechtlicher Verstöße

Grundlegend für die Beurteilung des pflichtwidrigen und damit missbräuchlichen Verhaltens ist die gesellschaftsrechtliche Pflichtenbindung des Aufsichtsrats.[533] Unter dem Blickwinkel eines funktionalen Zusammenhangs mit dessen Aufgabe der Vermögensbetreuung existieren in diesem Zusammenhang nun zwei unterschiedliche Bereiche von Pflichten, denen die Aufsichtsratsmitglieder bei ihrer Vergütungsentscheidung unterliegen[534]: Der eine Bereich umfasst solche Vorschriften, die im Kern das Verfahren der Festsetzung der Vorstandsvergütung betreffen; Sie werden hier als formelle Pflichten bezeichnet und behandelt. Auf der anderen Seite gibt es Rechtsnormen, die sich auf den Inhalt der Vergütungsentscheidung (insbesondere ihre Höhe) beziehen; es handelt sich demnach um materielle Pflichten. Als Anhaltspunkt für die Ermittlung des untreuerelevanten Fehlverhaltens kommt beiden zunächst grundsätzlich die gleiche Bedeutung zu.[535] Andererseits liegt die Vermutung nahe, dass die Pflichtwidrigkeit überwiegend von den materiellen Kriterien des Aktienrechts, sprich § 87 AktG, abhängig gemacht werden muss. Dies im einzelnen festzustellen, ist Aufgabe der folgenden Erörterungen.

---

[528] *Rönnau/Hohn*, NStZ 2004, 113, 114.

[529] BGHSt 47, 295, 297; *Tiedemann*, FS Tröndle, 319, 326.

[530] Darüber hinaus ist von der herrschenden Meinung anerkannt, dass der Aufsichtsrat bereits durch die Überwachungsaufgabe aus § 111 I AktG an der Leitungsaufgabe des Vorstands teilnimmt; vgl. nur *Hüffer*, AktG, § 111 Rn. 5 m.w.N.; *Tiedemann*, FS Tröndle, 319, 322, folgert daraus zu Recht eine Vermögensbetreuungspflicht auch in Bereichen, in denen der Aufsichtsrat auf eine reine Überwachungstätigkeit beschränkt ist.

[531] BGHZ 135, 244, 253 f. – „ARAG/Garmenbeck“.

[532] Vgl. BGHSt 9, 203, 210.

[533] Vgl. dazu die Ausführungen des LG Düsseldorf NJW 2004, 3275, 3276 (Urteil im Mannesmann-Prozess).

[534] Dazu allgemein *Waßmer*, Untreue bei Risikogeschäften, 147.

[535] Die im Hinblick auf eine Vereinfachung der Prüfung sinnvolle Zweiteilung der Pflichten geht auf *Rönnau/Hohn*, NStZ 2004, 113, 114 f. zurück.

a) Formelle Pflichten

Die von den Aufsichtsratsmitgliedern zu beachtenden Verfahrensvorschriften sind insbesondere den §§ 105, 107 ff. AktG, dem Gesellschaftsvertrag sowie der Geschäftsordnung des Aufsichtrates zu entnehmen, wobei im Zusammenhang mit einer Vergütungsentscheidung vor allen Dingen zwei Aspekten besondere Beachtung geschenkt werden muss.[536] Zum einen wird im Zuge der gegenwärtigen Corporate Governance Diskussion darüber sinniert, ob überhöhte Vorstandsbezüge durch eine transparentere Entscheidungsfindung des Aufsichtsrats und die Begründung des Beschlussergebnisses verhindert werden können.[537] Erstes Resultat dieser Erörterungen ist die Nr. 4.2.3 a.E. des Deutschen Corporate Governance Kodex, welche den Vorsitzenden des Aufsichtsrats verpflichtet, die Hauptversammlung über die Grundzüge des Systems der Vorstandsvergütung zu informieren. Transparenz fordert jedoch bereits das geltende Recht, wenn es in § 107 II 1 AktG die Anfertigung einer Niederschrift über die Aufsichtsratssitzung verlangt. Bedeutung wird aber der Transparenz aktiengesellschaftlicher Entscheidungen durchaus auch in der strafrechtlichen Diskussion beigemessen: So fordert der BGH im Zusammenhang mit der Vergabe von Unternehmensspenden durch ein Vorstandsmitglied die Berücksichtigung des Fehlens unternehmensinterner Offenlegung der Vergabevorgänge als Maßstab für die Feststellung, ob der Verstoß gegen das Aktienrecht bereits die notwenige Intensität hatte, um die Verletzung der Vermögensbetreuungspflicht im Sinne von § 266 I StGB annehmen zu können.[538] Diese Rechtsprechung hält das LG Düsseldorf bei der Frage, ob Aufsichtsratsmitglieder bei der Vergütungsentscheidung ihre Vermögensbetreuungspflicht verletzt haben für anwendbar.[539]

Der zweite Aspekt betrifft das formelle Beschlussverfahren. Im Beispielsfall 3 der Mannesmann AG bestanden nicht unerhebliche Zweifel an der Rechtmäßigkeit von Beschlüssen, in denen über Vorstandsvergütungen entschieden wurde.

Bedenken wurden vor allen Dingen dahingehend geäußert, dass der Aufsichtsrat unter Umständen gemäß § 108 II 2 u. 3 AktG beschlussunfähig gewesen sei[540] und insbesondere eines seiner Mitglieder an der Abstimmung nicht hätte teilnehmen dürfen, weil es zu den konkreten Vergütungsempfängern gehörte.[541]

---

536 *Rönnau/Hohn*, NStZ 2004, 113, 115.

537 *Lutter*, ZIP 2003, 737, 741; *Adams*, ZIP 2002, 1325, 1343; *Thüsing*, ZGR 2003, 457, 486; *Kiethe*, BB 2003, 1573, 1578.

538 BGHSt 47, 187, 197 und 199; zustimmend: *Otto*, FS Kohlmann, 187, 201.

539 LG Düsseldorf NJW 2004, 3275, 3281.

540 *Schünemann*, Organuntreue, 58 f.

541 Ausweislich des von *Hüffer*, BB 2003, Beil. 7, 12 ff., erstatteten Gutachtens; *Schünemann* Organuntreue, 61 f., nach dessen Ansicht es hier nicht nur um einen Stimmrechtsausschluss, sondern sogar um ein Mitwirkungsverbot auf Grund der §§ 105, 87 AktG ging, weil kein Aufsichtsratsmitglied bei einer Festsetzung seiner Vergütung als Vorstand mitwirken darf; vgl. dazu *Matthießen*, Stimmrecht und Interessenkollision im Aufsichtsrat, 255 ff.; vgl. die diesbezügliche Entscheidung des LG Düsseldorf (NJW 2004, 3275, 3276) im Mannesmann-

Hinsichtlich der Annahme eines unmittelbar vermögensschützenden Charakters der beiden genannten Aspekte sind jedoch Zweifel angebracht, denn ihre Beachtung bewirkt für sich gesehen noch keinen Vermögensschutz.[542] Auf der anderen Seite soll aber auch nicht in Abrede gestellt werden, dass die skizzierten formellen Pflichten im Vorfeld der eigentlichen Vergütungsentscheidung – und damit mittelbar – durchaus dazu beitragen können, die Chance auf eine pflichtgemäße Festsetzung der Vorstandsvergütung zu erhöhen, mithin also flankierenden Vermögensschutz zu bewirken.[543] Diese Erwägung ändert allerdings nichts an der Tatsache, dass der eigentlich pflichtwidrige und letztlich zur Vermögensminderung führende Akt allein im Beschluss über die unangemessene Vergütung selbst liegt. Dieser Tatsache trägt auch der BGH richtigerweise insoweit Rechnung, als er den Verstoß gegen formelle Pflichten zwar berücksichtigt, ihn jedoch lediglich als Indiz für das Vorliegen einer Pflichtverletzung wertet.[544] Im Ergebnis genügt der Verstoß gegen formelle Pflichten mithin noch nicht für die Annahme der Verletzung einer Vermögensbetreuungspflicht.[545] Es wird mithin entscheidend auf die materiellen Vorgaben des Aktienrechts ankommen müssen.

b) Materielle Vorgaben des Aktienrechts

Genannt werden müssen in diesem Zusammenhang die Pflichten, die eine unmittelbar vermögensschützende Wirkung dadurch besitzen, dass sie den Inhalt eines Aufsichtsratsbeschlusses unter dem Gesichtspunkt der Wahrung oder Mehrung des Gesellschaftsvermögens festlegen. Neben dem Unternehmensinteresse, welches wiederum überwiegend durch das Interesse der Gesellschaft auf Bestandserhaltung und dauerhafte Rentabilität geprägt ist[546], muss sich die Pflichtenbindung daher vor allen Dingen auf die Angemessenheit der beschlossenen Vergütung beziehen, welche explizit durch § 87 AktG eingefordert wird.

aa) Bestandserhaltungs- und Rentabilitätsinteresse

Kommt dem Vorstand die Pflicht zu, für dauerhafte Rentabilität der Gesellschaft zu sorgen und deren vorhandenen Bestand vor etwaigen Verlusten zu bewahren, dann kann für den Aufsichtsrat im Rahmen seiner Kompetenzen grundsätzlich

---

Fall, nachdem der Beschluss hinsichtlich der Anerkennungsprämie zugunsten Dr. Esser von dem nichtigen Beschluss zugunsten Dr. Funk (Aufsichtsratsmitglied) gemäß § 139 analog teilbar und damit wirksam war.

542 *Rönnau/Hohn*, NStZ 2004, 113, 115.

543 *Rönnau/Hohn*, NStZ 2004, 113, 115. Dieser wird insbesondere daraus folgen, dass der Pflicht zur Offenlegung und Rechtfertigung des Ergebnisses eine gewisse Abschreckungswirkung zukommen dürfte.

544 BGHSt 47, 187, 197, wo der Verstoß gegen das Verbot innerbetrieblicher Transparenz als Indiz für eine gravierende Pflichtverletzung verwendet wird.

545 In diesem Sinne auch *Rönnau/Hohn*, NStZ 2004, 113, 114; *Tiedemann*, Wirtschaftsstrafrecht, Rn. 122; *Schramm*, Untreue und Konsens, 137.

546 KK-*Mertens*, § 76 Rn. 17; *Hüffer*, BB 2003, Beil. 7, 21; *Otto*, FS Kohlmann, 187, 192; es handelt sich nicht nur um ein ökonomisches Gebot, sondern um eine Rechtspflicht; vgl. *Hüffer*, AktG, § 76 Rn. 13.

nichts anderes gelten.[547] Rönnau/Hohn ziehen in diesem Zusammenhang nun die Möglichkeit in Betracht, dass sich der Pflichtenmaßstab für die Vergütungsentscheidung des Aufsichtsrats bereits aus diesem Grundgebot ergeben könnte. Zwar komme der Bestandsschutzwahrung diesbezüglich nur eine untergeordnete und daher zu vernachlässigende Rolle zu, weil der Bestand eines Unternehmens in einer marktwirtschaftlichen Ordnung sowieso nur durch wirtschaftlichen Erfolg und damit durch Erzielung dauerhafter Rentabilität gesichert werden könne.[548] Hingegen umfasse das Interesse der Gesellschaft an dauerhafter Rentabilität – vereinfacht gesprochen – die Erzielung eines angemessenen Gewinns, der die Kapital- und Ertragskraft der Gesellschaft wiederum nachhaltig gewährleiste.[549] Fest steht jedoch, und das erkennen auch Rönnau/Hohn sofort, dass die Bestimmung des Inhalts der Pflichtenbindung hinsichtlich der Vergütungsentscheidung hierdurch nur unwesentlich, vor allen Dingen nicht konkret genug, vorangetrieben wird. Eine Gefährdung der Kapital- und Ertragskraft der Aktiengesellschaft wird man lediglich in dem kaum anzunehmenden Ausnahmefall annehmen können, dass die aus den Vergütungszusagen fließenden Belastungen der Gesellschaft die Erwirtschaftung von Finanzmitteln für Investitionen und Dividenden auf Jahre ausschließen würden.[550] Hierzu müsste man von Festvergütungen in extremer Höhe ausgehen, die selbst noch weit über dem in diesem Zusammenhang umstrittenen Bereich liegen dürften. Ergibt sich der außerordentliche Umfang der Vergütung dagegen nicht aus der reinen Festvergütung, sondern erst aus variablen Bestandteilen wie Tantiemen oder Vermögensvorteilen, die von der Erreichung bestimmter Aktienkursziele abhängen, liegt eine Gefährdung des Rentabilitätsinteresses noch im Bereich des Wahrscheinlichen.[551] Die mangelnde Geeignetheit des Grundsatzes zur Begrenzung der Vergütungsmechanismen hängt vor allen Dingen mit dessen fehlender Konkretheit zusammen.

Es ist zu konstatieren, dass § 87 I AktG, und nicht etwa eine Orientierung an einem davon losgelösten „abstrakten" Unternehmensinteresse für das Handeln der Aufsichtsratsmitglieder maßgeblich ist. In erster Linie haben diese somit die Aufgaben des Vorstandsmitglieds und die Lage der Gesellschaft in Ansatz zu bringen. Bei dieser Erkenntnisgewinnung haben sie einen Ermessensspielraum im Sinne der business judgment rule, dessen Grenzen wiederum der seinerseits sehr unbestimmte Begriff des Unternehmensinteresses ist.[552] Wenn Kort nun kritisiert[553], dass das LG Düsseldorf im Mannesmann-Verfahren offen lässt, „ob

---

[547] *Eisenhardt*, Jura 1982, 289, 298; *Poseck*, Strafrechtliche Haftung, 34; vgl auch. *Ulmer*, BB 1979, 398, 400; *Müller*, DB 1978, 2168, 2169.

[548] *Rönnau/Hohn*, NStZ 2004, 113, 115 f.; vgl. auch *Otto*, FS Kohlmann, 187, 199.

[549] *Rönnau/Hohn*, NStZ 2004, 113, 116; KK-*Mertens*, § 76 Rn. 22.

[550] So wohl auch *Hüffer*, BB 2003, Beil. 7, 22.

[551] *Rönnau/Hohn*, NStZ 2004, 113, 116.

[552] *Kort*, NJW 2005, 333, 334.

[553] *Kort*, NJW 2005, 333, 334.

das Unternehmensinteresse dem (konkretisierenden) § 87 I AktG vorgelagert oder als Ausprägung der Angemessenheit anzusehen ist“[554], dann entspricht dies der hier ermittelten Funktion von § 87 I AktG, auf dessen Maßstab es nun im folgenden vornehmlich ankommen muss.

bb) § 87 AktG – Angemessenheit der Gesamtvergütung

Grundlegende Bedeutung für die Pflichtgemäßheit der Vergütungsentscheidung und damit folgerichtig auch für die Frage der Verletzung der Vermögensbetreuungspflicht im Sinne von § 266 StGB[555] kommt dem in § 87 AktG normierten Angemessenheitserfordernis zu. Die Vorschrift schützt die Gesellschaft, ihre Aktionäre, Arbeitnehmer und anderen Gläubiger vor sachlich ungerechtfertigten überhöhten Bezügen von Vorstandsmitgliedern.[556] Gesamtbezüge, Ruhegehalt, Hinterbliebenenbezüge und verwandte Leistungen müssen in einem angemessenen Verhältnis zu den Aufgaben des Vorstandsmitglieds und zur Lage der Gesellschaft stehen (§ 87 I AktG). Eine der wesentlichen Leitlinien für die Auslegung des § 87 AktG sollte dabei die Erkenntnis sein, dass die Vorstandstätigkeit eine Mischung aus einerseits fremdbestimmter bzw. fremdnütziger Arbeit ist (Festlohn) und andererseits unternehmerisch ausgerichtet, mit Risiken behaftet und auch auf die nötige Eingehung Risiken gerichteter Tätigkeit ist (Unternehmergewinn).[557] In dem vom Aktienrecht gezogenen Rahmen sollten dem Vorstand daher über Vergütungsstruktur und –höhe Anreize gegeben werden, den Unternehmensgewinn über das von einem Arbeitnehmer erwartete Maß hinaus zu steigern. Eine eher der arbeitsrechtlichen Tradition verpflichtete Ausrichtung der Vorstandstätigkeit auf den Dienst- bzw. Arbeitscharakter wird der Organstellung und der unternehmerischen Funktion allein nicht gerecht. Allerdings muss der Erfolg des Unternehmens möglichst unmittelbar an die Tätigkeit des Vorstandsmitglieds gekoppelt werden, damit das Vorstandsmitglied nicht von zufälligen Gewinnsteigerungen profitiert (sog. „windfall profits“).[558]

Angemessen ist eine Vergütung mit festen und variablen Bestandteilen und insbesondere mit Optionen nach § 87 AktG nur, wenn sie ein sogenanntes „Cap“ enthält, also eine Obergrenze. Und weil es für den Aufsichtsrat nicht einfach ist, von sich aus ein solches „Cap“ festzulegen, muss man sich über die Anregung der Brüsseler High Level Group of Corporate Experts freuen, den nationalen

---

[554] LG Düsseldorf NJW 2004, 3275, 3277.

[555] Die Vorschrift stellt eine abschließende Sonderregelung der Vorstandsvergütung dar, vgl. *Weisner/Kölling*, NZG 2003, 465. Einiges spricht dafür, dass die allgemeine Verpflichtung der Leitungsorgane auf die Wahrung der Rentabilität in der spezielleren Reglung des § 87 I 1 AktG und dort im Merkmal der Lage der Gesellschaft aufgeht.

[556] *Adams*, FS Weizsäcker, 295, 337 m.w.N.; *Brauer*, NZG 2004, 502, 503; *Baums*, FS Claussen, 3, 27; *Geßler/Hefermehl-Hefermehl*, § 87 Rn. 1; *Hüffer*, AktG, § 87 Rn. 1; *Peltzer*, FS Lutter, 571, 574; *Thüsing*, ZGR 2003, 457, 459.

[557] *Spindler*, DStR 2004, 36, 37.

[558] *Spindler*, DStR 2004, 36, 37.

Gesetzgebern zu empfehlen, dass eine solche Obergrenze künftig in den Satzungen der nationalen Aktiengesellschaften festgelegt werden kann.[559] Diese zugegebenermaßen vielversprechenden Ansätze helfen hier jedoch nicht entscheidend weiter, noch sind sie lediglich „Zukunftsmusik“. Die Angemessenheit kann zudem auch auf andere, an der Rechtswirklichkeit orientierte, Weise festgestellt werden: Bedenkt man nämlich, dass das Vorstandsmitglied eine Managementleistung schuldet, deren Marktpreis es zu ermitteln gilt, dann erhält man eine Bezugsgröße, an der sich die Angemessenheit der Vergütungshöhe orientieren kann. Diese verkörpert zudem den hinter der Vorschrift des § 87 AktG stehenden Leitgedanken der Leistungsgerechtigkeit der Vergütung.[560] § 87 AktG enthält die beiden in diesem Zusammenhang unverzichtbaren Angemessenheitskriterien der „Aufgabe des Vorstands“ und der „Lage der Gesellschaft“. An der Feststellung ihres Vorliegens führt bei der Frage, ob der Aufsichtsrat pflichtgemäß- oder pflichtwidrig gehandelt hat, kein Weg vorbei.

(1) Aufgaben des Vorstandsmitglieds

Mit dem Kriterium „Aufgaben des Vorstandsmitglieds“ wird der Umfang und Schwierigkeitsgrad der vorstandlichen Tätigkeit angesprochen.[561] Sinnvollerweise handelt es sich um dabei nicht um eine Managementleistung im Allgemeinen, sondern um spezielle unternehmerische Führung, die die Gesellschaft in der konkreten Situation benötigt.[562] In jedem Fall werden die Aufgaben aber wesentlich von der Größe des Unternehmens – etwa gemessen an Umsatzhöhe oder Beschäftigtenzahl bestimmt.[563] Darüber hinaus wird aber auch in besonderer Weise das Maß der Verantwortung, welches wiederum von der persönlichen Qualifikation abhängt[564] und demgemäss die erwartete Qualität der Aufgabenerledigung relevant.[565]

(2) Marktüblichkeit

Um überhaupt einen fassbaren Maßstab für die Vergütungshöhe zu erhalten, wird – vorrangig zu den im Gesetz enthaltenen Kriterien – überwiegend auf die Vergütung bei vergleichbaren Unternehmen abgestellt.[566] Je nach Art des betroffenen Unternehmens sind zum Vergleich nicht nur deutsche, sondern auch internationale Unternehmen heranzuziehen. Wenn das Unternehmen nämlich nicht nur auf dem deutschen Markt, sondern europa- oder sogar weltweit tätig ist, gibt

---

[559] *Lutter*, ZIP 2003, 737, 739; Das Consultative Document kann im Internet abgerufen wer den: http://europa.eu.int/comm/internal_market/en/company/company/modern/index.html.

[560] *Peltzer*, FS Lutter, 571, 586.

[561] *Peltzer*, FS Lutter, 571, 574.

[562] *Rönnau/Hohn*, NStZ 2004, 113, 116.

[563] *Thüsing*, ZGR 2003, 457, 470; *Peltzer*, FS Lutter, 571, 574.

[564] Besondere Fachkenntnisse, Lebensalter, Dienstalter und die bisherigen Erfolge im konkreten oder vorherigen Unternehmen.

[565] *Thüsing*, ZGR 2003, 457, 469; *Peltzer*, FS Lutter, 571, 574.

[566] Vgl. *Gawrisch*, Ermessensentscheidungen, 245; KK-*Mertens*, § 87 Rn. 5; *Tegtmeier*, Die Vergütung von Vorstandsmitgliedern in Publikumsaktiengesellschaften, 278.

es trotz der zum Teil unterschiedlichen Rechtssysteme keinen Grund, den Vergütungsvergleich auf das Inland zu beschränken.[567] Noch liegen die Gehälter deutscher Vorstandsmitglieder weit hinter denen US-amerikanischer und britischer Kollegen zurück.[568] Um der Marktüblichkeit jedoch einen nach internationalen Maßstäben gebildeten Preis zugrundezulegen, bedarf es der Feststellung, dass deutsche Manager tatsächlich mit ihren internationalen Kollegen im Wettbewerb um jene höher vergüteten Führungspositionen stehen.[569] Soll also ein Bewerber gewonnen werden, der in einem britischen oder US-amerikanischen Vorstand tätig ist oder nachweislich Chancen hat, dort tätig zu werden, spricht nichts gegen die Gewährung einer an internationalen Maßstäben orientierten Vergütung.[570] Eine grundsätzliche Vermutung, die davon ausgeht, dass deutschen Managern internationale Vorstandsetagen offen stehen, besteht jedoch wegen der Seltenheit von Wechseln deutscher Manager in internationale Unternehmen nicht.[571] Überdies sollte in diesem Zusammenhang nicht vergessen werden, dass z.B. das Mandat U.S.-amerikanischer Vorstände mit anderen, möglicherweise deutlich weitergehenden Haftungsrisiken verbunden sein kann als das der deutschen Kollegen und somit auch eine andere Kompensation stattzufinden hat. Zum anderen sollte der Blick hier nicht allein auf die bezüglich ihrer Größe nur begrenzt mit Deutschland vergleichbaren Märkte USA und Großbritannien gerichtet werden, sondern vor allen Dingen auf die Länder, die Sitze konkurrierender Gesellschaften sein könnten[572]; dort sind deutlich höhere als die deutschen Vorstandsbezüge nämlich gar nicht auszumachen.[573]

Die Höhe der gewährten Vergütung hat über das genannte hinausgehend die sinnvolle Funktion, das Vorstandsmitglied zur Leistung im Sinne der Gesellschaft anzuhalten und zu motivieren. Solche verhaltenswirksamen Anreizeffekte lassen sich jedoch beim Vergütungsempfänger nur durch variable Vergütungsbestandteile erreichen, bei denen die Höhe der Vergütung von der Erreichung vorab definierter Unternehmensziele abhängt.[574] Darüber hinaus darf der Aufsichtsrat bei seiner Entscheidung auch Anreize berücksichtigen, die nicht in der Person des Vorstands liegen: So ist beispielsweise eine Gesellschaft, die hohe Vergütungen bezahlt, für potentielle Bewerber interessant. Auch diese Tatsachen müssen bei der Frage nach der Angemessenheit der Vergütung ausreichend Berücksichtigung finden.

---

[567] *Liebers/Höfs*, ZIP 2004, 97, 100.
[568] Für einen internationalen Maßstab (jedenfalls in international tätigen Konzernen) *Kallmeyer*, ZIP 2002, 1663; ähnlich *Hüffer*, BB 2003, Beil. 7, 27.
[569] *Rönnau/Hohn*, NStZ 2004, 113, 116.
[570] So auch *Kort*, NJW 2005, 333.
[571] *Adams*, ZIP 2002, 1325, 1339; *Thüsing*, ZGR 2003, 457, 471.
[572] *Thüsing*, ZGR 2003, 457, 471.
[573] Siehe dazu die Nachweise bei *Thüsing*, ZGR 2003, 457, 458 Fn. 51 mit Verweis auf Fn. 7.
[574] *Rönnau/Hohn*, NStZ 2004, 113, 117.

Trotz dieser grundsätzlich zustimmungswürdigen Vorgehensweise darf man sich bei der Vorstandsvergütung nicht ohne Vorsicht vornehmlich auf den Vergleich zum Gehaltsgefüge anderer Vorstandsmitglieder verlassen, denn das, was üblich ist, muss nicht notwendig auch angemessen sein.[575] Eine Bestimmung der Angessenheit, die sich an der Üblichkeit des Marktes orientiert, setzt nämlich grundsätzlich voraus, dass dieser Markt störungsfrei funktioniert. Nichtsdestotrotz kann eine Vergütungsentscheidung, soweit es um die Pflichtwidrigkeit des allein das Gesellschaftsvermögen schützenden § 266 StGB geht, solange nicht unangemessen sein, wie sie den nach Marktmechanismen bestimmten Preis der erwarteten Leistung widerspiegelt.[576] An dieser Prämisse vermag auch ein gestörter Markt grundsätzlich nichts zu ändern. Zweifel sind in diesem Zusammenhang erst dann angebracht, wenn die Marktstörung derart erheblich ist, dass dessen Mechanismen völlig außer Kraft gesetzt sind. Hier ist es mehr als wahrscheinlich, dass die Vergütungszusage dem Preis der Managementleistung nicht mal mehr annäherungsweise entspricht. Es ist wichtig, wenn auch praktisch nur schwer vorstellbar, dass der Nachweis eines solchen Szenarios tatsächlich geführt werden kann. Keinesfalls genügt hierfür jedoch die Feststellung, dass sehr hohe Vergütungen existieren bzw., dass Vorstandsgehälter im Vergleich zur Steigerung sonstiger Einkommen überdurchschnittlich anwachsen.[577]

(3) „Lage der Gesellschaft"

In Bezug auf die zweite in § 87 I 1 AktG explizit erwähnte Bezugsgröße der „Lage der Gesellschaft" ist grundsätzlich zu beachten, dass keineswegs nur die Rede von der finanziellen oder der wirtschaftlichen Lage des Unternehmens ist.[578] Von Bedeutung ist mithin die im Zeitpunkt der Zuerkennung der Vergütung bzw. eines weiteren Vergütungsteils gesamte unternehmerische Lage der Gesellschaft.[579] Anders ausgedrückt soll das Kriterium damit sicherstellen, dass der Aufsichtsrat keine Vergütungszusagen macht, die sich die AG in ihrer wirtschaftlichen Situation nicht leisten kann. Die Festsetzung hoher Bezüge kann jedoch trotz einer wirtschaftlich schlechten Lage angemessen sein, wenn beispielsweise ein ausgewiesener Spezialist für Unternehmenssanierungen auf andere Weise nicht zu gewinnen wäre.[580] Es besteht Einigkeit darüber, dass das Kriterium der Lage der Gesellschaft nicht losgelöst von dem der Aufgaben des Vorstandsmitglieds gesehen werden kann. Die finanzielle Situation der Aktiengesellschaft entbindet den Aufsichtsrat nämlich zu keinem Zeitpunkt von einer

---

[575] *Thüsing*, ZGR 2003, 457, 465.

[576] *Rönnau/Hohn*, NStZ 2004, 113, 118.

[577] *Rönnau/Hohn*, NStZ 2004, 113, 118.

[578] So LG Düsseldorf NJW 2004, 3275, 3278.

[579] Vgl. *Adams*, FS Weizsäcker, 295, 337; *Spindler*, DStR 2004, 36, 38.

[580] *Hüffer*, AktG, § 87 Rn. 2; MüKo/AktG-*Hefermehl/Spindler*, § 87 Rn. 16; Die Regelung des § 87 II AktG – Herabsetzung der Bezüge bei einer Verschlechterung der Verhältnisse der Gesellschaft – spricht allerdings im Zweifel für eine niedrigere Vergütung bei ungünstiger Lage; vgl. *Thüsing*, ZGR 2003, 457, 470.

Orientierung am Marktüblichen.[581] Allerdings vermag das Merkmal der gesellschaftlichen Lage dem Aufsichtsrat nicht vorzuschreiben, welche Managementleistung die Gesellschaft benötigt, solange durch die Vergütung nicht die Rentabilität des Unternehmens ernsthaft in Frage gestellt wird.[582]

Es wird nach alledem deutlich, dass sich das Angemessenheitserfordernis am Ziel des Schutzes des Gesellschaftsvermögens orientiert. Es soll gewährleistet werden, dass die mit der Vermögenszusage einhergehende Vermögensminderung durch die Leistung des Vorstands zumindest kompensiert und das Gesellschaftsvermögen vor einem Nachteil im Sinne des § 266 StGB bewahrt wird. Zudem kann im Hinblick auf die bisher festgestellten Grundsätze konstatiert werden, dass die von § 87 I 1 AktG geforderte Pflicht zur Festsetzung einer angemessenen Vergütung in jedem Fall als Vermögensbetreuungspflicht im Sinne von § 266 StGB zu qualifizieren ist.

cc) Zwischenergebnis

Der Aufsichtsrat ist als für die Vergütungsentscheidung alleinzuständiges Organ der Aktiengesellschaft gegenüber vermögensbetreuungspflichtig. Die bei seiner Vergütungsentscheidung zu beachtende Pflichtenbindung hängt in erster Linie von materiellen Kriterien und hier weniger von der Sicherung des Rentabilitätsinteresses als von der Wahrung der Angemessenheit der Vergütung im Sinne des § 87 AktG ab, welche selbstverständlich mit dem erstgenannten Kriterium verknüpft ist. Die Angemessenheit ergibt sich wiederum aus dem Verhältnis zwischen der Vergütung und dem Wert der Managementleistung. Kriterien wie die Größe des Marktes und eine eventuelle Störung desselben sind jedoch mit überlegter Vorsicht anzuwenden, was insbesondere für den Vergleich der Vergütungsstruktur/-höhe mit den Märkten anderer Länder gilt.

c) Untreuerelevante Pflichtverletzung unter Berücksichtigung der konkreten Beispielsfälle

Ein Verstoß gegen die vorstehend skizzierten materiellen Gebote hinsichtlich der Festsetzung einer angemessenen Vorstandsvergütung begründet für sich gesehen noch keine Verletzung der Vermögensbetreuungspflicht.[583] Bei der Pflichtwidrigkeit im Rahmen des Untreuetatbestands werden bei unternehmerischen Entscheidungen von Leitungsorganen unter Berücksichtigung des von Art. 103 II GG verankerten Bestimmtheitsgebots zu Recht nur eindeutig unver-

---

[581] KK-*Mertens*, § 87 Rn. 6.

[582] *Rönnau/Hohn*, NStZ 2004, 113, 117.

[583] BGHSt 47, 187 f.; BGHSt 47, 148; BGHSt 46, 30; *Rönnau/Hohn*, NStZ 2004, 113, 118; MüKo/AktG-*Hefermehl/Spindler*, § 87 Rn. 24; *Gallandi*, wistra 2001, 281, 282 ff.; *Schönke/Schröder-Lenckner/Perron*, § 266 Rn. 20; *Tiedemann*, FS Tröndle, 319, 328; *Tröndle/Fischer*, § 266 Rn. 44, 46c; *Wessing*, EWiR 2002, 305.

tretbare Handlungsweisen oder Zielsetzungen als untreuerelevant eingestuft.[584] Aus diesem Grund hat die neueste Rechtsprechung des BGH im Zusammenhang mit Organuntreue nun auch die Formel geprägt, dass dem Tatbestand nur solche Handlungen unterfallen, die die Sorgfaltsanforderungen an das Verhalten eines ordentlichen und gewissenhaften Geschäftsleiters „gravierend verletzen“[585]. Die Frage, ob eine vermögensbezogene Pflichtverletzung gravierend im Sinne von § 266 I StGB ist, bestimmt eine Gesamtschau, insbesondere der gesellschaftsrechtlichen Kriterien, wobei das Ausmaß der Pflichtverletzung entscheidend von dem konkret gewährten Handlungs- und Ermessensspielraum abhängt.[586]

Im Folgenden soll nun ermittelt werden, welche Intensität ein Verstoß gegen die erarbeiteten Voraussetzungen einer pflichtgemäßen Vergütungszusage haben muss, um über die reine Aktienrechtswidrigkeit hinaus eine Pflichtwidrigkeit im Sinne von § 266 StGB zu begründen. Als Ausgangspunkt der Untersuchung fungieren dabei die in den Beispielsfällen 1-3 konkret aufgeführten Vergütungsformen, wobei auch in diesem Zusammenhang uneingeschränkt das hinter § 87 AktG stehende Prinzip der Leistungsgerechtigkeit und damit der Marktpreis der Managementleistung gilt. Als gravierend in diesem Sinne kann ein Verstoß richtigerweise wohl erst dann bezeichnet werden, wenn die Vergütung diesen Marktpreis aus ex ante Sicht[587] vollständig verfehlt, wobei insbesondere zu beachten ist, dass sich die Vergütung eines Vorstandsmitglieds aus unterschiedlichsten Einzelbestandteilen zusammensetzt.[588] Auf jeden Fall zu berücksichtigen ist in diesem Zusammenhang, dass sich die Beantwortung der Frage, wann eine Festvergütung gravierend von der Vorgabe des § 87 I 1 AktG abweicht, nach anderen Gesichtpunkten beurteilen wird als bei variablen Vergütungsbestandteilen: Während sich die Unvertretbarkeit des Festgehalts nahezu ausschließlich nach seiner Höhe richtet, kann sich die besondere Schwere des Verstoßes bei variablen Vergütungsbestandteilen nämlich auch aus dem über die Höhe entscheidenden Mechanismus selbst ergeben, ohne dass es tatsächlich zu einer besonders hohen Vergütung gekommen sein muss.[589] Im folgenden ist nun also zu klären, wann im Hinblick auf die Gewährung der in den Fallbeispielen angedeuteten Komponenten der Vorstandsvergütung (Festgehalt, Aktienoptionen und „appreciation awards“) von einer gravierenden Pflichtverletzung im o.g. Sinne auszugehen ist.

---

[584] *Tiedemann*, FS Tröndle, 319, 328; allgemein *ders.*, in: FS Dünnebier, 519, 531 f.; ebenso *Schönke/Schröder-Lenckner/Perron*, § 266 Rn. 20, *Thomas*, FS Riess, 795, 806.
[585] BGHSt 47, 148, 150; ebenso BGHSt 47, 187, 197; dem folgend: LG Düsseldorf im Mannesmann Verfahren, NJW 2004, 3275, 3280 f.; BGH NStZ 2002, 262, 264; NK/StGB-*Kindhäuser*, § 266 Rn. 113; *Otto*, FS Kohlmann, 187, 202; zust. *Jahn*, ZRP 2004, 179, 182 f.
[586] LG Düsseldorf NJW 2004, 3275, 3280.
[587] Vgl. dazu GK-*Hopt*, § 93 Rn. 81; SK/StGB-*Samson/Günther*, § 266 Rn. 21.
[588] Siehe dazu die Ausführungen unter 3. Teil B II 1.
[589] *Rönnau/Hohn*, NStZ 2004, 113, 118 f.

aa) Festgehalt – Fallbeispiel Deutsche Bank AG (Beispielsfall 1)

Für das Festgehalt gilt zunächst, dass ein gravierender Verstoß nur dann anzunehmen ist, wenn die aus der Vergütungszusage fließende finanzielle Verpflichtung eine derart erdrosselnde Wirkung für die Gesellschaft hat, dass eine Erreichung des Ziels dauerhafter Rentabilität vollständig ausgeschlossen erscheint.[590] Ähnlich wird zu entscheiden sein, wenn die Vergütung aus dem Marktumfeld heraussticht oder wenn sich die Vergütungshöhe überwiegend an Gesichtspunkten orientiert, die in keinem Bezug zu den von § 87 I 1 AktG genannten Kriterien stehen. Dagegen ist kein beachtlicher Verstoß anzunehmen, wenn das gesamte Gehalt als Festgehalt zugesagt wird, da dies nicht bedeutet, dass der Aufsichtsrat eindeutig den Marktwert der geforderten Leistung verfehlt hat. Selbst, wenn das zurückliegende Geschäftsjahr der Deutschen Bank daher äußerst negativ verlaufen ist, so mag die Vergütungsentscheidung zwar möglicherweise die Grenzen des § 87 I AktG überschreiten, einen gravierenden, untreuerelevanten Verstoß im Sinne der genannten Kriterien wird man hierin allerdings noch nicht erkennen können.

bb) Variable Vergütungsbestandteile, insbesondere Aktienoptionen – Fallbeispiel Deutsche Telekom (Beispielsfall 2)

Als bedeutendster variabler Vergütungsbestandteil hat sich neben der klassischen Gewinntantieme mehr und mehr die Gewährung von Aktienoptionen durchgesetzt. Dadurch, dass sich der Aufsichtsrat für die Abhängigkeit der Vergütung von bestimmten Parametern entschieden hat, hat er seine Auffassung formuliert, dass der Wert der Vorstandstätigkeit ohne die Erfüllung bestimmter Zielvorgaben bereits durch das Festentgelt abgegolten wird.[591] Diese Zielvorgaben entsprechen nun aber einer zusätzlichen Leistung, die angemessen vergütet werden soll, und daher müssen sich variable Bestandteile aus der Funktion heraus rechtfertigen, ob sie geeignet, erforderlich und angemessen sind, dieses Unternehmensziel zu erreichen.[592] Bei diesen Formen der Vergütung kann sich eine deutliche Verfehlung des Marktwertes der unternehmerischen Leistung des Vorstandsmitglieds dadurch ergeben, dass die Vergütungshöhe in keinerlei Zusammenhang zu der erbrachten Managementleistung steht.[593] Variable Vergütungen sind mithin unverhältnismäßig und damit auch pflichtwidrig im Sinne des Untreuetatbestandes, wenn ihre Parameter so weit gefasst werden, dass auch ein Verhalten belohnt wird, dass nicht belohnt werden sollte, jedoch eigentlich in einer mit angemessenem Aufwand zu realisierenden Anpassung der Vergütungskriterien ausgeklammert werden könnte.[594]

---

[590] *Rönnau/Hohn*, NStZ 2004, 113, 119.
[591] *Thüsing*, ZGR 2003, 457, 489.
[592] Vgl. *Thüsing*, ZGR 2003, 457, 489; *Spindler*, DStR 2004, 36, 41.
[593] *Rönnau/Hohn*, NStZ 2004, 113, 119.
[594] Vgl. *Spindler*, DStR 2004, 36, 41.

Von einem solchen sprichwörtlichen Auseinanderfallen des Zusammenhangs zwischen Vergütungshöhe und Managementleistung wird unter anderem in der Konstellation sogenannter „windfall profits“ gesprochen. Unter diesem Stichwort werden solche Vermögenszuwächse zusammengefasst, die dem Vorstand trotz einer unternehmerischen Führungsleistung nicht als sein „Werk“ zugerechnet werden können, weil sie entweder auf Marktentwicklungen beruhen, auf die der Vorstand keinen Einfluss hat (Beispiel: Hausse) oder etwa auch auf einmaligen Sondereinflüssen (Beispiel: Veräußerung der Beteiligung an einer anderen Gesellschaft oder eines Betriebsteils).[595] Die sich an solche Unternehmenserfolge anschließenden Vergütungszuwächse verfehlen den Marktwert der Managementleistung und damit das Kernkriterium der Leistungsgerechtigkeit vollständig. Sagt der Aufsichtsrat demnach Vergütungen zu, die variable Vergütungsbestandteile enthalten, ohne dass ein Mechanismus besteht, der die vergütungserhöhende Wirkung solcher „windfall profits“ begrenzt[596], liegt eine gravierende Abweichung vom Gebot der Angemessenheit mehr als nahe.[597] Ähnliches wird für die Vergütungsgestaltungen zu gelten haben, bei denen die Erfolgsziele nach Erbringung der Managementleistung zu Gunsten der Vorstandsmitglieder frei abgeändert werden können (sog. Repricing).[598]

Ob der Aufsichtsrat im Beispielsfall 2 gegen die Pflicht verstoßen hat, effektive Regulierungsmechanismen im Hinblick auf die variablen Vergütungsbestandteile zu schaffen, lässt sich aus den knappen Angaben des Falles nicht ermitteln. Hier sind die von Binz und Sorg geäußerten Vorwurfe eher dahingehend zu verstehen, dass Festgehalt und gewährte Aktienoptionen im Verhältnis zur erbrachten Managementleistung des Vorjahres wesentlich zu hoch ausgefallen sind.[599] Ob hierin ein Verstoß gegen das Angemessenheitsgebot des § 87 AktG erblickt werden kann, ist an dieser Stelle mangels Möglichkeit des Rückgriffs auf Einzelheiten nicht zu entscheiden. Zuck, der sich eingehender mit den Einzelheiten der „Telekom-Story“ auseinandergesetzt hat, hält einen Verstoß des Aufsichtsrats gegen § 87 AktG eher für unwahrscheinlich, zumal der Telekom-Vorstand in der Folge, wenn auch auf Druck von außen, auf die Rechte aus dem Aktienoptionsplan 2001 verzichtet hat.[600]

---

595 Dazu ebenfalls *Rönnau/Hohn*, NStZ 2004, 113, 119.

596 Zur Messung von Managementleistung und möglichen Kriterien zum Wirkungsausschluss von „windfall profits“: *Baums*, FS Claussen, 3, 10 ff.

597 So auch *Rönnau/Hohn*, NStZ 2004, 113, 119.

598 Zu diesen Ausübungsanpassungen *Adams*, FS Weizsäcker, 295, 308 ff. und *Thüsing*, ZGR 2003, 457, 498 f.

599 Vgl. dazu den Artikel in „Die Welt“ vom 05.08.2002, Rubrik Wirtschaft.

600 *Zuck*, NJW 2002, 3441, 3442.

cc) Sonderfall „appreciation awards" – Mannesmann/Vodafone (Beispielsfall 3)

„Appreciation awards" sind, wie bereits erläutert wurde[601], Vergütungen, die dem Vorstandsmitglied wegen besonders guter Leistungen zu einem Zeitpunkt gewährt werden, in dem es die relevante Leistung bereits erbracht hat. Eine solche Erhöhung der Vergütung ex post ist aber umso kritischer zu prüfen, wenn sie wie insbesondere im Fallbeispiel Mannesmann/Vodafone ein vielfaches der vorher vereinbarten Vergütung beträgt.[602]

Bevor aber das Problem der zulässigen Höhe dieser sogenannten „appreciation awards" angegangen wird, ist zunächst die Frage nach der generellen Zulässigkeit dieser Vergütungsform zu stellen.[603] Ist eine solche Vergütung nach Ausscheiden des Vorstandsmitglieds nämlich schon für sich gesehen unzulässig, dann ist die untreuerelevante Pflichtwidrigkeit bereits in der Gewährung selbst zu erkennen und wird damit unabhängig von der Frage der tatsächlichen Vergütungshöhe. In diesem Zusammenhang gibt es nun Stimmen, die dies bereits unter Bezugnahme auf den Wortlaut von § 87 I AktG ablehnen.[604] Der Wortlaut nenne als maßgeblichen Zeitpunkt für die Bewertung der Angemessenheit die „Festsetzung der Gesamtbezüge", womit derjenige Zeitpunkt gemeint sei, in dem die Vergütung des Vorstandsmitglieds ausgehandelt wird, mithin also der Abschluss des Anstellungsvertrages.[605] Gestützt wird diese Sichtweise durch die in § 87 I AktG genannten Beispielsfälle, solche, die sinnvollerweise von vornherein im Anstellungsvertrag geregelt werden. Zudem liege es in der Natur der Prognoseentscheidung, dass sie sich für eine der beiden Seiten als günstig, für die andere dementsprechend als ungünstig erweisen kann. Eine Korrektur dieser einmal zwischen den Parteien getroffenen Vereinbarung könne daher nur im Wege einer „abstrakt-generellen" Regelung für die Zukunft stattfinden, keinesfalls aber mit Blick auf ein singuläres, in der Vergangenheit liegendes Ereignis.[606] Der in § 87 AktG genannte Begriff „Aufgaben" beinhaltet Brauer zufolge also vielmehr ein vorausschauendes Element, es geht um zu Erwartendes, um vor einem liegendes, um das gesamte Tätigkeitsfeld. Auch hierdurch werde die prospektive, nicht rückwärts gewandte Ausrichtung des § 87 I AktG deutlich.[607]

Weniger auf den exakten Wortlaut als auf den Telos der Norm abstellend begründet Käpplinger die Unzulässigkeit derartiger Abfindungszahlungen mit dem gestörten Verhältnis zwischen der Zahlung und dem künftigen Aufgabenbereich

---

[601] Vgl. oben 3. Teil B II 1 b.
[602] Vgl. LG Düsseldorf NJW 2003, 2536, 2537.
[603] In diesem Sinne u.a. *Brauer*, NZG 2004, 502, 507.
[604] *Brauer*, NZG 2004, 502, 507.
[605] *Brauer*, NZG 2004, 502, 507; vgl. auch *Käpplinger*, NZG 2003, 573, 574.
[606] *Brauer*, NZG 2004, 502, 508.
[607] *Brauer*, NZG 2004, 502, 507; LG Düsseldorf NJW 2004, 3275, 3277.

des Vorstandsmitglieds.[608] § 87 AktG verlange zwingend einen Bezug der Vorstandsvergütung zum Aufgabenbereich des Vorstandsmitglieds, welcher sich jedoch mit dem Ausscheiden auf Null reduziere.[609] Insoweit kommt also nur der Bezug zu vorher bereits geleisteten Diensten in Betracht, die aber bereits grundsätzlich durch die bislang schon bewilligte Vergütung entlohnt sind. Übereinstimmend lehnen beide Ansichten zudem ein Entgegenstehen von § 87 I 2 AktG ab, welcher die sinngemäße Anwendung des Angemessenheitserfordernisses auf Ruhegehalt, Hinterbliebenenbezüge und Leistungen verwandter Art konstatiert.[610] Zwar sei es richtig, dass § 87 I 2 AktG auch solche Vergütungsbestandteile in die Angemessenheitsprüfung einbezieht, die typischerweise erst mit dem Ausscheiden aus der Aktiengesellschaft geleistet werden. Anders als „appreciation awards“ dienen die in § 87 I 2 AktG geregelten Zahlungen jedoch nicht dazu, den Vorstand zur vorzeitigen Auflösung des Vertrages zu bewegen, sondern sie sind Teil der vorstandlichen Gesamtvergütung.

Eine diesem Grundtenor gänzlich widersprechende Ansicht vertritt Wollburg, demzufolge es verbreitete Praxis ist, nachträgliche Prämien als Vergütungsbestandteil auszuschütten.[611] Dies verdeutliche das Beispiel der sogenannten Ermessenstantiemen, die als zulässige Vergütungskomponente anerkannt sind, sofern nur ihre Angemessenheit im Sinne des § 87 I AktG gewährleistet ist. Auch die Ermessenstantieme sei nicht zukunftsgerichtet, sondern als Resümee der Leistungsbewertung für das Vorstandsmitglied vergangenheitsbezogen.[612] Bei „appreciation awards“ unterscheide sich die Situation nicht nennenswert, so dass kein wirklicher Grund bestehe, diese anders zu behandeln. Als Beleg für seine These zitiert Wollburg eine Entscheidung des Reichsgerichts aus dem Jahr 1944.[613] Dieses verneint zwar jeglichen Rechtsanspruch auf solche Zahlungen, stellt jedoch klar, dass es sich bei solchen Zahlungen um eine Form der Vergütung für bereits geleistete Dienste handelt. Anders als bei der vor allen Dingen von Lutter/Zöllner[614] ins Spiel gebrachten Schenkung habe der Vorstand hier eine Leistung erbracht, die eben erst im Nachhinein belohnt wird. Die Leistungserbringung erfolge dabei auf Basis der vorstandlichen Organstellung und somit im Rahmen eines gesellschaftsrechtlichen Sonderrechtsverhältnisses, das es ermöglicht, herausragende Leistungen ex post durch eine entsprechende Änderung des Anstellungsvertrages und damit nach Begründung der rechtlichen causa durch eine äquivalente Gegenleistung zu vergüten.[615]

---

608 *Käpplinger*, NZG 2003, 573, 574.
609 Vgl. dazu auch *Lutter/Zöllner*, FAZ vom 10.02.2004, S. 12.
610 Vgl. *Käpplinger*, NZG 2003, 573, 574; *Brauer*, NZG 2004, 502, 507.
611 *Wollburg*, ZIP 2004, 646, 653.
612 Vgl. MüKo/AktG-*Hefermehl/Spindler*, § 87 Rn. 15.
613 RG DR 1944, 488, 490.
614 FAZ vom 10.02.2004, S. 12.
615 *Wollburg*, ZIP 2004, 646, 653 f.

Auch Liebers/Hoefs halten eine nachträgliche Anerkennungsprämie für eine bereits erbrachte Leistung rechtlich für möglich.[616] Als Begründungsbasis dient ihnen dabei die Dienstvertragsregelung des § 612 BGB, nach der eine Vergütung immer geschuldet ist, wenn eine bestimmte Dienstleistung den Umständen nach nur gegen Zahlung einer Vergütung zu erwarten ist. So gebe es Dienstleistungen, die bereits durch die vereinbarte Vergütung abgegolten sind. Andere, vom Vertrag nicht erfasste Dienste, sind dagegen auf Basis des § 612 BGB zusätzlich zu vergüten, wobei es keinen Unterschied mache, ob diese Zusage der zusätzlichen Vergütung bereits von vornherein festgelegt war oder erst nachträglich erfolgte. In der Situation einer feindlichen Übernahme, wie sie sich insbesondere auch im Fall Mannesmann/Vodafone ereignete, finden Liebers/Hoefs einen solchen Vergütungsanspruch begründet, da die entsprechenden Reaktionen und Unternehmungen Essers ihrer Ansicht zufolge nicht mehr zu den generellen Pflichten eines Vorstandsmitglieds gehörten. In diesem Zusammenhang ist auch die Rede von überobligationsmäßigen Abwehrversuchen[617]. Begründet sei dies vor allen Dingen dadurch, dass es für die Zeit vor In-Kraft-Treten des § 33 WpÜG (01.01. 2002) keine gesetzliche Regelung der Möglichkeiten zur Abwehr feindlicher Übernahmen gab und diese zudem in der juristischen Fachwelt umstritten waren. Darüber hinaus stellen sie in besonderem Maße auf den auch im Fall Mannesmann/Vodafone eingetretenen positiven Effekt eines erheblich erhöhten Aktienkurses sowie die besondere Belastung in der öffentlichen Darstellung der Gesellschaft ab. Letzterer sei insbesondere der Vorstandsvorsitzende in der Übernahmeschlacht ausgesetzt.[618] Auf die heftig diskutierte Frage, welche Rolle ein erhöhter Aktienkurs bei der Frage nach der Zulässigkeit der „appreciation awards" spielen kann, wird an späterer Stelle eingegangen.

Die hier aufgeführten Stellungnahmen zum vorliegenden Problem können nur insoweit überzeugen, als sie die Zulässigkeit sogenannter „appreciation awards" in Frage stellen. Im Rahmen dieser Arbeit wurde festgestellt, dass sich die wichtige Frage der Untreuepflichtwidrigkeit bei Vergütungsentscheidungen nach § 87 I AktG zu richten hat - und daran ist unter allen Umständen festzuhalten. Der Wortlaut des § 87 I AktG erfasst eindeutig keine nachträgliche Anerkennungsprämie an ein ausscheidendes Vorstandsmitglied, er ist richtigerweise prospektiv zu verstehen.[619] Dieser Tatsache kann auch nicht dadurch ausgewichen werden,

---

[616] *Liebers/Hoefs*, ZIP 2004, 97 f.

[617] Vor In-Kraft-Treten des WpÜG wurde in diesem Zusammenhang folgendes diskutiert: Werbekampagnen, Ausnutzung des genehmigten Kapitals, Erwerb eigener Aktien, Suche nach einem „white knight", Verkauf von Unternehmensteilen und Abwehrübernahmen. In diesem Zusammenhang scheint durchaus die Frage angebracht, ob dann auch ein Unterlassen dieser vermeintlich „überobligationsmäßigen" Maßnahmen mit der Folge der feindlichen Übernahme zivil- und strafrechtlich folgenlos bleiben kann/muss.

[618] *Liebers/Hoefs*, ZIP 2004, 97, 99.

[619] LG Düsseldorf NJW 2004, 3275, 3277; *Brauer*, NZG 2004, 502, 507; a.A. *Kort*, NJW 2005, 333, 335: „§ 87 I 1 AktG ist hingegen nicht prospektiv in dem Sinne, dass diese Norm eine Vergütung für bereits erbrachte Leistungen ausschließt.".

dass man, wie Liebers/Hoefs, in zweifelhafter Weise auf § 612 BGB neben § 87 AktG zurückgreift. Hiergegen spricht vor allen Dingen die Existenz ausgefeilter Reglungen über variable Vergütungsbestandteile, die gerade den Sinn haben, Spitzenleistungen angemessen zu vergüten. Eine Dienstleistung, die für einen Arbeitnehmer in diesem Sinne außergewöhnlich wäre, wird von einem Vorstandsvorsitzenden gerade als typischer Inhalt seiner Dienstverpflichtung geschuldet, ohne dass dafür ein Anspruch auf Nachvergütung entstünde.[620]

Ebenso hinkt der von Wollburg vorgenommene Vergleich zwischen Ermessenstantiemen und „appreciation awards". Die Tatsache, dass die Ermessenstantieme ausdrücklich in § 87 AktG genannt wird, nicht aber die sog. „appreciation awards", zeigt gerade, dass sie die einzige Form variabler Vergütung sein soll, welche auch nachträglich gewährt werden kann. Den sogenannten „appreciation awards" haftet im Gegensatz zu den angeführten Ermessenstantiemen jedoch gerade nicht die Eigenschaft an, dem Vorstandsmitglied einen Motivationsschub für seine zukünftige Tätigkeit in der Aktiengesellschaft zu bringen. Die von Wollburg zitierte Entscheidung des Reichsgerichts basierte zudem auf einem grundlegend anderen, mit der Situation des „appreciation awards" nicht vergleichbaren Sachverhalt. Hier ging es um die grundlegende Änderung eines Anstellungsvertrages für ein in der Gesellschaft verbleibendes Vorstandsmitglied, welches eine Nachzahlung für einen zurückliegenden Zeitraum erwartete. Es steht völlig außer Frage, dass eben diese Nachzahlung der Bezüge einem Vergütungsbestandteil im Sinne des § 87 I AktG entsprechen würde, bei der Einordnung des „appreciation awards" hilft diese Feststellung jedoch überhaupt nicht weiter. Auf der anderen Seite ist jedoch auch zuzugeben, dass es keinesfalls ausgeschlossen ist, die nachträgliche Vergütungserhöhung mit einer Anreizwirkung zu rechtfertigen, wenn ein Vorstandsmitglied in der Vergangenheit Besonderes geleistet hat. Eine nachträgliche Zahlung signalisiert jedoch nur potentiellen Vorstandsmitgliedern in der Zukunft, dass sich eine über das Gewöhnliche hinausgehende Anstrengung bei dieser Gesellschaft lohnt, erhöht damit allerdings die Attraktivität der Position auf dem Markt der Führungskräfte. Der Sache nach handelt es sich hierbei aber dennoch grundsätzlich um Zahlungen, die im Interesse der Aktiengesellschaft nicht erforderlich sind.[621]

Ist die Frage der Anreizwirkung auf dem Markt der Führungskräfte im Hinblick auf die Pflichtwidrigkeit durchaus diskutabel, so ist auf der anderen Seite sicher, dass die nachträgliche Vergütungserhöhung in allen anderen Fällen zunächst nichts anderes ist, als eine Leistung ohne Gegenleistung, d.h. ein reines Geschenk an den Empfänger.[622] Hieran kann sich auch dann nichts ändern, wenn

---

620 *Rönnau/Hohn*, NStZ 2004, 113, 120, Fn. 76.

621 *Lutter/Zöllner*, FAZ vom 10.02.2004, S. 12; vgl. auch LG Düsseldorf NJW 2004, 3275, 3280.

622 So auch *Rönnau/Hohn*, NStZ 2004, 113, 120 sowie *Lutter/Zöllner*, FAZ vom 10.02,2004, S. 12.

man die Ansicht des BGH zur Untreue durch Unternehmensspenden heranzieht.[623] Diese können nämlich trotz ihres unentgeltlichen Charakters zulässig sein, wenn ihre Gewährung im Unternehmensinteresse erfolgt. Auch soweit im Begriff des Unternehmensinteresses teilweise Interessen zusammengefasst werden, die sich von dem Gesellschaftszweck der Gewinnerzielung unterscheiden, bleibt es bei einer Verpflichtung der Gesellschaftsorgane auf die Wahrung dauerhafter Rentabilität des Unternehmens[624]. Die Spendenvergabe muss mithin stets zum Nutzen der Gesellschaft erfolgen.[625] Ein solcher Nutzen ist aber bei dem hier herangezogenen Beispiel der Unternehmensspenden tatsächlich auszumachen, wenn die dauerhafte Rentabilität der Gesellschaft dadurch gesichert wird, dass diese sich als „good corporate citizen" darstellt.[626] Ist aber nicht einmal ein solcher „verdünnter" Nutzen für die Gesellschaft auszumachen, dann erfolgt die Zahlung nicht mehr im Unternehmensinteresse und muss daher als pflichtwidrige Verschwendung der anvertrauten Gesellschaftsmittel angesehen werden.[627] Gegen eine Einordnung nachträglicher Zahlungen als nutzengelöste Hingabe von Gesellschaftsvermögen lässt sich nicht einwenden, dass diese in aller Regel auf der Grundlage einer nachträglichen Vertragsänderung erfolgen, so dass eine Verschwendung schon deshalb ausgeschlossen sei, weil die Gesellschaft die Vergütung schuldet und daher durch Zahlung von dieser Verpflichtung nach § 362 I BGB frei wird.[628] Bei der Frage, ob der Aufsichtsrat eine nachträgliche Vergütungserhöhung gewähren darf, geht es gerade um die rechtliche Bewertung dieser Vertragsänderung als Pflichtverletzung, so dass es auf die erst durch diese Vertragsänderung herbeigeführten Folgen nicht ankommen kann. Entscheidend ist, ob der Aufsichtsrat den Vertrag überhaupt schließen durfte. Dies ist aber aus den genannten Gründen gerade zu verneinen.

Durch die Vereinbarung einer echten nachträglichen Vergütungserhöhung, d.h. einer Belohnung, verletzen die Aufsichtsratsmitglieder demnach ihre Vermögensbetreuungspflicht.[629] Auf die Feststellung der Höhe der festgesetzten Anerkennungsprämie kommt es mithin bei der Ermittlung der Untreuepflichtwidrigkeit nicht mehr an.

---

[623] Vgl. BGHSt 47, 187, 196.
[624] KK-*Mertens*, § 76 Rn. 17.
[625] BGHSt 47, 187, 196.
[626] Siehe oben 3. Teil A IV 3.
[627] Insoweit konformgehend mit LG Düsseldorf NJW 2004, 3275, 3280, wonach selbst die Veröffentlichung der Anerkennungsprämie keineswegs zu einer Verbesserung des „standing" oder zu einem positiven Werbeffekt für die Mannesmann AG in der breiten Öffentlichkeit führte; eher das Gegenteil war der Fall; ebenso *Rönnau/Hohn*, NStZ 2004, 113, 120.
[628] So aber offensichtlich *Hüffer*, BB 2003, Beil. 7, 18 ff.
[629] So auch das OLG Düsseldorf NJW 2003, 2536, 2537, ebenso wohl *Thüsing*, ZGR 2003, 457, 504.

dd) Weitergehende Kriterien für die Feststellung einer gravierenden Pflichtverletzung

Mit den genannten Kriterien, die jeweils nur für den konkreten Einzelfall (Vergütungsform) gelten, kann es aber auf dem Weg zur Ermittlung, ob eine Pflichtverletzung gravierend ist, nach Ansicht der Rechtsprechung noch nicht sein Bewenden haben.[630] Da eine schematische Übertragung der in den Einzelfällen genannten Kriterien nur bedingt, d.h. innerhalb eng gesteckter Grenzen, gestattet sein kann, hat die Rechtsprechung erstmals im oben bereits angesprochenen Fall der Spendenuntreue[631] einen Katalog weiterer maßgeblicher Kriterien entwickelt, anhand derer sich eine gravierende Pflichtverletzung ergeben kann. Dies sind namentlich insbesondere die Ertrags- und Vermögenslage des Unternehmens, die innerbetriebliche Transparenz, der Umgang mit Informations- und Prüfpflichten, Entscheidungsbefugnisse, die Motive der Handelnden und die Art und Weise der Ermittlung der Entscheidungsgrundlagen.[632] Sie sind neben den hier für die verschiedenen Vergütungsmöglichkeiten konkret erarbeiteten Kriterien in ihrer Gesamtheit auf den jeweiligen Einzelfall anzuwenden, wobei weder das Vorliegen eines einzelnen Kriteriums ausreichen kann, um die Pflichtverletzung als gravierend zu bezeichnen, noch davon ausgegangen werden darf, dass die Pflichtverletzung nicht gravierend ist, weil eines der Kriterien nicht zutrifft.[633] Auch wenn diese Vorgehensweise im Rahmen des weit gefassten § 266 I StGB nicht zu einer besser vorhersehbaren Eingrenzung führt, so vermag sie doch recht zuversichtlich dafür zu sorgen, dass die aktienrechtlich unerheblichen Pflichtverletzungen nicht auch noch zusätzlich den Untreuetatbestand erfüllen. Letzterer würde ohne eine solche Einschränkung höchstwahrscheinlich zur Generalsanktion für die Gewährung unangemessener Vorstandsvergütungen verkommen. Auch im Fall Mannesmann hat das Gericht auf die vom BGH entwickelten tatbestandseinschränkenden Kriterien zurückgegriffen. Nach erfolgter Gesamtschau kam das Landgericht hier jedoch zu dem Schluss, dass zumindest der Beschluss, der die Anerkennungsprämie von Herrn Dr. Esser betraf, nicht als gravierende Pflichtverletzung in diesem Sinne zu qualifizieren sei.[634] Allein der

---

[630] So auch das LG Düsseldorf im Mannesmann-Verfahren: LG Düsseldorf NJW 2004, 3275, 3281 f.

[631] Vgl. oben 3. Teil A II 2.

[632] BGHSt 47, 187; BGHSt 47, 148; BGHSt 46, 30; BGHZ 135, 244.

[633] Einfach ausgedrückt bedeutet dies, dass eine Pflichtverletzung im Sinne von § 266 StGB jedenfalls dann anzunehmen ist, wenn im konkreten Fall sämtliche Kriterien erfüllt sind; vgl. BGHSt 47, 187, 197.

[634] LG Düsseldorf NJW 2004, 3275, 3281: „Die Ertrags- und Vermögenslage der Mannesmann AG war im Zeitpunkt der Beschlussfassung sehr gut. Die wirtschaftliche Existenz der Mannesmann AG, ihr Bestand und ihre Rentabilität wurden durch die beschlossene Anerkennungsprämie für den Angekl. Der Esser nicht – auch nicht bei einer Gesamtschau mit den übrigen ausgelobten Prämien – gefährdet oder beeinträchtigt.“ - (Auszug aus der Begründung). In gleicher Weise wurde dann auch hinsichtlich der Gewährung weiterer Anerkennungsprämien für die Herren Dr. K, G, W und B entschieden; siehe dazu LG Düsseldorf NJW 2004, 3275, 3282.

Beschluss, auf dessen Grundlage die Anerkennungsprämie für das ehemalige Vorstandsmitglied und aktive Aufsichtsrats- und Präsidiumsmitglied Prof. Funk gewährt wurde, stellte nach Ansicht des LG Düsseldorf eine gravierende Pflichtverletzung im oben genannten Sinne dar.[635]

III. Vermögensnachteil

Über das Vorliegen des Vermögensnachteils ist generell nur noch dann zu entscheiden, wenn zwischen der – insofern grundsätzlich zulässigen – Vergütung und der vom Vorstandsmitglied zu erwartenden Managementleistung ein nicht unerhebliches Missverhältnis festgestellt werden kann.[636] Da diese Gedankenoperation im Rahmen der Pflichtwidrigkeit aber bereits die Kompensation betrifft und damit den zentralen Gesichtspunkt der Bestimmung des Vermögensnachteils vorwegnimmt, geht die Bejahung einer Pflichtverletzung in diesem Fall ausnahmsweise einher mit der Erfüllung des Merkmals des Vermögensnachteils.[637] Die Frage, ob möglicherweise Tatsachen existieren, denen kompensierende Wirkung zukommt, ist mithin eigentlich schon im Rahmen der Pflichtwidrigkeit zu stellen. Aus Übersichtlichkeits- vor allem aber Klarstellungsgründen geschieht dies im Folgenden aber dennoch an der üblichen Stelle, also bei der Frage des Vermögensnachteils.

1. Erhöhung des Börsenwertes/Kursteigerungen als Vermögenszufluss

Zunächst erscheint in diesem Zusammenhang die Vorstellung verlockend, ein erhöhter Börsenwert des Unternehmens und die damit einhergehende Aufwertung der Aktien der einzelnen Anteilseigner könne eine unangemessen hohe Vergütung kompensieren.[638] Hierdurch ließe sich die Prüfung der Strafbarkeit insofern vereinfachen, als sie überall dort, wo ein Kursanstieg zu beobachten ist, verneint werden könnte, ohne dass zu der – wie gesehen - nicht wenig komplizierten Frage der Pflichtverletzung Stellung genommen werden müsste.[639]

Gegen eine solche, allein am kurzfristig erreichten Börsenwert der AG orientierte Schadenskompensation werden jedoch zu recht Bedenken geäußert.[640] Grundsätzlich erscheint problematisch, dass der Aktienkurs auf legale und illegale

---

[635] LG Düsseldorf NJW 2004, 3275, 3284. Zu einer Verurteilung wegen Untreue in einem besonders schweren Fall kam es aber dennoch nicht. Nach Ansicht der Kammer handelten die Angeklagten Zwickel und Dr. Ackermann in einem unvermeidbaren Verbotsirrtum, also ohne Schuld: Siehe zu dieser speziellen Frage die späteren Ausführungen unter 3. Teil B IV.

[636] So *Rönnau/Hohn*, NStZ 2004, 113, 121.

[637] Eingehend zum Verhältnis von Pflichtverletzung und Vermögensnachteil: *Waßmer*, Untreue bei Risikogeschäften, 103 ff.

[638] Gerade im Zusammenhang mit dem Strafverfahren gegen die Aufsichtsratsmitglieder der Mannesmann AG ist diese Behauptung aufgestellt worden, vgl. hierzu nur Der Spiegel Nr. 34 vom 18. August 2003, S. 55; *Wollburg*, ZIP 2004, 646, 648; *Liebers/Hoefs*, ZIP 2004, 97, 101.

[639] *Rönnau/Hohn*, NStZ 2004, 113, 122.

[640] LG Düsseldorf NJW 2004, 3275, 3278 f.; a.A. *Kort*, NJW 2005, 333, 336.

Weise auf vielfache Art und Weise manipuliert werden kann und zudem auch nicht schlicht das Spiegelbild der Leistungen des Managements oder gar eines einzelnen Vorstandsmitglieds ist.[641] Er drückt nur eine Marktbewertung aus, die mit der Lage der Gesellschaft nicht identisch sein muss und keine individuelle Funktions- und Leistungsbewertung erlaubt.[642] Daneben ist zu berücksichtigen, dass sich die angesprochene Vermögensmehrung unmittelbar nur bei den Aktionären auswirkt, während die mit der Vergütungszusage oder –zahlung einhergehende Minderung im Vermögen der Gesellschaft eintritt.[643] Dem Nutzen der Vorstandstätigkeit für die Aktionäre kann aber dann keine kompensierende Wirkung zukommen, wenn das Vorstandsmitglied von der Gesellschaft nicht zu dem Zweck angestellt wird, kurzfristigen Aktionärsinteressen zu dienen, sondern allein dazu, das Unternehmensinteresse zu fördern.[644] Zwar stellt der Deutsche Corporate Governance Kodex (DGCK) fest, dass der Vorstand nicht nur an das Unternehmensinteresse gebunden, sondern auch der Steigerung des Unternehmenswertes verpflichtet sei, doch stellt er dabei ausdrücklich auf den „nachhaltigen" Unternehmenswert ab.[645] Dieser Tatsache widerspricht Wollburg[646] entschieden, wenn er einen hohen Börsenkurs als maßgebliche Voraussetzung für die Eigenkapitalbeschaffung des Unternehmens am Aktienmarkt zu attraktiven Konditionen statuiert. Das „Emissionsstanding", also die Fähigkeit des Unternehmens, überhaupt Aktien und Anleihen am Kapitalmarkt zu verkaufen, sei entscheidend dafür, ob das Unternehmen seine Investitionen und insbesondere Akquisitionen finanzieren kann, mithin also ausschlaggebend für die Umsetzbarkeit der Unternehmensstrategie und die Steigerung des inneren Wertes des Unternehmens.[647] Sicherlich ist Wollburg zuzugestehen, dass die Höhe des Börsenkurses zumindest teilweise auch im Unternehmensinteresse liegt.[648] Dennoch stützt sich der Aufsichtsrat beim Verweis auf die Unternehmenswertsteigerung auf rechtlich unzulässige Erwägungen. In Ziffer 4.2.3. Abs. 2 des DCGK ist vorgeschrieben, dass der Aufsichtsrat „variable Vergütungskomponenten" der Vorstandsbezüge in Hinsicht auf „außerordentliche, nicht vorhergesehene Entwicklungen" in der Höhe begrenzen soll. Es soll mithin verhindert werden, dass anreizbezogene Vergütungselemente allein wegen extremer Kursanstiege in die Höhe getrieben werden. Besonders augenscheinlich wird dieser Widerspruch, wenn man sich den Fall vorstellt, dass der Aufsichtsrat die durch den Unterneh-

---

[641] LG Düsseldorf NJW 2004, 3275, 3279.

[642] BGH NJW 2004, 1109, 1110; *Brauer*, NZG 2004, 502, 506; MüKo/AktG-*Hefermehl/Spindler*, § 87 Rn. 30; *Hüffer*, ZHR 161 (1997), 214, 219, 235; *Rönnau/Hohn*, NStZ 2004, 113, 122; *U.H. Schneider*, ZIP 1996, 1769, 1771.

[643] Vgl. *Lutter/Zöllner*, FAZ v. 10.02.2004, S. 12.

[644] *Lange*, AuR 2004, 83, 84.

[645] Ziff. 4.1.1. des Deutschen Corporate Governance Kodex.

[646] *Wollburg*, ZIP 2004, 646, 648.

[647] *Wollburg*, ZIP 2004, 646, 648.

[648] Nach *Kort* wird das Unternehmensinteresse sogar im Wesentlichen vom Shareholder Value bzw. einer Steigerung des Aktienkurses und des Werts der Börsenkapitalisierung des Unternehmens bestimmt, NJW 2005, 333, 336.

menserfolg gebundenen Vergütungsbestandteile durch ein Cap begrenzt. Dürfte der Aufsichtsrat dem Vorstand nun nach der Übernahme einen „appreciation award" zubilligen, so würden die Bezüge des Vorstands zwar zunächst durch das Cap gedeckelt, der fehlende Betrag würde dann aber durch die Einmalzahlung nachgereicht. Zwar ist der genannte DCGK kein unmittelbar zwingendes Recht, sondern nur eine sogenannte Empfehlung.[649] Rechtstechnisch mag Ziffer 4.2.3 des DKGK zwar nicht verbindlich sein, eine entsprechende Rechtspflicht für den Aufsichtsrat besteht jedoch.

Eine Anerkennungsprämie an ein Vorstandsmitglied für eine Börsenkurssteigerung, die in erster Linie den Aktionären selbst zukommt, kann in zulässiger Weise nur von ihnen selbst kommen, nicht aber aus dem Gesellschaftsvermögen. Als der Vertreter eines Mannesmann-Großaktionärs dem Vorstandsvorsitzenden eine Prämie im Hinblick auf die Kurssteigerung anbot, handelte er mithin grundsätzlich mit dem richtigen Rechtsgefühl.[650]

Eine Ausnahme von diesem Grundsatz besteht jedoch bei den ebenfalls behandelten Aktienoptionen.[651] Da die Ausgabe von Optionen auf junge Aktien durch den Verwässerungseffekt direkt das Vermögen der Altaktionäre mindert[652], ist eine darauf folgende Steigerung des Kurswertes der Aktien jedenfalls nicht dem Einwand ausgesetzt, die Vermögensmehrung betreffe ein anderes Vermögen als die Minderung. Bei allen anderen Vergütungsformen kann der Börsenkurs unter Beachtung des Trennungsprinzips[653] nur dann als unmittelbare Kompensation berücksichtigt werden, wenn man entgegen der h.M. für den Tatbestand der Untreue eine von dieser Trennung abweichende wirtschaftliche Betrachtung annehmen würde.[654] Bei alledem darf jedoch nicht der Eindruck der völligen Bedeutungslosigkeit des Börsenwertes im Hinblick auf die Schadenskompensation entstehen. So kann er unter Umständen bei der Bewertung des Gesamtvermögens der Gesellschaft als eine von mehreren Maßstabsgrößen herangezogen

---

[649] Nach der Präambel zum Deutschen Corporate Governance Kodex handelt es sich um eine „Empfehlung", deren Nichtbefolgung allerdings das Erklärungserfordernis des § 161 AktG zur Folge hat.

[650] *Lutter/Zöllner*, FAZ vom 10.02.2004, S. 12.

[651] Eine weitere, hier auszublendende Ausnahme besteht, wenn die Gesellschaft eigene Aktien nach §§ 71 ff. AktG erworben hat.

[652] Die Feststellung gilt unabhängig von dem Streit um die richtige Verbuchung von Optionen; vgl. dazu *Adams*, ZIP 2002, 1325, 1336 f. Zur äußerst geringen wirtschaftlichen Bedeutung dieses Effekts: *Kohler*, ZHR 161 (1997), 246, 262 f.

[653] Das Vermögen der Aktiengesellschaft ist scharf von dem der Aktionäre zu trennen, vgl. *Hüffer*, AktG, § 1 Rn. 4.

[654] So etwa *Nelles*, Untreue zum Nachteil von Gesellschaften, 551 f.; SK/StGB-*Samson/Günther*, § 266 Rn. 48; *Schönke/Schröder-Lenckner/Perron*, § 266 Rn. 21 m.w.N. Für ein nicht nur gesellschaftsrechtlich, sondern auch strafrechtlich geschütztes Eigeninteresse der Aktiengesellschaft hingegen *Wellkamp*, NStZ 2001, 113, 119 f.; *Kaufmann*, Organuntreue, 149 ff.

werden und stellt bei einem wertpapierrechtlichen sogenannten „share deal“ anerkanntermaßen den Mindestwert der Kapitalgesellschaft dar.[655]

2. Zurechnungszusammenhang

Die Kompensationswirkung des Börsenwertes ist aus einem anderen, wesentlichen Grund abzulehnen. Soll den genannten Kurssteigerungen die Qualität ausgleichenden Vermögensrückflusses für die Vergütung des Vorstandsmitglieds tatsächlich zuerkannt werden, dann muss die Steigerung nachweislich auf die Vergütungsentscheidung des Aufsichtsrats zurückgeführt werden können. Dies folgt aus dem Grundsatz, dass Vermögensminderung und Vermögenszufluss grundsätzlich in einem inneren Zusammenhang stehen müssen.[656] Maßstab ist in diesem Zusammenhang natürlich § 87 I 1 AktG, so dass dieser immer dann verneint werden muss, wenn die Vergütung unangemessen ist, da sie in diesem Fällen erheblich wertvoller ist als die erwartete Managementleistung. Erbringt das Vorstandsmitglied nun entgegen dieser Erwartung eine Leistung, die dem Wert der Vergütung entspricht oder ihn übersteigt, etwa weil es den Börsenwert der Gesellschaft kräftig steigert, so kann dieser Vermögenszufluss die Vergütung nicht kompensieren, denn es kommt nicht darauf an, welchen zufälligen Ausgang ein (zeitlich gestrecktes) Geschäft letztlich genommen hat.[657] Vielmehr muss dieselbe Handlung, die das Vermögen mindert, unmittelbar auch die Kompensation verursachen[658], so dass sich die Kurssteigerung als zurechenbares Produkt der Vergütungsentscheidung darstellt. Danach würde nur der Wert der im Zeitpunkt der Vergütungsentscheidung nachgefragten Managementleistung relevant sein, der bei einer unangemessenen Vergütung jedoch zu gering für eine Kompensation ist.[659] Eine Ausnahme von diesem Grundsatz gilt nur dann, wenn eine für sich allein betrachtet verlustbringende Handlung einen Teil eines einheitlichen wirtschaftlichen Vorhabens bildet, in dem Verluste Durchgangsstadium zu einem im Ergebnis erzielten Gewinn sind.[660] Ein solches kann aber immer dann nicht vorliegen, wenn die planerische Entscheidung nicht mehr vom unternehmerischen Leitungsermessen gedeckt ist, weil in gravierender Weise vom Gebot der Angemessenheit abgewichen wurde.[661] Schließlich kann auch ein möglicher Schadensersatzanspruch der Gesellschaft gegen die Mitglieder des Aufsichtsrats (§§ 116 iVm § 93 II AktG) nichts an der Annahme eines Vermö-

---

[655] *Martens*, AG 2003, 593, 599 m.w.N. Ähnliches gilt für eine Übernahme nach dem Wertpapierhandels- und Übernahmegesetz: Nach § 31 I WpÜG ist die den Aktionären der Zielgesellschaft zu gewährende Gegenleistung angemessen, wenn die dem durchschnittlichen Börsenpreis der Aktien entspricht.

[656] BGH NJW 1983, 1807, 1808; LK-*Schünemann*, § 266 Rn. 138.

[657] *Schönke/Schröder-Lenckner/Perron*, § 266 Rn. 45; GK-*Otto*, Vor § 399 Rn. 39.

[658] LK-*Schünemann*, § 266 Rn. 137.

[659] Vgl. BGH, NJW 1961, 2027; *Lackner/Kühl*, § 263 Rn. 52; *Schönke/Schröder-Cramer*, § 263 Rn. 154; *Gutmann*, MDR 1963, 91, 96.

[660] RGSt 65, 422, 430; 75, 227, 230, RG HRR 1929 Nr. 59; RG JW 34, 2923; 35, 2638 f.; BGH NJW-RR 1986, 371, 372.

[661] *Rönnau/Hohn*, NStZ 2004, 113, 122.

gensnachteils ändern - dieser setzt einen Schaden gerade voraus -, und zwar auch dann nicht, wenn der Täter zum Ersatz fähig und bereit ist.[662]

IV. Subjektiver Tatbestand, Rechtswidrigkeit und Schuld[663]

Zu Fragen des Vorsatzes, der Rechtswidrigkeit und der Schuld ist das LG Düsseldorf lediglich bei der Entscheidung über die an das ehemalige Vorstandsmitglied und aktive Aufsichtsrats- und Präsidiumsmitglied Prof. Funk gewährte Anerkennungsprämie gelangt. In der genannten Konstellation stand der Vorsatz der angeklagten Aufsichtsratsmitglieder nach Ansicht des Gerichts offenbar nicht in Frage. Grundsätzlich bestehen hier auch keine Unterschiede im Vergleich zu anderen Untreuekonstellationen. Im Rahmen der Feststellung Schuld hat sich hier nun aber eine konstellationsspezifische Besonderheit ereignet, die Beachtung verdient. Den Angeklagten Zwickel und Dr. Ackermann wurde ein schuldausschließender Verbotsirrtum zugutegehalten, da sie zwar Kenntnis hinsichtlich aller die Pflichtwidrigkeit begründenden Tatsachen hatten, ihnen jedoch aufgrund einer fehlerhaften aktienrechtlichen Gesamtbetrachtung die Einsicht fehlte, Unrecht zu tun.[664] Interessant ist nun vor allen Dingen der Standpunkt des LG Düsseldorf zur Vermeidbarkeit des Irrtums: Dieser sei im konkreten Fall unvermeidbar gewesen, „da das Wesen der Vermeidbarkeit des Irrtums in dem Erkennen-Können der konkreten Rechtswidrigkeit des eigenen Verhaltens“ liege, komme es –„wenn wie hier, der Täter selbst keine Auskunft eingeholt hat – nicht auf die Verletzung einer allgemeinen Informationspflicht und deren Vorwerfbarkeit an, sondern auf die Frage, ob eine eingeholte Auskunft bei einer verlässlichen, unvoreingenommenen und sachkundigen Person oder Stelle, die kein Eigeninteresse verfolgt und die Gewähr für eine objektive, sorgfältige, pflichtgemäße und verantwortungsbewusste Auskunftserteilung bietet, zur Behebung des Irrtums geführt hätte.“[665] Das Gericht geht nun davon aus, dass selbst die Einholung eines Rechtsrats hier keine Rechtssicherheit erwarten ließe. Dies folge vor allen Dingen daraus, dass der Meinungsstand in der Fachliteratur zu der Frage, wie weit der Handlungs-, Ermessens- und Beurteilungsspielraum der Aufsichtsratsmitglieder im Hinblick auf die Auslegung von § 87 I 1 AktG gehen darf, recht inhomogen ist und zudem auch noch keine höchstrichterliche Auseinandersetzung insbesondere mit dem Problem einer Anerkennungsprämie für ein ausscheidendes Vorstandsmitglied stattgefunden hat.[666] Zwar deckt sich

---

662 Vgl. *Schönke/Schröder-Lenckner/Perron*, § 266 Rn. 42; LK-*Schünemann*, § 266 Rn. 139; *Lackner/Kühl*, § 266 Rn. 17; *Tröndle/Fischer*, § 266 Rn. 74; *Waßmer*, Untreue bei Risikogeschäften, 128; *Otto*, Bankentätigkeit und Strafrecht, 97; differenzierend BGHSt 15, 342, 344.

663 Die Ausführungen zu diesem Punkt beziehen sich hier ausnahmsweise ausschließlich auf die Entscheidung des LG Düsseldorf zum Fall Mannesmann.

664 LG Düsseldorf NJW 2004, 3275, 3285.

665 LG Düsseldorf NJW 2004, 3275, 3285; vgl BGH StV 1995, 408; OLG Frankfurt a.M. NStZ-RR 2003, 263; BayObLG NJW 1989, 1744; *Lackner/Kühl*, § 17 Rn. 7 ff.; *Neumann*, JuS 1993, 793, 797; *Tröndle/Fischer*, § 17 Rn. 7 f.

666 LG Düsseldorf NJW 2004, 3275, 3285.

diese täterfreundliche Würdigung der Irrtumsvoraussetzungen grundsätzlich mit dem geltenden Recht. Im Hinblick auf die besondere Situation im Aufsichtsrat, in dem, wovon auszugehen ist, grundsätzlich Personen mit überdurchschnittlichen Kenntnissen des Aktienrechts sitzen und zudem gerade bei größeren Aktiengesellschaften Rechtsrat nicht nur bei firmeneigenen Justiziaren sondern auch bei auf das Aktienrecht spezialisierten Großkanzleien eingeholt werden kann, sollten die Anforderungen an die Vermeidbarkeit jedoch nicht allzu hoch angesetzt werden. Das Landgericht entschied sich aber im konkreten Fall dennoch dafür, die Schuld der Angeklagten wegen eines unvermeidbaren Verbotsirrtums zu verneinen. Damit wurden letztlich alle Angeklagten trotz der Ihnen vorzuwerfenden aktienrechtlichen bzw. sogar untreuerelevanten Pflichtverletzungen in allen Anklagepunkten freigesprochen.

V. Fazit im Hinblick auf die Strafbarkeit des Aufsichtsrats

Sofern sich die Mitglieder des Aufsichtsrats bei Ihrer Vergütungsentscheidung an den Leitlinien des § 87 I 1 AktG orientieren, kommt eine gesellschaftsrechtliche und damit eine untreuerelevante Pflichtverletzung nicht in Betracht. Einschränkend kommt im Hinblick auf eine mögliche Untreuestrafbarkeit hinzu, dass die aktienrechtliche Pflichtverletzung gravierend sein muss, um die Strafhaftung aus § 266 StGB auszulösen. Eindeutig nicht mehr im Interesse des Unternehmens liegt die Gewährung sogenannter „appreciation awards" an im Ausscheiden befindliche Vorstandsmitglieder (Fall Mannesmann). Sie sind grundsätzlich pflichtwidrig im Sinne von § 266 StGB und verursachen einen Vermögensnachteil der Aktiengesellschaft in gleicher Höhe.

Aktuelle Ergänzung

Mit Urteil vom 21.12.2005 hat der 3. Strafsenat des BGH die Freisprüche des Landgerichts Düsseldorf aufgehoben und das Verfahren an eine andere Strafkammer des Landgerichts zurückverwiesen.[667] Zu den Anerkennungsprämien hat der BGH ausgeführt, dass die Mitglieder des Aufsichtsrats (Präsidiums) die Pflicht haben, sich auch bei Entscheidungen über die Bezüge von Vorstandsmitgliedern ausschließlich am Unternehmensinteresse zu orientieren. Diese Vermögensbetreuungspflicht haben sie bei der Übernahmesituation durch die Bewilligung der Sonderzahlungen im Sinne des Untreuetatbestandes verletzt, weil diese der Mannesmann AG keinen Vorteil brachten und die honorierten Leistungen bereits durch die dienstvertraglichen Vergütungen abgegolten waren. Keinen Bestand haben könne auch die Auffassung des Landgerichts, die Angeklagten Dr. Ackermann und Zwickel hätten sich bei der Bewilligung der an Prof. Funk gezahlten Anerkennungsprämie in einem unvermeidbaren Verbotsirrtum befunden. Denn die Rechtswidrigkeit einer willkürlichen Sonderzahlung in Millio-

---

[667] BGHSt 50, 331 ff. = NJW 2006, 522 ff. = ZIP 2006, 323 ff. = NStZ 2006, 214 ff; hierzu neben vielen anderen: *Kort*, AG 2006, 106 ff.; *Säcker/Boesche*, BB 2006, 897 ff.; *Ransiek*, NJW 2006, 814 ff.; *Rönnau*, NStZ 2006, 218 ff.; *Spindler*, ZIP 2006, 349 ff.

nenhöhe allein aufgrund des Wunsches des Begünstigten musste sich ihnen als offensichtlich aufdrängen. Der BGH hat hierzu folgende Leitsätze erlassen:

1. Bewilligt der Aufsichtsrat einer Aktiengesellschaft für eine erbrachte dienstvertraglich geschuldete Leistung einem Vorstandsmitglied nachträglich eine zuvor im Dienstvertrag nicht vereinbarte Sonderzahlung, die ausschließlich belohnenden Charakter hat und dem Unternehmen keinen zukunftsbezogenen Nutzen bringt (kompensationslose Anerkennungsprämie), liegt hierin eine treupflichtwidrige Schädigung des anvertrauten Gesellschaftsvermögens.

2. Die zur Erfüllung des Tatbestandes der Untreue erforderliche Verletzung der Vermögensbetreuungspflicht muss auch bei unternehmerischen Entscheidungen eines Gesellschaftsorgans nicht zusätzlich „gravierend" sein.[668]

VI. Persönliche (strafrechtliche) Verantwortlichkeit des Vorstands
Nachdem nun für den Fall unangemessener Vergütungsentscheidungen von der grundsätzlichen Möglichkeit aufsichtsratsrechtlicher Untreueverantwortlichkeit auszugehen ist, stellt sich die wichtige Anschlussfrage der Vorstandsverantwortung, eine Entscheidung zwischen Täterschaft, Teilnahme und – nicht ausgeschlossen – völliger Straflosigkeit.

1. Strafbarkeit bei Abschluss des Anstellungsvertrages
Kann sich das designierte Vorstandsmitglied bereits durch den Abschluss des Anstellungsvertrages wegen Untreue strafbar machen, wenn dieser Vertrag wegen in der Höhe nicht gerechtfertigter Bezüge einen Vermögensnachteil für die Gesellschaft bedeuten würde?[669] Ansatzpunkt für die Untreuestrafbarkeit soll hier zunächst allein der Abschluss des Vertrages, also der Zeitpunkt der ersten Vertragsverhandlungen, sein. Aber schon die wichtige Frage nach der Vermögensbetreuungspflicht des Vorstands bereitet in diesem vorvertraglichen Stadium Schwierigkeiten. So vertritt die überwiegende Ansicht im Schrifttum, dass eine entsprechende Vermögensbetreuungspflicht mit Abschluss eines solch ungünstigen Vertrages nicht verletzt, sondern (mit Amtsübernahme) erst begründet werde.[670] War diese für den Aufsichtsrat, dessen Organstellung bereits bestand, noch relativ unproblematisch, so kann sie für das designierte Vorstandmitglied überhaupt nur dann angenommen werden, wenn dessen Bestellung zeitlich vor Abschluss des Anstellungsvertrages stattgefunden hat und schon für sich gesehen eine Vermögensbetreuungspflicht im Sinne von § 266 StGB begründen

[668] Klarstellung zu BGHSt 47, 148 = NJW 2002, 1211 = NStZ 2002, 262, und BGHSt 47, 187 = NJW 2002, 1585 = NStZ 2002, 322 = NZG 2002, 471.
[669] So etwa vertreten von *Richter*, GmbHR 1984, 137, 145.
[670] *Kohlmann*, Strafrechtliche Verantwortlichkeit, Rn. 213; *Scholz-Tiedemann*, GmbHG, Vor §§ 82 ff. Rn. 20.

würde oder wenn bereits aus der Vertragsanbahnung im Zuge der Anstellung eine Treuepflicht im Sinne von § 266 StGB abgeleitet werden könnte.

Da das bei der entgeltlichen Tätigkeit der Vorstandsmitglieder vorhandene Nebeneinander von körperschaftlicher Organbestellung und Dienstvertrag auf den ersten Blick konstruiert und künstlich erscheint, wurde vorgeschlagen, das Rechtsverhältnis zwischen Organträger und Verband als Einheit zu begreifen.[671] Durchgesetzt hat sich diese Auffassung allerdings nicht, denn das Nebeneinander von Organbestellung und Anstellungsvertrag ist kein bloß theoretisches Konstrukt; es ist auch rechtspraktisch von Wert, weil die unterschiedlichen Organkompetenzen und die Rechte und Pflichten aus einem Dienstvertrag bei den einzelnen Verbänden sachlich unterschieden werden müssen.[672] Hierbei darf allerdings der Funktionszusammenhang nicht aus den Augen verloren werden. Organbestellung und Anstellung sind deshalb einerseits zu unterscheiden, auf der anderen Seite sinnvoll aufeinander abzustimmen.[673] Bestellungsakt und Anstellungsvertrag sind mithin rechtlich und tatsächlich zu trennen, wovon auch das Aktiengesetz in § 84 ausgeht.

Das entscheidende Moment bei der Klärung der Frage nach der Vermögensbetreuungspflicht ist daher zunächst ein zeitliches. In der Praxis können beide Geschäfte gleichzeitig vom Aufsichtsrat beschlossen werden und vom Vorstandsmitglied angenommen werden.[674] Häufig wird der Abschluss des Anstellungsvertrages jedoch der Bestellung nachfolgen.[675] In diesen Fällen wird der Bestellte jedoch zuvor die materiellen Bedingungen (vor allen Dingen Gehalt, Tantieme, Ruhegehalt) – wenn auch noch nicht rechtlich bindend – mit dem Aufsichtsratsvorsitzenden, dem Präsidium oder dem Personalausschuss abgestimmt haben.[676] Zudem ist es, um Risiken für beide Seiten zu vermeiden, auch nicht unüblich, dass der Personalausschuss den Anstellungsvertrag bereits vor der Bestellung durch das Aufsichtsratsplenum unter der aufschiebenden Bedingung der nachfolgenden Bestellung beschließt und abschließt.[677] Bestellung und Abschluss des Anstellungsvertrages liegen mithin zeitlich regelmäßig so nah beieinander, bzw. die Details des Anstellungsvertrages stehen schon im Bestellungszeitpunkt fest, dass die Konstruktion einer organschaftlichen Vermögensbetreuungspflicht für denkbare Zwischenräume zu Zufallsergebnissen führen

---

[671] So noch *Hachenburg-Schilling*, GmbHG (6. Auflage 1959), § 35 Anm. 40; *Schilling*, JZ 1961, 545 f.; *v. Godin*, ZakDR 1938, 596 f.

[672] Vgl. aber *Baums*, Der Geschäftsleitervertrag, 33 ff.; gegen ihn *Eckardt*, Die Beendigung der Vorstands- und Geschäftsführerstellung in Kapitalgesellschaften, 9 ff.

[673] Vgl. nur BGHZ 65, 190, 193; 79, 38, 41; *Reuter*, FS Zöllner I, 487.; *Fleck*, ZHR 149 (1985), 387, 388.

[674] MüKo/AktG-*Hefermehl/Spindler*, § 84 Rn. 8; MünchHdbGesR/AG-*Wiesner*, § 20 Rn. 16.

[675] MünchHdbGesR/AG-*Wiesner*, § 20 Rn. 16.

[676] Einzelheiten bei *Hoffmann-Becking*, FS Stimpel, 589, 596 f.

[677] Zur Zulässigkeit dieses Verfahrens vgl. *Baums*, Der Geschäftsleitervertrag, 79; *Geßler/Hefermehl-Hefermehl*, § 84 Rn. 43; *Krieger*, Personalentscheidungen, 170.

würde. Unabhängig von der höchstwahrscheinlich positiv zu beantwortenden Frage[678], ob die Organbestellung schon für sich gesehen eine Vermögensbetreuungspflicht begründet, ist diese praktisch soweit mit dem Anstellungsvertrag zu koordinieren, dass eine Vermögensbetreuungspflicht zum Zeitpunkt des Vertragsschlusses noch nicht angenommen, mithin also auch noch nicht verletzt werden kann. Vermögensmissbräuchlich kann also in diesem Fall nur der Aufsichtsrat handeln, zu dessen vorsätzlicher und rechtswidriger Haupttat das Vorstandsmitglied allenfalls Beihilfe (§ 27 StGB) leisten kann. Konsequenterweise ist dann auch eine allein aus der Vertragsanbahnung abzuleitende Vermögensbetreuungspflicht abzulehnen. Es mag zwar in dieser Phase bereits vorvertragliche zivilrechtliche Pflichten geben, eine Vermögensbetreuungspflicht im Sinne des § 266 StGB vermögen diese jedoch noch nicht zu begründen.

2. Strafbarkeit nach Abschluss des Anstellungsvertrages

Mit dem Zeitpunkt, in dem das Vorstandsmitglied Organ der Gesellschaft geworden ist, stellt sich die Situation grundlegend anders dar. Von nun an kann jede vorstandliche Einflussnahme auf die Vergütungsentscheidung anerkanntermaßen auch in täterschaftlicher Hinsicht unter dem „Damoklesschwert" des Untreueparagraphen stehen. Fraglich ist in diesem Zusammenhang aber zunächst, ob es dem Vorstand nach aktienrechtlichen Gesichtspunkten gestattet sein kann, an der Vergütungsentscheidung mitzuwirken. Da die Entscheidung über die Angemessenheit der Vergütung für Vorstandsmitglieder schwer überprüfbar ist, muss dem Aufsichtsrat daran gelegen sein, im Umfeld der Entscheidung für größtmögliche Einhaltung der Formalitäten und Transparenz zu sorgen.[679] Eine wie auch immer geartete Mitwirkung des Vorstands an der Vergütungsentscheidung wäre damit nicht zu vereinbaren, so dass eine solche aus Sicht des Aktienrechts in jedem Fall abzulehnen ist. In der Praxis sieht die Situation jedoch grundlegend anders aus. Hier nehmen der amtierende Vorstand, insbesondere der Vorstandsvorsitzende, und teilweise auch ausscheidende Vorstandsmitglieder in weitem Umfang Anteil an der Auswahl eines neuen Vorstandsmitglieds und üben auch Einfluss auf das Anstellungsverhältnis aus, was insbesondere für die Höhe der Vergütung im Verhältnis zu anderen Vorstandsmitgliedern gilt.[680] Für den amtierenden Vorstand kommt eine solche aktienrechtswidrige Einflussnahme insbesondere hinsichtlich der Vergütung neu bestellter Vorstandsmitglieder oder bei eigener Wiederbestellung in Betracht.

---

[678] Da das Vorstandsmitglied bereits mit der wirksamen Organstellung die organschaftliche Vertretungsmacht erlangt (BGHZ 64, 72, 75; 78, 82, 86 f.; KK-*Mertens*, § 76 Rn. 61), womit sämtliche organschaftlichen Rechte und Pflichten begründet werden, dürfte ab diesem Zeitpunkt auch schon die für § 266 StGB erforderliche Vermögensbetreuungspflicht zu bejahen sein.

[679] *Schüller*, Vorstandsvergütung, 165.

[680] *Peltzer*, FS Semler, 261, 263; *Martens*, FS Fleck, 191, 202.

Wie der Fall Mannesmann gezeigt hat, kann die Einflussnahme jedoch ebenso auf die Entscheidung hinsichtlich der eigenen Vergütung durch ausscheidende Vorstandsmitglieder stattfinden. Ist die daraufhin getroffene Vergütungsentscheidung des Aufsichtsrats dann als untreuerelevant im Sinne von § 266 StGB einzustufen, dann hat dies konsequenterweise eigentlich auch für die Einflussnahme durch das Vorstandsmitglied zu gelten. Fraglich bleibt allein die Form dessen strafrechtlicher Beteiligung. Bereits das Reichsgericht erkannte ein täterschaftliches untreuepflichtwidriges Handeln eines Vorstandsmitglieds, wenn dieses Einfluss auf den Aufsichtsrat nahm, um eine Vergütung zu erlangen, die unter Berücksichtigung der Verhältnisse der Gesellschaft in klarem Missverhältnis zu den Leistungen des Vorstands stand.[681] Zu berücksichtigen ist in diesem Zusammenhang allerdings, dass dem Vorstand in der damaligen Zeit bereits aktienrechtlich weit größere Einflussmöglichkeiten auf die Vergütungsentscheidung offenstanden als heute. Vorschriften, die dem Aufsichtsrat die ausschließliche Kompetenz in Vergütungsfragen zubilligten, wie sie heute in den §§ 84, 87 AktG zu finden sind, existierten damals noch nicht. Bestätigt wird dieser Eindruck zudem durch die vom Reichsgericht gewählte Formulierung, die in diesem Zusammenhang von einem „schwachen", dem Vorstandsmitglied ergebenen „oder einen von ihm nicht genügend unterrichteten Aufsichtsrat" spricht.[682] Die Festlegung der Vorstandsvergütung fällt also richtigerweise nicht einmal im Ansatz in den gesellschaftsrechtlich normierten Zuständigkeitsbereich des Vorstands, sondern ausschließlich in die Personalkompetenz des Aufsichtsrats gemäß § 87 AktG. Nur dieser trägt die Pflicht zum Schutz des von ihm betreuten Vermögens für angemessene Gesamtbezüge des Vorstands zu sorgen. Berücksichtigt man nun noch, dass hinsichtlich der Feststellung der Vermögensbetreuungspflicht nicht nur an die formale Organstellung des Handelnden angeknüpft werden, sondern vielmehr die konkret in Rede stehende Pflichtverletzung maßgeblich ist[683], dann muss das Fehlen diesbezüglicher organschaftlicher Befugnisse des Vorstands dazu führen, dass dessen Täterschaft mangels konkreter Vermögensbetreuungspflicht zu verneinen ist.[684]

Aufgrund dieser eindeutigen Zuständigkeitsverteilung steht der Vorstand dem Aufsichtsrat damit praktisch wie ein „Dritter" gegenüber, der – wie jeder andere Dienstvertragsverpflichtete auch – seine Interessen verfolgen und durchsetzen

---

[681] RG JW 1934, 2151 f.

[682] RG JW 1934, 2151.

[683] LG Düsseldorf NJW 2004, 3275, 3281: „Die vorgeworfene Pflichtverletzung muss in einem funktionalen Zusammenhang mit dem Aufgabenkreis stehen, der sich als „Wahrnehmung fremder Vermögensinteressen" darstellt und von dieser deshalb wesentlich mitgeprägt ist. Eingrundsätzliches oder allgemeines Treueverhältnis genügt nicht, da ein solches zugleich Pflichten enthalten kann, die rein schuldrechtlicher Natur sind (BGHSt 47, 295; BGH NStZ 2001, 545; BGH wistra 1988, 227, 230; BGH NStZ 1986, 361 f.; BayObLG JR 1989, 299, 300 f.; OLG Düsseldorf MDR 1997, 699.

[684] So auch LG Düsseldorf NJW 2004, 3275, 3282.

darf, diese also nicht zwangsläufig hinter denen des Unternehmens zurückzustellen verpflichtet ist. Aus diesem Grund muss die Verfolgung des Interesses an möglichst günstigen Anstellungsbedingungen innerhalb der von § 87 AktG gesteckten Grenzen als grundsätzlich legitim gelten, sofern das Vorstandsmitglied seine Interessen nur bei den Vertragsverhandlungen offen legt und auf die Unternehmensinteressen angemessen Rücksicht nimmt.[685] Ein Verstoß gegen dieses Rücksichtnahmegebot kann, da dieses insbesondere angesichts der dargelegten Kompetenzverteilung nur schuldrechtlicher Natur ist, keine strafrechtliche Täterschaft begründen.[686] Aber selbst für den Fall, dass dem Vorstandsmitglied ein kollusives Zusammenwirken mit dem Aufsichtsrat zu eigenen Gunsten angelastet werden kann, vermag das reine Handeln keine Vermögensbetreuungspflicht zu begründen. Nach der Systematik des § 266 StGB erfordert der Straftatbestand eine bereits bestehende, außerhalb des Strafrechts begründete Vermögensbetreuungspflicht. Ein alleiniges Abstellen auf die Handlung, die zu einer Pflichtverletzung führen soll, würde jedoch bedeuten, dass erst diese Handlung selbst eine Vermögensbetreuungspflicht konstituieren würde, was der ratio des Gesetzes jedoch in unerträglicher Weise zuwiderlaufen würde.[687] Es ist nach alledem, von denkbaren Ausnahmekonstellationen[688] abgesehen, grundsätzlich nur von einer Teilnahme des einflussnehmenden Vorstandsmitglieds auszugehen. Im überwiegenden Regelfall wird für das einflussnehmende Vorstandsmitglied nur eine Strafbarkeit als Gehilfe mit der Folge des § 28 I StGB in Betracht kommen, da die Möglichkeiten der Einflussnahme auf die tatsächliche Entscheidung, wie gesehen, begrenzt sind.[689] Dieses Ergebnis kann insofern zufriedenstellen, als es die Entscheidung des Gesetzgebers berücksichtigt, die Interessenwahrung der Gesellschaft im Hinblick auf Vergütungsentscheidungen allein in die Hände des Aufsichtsrates zu legen.

Aus Vollständigkeitsgründen sollte hier schließlich noch angemerkt werden, dass einem amtierenden Vorstandsmitglied keine aus der gesellschaftsrechtlichen Treuepflicht folgende Verpflichtung obliegt, im Hinblick auf eine finan-

---

[685] KK-*Mertens*, § 93 Rn. 70; LG Düsseldorf NJW 2004, 3275, 3282; BGH WM 1964, 1320 f.; RGZ 148, 357, 361; RG JW 1932, 2279 f.

[686] LG Düsseldorf NJW 2004, 3275, 3282.

[687] LG Düsseldorf NJW 2004, 3275, 3282.

[688] Hieran ist etwa dann zu denken, wenn das Vorstandsmitglied in mittäterschaftlicher Weise etwa im Sinne einen nicht am Tatort anwesenden Hintermannes mit einem oder mehreren Aufsichtsratsmitgliedern zusammenwirkt oder ein oder mehrere Aufsichratsmitglieder im Sinne einer mittelbaren Täterschaft als Werkzeug missbraucht. Das oder die als Mittäter bzw. als Werkzeug handelnde Aufsichtsratsmitglied muss/müssen dann allerdings in kausaler Weise den entscheidenden Beschluss hinsichtlich der unangemessenen Vergütung herbeigeführt haben, was nicht selten kaum nachgewiesen werden kann.

[689] Von einer Beihilfe ging auch das LG Düsseldorf NJW 2004, 3275, 3281 hinsichtlich des Verhaltens des damaligen Vorstandsvorsitzenden Dr. Esser aus. Eine Strafbarkeit wurde dann aber wegen fehlender vorsätzlicher und rechtswidriger Haupttat der Aufsichtsratsmitglieder verneint.

zielle Notlage der Gesellschaft einer Einschränkung seiner anstellungsvertraglichen Ansprüche zuzustimmen oder von sich aus den Aufsichtsrat zu veranlassen, eine Herabsetzung seiner Bezüge nach § 87 II AktG auszusprechen.[690] Fehlt hier aber bereits die gesellschaftsrechtliche Verpflichtung zum Handeln, dann kommt auch eine strafrechtliche Verantwortlichkeit etwa wegen Untreue durch Unterlassen mangels konkreter Garantenstellung nicht in Betracht.

[690] KK-*Mertens*, § 93 Rn. 71.

4. Teil – Sonstige Pflichtverletzungen des Vorstands und Untreue
(A) Fehlerhafte Rechnungslegung und Untreue
I. Problemeinführung

Zur Rechnungslegung gehören die Führung der Handelsbücher (§§ 238 f. HGB), die Aufstellung des Inventars und die Inventur (§§ 240 f. HGB), die Bilanzierung (§§ 242 ff., 264 ff. HGB) sowie die Aufbewahrung der Handelsbücher und sonstigen Aufzeichnungen (§§ 257 ff. HGB). Der Hauptzweck der Rechnungslegung besteht in dem Schutz der Gesellschaftsgläubiger durch Selbstkontrolle des Kaufmanns und Dokumentation sämtlicher Geschäftsvorfälle.[691] Dokumentation und Selbstkontrolle dienen jedoch nicht nur den Gläubigern, sondern vor allen Dingen auch der Aktiengesellschaft selbst, insbesondere aber auch der Information der Anteilseigner. Nur über eine ordentliche Buchführung lässt sich das schützenswerte Vermögen der Aktiengesellschaft in seiner Vollständigkeit erfassen. Berücksichtigung finden bei dessen Ermittlung nämlich insbesondere auch schuldrechtliche Ansprüche und Verpflichtungen, deren Geltendmachung bzw. Erfüllung nur mit Hilfe exakter Dokumentation gewährleistet werden kann. Der hier nur skizzenhaft angeführten bilanzrechtlichen Pflichtenbindung kommt mithin ein eindeutiger Vermögensbezug in dem Sinne zu, dass neben den Interessen der Gesellschaftsgläubiger zumindest auch der Schutz des Gesellschaftsvermögens bezweckt sein soll. Eine wie auch immer geartete fehlerhafte Rechnungslegung wird mithin nicht nur durch die bilanzrechtlichen Strafvorschriften erfasst, die explizit auf Verstöße gegen die Rechnungslegung ausgerichtet sind, sondern insbesondere auch durch § 266 StGB. Bestätigung findet diese Vermutung in zahlreichen Urteilen, in denen im Hinblick auf die Verletzung von Buchführungspflichten eine Strafbarkeit wegen Treubruchsuntreue in Betracht gezogen wurde.[692]

In der Praxis spielen die reinen Bilanzdelikte zudem eine bislang eher untergeordnete Rolle. Strafgerichtliche Entscheidungen hierzu sind kaum bekannt.[693] Dies liegt in tatsächlicher Hinsicht vor allen Dingen daran, dass in den bedeutsamen Fällen von Fehlbilanzierungen zumeist andere und schwerwiegendere Delikte hinzutreten, wobei neben Steuerhinterziehung und Betrug eben insbesondere auch der Untreuetatbestand zu nennen ist. Es sind dann zumeist auch nur diese Delikte, die von der Staatsanwaltschaft verfolgt und vor Gericht angeklagt werden.[694] Das Verfahren wegen der bloßen Fehlbilanzierung wird wegen

---

691 *Müller-Gugenberger/Bieneck-Schmid*, § 26 Rn. 3 ff. m.w.N..

692 Vgl. nur RGSt 77, 228 f.; BGHSt 20, 304 f.

693 Eher finden sich zivilgerichtliche Entscheidungen, die sich mit einer Klage auf Schadensersatz aus § 823 Abs. 2 BGB befassen; vgl. aus der jüngeren Vergangenheit etwa OLG Düsseldorf NZG 1999, 901; OLG Celle NZG 2000, 613 ff., beide mit div. weiteren Rechtsprechungsnachweisen.

694 *Staub-Dannecker*, HGB, Vor § 331 Rn. 47; GK-*Otto*, Vor § 399 Rn. 11 f.

seiner untergeordneten Bedeutung für die spätere Sanktion demgegenüber häufig eingestellt bzw. insoweit beschränkt (§§ 154 f. StPO).[695]

Beispielsfall 1: Bankgesellschaft Berlin (Ulf Wilhelm Decken (Vorstandsvorsitzender der Landesbank Berlin) und Vorstandsmitglied Jochem Zeelen)
Verdacht: Bilanzfälschung und Untreue
Die Vorstandsmitglieder der Bankgesellschaft Berlin, Ulf Wilhelm Decken (Vorsitzender) und Jochem Zeelen sollen in Jahresabschlüssen der Bank Haftungsfreistellungen in beträchtlicher Höhe nicht bilanziert haben. Die StA hält die Jahresabschlüsse der Jahre 1997 bis 1999 für falsch, weil Freistellungen für persönlich haftende Gesellschafter der LBB-Tochter der Weberbank sowie für Komplementäre von fünf Fondsgesellschaften nicht berücksichtigt wurden. Mit den Freistellungen von der Haftung für Geschäftsverbindlichkeiten seien Risiken verbunden gewesen, die die Landesbank im ungünstigsten Fall mit bis zu 7,5 Mrd. Euro belastet hätten.
(Quelle: Dombek/Krause/Lammer/Wattenberg - Wirtschaftsstrafrechtliche Nachrichten 02/05)

Beispielsfall 2: Refugium Holding AG (4 ehemalige Vorstandsmitglieder)
Verdacht: Bilanzfälschung und Untreue
Den ehemaligen Vorständen der Refugium Holding AG wird vorgeworfen, falsche Bilanzen vorgelegt zu haben. Dadurch sei es in den Jahren 1997 und 1998 zu Dividenden-Ausschüttungen an die Aktionäre gekommen, die jeder Grundlage entbehrten. 1997 hatte Refugium laut der Bilanz ein Plus von 4,4 Mio. DM ausgewiesen. Tatsächlich aber erwirtschaftete der Seniorenheimbetreiber einen Verlust von 18 Mio. DM. Diese falsche Berechnungsgrundlage habe noch Folgen für das Jahr 1998 gehabt, argumentiert heute das Unternehmen.
(Quelle: Die Welt vom 17.05.2001)

II. Tätertauglichkeit des Vorstands

1. Buchführung

Die Buchführung ist ein Teilstück der allgemeinen kaufmännischen Rechnungslegung. Für die Erfüllung der aus § 238 I HGB folgenden Pflicht zur Buchführung ist nach § 91 AktG der Gesamtvorstand als gesetzlicher Vertreter der Aktiengesellschaft verantwortlich, nicht nur das für die Rechnungslegung zuständige Vorstandsmitglied.[696] Die Arbeitsteilung der insgesamt verantwortlichen Vorstandsmitglieder ist zwar grundsätzlich zulässig, die nach der Ressortverteilung nicht zuständigen Vorstandsmitglieder bleiben jedoch für die sorgfältige Auswahl und Überwachung des zuständigen Vorstandsmitglieds voll verantwort-

---

[695] *Spatschek/Wulf*, DStR 2003, 173.
[696] Vgl. RGSt 45, 387.

lich.[697] Strafrechtlich verantwortlich im Hinblick auf die Buchführungsdelikte des HGB und des AktG kann jedoch zwingend nur der gesetzlich zur Buchführung verpflichtete, mithin also die AG, vertreten durch ihren Vorstand, sein (§ 14 StGB). In der AG-Praxis wird der Vorstand die Bücher allerdings grundsätzlich nicht selbst, zumindest jedoch nicht alleine führen, sondern die Aufgabe zulässigerweise auf Hilfspersonen, in der Regel unternehmenseigene Buchprüfer, übertragen. Seiner strafrechtlichen Verantwortung entgeht der Vorstand damit jedoch nicht, denn hinsichtlich dieser zwingend in der Gesamtverantwortung des Vorstands liegenden Pflicht kann weder die zivilrechtliche noch die strafrechtliche Verantwortung delegiert werden, sondern nur die technische Durchführung der Buchführung.[698] In jedem Fall bleibt der Vorstand beweisführungspflichtig dafür, dass die Buchführung, sofern nicht persönlich ausgeführt, doch zumindest von ordnungsgemäß ausgewählten und überwachten Hilfspersonen erledigt worden ist.

2. Aufstellung des Jahresabschlusses

Die Verantwortung für die Aufstellung des Jahresabschlusses und des Lageberichts folgt für den Vorstand als gesetzlichen Vertreter der Aktiengesellschaft aus den §§ 242, 264 I HGB.[699]

Der Abschluss hat den Geboten der Bilanzklarheit und der Bilanzwahrheit zu entsprechen: Er muss nach den Grundsätzen ordnungsgemäßer Buchführung aufgestellt werden, muss klar und übersichtlich sein und ein den tatsächlichen Verhältnissen entsprechendes Bild der Vermögens-, Finanz- und Ertragslage der Gesellschaft vermitteln (§§ 243, 264 II HGB; sogenannter Grundsatz des „true and fair view“).[700] Die vom Vorstand aufgestellte Rechnungslegung wird daraufhin durch einen, in der Regel aber mehrere Abschlussprüfer auf ihre Schlüssigkeit hin überprüft. Dabei erstreckt sich die bei der AG zwingend von einem Wirtschaftsprüfungsbüro durchzuführende Abschlussprüfung darauf, ob die Bestimmungen des Gesetzes und der Satzung über Buchführung und Jahresabschluss beachtet sind und ob der Lagebericht mit dem Jahresabschluss übereinstimmt und nicht eine falsche Vorstellung von der Lage der Gesellschaft vermittelt (§ 317 HGB). Auch im Rahmen dieses Aufgabenbereichs ist zwar wiederum die Delegation der technischen Durchführung, keinesfalls aber die Verlagerung zivil- und strafrechtlicher Verantwortung möglich.

---

[697] BGH NJW 1986, 54, 55; RG HRR 1941 Nr. 132; *Hachenburg-Goerdeler*, GmbHG (7. Auflage 1979), § 41 Rn. 7; *Geßler/Hefermehl-Hefermehl*, § 91 Rn. 1; *Hüffer*, AktG, § 91 Rn. 3; KK-*Mertens*, § 91 Rn. 1.
[698] *Hüffer*, AktG, § 91 Rn. 3.
[699] *Baumbach/Hopt-Merkt*, HGB, § 264 Rn. 6.
[700] *K. Schmidt*, Gesellschaftsrecht, 911.

III. Tatbestand

1. Pflichtverletzung

Da das Falsch- und Nichtbuchen von Geschäftsvorfällen keine rechtsgeschäftliche Handlung darstellt, durch die der Vermögensinhaber nach außen verpflichtet werden könnte, scheidet die Missbrauchsvariante bei der Vornahme von Buchführungsverstößen von vornherein aus. In Betracht kommt allein der Treubruchstatbestand gemäß § 266 I 1 Var. 2 StGB, der die Verletzung einer zur Wahrnehmung fremder Vermögensinteressen bestehenden Pflicht verlangt. „Die Grundsätze ordnungsgemäßer Buchführung, d.h. die Gesamtheit der betriebswirtschaftlichen Grundsätze für Buchführung und Jahresabschluss, verweisen auf Wert- und Ordnungsvorstellungen, die zumindest in Teilen außerhalb einer gesetzlichen Regelung liegen, so dass in diesem Fall für eine strafrechtliche Verurteilung nicht nur auf außerstrafrechtliche Normen, sondern häufig auch auf außergesetzliche Bestimmungen abgestellt wird.[701] Das Gebot einer verfassungskonformen Auslegung unbestimmter Tatbestände zwingt dazu, dass in einem Verstoß gegen diese Grundsätze nur dann eine untreueerhebliche Verletzung der Treuepflicht zu sehen ist, wenn über die allgemein verbindliche Geltung des betreffenden Grundsatzes in den beteiligten Verkehrskreisen kein Zweifel besteht und eine dem Täter günstige Auffassung nicht ernstlich vertretbar erscheint. Die Grundsätze ordnungsgemäßer Buchführung müssen daher im Sinne der Verfassungskonformität auf ihren unstreitigen Kern reduziert werden. Verstößt das Vorstandsmitglied gegen diesen unstreitigen Kernbestand von Buchführungsgrundsätzen[702], so verletzt es seine Pflicht zur Vermögensfürsorge.“[703] Festgehalten werden kann damit, dass bereits die unordentliche Buchführung an sich die untreuerelevante Pflichtwidrigkeit zu begründen vermag. Ihr kommt ohne Zweifel der notwendige Bezug zu dem von § 266 StGB geschützten Gesellschaftsvermögen zu, so dass von einer Verletzung der Vermögensbetreuungspflicht auszugehen ist. In den beiden genannten Fallbeispielen sind Haftungsfreistellungen, die eine Milliardenbelastung zur Folge haben konnten, nicht bilanziert (Beispielsfall 1) bzw. ist statt eines Verlustes in zweistelliger

---

[701] Die Grundsätze ordnungsmäßiger EDV-gestützter Buchführungssysteme (GoBS), die von der Arbeitsgemeinschaft für wirtschaftliche Verwaltung e.V. ausgearbeitet wurden, stellen eine Präzisierung der in § 238 HGB verankerten GoB dar (siehe ausführlich BC 12/1996, S. 265 ff.). Sie wurden u. a. vom Finanzministerium anerkannt (vgl. BMF-Schreiben vom 7. 11. 1995). Die Anwendung des LIFO-Verfahrens im Einzelnen ist ebenfalls gesetzlich nicht geregelt, aber in R 36 a EStR näher bestimmt. Sie verstößt gegen die GoB, wenn es zu unvertretbar niedrigen Wertansätzen kommt bzw. mit der tatsächlichen Verbrauchsfolge offenkundig unvereinbar ist (z. B. bei schnell verderblichen Waren, Saisonwaren oder Modeartikeln). Die genanten Beispiele sind zu finden bei *Louis*, BC 2002, 90, 92.

[702] Hiervon kann in folgenden Beispielen eindeutig ausgegangen werden: 1. Ein Vorstandsmitglied entnimmt der Unternehmenskasse ohne Verbuchung Gelder, um diese für sich zu behalten. 2. Die Forderungen des Unternehmens werden bewusst nur lückenhaft erfasst, wodurch die Geltendmachung begründeter Ansprüche gegenüber Kunden unterbleibt.

[703] *Louis*, BC 2002, 90, 92 f.

Millionenhöhe ein Gewinn bilanziert worden (Beispielsfall 2). Unabhängig von der im folgenden zu stellenden Frage, ob bereits diese Versäumnisse selbst einen Vermögensnachteil zu begründen vermögen oder ob noch weitere Voraussetzungen hinzukommen müssen, steht doch fest, dass hier die Schwelle zur Pflichtwidrigkeit im Sinne von § 266 StGB bereits überschritten sein dürfte.

2. Vermögensnachteil

Umstritten, von der höchstrichterlichen Rechtsprechung zumindest jedoch noch nicht einheitlich entschieden, ist demgegenüber die Frage, ob und wenn ja, unter welchen Voraussetzungen bereits das Nichtbuchen oder Falschbuchen einer Einnahme oder Ausgabe eine konkrete Vermögensgefährdung (die nach hM einem Vermögensnachteil gleichsteht) darstellt und daher als Untreue strafbar ist. Früher hat der BGH[704] diese Frage bereits mit der Begründung bejaht, dass der Gesellschaft[705] die Übersicht über ihren Vermögensstand durch die unordentliche oder vollständig unterbliebene Buchung unmöglich gemacht werde. Nach der „neueren" Rechtsprechung des BGH vermag die falsche Buchführung allein noch keinen Vermögensnachteil zu begründen, hierzu bedarf es zusätzlich der Feststellung einer konkreten Gefährdung.[706] Nach einhelliger Ansicht kommt ein Vermögensnachteil der Aktiengesellschaft mithin nur noch dann in Betracht, wenn bei einzelnen Falsch- oder Nichtbuchungen - bei einer ansonsten ordentlichen Buchführung - die konkrete Gefahr besteht, dass diese nicht entdeckt werden, oder wenn die Buchführung insgesamt aufgrund der Vielzahl der vorgenommenen Falsch- und Nichtbuchungen keine Übersicht über den tatsächlichen Vermögensstand des Vermögensinhabers und damit keine Auskunft über dessen Rechte und Pflichten gibt. Im Hinblick auf die Konkretheit der Vermögensgefährdung bedarf es dann als weiterer Voraussetzung aber noch, dass die Geltendmachung oder Durchsetzung eines berechtigten Anspruchs der Gesellschaft verhindert oder zumindest erheblich erschwert wird[707] - so der vom BGH bereits mehrfach entschiedene Regelfall. Andererseits genügt hier aber anerkanntermaßen[708] auch schon die Möglichkeit eines (unberechtigten) neuen Zugriffs durch den Gläubiger bei Nichtverbuchung der Begleichung einer Verbindlichkeit.

---

[704] BGH 2 StR 150/53 vom 13. November 1953; BGH GA 1956, 121 u. 154, 155; 1963, 97, 102.

[705] In den genannten Entscheidungen handelte es sich bei der Gesellschaft um eine GmbH. Die Situation bei der Aktiengesellschaft unterscheidet sich jedoch im Hinblick auf einen möglichen Vermögensnachteil nicht, so dass auf die gewonnenen Erkenntnisse zurückgegriffen werden kann.

[706] BGHSt 20, 304; BGH StV 1996, 431; vgl. auch die Nachweise und Analyse bei LK-*Lackner* (10. Auflage), § 263 Rn. 153 und LK-*Tiedemann*, § 263 Rn. 170.

[707] Vgl. BGHSt 20, 304; vgl. weiter BGHR StGB § 266 Abs. 1 – Nachteil 12.

[708] So etwa BGHSt 47, 8 ff.

a) Nachteil durch Gefahr des Verlustes oder erschwerter Geltendmachung begründeter Ansprüche

In ständiger Rechtsprechung hat der BGH[709] einen untreuerelevanten Nachteil in den Fällen unordentlicher Buchführung bisher nur dann angenommen, wenn die Durchsetzung berechtigter Ansprüche verhindert, zumindest aber erheblich erschwert worden ist. Die Vermögensgefährdung kann dabei sowohl durch einzelne fehlerhafte Buchungsvorgänge[710] als auch durch eine insgesamt unordentliche, den Vermögensstand verschleiernde Buchführung[711] entstehen. Im Sinne einer weiteren tatbestandlichen Begrenzung soll ein Nachteil aber nur dann vorliegen, wenn festgestellt wird, dass der Anspruch, dessen Geltendmachung aufgrund der unordentlichen Buchführung unterbleiben würde, auch tatsächlich begründet ist.[712] Die bloße Wahrscheinlichkeit in bezug auf das Bestehen solcher Ansprüche genügt nicht. Dass das Vermögen durch eine Untreuehandlung geschädigt oder in einer der Schädigung gleichkommenden Weise gefährdet ist, lässt sich nur sagen, wenn die in Betracht kommenden Vermögensgegenstände schon vor der Untreuehandlung vorhanden waren oder ohne sie vorhanden sein würden. Hierdurch wird die ausweitende reichsgerichtliche Rechtsprechung, die schon in unübersichtlicher Buchführung selbst eine schadensgleiche Vermögensgefährdung erblickte[713], auf angemessene Weise eingegrenzt.[714]

Dieser auf den ersten Blick begrüßenswerten Einschränkung widerspricht Schröder[715] jedoch energisch. Ihm zufolge wird man, soweit es sich um die Geltendmachung von Ansprüchen handelt, die infolge der unordentlichen Buchführung nicht oder nicht rechtzeitig hätte erfolgen können, nicht die Feststellung verlangen dürfen, dass diese Ansprüche begründet gewesen sind.[716] Als Begründung nennt Schröder in diesem Zusammenhang seinerseits das Beispiel des Treupflichtigen, der aus § 266 StGB auch dann bestraft werden könne, wenn er eine nach objektiven Maßstäben zu bestimmende Chance der Vermögensmehrung oder der Abwendung von Vermögensschäden nicht wahrnimmt. Unter Berücksichtigung dieser Tatsache müsse nun für die Annahme einer konkreten Vermögensgefährdung als ausreichend erachtet werden, dass die Ansprüche auf die sich die Fehlbuchungen bezogen, mit hinreichender Erfolgsaussicht hätten geltend gemacht werden können.

---

[709] BGHSt 20, 304; BGH StV 1996, 431, 432; BGHR § 266 Abs. 1 Nachteil 12, 17, 22; Vermögensbetreuungspflicht 24.

[710] RG JW 1926, 586; BGHSt 6, 115, 117.

[711] BGHSt 20, 304; BGH NStZ 1996, 543; BGHSt 47, 8; BGH GA 1956, 121; dazu auch *Schönke/Schröder-Lenckner/Perron*, § 266 Rn. 45 m.w.N..

[712] Leitsatz von BGHSt 20, 304.

[713] RGSt 77, 228; RG DR 1943, 1039; *Bruns*, ZakDR 1941, 268 m.w.N..

[714] *Schönke/Schröder-Lenckner/Perron*, § 266 Rn. 45; *Staub-Dannecker*, HGB, Vor §§ 331 ff. Rn. 62; anders jedoch *Schröder*, JR 1966, 185.

[715] *Schröder*, JR 1966, 185.

[716] *Schröder*, JR 1966, 185.

Der von Schröder vorgenommene Vergleich mit der Situation der Vereitelung einer Erwerbs- oder Gewinnchance ist zwar prinzipiell nachvollziehbar, er verkennt jedoch, wenn er in diesem Zusammenhang von „objektiven Maßstäben“ spricht, dass sich die Erwerbs- oder Gewinnchance sehr wohl bereits zu einer vermögenswerten rechtlichen und tatsächlichen Anwartschaft verfestigt haben muss, die damit zugleich Bestandteil des zu betreuenden Vermögens geworden ist.[717] Zwar dürfen nach richtiger Ansicht auch an das Vorliegen einer vermögenswerten Exspektanz keine übertriebenen Anforderungen gestellt werden[718]; hiervon kann jedoch bei der vom BGH vorausgesetzten Begründetheit des Anspruchs nicht die Rede sein. Soll ein Anspruch – wie Schröder verlangt – nur mit hinreichender Erfolgsaussicht geltend gemacht werden können, dann wird man richtigerweise verlangen müssen, dass seine Geltendmachung auch einer gerichtlichen Überprüfung standhalten würde. Hierzu bedarf es aber nun einmal auch der Begründetheit des Anspruchs. Letztlich geht der von Schröder gewählte Begründungsansatz über die vermögenswerten Exspektanzen ins Leere, da er die Intensität der Anforderungen an deren Vorliegen verkennt. Genau genommen steht die von ihm gewählte recht unspezifische Formulierung der hinreichenden „Erfolgsaussicht“ eigentlich nicht wirklich im Widerspruch zu den vom BGH verlangten Anforderungen an die Konkretheit der Vermögensgefährdung. An der fehlenden Genauigkeit und letztlich nur unzureichenden Begründung seines – im übrigen vereinzelt gebliebenen und nicht nennenswert beachteten – Vorstoßes muss er sich mithin festhalten lassen. Es ist somit auch unter Berücksichtigung des von Schröder erhobenen Einwands daran festzuhalten, dass der Anspruch, dessen Geltendmachung durch die mangelhafte Buchführung gefährdet wird, begründet sein muss.

Mit der Kritik an den Anforderungen an die Konkretheit der Vermögensgefährdung hat es jedoch noch nicht sein Bewenden. Es ist wiederum Schröder, dem Zweifel hinsichtlich der Richtigkeit der Rechtsprechung des 5. BGH-Strafsenats kommen.[719] Seiner Ansicht nach liege in den Fällen, in denen die Beweisaufnahme eine oder eine gewisse Anzahl bestimmter Fehlbuchungen ergibt, in Wahrheit gar keine lückenhafte oder falsche Buchführung in dem von der Rechtsprechung bisher verstandenen Sinne vor. Vielmehr werde hier der Fall behandelt, in dem eine Vielzahl im einzelnen nicht feststellbarer Falschbuchungen oder unterlassener Buchungen dazu geführt hat, dass die Buchhaltung als solche keine verbindliche, klare und überschaubare Auskunft über den Vermögensgegenstand mehr zu geben vermag[720]. Eine Vermögensgefährdung auf Sei-

---

[717] Vgl. *Schönke/Schröder-Lenckner/Perron*, § 266 Rn. 46.
[718] Im allgemeinen wird es als in diesem Sinne ausreichend erachtet, wenn eine Sachlage vorliegt, die mit großer Wahrscheinlichkeit einen Vermögenszuwachs erwarten lässt BGHSt 17, 147, 148 m.w.N.; RGSt 71, 333, 334; OLG Hamm NJW 1968, 1940; „begründete Aussicht“, OLG Köln NJW 1967, 1923.
[719] *Schröder*, JR 1966, 185.
[720] Vgl. RG DR 1944, 155.

ten des zu Betreuenden sei in diesen Fällen mithin schon darin zu sehen, dass dieser aufgrund der Buchführung außerstande ist, wirtschaftlich richtige Entscheidungen zu treffen.[721]

Hiermit weicht er allerdings erneut in nicht vertretbarer Weise von den nachvollziehbar strengen Anforderungen ab, die an das Vorliegen einer schadensgleichen Vermögensgefährdung zu stellen sind.[722] Wenn bereits der durch die mangelhafte Buchführung bedingte Verlust an wirtschaftlicher Entscheidungsfähigkeit als untreuerelevanter Vermögensnachteil zu qualifizieren ist, dann wird über diesen Umweg letztlich doch wieder die reine fehlerhafte Buchführung als nachteilsbegründend qualifiziert. Zwar vermag diese in der überwiegenden Zahl der Fälle durchaus eine Vermögensgefährdung zu begründen, als konkret kann diese unter den von Schröder genannten Voraussetzungen jedoch keinesfalls mehr bezeichnet werden. Letztlich wäre damit jede Fehlbuchung, die nicht mehr als individualisierbarer Buchungsfehler erscheint, nachteilsbegründend. Stellt man als normative Richtlinie hier aber richtigerweise darauf ab, ob dem drohenden endgültigen Vermögensverlust keine Vermeidemöglichkeiten des Bedrohten mehr gegenüberstehen[723], dann genügt der von Schröder vertretene Maßstab, der nach eigenem Bekunden im Einklang mit der alten Rechtsprechung[724] steht, erst recht nicht den Anforderungen an den Vermögensnachteil. Auch dem zweiten möglichen Gegenargument gegen das mittlerweile vom BGH vertretene Konkretheitserfordernis bei mangelhafter Buchführung ist damit der Wind aus den Segeln genommen. Im Ergebnis kann diese vom BGH vertretene, das Institut der schadensgleichen Vermögensgefährdung einschränkende Sichtweise nicht beanstandet werden. Ein in solcher Weise beeinträchtigter Anspruch verliert nämlich unmittelbar seinen wirtschaftlichen Wert, ohne dass der Vermögensinhaber dies noch vermeiden kann. Damit kann er faktisch nicht mehr über diese Vermögensposition verfügen.[725]

b) Nachteil durch Gefahr doppelter Inanspruchnahme durch Gesellschaftsgläubiger

Mit der Entscheidung BGH im 47. Band[726] ist nun auch die umgekehrte Situation, sprich die Gefahr doppelter Inanspruchnahme infolge einer fehlerhaften Buchführung als untreuerelevanter Vermögensnachteil anerkannt. Ein Vermö-

---

[721] *Schröder*, JR 1966, 185, 186.

[722] Siehe hierzu etwa *Schönke/Schröder-Lenckner/Perron*, § 266 Rn. 45 m.w.N..

[723] Eingehend *Hefendehl*, Vermögensgefährdung, 128 ff.

[724] BGH GA 1956, 121, 122, wonach eine Vermögensgefährdung dann als ausreichend i.S. des § 266 StGB anzusehen ist, wenn sie „durch unordentliche Buchführung entsteht".

[725] Auch ein zivilrechtlicher Haftungsanspruch, der an die pflichtwidrige Buchführung anknüpfen könnte, entsteht wohl erst dann, wenn feststeht, dass der mangelhaft dokumentierte Anspruch aus diesem Grund nicht realisiert werden kann; vgl. *Mosenheuer*, NStZ 2004, 179, 180.

[726] BGHSt 47, 8 ff. = NJW 2001, 3638 ff.

gensnachteil soll also nicht nur gegeben sein, wenn die unordentliche Buchführung zur Folge hat, dass begründete Ansprüche nicht oder nicht rechtzeitig geltendgemacht werden können, sondern nun auch bei der Möglichkeit, dass die Aktiengesellschaft ein zweites Mal auf Begleichung einer bereits tatsächlich beglichenen Forderung in Anspruch genommen werden kann. Dem BGH zufolge ist die Gefahrenlage in den genannten Konstellationen vergleichbar, so dass die ursprüngliche Rechtsprechung sinngemäß auch für die umgekehrte Sachverhaltskonstellation zu gelten hat.[727] Für die Annahme des Vermögensnachteils genügt hier jedoch nicht die Gefahr einer doppelten Inanspruchnahme an sich, deren man sich unter normalen Umständen gerichtlich widersetzen könnte. Als nachteilsentscheidende Voraussetzung ist hier zusätzlich zu fordern, dass die Gesellschaft, welcher der Beweis für die Erfüllung der Verbindlichkeit obliegt, bei eben dieser Rechtsverteidigung gegenüber eine ungerechtfertigten Inanspruchnahme erheblich beeinträchtigt sein wird. Ein derartiges beweismäßiges Defizit besteht letztlich in der unzureichenden buchhalterischen Erfassung des tatsächlich stattgefundenen Zahlungsflusses. Voraussetzung für die Annahme einer untreuerelevanten Vermögensgefährdung ist mithin die Möglichkeit einer ungerechtfertigten Doppelinanspruchnahme bei gleichzeitiger erschwerter Rechtsverteidigung infolge der unzureichenden Buchhaltung.[728]

Dass auch in der umgekehrten Situation der mangelhaften Dokumentation bereits geleisteter Zahlungen bereits eine konkrete Vermögensgefährdung begründet sein kann, wird insbesondere von Mosenheuer[729] bezweifelt. Ihm zufolge existiere - entgegen der Ansicht des 5. Strafsenats - ein wesentlicher Unterschied zu dem Fall der mangelhaften Dokumentation eigener Ansprüche, welcher eindeutig gegen eine Gleichbehandlung spreche: Nicht die mangelhafte Buchführung an sich, sondern erst eine weitere Handlung - die erneute Zahlung durch die Aktiengesellschaft - sorge erst für eine effektive Vermögenseinbuße. Hieran hängt Mosenheuer dann auch seinen gewichtigsten Kritikpunkt auf, wenn er feststellt, dass in diesem Fall typisches Vorbereitungs- und Beihilfeunrecht zu täterschaftlichem Vollendungsunrecht aufgewertet wird.[730] Als konkret im Sinne der erforderlichen Einschränkung des Nachteilsbegriffs könnten die geforderten Umstände wirklich erst dann bezeichnet werden, wenn der befriedigte Gläubiger die mangelhafte Dokumentation bewusst ausnutzt, um die Leistung ein zweites Mal einzufordern. Hierdurch mache er sich dann aber- sofern die doppelte Geltendmachung bewusst erfolgt – selbst regelmäßig wegen Betrugs, Prozessbetrugs oder Erpressung strafbar. Zu diesen Delikten leiste der mangelhaft Buchführende dann lediglich straflose Vorbereitung bzw. Beihilfe, was zudem auch mit dem strafrechtlichen Verantwortungsprinzip besser zu vereinbaren sei. Darüber hinaus ist zu bedenken, dass es sich bei dem tatsächlichen Ausnutzen der

[727] BGH NJW 2001, 3638, 3640.
[728] BGH NJW 2001, 3638, 3640.
[729] *Mosenheuer*, NStZ 2004, 179, 180.
[730] *Mosenheuer*, NStZ 2004, 179, 180.

Gelegenheit, sich durch eine Straftat zu bereichern, im überwiegenden Regelfall um eine Ausnahme handeln dürfte. Erst dann, wenn die Realisierung der Gefahr einer effektiven Vermögenseinbuße nicht mehr in der Hand des Vermögensbetreuungspflichtigen oder eines Dritten liegt, könne bei dem Fremdschädigungsdelikt Untreue ein Nachteil angenommen werden.[731]

Zwar relativiert Mosenheuer seinen weitreichende Kritik insoweit wieder, als er dem Fall der durch den Geschäftspartner deliktisch herbeigeführten erneuten Zahlung die Qualität als Regelfall abspricht, verkennt dabei aber trotzdem noch in gravierender Weise die Realität, wie sie sich in größeren Unternehmen, also auch der Aktiengesellschaft, darstellen wird. In großen Gesellschaften werden Rechnungen allein nach dem gegenwärtigen Buchungsstand beglichen. Ist eine Zahlung nicht in den Büchern aufgeführt, dann besteht die dringende Gefahr, dass die erneute Leistung zum Automatismus wird. Bedenkt man darüber hinaus die der Gesellschaft in diesem Zusammenhang allein obliegende Beweislast, dann kann in diesem Fall allemal eine konkrete Gefährdung des AG-Vermögens angenommen werden. Genauso wie auf Seiten der zahlenden Gesellschaft wird schließlich auch auf Seiten der empfangenden Gesellschaft ein gewisser Automatismus hinsichtlich der Geltendmachung eigener Ansprüche auszumachen sein. Die von Mosenheuer angeführten Szenarien des deliktisch handelnden Geschäftspartners können daher nur als absolute Ausnahme bezeichnet werden. Als Regel dürfte hier vielmehr der Fall gelten, dass eine tatsächlich erfolgte Doppelzahlung sich im Rahmen langjähriger Geschäftsbeziehungen grundsätzlich außergerichtlich rückgängig machen lässt. Diese zu erwartende Praxis kann jedoch nichts daran ändern, dass im konkreten Einzelfall, in dem mit einer Doppelinanspruchnahme bei beeinträchtigter Möglichkeit der unter Umständen erforderlichen Rechtsverteidigung zu rechnen ist, eine bereits schadensgleiche Vermögensgefährdung gegeben ist. Mosenheuer verschiebt den Zeitpunkt des Nachteilseintritts nicht vertretbar nach hinten, um dann mit dem in der Praxis kaum zu erwartenden Deliktsverhalten des Geschäftspartners die Täterschaft des Vorstandsmitglieds in Frage zu stellen. Dem ist aus den genannten Gründen nicht zu folgen. Schließlich steht der Annahme einer konkreten Vermögensgefährdung auch nicht entgegen, dass die Gesellschaft die erneute Leistung im Wege einer ungerechtfertigten Bereicherung, §§ 812 ff. BGB, herausverlangen kann, da in jedem Fall das vom 5. Senat angesprochene erhebliche Prozessrisiko bestehen bleibt. Der BGH nimmt eine untreuerelevante Vermögensgefährdung in diesen Fällen nur dann an, wenn die konkreten Umstände des Einzelfalls die ungerechtfertigte Doppelinanspruchnahme als hinreichend sicher erscheinen lassen.[732]

---

[731] *Mosenheuer*, NStZ 2004, 179, 181.

[732] BGH NJW 2001, 3638, 3640.

Damit scheinen die Anforderungen an die Qualität der Gefahr konkret genug, um einen untreuerelevanten Vermögensnachteil im Einzelfall feststellen zu können. In dem der Entscheidung zugrundeliegenden Fall ist die Annahme des Vermögensnachteils dann auch an den insofern ausreichenden Voraussetzungen des BGH gescheitert. Die Annahme einer nachteilsbegründenden Vermögensgefährdung ist somit richtigerweise auch für den Fall, dass infolge der unordentlichen Buchführung eine Doppelinanspruchnahme droht, möglich. Hierbei handelt es sich im Falle des Vorliegens der sonstigen Tatbestandsmerkmale entgegen der Ansicht Mosenheuers um eine täterschaftlich begangene Untreue im Sinne von § 266 StGB und nicht bloß um eine straflose Vorbereitungshandlung bzw. strafbare Beihilfe zur wenig wahrscheinlichen Straftat des Geschäftspartners.

c) Nachteil durch unberechtigte Ausschüttung von Dividenden

Die in diesem Zusammenhang wohl unproblematischste, aber gleichwohl keineswegs weniger praxisrelevante Konstellation des Vermögensnachteils ist dann anzunehmen, wenn infolge der falschen Bilanzen Dividenden ausgeschüttet werden, die eigentlich nicht hätten ausgeschüttet werden dürfen.[733] Es dürfte keinen Zweifeln unterliegen, dass der durch die Pflichtverletzung verursachte falsche Eindruck eines zu hohen Bilanzgewinns immer dann einen untreuerelevanten Vermögensnachteil nach sich ziehen muss, wenn auf Grundlage dieser Bilanz tatsächlich eine unberechtigte Gewinnausschüttung stattfindet. Aber selbst, wenn der Gewinn noch nicht an die Aktionäre ausgeschüttet worden ist, wird man wohl bereits im Zeitpunkt der Erstellung des einen Bilanzgewinn ausweisenden Jahresabeschlusses von einer schadensgleichen Vermögensgefährdung auszugehen haben. Die Hauptversammlung ist nämlich bezüglich des von ihr zu fassenden Gewinnverwendungsbeschlusses an den festgestellten Jahresabschluß gebunden (§ 174 I 2 AktG). Dividendenzahlungsansprüche entstehen dann zwar erst mit dem Gewinnverwendungsbeschluß selbst[734], der mitgliedschaftliche Gewinnanspruch ist aber bereits mit der Feststellung des den Bilanzgewinn ausweisenden Jahresabschlusses begründet. Kraft dessen haben die Aktionäre dann schon zu diesem Zeitpunkt einen klagbaren Anspruch auf Herbeiführung des Gewinnverwendungsbeschlusses.[735]

Exemplarisch sei in diesem Zusammenhang auf den oben angeführten Beispielsfall 2 der Refugium Holding AG[736] hingewiesen. Hier sorgten mehrere Vorstandsmitglieder durch die Rückdatierung von Maklerverträgen für eine - gemessen an den tatsächlichen Verhältnissen - völlig unwirkliche Erhöhung des Bilanzgewinns, auf dessen Grundlage dann zu Unrecht eine Gewinnausschüttung erfolgte. In einem richtungsweisenden Urteil des Landgerichts Bonn vom

---

[733] Vgl. dazu *Würdinger*, Aktienrecht, 157.
[734] Vgl. *Hüffer*, Aktiengesetz, § 58 Rn. 28.
[735] *Hüffer*, Aktiengesetz, § 58 Rn. 26.
[736] Vgl. oben 4. Teil A I.

06.04.2004[737] wurde der ehemalige Finanzvorstand der Refugium Holding AG dann auch wegen unrichtiger Darstellung der Verhältnisse einer Kapitalgesellschaft in Tateinheit mit Untreue zu einer hohen Geldstrafe und zu einer zur Bewährung ausgesetzten Freiheitsstrafe verurteilt. Zwar wurde hier im Rahmen der Strafzumessnung zugunsten des Angeklagten berücksichtigt, dass er sich gegenüber dem Aufsichtsrat gegen eine Gewinnausschüttung auf Grundlage der unrichtigen Bilanz ausgesprochen hatte. Dieses Bemühen kann jedoch unter Berücksichtigung der Tatsache, dass grundsätzlich bereits im Zeitpunkt der Erstellung des falschen Jahresabschlusses ein Vermögensnachteil in Form der schadensgleichen Vermögensgefährdung anzunehmen ist, tatsächlich nur im Rahmen der Strafzumessung Berücksichtigung finden.

[737] LG Bonn, Urt. vom 6.4.2004 – 27 D 6/02 (nicht veröffentlicht).

(B) Untreue durch Verletzung der vorstandlichen Pflicht zur Verschwiegenheit

Beispielsfall 1: MLP AG (Dorian Simon, Vorstand)

Verdacht: *Geheimnisverrat, Untreue, Bilanzdelikte*

Nach Recherchen des Spiegel soll der Topmanager Dorian Simon bei seinen regelmäßigen Reisen in die Finanzmetropole London eine Affäre mit einer Londoner Bankerin gehabt haben. Kurz vor seiner letztendlichen Entlassung hat der Manager zugegeben, unter Druck brisante Geschäftsinterna nach außen getragen zu haben. Die Ex-Geliebte habe ihm anscheinend gedroht, seine Ehefrau mit Briefen und kompromittierenden Fotos aufzuklären. Ihre Motive seien Leerverkäufe von MLP-Aktien, also die Spekulation auf tiefere Kurse und die Vorbereitung einer feindlichen Übernahme durch Konkurrenzunternehmen gewesen. Die Wahrheit der Aussagen wird bezweifelt. Ein MLP-Komplott wird in Erwägung gezogen.

(Quelle: Der Spiegel Nr. 38/2002, 88)

Beispielsfall 2: Deutsche Bank/Kirch Media AG (ehem. Vorstandsvorsitzender der Deutschen Bank Dr. Rolf E. Breuer)

Verdacht: *Geheimnisverrat*

Der jetzige Aufsichtsratschef und frühere Vorstandssprecher der Deutschen Bank, Dr. Rolf. E. Breuer, hatte Anfang Februar 2002 in einer US-amerikanischen Fernsehsendung (Bloomberg TV) Ausführungen über die fehlende Kreditwürdigkeit der Unternehmensgruppe des Medienunternehmers Dr. Leo Kirch als Großkunde der Deutschen Bank gemacht. Das Oberlandesgericht München bestätigte in einem endgültigen Urteil Kirchs Anspruch auf Schadensersatz gegen die Bank wegen dieser Äußerungen. Die Tatsache, dass die Deutsche Bank nach dem Urteil durchaus zu hohen Schadensersatzforderungen herangezogen werden könnte, kann am Ende auch für Breuer noch gefährlich werden. Geschah die Pflichtverletzung nicht nur grob fahrlässig sondern vorsätzlich, könnte Untreue in Betracht kommen. Eine D&O-Versicherung würde in einem solchen Fall nicht greifen.

(Quelle: Handelsblatt vom 06.11. 2003 und 15.12.2003)

I. Problemeinführung

Für die Mitglieder des Vorstands kann § 266 StGB auch unter dem Gesichtspunkt einer Verletzung ihrer Pflicht zur Verschwiegenheit relevant werden.[738] Eine solche ist vor allen Dingen auf zwei verschiedenen Wegen denkbar: So kommt zunächst der Fall in Betracht, dass ein Unternehmensgeheimnis[739] der Aktiengesellschaft offenbart wird, woraus unter Umständen schon unmittelbar

---

[738] *Hirsch*, Strafrechtsschutz, 51 zur alten Rechtslage nach § 294 AktG a.F.; vgl. auch *Baumbach-Hueck*, Aktiengesetz (12. Auflage 1965), § 294 Anm. 2c unter „Beispiele".

[739] Definition: Unternehmensgeheimnisse sind nicht offenkundige, das Unternehmen betreffende Tatsachen, hinsichtlich derer das Unternehmen ein objektives Geheimhaltungsinteresse hat und die es nicht offenbaren will; vgl. GK-*Otto*, § 404 Rn. 13.

ein vermögenswerter Schaden für die Gesellschaft entsteht. Daneben gilt die Aufmerksamkeit den Konstellationen, in denen eine der Aktiengesellschaft obliegende Verschwiegenheitspflicht gegenüber einem anderen Geheimnisträger verletzt wird. In diesen letztgenannten Zusammenhang ist die oben angeführte Konstellation einer möglichen Verletzung des Bankgeheimnisses durch den damaligen Vorsitzenden der Deutschen Bank AG, Dr. Rolf E. Breuer, einzuordnen. Hier beruht ein etwaiger Schaden der im Hinblick auf die Schweigepflicht verletzenden Aktiengesellschaft (Zurechnung des vorstandlichen Fehlverhaltens über § 31 BGB) in einer dieser gegenüber verhängten Sanktion. Soweit der Vorstand bei dieser denkbaren Konstellation zugunsten der Aktiengesellschaft gehandelt hat, deckt sich die Situation jedoch mit dem bereits im Rahmen der Ausführungen zur Untreue durch Risikogeschäfte angesprochenen Problemkreis.[740] Auf diesen wird hier, um Wiederholungen zu vermeiden, nicht erneut eingegangen.

II. Treubruchsuntreue[741] durch Verletzung der Pflicht zur Verschwiegenheit

Kraft ihrer Funktion haben die Mitglieder des AG-Vorstands wie kein anderer Angehöriger der Aktiengesellschaft Gelegenheit, Geheimnisse der Gesellschaft zu erfahren und diese unter Umständen auch zu eigenen oder fremden Zwecken missbräuchlich zu offenbaren bzw. zu verwerten, womit nicht selten eine Beeinträchtigung der Vermögensverhältnisse der Gesellschaft einhergehen dürfte. Die einem Vorstandsmitglied obliegende Treuepflicht gebietet ihm, das Wohl und die Interessen der Gesellschaft zu wahren und Nachteile von dieser abzuwenden.[742] Als eine von zwei[743] besonderen gesetzlichen Ausprägungungen dieser organschaftlichen Treuepflicht ist nun insbesondere die Pflicht der Vorstandsmitglieder zur Verschwiegenheit zu nennen.[744] Sie wird – wenn dies auch nur als deklaratorische Herausstellung der ohnehin bereits durch § 93 I 1 AktG erfassten Pflicht zu verstehen ist[745] - ausdrücklich in § 93 I 2 AktG genannt und dahingehend konkretisiert, dass Vorstandsmitglieder über vertrauliche Angaben und Geheimnisse der Gesellschaft, die ihnen durch ihre Tätigkeit im Vorstand bekannt geworden sind, Stillschweigen zu bewahren haben. Die Verschwiegenheitspflicht bezieht sich auf sämtliche Informationen, deren Geheimhaltung oder vertrauliche Behandlung im Interesse der Gesellschaft liegt, unabhängig davon,

---

[740] Siehe oben 2. Teil B IV.

[741] Die Verletzung der Pflicht zur Verschwiegenheit wird bereits denklogisch ausschließlich unter dem Gesichtspunkt der Treubruchsuntreue relevant.

[742] Statt vieler KK-*Mertens*, § 93 Rn. 57 ff.

[743] Zweite gesetzliche Einzelausprägung ist das in § 88 AktG geregelte Wettbewerbsverbot.

[744] *Kittner*, ZHR 136 (1972), 208, 220; *Müller*, NJW 2000, 3452, 3453; GK-*Hopt*, § 93 Rn. 187; *Hüffer*, AktG, § 93 Rn. 6; *Geßler/Hefermehl-Hefermehl*, § 93 Rn. 15; a.A. *Godin-Wilhelmi*, § 93 Anm. 5 und *Spiecker*, NJW 1965, 1937, die sie zur „Sorgfaltspflicht" rechnen; nach KK-*Mertens*, § 93 Rn. 75 und *Säcker*, NJW 1986, 803 lässt sie sich wiederum sowohl auf die Sorgfaltspflicht als auch auf die Treuepflicht zurückführen.

[745] *Henn*, Handbuch des Aktienrechts, §18 Rn. 593.

ob sie als vertraulich bezeichnet waren oder nicht. In Betracht kommen in diesem Zusammenhang vor allen Dingen technische Daten von Produkten oder verwendeten Herstellungsverfahren, Unternehmenspläne, finanzielle Daten der Gesellschaft, soweit sie nicht sowieso öffentlich bekannt sind, Vertriebsdaten (Kundenstamm etc.), Personaldaten oder Meinungsäußerungen und Stimmabgaben in Vorstand und Aufsichtsrat.[746] Als Ausfluss der allgemeinen Treuepflicht dient sie natürlich auch dem Unternehmensinteresse[747] und hat daher den notwendigen Vermögensbezug, so dass sie der Vermögensbetreuungspflicht des Vorstands unterfällt.

1. Pflichtverletzung

a) Grundsätzlich

Im Grundsatz muss die Frage nach der Pflichtverletzung getrennt nach den beiden oben genannten Konstellationen erörtert werden, da die jeweiligen Geheimnisse unterschiedlichen Geheimnisträgern zugeordnet sind. Problematisch ist in diesem Zusammenhang zunächst die Tatsache, dass die Verletzung der Verschwiegenheitspflicht durch Geheimnisoffenbarung regelmäßig kein unmittelbares Handeln im Rahmen der dem Vorstand obliegenden Organtätigkeit sein wird, sondern „bei Gelegenheit" erfolgt. Auf eine derartige Unmittelbarkeit kann es jedoch für die Pflichtverletzung nicht entscheidend ankommen. Maßgeblich ist vielmehr allein, dass die Tat unter Ausnutzung der die Tätereigenschaft begründenden Sonderbeziehung zum fremden Vermögen begangen wird.[748] Es muss mithin genügen, dass dem Vorstandsmitglied die Kenntnisnahme über das ihn zur Verschwiegenheit verpflichtende Geheimnis im Rahmen seiner Organtätigkeit ermöglicht wurde, selbst wenn die treuepflichtverletzende Handlung dann nicht mehr in unmittelbarem Zusammenhang zur Vorstandstätigkeit erfolgt. In jedem Fall zu eng wäre es mithin, nur solche Tätigkeiten für tatbestandsmäßig zu halten, die im Rahmen der eigentlichen Organausübung stattfinden.[749] Die Pflicht, über vertrauliche Angaben und Geheimnisse der Gesellschaft Stillschweigen zu bewahren, wird zivilrechtlich mit jeder Offenbarung verletzt, sofern die Offenbarung nicht ausnahmsweise gestattet ist.[750] Haftet dem offenbarten Geheimnis oder der vertraulichen Angabe dann noch ein irgendgearteter Bezug zum Vermögen der Aktiengesellschaft an, so liegt in einer solchen Pflichtverletzung auch eine Pflichtverletzung im Sinne des Untreuetatbestandes. Für den Fall, dass die Offenbarung zwar eine Pflicht der Aktiengesellschaft betrifft, diese jedoch einem anderen Geheimnisträger zuzuordnen ist, kann eine

---

[746] *Thümmel*, Persönliche Haftung, Rn. 133..

[747] *Säcker*, NJW 1986, 803; vgl. auch *Tiedemann*, FS Tröndle, 319, 332.

[748] Vgl. *Poseck*, Strafrechtliche Haftung, 85; *Schönke/Schröder-Lenckner/Perron*, § 266 Rn. 36; SK/StGB-*Samson/Günther*, § 266 Rn. 40; *Burkhardt*, NJW 1973, 2190; *Labsch*, Untreue, 248; *Tiedemann*, FS Tröndle, 319, 325 ff.

[749] So aber im Ergebnis: *Nelles*, Untreue zum Nachteil von Gesellschaften, 555 f.; andeutungsweise auch *Tiedemann*, FS Tröndle, 319, 325 ff.

[750] Siehe dazu unten die Erörterungen zu 1c und d.

Pflichtverletzung ebenfalls angenommen werden, wenn die Offenbarung mit Sanktionen gegenüber der Gesellschaft verbunden ist. War eine Pflichtverletzung bei dem annähernd ähnlichen Fall des straf- oder ordnungswidrigen Handelns zugunsten der Gesellschaft noch streitig, da eine mögliche Kompensation nicht ausgeschlossen war, so ist eine solche in diesem Fall bei vollständig fehlendem Vorteilsbezug zugunsten der Aktiengesellschaft in jedem Fall anzunehmen.

b) Sonderfall: Offenbarung von Geheimnissen von Kunden bzw. Geschäftspartnern der AG

Ein denkbarer Vermögensnachteil einer im Hinblick auf die Schweigepflicht verletzten fremden Institution, welche zum Beispiel in Geschäftsbeziehungen zu der Aktiengesellschaft steht, wird demgegenüber unter Untreuegesichtspunkten kaum Relevanz entfalten, da sich bereits die Vermögensbetreuungspflicht des Vorstands dieser gegenüber nur in wenigen Ausnahmefällen begründen lassen wird. Dies liegt vor allen Dingen darin begründet, dass etwa eine Bank (siehe Beispielsfall 2) im Zusammenhang mit der Kreditgewährung primär eigene und nicht fremde (Kunden-) Interessen wahrnimmt. Strafrechtlich relevante Treuepflichten können auf Seiten der Bank allenfalls und ausnahmsweise dann entstehen, wenn die Bank mit einem Sparer einen allgemeinen Geschäftsbesorgungsvertrag abgeschlossen hat – so ein Fall des OLG Düsseldorf[751] -, das Kfz-Finanzierungsinstitut den gesamten Geschäfts- und Zahlungsverkehr zwischen Käufer und Bank abwickelt – so eine unveröffentlichte Entscheidung des BGH[752] – oder das Kreditinstitut bei einem notleidenden Unternehmen den gesamten Zahlungsverkehr des Schuldners mit den Gläubigern übernimmt.[753] Dient die Übernahme des Zahlungsverkehrs des Kunden freilich – nahe liegender Weise – der Tilgung von Schulden des Kunden gegenüber der Bank, so wird der Schuldner wirtschaftlich gar nicht erst geschädigt, womit der Untreuetatbestand im Ergebnis ausscheiden muss. Tiedemann hat diese für Insolvenzen typische Situation und die zugehörige Problematik der Poolbildung unter Beteiligung von Banken bereits vor 20 Jahren näher beschrieben[754] und durch den Hinweis auf die mögliche Untreuestrafbarkeit ein gewisses Erstaunen in der Kreditwirtschaft ausgelöst. Durch Auskünfte über die Kreditunwürdigkeit des Bankkunden, wie im aufgeführten Fall der Deutschen Bank wird ein Vermögensnachteil desselben zudem nur dann begründbar sein, wenn der Schuldner bei Nichtaufdeckung seiner Kreditunwürdigkeit bei anderen Kreditinstituten noch Kredit erlangt hätte. Dies dürfte jedoch eine in der Praxis kaum oder zumindest sehr selten nachweisbare Konstellation darstellen, bei der zudem auch berücksichtigt werden muss, dass der Kreditantrag gegenüber dritten Kreditinstituten den Tatbestand des Kreditbetrugs erfüllen und der so erlangte Kredit unter

---

[751] OLG Düsseldorf wistra 1995, 72 f.

[752] Bei LK-*Schünemann*, § 266 Rn. 111.

[753] Tiedemann, FS *Kohlmann*, 307, 309 f.

[754] *Tiedemann*, ZIP 1983, 513 ff.

normativen Gesichtspunkten der Schadensberechnung zur Verneinung einer schutzwürdigen Vermögensposition führen kann.[755] Für die Offenbarung der Kreditunwürdigkeit durch Bankangestellte und insbesondere durch Vorstandsmitglieder von Banken gewinnen daher eher Straftatbestände an Bedeutung, die nicht auf den Eintritt eines Vermögensnachteils des Kreditnehmers abstellen.[756]

c) Sonderfall Due-Diligence-Prüfung und Pflichtwidrigkeit

Soll eine wesentliche Beteiligung an der Aktiengesellschaft veräußert werden und steht in diesem Zusammenhang eine sogenannte Due-Diligence-Prüfung an, dann könnte eine Preisgabe unternehmensinterner Informationen ausnahmsweise gestattet, unter Umständen sogar geboten sein. Lässt sich eine solche Ausnahme von der aktienrechtlichen Geheimhaltungspflicht im folgenden tatsächlich begründen, dann kann die hierauf basierende Offenbarung durch den Vorstand weder zivilrechtliche noch strafrechtliche Konsequenzen hervorrufen. Eine Informationserteilung in diesem Sinne setzt aber in jedem Fall den Abschluss einer Vertraulichkeitsvereinbarung zwischen dem preisgebendem Vorstand und dem möglichen Anteilserwerber voraus. Zudem muss einschränkend gelten, dass die Informationserteilung unumgänglich für das Zustandekommen des Geschäfts ist. Um hier ganz sicher zu gehen, ist ein diesbezüglicher Beschluss des gesamten Vorstands empfehlenswert.[757] Im Einzelfall, besonders bei der Rechtsverfolgung durch ein Vorstandsmitglied, kann die Erfüllung der Verschwiegenheitspflicht schließlich sogar unzumutbar sein[758], so dass der Vorstand sogar gehalten sein kann, Daten zu offenbaren.

Die diesbezügliche Diskussion erstreckt sich nun auf die Frage, wie die einzelnen Konstellationen, in denen die Informationsweitergabe zulässig ist, inhaltlich ausgestaltet sein müssen. Lutter unterscheidet zwischen der Weitergabe selektiver, nur einzelne Unternehmensteile betreffender Informationen und der Offenbarung globaler, das ganze Unternehmen betreffender Daten. Soweit es um sektorale Daten gehe, könne der Vorstand im Rahmen einer Abwägung der verschiedenen Gesellschaftsinteressen selbst darüber entscheiden, ob das unternehmerische Interesse eine Weitergabe gebiete. Bei den im Zusammenhang mit einem Unternehmenskauf interessierenden Informationen handele es sich jedoch um globale Daten, welche wegen § 93 AktG regelmäßig nicht offenbart werden

---

755 Zu der Tendenz zunehmender Normativierung des Vermögens- und Schadensbegriffes beim Betrug: *Tiedemann*, Festgabe 50 Jahre BGH, Bd. IV, 551, 558 f., 564 ff. und in LK, § 263 Rn. 186 m.w.N.

756 Dies sind neben § 404 AktG z.B. § 17 UWG, §§ 55a, 55b KWG und § 187 Var. 2 StGB. Die Vorschrift des § 203 II StGB ist dagegen auf öffentlich-rechtliche Kreditinstitute (z.B. Sparkassen) beschränkt.

757 *Linker/Zinger*, NZG 2002, 497, 498 f.

758 *Geßler/Hefermehl-Hefermehl*, § 93 Rn. 22; KK-*Mertens*, § 93 Rn. 83; *Golling*, Sorgfaltspflicht und Verantwortlichkeit, 36 ff.; *Meyer-Landrut*, AG 1964, 325, 326 f.

dürften. Nur ausnahmsweise, falls ein überragendes, ungewöhnliches Gesellschaftsinteresse gegeben sei, dürfe eine Weitergabe erfolgen.[759]

Lutter führt als Beispiel für ein solches Interesse eine nicht anders abwendbare Existenzbedrohung der AG an. Dafür spreche, dass in einer derartigen Krisensituation auch das Bezugsrecht der Aktionäre ausgeschlossen werden dürfe.[760] Hielte man die Weitergabe von Informationen mit Lutter nur ausnahmsweise für zulässig, würde das bedeuten, dass § 93 Abs. 1 Satz 2 AktG als gesetzliche Vermutung für die Geheimhaltungsbedürftigkeit von Informationen zu begreifen ist. Damit wäre es für einen potentiellen Käufer quasi unmöglich, die für einen Beteiligungserwerb relevanten Informationen zu erlangen. Sofern man aber von einem Erwerber verlangt, ohne nähere Informationen erheblicher Art über eine AG als Zielobjekt eine Entscheidung zu treffen, sinkt für diesen erheblich die Attraktivität eines potentiellen Erwerbs.[761] Insoweit würde es auch gerade auf dem internationalen Unternehmensmarkt zu einer ganz erheblichen Benachteiligung deutscher AGs kommen. Denn unter Berücksichtigung des Aspekts, dass im internationalen Unternehmensmarkt die Due Diligence-Prüfung einen absoluten Standard darstellt, wäre gerade das Interesse ausländischer potentieller Erwerber erheblich eingeschränkt.[762] Schließlich würde man durch eine derart restriktive Handhabung verkennen, dass bei der Auslegung von § 93 AktG die Regelung des § 76 AktG und die dazu richterrechtlich entwickelten Grundsätze zu berücksichtigen sind. Danach hat der Vorstand hinsichtlich der Wahrnehmung seiner Pflichten einen weiten Ermessensspielraum. Die Grenze der Sorgfaltspflicht wird durch die aus dem anglo-amerikanischen Recht stammende Business-Judgement-Rule markiert. Sie besagt, dass der Vorstand nicht haftet, wenn er sich ausreichend informiert hat, sich bei der Entscheidung nicht in einem Interessenkonflikt befindet und vernünftigerweise glauben darf, dass er im besten Interesse der Gesellschaft agiert.[763] Ungeachtet dessen verliert Lutters Unterscheidung zwischen der Weitergabe globaler und selektiver Informationen dadurch an Überzeugungskraft, dass der Gesellschaft auch bei der Weitergabe bloß sektoraler Daten erhebliche Gefahren drohen können (insbesondere wenn sie an Konkurrenten weitergeleitet werden[764]).

---

[759] *Lutter*, ZIP 1997, 613, 617.
[760] *Lutter*, ZIP 1997, 613, 617, Fn. 37.
[761] *Kiethe*, NZG 1999, 976, 979.
[762] *Kiethe*, NZG 1999, 976, 979.
[763] *Schroeder*, DB 1997, 2161, 2162; *Mertens*, AG 1997, 541, 546; vgl. auch *Horn*, ZIP 1997, 1129, 1134. Zum grundsätzlich sehr weiten Spielraum des Vorstandes hat sich auch der BGH DStR 1997, 880, 881 m. Anm. *Goette* („ARAG/Garmenbeck") deutlich bekannt.
[764] *Mertens*, AG 1997, 541, 544.

Darüber hinaus ist der Hinweis Lutters auf die Rechtslage beim Bezugsrechtsausschluss nicht mehr stichhaltig, seit der BGH seine bisherige Rechtsprechung mit der Entscheidung „Siemens/Nold“[765] (zu Recht)[766] aufgegeben hat: Nunmehr können durch den Vorstand im Rahmen seines unternehmerischen Ermessens zu prüfende, wohlverstandene Interessen der Gesellschaft den Ausschluss des Bezugsrechts sachlich rechtfertigen, ohne dass der Vorstand eine strenge Verhältnismäßigkeitsprüfung vorzunehmen hat[767]. Ganz auf der Linie dieser Judikatur liegt es, wenn man auch bei § 93 Abs. 1 Satz 2 AktG einen weiten Ermessensspielraum des Vorstands annimmt.[768] Schließlich gibt es, abgesehen von der Situation einer Existenzkrise, welche laut Lutter ausschließlich eine Informationsweitergabe rechtfertigen kann, viele Gründe, die aus Sicht des Vorstands die Ermöglichung einer Due Diligence geboten erscheinen lassen:
Der Vorstand börsennotierter Aktiengesellschaften wird regelmäßig daran interessiert sein, dass der Großaktionär seine Beteiligung (außerbörslich) zu einem Preis veräußert, der sich dem anteiligen Börsenwert annähert, da ansonsten sehr wahrscheinlich mit erheblichen Kursverlusten zu rechnen ist. Ein solcher Preis ist aber nur bei Durchführung einer Due Diligence zu erzielen. Außerdem können strategische Interessen den Vorstand motivieren, die Transaktion mittels Informationsweitergabe zu befördern.[769] Demzufolge hat der Vorstand in den Grenzen pflichtgemäßen Ermessens über die Auskunftserteilung zu entscheiden. Das bedeutet, dass der Gesamtvorstand[770] im Einzelfall eine Abwägung vorzunehmen hat, in welche als Kriterien die Ernsthaftigkeit des Kaufinteresses, das Ausmaß und die Wahrscheinlichkeit der Vorteile für die Gesellschaft, die Ge-

---

[765] BGHZ 136, 133.
[766] Vgl. *Kübler*, ZBB 1993, 1, passim.
[767] BGH DStR 1997, 1460 m. Anm. *Goette*. Für die reguläre Kapitalerhöhung hatte der BGH in BGHZ 71,40 demgegenüber noch eine sachliche Rechtfertigung im Gesellschaftsinteresse und die Zumutbarkeit des Bezugsrechtsausschlusses gefordert. Aus der geänderten Formulierung folgert ein Teil des Schrifttums nun, der BGH habe die Anforderungen an die materielle Beschlusskontrolle beim Bezugsrechtsausschluß herabgesenkt: Urteile man nach dem Emissionsvolumen, werde der größte Teil der Eigenkapitalbeschaffung im Wege des genehmigten Kapitals organisiert. Der BGH-Beschluss stelle infofern eine richterrechtliche Modifizierung des Minderheitenschutzes durch das Bezugsrecht dar (*Kerber*, DZWiR 1998, 326, 328). *Cahn* (ZHR 163 [1999], 554, 574 ff., insb. S. 579) spricht in diesem Zusammnhang von einer erheblichen Herabsetzung der formellen Voraussetzungen für einen Bezugsrechtsausschluss. Diese wirke sich nicht nur auf die Pflichten des Vorstandes, sondern auch auch auf den Legitimationsgehalt von Ermächtigungsbeschlüssen der Hauptversammlung aus. Dieser Interpretation der neuen Rechtsprechung - und auch der Sachaussage an sich, dass die Rechtfertigungsanforderungen bei den §§ 202 ff. AktG geringer seien – wird indes ebenso verbreitet widersprochen (OLG Celle AG 2002, 292; *Bayer*, ZHR 163 [1999], 505, 539). Die Auflösung dieser Kontroverse soll jedoch an dieser Stelle aus Platzgründen unterbleiben. Sie ist überdies für den weiteren Gang der konkreten Untersuchung nicht von Bedeutung.
[768] *Mertens*, AG 1997, 541, 546.
[769] *Mertens*, AG 1997, 541, 545; *Schroeder*, DB 1997, 2161, 2162.
[770] KK-*Mertens*, § 93 Rn. 82; *Roschmann/Frey*, AG 1996, 449, 452; a.A. *Schroeder*, DB 1997, 2161, 2162, nachdem dies nur in Zweifelsfällen gilt.

fahr einer nachteiligen Verwertung der Informationen sowie der Stand der Verhandlungen einzustellen sind. Für die Richtigkeit der Abwägung selbst haftet der Vorstand nicht, da auch falsche unternehmerische Entscheidungen Teil unternehmerischen Handelns sind. Freilich muss sich der Vorstand durch Vertraulichkeitsvereinbarungen mit dem potentiellen Erwerber absichern. Unter Umständen ist ein neutraler Dritter einzuschalten.[771] In jedem Fall kann aber konstatiert werden, dass der Vorstand unter den genannten Voraussetzungen zur Preisgabe der Informationen befugt sein muss.[772] Selbst wenn der Gesellschaft dadurch ein Schaden entsteht, muss in diesen Fällen eine gesellschaftsrechtliche Pflichtverletzung und damit auch eine solche im Sinne des Untreuetatbestandes verneint werden. Ganz im Gegenteil muss unter Umständen sogar an eine Untreue durch nicht erfolgte Offenbarung gedacht werden, wenn der im Raume stehende Anteilserwerb infolge des Schweigens ausbleibt oder zu schlechteren Konditionen erfolgt.[773]

d) Sonstige Möglichkeiten eines pflichtwidrigkeitsausschließenden Einverständnisses in die Geheimnispreisgabe

Fraglich ist nun, ob über den erörterten Fall der Due Diligence hinaus noch andere Möglichkeiten einer vorstandlichen Offenbarungsbefugnis existieren. Dazu muss die Frage beantwortet werden, von wem der für das Tatobjekt erforderliche Geheimhaltungswille bei der Aktiengesellschaft abhängt, d.h. welches Organ zur Erteilung einer Offenbarungsermächtigung befugt ist. In Betracht zu ziehen sind in diesem Zusammenhang die Möglichkeit eines Einverständnisses der Hauptversammlung, des Aufsichtsrats, die organexterne Regelung einiger Punkte der Geschäftsordnung des Vorstands sowie selbstverständlich ein mögliches Einverständnis des Vorstands selbst als Leitungsorgan der Aktiengesellschaft.

aa) Einverständnis der Hauptversammlung

Betrachtet man in diesem Zusammenhang zunächst die Vorschrift des § 85 III 2 GmbHG, die es den Gesellschaftern ermöglicht, den erforderlichen Strafantrag nach § 85 III 1 GmbHG durch besondere Vertreter stellen zu lassen, so könnte der Schluss nahe liegen, dass zumindest ein faktisches Interesse der Gesellschafter an dem offenbarten Geheimnis auch gesetzlich als schützenswert und damit als rechtliches anerkannt worden ist.[774] Da es zudem in strafrechtlicher Hinsicht

---

[771] *Schroeder*, DB 1997, 2161, 2162 f.; *Roschmann/Frey*, AG 1996, 449, 452; *Mertens*, AG 1997, 541, 546 f.; so i.E. auch *Bihr*, BB 1998, 1198, 1199.

[772] So u.a. auch: *Mertens*, AG 1997, 541, 546; *Schwark*, Kapitalmarktrechtskommentar, § 14 WpHG Rn. 41; MüKo/AktG-*Hefermehl/Spindler*, § 93 Rn. 63; *Hüffer*, AktG, § 93 Rn. 8; GK-*Hopt*, § 93 Rn. 213; *Rittmeister*, NZG 2004, 1032, 1034.

[773] Siehe dazu auch *Kiethe*, NZG 1999, 976, 982.

[774] *Rowedder/Schmidt-Leithoff-Fuhrmann/Schaal*, GmbHG, § 85 Rn. 1, ebenfalls mit Bezug auf die Antragsbefugnis. In gleicher Weise, jedoch ohne diese Herleitung, *Driesen*, GmbHR 1989, R. 82; *Scholz-Tiedemann*, GmbHG, § 85 Rn. 2.

ohne weiteres richtig ist, dass die Gesellschafter sich gegenüber einem GmbH-Geschäftsführer vertraglich dahingehend binden können, keinen Strafantrag zu stellen[775], ist nicht plausibel, warum es ihnen nicht von vornherein möglich sein soll, ein Einverständnis zur Offenbarung erteilen und dadurch die Tatbestandsmäßigkeit einer Offenbarung ausschließen zu können.[776] Diese strafrechtliche Sichtweise deckt sich bei der GmbH auch mit den Vorgaben des Zivil- und Gesellschaftsrechts. Ohne Zweifel sind die Gesellschafter befugt, durch auf satzungsgemäßem Weg zustandegekommene Weisungen zu steuern, ob, wie und in welchem Umfang die Geschäftsführer Geheimnisse der GmbH offenbaren dürfen[777] oder gegebenenfalls sogar offenbaren müssen.[778]

Diese Erkenntnis lässt sich jedoch nicht auf die Situation bei der Aktiengesellschaft übertragen. Die Hauptversammlung ist – obwohl diese Ansicht vertreten worden ist[779] - zur Entscheidung über die Offenbarung von Geheimnissen nicht befugt.[780] Zwar ist die Hauptversammlung das einzige Organ der Aktiengesellschaft, dessen Mitgliedern die Offenbarung von Betriebs- und Geschäftsgeheimnissen nicht kraft Gesetzes verboten ist, und zudem trotz erheblicher Einschränkungen noch immer das oberste Willensbildungsorgan der Gesellschaft.[781] Die Zuständigkeit scheidet jedoch bereits wegen der Unvereinbarkeit mit § 119 AktG aus, da der Geheimnisschutz nicht Maßnahmen im Sinne der Aufzählung in § 119 I AktG betrifft. Daneben kann man sich aus naheliegenden Gründen auch in den Fällen des § 119 II AktG nicht auf eine der Hauptversammlung ausnahmsweise zufallende Willensbildung stützen.[782] Für eine verantwortliche Entscheidung der Hauptversammlung müsste ihr die geheime Tatsache nämlich mitgeteilt werden. Eine solche Mitteilung würde das Geheimnis jedoch in den meisten Fällen vernichten.[783]

---

[775] Die Entscheidung des BGH vom 28.01.1974 – III ZR 93/72, NJW 1974, 900 beansprucht generelle Geltung.

[776] Vgl. *van Venrooy*, GmbHR 1993, 609, 614. Für die einfachen Gesellschafter der GmbH besteht zudem keine Pflicht zur Betreuung des Gesellschaftsvermögens im Sinne von § 266 I StGB. Zwar dürfen die Gesellschafter Vermögensverschiebungen, die das Stammkapital angreifen bzw. eine Existenzgefährdung der GmbH zur Folge haben könnten, keine Zustimmung erteilen. Daraus folgt aber keineswegs die Pflicht, fremde Vermögensinteressen wahrzunehmen; vgl. LK-*Schünemann*, § 266 Rn. 125.

[777] *Seydel*, in: GmbH-Praxis, § 85 Rn. 4.

[778] Auf letzteres legt *Schulze-Osterloh*, in: Baumbach/Hueck, GmbH, § 85 Rn. 11 den Akzent. Ebenso *Meyer-Landrut/Miller/Niehus-Meyer-Landrut*, GmbHG, § 85 Rn. 4, wo es allerdings im Satz zuvor noch heißt: „Die Gesellschafterversammlung ist dem Sinne nicht Herr der Geheimnisse der GmbH, als dass sie über deren Offenbarung anstelle der Geschäftsführer entscheiden kann".

[779] Vgl. *Schnorr*, AuR 1953, 132, 135.

[780] KK-*Geilen*, § 404 Rn. 31; GK-*Otto*, § 404 Rn. 19.

[781] KK-*Geilen*, § 404 Rn. 31; *Baumbach/Hueck*, Aktiengesetz, § 118 Rn. 6; *Godin/Wilhelmi*, § 119 Anm. 1.

[782] KK-*Geilen*, § 404 Rn. 31.

[783] *Von Stebut*, Geheimnisschutz und Verschwiegenheitspflicht im Aktienrecht, 95.

bb) Einverständnis des Aufsichtsrats

Als maßgebliches Organ muss in diesem Zusammenhang auch der Aufsichtsrat ausscheiden, dem die Pflicht zur Verschwiegenheit durch § 116 S. 2 AktG auferlegt ist. Der Aufsichtsrat ist wie auch die anderen Organe eng an die gesetzlich geregelte Aufgabenverteilung in der Aktiengesellschaft gebunden. Danach ist er prinzipiell nur für die Überwachung der Geschäftsleitung zuständig (§ 111 AktG). Seine Befugnis zur Offenbarung von Geheimnissen beschränkt sich mithin auf die ausdrücklich vom Gesetz geregelten Fälle. Dies sind namentlich die notwendige Offenbarung bei einem mit Vorstandsmitgliedern geführten Rechtsstreit (§ 112 AktG), die erforderliche Unterrichtung der Hauptversammlung (§ 171 II 1 AktG) und die Informierung eines hinzugezogenen Sachverständigen (§ 111 II 2 AktG).[784]

cc) Einverständnis im Wege organexterner Geschäftsordnung

Bevor auf die in diesem Zusammenhang wohl naheliegendste Maßgeblichkeit des Vorstands eingegangen wird, ist schließlich noch denkbar, dass der Aufsichtsrat oder in Ausnahmefällen sogar die Hauptversammlung im Rahmen ihrer durch Gesetz verliehenen Kompentenzen einzelne Punkte der Geschäftsordnung des Vorstands organextern regeln. Ein vorstandsfreundlicher Text könnte etwa lauten: „Über die Offenbarung von Geheimnissen der Gesellschaft entscheidet jedes Vorstandsmitglied innerhalb seines Zuständigkeitsbereiches selbst." Dabei muss allerdings klar sein, dass die Diskussion, ob sich der Vorstand noch innerhalb der Grenzen des § 93 I 2 AktG bewegt hat, durch eine solche Formulierung nicht vollends abgeschnitten ist. Berücksichtigt man zudem die obigen Feststellungen zu den abschließenden Kompetenzen von Aufsichtsrat und Hauptversammlung, so ist eine solche Befugnis jedenfalls im Hinblick auf Geschäftsgeheimnisse zu verneinen. Die aktiengesetzliche Kompetenzordnung darf trotz der grundsätzlich möglichen Regelung einzelner Geschäftsordnungspunkte durch Aufsichtsrat[785] und Hauptversammlung[786] nicht aus den Angeln gehoben werden.

dd) Einverständnis durch einzelne Vorstandsmitglieder/den Gesamtvorstand

Nach der nachvollziehbaren Auffassung von Stebuts ist hinsichtlich der Frage, ob ein Organ für die Offenbarung von Geheimnissen zuständig ist, allein auf die gesetzliche Aufgabenverteilung und die besondere Stellung innerhalb des aktienrechtlichen Organgeflechts abzustellen.[787] Als Folge seiner ihm durch Gesetz verliehenen Leitungsbefugnis, nach der er für die Führung der Geschäfte aus-

---

[784] Vgl. dazu die umfassende Darstellung bei *von Stebut*, Geheimnisschutz und Verschwiegenheitspflicht im Aktienrecht, 98 f.

[785] *Hüffer*, AktG, § 77 Rn. 19.

[786] *Hüffer*, AktG, § 77 Rn. 20.

[787] *Von Stebut*, Geheimnisschutz und Verschwiegenheitspflicht im Aktienrecht, 97 f.

schließlich zuständig ist[788], hätte der Vorstand beispielsweise also einen Vertrag über die Auswertung eines Geheimverfahrens mit einem Dritten zu schließen, der die Mitteilung des Geheimnisses notwendig macht[789], obwohl ihm eine derartige Mitteilung nach dem Wortlaut des § 93 I 2 AktG eigentlich verboten ist. Die Tatsache, dass die Entstehung eines Geheimnisses fast ausschließlich vom Begründungswillen des Vorstands abhängt[790], könnte nun einen möglichen Anhaltspunkt dafür liefern, dass dieser auch befugt sein muss, über die Mitteilung von Geheimnissen an Dritte zu befinden.

Die Entscheidung, eine unbekannte Tatsache geheim halten zu wollen - Voraussetzung für die Entstehung eines Geheimnisses - muss im Allgemeinen im Rahmen der laufenden Geschäftsführung gefällt werden und gehört damit nach § 77 AktG zu den Aufgaben des Vorstands. Aus der Leitungsbefugnis des Vorstands und den dabei zu treffenden Entscheidungen ergibt sich demnach insgesamt auch die Befugnis, über die Offenbarung von Geheimnissen zu beschließen. Ist gemäß § 77 AktG durch Satzung oder Geschäftsordnung eine für die geheimzuhaltende Materie abweichende Zuständigkeit vorgesehen, so ist in diesem Rahmen der Wille des für die Angelegenheit zuständigen, jeweiligen Mitglieds entscheidend.[791] Unter Umständen ist aber selbst dann wegen der folgenschweren negativen Auswirkungen eines nicht mehr aufrechtzuerhaltenden Geheimhaltungswillens eine durch Einschaltung aller Vorstandsmitglieder herbeizuführende Plenarentscheidung erforderlich.[792] Es kann damit festgestellt werden, dass die Befugnis zur Entscheidung über die Offenbarung von Geheimnissen - abgesehen von den genannten Ausnahmen - allein dem Vorstand zusteht. Die für § 404 AktG und damit auch für § 266 StGB entscheidende Pflichtwidrigkeit kann aber immer nur dann entfallen, wenn sich die vom Vorstand erklärte Gestattung zur Offenbarung noch innerhalb der Grenzen des § 93 I 2 AktG bewegt.

2. Vermögensnachteil

Der Aktiengesellschaft muss durch die Verletzung der vorstandlichen Pflicht zur Verschwiegenheit ein wirtschaftlicher Nachteil – sei es auch nur in Form einer konkreten Vermögensgefährdung - erwachsen sein. Bloße „Schwatzhaftigkeit" eines Vorstandsmitglieds ohne messbare nachteilige Folgen für die Gesellschaft ist daher grundsätzlich nicht von § 266 StGB erfasst. Das BayObLG hat in einer grundlegenden Entscheidung[793], in der es um die Ausschreibung von Aufträgen

---

[788] *Baumbach/Hueck*, Aktiengesetz, § 76 Rn. 6.

[789] Bei Abschluss des Vertrages handelt der Vorstand zwar aufgrund seines in § 78 AktG ausdrücklich geregelten Vertretungsrechts; die dem zugrundeliegenden Entscheidungen müssen jedoch bei Ausübung der Leitungsfunktion im Sinne von § 76 I AktG getroffen werden.

[790] *Von Stebut*, Geheimnisschutz und Verschwiegenheitspflicht im Aktienrecht, 98; KK-*Geilen*, § 404 Rn. 33.

[791] KK-*Geilen*, § 404 Rn. 33.

[792] KK-*Geilen*, § 404 Rn. 33.

[793] BayObLG wistra 1996, 28, 30.

ging, die einem Vermögensnachteil gleichstehende konkrete Vermögensgefährdung für den Fall bejaht, dass der Vergabebeauftragte das Budget bzw. die zur Angebotsabgabe aufzufordernden Firmen bekannt gegeben hat.[794] Nach Ansicht des Gerichts machte diese Bekanntgabe ein ordnungsgemäßes Funktionieren des Ausschreibungsverfahrens wegen der Möglichkeit von Angebotskartellen unmöglich. Damit sei die Gefahr eines gegenüber einem ordnungsgemäßen Ausschreibungsverfahren (zumindest um 5%) unvorteilhafteren Abschlusses durch die Auftraggeber gleichsam vorprogrammiert gewesen.[795]

Fraglich ist in diesem Zusammenhang nun, ob sich in dem Zeitpunkt, den das BayObLG als für die Bestimmung des Vermögensnachteils entscheidend erachtet hat, generell bereits ein untreuerelevanter Vermögensnachteil in Form einer schadensgleichen Vermögensgefährdung begründen lässt. Es ließe sich mit Haft[796] nämlich durchaus nachvollziehbar einwenden, dass die Schädigung des Geschäftsherrn nicht schon durch die Geheimnispreisgabe an sich, sondern erst durch einen weiteren Vorgang, nämlich das deliktische Verhalten des von der Geheimnispreisgabe profitierenden Dritten, hervorgerufen werde. Da der Untreuetatbestand grundsätzlich nur unmittelbar durch die Verfügung verursachte Nachteile als Vermögensnachteil erfasse, müsse man die hier gegebene, nur mittelbare Nachteilszufügung als nicht tatbestandsmäßig im Sinne von § 266 StGB ablehnen. Die Mitwirkung an der Verursachung von Schädigungen, die durch andere Ursachen – im konkreten Fall die wegen Submissionsbetruges strafbaren Absprachen Dritter - bedingt seien, begründe kein täterschaftliches Untreueunrecht, sondern sei bloßes Teilnahmeunrecht am Betrug.[797] Bis zu diesem Punkt kann den Erörterungen von Haft ohne nennenswerte dogmatische Bedenken zugestimmt werden. Allerdings war hier die Annahme eines über die Grundsätze der schadensgleichen Vermögensgefährdung hinausgehenden Vermögensnachteils auch mehr als unwahrscheinlich[798], so dass die Bemerkungen Hafts bis hierhin nicht mehr sind, als die Feststellung einer Selbstverständlichkeit.

Interessant wird auch die Argumentation von Haft erst hinsichtlich der Frage, ob der Vermögensnachteil in diesen Konstellationen über das Institut der schadens-

---

[794] Zwar handelte es sich in dem zugrundliegenden Fall um einen von öffentlichen Bauherren beauftragten freiberuflich tätigen Planungsingenieur, dessen untreuerelevante Pflichtenbindung kann aber uneingeschränkt mit der des Vorstands der Aktiengesellschaft verglichen werden.

[795] BayObLG wistra 1996, 28, 30.

[796] *Haft*, NJW 1996, 238.

[797] *Haft*, NJW 1996, 238.

[798] So aber das BayObLG in einem Beschluss vom 09.05.1988 - 4 St 275/87, GRUR 1988, 634 zu § 17 UWG a.F.: Ein Geschäfts- oder Betriebsgeheimnis ist ein vermögenswerter Gegenstand. Dieser gelangt durch die in § 17 Abs. 1 und 2 UWG beschriebenen Handlungen aus dem Vermögen des Inhabers des Geheimnisses auch in das Vermögen des Mitteilungsempfängers, wodurch das Vermögen des Geheimnisinhabers gemindert und das des Mitteilungsempfängers vermehrt wird.

gleichen Vermögensgefährdung begründet werden kann. Haft lehnt auch diese Möglichkeit kategorisch ab.[799] Das Institut der schadensgleichen Vermögensgefährdung erfasse die Fälle, in denen das Vermögen des geschützten Rechtsgutsinhabers zwar noch nicht durch Ausscheiden eines Gegenstandes aus dem Vermögen des Geschädigten beschädigt sei, in denen es aber „konkret in einer Weise gefährdet ist, dass dies bei lebensnaher, wirtschaftlicher Betrachtung einer Wertminderung gleichkommt".[800] Haft zufolge werde eine derartige objektive Änderung jedoch noch nicht durch die Preisgabe von Informationen allein herbeigeführt, sie biete vielmehr Dritten lediglich die subjektive Möglichkeit zu einem deliktischen Verhalten.[801] Das Institut der konkreten Vermögensgefährdung dürfe aber nicht dazu verwendet werden, solche Gefährdungen, die „noch die typische Situation des Versuchs" darstellen, den Gefährdungen gleichzustellen, „die einer Vermögensschädigung gleichkommen".[802] Dies sei umso mehr zu beachten, als der Versuch der Untreue, anders, als der des Betruges, nicht strafbewehrt ist.[803] Das von Haft propagierte restriktive Verständnis des Vermögensnachteils bei Geheimnisverletzungen kann jedoch in der gezeigten Pauschalität nicht dahingestellt bleiben. Zwar wird man dem Standpunkt Hafts zumindest zugestehen können, dass die Preisgabe eines Geheimnisses nicht per se als Vermögensgefährdung qualifiziert werden kann.[804] Gleichzeitig wird man jedoch konstatieren müssen, dass in der Praxis nicht wenige Konstellationen vorstellbar sind, in denen das Vermögen der Aktiengesellschaft durch die reine Preisgabe des Geheimnisses bereits so konkret gefährdet ist, dass dies einer Wertminderung gleichkommt. Besonders naheliegend ist die Annahme einer unmittelbar aus der Pflichtverletzung resultierenden schadensgleichen Vermögensgefährdung insbesondere dann, wenn die Geheimnispreisgabe gegenüber und damit in der Regel auch zugunsten eines direkten Konkurrenten der Aktiengesellschaft erfolgt. Poseck führt in diesem Zusammenhang nachvollziehbar den Verrat von Erfindungen von Maschinen oder sonstigen Stoffen an die Konkurrenz an.[805] In solchen Fällen kann man unter gewöhnlichen Umständen wohl fast hundertprozentig davon ausgehen, dass der Konkurrent sich die erlangte Information in größtmöglicher Weise zu Nutzen machen wird. Damit verringert sich der Wert des selbst vermögenswerten Geheimnisses[806] jedoch bereits mit dessen Preisga-

---

[799] *Haft*, NJW 1996, 238.

[800] BayObLG NJW 1988, 2550.

[801] *Haft*, NJW 1996, 238.

[802] *Schönke/Schröder-Cramer*, § 263 Rn. 143.

[803] Besinnen sich die von einer Informationspreisgabe profitierenden Personen doch noch anders und verwerten die erhaltenen Informationen nicht zu eigenen Zwecken, mithin also auch nicht zum Nachteil der Aktiengesellschaft, so würde für den preisgebenden Vorstand nur Versuch in Betracht kommen, der ja bei § 266 StGB bekanntlich nicht strafbewehrt ist; vgl. *Haft*, NJW 1996, 268.

[804] So auch LK-*Schünemann*, § 266 Rn. 146 (für die Preisgabe im Rahmen von Vertragsanbahnungen).

[805] *Poseck*, Strafrechtliche Haftung, 86.

[806] Vgl. BayObLG GRUR 1988, 634.

be. Diese Sichtweise wird schließlich dadurch unterstützt, dass man mit der im Rahmen des Instituts der schadensgleichen Vermögensgefährdung anerkannten normativen Richtlinie darauf abstellt, ob dem drohenden Verlust keine Vermeidemöglichkeiten des Bedrohten mehr gegenüberstehen.[807] Ist das Geheimnis einmal offenbart, dann besteht tatsächlich keine denkbare Möglichkeit mehr, dessen Verlust bzw. dessen Verwertung durch die Konkurrenz der Aktiengesellschaft zu verhindern.

Die Preisgabe des Geheimnisses ist mithin – insoweit kann Haft und Schünemann zugestimmt werden – nicht schon per se als den untreuerelevanten Vermögensnachteil unmittelbar auslösende Handlung zu qualifizieren. Ist von einer Verwertung des Geheimnisses durch dessen Empfänger allerdings sicher auszugehen – was beileibe nicht als Ausnahmesituation gelten dürfte – dann zieht richtigerweise bereits die Pflichtverletzung den Vermögensnachteil in Form einer schadensgleichen Vermögensgefährdung nach sich.[808]

3. Rechtswidrigkeit

Ist die Offenbarung des Geheimnisses z.B. durch Einwilligung oder mutmaßliche Einwilligung gerechtfertigt, dann folgt daraus nicht auch eine Rechtfertigung im Rahmen des § 266 StGB, sondern, wenn überhaupt, nur die Verneinung der tatbestandsrelevanten Pflichtwidrigkeit, da die Offenbarung ja pflichtgemäß erfolgt ist. Die Rechtswidrigkeit der Geheimnispreisgabe im Sinne von § 404 AktG kann insbesondere dadurch entfallen, dass das Vorstandsmitglied einer gesetzlichen Auskunfts- oder Aussagepflicht (z.B. als Zeuge im Prozess) nachkommt.[809] Die Preisgabe im Zusammenhang mit der Erstattung einer Strafanzeige ist nur dann als Wahrung höherrangiger Interessen gemäß § 34 StGB gerechtfertigt, wenn es sich um weitreichende wirtschaftskriminelle Straftaten oder um Verbrechen handelt, die bevorstehen, deren Widerholung zu befürchten ist oder die die Rechtsicherheit aufgrund ihres Ausmaßes oder Schweregrades wesentlich beeinträchtigt haben.[810]

4. Konkurrenzen

Aufgrund der Tatsache, dass die Verletzung der Verschwiegenheitspflicht durch den Vorstand bereits durch den speziell hierfür geschaffenen § 404 AktG sanktioniert wird, stellt sich weiterhin die Frage, ob § 266 StGB daneben überhaupt möglich bleibt bzw. Bedeutung erlangt. Da § 266 StGB aber über den § 404 AktG hinausgehend den Eintritt eines Vermögensschadens verlangt, können die beiden Tatbestände in Idealkonkurrenz zueinander stehen, wenn auch die Ver-

[807] Dazu eingehend *Hefendehl*, Vermögensgefährdung, 128 ff.
[808] *Poseck*, Strafrechtliche Haftung, 86; vgl. auch *Hirsch*, Strafrechtsschutz, 51.
[809] Siehe dazu GK-*Otto*, § 404 Rn. 40 ff.; KK-*Geilen*, § 404 Rn. 78 f.
[810] Vgl. GK-*Otto*, § 404 Rn. 45; KK-*Geilen*, § 404 Rn. 83; *Rützel*, GRUR 1995, 557, 560 f.; *Scholz-Tiedemann*, GmbHG, § 85 Rn. 26; *von Stebut*, Geheimnisschutz und Verschwiegenheitspflicht im Aktienrecht, 125 f.

mögensschädigung vom Vorsatz des Vorstandsmitglieds erfasst ist.[811] Zudem gilt es zu bedenken, dass die Strafverfolgung nach der Vorschrift des § 404 AktG einen Strafantrag der Aktiengesellschaft voraussetzt. Es ist jedoch kaum vorstellbar, dass eine Aktiengesellschaft einen solchen in den hier interessierenden Fällen gegen ihr Vorstandsmitglied stellen wird.[812] Bedeutung dürfte mithin vielmehr dem inhaltlich im Wesentlichen gleich gefassten, jedoch auf die Dauer des Dienstverhältnisses beschränkten Straftatbestand des § 17 UWG zukommen. Dieser lässt bei besonderem öffentlichem Interesse eine Strafverfolgung von Amts wegen zu (§ 17 V UWG). Ob § 17 UWG in Tateinheit oder Tatmehrheit zum gleichzeitig verwirklichten § 266 StGB steht, ist eine Frage des Einzelfalls; dass die beiden Tatbestände auf Konkurrenzebene nebeneinander bestehen können, ist aber jedenfalls nicht umstritten.[813]

---

[811] Vgl. KK-*Geilen*, § 404 Rn. 90.

[812] *Tiedemann*, FS Kohlmann, 307, 311.

[813] *Erbs/Kohlhaas-Diemer*, § 17 UWG Rn. 52; vgl. dazu auch RGSt 75, 75, 79; BayObLG NJW 1996, 267.

(C) Insolvenzstraftaten als Untreue

I. Problemeinführung

Untreue als Insolvenzdelikt im weitesten Sinne liegt - abgesehen von den oben[814] bereits behandelten Bilanzfälschungs-Konstellationen - typischerweise dann vor, wenn der Vorstand der AG in der Krise ohne triftigen Grund notwendige Liquidität entzieht oder wenn er durch bestimmte Handlungen das Grundkapital der Gesellschaft beeinträchtigt, so beispielsweise durch Entnahmen vom Gesellschaftskonto für eigene Zwecke. Im Falle drohender Insolvenz wird der von § 266 StGB bezweckte Schutz besonders offensichtlich, wenn man bedenkt, dass die AG auf sämtliche noch vorhandenen Mittel zum Erhalt oder zur Wiederherstellung der Zahlungsfähigkeit dringend angewiesen ist und die Beeinträchtigungen in diesen Fällen häufig schon so weit fortgeschritten sein dürften, dass bereits das Grundkapital betroffen ist. Gegenüber der Gesellschaft sind die Mitglieder des Vorstands in dieser Phase voll vermögensbetreuungspflichtig, so dass jede Beeinträchtigung des Gesellschaftsvermögens als potentielle Verwirklichung[815] des Untreuetatbestands in Betracht zu ziehen ist. Erst wenn im Zuge des Insolvenzverfahrens „starke" Verwaltung[816] angeordnet wurde, verlieren die Vorstandsmitglieder die tatsächliche Fähigkeit, Vermögen der Gesellschaft zu veruntreuen[817], so dass eine Strafbarkeit aus § 266 StGB ab diesem Zeitpunkt in jedem Fall ausscheidet.

Beispielsfall 1: GmbH-Geschäftsführer einer „Baubetreuer-GmbH"

<u>*Verdacht:*</u> *Untreue, Bankrott*

Nach den Feststellungen war der Angeklagte Geschäftsführer und einziger Gesellschafter einer GmbH, die als »Baubetreuer« die Errichtung von Typenhäusern gegen Festpreise anbot. Von Oktober 1977 bis zum 14. September 1978 brachte er durch Barabhebungen von Konten der GmbH, Einreichung von Schecks zu ihren Lasten und Einbehaltung von Kundenschecks mindestens 1,1 Millionen DM für eigene Zwecke an sich, um aus dem von ihm befürchteten Zusammenbruch der Firma »nicht . . . mit leeren Taschen hervorzugehen«. Am 27. oder 28. September 1978 setzte er sich mit einem Pkw der GmbH ins Ausland ab. Den Wagen wollte er für sich behalten. Seine Entnahmen waren mitursäch-

---

[814] Siehe oben 4. Teil A.

[815] Ob eine derartige Aussage wirklich in dieser Pauschalität stehen gelassen werden kann, muss im Hinblick auf das seit jeher umstrittene Verhältnis insbesondere zwischen Bankrott (als insolvenzstrafrechtliches Hauptdelikt) und eben der Untreue zumindest zweifelhaft sein. Hiezu sei auf die unter 4. Teil C III. folgenden Ausführungen verwiesen.

[816] Von starker Insolvenzverwaltung wird gesprochen, soweit das Insolvenzgericht dem Schuldner ein allgemeines Verfügungsverbot i.S. des § 21 II Nr. 2 Alt. 1 InsO auferlegt hat. In diesem Fall geht die komplette Verwaltungs- und Verfügungsbefugnis über das Vermögen des Schuldners gem. § 22 I InsO auf den vorläufigen Insolvenzverwalter über. Dies rechtfertigt es, ihn als treupflichtig i.S. des § 266 gegenüber dem Schuldner und den Insolvenzgläubigern zu qualifizieren, womit die Treuepflicht der Vorstandsmitglieder vollständig wegfällt. Vgl. dazu *Schramm*, NStZ 2000, 398, 400.

[817] BGH NStZ 1998, 192, 193.

lich für die erhebliche Überschuldung der GmbH, welche am 2. Oktober 1978 zur Eröffnung des Konkursverfahrens über deren Vermögen führte.[818]

II. Spezifischer Zeitpunkt der Insolvenzstraftat und damit auch der möglichen Untreue

Im Hinblick auf die Beantwortung der Frage, ob bei der Verwirklichung von Insolvenzstraftaten auch noch an § 266 StGB zu denken ist, muss man sich zunächst darüber im klaren sein, dass das Problem nur in einer spezifischen Phase virulent wird, die jede Aktiengesellschaft zwar durchlaufen kann, nicht jedoch muss. Diese spezifische Phase ist die sogenannte Unternehmenskrise. Sie findet ihren Ausdruck juristisch anerkanntermaßen in den Begriffen der Zahlungsunfähigkeit oder Überschuldung und wird zeitlich vornehmlich in die „End"-Phase der Aktiengesellschaft fallen, als sie zwar im besten Fall noch zur Sanierung, häufig aber zur Liquidation und schließlich zur Beendigung der Unternehmungen führen wird. Da die angesprochene Krisensituation aber durchaus auch schon in der Vorgründungs- und Gründungsphase eintreten kann, soll die Untreuerelevanz auch in diesem Zusammenhang untersucht werden. Hier wird sich die Täterqualität des Vorstands jedoch im Hinblick auf eine möglicherweise noch nicht erfolgte Bestellung sowohl bezüglich der §§ 283 ff. StGB als auch des § 266 StGB Zweifeln ausgesetzt sehen müssen.

1. Begriff der Krise

Zivil- und damit auch strafrechtlich bestanden seit jeher besondere Schwierigkeiten, den Zeitpunkt festzustellen, ab dem von einer Krise des Unternehmens gesprochen werden muss. Die Klärung dieser Frage ist deswegen von elementarer Bedeutung, da ihr nämlich unter Umständen die Funktion einer Signalwirkung für die Entstehung zahlreicher, vom Vorstand einzuhaltender Pflichten und Verhaltensweisen, durchaus aber auch der Tatanreiz[819] für bestimmte Delikte zukommen kann. Von der sogenannten Krise des Unternehmens spricht man im Allgemeinen dann, wenn wenigstens eine der bereits genannten Situationen der Zahlungsunfähigkeit oder Überschuldung der Gesellschaft eingetreten ist oder zumindest kurz bevorsteht.[820] Abstrakt könnte man das Merkmal der Zahlungsunfähigkeit zunächst dadurch bestimmen, dass die Gesellschaft voraussichtlich dauerhaft außerstande sein muss, ihre fälligen Geldschulden wegen fehlender Zahlungsmittel ganz oder im Wesentlichen zu erfüllen. Eine schwierige Begriffsbestimmung erübrigt sich allerdings, seit § 18 InsO den Begriff legal definiert. Der Schuldner ist hiernach zahlungsunfähig, wenn er nicht in der Lage ist, die fälligen Zahlungspflichten zu erfüllen, wobei der Tatbestand regelmäßig dann anzunehmen ist, wenn der Schuldner seine Zahlungen eingestellt hat, § 17

---

[818] BGHSt 30, 127.

[819] Siehe zu den in diesem Zusammenhang vor allen Dingen relevanten Delikten insbesondere *Müller-Gugenberger/Bieneck*, § 75 Rn. 7.

[820] *Müller-Gugenberger/Bieneck-Bieneck*, § 75 Rn. 1; *Wabnitz/Janovsky-Köhler*, 7. Kapitel Rn. 4.

II InsO. Drohende Zahlungsunfähigkeit liegt dagegen dann vor, „wenn der Schuldner voraussichtlich nicht in der Lage sein wird, die bestehenden Zahlungspflichten im Zeitpunkt der Fälligkeit zu erfüllen", § 18 II InsO. Der Begriff der Überschuldung wurde bisher herkömmlicherweise rein statisch dahin definiert, dass die Passiven höher sind als die Aktiven.[821] Mittlerweile liefert die seit 1999 geltende Insolvenzordnung aber auch diesbezüglich eine Legaldefinition in § 119 II. Danach liegt Überschuldung vor, „wenn das Vermögen des Schuldners die Verbindlichkeiten nicht mehr deckt (Satz 1), wobei die Fortführung des Unternehmens zugrunde zu legen ist, wenn sie nach den Umständen überwiegend wahrscheinlich ist (Satz 2).

2. Die kriminogene Wirkung der Krise

Die sich dem Vorstand in der Krise bietenden vielfältigen Gestaltungsmöglichkeiten und Prognoseentscheidungen eröffnen nicht nur Fehlerquellen, sondern auch entsprechende Tatanreize und besitzen daher eine erhebliche kriminogene Wirkung, was die Zahl entsprechender Strafverfahren deutlich zeigt.[822] Ein wichtiger Grund für diese Gefahr ist vor allen Dingen darin zu sehen, dass auch in einem insolventen Unternehmen oft noch beträchtliche wirtschaftliche Werte vorhanden sind. Hinzu kommt häufig, dass die Personen, denen noch die Möglichkeit des Zugriffs auf diese Werte offen steht, erkennen, zumindest jedoch vermuten werden, dass einem hohen Tatgewinn durch Aushöhlung hier nur eine vermeintlich geringe Entdeckungsgefahr gegenübersteht. Zum Tatentschluss kann aber auch die durch Angst vor wirtschaftlicher Existenzbedrohung und gesellschaftlicher Disqualifikation hervorgerufene Ausnahmesituation mancher Krisenbetroffener beitragen.[823] Nicht minder gering sind schließlich auch externe Tatanreize, die von berufsmäßigen „Sanierern" sowie von Großgläubigern des Unternehmens ausgehen. Diese setzen ihre Einflussmöglichkeiten zur Verfolgung eigennütziger Ziele ein, wobei sie häufig versuchen, dem Unternehmer die strafrechtlichen Folgen ihres Handelns aufzubürden.[824] In objektiver Hinsicht erfüllen Vorstandsmitglieder in der wirtschaftlichen Krise der AG oft eine Mehrzahl unterschiedlicher Straftatbestände.[825] Der hier interessierende Tatbestand der Untreue kommt dabei neben den Haupttatbeständen des Insolvenzstrafrechts[826] vor allen Dingen dann in Betracht, wenn ein Vorstandsmitglied die

---

[821] BGHZ 31, 258, 272; BGH NJW 1983, 676, 677.

[822] *Müller/Wabnitz/Janovsky*, Wirtschaftskriminalität, 6. Kapitel Rn. 8 schätzen, dass bei 80% bis 90% aller Firmenzusammenbrüche Wirtschaftsstraftaten verübt werden. Die Richtigkeit dieser Schätzung unterstellt, würde dies bedeuten, dass bei annähernd 35.000 der für das Jahr 2003 erfassten 39.320 Insolvenzen (nur Unternehmen) strafwürdiges Verhalten vorgelegen hat. Unterstellt, die Schätzung stimmt, würde dies auf eine hohe Dunkelziffer hinweisen; denn nach der polizeilichen Kriminalstatistik 2003 wurden im Bereich der Insolvenzdelikte nur 13.902 Taten bekannt.

[823] *Müller-Gugenberger/Bieneck-Bieneck*, § 75 Rn. 6.

[824] *Müller-Gugenberger/Bieneck-Bieneck*, § 75 Rn. 6.

[825] Siehe hierzu die Übersicht bei *Müller-Gugenberger/Bieneck-Bieneck*, § 75 Rn. 7.

[826] Dies sind die §§ 283 ff. StGB und im Aktienrecht § 401 AktG.

noch verbliebenen Vermögensvorteile angesichts des bevorstehenden Zusammenbruchs vor den Gläubigern in Sicherheit bringt oder einzelnen von ihnen noch etwas zukommen lässt, worauf sie keinen Anspruch haben.

3. Insolvenzstrafrechtliche Verantwortlichkeit gegenüber der Vor-AG
Fraglich ist, ob die speziellen Tatbestände des Insolvenzstrafrechts, also insbesondere § 401 I, II AktG und die §§ 283 ff. StGB auch schon in der Vorgründungs- bzw. Gründungsphase der Aktiengesellschaft einschlägig sein können. Im Gegensatz zur GmbH wird die AG nur selten mit dem Problem zu geringer Eigenkapitalausstattung konfrontiert sein. Daher wird der in diesem Sinne wohl krisenanfälligste Zeitraum auch grundsätzlich nicht im Gründungsstadium, sondern in der Phase des Betriebs der eingetragenen AG liegen. Dennoch sollte man auch die Gründungs- und Vorgründungsphase als Zeitraum für mögliche Insolvenzdelikte des Vorstands in Betracht ziehen. Dies gilt umso mehr, wenn man bedenkt, dass die rechtliche Behandlung von Vor-AG und eingetragener Aktiengesellschaft in vielerlei Hinsicht stark angeglichen ist. § 92 AktG stellt allerdings explizit auf die Insolvenzreife der Aktiengesellschaft ab und das ist im AktG, wie auch § 41 I 1 AktG verdeutlicht, nur die als juristische Person entstandene, konstitutiv im Handelsregister einzutragende Gesellschaft. Die strafrechtliche Verantwortlichkeit des Vorstands der Vor-AG könnte man höchstens dadurch erreichen, dass man § 92 AktG analog anwendet. Es kann dahinstehen, ob dies zivilrechtlich möglich ist, keinesfalls kann eine solche Analogie aber den Anwendungsbereich des Straftatbestandes des § 401 I AktG zuungunsten des Beschuldigten erweitern. Hierin läge ein Verstoß gegen das in Art. 103 II GG abgesicherte verfassungsrechtliche Analogieverbot. Im Ergebnis ist in dieser Phase mithin weder die Verletzung der Anzeigepflicht noch die Insolvenzverschleppung strafbedroht. Die Anwendung der in den §§ 283 – 283d StGB geregelten Bankrottdelikte ist dagegen wie auch bei der Vor-GmbH möglich. Hinsichtlich der Untreuestrafbarkeit in dieser Phase ist hier ein Urteil des 4. Strafsenats des BGH v. 20. 1. 2000[827] heranzuziehen. Der Senat verkennt nicht, dass die Vor-GmbH einer juristischen Person angenähert ist; er hält es aber in Übereinstimmung mit der ständigen Rechtsprechung für allein maßgeblich, dass vor Eintragung im Handelsregister das Vermögen noch nicht der - nach § 11 I GmbHG noch nicht existenten - GmbH als juristischer Person zugeordnet ist. Die Schädigung des stattdessen bei Mehrpersonengesellschaften bestehenden Gesamthandsvermögens bzw. bei einer Einpersonengesellschaft bestehenden Sondervermögens „ist für § 266 StGB nur insoweit bedeutsam, als dadurch gleichzeitig das Vermögen der Gesellschafter bzw. des Alleingesellschafters berührt wird“. Diese Aussage kann zweifellos auch auf die in Gründung befindliche Aktiengesellschaft transferiert werden. Es zeigt sich mithin, dass in der Gründungsphase zwar eine Strafbarkeit aus den §§ 283 ff. StGB möglich ist, eine Untreue jedoch aus den genannten Gründen noch nicht in Betracht kommt.

[827] BGH wistra 2000, 178.

Der Strafbarkeit des Vorstands durch Handlungen gegenüber der Vor-AG soll demnach auch nicht weiter nachgegangen werden.

III. Abgrenzung von Bankrott und Untreue

Verursacht der Vorstand in der Krise auf welche Weise auch immer eine Minderung des Gesellschaftsvermögens, so kommt im Hinblick auf eine gläubigergefährdende Vermögensminderung Bankrott, im Hinblick auf eine Schädigung des Gesellschaftsvermögens Untreue oder vielleicht sogar beide Delikte gleichzeitig in Betracht. Die Abgrenzung von Untreue und Bankrott ist abgesehen von ihren Auswirkungen auf den Anwendungsbereich des jeweiligen Delikts von besonderer existenzieller Bedeutung für Vorstandsmitglieder, da allein der Bankrott die gefürchtete Konsequenz eines fünfjährigen Berufsverbotes im Sinne von § 76 III AktG nach sich ziehen kann. Von der Struktur des Tatbestandes her steht außer Frage, dass sich die beiden Normen gewöhnlich nicht decken, denn der Bankrott erfordert zwar nicht den Eintritt eines Vermögensschadens, dafür aber eine bestehende Krise bzw. das Herbeiführen einer solchen sowie die Erfüllung einer objektiven Strafbarkeitsbedingung. Zudem ist der Versuch des Bankrotts gemäß § 283 III StGB im Gegensatz zu § 266 StGB strafbewehrt. Ob das mögliche Nebeneinander einer Strafbarkeit von Bankrott und Untreue überhaupt für den Vorstand der Aktiengesellschaft in Betracht kommt, hängt zunächst von seiner Tätertauglichkeit im Hinblick auf § 283 StGB ab.

1. Schuldnereigenschaft – Tätertauglichkeit des AG-Vorstands

Die Voraussetzung der Schuldnereigenschaft ist dem Gesetz für die Täterqualifikation zwar nicht ausdrücklich zu entnehmen, sie ergibt sich aber aus den Tatbestandsmerkmalen der Krise und den objektiven Strafbarkeitsbedingungen, denn nur ein Schuldner kann überschuldet oder zahlungsunfähig sein und nur über sein Vermögen kann ein Insolvenzverfahren eröffnet werden, § 283 VI StGB.[828] Die sprachlich ungenaue Fassung dieser objektiven Strafbarkeitsbedingung, die vom „Täter" spricht, wo „Schuldner" gemeint ist[829], wird von Rechtsprechung und Lehre mittels einer berichtigenden Auslegung[830] überwunden. Der Täter muss damit selbst Schuldner sein oder durch Überwälzung der Schuldnereigenschaft gemäß § 14 StGB als Schuldner gelten, wofür neben der Funktion als Täter auch die Rechtsform des Unternehmens maßgebend ist. Die Rechtsform legt fest, wer Schuldner ist, während die Funktion bestimmt, ob und

---

[828] *Müller-Gugenberger/Bieneck*, § 77 Rn. 1.

[829] *Tröndle/Fischer*, Vor § 283 Rn. 21; *Schönke/Schröder-Stree/Heine*, § 283 Rn. 59a; LK-*Tiedemann*, Vor § 283 Rn. 59; *ders.*, NJW 1977, 777, 780; *Flum*, Der strafrechtliche Schutz, 29 f.; anders *Labsch*, wistra 1985, 1, 4 unter Hinweis auf das Analogieverbot des Art. 103 II GG.

[830] *Scholz-Tiedemann*, GmbHG, Vor §§ 82 ff. Rn. 19; krit. aber *ders.*, NJW 1977, 777, 780; *Richter*, GmbHR 1984, 137, 142; *Lackner/Kühl*, § 283 Rn. 26; anders *Labsch*, wistra 1985, 1, 4, der eine solche Auslegung unter Hinweis auf das Analogieverbot des Art. 103 II GG ablehnt und eine Gesetzesänderung fordert.

wie eine Überwälzung erfolgt. Für die Aktiengesellschaft als juristische Person bedeutet dies, dass man den, in den entsprechenden Tatbeständen verwendeten Täterbegriff „wer" in der Weise auszulegen hat, dass damit die Gesellschaft selbst gemeint ist.[831] Aufgrund der Handlungsunfähigkeit der juristischen Person ist dies der konkrete Fall des Eingreifens von § 14 I Nr. 1, 2 StGB, der die Zurechung auf die vertretungsberechtigten Vorstandsmitglieder bewirkt, so dass im Ergebnis der in der Krise Befindliche (Aktiengesellschaft) und der persönlich handelnde strafbare Täter (grundsätzlich jeder, bei einer AG jedoch regelmäßig der Vorstand) auseinanderfallen. Infolge der herausragenden Stellung und der Fremdheit des betreuten Vermögens ist bei dem von § 14 StGB erfassten Personenkreis, insbesondere aber beim Vorstand der AG, regelmäßig zugleich eine Vermögensbetreuungspflicht im Sinne von § 266 StGB gegeben, weshalb eine Überschneidung von Bankrott und Untreue möglich ist.

2. Interessentheorie des BGH

Ausgangspunkt der Abgrenzung zwischen Bankrott und Untreue ist die Klärung der Frage, unter welchen Voraussetzungen die in § 14 I StGB Genannten als vertretungsberechtigtes Organ gehandelt haben. Der BGH hat daher im Zusammenhang mit Handlungen von Geschäftsleitern, die den Tatbestand des § 283 I Nr. 1 StGB erfüllen, die sogenannte Interessenformel entwickelt.[832] Danach ist bei einer wirtschaftlichen Betrachtung maßgeblich, wessen Interesse der Täter mit der Tat verfolgt. Die Verwirklichung des Bankrotttatbestandes soll demzufolge davon abhängen, dass im Interesse oder zumindest auch im Interesse[833] der Gesellschaft gehandelt wird. Dagegen ist immer dann Untreue anzunehmen, wenn die Handlung ausschließlich aus Eigennutz oder im Interesse einer anderen (juristischen) Person stattfindet. Ebenso scheidet § 283 StGB aus, wenn mit dem Handeln des Vorstandsmitglieds allein gesellschaftsfremde Zwecke verfolgt werden, also beispielsweise das Interesse eines Gläubigerpools.[834] Die Tatbestände des § 266 StGB und des § 283 I Nr. 1 StGB schließen sich nach alledem gegenseitig aus, da ein objektiv entstehender Nachteil nur äußerst selten im Interesse der Gesellschaft liegen dürfte. Folglich wird der Tatbestand des Bankrotts in der überwiegenden Zahl der in der Praxis vorkommenden Fälle nicht zur Anwendung kommen. Zwar hat der BGH ausdrücklich eine Tateinheit zwischen beiden Tatbeständen für den Fall angenommen, in dem der Täter eine sowohl

---

[831] Vgl. *Tröndle/Fischer*, Vor § 283 Rn. 19.

[832] Vgl. grundlegend BGHSt 28, 371, 372; BGHSt 30, 127, 129 f.; BGHSt 34, 221, 223; BGH wistra 1987, 216; BGH NStZ 1991, 432; OLG Hamm wistra 1985, 158. Der BGH hat die „Interessenformel" in einer neueren Entscheidung ausdrücklich bestätigt: vgl. BGH wistra 2000, 136, 137; hierzu *Achenbach*, NStZ 2000, 524, 527; vgl. zudem *Labsch*, wistra 1985, 59; LK-*Tiedemann*, Vor § 283 Rn. 79.

[833] Eine Handlung, die zumindest auch im wirtschaftlichen Interesse der Gesellschaft liegt, könnte z.B. eine übermäßige Entnahme aus dem Gesellschaftsvermögen zum Zwecke der Schmiergeldzahlung sein.

[834] Vgl. BGHSt 30, 127, 130.

fremd- als auch eigennützige Handlung vornimmt, bei genauerer Betrachtung zeigt sich aber, dass dieses Kriterium im Einzelfall nur schwer ermittelbar sein wird. Wendet man die genannten Kriterien nämlich beispielsweise auf in Krisensituationen getätigte Spekulationsgeschäfte[835] an, dann wird man feststellen können, dass diese zwar gewöhnlich im Interesse der Gesellschaft begangen werden, da die Täter das Unternehmen retten, also zum Besten der Gesellschaft handeln wollen.

Regelmäßig wird bei derartigen Transaktionen aber auch ein nicht unerheblicher Eigennutz mitschwingen, da ein erfolgreicher Verlauf der Rettungsaktion in jedem Fall karriere- und prestigefördernd wirken dürfte. Zudem wird sich die Frage, ob im Interesse der Aktiengesellschaft oder im eigenen Interesse gehandelt wurde, bei einem bestreitenden Angeklagten insbesondere dann ganz besonders schwierig ermitteln lassen, wenn der Verbleib der Vermögensgegenstände der Gesellschaft nicht aufzuklären ist, was sicherlich die Regel sein dürfte. Eine Tateinheit zwischen beiden Delikten wird insbesondere aufgrund der verschiedenen Richtungen des Rechtsgüterschutzes, § 266 StGB dient allein dem Schutz des Vermögensinhabers, § 283 StGB dem der Gläubiger, abgelehnt. Es könne nicht sein, dass dasselbe Verhalten zugleich als gegen das Vermögen der Schuldners wie auch gegen die Gläubigerinteressen verstoßend angesehen wird.[836]

3. Kritik des Schrifttums

Zu Recht hat sich die Interessentheorie seit jeher erheblicher Kritik ausgesetzt gesehen, die fast[837] durchgehend dem Schrifttum entsprungen ist. So ist zuallererst festzustellen, dass weder § 266 StGB noch § 283 StGB tatbestandlich egoistisches oder altruistisches Handeln voraussetzen[838], weshalb das Abstellen auf die Zielsetzung des Täters allein schon aus diesem Grund fraglich ist. Kriminalpolitisch bedenklich erscheint darüber hinaus aber auch die Tatsache, dass die besonders strafwürdigen Fälle ausschließlich eigennütziger Vermögensverschiebungen allein durch die allgemeinen Vermögens- und Eigentumsdelikte erfasst

---

835 Zur Untreue durch Spekulationsgeschäfte außerhalb von Krisensituationen siehe oben 2. Teil B II.

836 *Reiß*, wistra 1989, 81, 84, 86; *Flum*, Der strafrechtliche Schutz, 143 f.; *Wodicka*, Untreue zum Nachteil, 352 f.; für mögliche Tateinheit dagegen *Arloth*, NStZ 1990, 570, 574; *Lampe*, GA 1987, 241, 252; *Wehleit*, Die Abgrenzung von Bankrott und Untreue, 102; vgl. auch *Labsch*, wistra 1985, 59, 61; dagegen gehen *Weyand*, Insolvenzdelikte, 81 und *Schäfer*, GmbHR 1993, 780, 797 davon aus, dass man in solchen Situationen unter Zugrundelegung einer materiellen Betrachtungsweise zwei selbständige, in Tatmehrheit zueinander stehende Handlungen annehmen müsse.

837 Erstmalige explizite Ablehnung durch die Rechtsprechung bei AG Halle-Saalkreis NJW 2002, 77 f.

838 *Schönke/Schröder-Lenckner/Perron*, § 14 Rn. 26; *Reiß*, wistra 1989, 81, 85; *Wehleit*, Die Abgrenzung von Bankrott und Untreue, 74 ff.; *Wodicka*, Untreue zum Nachteil, 350; *Waßmer*, Untreue bei Risikogeschäften, 19.

würden. Natürlich kann die Schwere der Tat auch im Rahmen dieser Delikte über die Strafzumessung Berücksichtigung finden, angemessener wäre es aber sicherlich, das speziellere Insolvenzstrafrecht gerade auch auf diesen schwerwiegenden Bereich der Insolvenzkriminalität auszuweiten. Schließlich kann doch im Hinblick auf den Schutzzweck der §§ 283 ff. StGB, nach dem das Interesse der Massegläubiger an möglichst vollständiger Befriedigung gesichert werden soll, nicht unberücksichtigt bleiben, dass der Täter, der in seiner Eigenschaft als Vorstandsmitglied der AG rechtswirksam, wenn auch zu eigenen Gunsten, über Vermögen der Gesellschaft verfügt, in seiner Eigenschaft als Organ der Gesellschaft handelt und die durch die §§ 283 ff. StGB geschützten Gläubiger in gleicher Weise betroffen sind, unabhängig davon, ob die sie schädigende Verfügung eigennützig oder im Interesse der Gesellschaft erfolgte.[839]

Tiedemann hat zudem diesbezüglich richtigerweise darauf hingewiesen, dass die Theorie nicht nur bei den Buchführungsdelikten, welche, wie gesehen, mangels Vermögensschaden nur in Ausnahmefällen zur Untreue führen, sondern auch bei den Fahrlässigkeitsdelikten zu erheblichen Strafbarkeitslücken führt.[840] Letztere werden nämlich im Regelfall nicht im Interesse des Unternehmens vorgenommen und die die Argumentation dominierende auffangende Strafbarkeit aus den §§ 263, 266 StGB kommt wegen des Vorsatzerfordernisses nicht in Betracht. Schließlich setzt die Interessenformel auch das aktiengesetzliche Berufsverbot im Sinne von § 76 III 2 AktG praktisch weitgehend außer Kraft. Die Regelung des § 76 III 2 AktG verbietet die Zugehörigkeit zum Vorstand einer Aktiengesellschaft auf die Dauer von 5 Jahren, wenn eine Verurteilung nach den §§ 283-283d StGB erfolgt ist. In diesem Fall nützt es auch nichts, dass der Vorstand statt nach den §§ 283 ff. wegen Untreue verurteilt werden kann, da § 266 StGB genau wie alle anderen denkbaren Vermögensdelikte nach unumstrittener Meinung nicht genügt, um die Folgen des § 76 III 2 AktG auszulösen.[841] Damit ist ein weiteres Schutz-Instrumentarium außer Kraft gesetzt, dass über den Schutz der Gesellschaft vor ungeeigneten Vorstandsmitgliedern flankierenden Gläubigerschutz gewährleistet. Nicht durchgreifend ist hingegen das vor allen Dingen im Hinblick auf die Gesellschaft mit beschränkter Haftung vorgebrachte Argument, dass die das Fehlverhalten auffangende Untreue entfallen könnte, wenn der GmbH-Geschäftsführer alleiniger Gesellschafter sei oder wenn sämtliche Gesellschafter mit der Handlung zum Nachteil der Gesellschaft einverstanden seien. In diesen Fällen würde die Strafbarkeit des Geschäftsführers vollständig entfallen: die Untreue wegen des tatbestandsausschließenden Einverständnisses,

---

[839] Vgl. *Arloth*, NStZ 1990, 570, 572 ff.; *D. Geerds*, FS F. Geerds, 689, 701 ff.; *Gössel*, JR 1988, 256 ff.; *Labsch*, wistra 1985, 59 ff.; *Lampe*, GA 1987, 241, 253 f.; NK/StGB-*Kindhäuser*, Vor §§ 283-283d Rn. 52 ff.; *Richter*, GmbHR 1984, 137, 143 f.; *Schäfer*, wistra 1990, 81, 85; *Tiedemann*, NJW 1986, 1842, 1844; *Winkelbauer*, wistra 1986, 17, 19 f.; *Wehleit*, Die Abgrenzung von Bankrott und Untreue, 62 ff.

[840] LK-*Tiedemann*, Vor § 283 Rn. 84.

[841] Vgl. nur *Hüffer*, AktG, § 76 Rn. 27.

der Bankrott, da die schädigende Handlung trotz der vorliegenden Zustimmung nur schwerlich im Interesse der Gesellschaft liegen dürfte.

Abgesehen davon, dass der BGH dem Einverständnis die strafrechtliche Bedeutung sowieso für den Fall abspricht, dass die Zustimmung „gesetzeswidrig oder selbst ungetreu“ ist[842], ist für die Aktiengesellschaft im Rahmen dieser Arbeit entschieden worden, dass jeder rechtswidrige Eingriff des Vorstands in das aktienrechtlich geschützte Vermögen einem strafbewehrten Verbot nach § 266 StGB unterliegt.[843] Folglich ist jeder Verstoß des Vorstands, der diesem umfassenden Vermögensschutz zuwiderläuft, auch bei Zustimmung sämtlicher Aktionäre als Untreue zu Lasten der Aktiengesellschaft zu werten, sofern nicht die gesetzlichen Ausnahmen gemäß §§ 71 I, 71 d Satz 2, 237 II, III, 26, 222 III AktG einschlägig sind.

Der BGH hat sich durch diese umfangreiche und inhaltlich gewichtige Kritik jedenfalls nicht von seiner strikten Linie abbringen lassen. So wurde diese im Jahr 1999 nicht nur bestätigt, sondern sogar erweitert, als der 5. Strafsenat[844] seine zuvor allein an § 283 I Nr. 1 StGB ausgerichtete Rechtsprechung nunmehr auf den in § 283 I Nr. 8 StGB enthaltenen (als Generalklausel formulierten) Tatbestand ausweitete. Geradezu revolutionär erscheint demgegenüber das Urteil des AG Halle-Saalkreis[845], das die Interessentheorie unter Zuhilfenahme der bei Müller-Gugenberger[846] zu findenden allgemein vertretenen Begründungsmuster kategorisch ablehnt. Mit diesem einmaligen Aufbäumen der Judikatur gegen den in dieser Hinsicht außerordentlich „kompromisslosen“ BGH hat es jedoch bereits sein Bewenden.

4. Stellungnahme

Vergleicht man Bankrott und Untreue im Hinblick auf deren Schutzzwecke, kann festgestellt werden, dass der Bankrott das Vermögen der Gläubiger der AG vor Verlusten schützt, während die Untreue unmittelbar nur das Vermögen der Gesellschaft selbst gegen die Verletzung einer vermögensbezogenen Verhaltenspflicht absichert. Ein eigenständiger Schutz der Gläubiger durch die gegen den Rechtsgutsinhaber gerichteten Eigentums- und Vermögensdelikte, mithin auch der Untreue, besteht demnach nicht. Er ist nur vorgesehen, wo der Vermögensinhaber – oder ein mit dessen Willen handelnder Dritter – eine das Vermögen der Gläubiger schädigende Handlung vornimmt.

---

[842] So BGHSt 34, 379, 384 f. im Anschluss an BGHSt 3, 32, 39 f. und 30, 127 ff.; ferner BGH NStZ 1982, 465; BGH wistra 1983, 71; 1986, 262; bereits RGSt 42, 278 ff.; 71, 353 ff.
[843] Siehe dazu die obigen Ausführungen unter 2. Teil D V.
[844] Beschluss vom 14. 12.1999 - 5 StR 520/99, NStZ 2000, 206, 207.
[845] AG Halle-Saalkreis vom 2. 4.2001 - 320 Ds 1203 Js 35156/97, NJW 2002, 77.
[846] *Müller-Gugenberger/Bieneck*, § 77 Rn. 21 ff.

Das Reichsgericht hat sich in einer, von der sonstigen Rechtsprechung abweichenden, Entscheidung auf das Interesse an einem möglichst weitreichenden Gläubigerschutz sowie auf das gesteigerte Unrecht bei eigennützigem Handeln eines Organs berufen.[847] Bereits die früheren Spezialvorschriften wie die §§ 244 KO und 401 AktG enthielten jedoch ähnlich wie § 14 StGB heute die Einschränkung, dass die Gesellschaftsorgane „in dieser Eigenschaft" handeln müssen, um nach den Insolvenztatbeständen bestraft werden zu können. Dazu genügte es, dass die Konkurshandlung lediglich „in Ausnutzung der tatsächlichen Machtstellung, die der Geschäftsführer als Organ der Gesellschaft einnimmt, und der ihm dadurch gegebenen Möglichkeiten begangen wird.[848] Ein Handeln nur bei Gelegenheit sollte dagegen weder damals noch heute ausreichen.[849] Zudem bedingt die Sonderdeliktsnatur der §§ 283 ff. StGB, dass die Beeinträchtigung der Gläubigerinteressen stets als Handlung des Schuldners erscheinen muss, wofür ein funktioneller Zusammenhang des Vorstandshandelns mit dem diesem übertragenen Aufgaben- und Pflichtenkreis erforderlich ist.[850] Eine ausschließliche Schädigung des Gesellschaftsvermögens durchbricht den angesprochenen Zurechungszusammenhang. In solchen Konstellationen bestehen keine Zweifel daran, dass die §§ 283 ff. StGB ausgeschlossen sind. Eine über diesen begrüßenswerten Rahmen hinausgehende Einschränkung, nach der das subjektiv verfolgte wirtschaftliche Interesse des Täters maßgeblich ist, erscheint demgegenüber entgegen der Auffassung des BGH nicht angezeigt. Es kann doch nicht wirklich sein, dass selbst die gezielte Herbeiführung einer Insolvenz durch den Vorstand der Aktiengesellschaft nicht als Insolvenzstraftat bestraft werden kann, weil sie, was mit Blick auf die Praxis einleuchtet, nicht im Unternehmensinteresse geschehen ist. Vielmehr werden die Delikte der §§ 283 ff. AktG insbesondere bei der Aktiengesellschaft so gut wie nie im Unternehmensinteresse begangen. Die zahlreichen Ausnahmefälle, in denen beiderseitige Interessen tangiert waren[851], betreffen ausschließlich die Gesellschaft mit beschränkter Haftung. Sie sind unter Berücksichtigung der Unterschiede zwischen den Organkompetenzen von Vorstand und Geschäftsführer überwiegend nicht auf die Aktiengesellschaft übertragbar. Dies zeigt die Fallpraxis, in der man vergeblich nach einer Entscheidung mit einem Vorstandsmitglied als möglichem Täter sucht.

Nach alledem ist Tiedemann uneingeschränkt zuzustimmen, wenn er die Interessenformel primär objektiv und im übrigen nicht zwingend verwenden möchte, sondern nur als wichtiges Indiz versteht.[852] Abgesehen von der oben erwähnten Ausnahme kommt mithin nach dem hier vertretenen Standpunkt bei gläubigergefährdenden oder -schädigenden Vermögensminderungen durch den Vorstand

---

[847] RGSt 73, 68, 70.
[848] RGSt 73, 68, 71.
[849] Vgl. nur *Schönke/Schröder-Lenckner/Perron*, § 14 Rn. 26.
[850] Siehe dazu die generelle Darstellung bei MüKo/StGB-*Radtke*, § 14 Rn. 60.
[851] BGHSt 28, 371, 372; 30, 127 ff.
[852] LK-*Tiedemann*, Vor § 283 Rn. 85.

in Zeiten der Krise sowohl eine Bestrafung aus den §§ 283 ff. StGB als auch aus § 266 StGB in Betracht. Dies folgt daraus, dass der Vorstand der Aktiengesellschaft immer dann tauglicher Täter im Sinne der Bankrotttatbestände sein muss, wenn er organspezifische Einwirkungsmöglichkeiten ausnutzt, also nicht nur „bei Gelegenheit" handelt.[853] In jedem Fall ist es hier jedoch naheliegend, dass die Verletzung unterschiedlicher Rechtsgüter im Urteilstenor im Sinne von Idealkonkurrenz zum Ausdruck kommen muss.[854]

IV. Relevanz der Untreue als Insolvenzdelikt im weitesten Sinne

Es hat sich in den zurückliegenden Ausführungen gezeigt, dass die Tatbestände des Bankrotts und der Untreue unterschiedliche Aufgabenbereiche ausfüllen und dass dadurch eine auf unmittelbare Gläubigerschutzgedanken abstellende Argumentationslinie für § 266 StGB definitiv ausscheidet. Haben die beiden Tatbestände mithin völlig unterschiedliche Anwendungsbereiche, die ohne Rücksicht auf die Gefahr möglicher Strafbarkeitslücken zu untersuchen sind, so bleibt die Frage zu klären, in welchen spezifischen Situationen von Insolvenzdelinquenz typischerweise auch noch der Untreuetatbestand verwirklicht wird. Häufig wird man in diesen Fällen die Situation antreffen, dass die Kapitalentziehung zur eigenen Bereicherung geschieht, nicht selten aber auch, um einzelnen Gläubigern oder einzelnen Gesellschaftern Vermögenswerte zukommen zu lassen, wobei diese regelmäßig in enger persönlicher Beziehung zu dem jeweiligen Vorstandsmitglied stehen dürften.[855] Teilweise werden Gelder aber auch zugunsten einer neuen oder weiteren Gesellschaft entzogen, an der das Vorstandsmitglied beteiligt ist.

Auch die Bildung einer Auffanggesellschaft in der Krise erfüllt häufig den Straftatbestand der Untreue zum Nachteil der Altgesellschaft. Voraussetzung dafür ist allerdings, dass ihre Errichtung bereits in Kenntnis der Überschuldung und ihrer Unüberwindbarkeit erfolgt ist, vor allen Dingen aber, dass die der Haftungsmasse entzogenen Vermögenswerte nicht angemessen ausgeglichen worden sind.[856] Um die Lieferanten für die neue Gesellschaft zu erhalten, kommt es in diesem Zusammenhang oft auch zu deren Begünstigung i.S. des § 283c StGB, so dass der Fiskus, die Sozialbehörden und die übrigen nicht begünstigten Gläubiger allein mit der „ausgeplünderten" Masse zurückbleiben. Zudem muss hier gelten, dass die Errichtung der Auffanggesellschaft in Kenntnis des Umstands, dass eine zur Insolvenzantragstellung zwingende Überschuldung vorliegt, zu-

---

853 Vgl. *Arloth*, NStZ 1990, 570, 575.

854 *Busch*, Konzernuntreue, 42; vgl. zudem instruktiv *D. Geerds*, FS F. Geerds, 689, 711 f.

855 Als typische Beispiele sind hier vor allen Dingen Ehefrauen, Kinder, o.ä. zu nennen.

856 Dies ist insbesondere auch dann der Fall, wenn Aufträge am Altunternehmen vorbei auf ein Nachfolgeunternehmen umgeleitet werden. Voraussetzung ist dann allerdings, dass das Altunternehmen bereits eine sichere Gewinnerwartung oder bereits Aufwendungen zum Erhalt eines Auftrages getätigt hatte; dazu *Pelz*, Strafrecht in Krise und Insolvenz, 8. Teil Rn. 547; *Müller-Gugenberger/Bieneck-Bieneck*, § 88 Rn. 49.

mindest dann strafbarkeitsbegründend ist, wenn sich der Vorstand aus diesem Grund entschließt, die erforderliche Stellung des Insolvenzantrags weiter herauszuzögern. Schließlich kann auch die Vornahme von Investitionen oder der Erwerb von Rechten, wie beispielsweise Patenten, bei bevorstehender Insolvenz den Tatbestand erfüllen, was insbesondere dann der Fall, ist, wenn diese sich wegen der Krisensituation als völlig sinnlos darstellen, weil eine Amortisation im Hinblick auf die zu erwartende Insolvenz ausgeschlossen ist.

Aber bereits dass bewusste Absehen von der Stellung eines Insolvenzantrags, welches in § 401 I Nr. 2 AktG mit Strafe bedroht ist, kann immer dann als Untreue gewertet werden, wenn die erforderliche Sanierung bewusst verhindert werden soll.[857] Die genannten Beispiele verdeutlichen, dass § 266 StGB auch in der Krise der Gesellschaft erhebliche Relevanz zukommen kann. Kaum nachvollziehbar ist gerade in dieser Hinsicht die bereits erwähnte Entscheidung des AG Halle-Saalkreis, nach dem eine Bestrafung wegen tateinheitlich begangener Untreue daran scheitert, dass der Unrechtsgehalt der Tat vollständig durch § 283 StGB erfasst werden soll und daher für eine zusätzliche Verurteilung wegen § 266 StGB kein Raum mehr ist.[858] Die hier anzutreffende Vorgehensweise erscheint angesichts der unterschiedlichen Schutzrichtungen der beiden Tatbestände äußerst bedenklich. Zwar ist dem Amtsgericht insoweit uneingeschränkt zuzustimmen, als es unter strikter Ablehnung der Interessenformel den Bankrott bejaht, jedoch kann die Bejahung des Bankrotts keinesfalls dazu führen, dass § 266 StGB verdrängt wird. Dieser steht wegen seines völlig unterschiedlichen Unrechtsgehalts richtigerweise in Tateinheit zu den §§ 283 ff. StGB, wobei dies entgegen der Ansicht des BGH nicht auf die Fälle beschränkt sein darf, in denen beiderseitige Interessen durch die Vermögensminderung betroffen sind.

[857] Dies ist insbesondere auch in den Fällen der sogenannten Scheinsanierung der Fall, in denen häufig auch die Aushöhlung der Gesellschaft bezweckt ist. Hier wird eine Fortführung des Unternehmens vorgetäuscht, um den Beteiligten Sondervorteile zu verschaffen; vgl. *Pelz*, Strafrecht in Krise und Insolvenz, 8. Teil Rn. 556.

[858] AG Halle-Saalkreis NJW 2002, 77.

(D) Kapitalmarkt- und Börsendelikte als Untreue

I. Problemeinführung

Geht es um die Strafbarkeit des AG-Vorstands im Zusammenhang mit Kapitalmarkt- und Börsendelikten, dann ist vor allen Dingen an den Insiderhandel und die Kursmanipulation als verwandte Phänomene zu denken.[859] Während der Insiderhandel das Ausnutzen eines kursrelevanten Informationsvorsprungs darstellt und damit die Kenntnis von wahren Informationen voraussetzt, handelt es sich bei Kursmanipulationen um das Verbreiten unzutreffender Nachrichten, die geeignet sind, den Kurs von Wertpapieren zu beeinflussen. Folglich muss der Täter der Kursmanipulation kein Insider sein, im Gegenteil es wird sich zumeist um einen „Outsider" handeln. Beide Phänomene sind gleichsam schädlich für das ordnungsgemäße Funktionieren des Kapitalmarktes. Beim Insiderhandel werden Informationsungleichgewichte ausgenutzt, bei der Kursmanipulation entstehen Informationsungleichgewichte, weil der den Kurs Manipulierende weiß, was die Marktteilnehmer nicht wissen, nämlich dass die verbreiteten Informationen unzutreffend sind. Darüber hinaus ist für die Kursmanipulation wesentlich, dass die verbreiteten Informationen darauf abzielen oder bewirken, dass ein falsches Bild vom Wert eines Wertpapiers erzeugt wird, wodurch das Vertrauen der Marktteilnehmer als Grundbedingung eines effizienten Marktes gestört wird. Da sich der Wert der AG im Aktienkurs widerspiegelt, wird es das Bestreben eines jeden AG-Vorstandsmitglieds sein, mit seiner Arbeit bestmöglich dazu beizutragen, dass sich der Aktienkurs des Unternehmens positiv entwickelt. Hierbei besteht die dringende Gefahr, dass die Grenze erlaubter Einflussnahme auf die Kursentwicklung – im Erfolgsfall regelmäßig als Beleg besonderer unternehmerischer Tätigkeit gewürdigt – überschritten wird.[860]

Die besondere Täterqualität des Vorstands sowohl hinsichtlich der Kursmanipulation als auch im Hinblick auf Insiderverstöße ist insbesondere mit seinen nahezu unbeschränkten kursnahen Einflussmöglichkeiten (vor allen Dingen Adhoc-Mitteilungen) und Zugangsmöglichkeiten zu den Knotenpunkten des gesamten Informationsflusses in der AG zu erklären. Fraglich ist nun aber im Hinblick auf den Schwerpunkt dieser Arbeit, ob sich ein Vorstandsmitglied, dass Insiderinformationen rechtswidrig ausnutzt bzw. den Börsenkurs der Aktiengesellschaft manipuliert, außer nach den Strafvorschriften des Wertpapierhandelsgesetzes (WpHG) zusätzlich noch wegen Untreue verantworten muss. Zweifelhaft ist in diesem Zusammenhang aber bereits, ob der Vorstand mit dem Ausnutzen von Insiderwissen überhaupt eine Pflicht verletzt, die Bestandteil seiner Vermögensbetreuungspflicht sein kann. Zum anderen wird insbesondere auch die Feststellung des erforderlichen Vermögensnachteils zur Herausforderung, denn grundsätzlich werden durch derartiges Verhalten „lediglich" die übrigen

---

[859] Vgl. *Weber*, NZG 2000, 113.
[860] Vgl. dazu *Park*, BB 2001, 2069.

Anleger und das Vertrauen in den Kapitalmarkt geschädigt.[861] Da das Vermögen der Gesellschaft bei diesen zunächst nur nebenstrafrechtlich relevanten Verhaltensweisen jedenfalls betroffen wird, ist hier dennoch eine genauere Untersuchung angezeigt.

Beipielsfall 1: Comroad AG (Vorstandsvorsitzender Bodo Schnabel, Ehefrau Ingrid Schnabel)
Verdacht: Kursbetrug, Insiderhandel, Betrug
Der Angeklagte Vorstandsvorsitzende der ComRoad AG manipulierte von 1998 bis März 2002 durch erheblich überhöhte Umsatzmitteilungen den Börsenkurs der von ihm vertretenen AG, nutzte den so überhöhten Kurs zu Verkäufen eigener Aktien und täuschte anlässlich einer Kapitalerhöhung im November 2000 die Abnehmer der neuen Aktien über die wahren Umstände. Seine Ehefrau, die Angeklagte Ingrid Schnabel, war ihm durch die Herstellung falscher Rechnungen und Saldenbestätigungen behilflich und nutzte ihre Kenntnis von dem auf Grund falscher Tatsachenbehauptungen überhöhten Börsenkurs ebenfalls zu eigenen Aktienverkäufen. Beide Angeklagten erlangten durch ihre Taten Gewinne in mehrfacher Millionenhöhe.

Verurteilung: Der Angeklagte Bodo Schnabel wurde wegen Kursbetruges in 17 Fällen und des verbotenen Insiderhandels in 22 Fällen, in 3 Fällen in Tateinheit mit Betrug, zu einer Gesamtfreiheitsstrafe von 7 Jahren, die Angeklagte Ingrid Schnabel wegen verbotenen Insiderhandels in 15 Fällen und wegen Beihilfehandlungen zu einer zur Bewährung ausgesetzten Gesamtfreiheitsstrafe von 2 Jahren verurteilt.[862]
(Quelle: neben der Entscheidung Handelsblatt vom 15.11.2002 und vom 22.11.2002)

II. Insiderhandel als Untreue

1. Insiderhandelsverbot als Vermögensbetreuungspflicht im Sinne von § 266 StGB

Im Rahmen der Fragestellung, ob verbotener Insiderhandel eines Vorstandsmitglieds auch wegen Untreue strafbar sein kann, ist zuallererst zu klären, ob das Verbot, Insiderinformationen auszunutzen, als Vermögensbetreuungspflicht im Sinne von § 266 StGB qualifiziert werden kann. Bei Insidergeschäften handelt es sich um die Ausnutzung von Vorabkenntnissen im Wertpapierhandel mit dem Ziel, für sich selbst, für Dritte oder auch durch Dritte Wertpapiere zu erwerben oder zu veräußern, die anschließend aufgrund bestimmter Ereignisse, die der Täter schon jetzt kennt, im Wert steigen oder fallen.[863] Nach traditioneller Auffassung dient das Insiderhandelsverbot insbesondere dem Anlegerschutz durch

---

[861] *Tiedemann*, FS Tröndle, 319, 331; vgl. auch *Dingeldey*, Insider-Handel und Strafrecht, 25.
[862] LG München I wistra 2003, 277 ff.
[863] *Tiedemann*, FS Tröndle, 319, 330 f.

Sicherung der Funktionsfähigkeit des organisierten Kapitalmarktes.[864] Die Vermögensbetreuungspflicht hat dagegen nach allgemein akzeptierter Definition eine durch Eigenverantwortlichkeit geprägte und als Hauptpflicht geschuldete Geschäftsbesorgung in einer wirtschaftlich nicht ganz unbedeutenden Angelegenheit zum Gegenstand.[865] Bereits im Hinblick auf diese Definition erscheint die Qualifizierung des Insiderhandelsverbots als Vermögensbetreuungspflicht jedoch äußerst zweifelhaft. Bestärkt wird dieser Eindruck vor allen Dingen durch den Blick auf die aktiengesetzlichen Schadensersatzregelungen, wo der Verstoß gegen Insiderhandelsverbote entgegen der möglicherweise gleichgelagerten Pflicht zur Verschwiegenheit gerade nicht ausdrücklich geregelt ist, das Verbot mithin gerade nicht als vorstandliche Hauptpflicht im definitionsgemäßen Sinne ausgestaltet ist. Zudem können auch die Aktionäre, in deren Lager am ehesten mit einem Nachteil zu rechnen ist, keinen Schadensersatzanspruch aus § 93 II AktG herleiten[866] und die Norm ist auch nicht zu ihren Gunsten Schutzgesetz im Sinne von § 823 II BGB.[867] Damit erfasst die Norm, die auch im Sinne von § 266 StGB oberster Verhaltenskodex des Aktiengesetzes ist, explizit nicht den Verstoß gegen das Insiderhandelsverbot.[868]

Gelegentlich wird als Regelungszweck des Verbots allerdings auch der Schutz von Unternehmensinteressen genannt[869], zu denen zweifellos auch der Schutz des Gesellschaftsvermögens zählt. Eine solch weite Erfassung des Begriffs Unternehmensinteresse war von den Vertretern dieser Ansicht jedoch offensichtlich nicht intendiert. Mit der gewählten Formulierung Unternehmensinteressen ist hier augenscheinlich nur die Vertraulichkeitssphäre der Gesellschaft, bestenfalls noch das Interesse der Gesellschaft an einem funktionierenden Kapitalmarkt, gemeint. Letzterem kommt aber keinesfalls der notwendige Bezug zu dem durch § 266 StGB geschützten Gesellschaftsvermögen zu. Soweit sich die Kenntnis des Vorstands dagegen auf Betriebsgeheimnisse stützt, wovon bei Insiderinformationen im Regelfall ausgegangen werden kann, ist deren Verwertung bereits durch den Spezialstraftatbestand des § 404 II 2 AktG geschützt. Es wäre daher in jedem Fall unrichtig, den Vermögensbetreuungspflichtcharakter nur deswegen zu bejahen, weil er für die ähnlich gelagerte Verschwiegenheitspflicht anerkannt ist, mithin also die Pflichtwidrigkeit solchen Verhaltens auch im Sinne

---

864 *Weber*, NZG 2000, 113, 117.

865 Vgl. nur LPK/StGB-*Kindhäuser*, § 266 Rn. 20 ff. m.w.N..

866 *Hüffer*, AktG, § 93 Rn. 19.

867 Ganz h.M. LG Bonn AG 2001, 484, 486; LG Düsseldorf AG 1991, 70, 71; *Geßler/Hefermehl-Hefermehl*, § 93 Rn. 90; KK-*Mertens*, § 93 Rn. 169 m.w.N.; a.A. zur GmbH: *Sonnenschein*, Organschaft und Konzerngesellschaftsrecht, 159 ff.

868 *Tiedemann*, FS Tröndle, 319, 330 f.; *Nelles*, Untreue zum Nachteil von Gesellschaften, 556; *Poseck*, Strafrechtliche Haftung, 97; a.A. *Park-Zieschang*, Kapitalmarktstrafrecht, § 266 StGB Rn. 62 mit Verweis auf Rn. 55 f., der zumindest von einer diesbezüglichen Vermögensbetreuungspflicht auszugehen scheint, den Vermögensnachteil dann aber richtigerweise ablehnt.

869 Vgl. *Assmann/Schneider-Assmann/Cramer*, WpHG, § 14 Rn. 4a.

von § 266 StGB mit einem Verstoß des Vorstandsmitglieds gegen seine Verschwiegenheitspflicht zu begründen.[870] Da Insidergeschäfte grundsätzlich für eigene Rechnung getätigt werden, handelt der gesellschaftsbezogene Insider in diesen Fällen zudem als eigenständiges Vermögenssubjekt, nicht aber in seiner Funktion als Treuhänder für das Gesellschaftsvermögen, welches nach herrschender Meinung auch nicht einmal annäherungsweise in den Schutzzweck des Insiderhandelsverbots miteinbezogen ist.[871] Durch Missachtung des Insiderhandelsverbots verletzt der Vorstand mithin unmittelbar keine ihm speziell gegenüber der Gesellschaft obliegende Pflicht, die Bestandteil der Vermögensbetreuungspflicht sein könnte.[872]

2. Vermögensnachteil der AG als Folge von Insidergeschäften

Trotz der Verneinung des spezifischen Zusammenhangs zwischen Handlung und Vermögensbetreuungspflicht soll hier aus Klarstellungsgründen zumindest kurz noch die Folge eines möglichen Vermögensnachteils infolge Insiderhandelns hinterfragt werden. Grundsätzlich entspricht die Lokalisierung eines möglichen Schadens dem vom Gesetzgeber gewollten Schutzzweck des Insiderhandelsverbots. Es wird allerdings nicht das Vermögen der Gesellschaft, sondern, wenn überhaupt, nur die übrigen Anleger und das allgemeine Vertrauen in den Kapitalmarkt geschützt. § 266 StGB kennt diesen Rechtsgütern gegenüber jedoch keine Schutzpflicht des Vorstands der Aktiengesellschaft, sondern ausschließlich gegenüber dem Gesellschaftsvermögen. Mögliche negative Folge pflichtwidrig eingesetzter Insiderinformationen ist der Rückgang des Kurses einer Aktie auf dem Sekundärmarkt, welcher aber grundsätzlich keinen Vermögensnachteil im Sinne von § 266 StGB für die Aktiengesellschaft selbst bedeutet. Zwar hat die Auseinandersetzung mit dem Problem der angemessenen Vorstandsvergütung gezeigt, dass Wertsteigerungen des Unternehmens an der Börse, also ein hoher Kurs, maßgebliche Voraussetzung für die Eigenkapitalbeschaffung des Unternehmens am Aktienmarkt zu attraktiven Konditionen sind.[873] Je höher der Börsenkurs ist, desto mehr Geld fließt bei einer Barkapitalerhöhung in die Kasse des Unternehmens und desto mehr Geld steht für Akquisitionen zur Verfügung.[874] Darüber hinaus kann der Börsenkurs anerkanntermaßen als eine von mehreren Maßstabsgrößen bei der Bewertung des Gesamtvermögens der Gesellschaft herangezogen werden. Gleichwohl ist die Verbindung zwischen dem von § 266 StGB geschützten Gesellschaftsvermögen und dem Börsenkurs der AG

---

[870] Vgl. *Nelles*, Untreue zum Nachteil von Gesellschaften, 556.

[871] *Assmann/Schneider-Assmann/Cramer*, WpHG, § 14 Rn. 4a ff.; *Poseck*, Strafrechtliche Haftung, 97; *Tiedemann*, FS Tröndle, 319, 331; vgl. auch *Dingeldey*, Insider-Handel und Strafrecht, 25.

[872] Ebenso eindeutig ablehnend: *Tiedemann*, FS Tröndle, 319, 325 ff.; *Nelles*, Untreue zum Nachteil von Gesellschaften, 556, die insoweit eine Restriktion auf organspezifische Handlungen vornehmen.

[873] Vgl. etwa jüngst, *Banerjea*, ZIP 2003, 1730, 1731.

[874] *Wollburg*, ZIP 2004, 646, 648.

nicht so eng, dass die Verwirklichung des Insiderhandelsverbots einen Vermögensnachteil im Sinne von § 266 StGB herbeizuführen vermag. Zwar erleiden gegebenenfalls die Aktionäre einen Vermögensnachteil, indem ihre Aktien an Wert verlieren, insofern trifft der Schaden jedoch nicht das vom Vorstand zu betreuende Vermögen und ist daher für § 266 StGB irrelevant.[875] Lediglich in hier nicht weiter zu vertiefenden Ausnahmefällen ist ein - auch vermögenswerter - Nachteil der Aktiengesellschaft infolge eines Imageverlustes denkbar.

Da im Fall der Verwertung der Insiderinformation regelmäßig auch Betriebsgeheimnisse im Sinne des § 404 I AktG preisgegeben werden, ist ein Vermögensnachteil in der Konsequenz der Ausführungen zur Untreue durch Verschwiegenheitspflichtverletzungen jedoch immer dann anzunehmen, wenn der Geheimnisempfänger das Geheimnis so ausnutzt, dass das Vermögen der AG geschädigt wird. Die praktische Bedeutung dieser Situation dürfte angesichts der oben getroffenen Entscheidung zum Verhältnis zwischen Handlung und Vermögensbetreuungspflicht jedoch gegen Null tendieren. Darüber hinaus ist der Vermögensschaden in diesen Fällen allein als Folge der Verschwiegenheitspflichtverletzung anzusehen, nicht jedoch auf die Verletzung des Insiderhandelsverbots zurückzuführen. Grundsätzlich kann § 266 StGB das Ausnutzen von Insiderinformationen daher auch im Hinblick auf den nur in Ausnahmefällen begründbaren Vermögensnachteil nicht erfassen.[876]

III. Börsenmanipulationen als Untreue

1. Begriff der Börsenmanipulation

Nach dem mittlerweile gestrichenen § 88 BörsG a.F. machte sich strafbar, wer zur Einwirkung auf den Börsenpreis von Wertpapieren, Bezugsrechten oder von Unternehmensanteilen mit Ergebnisbeteiligung entgegen bestehender Rechtsvorschriften Umstände verschwieg, die für die Bewertung erheblich waren. Schutzgut der Bestimmung waren die Zuverlässigkeit und „Wahrheit" der Preisbildung an Börsen und Märkten, welche für das Wirtschaftsleben von erheblicher Bedeutung sind. Strafrechtlicher Vermögensschutz war dagegen nicht bezweckt[877], um den Schutz der Anleger ging es nur mittelbar[878]. Seit dem 01.07.2002 ist die Kurs- und Marktpreismanipulation nun in den §§ 38 I Nr. 4 i.V.m. 20a, 39 I, II WpHG unter Strafe gestellt. Inhaltlich knüpft der Bußgeld-

[875] *Park-Zieschang*, Kapitalmarktstrafrecht, § 266 StGB Rn. 62. § 266 StGB würde hier, das Bestehen einer Vermögensbetreuungspflicht vorausgesetzt, nur im Hinblick auf die von der Aktiengesellschaft selbst gehaltenen eigenen Aktien in Frage kommen. Der Vermögensnachteil wäre dann wiederum darin zu erblicken, dass die Aktie aufgrund des durch den Insidermissbrauch ausgelösten Kursrückgangs an Wert verloren hat; vgl. dazu wiederum *Park-Zieschang*, Kapitalmarktstrafrecht, § 266 StGB Rn. 62 Fn. 125 sowie Rn. 56 (zu Falschmeldungen).

[876] *Poseck*, Strafrechtliche Haftung, 97; *Park-Zieschang*, Kapitalmarktstrafrecht, § 266 StGB Rn. 62; *Tiedemann*, FS Tröndle, 319, 330 f.; *Achenbach/Ransiek*, HWSt, V 2 Rn. 290.

[877] *Schlüchter*, Zweites Gesetz zur Bekämpfung der Wirtschaftskriminalität, 136.

[878] BT-Drucks. X/318, 46; *Joecks*, wistra 1986, 142, 149; *Schwark*, Börsengesetz, § 88, Rn. 1.

tatbestand des § 39 I, II WpHG, der erst unter den Voraussetzungen des § 38 I Nr. 4 WpHG mit Strafe bedroht wird, an die abstrakte Verbotsnorm des § 20a I WpHG n.F. an. Diese verbietet in Absatz 1 Nr. 1 unrichtige Angaben oder das pflichtwidrige Verschweigen von Umständen, die für die Bewertung eines Vermögenswertes erheblich sind, wenn die Angaben oder das Verschweigen geeignet sind, auf dessen Börsen- oder Marktpreis einzuwirken. Macht der Vorstand in diesem Sinne unrichtige Angaben, was häufig in Form von irreführenden Ad-hoc-Meldungen geschehen wird[879] oder verschweigt er hierbei wesentliche Angaben, so kann es mit nicht unerheblicher Wahrscheinlichkeit zu einer Beeinflussung des Börsen- und Marktpreises der Aktiengesellschaft kommen.

2. Untreuerelevanz

Ob ein solches Verhalten nun aber als Pflichtwidrigkeit im Sinne von § 266 StGB qualifiziert werden kann, dürfte aus ähnlichen Gründen wie schon beim eben behandelten Insiderhandelsverbot zweifelhaft sein. Da zudem eine mögliche negative Beeinflussung des Börsenkurses in der Konsequenz der obigen Ausführungen auch im Rahmen der Kursmanipulation grundsätzlich keinen Vermögensnachteil herbeizuführen vermag, beschränken sich die folgenden Erörterungen nun – zur reinen Verdeutlichung der Problematik – auf die Untersuchung der sonstigen Tatbestandsrelevanz. Unter Berücksichtigung der Tatsache, dass bei der in diesem Zusammenhang wohl häufigsten Manipulationshandlung der falschen Ad-hoc-Mitteilungen (Beispiel Comroad AG) neben einer Strafbarkeit aus § 88 BörsG a.F. bzw. §§ 38 I Nr. 4 iVm 20a, 39 I, II WpHG durchaus auch eine Strafbarkeit aus dem allgemeinen Betrugstatbestand des § 263 I StGB angenommen wird[880], könnte man über diesen Umweg auch die Möglichkeit einer Untreuestrafbarkeit in Betracht ziehen. Bereits in zahlreichen höchstrichterlichen Entscheidungen ist nämlich Tateinheit zwischen Betrug und Untreue angenommen worden, wenn § 266 StGB mit den Mitteln des Betrugs begangen

[879] Zu den Kernbereichen des Wertpapierhandelsgesetzes gehört die Pflicht zur Ad-hoc-Publizität gemäß § 15 WpHG. Hiernach muss der Emittent von zum Handel an einer inländischen Börse zugelassenen Wertpapieren unverzüglich alle neuen Tatsachen veröffentlichen, die in seinem Tätigkeitsbereich eingetreten und noch nicht öffentlich bekannt sind. Voraussetzung ist, dass die Tatsachen wegen ihrer Auswirkungen auf die Vermögens- oder Finanzlage oder auf den allgemeinen Geschäftsverlauf des Emittenten geeignet sind, den Börsenpreis der zugelassenen Wertpapiere erheblich zu beeinflussen, bzw. die Fähigkeit des Emittenten, seinen Verpflichtungen im Falle zugelassener Schuldverschreibungen nachzukommen, beeinträchtigen können. Die Ad-hoc-Publizität ergänzt die Regelpublizität (Jahresabschlüsse, Lage- und Zwischenberichte) in dem Sinne, dass zur Regelpubli-zität gehörende, besonders wichtige Tatsachen, für Kapitalmarktteilnehmer vorab, d.h. unverzüglich nach dem Eintritt dieser Tatsachen und somit vor dem Zeitpunkt der nächsten Regelpublizität zu veröffentlichen sind.

[880] Im obigen Fall ist der Vorstandsvorsitzende Bodo Schnabel wegen Betrugs gegenüber den zeichnenden Banken verurteilt wurden, da diese infolge der Manipulationshandlungen Schnabels vollkommen wertlose Aktien der ComRoad AG erworben haben; vgl. dazu auch die Ausführungen bei *Park*, BB 2001, 2069, 2073 f.

worden ist.[881] Dies komme sogar dann in Betracht, wenn der selben oder einer anderen Person unabhängig von dem Betrugsschaden ein neuer Nachteil durch die Untreue zugefügt wird.[882] Diese andere Person könnte hier neben den zunächst ins Blickfeld geratenden Kapitalanlegern (Primärgeschädigte), denen gegenüber mangels Vermögensbetreuungspflicht nur Betrug in Betracht kommt, möglicherweise die Aktiengesellschaft als juristische Person sein. Dafür müsste ihr jedoch nachweislich ein Vermögensschaden durch die unrichtige Ad-hoc-Mitteilung ihres Vorstands entstanden sein, der jedoch einmal aus den oben genannten Gründen[883] abzulehnen ist.

Eine Konstellation, in der der Vorstand die Aktiengesellschaft täuscht, ist zudem praktisch kaum denkbar, da der betrugserforderliche Irrtum in diesen Fällen zunächst allein beim Vorstand als Leitungsorgan der AG eintritt, bevor er der Gesellschaft zugerechnet wird. Möglich ist ein solcher Ausnahmefall nur innerhalb des Kollegialorgans Vorstand, wenn ein Vorstandsmitglied einen oder mehrere Kollegen täuscht, um sie durch den Betrug quasi als Werkzeug einer Untreue zu benutzen. Einen solchen Fall hat es jedoch bisher jedoch noch nicht gegeben. Darüber hinaus lässt sich hier erneut kein systematischer Zusammenhang zwischen der Handlung (Machen unrichtiger Angaben oder Verschweigen entgegen bestehender Rechtsvorschriften) und der Vermögensbetreuungspflicht herstellen. Da § 20a I WpHG die legitime Nachfolgevorschrift zu § 88 BörsG a.F. ist, wird ihr von einem Teil der Lehre der überindividuelle Schutz der Zuverlässigkeit und Wahrheit der Preisbildung an Börsen und Märkten im Interesse deren Funktionsfähigkeit zugesprochen.[884] Demgegenüber misst eine vordringende Auffassung § 20a WpHG nur oder zumindest auch einen individualschützenden Zweck bei, der im Anlegerschutz als solchem oder konkreter im Schutz des Vermögens der Anleger erblickt wird.[885] Eine Auflösung der diesbezüglichen Diskussion kann allerdings im vorliegenden Fall unterbleiben. Zwar wird der Schutzzweckinhalt im Hinblick auf die genannten Aspekte diskutiert, nicht aber bezüglich des Vermögens der Aktiengesellschaft. Diesem will der Gesetzgeber keinen, nicht einmal reflexartigen Schutz zukommen lassen. Der Schutz des Kapitalmarktes, der zumindest reflexartig auch den Kapitalanlegern zugutekommen soll, überwiegt hier so eindeutig, dass eine Verletzung der Vermögensbetreuungspflicht durch Manipulationen des Börsenkurses abzulehnen ist. Allein wenn das pflichtwidrige, jedoch möglicherweise zugunsten der AG erfolgende Verhal-

---

[881] RGSt 73, 6, 8 f.; BGHSt 8, 254 ff.; BGH GA 1971, 83, 84; BGH StV 1984, 513; BGH wistra 1991, 218, 219; 1992, 342 ff.; OLG München JZ 1977, 408, 410; *Schönke/Schröder-Lenckner/Perron*, § 266 Rn. 54; teilw. kritisch SK/StGB-*Samson/Günther*, § 266 Rn. 55; allein für Betrug: *Labsch*, Untreue, 231 ff.; *Otto*, Bankentätigkeit und Strafrecht, 53 Fn. 5.
[882] BGHSt 6, 67, 68; RGSt 63, 186, 193; anders RGSt 67, 273.
[883] Siehe 4. Teil D II 2.
[884] *Möller*, WM 2002, 309, 310; weit. Nachw. bei *Altenhain*, BB 2002, 1874, 1875, Fn. 12.
[885] *Altenhain*, BB 2002, 1874, 1875; *Lenzen*, ZBB 2002, 279, 284; *Sorgenfrei*, wistra 2002, 321, 322; *Tripmaker*, wistra 2002, 288, 291; *Ziouvas*, ZGR 2003, 113, 143 f.

ten eine Schadenersatzpflicht der AG[886] nach sich zieht, könnte eine Untreue unter den oben bereits erarbeiteten Voraussetzungen in Betracht kommen.[887] Diese Konstellation gehört allerdings in einen anderen Zusammenhang, auf den ja bereits ausführlich eingegangen worden ist. Insgesamt kann damit nach den hier gemachten Ausführungen festgestellt werden, dass eine durch die Kursmanipulation verursachte Untreue kaum denkbar ist. Ausgenommen sind die genannten, in der Praxis nur schwer vorstellbaren Ausnahmen.

---

[886] Siehe dazu *Fuchs/Dühn*, BKR 2002, 1063 ff.

[887] Vgl. dazu oben 2. Teil B IV 2 c.

5. Teil - Untreue im Konzern

(A) Problemeinführung

Auch für den praktisch so wichtigen Fall verbundener Unternehmen stellt sich für die unterschiedlichen Arten der Verbindung - seien es vertragliche oder „nur" faktische Konzernierungen - die Frage nach der Untreuestrafbarkeit des Vorstands. Dabei kann die Aktiengesellschaft herrschendes oder beherrschtes, Hauptgesellschaft oder eingegliederte Gesellschaft, gewinnabführende oder gewinneinstreichende Gesellschaft sein und genauso unterschiedlich wie die denkbaren Unternehmensverbindungen gestalten sich dann möglicherweise auch die Anforderungen an die Strafbarkeit des Vorstands wegen Untreue. Die Frage, ob dabei wohl eher der Missbrauchs- oder der Treubruchstatbestand einschlägig sein wird, kann allerdings schon vorab ohne größere Probleme beantwortet werden. Von wenigen Ausnahmen abgesehen kommt nämlich eine Realisierung des Missbrauchstatbestandes nicht in Betracht, da den Parteien des Vertragskonzerns die im Missbrauchstatbestand vorausgesetzte Rechtsmacht einer Verfügungs- oder Verpflichtungsbefugnis weder im Rahmen eines reinen Abhängigkeitsverhältnisses (Faktische Konzernierung) noch aufgrund der Unternehmensverträge der §§ 291, 292 AktG eingeräumt wird. Im Bereich der anderen Konzerngesellschaften sind ausschließlich die eigenen Organe vertretungsbefugt, so dass eine derartige Befugnis nur im Falle rechtsgeschäftlicher Vereinbarung angenommen werden kann.[888] Steht danach abgesehen von diesen wenigen Ausnahmen der Treubruchstatbestand im Vordergrund, rückt zunächst die Frage nach dem für diesen Tatbestand besonders wesentlichen Tatbestandsmerkmal der Vermögensbetreuungspflicht in den Vordergrund. Problematisch ist in diesem Zusammenhang die Tatsache, dass das Recht der verbundenen Unternehmen keine Norm enthält, die das Bestehen einer Vermögensbetreuungspflicht gegenüber einem der jeweils beteiligten Mutter-, Tochter- oder Schwesterunternehmen in ähnlich eindeutiger Weise ausspricht, wie das beispielsweise die §§ 1626 I 1 und 1793 I 1 BGB hinsichtlich der entsprechenden Pflicht der Eltern bzw. des Vormunds mit der Wendung „Pflicht für ... das Vermögen des Kindes (des Mündels) zu sorgen" zum Ausdruck bringen. Im Rahmen der folgenden Untersuchung wird nun davon ausgegangen, dass es sich bei der Konzernseite, für deren Vorstandsmitglieder die Pflicht zur Vermögensfürsorge ermittelt werden soll, um eine Aktiengesellschaft handelt. Die Konzernseite, deren Vermögen geschützt werden soll, kann, wie das sogleich folgende Fallbeispiel der „Bremer Vulkan Verbund AG" zeigt, durchaus auch eine Gesellschaft mit beschränkter Haftung oder sogar eine Personengesellschaft sein.[889] Dabei wird die folgende Untersuchung nicht nur aus Gründen der besseren Übersichtlichkeit, sondern

---

[888] Eine solche Gestaltung ist möglich beim Geschäftsführungsvertrag gemäß § 291 I 2 AktG sowie bei der Eingliederung; sie ist kennzeichnend für die Betriebsüberlassung in Form der sog. Innenpacht und, falls man diesen Vertrag als Unternehmensvertrag im Sinne des Aktiengesetzes anerkennt, für den Betriebsführungs-vertrag, *Ewald*, Untreue zwischen „verbundenen Unternehmen", 99.

[889] Vgl. dazu *Leßmann/Wied*, JuS 2000, 959 ff.

insbesondere aufgrund des einzelfallbezogenen Ansatzes des Strafrechts auf eine Zweier-Ebene im Konzern beschränkt. Es geht mithin stets um konkrete Handlungen eines bestimmten konzerninternen Organs (vorliegend immer ein Vorstandsmitglied) zulasten einer bestimmten konzernverbundenen Gesellschaft. Damit von Konzernuntreue im Gegensatz zur „einfachen" Organuntreue gesprochen werden kann, muss die Verbindung zum Fremdvermögen zwingend ein Konzernspezifikum aufweisen. Dies ist dann der Fall, wenn der Vorstand als Organ zum Nachteil der Tochtergesellschaft, als Organ der Tochter zum Nachteil der Mutter oder als Organ der Tochter zum Nachteil der Schwester handelt. Liegt hingegen „nur" ein Handeln zum Nachteil der eigenen Gesellschaft vor, so kann nur dann von der Berührung konzernspezifischer Bindungen gesprochen werden, wenn hierdurch unmittelbar eine andere Konzerngesellschaft geschädigt und der eigene Nachteil rein mittelbarer Art ist oder wenn dieser Nachteil zwar unmittelbar eintritt, dadurch jedoch mittelbar ein anderes Konzernunternehmen geschädigt wird.[890]

Beispielsfall 1: Südmilch AG (Vorstandsvorsitzender Wolfgang Weber)
Verdacht: Untreue und Betrug
Wichtigster Punkt des anstehenden Prozesses war ein Kooperationsvertrag zum Transfer von Know-how zwischen der Südmilch AG in Stuttgart und der Sachsenmilch in Leppersdorf bei Dresden. Die Verluste der Südmilch im Jahr 1991 sollten mit dem Geld aus dem Verkauf von Fachwissen an die Sachsenmilch in Höhe von 38 Mill. Mark ausgeglichen werden. Das Expertenwissen sollte ein Generalunternehmer liefern, der noch nie ein Milchwerk gebaut hatte. Es handelte sich dabei um allgemein zugängliches und bei der Sachsenmilch bereits vorhandenes Fachwissen. Die Staatsanwaltschaft hatte das in mehreren Aktenordnern gelieferte Know-how sogar als „völlig wertlos" bezeichnet. Den Gefährdungsschaden zu Lasten der Südmilch-Tochter Sachsenmilch bezifferte das Gericht jetzt entsprechend auf 19,4 Mio. Euro. Weber gesteht, dass er eine Überforderung der Sachsenmilch billigend in Kauf genommen habe. Ihm sei bewusst gewesen, das die geplante Zahlung von 38 Mill. DM ein Risiko bedeutete, das allein bei der Sachsenmilch gelegen habe. Die Vereinbarung über den Kauf des Wissens habe einen Vermögensnachteil der Sachsenmilch dargestellt. Weber wurde wegen Untreue zu einer zweijährigen Bewährungsstrafe und 100000 Euro Geldauflage verurteilt.
(Quelle: Handelsblatt vom 22.10.2003)

Beispielsfall 2: Bremer Vulkan Verbund AG (Vorstandsvorsitzender Friedrich Hennemann und Gremiumskollegen)
Verdacht: Untreue
Die BVV AG hatte von der Treuhandanstalt zwei ostdeutsche Werften erworben und für diese neben Ausgleichszuschüssen in Höhe von insgesamt über 1 Mrd.

[890] *Busch*, Konzerntreue, 21 f. mit Verweis auf die S. 6 f.

Euro zweckgebundene Investitionsbeihilfen in dreifacher Millionenhöhe erhalten. Die beiden als GmbH-Töchter organisierten Ostwerften, die durch die Staatsbeihilfen über erhebliche Liquiditätsreserven verfügten, wurden im Jahre 1994 in ein konzernweites Cash Management-System einbezogen und durch Weisungen des Konzernvorstands veranlasst, der Konzernspitze freie Gelder als Festgelder oder Kredite zur Verfügung zu stellen. Dieses System stellte sicher, dass Guthaben in einem Tochterunternehmen innerhalb des Konzerns zugleich zum Ausgleich etwaiger Schuldsalden anderer Unternehmenseinheiten verwandt werden konnten. Mit einem solchen – im übrigen auch in anderen Konzernen verbreiteten – internen Ausgleichssystem wurde die Finanzlage der BVV AG optimiert und insbesondere die Zinsbelastung des Gesamtkonzerns vermindert. Hierdurch kam es in der Folgezeit zu Kapitalumschichtungen von den Ostwerften zu den übrigen Tochterunternehmen. Betroffen waren davon Geldanlagen der beiden Ostwerften in Höhe von über 800 Mio. DM. Die finanzielle Situation des Gesamtkonzerns verschlechterte sich trotz weiterer Kreditgewährungen ständig. Im Februar 1996 wurde schließlich Vergleichsantrag gestellt und später das Anschlusskonkursverfahren über das Vermögen der BVV AG eröffnet. Bemühungen der Treuhandanstalt, die Festgeldanlage zurückzuerlangen, scheiterten ebenso wie Versuche, die Einlagen im Cash Management-System nachträglich besichern zu lassen.[891]

[891] BGH, Urt. vom 13.5.2004 – 5 StR 73/03, NJW 2004, 2248 ff.

(B) Untreuestrafbarkeit des Vorstands im Rahmen der einzelnen Konzernverbindungen

I. Vorfrage: Begründung der Täterschaft des Vorstands

Da es bei der Untersuchung der Untreue im Konzern nur in Ausnahmefällen[892] um die Vermögensinteressen der eigenen Gesellschaft geht, stellt sich die für die verschiedenen Konzernverbindungen separat zu klärende Frage nach der Vermögensbetreuungspflicht nicht allein im Hinblick auf das Ob, sondern auch das Wer, d.h. die Grundlage der Täterschaft. Bestehen tatsächlich Vermögensbetreuungspflichten gegenüber konzernverbundenen Gesellschaften, dann muss ihr Träger sinnvollerweise die Partei des Vertragskonzerns bzw. die Seite der faktischen Konzernierung, mithin die Gesellschaft selbst sein. Aufgrund der Handlungsunfähigkeit und damit fehlender Strafbarkeit juristischer Personen steht jedoch fest, dass die Pflicht und damit die Strafbarkeit die natürlichen Personen trifft, die die juristische Person gesetzlich vertreten, also den Vorstand für die Aktiengesellschaft. Denkbar ist in diesem Zusammenhang nun, dass diesem die Vermögensbetreuungspflicht für die mit seiner AG konzernverbundene Gesellschaft über die Grundsätze des Vertrags mit Schutzwirkung zugunsten Dritter zuwächst. Diesbezügliche Anhaltspunkte könnten unter Umständen der vom BGH zur GmbH & Co. KG ergangenen Rechtsprechung entnommen werden, nach der sich der Schutzbereich des mit der Komplementär-GmbH abgeschlossenen Anstellungsvertrages des Geschäftsführers unter bestimmten Voraussetzungen auch auf die Kommanditgesellschaft erstrecken könne.[893] Eine Übertragung dieser Grundsätze auf den Konzern scheitert jedoch bereits daran, dass die Kommanditgesellschaft eine rechtliche Einheit darstellt, innerhalb derer die GmbH die Position eines Gesellschafters mit allen Rechten und Pflichten einnimmt, wogegen die einzelnen Konzerngesellschaften zwar eine wirtschaftliche Einheit darstellen, rechtlich jedoch eigenständig sind und unterschiedliche rechtliche Interessen verfolgen.

Denkbar ist hingegen, dass die Vermögensbetreuungspflicht der gesellschafts- wie strafrechtlich handlungsunfähigen AG auf ihren Vorstand als gesetzlichen Vertreter übergeleitet wird und ihm somit als natürlicher Person vollständig obliegt. Eine solche Überleitung auf die Organe juristischer Personen ist seit langem in Rechtsprechung und Literatur anerkannt, ihre dogmatische Grundlage jedoch umstritten.

---

[892] Siehe dazu unten 5. Teil B II 1c; B II 2c; B II 3b und B III 2. Zur begrifflichen Abgrenzung von Konzernuntreue und Organuntreue: *Busch*, Konzernuntreue, 6 f.

[893] BGH II ZR 174/77 v. 12.11.1979, BGHZ 75, 321, 322; BGH II ZR 213/77 v. 24.03.1980, WM 1980, 589, 592.

Eine Darstellung des Streits um die Rolle von § 14 I Nr. 1 StGB als diesbezügliche Zurechungsnorm[894] oder nicht[895] ist hier jedoch entbehrlich, wenn man bedenkt, dass in den hier zu untersuchenden Fällen allein der Treubruchstatbestand in Rede steht. Für diesen ergibt sich in jedem Fall eine nicht über § 14 StGB vermittelte Vermögensbetreuungspflicht des Vorstands, denn dieser nimmt stellvertretend für die AG auf das fremde Vermögen Zugriff und steht damit in einem tatsächlichen Treueverhältnis zum geschädigten Vermögen der konzernverbundenen Gesellschaft.[896] Es kann folglich konstatiert werden, dass eine etwaige Vermögensbetreuungspflicht der Aktiengesellschaft, immer unter der Prämisse, dass eine solche dem verbundenen Unternehmen gegenüber begründbar ist, grundsätzlich auf deren Vorstand übergeleitet wird. In welchen Konzernkonstellationen eine solche überzuleitende Vermögensbetreuungspflicht besteht, ist nun im Folgenden festzustellen.

II. Vertragliche Konzernverbindungen

Problematisch könnte im Hinblick auf die diesbezügliche Untersuchung der sogenannten Unternehmensverträge zunächst die Tatsache sein, dass die Praxis diese in den seltensten Fällen in ihren Reinformen verwendet, sondern Mischformen oder Kombinationen bevorzugt.[897] Beispielsweise tritt der Gewinnabführungsvertrag fast ausschließlich in Kombination mit einem Beherrschungsvertrag und nur selten isoliert auf.[898] Dennoch soll die Frage nach der Vermögensbetreuungspflicht im Folgenden vom gesetzlich erfassten Inhalt des Vertrages ausgehen. Folge eines Zusammentreffens verschieden scharfer Vorschriften bei Mischformen wird dann lediglich die zwingende Anwendung der jeweils strengeren Vorschriften sein müssen.[899]

1. Der Beherrschungsvertrag

Die Legaldefinition des § 291 I 1 AktG kennzeichnet den Beherrschungsvertrag als Vertrag, durch den eine Aktiengesellschaft oder KGaA die Leitung ihrer Gesellschaft einem anderen Unternehmen unterstellt. Von Unterstellung unter fremde Leitung kann dann gesprochen werden, wenn die Entscheidungskompe-

---

[894] Vgl. BGHSt 41, 224, 229; *Schönke/Schröder-Lenckner/Perron*, § 14 Rn. 5 in Verb. mit § 266 Rn. 33; *Müller-Gugenberger/Bieneck-Schmid*, § 31 Rn. 83; GK-*Otto*, Vor § 399 Rn. 33; *Ransiek*, FS Kohlmann, 207, 219.

[895] BGH MDR 1954, 495; BGHSt 13, 330, 331; BGH NJW 1983, 1807; BGH NJW 1984, 800; LK-*Schünemann*, § 266 Rn. 66 f.; *ders.*, § 14 Rn. 22, 30, 35.

[896] *Busch*, Konzernuntreue, 101.

[897] *Emmerich/Sonnenschein/Habersack*, Konzernrecht, § 11, 158.

[898] *Geßler/Hefermehl-Geßler*, § 291 Rn. 34; KK-*Koppensteiner*, Vorb. 291 Rn. 73. Die Verbindung der beiden Unternehmensverträge erfolgt dabei in der Regel aus steuerlichen Gründen, vgl. *Wellkamp*, NStZ 2001, 113; vgl. dazu zudem *Emmerich/Sonnenschein/Habersack*, Konzernrecht, S. 19, die den Einfluss des Steuerrechts auf die Entwicklung der Unternehmenskonzentration als nicht hoch genug einschätzbar bezeichnen.

[899] *Baumbach/Hueck*, Aktiengesetz, § 291 Rn. 2; *Geßler/Hefermehl-Geßler*, § 291 Rn. 34; KK-*Koppensteiner*, Vorb. § 291 Rn. 73; *Godin/Wilhelmi*, § 291 Anm. 38.

tenz für einen herausgehobenen, von § 76 AktG erfassten Teilbereich der Geschäftsführung[900] in der Weise auf das andere Unternehmen übergeleitet wird, dass der Vorstand verpflichtet wird, allen etwaigen Weisungen (§ 308 I AktG) des herrschenden Vertragspartners, die diesen konkreten Bereich betreffen, Folge zu leisten. Die Weisungen sind nur insoweit verbindlich, als sie mit Gesetz und Satzung übereinstimmen und nicht durch eine Vereinbarung nach § 308 I 2 AktG ausdrücklich ausgeschlossen sind.[901] Damit ermöglicht es der Beherrschungsvertrag, die abhängige Gesellschaft in erheblicher Weise den Interessen des herrschenden Unternehmens unterzuordnen und sie seinen Zwecken dienstbar zu machen. Die gesetzlichen Vertreter der Obergesellschaft rücken damit gegenüber der abhängigen Gesellschaft in eine ähnliche Stellung ein, die zuvor die gesetzlichen Vertreter der Untergesellschaft selbst innehatten. Soweit hingegen das herrschende Unternehmen von seinem Weisungsrecht keinen Gebrauch macht, bleibt es bei der Leitung der abhängigen Gesellschaft unter eigener Verantwortung.[902]

a) Untreue des Vorstands des herrschenden Unternehmens zum Nachteil der abhängigen Gesellschaft

aa) Vermögensbetreuungspflicht

Zunächst kann hier festgestellt werden, dass eine Täterschaft des Vorstands nach der Missbrauchsalternative nicht in Betracht kommt. In seiner gesetzlich erfassten Form gewährt der Beherrschungsvertrag nämlich weder das Recht, über das Vermögen der abhängigen Gesellschaft unmittelbar zu verfügen, noch die Befugnis, diese zu verpflichten.[903] § 308 I 1 AktG räumt lediglich das Recht zur Erteilung von Weisungen ein. Eine darüber hinaus gehende Individualvereinbarung scheitert an der Tatsache, dass § 308 I 1 AktG insoweit zwingendes Recht enthält.[904]

Im Rahmen des damit allein in Frage kommenden Treubruchstatbestandes stellt sich nun in erster Linie die Frage nach der Vermögensbetreuungspflicht gegenüber der abhängigen Gesellschaft. Erfolgversprechend erscheinen in diesem Zusammenhang die §§ 300, 302 AktG, die nach der gesetzlichen Abschnittsüberschrift erklärtermaßen der Sicherung der Gesellschaft dienen sollen. Durch das Zusammenspiel dieser Anordnungen wird gewährleistet, dass der Gesellschaft auch während der Zeit des Bestehens eines Beherrschungsvertrages die für ihre spätere Lebensfähigkeit erforderliche Vermögenssubstanz zumindest bilanzmä-

---

[900] *Hüffer*, AktG, § 291 Rn. 10; MüKo/AktG-*Altmeppen*, § 291 Rn. 76 ff.; *Bachmann/Veil*, ZIP 1999, 348, 353 ff.; anders dagegen KK-*Koppensteiner*, § 291 Rn. 32 ff., der es nicht genügen lässt, dass sich der Vertrag auf einzelne Leistungsbereiche beschränkt.

[901] *Baumbach/Hueck*, Aktiengesetz, § 291 Rn. 5.

[902] Dazu insgesamt *Schauß*, Das Weisungsrecht, 28; vgl. auch *Beuthien*, DB 1969, 1781, 1782.

[903] GK-*Würdinger* (3. Auflage), § 308 Anm. 1; *Geßler/Hefermehl-Geßler*, § 308 Rn. 11.

[904] *Geßler/Hefermehl-Geßler*, § 308 Rn. 10; *Hüffer*, AktG, § 308 Rn. 1.

ßig in der Höhe erhalten bleibt, die sie im Zeitpunkt des Vertragsabschlusses hatte. Es muss allerdings konstatiert werden, dass die Einstellung bestimmter Beträge in die gesetzliche Rücklage allein in den Zuständigkeitsbereich des Vorstandes der abhängigen Gesellschaft fällt[905], so dass dem herrschenden Unternehmen diesbezüglich keine Verantwortung obliegt. Aus den genannten Vorschriften kann mithin keine Vermögensbetreuungspflicht der herrschenden gegenüber der abhängigen Gesellschaft abgeleitet werden.

Als Ansatzpunkt könnte hier aber auch § 308 I AktG dienen. Dieser befugt das herrschende Unternehmen, dem Geschäftsleiter der beherrschten Gesellschaft hinsichtlich der Leitung der Gesellschaft Weisungen zu erteilen, die, soweit nicht vertraglich ausgeschlossen, sogar nachteilig für diese sein können. Als gesetzlicher Vertreter der herrschenden AG hat der Vorstand dabei nach § 309 I AktG die Sorgfalt eines ordentlichen und gewissenhaften Geschäftsleiters anzuwenden. Die damit begründete Verantwortung gleicht der des Vorstands der unverbundenen AG gemäß § 93 I AktG und da der Vorstand der herrschenden AG bei tatsächlicher Ausübung die Organzuständigkeit des Vorstands der abhängigen AG gemäß § 76 I AktG mitunter vollkommen verdrängt, der Sache nach also als Organ der abhängigen Gesellschaft handelt, liegt eine Gleichsetzung der Maßstäbe von § 93 I AktG und § 309 I AktG durchaus nahe.[906] Einer derartigen Bedeutung des § 309 I AktG für die Bestimmung der Vermögensbetreuungspflicht widerspricht Busch jedoch vehement.[907] Ihm zufolge beschränke sich § 309 I AktG auf die Konkretisierung des Sorgfaltsmaßstabes, den die gesetzlichen Vertreter des herrschenden Unternehmens bei der Erteilung von Weisungen zu beachten haben. Die dargestellte Sichtweise übersehe insbesondere, dass die von ihm „der Sache nach" angenommene – tatsächliche – Organstellung der Vertreter der Muttergesellschaft bzw. die dadurch begründete Machtposition nicht aus § 309 I AktG resultieren kann, sondern allein aus dem Beherrschungsvertrag als solchem, bzw. der durch diesen begründeten Rechtsmacht.

Busch wählt demgegenüber nach nachvollziehbarer Ablehnung zahlreicher vielversprechender Ansätze zur Bestimmung der Vermögensbetreuungspflicht einen allein an den spezifischen Anforderungen des Treubruchstatbestandes orientierten Ansatz.[908] Maßgeblich sei diesbezüglich allein die tatsächliche Verfügungsmacht einer Person über das Gesellschaftsvermögen, nicht aber die Rechtsstellung innerhalb der Gesellschaft, denn bereits diese führe zu einem schützenswerten Vertrauen in eine pflichtgemäße Wahrnehmung der gesellschaftlichen Vermögensinteressen.[909] Bei einem Beherrschungsvertrag kommt der herrschenden Gesellschaft nach den obigen Erkenntnissen eine Rechtsmacht bis hin

---

[905] Vgl. GK-*Mellerowicz* (3. Auflage), § 150 Anm. 64, 65.
[906] So *Ewald*, Untreue zwischen „verbundenen Unternehmen", 109.
[907] *Busch*, Konzernuntreue, 67 f.; vgl. auch *Scholz-Tiedemann*, GmbHG, Vor §§ 82 ff. Rn. 25.
[908] *Busch*, Konzernuntreue, 74 ff.
[909] *Busch*, Konzernuntreue, 74.

zur Möglichkeit faktischer Beherrschung zu. Damit diese Rechtsmacht bzw. faktische Beherrschung eine Vermögensbetreuungspflicht begründen kann, ist jedoch unter Berücksichtigung traditioneller Begrifflichkeit zu verlangen, dass die Beherrschungssituation von nicht unerheblicher Dauer und Umfang ist.[910] Allein durch die Zustimmung zum Beherrschungsvertrag begibt sich die abhängige Gesellschaft nämlich noch nicht zwangsläufig in eine Einschränkung ihrer Handlungsmöglichkeiten in Bezug auf ihr Vermögen. Hierzu bedarf es vielmehr einer tatsächlichen Ausübung der eingeräumten Machtposition seitens des herrschenden Unternehmens. Findet eine solche insbesondere durch die im Rahmen eines Beherrschungsvertrages übliche Erteilung von Weisungen tatsächlich statt, dann ist die Vermögensbetreuungspflicht der herrschenden Gesellschaft grundsätzlich anzunehmen. Sie wird dann, wie oben bereits festgestellt, auf ihren Vorstand als leitendes Organ übergeleitet.

bb) Pflichtverletzung

Bei der Erteilung von Weisungen, mithin also der typischen Einwirkung der herrschenden auf die beherrschte Gesellschaft, hat der Vorstand nach § 309 I AktG die Sorgfalt eines ordentlichen und gewissenhaften Geschäftsleiters anzuwenden. Inhaltlich bedeutet dies die Beachtung folgender Verhaltensanforderungen: Zunächst muss dieser sich fragen, ob die beabsichtige Weisung überhaupt seiner Leitungsmacht unterfällt, d.h., ob die angewiesene Maßnahme nach den unternehmens- und beherrschungsvertraglichen Vorschriften des Aktiengesetzes sowie nach der individuellen Ausgestaltung des Vertrages überhaupt Weisungsgegenstand sein kann.[911] Stellt er die Zulässigkeit zweifelsfrei fest, ist zu prüfen, wie sich die Weisung wirtschaftlich auf die beherrschte AG auswirkt. Nur wenn ein negativer Erfolg für den Vorstand vorhersehbar war und er diesen auch tatsächlich vorhergesehen hat, trifft ihn die volle Verantwortung, ihm ist also in den Grenzen des auferlegten Sorgfaltsmaßstabes ein Recht auf Irrtum zuzugestehen. Ergibt die Prüfung die Aussicht auf einen Nachteil für die beherrschte Gesellschaft, so kann dieser nach § 308 I 2 AktG gleichwohl rechtmäßig sein, wenn die Weisung das Konzerninteresse fördert und die abhängige Gesellschaft nicht mehr als notwenig schädigt. Schließlich ist unabhängig von konzernrechtlichen Fragen auch noch die Vereinbarkeit mit allgemeinen aktienrechtlichen Grundsätzen zu prüfen. Die Vermögensbetreuungspflicht wird immer dann in strafrechtlich relevanter Weise verletzt, wenn der Vorstand diese unabdingbaren Prüfungen unterlässt oder aber trotz vollzogener Prüfung in sorgfaltswidriger Weise zu nicht zutreffenden Urteilen im Hinblick auf die Zulässigkeit der Weisung gelangt.

---

[910] Vgl. dazu BGH, Urt. v. 17.9.2001 II ZR 178/99, BGHZ 149, 10, 17 (Zivilurteil zum Fall „Bremer Vulkan").

[911] Nicht angewiesen werden kann z.B. die Verlängerung, Beendigung und Änderung des Beherrschungsvertrages, § 299 AktG; das Unterlassen der Ausfüllung der gesetzlichen Rücklage nach § 300 AktG; die Nichtgeltendmachung oder der Verzicht auf den Verlustausgleichsanspruch nach § 302 AktG; vgl. *Ewald*, Untreue zwischen „verbundenen Unternehmen", 111.

b) Untreue des Vorstands der beherrschten Gesellschaft zum Nachteil des herrschenden Unternehmens

Eine Untreue des Vorstands ist aber nicht nur im Verhältnis von herrschender zu abhängiger AG denkbar. Schließlich vermag auch der Vorstand der abhängigen AG der herrschenden Gesellschaft einen untreuerelevanten Vermögensnachteil zu verursachen, wenn er sich beispielsweise weigert, eine rechtlich zulässige Weisung durchzuführen, bzw. dies nur mangelhaft tut.[912] Um in diesem Zusammenhang allerdings eine Strafbarkeit annehmen zu können, müsste die Folgepflicht des Vorstands der abhängigen Gesellschaft gerade als gegenüber der herrschenden Gesellschaft anzusehen sein.

Nach der Ansicht von Würdinger[913] besteht die Folgepflicht ausschließlich gegenüber der eigenen, d.h. der abhängigen Gesellschaft. Der Beherrschungsvertrag sei nur „ein causaloser körperschaftlicher Organisationsvertrag", der als solcher kein Schuldverhältnis zwischen den Vertragsparteien begründe, auf dessen Grundlage Leistungen voneinander verlangt werden könnten.[914] Es liege vielmehr eine Überlagerung des Grundsatzes des § 76 AktG durch den Beherrschungsvertrag vor[915]. Eine Verantwortung für den sachgemäßen Vollzug von Weisungen bestehe daher nur der eigenen Gesellschaft gegenüber. Schadensersatzansprüche des herrschenden Unternehmens gegen die Mitglieder des Vorstands oder die beherrschte Gesellschaft bestünden nicht.[916]

Diesen Ausführungen kann jedoch allein bezüglich ihres Ausgangspunktes zugestimmt werden. So kann der Beherrschungsvertrag, der die Verbandsstruktur der abhängigen Gesellschaft ändert, sicherlich als Organisationsvertrag bezeichnet werden.[917] Nach ganz überwiegender Ansicht bedeutet diese Einstufung aber nur, dass die Anwendbarkeit schuldrechtlicher Regelungen und Institute zum Teil ausgeschlossen ist und ansonsten geltende aktienrechtliche Grundsätze außer Kraft gesetzt sind, dagegen aber nicht, dass der Vertrag keine schuldrechtlichen Wirkungen hervorruft, also auch einklagbare Ansprüche begründet.[918] Dies wird auch durch den Blick auf das in § 308 II 1 AktG geregelte Weisungsrecht untermauert. Der Wortlaut der Vorschrift, wonach der Vorstand verpflichtet ist, die Weisungen zu befolgen, deutet auf einen diesbezüglichen Anspruch der herrschenden Gesellschaft hin, was auch deswegen plausibel erscheint, weil im

---

912 Denkbar ist in diesem Zusammenhang insbesondere, dass der herrschenden Gesellschaft ein lukratives Geschäft entgeht, ihr höhere Allgemein- oder Einzelkosten entstehen, eine Marktstrategie platzt oder sie einen Imageschaden erleidet, vgl. *Busch*, Konzernuntreue, 107.

913 GK-*Würdinger* (3. Auflage), § 291 Anm. 13; § 308 Anm. 6, 14; § 310 Anm. 1.

914 GK-*Würdinger* (3. Auflage), § 291 Anm. 11.

915 GK-*Würdinger* (3. Auflage), § 291 Anm. 12.

916 GK-*Würdinger* (3. Auflage), § 308 Anm. 14.

917 Vgl. *Geßler/Hefermehl-Geßler*, § 291 Rn. 24; *Emmerich/Habersack-Emmerich*, § 291 Rn. 25; *Hüffer*, AktG, § 291 Rn. 17; kritisch KK-*Koppensteiner*, Vorb. § 291 Rn. 68.

918 *Geßler/Hefermehl-Geßler*, § 291 Rn. 25; *Emmerich/Habersack-Emmerich*, § 291 Rn. 27; *Hüffer*, AktG, § 291 Rn. 18.

Schuldrecht im Regelfall Personenidentität besteht zwischen dem, der den Anspruch hat und dem, dem gegenüber die Verpflichtung zur Leistung obliegt.

In diese Richtung kann auch der Wortlaut des § 308 I 1 AktG interpretiert werden, wonach das herrschende Unternehmen zur Weisungserteilung berechtigt ist. Zudem erscheint es im Hinblick auf die mit dem Beherrschungsvertrag verfolgten Zwecke unerlässlich, dass das herrschende Unternehmen die Erfüllung der Folgepflicht aus eigenem Recht und unter Berufung auf dieses Recht verlangen und notfalls auch durchsetzen können muss. Diese Schlussfolgerung widerspricht auch nicht der für den AG-Vorstand sonst nach § 76 AktG geltenden Eigenständigkeit und Eigenverantwortlichkeit, denn diese wird anerkanntermaßen durch das Weisungsrecht verdrängt. Im Ergebnis muss die Folgepflicht des Vorstands der abhängigen Gesellschaft mithin zwei Rechtssubjekten gegenüber angenommen werden: Als Organpflicht gegenüber der eigenen Gesellschaft[919], als schuldrechtliche Pflicht aber auch gegenüber der herrschenden Gesellschaft.[920] So wird der Beherrschungsvertrag im Gesellschaftsrecht denn heute auch einhellig als Organisationsvertrag mit schuldrechtlichen Elementen eingestuft.[921]

Nun stellt sich aber noch die Frage, ob diese Folgepflicht gegenüber der herrschenden Gesellschaft inhaltlich auch als Vermögensbetreuungspflicht im Sinne des § 266 StGB ausgestaltet ist. In diesem Zusammenhang könnte man den Vorstand, wenn man allein auf dessen durch die Weisung bewirkte Gebundenheit abstellt, mit einem Angestellten des herrschenden Unternehmens vergleichen. Dann müsste die Ausgangsfrage aber verneint werden, denn ein „Sachbearbeiter", der seine Dienstpflichten verletzt, macht sich allein wegen dieses Umstandes noch keiner Untreue strafbar.[922] Eine solche Gleichstellung verkennt allerdings in gravierendem Maße die nach Abschluss des Beherrschungsvertrages bestehende Rechtswirklichkeit. Der Vertrag berührt nämlich keineswegs die Eigenständigkeit der Rechtspersönlichkeit der abhängigen Gesellschaft, so dass deren Organe sowohl in ihrer Existenz als auch hinsichtlich der ihnen zugewiesenen Funktionen erhalten bleiben. Damit wirkt der Vertrag auf letztere also grundsätzlich nicht derogierend, sondern nur modifizierend.[923] Wird das Weisungsrecht nicht ausgeübt, bleibt demnach die Position des Vorstands in vollem Umfang erhalten.[924] Aus dem Fehlen einer Weisung resultiert dann aber entwe-

---

[919] Insoweit ist *Würdinger* also uneingeschränkt beizupflichten.

[920] Vgl. *Ewald*, Untreue zwischen „verbundenen Unternehmen", 125; KK-*Koppensteiner*, § 308 Rn. 43.

[921] BGHZ 103, 1, 4 f.; BGHZ 105, 324, 331; BGHZ 116, 37, 43; *K. Schmidt*, Gesellschaftsrecht, 948; *Geßler/Hefermehl-Geßler*, § 291 Rn. 24 f.; *Hüffer*, AktG, § 291 Rn. 17 f.; KK-*Koppensteiner*, Vorb. § 291 Rn. 68, 68a; vgl. auch *Kort*, ZIP 1989, 1309.

[922] BGHSt 5, 187.

[923] Vgl. GK-*Würdinger* (3. Auflage), § 308 Anm. 2.

[924] Allg. Ansicht; für viele *Emmerich/Habersack-Emmerich*, § 308 Rn. 22; KK-*Koppensteiner*, § 308 Rn. 48.

der gerade keine Zugriffsmöglichkeit auf das Vermögen der beherrschenden Gesellschaft oder der – wegen erheblicher Berichts- und Abstimmungspflichten[925] ohnehin reduzierte – Spielraum bei gegebener Einwirkungsmöglichkeit beschränkt sich auf Einzelfälle, die hinsichtlich Dauer, Umfang und Art der Tätigkeit sicherlich nicht genügen dürften, um eine Vermögensbetreuungspflicht zu begründen.

Nach Ewald führt aber selbst die tatsächliche Ausübung des Weisungsrechts nicht zur Ausschaltung des Vorstands der beherrschten Gesellschaft, dieser sei und bleibe Leiter und verantwortlicher Geschäftsführer der abhängigen AG.[926] Zwar ist diesem zuzugeben, dass der Vorstand des beherrschten Unternehmens nie seinem gesamten Aufgabenbereich und insbesondere der Außenvertretung der Gesellschaft verlustig wird, jedoch entspricht es auch der Realität, dass die Organe der herrschenden Gesellschaft im Falle der Weisungserteilung an die Stelle des Vorstands der beherrschten Gesellschaft treten, welcher dadurch zum reinen Ausführungsinstrument degradiert wird. Es fehlt damit die notwendige Selbständigkeit der Aufgabenwahrnehmung auf Seiten des beherrschten Unternehmens. Die Zugriffsmöglichkeiten auf das Vermögen der herrschenden Gesellschaft sind in solchem Maße durch die Einwirkungs- und Kontrollmöglichkeiten der herrschenden Gesellschaft beschränkt, dass von einer fortwährenden Einschränkung der Handlungsmöglichkeiten in Bezug auf das eigene Muttervermögen nicht die Rede sein kann. Wegen fehlender Selbständigkeit besteht demzufolge keine Vermögensbetreuungspflicht des Vorstands der abhängigen AG gegenüber der beherrschenden Gesellschaft. Würde man allein die Nichtbefolgung von Weisungen, also die Verletzung von Vertragspflichten, als Begründung für eine Vermögensbetreuungspflicht ausreichen lassen, dann würde man verkennen, dass bei der Beurteilung von Vermögensbetreuungspflichten nicht die Vertragsverletzung, sondern allein die Qualität der Vertragspflichten maßgebend ist.

c) Untreue des Vorstands der abhängigen Gesellschaft gegenüber der eigenen Gesellschaft

aa) Vermögensbetreuungspflicht

Die bereits bei den Erörterungen zur unverbundnen AG bejahte Vermögensbetreuungspflicht des Vorstands gegenüber der eigenen Gesellschaft bleibt selbstverständlich auch nach Abschluss eines Beherrschungsvertrages als besondere Organverantwortung bestehen. Dabei ist wie nach § 93 I AktG[927] wei-

[925] Dazu *Busch*, Konzernuntreue, 106.

[926] *Ewald*, Untreue zwischen „verbundenen Unternehmen“, 124; *Geßler/Hefermehl-Geßler*, § 308 Rn. 26.

[927] Über das Verhältnis von § 93 AktG zu § 310 AktG und die begrenzte eigenständige Bedeutung letzterer Vorschrift vgl.: *Emmerich/Habersack-Emmerich*, § 310 Rn. 2; *Geßler/Hefermehl-Geßler*, § 310 Rn. 17 f.; *Baumbach/Hueck*, Aktiengesetz, § 310 Anm. 1, 2; KK-*Koppensteiner*, § 310 Rn. 10.

terhin die Sorgfalt eines ordentlichen und gewissenhaften Geschäftsleiters anzuwenden.

bb) Pflichtverletzung

Möglich ist nun aber, dass die Pflichtenstellung des Vorstands bei einer Vertragskonzernierung im Vergleich zu derjenigen bei einem unverbundenen Unternehmen erweitert bzw. verändert wird. Problematisch ist im Hinblick auf die Festlegung eines Maßstabes für etwaige Pflichtverletzungen nun aber, dass § 308 I AktG auch der Gesellschaft nachteilige Weisungen zulässt und § 308 II AktG eine grundsätzliche Folgepflicht des Vorstands der abhängigen AG begründet. Diese Folgepflicht obliegt dem Vorstand der beherrschten Gesellschaft jedoch nicht nur gegenüber dem herrschenden Unternehmen, sondern sie ist zugleich Bestandteil der allgemeinen Geschäftsführungspflicht bezüglich der eigenen Gesellschaft. Dem Vorstand wird man demnach zunächst nur die lückenlose Überprüfung der Rechtmäßigkeit einer Weisung auferlegen können. Im Einzelnen bedeutet dies:

Nachdem festgestellt wurde, dass die Anordnung überhaupt Weisungsqualität hat, ist ihre Zulässigkeit, d.h. die generelle Vereinbarkeit mit nichtunternehmensvertraglichen aktienrechtlichen Vorschriften und allgemeinen aktienrechtlichen Grundsätzen zu prüfen. Ergeben sich keine Unstimmigkeiten, so folgt die Frage nach den wirtschaftlichen Auswirkungen für die beherrschte AG, also die Feststellung des vorliegenden Konzerninteresses bei nachteiligen Weisungen. Eine Weigerung, die Weisung auszuführen, ist nur dann berechtigt, wenn die Weisung offensichtlich nicht diesen Belangen dient, § 308 II 2 AktG. Diese gesetzliche Formulierung zum Umfang der vorstandlichen Prüfungskompetenz, nach der gewissermaßen ein Recht auf Irrtum statuiert wird, soll allerdings nicht den Eindruck erwecken, diese tendiere gegen Null. Der Vorstand der abhängigen Gesellschaft ist in jedem Fall verpflichtet, jede einzelne Weisung im Detail zu untersuchen und allein schon aufgrund seiner größeren Nähe und seines Überblicks über die Verhältnisse der abhängigen AG liefert diese Präferenz in der Entscheidung keine Absolution dafür, dass er nichts getan hat, wo er etwas hätte tun können.

Steht nach alledem zu befürchten, dass das herrschende Unternehmen einen etwaigen nachteiligen Charakter seiner Weisung nicht erkannt hat, so hat der Vorstand die Obergesellschaft darauf aufmerksam zu machen.[928] Wird nach eingehender Prüfung eine rechtswidrige, nachteilige Weisung befolgt, so ist dies, sofern die Weisung nach § 308 II 2 AktG nicht offensichtlich konzernundienlich[929]

[928] *Hirmer*, Verbot pflichtwidriger Schädigung, 141 f.

[929] Eine Nicht-Offensichtlichkeit im Sinne von § 308 II 2 AktG ist solange anzunehmen, wie nicht die Unvereinbarkeit einer nachteiligen Weisung mit dem Konzerninteresse für jeden Sachkenner ohne weitere Nachforschungen auf der Hand liegt; vgl. *Altmeppen*, Die Haftung des Managers im Konzern, 28; *Hüffer*, AktG, § 308 Rn. 22.

ist, keine konzernvertragliche und damit auch keine strafrechtliche Pflichtverletzung im Sinne von § 266 StGB. Außerhalb der Grenzen von § 308 II 2 AktG besteht eine im Hinblick auf das allgemeine Schädigungsverbot bei Nichtbefolgung auch strafbewehrte Folgepflicht. Wird demgegenüber eine rechtmäßige Weisung nicht befolgt, so verhält sich der Vorstand nicht nur gegenüber der beherrschenden, sondern vor allen Dingen auch gegenüber der eigenen Gesellschaft pflichtwidrig im Sinne von § 266 StGB. Eine tatsächliche Strafbarkeit kommt jedoch unter Berücksichtigung der Feststellung, dass eine etwaige Vermögensbetreuungspflicht gegenüber der beherrschenden Gesellschaft zu verneinen war, nur gegenüber der eigenen, beherrschten Gesellschaft in Betracht.

Schließlich stellt sich noch die Frage, ob der Vorstand der abhängigen Gesellschaft für den Fall des vollständigen Fehlens einer Weisung eine Entscheidung treffen darf bzw. muss, die zwar für die abhängige Gesellschaft nachteilig ist, dabei aber dem Konzerninteresse dient. Dies wird teilweise bejaht[930]: Sinn des Beherrschungsvertrages sei es, die abhängige Gesellschaft in den Konzern einzugliedern, weswegen die abhängige Gesellschaft im Zweifel verpflichtet sei, ihren Entscheidungen die Interessen des herrschenden Unternehmens zu Grunde zu legen.[931] Dem kann allerdings aus den folgenden Gründen nicht beigepflichtet werden:

Der Beherrschungsvertrag bietet dem herrschenden Unternehmen die Möglichkeit, eine einheitliche Konzernpolitik zu planen und durchzuführen. Daher ist die Verfolgung von Konzerninteressen auch der dazu kompetenten Konzernspitze vorbehalten, die allein über diesbezügliche Informationen und sonstige Beurteilungsgrundlagen verfügt und damit für das Konzernwohl verantwortlich ist.[932] Zudem wird der Vorstand der abhängigen Gesellschaft schon grundsätzlich nicht in der Lage sein, exakt zu beurteilen, was dem Interesse des Konzerns entspricht.[933] Es erscheint mithin nicht nachvollziehbar, der abhängigen Gesellschaft auch dann noch die Interessenwahrung durch für sie nachteilige Entscheidungen aufzuerlegen, wenn das herrschende Unternehmen auf die Durchsetzung der Interessen durch Schweigen bewusst verzichtet. Außerdem kann es dem Vorstand der abhängigen AG schon im Grundsatz keinesfalls gestattet sein, unter Hintanstellung der Interessen der eigenen Gesellschaft, Aufgaben wahrzunehmen, die dem Vorstand der Konzernobergesellschaft obliegen. Die Pflicht zur Förderung der Interessen findet ihre Grenzen aber immer dort, wo sie sich zum Schaden des herrschenden Unternehmens auswirken würde. Deswegen ist der Vorstand in einem solchen Fall lediglich zur Konsultation der herrschenden Gesellschaft verpflichtet. Diese Pflicht findet ihre Grundlage im Beherrschungsvertrag.

---

930 KK-*Koppensteiner*, § 308 Rn. 48 f.
931 KK-*Koppensteiner*, § 308 Rn. 48.
932 *Hirmer*, Verbot pflichtwidriger Schädigung, 135.
933 *Schauß*, Das Weisungsrecht, 34; *Hirmer*, Verbot pflichtwidriger Schädigung, 135.

2. Eingegliederte Gesellschaften

Unter der Eingliederung versteht man die allein auf einem Hauptversammlungsbeschluss beruhende organisatorische Einordnung einer Gesellschaft in eine andere, §§ 319 ff. AktG. Die Eingliederung belässt es als korporativer Vorgang bei der rechtlichen Selbständigkeit der Tochter-AG, begründet jedoch ein Konzernverhältnis zwischen ihr und der Hauptgesellschaft (§ 18 I 2 AktG)[934], welches in seinen Wirkungen einer Verschmelzung (§§ 2 ff UmwG) nahe kommt[935]. Dies bedeutet, dass die eingegliederte Gesellschaft ihre Selbständigkeit im Innenverhältnis in noch intensiverer Weise einbüßt als beim soeben behandelten Beherrschungsvertrag, daneben jedoch selbständiges Rechtssubjekt im Außenverhältnis bleibt. Im Ergebnis soll es der Hauptgesellschaft ermöglicht werden, die Tochter umfassend zu leiten, ohne auf die Vorteile ihrer rechtlichen Selbständigkeit zu verzichten. Die für die vorliegende Untersuchung wesentlichen Bestimmungen über Leitungsmacht und Verantwortlichkeit hat das Gesetz in enger Anlehnung an die entsprechenden Vorschriften beim Beherrschungsvertrag geregelt.[936]

a) Untreue des Vorstands der Hauptgesellschaft gegenüber der eingegliederten Gesellschaft

Bei der Suche nach der für dieses Verhältnis einschlägigen Untreuealternative ist erneut festzustellen, dass der Hauptgesellschaft die für die Verwirklichung des Missbrauchstatbestandes erforderliche Befugnis, die eingegliederte Gesellschaft zu verpflichten oder über ihr Vermögen zu verfügen, grundsätzlich fehlt. Eine davon abweichende Gestaltung könnte man jedoch aufgrund der Tatsache annehmen, dass sich die Hauptgesellschaft im Zuge ihres nach § 323 I 1 AktG bestehenden Weisungsrechts eine in diese Richtung gehende Vollmacht erteilen lassen könnte. Eine solche Vollmacht ist rechtswirksam, wenn sie inhaltlich auf den Rahmen dessen begrenzt ist, was die Hauptgesellschaft durch zulässige Weisung bewirken könnte, denn in diesem Umfang ist die Unterwerfung unter fremden Willen gerade gesetzlich ermöglicht worden.[937] Hält sich die Vollmacht aber inhaltlich im Rahmen dessen, was sowieso durch zulässige Weisung bewirkt werden könnte, so fehlt im Endeffekt das für den Missbrauchstatbestand erforderliche Auseinanderfallen von rechtlichem Können und Dürfen. Ein Missbrauch der Vollmacht muss mithin wegen Fehlens einer sogenannten „Missbrauchsspanne“[938] ausscheiden.

Es kommt mithin auch in dieser Konstellation typischerweise nur die Verletzung des Treubruchstatbestandes in Betracht, so dass sich zunächst wieder die Frage

---

[934] Vgl. *Hüffer*, AktG, § 18 Rn. 17.

[935] MüKo/AktG-*Grunewald*, Vor §319 Rn 3; KK-*Koppensteiner*, Vorb § 319 Rn 3.

[936] *Ewald*, Untreue zwischen „verbundenen Unternehmen“, 132.

[937] *Ewald*, Untreue zwischen „verbundenen Unternehmen“, 135; zustimmend GK-*Würdinger* (3. Auflage), § 323 Anm. 2.

[938] Vgl. *Maurach/Schröder/Maiwald*, BT 1, § 45 II A 1 c, S. 581.

nach der Vermögensbetreuungspflicht für den Vorstand der Hauptgesellschaft stellt. Da § 323 I 2 AktG den bereits bei den Erörterungen zum Beherrschungsvertrag besprochenen § 309 AktG für sinngemäß anwendbar erklärt, hat der Vorstand der Hauptgesellschaft bei Weisungserteilung die Sorgfalt eines ordentlichen und gewissenhaften Geschäftsleiters anzuwenden. Damit wird aber noch nicht die Frage beantwortet, welchen Inhalt die Pflichten gegenüber der eingegliederten Gesellschaft haben. Im Schrifttum wird diesbezüglich teilweise die Auffassung vertreten, dass das Weisungsrecht des Vorstands seine Grenzen wie beim Beherrschungsvertrag im Konzerninteresse finde.[939] Dem kann jedoch schon wegen des insoweit eindeutigen Wortlauts der einschlägigen Vorschriften nicht zugestimmt werden, denn im Gegensatz zur explizit aufgeführten Grenzbestimmung in § 308 I 2 AktG schweigt § 323 AktG zu diesem Problemkreis, wobei keinerlei Zweifel daran bestehen, dass dies auch die Intention des Gesetzgebers gewesen ist. Das Weisungsrecht der Hauptgesellschaft ist unbeschränkt, umfasst mithin gegenständlich den gesamten Bereich des § 76 AktG, so dass selbst existenzgefährdende oder -vernichtende Weisungen nicht ausgeschlossen sind[940]. Dass bei alledem keine gesetzes- oder satzungswidrigen Maßnahmen getroffen werden dürfen, versteht sich von selbst.[941]

Während nicht zweifelhaft sein dürfte, dass der Vorstand der Hauptgesellschaft auch im Rahmen der Eingliederung verpflichtet ist, die allgemein- und aktienrechtliche Zulässigkeit jeder beabsichtigten Weisung zu prüfen, begegnet die Annahme einer Vermögensbetreuungspflicht im Hinblick auf die nahezu unbegrenzten Einwirkungsmöglichkeiten der Hauptgesellschaft gegenüber der eingegliederten Gesellschaft nicht unerheblichen Bedenken. Der qualitativen Übereinstimmung von § 309 AktG und § 93 AktG kann eine solche zumindest nicht entnommen werden. Der Vorstand der Hauptgesellschaft hat nämlich weder die Grundsätze der Vermögensbindung zu beachten, noch ist die Zulässigkeit nachteiliger Weisungen durch andere Umstände bedingt. Ein derart schrankenloses Recht zur Nachteilszufügung schließt mithin die Annahme einer diesbezüglichen Abwendungspflicht aus. Ewald[942] führt in diesem Zusammenhang aus, dass der Gedanke, eine unbeschränkte Schädigung durch die Weisung sei zwar erlaubt, würde aber die Haftungsfrage, und damit den Inhalt der Sorgfaltspflicht unberührt lassen, für die Frage nach der Betreuungspflicht gegenüber der eingegliederten Gesellschaft nicht tragfähig sei. In der Konsequenz wäre dann nämlich weisungsrechtlich erlaubt, was haftungsrechtlich verboten ist. Eine der-

---

[939] Ohne Begründung für eine solche Begrenzung: *Geßler*, DB 1965, 1729.

[940] Ganz h.M.: *Geßler/Hefermehl-Semler/Grunewald*, § 323 Rn. 2; MünchHdbGesR/AG-*Krieger*, § 73 Rn. 49; MüKo/AktG-*Grunewald*, § 323 Rn. 2; *Emmerich/Habersack-Habersack*, § 323 Rn. 2; offengelassen von *Hüffer*, AktG, § 323 Rn. 3; *Emmerich/Sonnenschein/Habersack*, Konzernrecht, § 10 V 1, 149.

[941] *Emmerich/Habersack-Habersack*, § 323 Rn. 2; *Hüffer*, AktG, § 323 Rn. 3; KK-*Koppensteiner*, § 323 Rn. 4; *Raiser*, Recht der Kapitalgesellschaften, § 55 Rn. 11.

[942] *Ewald*, Untreue zwischen „verbundenen Unternehmen“, 139.

art unterschiedliche Wertung desselben Vorgangs ist ein und demselben Rechtsubjekt gegenüber nicht zulässig. Das Ergebnis kann daher wegen der nahezu grenzenlosen, erlaubterweise auch nachteiligen Einwirkungsmöglichkeiten auf die eingegliederte Gesellschaft nur dahin gehen, dass die Vermögensbetreuungspflicht des Vorstands der Hauptgesellschaft zu verneinen ist.

Nach der Auffassung von Busch kann für den Fall der Eingliederung nichts anderes gelten als beim Beherrschungsvertrag, da die vermögensbetreuungspflichtbegründende Herrschaftsposition über das – trotz der Eingliederung weiterhin – fremde Vermögen der eingegliederten Gesellschaft auch bei einer völligen Disposition fortbesteht.[943] Busch widerspricht sich jedoch selbst, wenn er auf der einen Seite die durch die erheblichen Dispositionsmöglichkeiten begründete Rechtsmacht der Hauptgesellschaft als Entstehungsgrund für die Vermögensbetreuungspflicht anführt, andererseits aber die diesbezügliche Bedeutung des Weisungsrechts verneint.[944] Bei einer Eingliederung erfolgt die Ausübung von Rechtsmacht und dadurch mögliche mittelbare Disposition über das Vermögen der eingegliederten Gesellschaft allein über die Erteilung von Weisungen. Hierin ist zweifellos eine Herrschaftsposition zu sehen. Beinhaltet diese Herrschaftsposition jedoch erlaubtermaßen die Zufügung von Vermögensnachteilen, dann vermag sie keine Vermögensbetreuungspflicht im Sinne von § 266 StGB zu begründen.

b) Untreue des Vorstands der eingegliederten Gesellschaft zum Nachteil der Hauptgesellschaft

Verweigert der Vorstand der eingegliederten Gesellschaft die Durchführung einer zulässigen Weisung oder führt er diese pflichtwidrig mangelhaft aus, so verletzt er damit ausschließlich vertragliche Pflichten, nicht aber den Tatbestand der Untreue. Verneint man die Vermögensbetreuungspflicht der beherrschten Gesellschaft beim Beherrschungsvertrag im Hinblick auf die trotz Vertrages fortbestehende Handlungsmöglichkeit des herrschenden Unternehmens, so kann sich für die noch wesentlich stärker fremdbeherrschte Tochter bei der Eingliederung keine abweichende strafrechtliche Wertung ergeben.[945]

c) Untreue des Vorstands der eingegliederten Gesellschaft zum Nachteil der eigenen Gesellschaft

Der Vorstand bleibt auch im Falle der Eingliederung verantwortliches Leitungsorgan der eingegliederten Gesellschaft. Für den Fall einer Weisung durch die Hauptgesellschaft hat er diese daher trotz der Weite der Eingriffsmöglichkeiten auf ihre Rechtmäßigkeit und ihre wirtschaftlichen Auswirkungen zu überprüfen, wenn er seiner Vermögensbetreuungspflicht in ausreichender Weise genügen

---

943 *Busch*, Konzernuntreue, 87.
944 Vgl. *Busch*, Konzernuntreue, 87 f.
945 So auch *Busch*, Konzernuntreue, 108.

will. Dies folgt aus seiner mit der Geschäftsleiterposition verbundenen Verantwortung, die auch dann in Form einer Hinweispflicht gegenüber der Hauptgesellschaft bestehen bleibt, wenn die festzustellende Nachteiligkeit der Weisung diese nicht in ihrer Zulässigkeit berührt, § 323 I 1 AktG. Eine Pflicht, die Nützlichkeit einer nachteiligen Weisung für die Hauptgesellschaft oder den Gesamtkonzern, in seine Überlegungen mit einzubeziehen, besteht dagegen nicht; dies ist allein Sache der Hauptgesellschaft.[946] Für die beiden denkbaren Konstellationen, dass entweder eine rechtswidrige, nachteilige Weisung befolgt wird bzw. eine rechtmäßig erteilte Weisung nicht befolgt wird, kann auf die Ausführungen zum Beherrschungsvertrag verwiesen werden.[947]

In dem seltenen, bereits beim Beherrschungsvertrag erläuterten Fall, dass eine im Interesse der Hauptgesellschaft oder des Konzerns notwendige Weisung nicht erteilt wurde, erscheint es demgegenüber denkbar, dass dem Vorstand der eingegliederten Gesellschaft im Gegensatz zu seinem Pendant in der beherrschten Gesellschaft die unaufgeforderte Vornahme einer sogar nachteiligen Maßnahme gestattet sein könnte, sofern diese nur im Interesse der Hauptgesellschaft bzw. des Konzerns erfolgt.[948] Im Rahmen einer Eingliederung fließen die Interessen der eingegliederten Gesellschaft und der Hauptgesellschaft nämlich derart ineinander, dass man die Pflichtwidrigkeit des vorstandlichen Handelns bei Entscheidungen im Sinne der Hauptgesellschaft durchaus in Frage stellen könnte. Berücksichtigt man jedoch, dass es sich bei den Parteien der Eingliederung trotz der Kumulation der beiderseitigen Interessen um zwei getrennte Vermögensmassen mit jeweils selbständiger Organisation, Kompetenz und Verantwortung handelt und dass auch bei der eingegliederten Gesellschaft noch ein nicht unerhebliches Eigeninteresse besteht, so wird man auch bei der Eingliederung keine vorstandliche Pflicht zum Handeln im sogenannten weisungsfreien Raum begründen können. Sicher ist demgegenüber die unbedingte Verpflichtung, die Hauptgesellschaft bei Maßnahmen, die der eigenen Gesellschaft nutzen, dabei aber der Hauptgesellschaft schaden, zu konsultieren.[949]

---

946 *Ewald*, Untreue zwischen „verbundenen Unternehmen“, 145.
947 Siehe oben 5. Teil B II 1 c bb.
948 *Ewald*, Untreue zwischen „verbundenen Unternehmen“, 146.
949 *Ewald*, Untreue zwischen „verbundenen Unternehmen“, 147.

3. Der Gewinnabführungsvertrag

Im Rahmen eines Gewinnabführungsvertrages verpflichtet sich die Aktiengesellschaft gemäß § 291 I AktG, ihren gesamten Gewinn[950] an ein anderes Unternehmen abzuführen. Der Abschluss des Vertrages ändert den Zweck der Gesellschaft. Ursprünglich darin bestehend, ihr statuarisch bestimmtes Unternehmen anteilsmäßig für Rechnung aller Aktionäre zu betreiben, wird das Unternehmensergebnis jetzt ausschließlich zum Vorteil des anderen Vertragsteils erwirtschaftet. Die Regelung des Gewinnabführungsvertrages im AktG folgt in ihren Grundzügen derjenigen des Beherrschungsvertrages, so dass hier ein Verweis auf die diesbezüglichen Regelungen angezeigt ist. Es besteht jedoch ein wichtiger und hier entscheidender Unterschied insofern, als der Gewinnabführungsvertrag im Gegensatz zum Beherrschungsvertrag allein kein Weisungsrecht der herrschenden Gesellschaft begründet (§ 308 AktG).[951] An die Stelle der §§ 308–310 AktG tritt daher die Regelung der §§ 311-318 AktG.

a) Vermögensbetreuungspflicht

Auch im Rahmen dieses Unternehmensvertrages stellt sich wieder die Frage nach der Vermögensbetreuungspflicht der einzelnen Vertragsteile. Gegenüber der gewinnabführenden Gesellschaft kann zwar grundsätzlich auf die zum Beherrschungsvertrag gemachten Ausführungen verwiesen werden.[952] Hier kommt jedoch der entscheidende Unterschied zum Tragen, dass der Gewinnabführungsvertrag für sich gesehen kein Weisungsrecht der herrschenden Gesellschaft begründet. Da hier aber unabhängig von der möglichen praktischen Relevanz von der Reinform der Unternehmensverträge ausgegangen werden soll, lässt sich die für die Entstehung der Vermögensbetreuungspflicht erforderliche Herrschaftsmacht des gewinneinstreichenden Unternehmens nicht begründen. Sie beruhte auch beim Beherrschungsvertrag fast ausschließlich auf der Möglichkeit der Weisungserteilung, die hier jedoch gerade nicht besteht. Zudem folgt aus dem durch die Gewinnabführung bewirkten Eingriff in die verpflichtete Gesellschaft hier eine ebenso weit gehende Sicherung durch die §§ 300, 302, 303, 304, 305 AktG wie die alle Unternehmensverträge umfassenden §§ 293-299 AktG. Daher vermögen auch die damit geltenden Sicherungsvorschriften keine Vermögensbetreuungspflicht im Sinne des § 266 StGB zu begründen.[953] Es vermag schließlich auch die durch den Vertrag begründete Gewinnzuständigkeit keine derartige Machtstellung der gewinneinstreichenden Gesellschaft zu begründen, die für eine Pflichtenstellung im Sinne des Treubruchstatbestandes sprechen könnte.[954] In der Konstellation eines reinen Gewinnabführungsvertrages lässt

---

[950] Wird der Gewinn nicht vollständig abgeführt, liegt ein sogenannter Teilgewinnabführungsvertrag im Sinne des § 292 I Nr. 2 AktG vor.

[951] Siehe dazu *Emmerich/Habersack-Emmerich*, § 291 Rn. 50.

[952] Siehe oben 5. Teil B II 1 a aa.

[953] Siehe dazu oben 5. Teil B II 1 a aa.

[954] *Ewald*, Untreue zwischen „verbundenen Unternehmen“, 151.

sich mithin keine Vermögensbetreuungspflicht der einstreichenden gegenüber der gewinnabführenden Gesellschaft konstruieren.

Interessanter erscheint dagegen die Bestimmung einer Vermögensfürsorgepflicht der gewinnabführenden Gesellschaft gegenüber der empfangenden Gesellschaft. Der von der Tochter abzuführende Gewinn stellt auf Seiten der Muttergesellschaft eine rechtlich gesicherte Erwerbschance im Sinne einer Vermögensexspektanz dar und ist somit ihrem strafrechtlich geschützten Vermögen zuzuordnen. Nach Ewald ist der abzuführende Gewinn demgegenüber keine feste Größe, die sich – gleichsam im Wege einer Automatik – durch einfache Gesetzesanwendung der handelsrechtlichen bzw. aktienrechtlichen Bilanzierungsvorschriften ermitteln lässt.[955] Vielmehr sei es keinesfalls unwahrscheinlich, dass auf dem langen Weg der Ermittlung des Bilanzergebnisses Manipulationen stattfinden, so etwa durch verschleiernde Buchungen, durch die eine im Zuge des Vertrages ausgehöhlte Gesellschaft ihre Lebensfähigkeit sicherstellen will. Ein derartiger eigenständiger Spielraum, der dem abhängigen Unternehmen über die Bestimmung der Höhe des Bilanzgewinns den Zugriff auf das Vermögen des herrschenden Unternehmens eröffnen würde, besteht jedoch nur bei der Ausübung von Bilanzwahlrechten. Hierbei eröffnet das Gesetz dem herrschenden Unternehmen aber gerade erhebliche Möglichkeiten zur Einflussnahme auf den Vorstand oder Geschäftsführer der abhängigen Gesellschaft.[956] Diese Möglichkeit der Einflussnahme ist im AG-Konzern allein durch die Regelung des § 311 AktG begrenzt, für den GmbH-Konzern besteht sogar ein in der Gesellschafterversammlung wurzelndes Weisungsrecht. Aber selbst dann, wenn die Obergesellschaft von dieser Möglichkeit keinen Gebrauch macht, so herrscht doch eine durch die Konzernstrukturen bedingte und auf Dauer angelegte Kontrollposition vor, aufgrund derer die Mutter auch im Bezug auf die Vermögensexspektanz nicht aus ihrer Handlungsstellung verdrängt wird.

Es fehlt daher bei einem Gewinnabführungsvertrag die für die Begründung einer Vermögensbetreuungspflicht erforderliche Übertragung von Herrschaftsmacht auf die gewinnabführende Gesellschaft. Eine Untreuestrafbarkeit des Vorstands der abführenden Gesellschaft gegenüber der empfangenden Gesellschaft ist damit folgerichtig abzulehnen.

b) Pflichtverletzung

Nachdem nun festgestellt wurde, dass weder die empfangende der abführenden noch die abführende der empfangenden Gesellschaft gegenüber vermögensbetreuungspflichtig ist, bleibt schließlich noch zu klären, ob die Pflichtenbindung des vermögensbetreuungspflichtigen Vorstands der abführenden Gesellschaft möglicherweise eine Modifizierung durch den bestehenden Gewinnabfüh-

---

[955] *Ewald*, Untreue zwischen „verbundenen Unternehmen“, 153.
[956] *Emmerich/Habersack-Emmerich*, § 291 Rn. 65.

rungsvertrag erfährt. Konstatiert werden kann in diesem Zusammenhang, ohne dass hier ein Bedürfnis für längere Ausführungen auszumachen wäre, dass der Vorstand der abführenden Gesellschaft sich dieser gegenüber regelmäßig dann vermögensbetreuungspflichtwidrig im Sinne des § 266 StGB verhält, wenn er auf Drängen der empfangenden Gesellschaft einen übermäßigen Gewinn abführt. Dies kann insbesondere durch Überschreitung der Höchstgrenze des § 301 AktG, durch bewusst fehlerhafte Anwendung der Bilanzierungs- und Bewertungsvorschriften oder durch Auflösung vorvertraglicher stiller oder offener Rücklagen geschehen.[957]

III. Faktische Konzernverbindungen

Nach der Ermittlung der Vermögensbetreuungspflichten, die im Verhältnis der Parteien eines Vertragskonzerns zueinander bestehen können, bleibt nun abschließend zu klären, wie es sich diesbezüglich im Verhältnis solcher Gesellschaften zueinander verhält, die sich als abhängige und herrschende Unternehmen im Sinne des § 17 AktG gegenüberstehen bzw. einen faktischen Konzern bilden. Auch bei derartigen Unternehmensverbindungen lassen sich wieder drei Richtungen für eine mögliche Untreuestrafbarkeit ausmachen, da sich auch hier wieder eine herrschende und mindestens eine abhängige Gesellschaft gegenüberstehen. Auch hier wird wiederum davon ausgegangen, dass es sich bei der Gesellschaft, deren Vermögensbetreuungspflicht auf das geschäftsleitende Organ übergeleitet wird, um eine Aktiengesellschaft handelt. Innerhalb der faktischen Konzerne muss im Hinblick auf die gravierenden rechtsformabhängigen Differenzen zwischen faktischem AG-Konzern einerseits und faktischem GmbH-Konzern andererseits unterschieden werden.[958] Das Ausmaß der einheitlichen Leitung entschied darüber hinaus nach bislang herrschender gesellschaftsrechtlicher Ansicht über die Einteilung in einfache und qualifizierte faktische Konzerne. Im Gegensatz zum Vertragskonzern, in dem Entscheidungsmacht und Einwirkungsverschiebung insbesondere auf der organisationsrechtlichen Sonderbeziehung von herrschender und abhängiger Gesellschaft existiert, ist der faktische Konzern dadurch gekennzeichnet, dass die Konzernleitungsmacht in der bloß faktischen, für das abhängige Unternehmen rechtlich nicht verbindlichen Möglichkeit zur Einflussnahme besteht.[959]

---

[957] *Ewald*, Untreue zwischen „verbundenen Unternehmen“, 154.

[958] Um Missverständnisse auszuschließen, sollte hier noch angemerkt werden, dass man dann von einem AG-Konzern spricht, wenn die Tochtergesellschaft bzw. beherrschte Gesellschaft eine Aktiengesellschaft ist. Dies gilt in gleicher Weise für die Bezeichnung GmbH-Konzern. Hier wird aufgrund des Themenschwerpunkts der Arbeit die Untreuestrafbarkeit immer nur für den Vorstand der Aktiengesellschaft ermittelt, entweder als Organ der Mutter- oder der Tochtergesellschaft.

[959] Dies gilt nicht für den faktischen GmbH-Konzern, da hier die Obergesellschaft über die Gesellschafterversammlung mit direkt verbindlichen Weisungen Einfluss auf die laufende und strategische Geschäftsführung nehmen kann.

1. Untreue des Vorstands der herrschenden Gesellschaft zum Nachteil der abhängigen Gesellschaft

a) Vermögensbetreuungspflicht

Die Frage nach dem Bestehen der Vermögensbetreuungspflicht der herrschenden gegenüber der abhängigen Gesellschaft bildet das Kernproblem der folgenden Erörterungen. Als Grundlagen für die Vermögensbetreuungspflicht bieten sich allein das Aktiengesetz oder ein zwischen beiden Gesellschaften bestehendes Treueverhältnis an. Anhaltspunkte für eine unmittelbar auf Gesetz zu stützende Vermögensbetreuungspflicht könnten etwa die §§ 311 ff. AktG liefern, die die Verantwortlichkeit des herrschenden Unternehmens gegenüber der abhängigen Gesellschaft bei Fehlen eines Beherrschungsvertrages zum Gegenstand haben. Es kann in diesem Zusammenhang jedoch relativ schnell konstatiert werden, dass die Grundsatzregelung des § 311 AktG in Verbindung mit dem Schadensersatzanspruch des § 317 AktG kein tragfähiges Fundament für die Begründung einer Vermögensbetreuungspflicht zu liefern vermag. Ein derartiges Schädigungsverbot gebietet es nämlich nur, etwas nicht zu tun, während die Pflicht zur Vermögensfürsorge ein Plus voraussetzt, nämlich das Gebot, etwas zu tun.[960]

Folgerichtig bleibt damit nur noch das zwischen herrschender und abhängiger Gesellschaft bestehende Treueverhältnis als Grundlage der Vermögensbetreuungspflicht. In diesem Zusammenhang ist unumstritten, dass der sittliche Treuebegriff kein Tatbestandsmerkmal des § 266 StGB sein könne[961], dessen geschütztes Rechtsgut das Vermögen, und nur das Vermögen sei.[962] Die Treuwidrigkeit liegt demnach nicht in der Verletzung einer sittlichen Pflicht, sondern in der Verletzung einer besonderen vermögensbezogenen Pflichtenstellung, die über das allgemeine Verbot des neminem laedere hinausgeht. Es umfasst damit alle Fälle, in denen dem Täter gegenüber dem Inhaber eine Vermögensbetreuungspflicht obliegt, die ihre Grundlage nicht in einer gesetzlichen, rechtsgeschäftlichen oder behördlichen Verpflichtung hat. Sie muss aus den besonderen tatsächlichen Gegebenheiten des Einzelfalles folgen.[963]

Diese Fälle lassen sich jedoch – mit Ausnahme zweier Beispiele – nicht generell festlegen. Anerkannt ist dies nur bezüglich der Fälle, in denen die rechtlichen Grundlagen der übrigen Untreuetatbestände niemals bestanden haben, weil die ihnen zugrundeliegenden Rechtsgeschäfte nichtig waren bzw. dort, wo die genannten rechtlichen Grundlagen zwar wirksam entstanden, später aber wieder fortgefallen sind.[964] Das Verhältnis zwischen herrschender und abhängiger Gesellschaft weist aber ersichtlich keine strukturelle Ähnlichkeit mit einer dieser

---

960 Vgl. auch *Seebode*, JR 1973, 117, 120.
961 BGHSt 8, 254, 257.
962 *Tröndle/Fischer*, § 266 Rn. 2; *Schönke/Schröder-Lenckner/Perron*, § 266 Rn. 1.
963 Vgl. *Maurach/Schröder/Maiwald*, BT 1, § 45 II 2a, S. 584.
964 Vgl. *Schönke/Schröder-Lenckner/Perron*, § 266 Rn. 30, 31; *Lackner/Kühl*, § 266 Rn. 10.

beiden Gruppen auf. Hier geht es vielmehr um die Frage, ob eine Vermögensbetreuungspflicht der herrschenden Gesellschaft allein aufgrund der gegebenen Sachlage angenommen werden kann. Hierzu wäre es zunächst in jedem Fall erforderlich, dass das herrschende Unternehmen eine Herrschaftsposition über das Fremdvermögen der abhängigen Gesellschaft innehat und auch tatsächlich ausübt, und zwar in der Weise, dass die Handlungsmöglichkeiten der abhängigen Gesellschaft auf ihr Vermögen zeitlich-qualitativ eingeschränkt werden. Aufgrund der nicht abzustreitenden Parallelen zur Situation im Vertragskonzern wird man auf dem Weg der Ermittlung dieser Voraussetzungen auf die in diesem Rahmen gewonnenen Erkenntnisse zurückgreifen können und müssen.[965]

Tauglicher Anknüpfungspunkt für die Ermittlung der Vermögensbetreuungspflicht ist mithin auch im faktischen Konzernverhältnis das tatsächliche Ausnutzen der gegebenen Machtposition mit dem Ziel, die abhängige Gesellschaft zum Abschluss von Rechtsgeschäften bzw. zur Vornahme von Maßnahmen zu bewegen. Dabei muss die herrschende Gesellschaft ihre Entschlossenheit erkennen lassen, ihre Zielvorstellungen notfalls unter Einsatz der ihr zu Gebote stehenden Machtposition durchzusetzen, falls die abhängige Gesellschaft nicht geneigt sein sollte, die gewünschten Handlungen vorzunehmen. Den ausführenden Geschäftsleitern dürfte dabei trotz der grundsätzlichen Unverbindlichkeit der Verlautbarung von oben sehr wohl bewusst sein, dass eine Negierung der Wünsche sich auch auf ihre persönliche Stellung in der Gesellschaft auswirken kann.[966] Dieser latente Druck wird dazu führen, dass den Wünschen des herrschenden Unternehmens regelmäßig nachgekommen wird, so dass eine unmittelbar in dem vorgenannten Erklärungsakt liegende Gefährdung des Gesellschaftsvermögens durchaus in Betracht zu ziehen ist.

Zu bedenken ist allerdings, dass diese Machtposition bei den unterschiedlichen Konstellationen faktischer Konzernierung unterschiedlich intensiv sein wird, so dass die obige Aussage keinesfalls pauschal getroffen werden kann. So kann die herrschende Gesellschaft etwa im einfachen faktischen AG-Konzern im Hinblick auf die in § 76 AktG verankerte zwingende verbandsrechtliche Autonomie und Eigenverantwortlichkeit des Vorstands allein durch rechtlich unverbindliche Initiativen auf den Vorstand der abhängigen AG und damit konkret Einfluss auf deren Vermögen nehmen. Die Herrschaftsposition ist damit keinesfalls von der Qualität, dass sie den Vorstand der abhängigen AG aus dessen Sorge und Handlungsmöglichkeiten für das Gesellschaftsvermögen zeitlich-qualitativ verdrängt. Damit wird der Vorstand der abhängigen Gesellschaft gerade nicht zum reinen Ausführungsorgan degradiert. Dies war aber im Vertragskonzern gerade elementare Voraussetzung der Vermögensbetreuungspflicht, die im einfachen fak-

---

[965] Siehe oben 5. Teil B II 1 a aa.
[966] So KK-*Koppensteiner*, § 311 Rn. 2 m.w.N.; *Geßler/Hefermehl-Kropff*, § 311 Rn. 91.

tischen AG-Konzern gegenüber der beherrschten Gesellschaft mithin konsequenterweise nicht begründet werden kann.

Für den „qualifiziert faktischen AG- bzw. GmbH-Konzern" gestaltet sich die Bestimmung der Vermögensbetreuungspflicht gleichsam schwieriger. Unter dem Begriff qualifiziert faktischer Konzern verstand man nach bisheriger gesellschaftsrechtlicher Auffassung eine Qualität einheitlicher Leitung, bei der sich einzelne Nachteilszufügungen nicht mehr isolieren oder in ihren nachteiligen Folgen für die abhängige Gesellschaft bewerten lassen.[967] Die Begründung der zivilrechtlichen Haftung des herrschenden Unternehmens hat über die Jahre unterschiedlichste Ansätze erfahren, die jedoch spätestens mit der zivilrechtlichen Entscheidung „Bremer Vulkan" vom 17.09.2001"[968] beendet sein dürften. Im Rahmen dieser grundlegenden BGH-Entscheidung wird die Haftungsbegründung aus der Rechtsfigur des sogenannten „qualifiziert faktischen" Konzerns, die seit seit dem „Autokran"-Urteil aus dem Jahre 1985[969] und der „TBB"-Entscheidung aus dem Jahre 1993[970] in der gesellschaftsrechtlichen Diskussion kaum mehr wegzudenken war, endgültig aufgegeben und damit auch die Rechtsfigur als solche. Dies ändert jedoch nichts daran, dass solche Konstellationen, die früher als qualifiziert faktischer Konzern verstanden wurden, auch heute noch auftreten können. Dabei interessiert im Folgenden allein die strafrechtliche Seite, die jedoch wiederum nicht ohne einen intensiven Blick auf das Zivilrecht ermittelt werden kann.

Diese Notwendigkeit hat sich erst kürzlich wieder im Urteil zum Fall Bremer-Vulkan Verbund AG, welchem erhebliche Aufmerksamkeit in der Öffentlichkeit zuteil wurde, bestätigt.[971] Auch hier kommt die entscheidende Rolle wieder der Qualität der Herrschaftsausübung durch die herrschende Gesellschaft zu. Nach dem gesellschaftsrechtlichen Kriterium dauernder und umfassender Leitungsmacht sind dabei nicht die punktuellen Maßnahmen, nicht die Übernahme temporärer Verantwortung etwa im Zusammenhang mit der Sanierung der abhängigen GmbH gemeint, sondern die ständige Einbindung in den Konzern und dessen Interessen.[972] Eine Zentralisierung sämtlicher Unternehmensfunktionen in der abhängigen Gesellschaft ist zwar nicht erforderlich. Eine personelle Verflechtung in der Geschäftsführung reicht aber als solche auch nicht aus. Aus-

---

967 Vgl. nur *Stimpel*, AG 1986, 117, 122.

968 BGHZ 149, 10; vgl. in diesem Zusammenhang auch das „KBV"-Urteil des BGH: BGHZ 151, 181 ff.; davor ist noch das Urteil BGHZ 150, 61, 67 erwähnenswert, welches das Problem des Haftungsdurchgriffs auf die Gesellschafter berührt, jedoch mit wenigen Hinweisen, allerdings unter Konkretisierung der Haftung wegen Existenzvernichtung, abweist; hierzu *Altmeppen*, ZIP 2002, 961, 962 ff.

969 BGHZ 95, 330.

970 BGHZ 122, 123.

971 BGH NJW 2004, 2248 ff.

972 So *Lutter*, ZIP 1985, 1425, 1430 in seinen Überlegungen zur „Autokran"-Entscheidung.

schlaggebender Gesichtspunkt ist damit die weitreichende Zentralisierung von Entscheidungskompetenzen in wesentlichen Unternehmensbereichen, aus der ein Verlust der Selbständigkeit des abhängigen Unternehmens resultiert, der zugleich eine Verantwortung der Muttergesellschaft für die Geschicke ihrer Tochter zur Folge hat. Insgesamt folgt aus der Machtausübung, der qualitativ-zeitlichen Verdrängung sowie dem Entzug der Kontrollmöglichkeiten grundsätzlich die für die Bejahung von Vermögensbetreuungspflichten erforderliche Einwirkungsverlagerung. Demzufolge ist im qualifiziert faktischen AG-Konzern im strafrechtlichen Sinne eine mittelbar auf der rechtsgeschäftlich erworbenen und gesetzlich ausgestalteten Gesellschafterstellung aufbauende und in ein tatsächliches Treueverhältnis führende Vermögensbetreuungspflicht der herrschenden gegenüber der beherrschten Gesellschaft begründet.

Im BGH-Urteil zur Bremer Vulkan Verbund AG wird diese Treuepflicht inhaltlich insoweit konkretisiert und damit vor allen Dingen auch beschränkt, als dem beherrschten Unternehmen durch diese Herrschaftsausübung Vermögenswerte nicht in einem solchen Umfang entzogen werden dürfen, dass dessen Existenzfähigkeit gefährdet werden könnte.[973] Im Hinblick auf die dem Urteil zugrundliegende „qualifiziert" beherrschte GmbH wird hier zwar ebenfalls darauf hingewiesen, dass grundsätzlich keine Pflichtwidrigkeit anzunehmen ist, wenn der Gesellschaft mit Zustimmung ihrer Gesellschafter Vermögenswerte entzogen werden.[974] Richtigerweise wird hier aber auch einschränkend festgestellt, dass es einen Bereich gibt, der der Disposition der Gesellschafter im Hinblick auf schützenswerte Interessen anderer bzw. öffentliche Interessen entzogen ist.[975] Eine Vermögensverfügung ist mithin auch innerhalb einer faktischen Konzernverbindung immer dann als treuwidrig gegenüber der Gesellschaft zu qualifizieren, wenn diese geeignet ist, dass Stammkapital- bzw. Grundkapital der Gesellschaft zu beeinträchtigen.[976] Eine dieser Vorgabe entsprechende Pflicht, die Gesellschaft nicht existenzbedrohend zu beeinträchtigen, trifft nicht nur deren Geschäftsführer bzw. Vorstand als vertretungsberechtigtes Organ, sondern in gleicher Weise auch deren beherrschenden Alleingesellschafter, hier die AG[977].

Im Fall der Bremer Vulkan Verbund AG wurde demzufolge eine Pflicht der AG als Alleingesellschafterin der abhängigen GmbH angenommen, die diese verpflichtet, das Vermögen der beherrschten Gesellschaft insoweit zu betreuen, dass die herrschende AG bei ihren Dispositionen über deren Vermögenswerte durch angemessene Rücksichtnahme auf deren Eigeninteresse an der Aufrecht-

---

[973] BGH NJW 2004, 2248, 2252.
[974] BGH NJW 2004, 2248, 2252; vgl. auch BGHZ 151, 181, 186 f.; BGH NJW 2003, 2924; BGH NJW 2003, 2996, 2998.
[975] BGH NJW 2004, 2248, 2252.
[976] Vgl. BGHSt 35, 333, 336 f.; BGH NJW 2003, 2996, 2998; BGH NJW 1997, 66, 68 f. jew. m.w.N.
[977] Vgl. BGHZ 149, 10, 17 f. = NJW 2001, 3622.

erhaltung ihrer Fähigkeit, ihren Verbindlichkeiten nachzukommen, darauf zu achten hat, dass die Existenz der GmbH nicht gefährdet wird.[978] Die aus der Herrschaftsmacht gegenüber der abhängigen Gesellschaft abzuleitende Vermögensbetreuungspflicht der beherrschenden Gesellschaft, bzw. ihres Vorstands, wird daher inhaltlich regelmäßig dahingehend zu verstehen sein, dass zwar verschiedenartige Eingriffe denkbar sind, diese aber niemals existenzgefährdend sein dürfen. Gilt diese Begrenzung gegenüber und zum Schutz der abhängigen GmbH, dann muss dies erst recht auch gegenüber einer abhängigen AG gelten. Schließlich wurde in diesem Zusammenhang doch festgestellt, dass die Möglichkeiten eines Eingriffs in das gesetzlich geschützte Grundkapital bei einer AG wesentlich restriktiver gehandhabt werden müssen als innerhalb der GmbH.[979]

In der zuletzt zu untersuchenden Konstellation des einfachen faktischen GmbH-Konzerns entspricht die Intensität in der Ausübung der Leitungsmacht durchaus der im einfachen faktischen AG-Konzern. Ein wesentlicher Unterschied besteht dagegen insofern, als die herrschende AG hier über die Gesellschafterversammlung mittels direkt verbindlicher Weisungen Einfluss auf die laufende und strategische Geschäftsführung der GmbH nehmen kann. Die Weisungsbefugnis besteht jedoch nur für die Gesamtheit der Gesellschafter als solche, so dass eine ausreichende Herrschaftsmacht im oben genannten Sinne nur gegenüber einer hundertprozentigen Tochter oder infolge einer Stellung als Mehrheitsgesellschafter in Betracht kommt. Für den Mehrheitsgesellschafter, der die Gesellschafterversammlung beherrscht, besteht damit die Möglichkeit, rechtlich abgesichert entscheidenden Einfluss auf die Ausübung des Weisungsrechts geltend zu machen. Im Gegensatz zum einfachen faktischen AG-Konzern mit der Autonomie des § 76 I AktG ist die Stellung des Geschäftsleiters der abhängigen GmbH aufgrund der rechtlich verankerten Macht- und Abhängigkeitsposition daher deutlich geschwächt. Hieraus resultiert eine rechtlich und faktisch angelegte, bereits im Vorfeld „dauernder und umfassender Leitung" konstant und damit nicht nur einzelfallbezogen wirkende Verschiebung der Vermögensbetreuungspflicht. Der beherrschenden Gesellschaft obliegt damit auch im einfachen faktischen GmbH-Konzern eine Vermögensbetreuungspflicht gegenüber der abhängigen GmbH.

b) Pflichtverletzung

Für den einfachen faktischen sowie den qualifiziert faktischen GmbH-Konzern resultiert der Umfang der Pflichtenstellung aus dem allgemeinen konzernrechtlichen Schädigungsgebot, das auf dem gesellschaftsrechtlichen Mitgliedschafts-, Treuepflichts- bzw. Organhaftungsgedanken gründet.[980] Dieses umfasst allerdings nur solche Konzernleitungsmaßnahmen, deren Nachteilhaftigkeit zum

[978] BGH NJW 2004, 2248, 2253; vgl. auch BGHZ 149, 10 = NJW 2001, 3622.
[979] Siehe oben 2. Teil D.
[980] *Busch*, Konzernuntreue, 126.

Zeitpunkt ihrer Umsetzung bei Anwendung der erforderlichen Sorgfalt im Sinne des § 43 GmbHG erkennbar ist.[981]

Beim faktischen AG-Konzern bereitet dagegen die Tatsache Probleme, dass die Vornahme des beschriebenen Erklärungsaktes als nach §§ 311, 317 AktG legitimiertes und damit rechtmäßiges Verhalten qualifiziert werden könnte. Die §§ 311, 317 AktG gestatten nachteilige Geschäfte und Maßnahmen unter der einschränkenden Voraussetzung, dass der Nachteil durch die Gewährung eines entsprechenden Vorteils ausgeglichen wird.[982] Im Ergebnis kann dies aber nur bedeuten, dass das Gesetz die Veranlassung der abhängigen Gesellschaft zu einem schädigenden Verhalten nicht etwa verbietet, vielmehr sogar gestattet, gleichzeitig aber den späteren Ausgleich der zugefügten Nachteile anordnet. Dies bedeutet für die strafrechtliche Beurteilung, dass nicht schon die Nachteilsveranlassung an sich pflichtwidrig ist, sondern erst das Unterlassen ihres Ausgleichs. Die Ausgleichspflicht ist nach heute ganz herrschender Lehre[983] eine Kompensationspflicht eigenen Inhalts, die nicht als Schadensersatzpflicht zu verstehen ist[984]. Damit wird die herrschende Gesellschaft immer dann von ihrer grundsätzlich bestehenden Pflicht, die abhängige Gesellschaft nicht zu nachteiligen Rechtsgeschäften oder sonstigen nachteiligen Maßnahmen zu veranlassen dispensiert, wenn die entstehenden Nachteile ausgeglichen werden. Im Hinblick auf das rechtswidrige Verhalten ist danach ausschließlich auf den Zeitpunkt abzustellen, in dem die nachteilsausgleichende Maßnahme vorzunehmen ist. Zu bedenken ist allerdings, dass diese Privilegierung nur dann Platz greift, wenn der zugefügte Nachteil durch Einzelausgleichsmaßnahmen kompensiert werden kann. Dies ist aber beispielsweise im Fall des qualifiziert faktischen AG-Konzerns gar nicht denkbar, da die hier charakteristische Form der Einflussnahme sich nicht in Einzelmaßnahmen zerlegen lässt. Demzufolge muss eine solche Form der Beherrschung bereits grundsätzlich als rechtswidrig damit auch pflichtwidrig im Sinne von § 266 StGB erachtet werden.

2. Untreue des Vorstands der faktisch abhängigen Gesellschaft zum Nachteil der eigenen Gesellschaft

Es steht fest, dass sich der Vorstand der nicht konzerngebundenen Aktiengesellschaft hinsichtlich seines gesamten Handelns am Unternehmensinteresse auszurichten hat.[985] Nachteilige Rechtsgeschäfte darf er also nur dann eingehen, wenn er sich zugleich den Nachteil kompensierende Vorteile ausbedingt, so dass das

---

[981] *Bous*, Die Konzernleitungsmacht, 102 f.

[982] *Hüffer*, AktG, § 311 Rn. 37; *Geßler/Hefermehl-Kropff*, § 311 Rn. 119; Müko/AktG-*Kropff*, § 311 Rn. 214.

[983] KK-*Koppensteiner*, § 311 Rn. 74; *Geßler/Hefermehl-Kropff*, § 311 Rn. 125; *Emmerich/Sonnenschein/Habersack*, Konzernrecht, § 25 IV 2, S. 416.

[984] Vgl. *Hüffer*, AktG, § 311 Rn. 37

[985] Vgl. KK-*Mertens*, § 76 Rn. 17.

Geschäft in seiner Gesamtheit doch im Interesse der AG liegt.[986] Bei Fehlen dieser Bedingungen ist der Abschluss nachteiliger Rechtsgeschäfte pflichtwidrig, so dass die Verwirklichung des objektiven Untreuetatbestandes in Betracht gezogen werden muss. Aufgrund des Umstandes, dass das herrschende Unternehmen nicht rechtswidrig handelt, wenn es ein nachteiliges Geschäft veranlasst, stellt sich nun aber die Frage, ob diese Grundsätze uneingeschränkt auch für den Vorstand der abhängigen AG gelten oder eine durch das Bestehen des Abhängigkeitsverhältnisses bedingte Modifizierung erfahren.

Wie schon bei den Ausführungen zum Vertragskonzern festgestellt wurde[987], wird der Vorstand der abhängigen AG geneigt sein, einem Begehren der herrschenden Gesellschaft auf Abschluss eines - auch nachteiligen - Geschäfts nachzukommen. Im Gegensatz zum Vertragskonzern besteht im faktischen Konzern allerdings keine diesbezügliche rechtliche Verpflichtung, d.h. der Vorstand ist im Hinblick auf das Ob und Wie seiner Entscheidung rechtlich frei.[988] Um die diesbezügliche Pflichtenbindung des Vorstands festlegen zu können, muss man sich nun aber fragen, ob der Vorstand über das Dürfen hinaus nicht sogar verpflichtet sein könnte, ein nachteiliges Rechtsgeschäft abzulehnen. Im Gegensatz zum Vorstand der unabhängigen AG ist dies dem Vorstand der abhängigen AG jedoch nur unter gewissen Voraussetzungen erlaubt. Die Gestattung folgt dabei aus § 311 I, letzter Halbsatz AktG. Dieser führt zu der Interpretation, die gesetzliche Regelung des § 93 I AktG müsse dahingehend modifiziert werden, dass der Vorstand einer abhängigen Gesellschaft ein nachteiliges Rechtsgeschäft nur abschließen darf, wenn der Nachteil ausgleichsfähig ist und seitens des herrschenden Unternehmens auch die tatsächliche Möglichkeit und Bereitschaft zum Ausgleich bestehen[989], worüber der Vorstand sich ausreichend Gewissheit zu verschaffen hat.[990] Vernachlässigt der Vorstand der abhängigen AG die ihm danach obliegenden Prüfungs- und Handlungspflichten, bzw. versäumt er es, ein unzulässiges Geschäft abzulehnen, verletzt er mithin seine Vermögensbetreuungspflicht und kann sich nach § 266 StGB strafbar machen.

Problematisch bleibt damit noch die Behandlung der Konstellationen, in denen der Vorstand der abhängigen AG ein für diese nachteiliges Geschäft ohne konkrete Veranlassung durch die herrschende Gesellschaft, jedoch im Konzerninteresse, vornimmt. Unumstritten dürfte diesbezüglich wohl die positive Reaktion der Konzernleitung sein, solange die abhängige Gesellschaft noch nicht fühlbar geschwächt wird. Diese zu erwartende Reaktion kann allerdings nicht den Grundsatz erschüttern, dass sich die Zulässigkeit von Geschäftsführungsmaß-

---

[986] Vgl. *Neuhaus*, DB 1971, 1193.
[987] Siehe oben 5. Teil B II 1 b.
[988] *Kropff*, DB 1967, 2147, 2152; *Geßler/Hefermehl-Kropff*, § 311 Rn. 56.
[989] *Geßler/Hefermehl-Kropff*, § 311 Rn. 57; *Neuhaus*, DB 1971, 1193; *Geßler*, FS Westermann, 145, 156.
[990] *Ewald*, Untreue zwischen „verbundenen Unternehmen“, 223.

nahmen allein vom Nutzen der Gesellschaft her zu orientieren hat.[991] Um Berücksichtigung zu finden, müsste das Konzerninteresse mithin dem Gesellschaftsinteresse gleichstehen. Dies entspricht aber nun keinesfalls den ökonomischen Gegebenheiten. In seiner Monographie zu Untreuehandlungen zwischen verbundenen Unternehmen führt Ewald in diesem Zusammenhang zutreffend aus, dass der faktische Konzern zwar bei entsprechender Organisation in seinem Außenverhalten als wirtschaftliche Einheit operieren mag, intern jedoch keinesfalls einen Vermögens- und Ertragsverbund darstelle[992]:

> „Ebenso wenig wie der Beitrag des Einzelunternehmens am Konzernerfolg genau verifiziert und quantifiziert werden kann, lässt sich der ihm zustehende Erfolgsanteil sachgerecht ermitteln. Einer dem Konzernwohl dienlichen, der eigenen Gesellschaft aber schädlichen Geschäftsführungsmaßnahme steht deswegen kein zu erwartender Vorteil gegenüber, der auch nur halbwegs sicher und messbar ist."

Es gilt zudem zu bedenken, dass der Vorstand der abhängigen Gesellschaft nicht einmal verpflichtet ist, einer tatsächlich vorhandenen Veranlassung durch das herrschende Unternehmen nachzukommen.[993] Eine diesbezügliche Obliegenheit des Vorstands kann ausschließlich dahin gehen, auf die Interessen seiner – abhängigen – Gesellschaft Rücksicht zu nehmen. Selbst im Falle einer für die abhängige Gesellschaft vorteilhaften Maßnahme bestehen etwaige Verpflichtungen grundsätzlich nur im Verhältnis zur eigenen Gesellschaft, niemals aber im Verhältnis zum herrschenden Unternehmen.[994] Es bleibt damit ungeachtet eines Abhängigkeitsverhältnisses bei der Geltung der §§ 76, 93 AktG, so dass eine nachteilige Maßnahme gegenüber der eigenen Gesellschaft ohne Veranlassung grundsätzlich pflichtwidrig sein muss. Dieser Standpunkt wird zudem dadurch gestützt, dass eine Maßnahme selbst im Falle tatsächlicher Veranlassung ausnahmslos zu unterbleiben hat, wenn keine Ausgleichsfähigkeit bzw. -bereitschaft des herrschenden Unternehmens besteht. Ein Handeln des Vorstands entgegen dieses Grundsatzes bedingt eine Schadensersatzpflicht desselben nach § 93 AktG.[995] Im Falle fehlender Veranlassung fehlt es aber schon an einem, auf § 311 AktG stützbaren Anspruch auf Ausgleich, so dass die Vornahme einer für die abhängige AG nachteiligen Maßnahme erst recht nicht gestattet sein kann.

---

[991] *Ewald*, Untreue zwischen „verbundenen Unternehmen", 226.
[992] *Ewald*, Untreue zwischen „verbundenen Unternehmen", 226.
[993] *Emmerich/Habersack-Habersack*, § 311 Rn. 77.
[994] *Emmerich/Habersack-Habersack*, § 311 Rn. 78.
[995] OLG Hamm AG 1995, 512, 516; MüKo/AktG-*Kropff*, § 311 Rn. 334, 335; *Kropff*, DB 1967, 2147, 2151 f.; KK-*Koppensteiner*, § 311 Rn. 106; *Hüffer*, AktG, § 311 Rn. 48; MünchHdbGesR/AG-*Krieger*, § 69 Rn. 112.

Es kann damit festgestellt werden, dass die Organverantwortung des Vorstands gegenüber der eigenen Gesellschaft die nicht veranlasste Vornahme nachteiliger Geschäftsführungsmaßnahmen zwingend ausschließt. Handelt der Vorstand der faktisch beherrschten AG gegenteilig, so verletzt er seine Vermögensbetreuungspflicht und kann somit den objektiven Tatbestand des § 266 StGB verwirklichen.

3. Untreue des Vorstands der faktisch abhängigen Gesellschaft zum Nachteil der herrschenden Gesellschaft bzw. des Konzerns

Unter Rückgriff auf die zuletzt gewonnenen Erkenntnisse gilt es nun abschließend zu klären, ob der Vorstand der abhängigen Gesellschaft zur Wahrung des Konzerninteresses im Sinne einer aktiven Förderung, zumindest aber zur Vermeidung einer Schädigung der herrschenden Gesellschaft verpflichtet sein kann. Aus den im Rahmen der soeben getätigten Untersuchung zur Untreue des Vorstands der abhängigen AG gegenüber der eigenen Gesellschaft[996] gefundenen Ergebnissen lassen sich hinsichtlich der hier vorzunehmenden Prüfung jedenfalls zwei wichtige Aussagen extrahieren:

> **1. Der Vorstand ist nur insoweit zur Förderung der herrschenden Gesellschaft bzw. des Konzerns verpflichtet, als das Eigeninteresse der Gesellschaft dies verlangt.**[997]
>
> **2. Aktivitäten, die für das eigene Unternehmen schädlich sind, dürfen, auch wenn sie das Konzerninteresse fördern, nicht ohne Veranlassung vorgenommen werden.**[998]

Offen bleibt damit allein die Frage, ob der Vorstand der abhängigen Gesellschaft Geschäftsführungsmaßnahmen vornehmen darf, die dem Konzerninteresse zuwiderlaufen, der eigenen Gesellschaft aber nicht schaden. Dies wurde vor allen Dingen im älteren Schrifttum verneint.[999] Gehöre nämlich eine Gesellschaft einem Konzern an, müssten auch die schutzwürdigen Interessen des Konzerns als ganzem und der einzelnen Konzernmitglieder berücksichtigt werden. Bei jedem Handeln, dass dem Konzern oder seinen Mitgliedern zum Nachteil gereicht, liege daher Tatbestandsmäßigkeit im Sinne des Untreuetatbestandes vor.[1000] Die außerordentliche Tatbestandsausdehnung finde ihre Begrenzung in den Schuld-

---

[996] Siehe oben 5. Teil B II 1 c bb (Beherrschungsvertrag) sowie 5. Teil B II 2 c (Eingliederung).

[997] Siehe dazu 5. Teil B II 1 c bb sowie 5. Teil B II 2 c.

[998] Siehe dazu ebenfalls 5. Teil B II 1 c bb sowie 5. Teil B II 2 c.

[999] GK-*Klug* (2. Auflage 1965), § 294 AktG Anm. 49; *Schneider*, Die Untreue nach dem neuen Aktienrecht, 100.

[1000] Die Ansicht bezog sich dabei noch auf § 294 AktG 1937, der ja bekanntlich durch § 266 StGB abgelöst wurde. Eine Subsumtion wäre nach dieser Ansicht jedoch auch problemlos unter § 266 StGB möglich.

voraussetzungen. Für die Begründung dieser Vermögensbetreuungspflicht könne auf die Regelungen zum Unternehmensvertrag gemäß §§ 291, 292 AktG verwiesen werden. Ist ein solcher wie im vorliegenden Fall nicht geschlossen worden, so liege in der Regel ein faktisches oder sozialethisches Treueverhältnis vor.[1001]

Dieser Ansicht kann weder hinsichtlich ihrer Herleitung noch ihres Ergebnisses beigepflichtet werden. Bei den oben erörterten Vertragskonzernen wurde eine Vermögensbetreuungspflicht der Tochtergesellschaft gegenüber der Muttergesellschaft zwar verneint, jedenfalls wäre ihre Bejahung aber nur in der Konstellation denkbar gewesen, dass der Vorstand auf Weisung des herrschenden Unternehmens tätig wurde. Warum dies aber im Gegensatz zum zweiseitigen Verhältnis beim Vertragskonzern, welches beiden Seiten Rechte und Pflichten mit Vermögensbezug auferlegt, nun gerade im Falle des Bestehens einer nicht vertraglich begründeten einheitlichen Leitung so sein soll, vermögen die genannten Ansichten nicht zu begründen. Der „einseitigen" Herrschaft der Obergesellschaft stehen hier zudem keinerlei entscheidende Einwirkungsmöglichkeiten der faktisch konzernierten Gesellschaft auf das Muttervermögen gegenüber.[1002] Für die faktisch abhängige Aktiengesellschaft fehlt es demnach regelmäßig nicht nur an der – wenn auch gegenüber der vertraglich konzernierten Gesellschaft gesteigerten – Selbständigkeit, sondern insbesondere auch an der unabdingbar erforderlichen Zugriffsmöglichkeit auf das für sie fremde Vermögen der Obergesellschaft.[1003]

Unter besonderer Beachtung des Grundsatzes der Einheit der Rechtsordnung[1004] ist weiterhin festzustellen, dass der Konzernobergesellschaft selbst in einem Konzernverhältnis im technischen Sinne keinerlei Schadensersatzansprüche erwachsen würden, wenn die abhängige Gesellschaft eine Weisung ignorieren und der Konzernobergesellschaft dadurch ein Schaden entstehen würde. Dies muss umso mehr im Rahmen eines schlichten Abhängigkeitsverhältnisses gelten. Vor diesem Hintergrund ist es mithin nicht einzusehen, dass ein solches schädigendes Verhalten zivilrechtlich ohne Sanktion bleibt, also erlaubt ist, gleichzeitig aber einen Straftatbestand erfüllen soll, dem damit eine Schutzfunktion zukommt, die die spezialgesetzliche aktienrechtliche Regelung in keiner Weise für notwendig erachtet hat. Es ist damit abschließend festzustellen, dass der Vorstand der abhängigen AG sein Verhalten ausschließlich am Interesse der eigenen Gesellschaft auszurichten hat.[1005] Selbst wenn dadurch das Konzerninteresse beeinträchtigt wird, bleibt das Verhalten mithin strafrechtlich ohne Relevanz.

[1001] *Schneider*, Die Untreue nach dem neuen Aktienrecht, 100 Fn. 393.
[1002] *Busch*, Konzernuntreue, 111.
[1003] Ebenso *Busch*, Konzernuntreue, 112 und *Ewald*, Untreue zwischen „verbundenen Unternehmen", 233 ff.
[1004] Siehe dazu oben Einleitung D.
[1005] *Emmerich/Habersack-Habersack*, § 311 Rn. 77.

Hieran ändert sich richtigerweise auch dann nichts, wenn man statt der faktisch beherrschenden Obergesellschaft den Konzern als solchen zum Adressaten der Treuepflicht macht. Dieser Versuch muss nämlich bereits im Ansatz scheitern, wenn man berücksichtigt, dass der Konzern zwar eine wirtschaftliche Funktionseinheit darstellt, rechtlich jedoch – und darauf kommt es hier an – ein Gebilde ohne eigene Rechtsfähigkeit, ohne eigenes Vermögen und ohne eigene Organe ist.[1006]

IV. Relevanz eines tatbestandsausschließenden Einverständnisses

Nachdem dies bereits Im Rahmen der Ausführungen zur unverbundenen Aktiengesellschaft geschehen ist, soll hier auch für den Vorstand der unternehmensverbundenen Aktiengesellschaft zumindest kurz auf die Frage eingegangen werden, ob und wenn ja, unter welchen Voraussetzungen ein wirksames tatbestandsausschließendes Einverständnis des Vermögensinhabers dessen Pflichtwidrigkeit entfallen lassen kann. Ihr ist gerade im neueren Schrifttum recht ausführlich nachgegangen worden[1007], so dass sich die folgenden Ausführungen nur noch auf eine kurze Würdigung des insgesamt ziemlich homogenen Meinungsstands beschränken sollen. Zunächst muss man sich in diesem Zusammenhang darüber im klaren sein, dass sich die genannte Problematik fast ausschließlich im Hinblick auf das Einverständnis der abhängigen Gesellschaft in pflichtwidrige Verhaltensweisen ihr gegenüber stellt.[1008] Hinsichtlich der weiteren, im Rahmen der Konzernuntreue behandelten Untreuekonstellationen, also vornehmlich solche der Vorstände von Ober- und Untergesellschaften ihren eigenen Gesellschaften gegenüber, bestehen nämlich keine nennenswerten Unterschiede im Vergleich zur oben bereits behandelten Einverständnisproblematik bei der unverbundenen Aktiengesellschaft.[1009]

Im Hinblick auf die Befugnis zur Erteilung eines tatbestandsausschließenden Einverständnisses hat Busch richtigerweise zwischen den verschiedenen Konzerngesellschaftsebenen differenziert und festgestellt, dass diese im Bezug auf und für die abhängige Gesellschaft allein der Gesellschafterversammlung zusteht, welche im Falle einer Alleingesellschafterstellung[1010] mitunter ausschließlich aus der herrschenden Aktiengesellschaft besteht. Dies folge zwingend aus der überragenden Stellung der Gesellschafterversammlung innerhalb der GmbH,

---

[1006] *Timm*, JuS 1999, 553, 554; *Lutter*, FS Stimpel, 825, 832 f.; *Schneider*, ZGR 1975, 253, 259; *Busch*, Konzernuntreue, 19 ff.; *Ewald*, Untreue zwischen „verbundenen Unternehmen", 233. Nach *U.H. Schneider*, in: Mestmäcker/Behrens, 563 ff. soll dieses Gebilde gleichwohl eine hierarchische Ordnung mit eigenen Organen (den Organen der Obergesellschaft) aufweisen.

[1007] Ganz aktuell: *Busch*, Konzernuntreue, 142 ff.; *Schramm*, Untreue und Konsens, 147 ff.; vgl. zudem *Kaufmann*, Organuntreue, 142 ff.; *Wellkamp*, NStZ 2001, 113 ff. Die Ausführen der beiden letztgenannten Autoren weisen allerdings frappierende Parallelen auf.

[1008] So auch *Busch*, Konzernuntreue, 143.

[1009] Siehe 2. Teil D.

[1010] *Busch*, Konzernuntreue, 146.

welche sich insbesondere in der Möglichkeit verbindlicher Weisungen an die Geschäftsführung und der aus § 46 Nr. 1 GmbHG folgenden Finanzhoheit konkretisiert. Auf Seiten der herrschenden Gesellschaft obliegt die Befugnis demgegenüber dem Vorstand, der die Geschäfte der Aktiengesellschaft gemäß § 76 I AktG eigenverantwortlich führt und daher insbesondere auch zu der Entscheidung berufen ist, ob die herrschende Gesellschaft in ihrer Rolle als den Willen der betroffenen abhängigen Gesellschaft beherrschende Allein- oder Mehrheitsgesellschafterin ein Einverständnis durchsetzt.[1011] Der Vorstand ist damit befähigt, der herrschenden Gesellschaft zurechenbar ein Einverständnis im Hinblick auf das eigene pflichtwidrige, schädigende Verhalten in Bezug auf das Vermögen der durch die Mutter allein oder mehrheitlich beherrschten abhängigen GmbH zu erteilen.[1012]

Ist die Aktiengesellschaft selbst abhängige Gesellschaft innerhalb eines Aktienkonzerns, dann kann ein Einverständnis, insofern bestehen keine Unterschiede zur unverbundenen AG, nur durch die Anteilseigner, personalisiert durch die Hauptversammlung[1013], erteilt werden.

Auch ohne weitergehende diesbezügliche Ausführungen kann in diesem Zusammenhang nun insoweit auf die im Rahmen der einfachen Organuntreue gefundenen Ergebnisse zurückgegriffen werden, als auch innerhalb eines AG-Konzerns nichts grundlegend anderes im Hinblick auf das Eigeninteresse der abhängigen Gesellschaft gelten kann.[1014] Es existiert damit allgemein ein für die Gesellschafter indisponibles Eigeninteresse der Gesellschaft an der Sicherung der gesetzlichen Mindestkapitalziffer.[1015] Ist dieses Eigeninteresse gewahrt, dann ist das herrschende Unternehmen als Anteilseigner der abhängigen Aktiengesellschaft befähigt, ein wirksames Einverständnis im Hinblick auf das pflichtwidrige, schädigende Verhalten eines Organs der abhängigen oder herrschenden Gesellschaft zu erklären, aufgrund dessen eine Untreuestrafbarkeit dieser Organe letztlich zu verneinen ist. An dieser Tatsache ist auch unter Berücksichtigung der Regelung des § 291 III AktG nicht zu rütteln. Nach § 291 III AktG gelten Leistungen der Gesellschaft aufgrund eines Beherrschungs- oder Gewinnabführungsvertrages [...] nicht als Verstoß gegen die Kapitalerhaltungsregeln der §§ 57, 58 und 60 AktG. Leistungen der Gesellschaft in diesem Sinne sind allerdings bei einem Beherrschungsvertrag ausschließlich Vermögenszuwendungen der abhängigen Gesellschaft infolge rechtmäßiger Weisungen des herrschenden Un-

---

[1011] *Busch*, Konzernuntreue, 151.

[1012] *Busch*, Konzernuntreue, 149.

[1013] In diesem Zusammenhang zweifelnd: *Schneider*, Die Untreue nach dem neuen Aktienrechts, 87 f.; *Ewald*, Untreue zwischen „verbundenen Unternehmen“, 238.

[1014] Im Ergebnis ebenso *Fleck*, ZGR 1990, 31, 45 f.; *Kaufmann*, Organuntreue, 132 ; *Flum*, Der Strafrechtliche Schutz, 215 f.; *Wellkamp*, NStZ 2001, 113, 120.

[1015] *Busch*, Konzernuntreue, 185.

ternehmens nach § 308 AktG[1016] bzw. bei einem Gewinnabführungsvertrag ausschließlich die Abführung des Bilanzgewinns. Alle darüber hinausgehenden Vermögenszuwendungen der abhängigen an die herrschende Gesellschaft bleiben demgegenüber auch im Konzernverbund unzulässig. § 291 III AktG kommt damit keinesfalls die Rolle zu, die Grundsätze der Kapitalerhaltung über die genannten, rechtlich zulässigen Maßnahmen hinausgehend außer Kraft zu setzen. Es kann mithin festgestellt werden, dass sich in Bezug auf das für die Einverständnisdispositionsgrenzen entscheidende Eigeninteresse der AG auch durch die Vorschrift des § 291 III AktG keine wesentliche Änderung ergibt.[1017] An diesem Standpunkt ändert sich schließlich auch dadurch nichts, dass eine verbreitete Ansicht im Gesellschaftsrecht existenzgefährdende Weisungen im Vertragskonzern als unzulässig ansieht, womit § 308 I AktG nicht greifen und die §§ 57, 58 und 60 AktG wieder „aufleben" würden. Im Hinblick auf das hier relevante Untreuestrafrecht ist ein solches Verbot nämlich aus unterschiedlichen Gründen, darunter auch dem des strafrechtlichen Bestimmtheitsgebots abzulehnen. Es ist weder aktienrechtlich normiert, noch in der gesellschaftsrechtlichen Diskussion völlig unumstritten, noch ist es seinem Umfang gesichert. Demgegenüber regeln die §§ 57 AktG den Maßstab hinsichtlich existenzgefährdender Weisungen, die gegen die Kapitalerhaltung verstoßen, bestimmt und unangreifbar. Für die strafrechtliche Wertung beschränkt sich der Maßstab demnach ausschließlich auf das, was der Gesetzgeber explizit geregelt wissen wollte.

Auszunehmen von diesen Grundsätzen ist allein der Eingliederungskonzern. Zum einen existieren in Beziehung zur eingegliederten AG fast überhaupt keine strafrechtlich pflichtwidrigen Verhaltensweisen, mit denen sich die Gesellschaft einverstanden erklären könnte. Zum anderen lässt sich das erforderliche Eigeninteresse der eingegliederten Gesellschaft selbst, wenn eine Ausnahmesituation vorliegen sollte[1018], wegen der, einen vollständigen Ausschluss der Kapitalerhaltungsregeln statuierenden Regelung des § 323 II AktG ausnahmsweise nicht begründen.

Im Recht der faktischen Konzernverbindungen ist für die Konstellation des ehemaligen qualifiziert faktischen Konzerns anerkannt, dass das Stammkapital auch gegenüber Eingriffen ihres Alleingesellschafters geschützt ist. Für den einfachen faktischen AG-Konzern gilt wie für den einfachen faktischen GmbH-Konzern, dass sich allein aus der einfachen faktischen Konzernierung keine

---

[1016] *Emmerich/Habersack-Emmerich*, § 291 Rn. 75; KK-*Lutter*, § 57 Rn. 77 ff.
[1017] So auch *Busch*, Konzernuntreue, 180.
[1018] Hier ist allein an die Konstellation der subjektiven Kenntnis von der dauerhaften Nichterfüllung der Deckungspflicht zu denken, vgl. dazu *Möhring*, Das neue Konzernrecht, 29 f.; *ders.*, NJW 1967, 1, 8.

Veränderungen hinsichtlich der materiellen Dispositionsgrenzen des Gesellschafts-Einverständnisses ergeben.[1019]

[1019] Insofern besteht Einigkeit: *Busch*, Organuntreue, 184; *Fleck*, ZGR 1990, 31, 45 f.; *Kaufmann*, Organuntreue, 132; *Wellkamp*, NStZ 2001, 113, 114 und 117; *Flum*, Der strafrechtliche Schutz, 215 f.

6. Teil - Bestimmung der Individualverantwortung im Kollegialorgan Vorstand

(A) Strafrechtliche Verantwortung im Gremium - Problemeinführung

I. Der Grundsatz der Generalverantwortung bzw. Gesamtverantwortung

Gemäß § 76 II 1 AktG kann der Vorstand der Aktiengesellschaft aus einer oder mehreren Personen bestehen. Große Gesellschaften verfügen bereits wegen der erforderlichen Managementkapazitäten regelmäßig über einen mehrköpfigen Vorstand.[1020] Im Zusammenhang mit der im Rahmen dieser Arbeit untersuchten Strafbarkeit des Vorstands wegen Untreue fielen immer wieder Begriffe wie: „Vorstand", „Vorstandsmitglieder" oder auch nur „Vorstandsmitglied". Bei der Bestimmung der Strafbarkeit nach § 266 StGB bedarf es nun aber zwingend der Feststellung der individuellen Verantwortlichkeit des einzelnen Vorstandsmitglieds als Teil des Gremiumsganzen. Zu problematisieren ist die Frage allerdings nur insoweit, als nicht alle Vorstandsmitglieder an einer im Sinne von § 266 StGB strafbaren Handlung beteiligt gewesen sind. Im folgenden ist mithin zu erörtern, ob allein die Zugehörigkeit zum Gremium Vorstand bereits eine Strafbarkeit des einzelnen Vorstandsmitglieds zu begründen vermag. Wie die folgende Untersuchung auch immer ausfallen möge, sie wird außer für § 266 StGB richtigerweise auch für den überwiegenden Teil der weiteren Tatbestände des Haupt- und Nebenstrafrechts Geltung beanspruchen können.

Bei dem Vorhaben, die strafrechtliche Verantwortlichkeit des einzelnen Vorstandsmitglieds als Teil des Ganzen (Kollegialorgans) zu ermitteln, kommt man auch im Hinblick auf die Einheit der Rechtsordnung nicht umhin, den im Recht der Aktiengesellschaft anerkannten Grundsatz der Gesamtverantwortung heranzuziehen. Haben dagegen alle Mitglieder an der strafbaren Handlung mitgewirkt, dann stellt sich die Frage der Individualverantwortung logischerweise nicht in dem selben erörterungswürdigen Ausmaß.

Der Grundsatz der Gesamtverantwortung entspringt dem gesetzlichen Leitbild, welches geprägt ist durch die Vorstellung eines Kollegialorgans, das sich durch die Gemeinschaft seiner Mitglieder, ihre gemeinsame Geschäftsführung und Vertretung sowie gemeinsame Verantwortung auszeichnet.[1021] Sein Geltungsbereich erfasst nicht nur die Arbeit des Gesamtgremiums, sondern – in allerdings modifizierter Weise - insbesondere auch die in der Praxis übliche Verteilung der Gremiumsaufgaben auf sogenannte Ressorts (Geschäftsbereiche)[1022], welche unter der Leitung der einzelnen Vorstandsmitglieder stehen. Zwar wird der Grundsatz nicht explizit im Aktiengesetz genannt, es finden sich hier jedoch zahlreiche normative Indizien dafür, dass der Gesetzgeber gewisse Aufgaben in

[1020] *Fleischer*, BB 2004, 2645.
[1021] *Martens*, FS Fleck, 191, 192.
[1022] Zu der Bedeutung dieser Ressortaufteilung für die Strafbarkeit wegen Untreue sogleich unter 6. Teil B.

die Verantwortung des Gesamtorgans stellen wollte.[1023] Darüber hinaus ergibt sich der Grundsatz der Gesamtverantwortung aber auch daraus, dass die Erfüllung der Pflichten des Unternehmens einheitlich zunächst denen obliegen muss, die für das Unternehmen handeln, also der Geschäftsleitung in ihrer Gesamtheit.[1024] Diese Aussage ist ohne weiteres allerdings nur für den Vorstand der Aktiengesellschaft anzuerkennen, da nur diesem die Entscheidung über die Unternehmenspolitik zusteht.[1025] Darüber hinaus ist zu berücksichtigen, dass die Leitung der Aktiengesellschaft nicht auf die Summe der Aufgaben sämtlicher Ressorts reduziert werden kann. Vielmehr steht fest, dass bei ressortübergreifenden Schwierigkeiten oder immer dann, wenn das Unternehmen als ganzes betroffen ist, zwingend die einheitliche Willensbildung des Gesamtvorstands erforderlich wird .[1026]

Unter Berücksichtigung der Tatsache, dass das Aktiengesetz für den AG-Vorstand grundsätzlich von Gesamtvertretung und Gesamtgeschäftsführung ausgeht, muss der hieran eng angelehnte Grundsatz der Gesamtverantwortung inhaltlich so verstanden werden, dass jedes einzelne Vorstandsmitglied für die Erfüllung der gesamten Vorstandspflichten einzustehen hat[1027]. Dies bedeutet, dass grundsätzlich jedes einzelne Gremiumsmitglied Adressat der sich an das Kollegialorgan richtenden Normen sein muss. Darüber hinaus ist dem Grundsatz das Prinzip der gemeinsamen Willensbildung, die Pflicht zur kollegialen Zusammenarbeit und schließlich die Pflicht zum primär organinternen Ausgleich von Kollisionen zu entnehmen.[1028] Wichtigstes Instrument im Hinblick auf die Erreichung dieser Prämissen ist unzweifelhaft das Recht und die Pflicht auf/bzw. zu umfassender Information, dass im Einzelfall die Intervention oder die Einschaltung des Gremiums möglich bzw. sogar notwendig machen wird.

[1023] Festgemacht werden kann der Grundsatz demnach insbesondere an den Vorschriften, die die Gesamtvertretung und Gesamtgeschäftsführung zum Prinzip erheben (vgl. §§ 78 II 1, 93 II 1 AktG), die den Vorstand als Träger der gesetzlichen Pflichten ansehen (z.B. §§ 59, 78, 83, 90, 91, 92, 110 I AktG) und schließlich an den Vorschriften, die im Hinblick auf dessen Mitglieder explizit von den Mitgliedern eines Kollegialorgans sprechen (z.B. §§ 78 II 2, 79, 81 I, III 1 AktG).

[1024] Vgl. BGHSt 31, 264, 274 und *Schmidt-Salzer*, Produkthaftung I, 1.146.

[1025] *Kallmeyer*, ZGR 1993, 104, 109 m.w.N; a.A. *Schmidt-Leithoff*, Die Verantwortung der Unternehmensleitung, 101.

[1026] BFHE 141, 443, 446; BGHSt 37, 106, 127; *Schwark*, ZHR 142 (1978), 203, 206.

[1027] RGZ 12, 74, 76 f.; 91, 72, 76 f.; 98, 98, 100; BFHE 141, 443, 446; *Geßler/Hefermehl-Hefermehl*, § 77 Rn. 15, 20; *Hueck/Windbichler*, Gesellschaftsrecht, § 23 VI 3; *Martens*, FS Fleck, 191, 192 f.; KK-*Mertens*, § 77 Rn. 7; *Lutter/Hommelhoff*, GmbHG, § 37 Rn. 29; *Rowedder/Schmidt-Leithoff-Koppensteiner*, GmbHG, § 37 Rn. 45; *Scholz-U.H. Schneider*, GmbHG; § 43 Rn. 34; *Sina*, GmbHR 1990, 65; MünchHdbGesR/AG-*Wiesner*, § 22 Rn. 14, § 19 Rn. 12.

[1028] LG Köln AG 1976, 329; *Bork*, ZGR 1989, 1, 20; *Ebenroth/Lange*, GmbHR 1992, 69, 74; *Hommelhoff*, ZHR 143 (1979), 288, 312; *U.H. Schneider*, FS 100 Jahre GmbHG, 473, 483; *Stodolkowitz*, ZHR 154 (1990), 1, 14; *Peter*, Strafrechtliche Verantwortlichkeit, 90, 94; *Steinbeck*, Überwachungspflicht, 223.

Damit kann jedenfalls konstatiert werden, dass sämtliche Vorstandsmitglieder, was ihre Verantwortung anbetrifft, gleichermaßen berechtigt, aber auch verpflichtet sind. Hieran vermag weder ein möglicherweise auf innerbetriebliche Organisationsmaßnahmen zurückzuführendes Über-/Unterordnungsverhältnis noch die denkbare faktische Dominanz eines einzelnen Vorstandsmitglieds – in der Regel des Vorstandsvorsitzenden - etwas zu ändern.[1029]

II. Geltung des Grundsatzes der Gesamtverantwortung im Strafrecht

Nach einhelliger Ansicht wird der Grundsatz der Gesamtverantwortung insbesondere unter der Prämisse umfassenden Rechtsgüterschutzes auch für die Bestimmung der strafrechtlichen Pflichten der Mitglieder eines Kollegialorgans herangezogen.[1030] Als Ziel dieser praktizierten Einheit der Rechtsordnung wird überwiegend das Füllen von Verantwortungsfreiräumen genannt[1031], welche sich insbesondere dann ergeben können, wenn im Rahmen der bereits angesprochenen Aufteilung in Ressorts Zuständigkeiten übersehen werden. Im Hinblick auf § 266 StGB hilft dieser Ansatz jedoch nicht nennenswert weiter, denn es bestehen zumindest dahingehend keine Zweifel, dass alle Vorstandsmitglieder dem Schutz des Gesellschaftsvermögens zu dienen verpflichtet sind. Die Gefahr lückenhafter Aufgabendelegation wird in diesem Zusammenhang nicht relevant. Zudem darf die anerkannte Übertragung des Grundsatzes auf das Strafrecht keinesfalls in dem Sinne missverstanden werden, dass die gesellschaftsrechtliche Regelung der Vorstandsverantwortung die strafrechtliche Zurechungsinstrumentalistik außer Kraft zu setzen vermag. Im Hinblick auf die strafrechtliche Verantwortlichkeit besagt sie allein, dass jedes Vorstandsmitglied in gleichem Umfang von den Verhaltensnormen angesprochen ist, die sich als allgemeine Pflicht oder als Sonderdelikt (§ 266 StGB) an die Gremiumskollegen richten. Dem Strafrecht ist eine Kollektivschuld, wie sie der Grundsatz im Hinblick auf die zivilrechtliche Verantwortlichkeit zu begründen vermag, unbekannt.[1032] Der Rückschluss auf eine kollektive strafrechtliche Verantwortlichkeit aller Vorstandsmitglieder für das Verhalten eines einzelnen bzw. einzelner ist damit zwingend ausgeschlossen. Für eine Bestrafung muss vielmehr über die Eigenschaft als tauglicher Täter hinaus in jedem Fall die individuelle Verantwortung des einzelnen Gremiumsmitglieds für die Verletzung seiner Pflichten feststehen.[1033] Im Rahmen der folgenden Ausführungen ist daher zu erläutern, inwie-

---

[1029] *Neudecker*, Strafrechtliche Verantwortlichkeit, 25.

[1030] RGSt 13, 235, 237; BGHSt 37, 106, 124; *Ebenroth/Willburger*, BB 1991, 1941, 1943; *Eidam*, Unternehmen und Strafe, 244; *Hommelhoff*, ZHR 143 (1979), 288, 298; *Meier*, NJW 1992, 3193, 3195; *Schmidt-Salzer*, Produkthaftung I, 1.146; *ders.*, NJW 1990, 2966, 2967 f.; *Weimar*, GmbHR 1994, 82, 88. Für das Steuerrecht BFHE 141, 443, 446.

[1031] *Schmidt-Salzer*, Produkthaftung I, 1.061.

[1032] *Meier*, NJW 1992, 3193, 3195; *Beulke/Bachmann*, JuS 1992, 737, 740; *Goll*, in: Produkhaftungshandbuch, § 44 Rn. 9, § 46 Rn. 1; *Schmidt-Salzer*, Produkthaftung I, 1.138, 1.162; *ders.*, NJW 1990, 2966, 2969. Eine Einführung einer kollektiven Gesamtschuld hält *Ostermeyer*, ZRP 1971, 75, 76 für notwendig.

[1033] *Neudecker*, Strafrechtliche Verantwortlichkeit, 28.

weit sich die Aufteilung der Geschäftbereiche auf die strafrechtliche Verantwortlichkeit der im Einzelfall nicht zuständigen Vorstandsmitglieder auswirkt, wenn das zuständige Vorstandsmitglied eine Untreue gemäß § 266 StGB begangen hat (6. Teil B). Damit wird der schwierige Versuch unternommen, die Auswirkungen des von Martens angesprochenen Konfliktes zwischen dem Grundsatz der Gesamtverantwortung und dem Postulat flexibler, auf effiziente Entscheidungsstrukturen angelegter Vorstandsorganisation[1034] auf die strafrechtliche Individualverantwortung der Vorstandsmitglieder zu transferieren. An- und abschließend ist die gleiche Frage - also die nach der Individualverantwortlichkeit – noch im Hinblick auf die Bereiche zu untersuchen, in denen die Gesamtverantwortung des Vorstands zwingend zum Tragen kommt, Ressorts also überhaupt nicht vorgesehen sind oder eine spezielle Aufgabe keinem bestimmten Geschäftsbereich zugewiesen ist (6. Teil C). Hier wird eine kollektive Entscheidungsfindung erforderlich, was vor allen Dingen zu Kausalitäts- und Zurechnungsschwierigkeiten im Hinblick auf die Begründung einer Untreuestrafbarkeit führt.

[1034] *Martens*, FS Fleck, 191, 193.

(B) Bedeutung der Ressortaufteilung für die Strafbarkeit wegen Untreue im Kollegialorgan Vorstand

I. Problemeinführung

Macht die AG, wovon in der Praxis regelmäßig auszugehen ist, von der in § 76 II AktG geregelten Möglichkeit eines mehrgliedrigen Vorstandes Gebrauch, dann geht damit zumeist eine vom Gesetz im Interesse der Effektivität ausdrücklich zugelassene Einteilung in einzelne Geschäftsbereiche, sogenannte Ressorts (Herstellung, Vertrieb, Forschung, Technik, Finanzen, etc.) einher, für die die einzelnen Vorstandsmitglieder dann jeweils allein-, bzw. hauptverantwortlich sind. Diese interne Aufgabenverteilung richtet sich grundsätzlich nach der Satzung oder nach der Geschäftsordnung des Vorstands, § 77 II AktG. Die Gesichtspunkte für die Verteilung dieser Ressorts sind in der Regel regionaler, organisatorischer, fachlicher und personeller Natur. Betriebswirtschaftlich sinnvoll ist diese Kompetenzverteilung aber vor allen Dingen im Hinblick auf die Unternehmensgröße, den Umfang der Teilaufgaben und die Komplexität der unternehmensinternen Interessenkonflikte.[1035] Darüber hinaus verringert sie die vom Unternehmen ausgehenden Gefahren, indem sie es gestattet, die Lösung schwieriger Aufgaben den jeweils dafür qualifizierten Experten zu überantworten.[1036] Schließlich, jedoch nicht zuletzt, tritt zu diesen Rationalisierungsgedanken auch die Einschränkung der Zuständigkeiten und Entscheidungsbefugnisse der einzelnen Vorstandsmitglieder hinzu – ein im Hinblick auf Gefahrenminimierung möglicherweise ebenfalls erwünschter Nebeneffekt[1037]. Bei alledem gilt es jedoch zu beachten, dass diese besondere Art der horizontalen Aufgabenteilung neben zahlreichen, hier bei weitem nicht abschließend aufgezählten Vorteilen auch erhebliche Gefahren birgt. Auftreten können z.B. Kommunikationsfehler[1038], Unzulänglichkeiten wegen des fehlenden Überblicks und nicht bedachte Schwierigkeiten bei der Koordination der Aufgaben[1039], insbesondere aber auch das schwindende Bewusstsein persönlicher Verantwortlichkeit, je stärker sich der Einzelne als anonymes Glied des Kollektivs empfindet.[1040] Die eigentliche Schwierigkeit liegt hier nun darin, die Auswirkungen des bereits zivilrechtlich konfliktbeladenen Nebeneinanders von Gesamtverantwortung und Ressortaufteilung auf die strafrechtliche Haftung der einzelnen Vorstandsmitglieder wegen Untreue zu ermitteln. Fest steht, dass die Lösung des strafrechtlichen Problems nur mittels Lösung des zivilrechtlichen Konflikts geschehen kann. Die Notwen-

---

[1035] Zum betriebswirtschaftlichen Nutzen der Geschäftsverteilung: *Kassebohm/Malorny*, BB 1994, 1361 ff.

[1036] BFHE 141, 443, 447; *Goll*, in: Produkhaftungshandbuch, § 44 Rn. 10; *Schmidt-Salzer*, NJW 1990, 2966, 2970; *Wilhelm*, Arbeitsteilung in der Medizin, 8; vgl. *Steinbeck*, Überwachungspflicht, 23.

[1037] Vgl. *Martens*, FS Fleck, 191, 197; *Meier*, NJW 1992, 3193, 3194; *Schwark*, ZHR 142 (1978), 203, 208.

[1038] *Stratenwerth*, FS Eb. Schmidt, 383, 395.

[1039] BGH NJW 1980, 650 f.; *Stratenwerth*, FS Eb. Schmidt, 383 und 394.

[1040] *Stratenwerth*, FS Eb. Schmidt, 383 und 394

digkeit der Berücksichtigung des Grundsatzes der Einheit der Rechtsordnung wird hier somit immanent, wobei vor allen Dingen zwei verschiedene Lösungsrichtungen denkbar erscheinen: So könnte einerseits ein Vorrang des Prinzips der Gesamtverantwortung in Betracht kommen, mit der Folge, dass die Ressortaufteilung zwar zulässig ist, aber niemanden von den Pflichten entlastet, die einem fremden Geschäftsbereich zugewiesen sind.[1041] Andererseits ist aber auch eine Mischform denkbar, in der die strafrechtliche Pflichtenstellung sich zunächst durch die Ressortgrenzen bestimmt, der Grundsatz der Gesamtverantwortung aber noch die Bedeutung behält, dass den nicht ressortzuständigen Vorstandsmitgliedern gewisse abgemilderte Pflichten auch hinsichtlich der Geschehnisse im fremden Ressort verbleiben.[1042] In der selbstverordneten Chronologie der Lösung wird der Blick nun im Folgenden zunächst auf das Zivilrecht gerichtet.

II. Ressortaufteilung und Vorstandsverantwortung im Zivilrecht

Gemäß § 93 II 1 AktG gilt der Grundsatz, dass mehrere Geschäftsleiter der AG gegenüber gesamtschuldnerisch haften. Dieser Grundsatz kann aber nur solange gelten, als jedem der Betroffenen ein persönlicher Schuldvorwurf gemacht werden kann. Entscheidende Frage ist mithin, ob das nicht ressortzuständige Vorstandsmitglied im Einzelfall eine Pflichtverletzung begeht, wenn es den ressortleitenden Kollegen nicht daran hindert, eine schadensstiftende Handlung zu begehen.[1043] Die Problematik ist allein hier angesiedelt, während einerseits die Haftung des Ressortleiters unproblematisch ist und andererseits auch keine Zweifel daran bestehen, dass das Fehlen einer solch vermeintlichen Pflichtverletzung Haftungsfreiheit beim nicht ressortzuständigen Vorstandsmitglied zur Folge haben muss.

Im Zusammenhang mit der hier relevanten Vorstandsstruktur existiert im Zivilrecht das Schlagwort der sogenannten Personalunion, einem weitverbreiteten Modell, welches vor allen Dingen dadurch geprägt ist, dass die Vorstandsmitglieder in zwei unterschiedlichen Bereichen als Entscheidungsträger fungieren: Auf der einen Seite fassen sie gemeinsam die Beschlüsse zur Unternehmensführung in der organisatorischen Spitzeneinheit (Unternehmensleitung) und auf der anderen Seite treffen sie jeweils allein Entscheidungen als Leiter der organisatorischen Teilbereiche auf der zweiten Hierarchieebene (Ressorts). Hierbei gilt grundsätzlich: Im Hinblick auf die gemeinsamen Entscheidungen sämtlicher Vorstandsmitglieder in der Unternehmensleitung ist jedes Vorstandsmitglied angesichts der gemeinschaftlichen Beschlussfassung inhaltlich voll für die

---

[1041] *Neudecker*, Strafrechtliche Verantwortlichkeit, 34.

[1042] *Neudecker*, Strafrechtliche Verantwortlichkeit, 34 f.

[1043] Siehe hierzu: *Baumbach/Hueck-Zöllner*, GmbHG, § 43 Rn. 23; KK-*Mertens*, § 93 Rn. 54; *Hoffmann/Liebs*, Der GmbH-Geschäftsführer, Rn. 806; *Müller/Jegutidse*, Der GmbH-Geschäftsführer, 183 f.

Wahlakte des Gesamtvorstands verantwortlich.[1044] Für den Fall, dass konkrete Pflichten von vornherein nicht delegationsfähig sind (und damit auch nicht ressortfähig), sondern notwendig in die Gesamtverantwortung des Vorstands fallen – zu diesen Pflichten zählen z.B. die Buchführungspflicht, die Insolvenzantragspflicht, das Risikomanagement (§ 91 II AktG) sowie grundsätzlich alle öffentlich-rechtlichen Pflichten – sind die Fehler eines Ressortleiters objektiv immer automatisch auch als Fehler der anderen Vorstandsmitglieder zu qualifizieren.[1045]

Für den Bereich der Ressortentscheidungen lassen sich dagegen in zivilrechtlicher Hinsicht haftungsrechtliche Besonderheiten feststellen, welche jedoch an die Voraussetzung gebunden sind, dass die Geschäftsverteilung bzw. Ressortbindung die rechtlichen Formerfordernisse erfüllt. Hierzu sollte sie in der Satzung (selten), einem wirksam beschlossenen Geschäftsverteilungsplan (häufig) oder in den Anstellungsverträgen der Vorstandsmitglieder niedergelegt worden sein.[1046] Zudem müssen die verschiedenen Zuständigkeitsbereiche voneinander abgrenzungsfähig sein und dem Ressortleiter darf nicht erkennbar die erforderliche Qualifikation für den ihm zugewiesenen Tätigkeitsbereich fehlen.[1047] Liegen diese Voraussetzungen vor, tragen die einzelnen Vorstandsmitglieder für den Inhalt ihrer jeweiligen Ressortentscheidungen im Grundsatz[1048] die alleinige zivilrechtliche Verantwortung. Ihre Teilbereichsleitung haben sie wiederum mit der Sorgfalt eines ordentlichen und gewissenhaften Geschäftsleiters vorzunehmen, deren Vernachlässigung sie im Schadensfall ersatzpflichtig macht. Korrespondierend zu der prinzipiellen Alleinverantwortlichkeit für eigene Ressortentscheidungen wandeln sich bei Geschäftsverteilung die Sorgfaltspflichten der übrigen Vorstandsmitglieder. Diese sind nun nicht mehr generell für den Inhalt sämtlicher Entscheidungen in den fremden Ressorts verantwortlich, sondern nur zu einer globaleren Kontrolle der Teilbereichsleitung ihrer Organkollegen verpflichtet.[1049] Das heißt, dass bei dieser Art der Geschäftsverteilung kein permanentes aktives Engagement der Vorstandsmitglieder in den fremde Teilbereiche betreffenden Entscheidungsprozessen mehr notwendig ist. Zur Wahrung der erforderlichen Sorgfalt reicht insoweit vielmehr die Überwachung des Geschehens in den fremden Ressorts insgesamt aus.[1050] Der Umfang der Überwachungs-

---

1044 Vgl. zur Gesamtverantwortung: KK-*Mertens*, § 93 Rn. 54; *Geßler/Hefermehl-Hefermehl*, § 93 Rn. 26; GK-*Hopt*, § 93 Rn. 61.
1045 *Thümmel*, Persönliche Haftung, Rn. 178.
1046 Vgl. OLG Koblenz NZG 1998, 953, 955; *Geßler/Hefermehl-Hefermehl*, § 93 Rn. 26; *U.H. Schneider*, DB 1993, 1909, 1912; *Golling*, Sorgfaltspflicht und Verantwortlichkeit, 51.
1047 *Thümmel*, Persönliche Haftung, Rn. 180.
1048 Mit Ausnahme der Verantwortlichkeit der anderen Vorstandsmitglieder aus ihrer Überwachungspflicht für fremde Ressorts, hierzu sogleich im Folgenden.
1049 *Von Werder*, DB 1987, 2265, 2271.
1050 BGH NJW 1986, 54, 55; BGH BB 1996, 2531, 2532; BFH GmbHR 1998, 203; OLG Köln AG 2001, 363, 364; *Heimbach/Boll*, VersR 2001, 801, 803; *Hoffmann/Liebs*, Der GmbH-Geschäftsführer, Rn. 806.1.

pflicht hängt von den Umständen des Einzelfalls ab und wird im Detail unterschiedlich weit angenommen. Im Normalfall kann jedoch davon ausgegangen werden, dass eine Plausibilitätskontrolle der in der periodischen Sitzung des Gesamtvorstands zu erstattenden Ressortberichte grundsätzlich ausreicht und weitergehende Maßnahmen nur bei deutlichen Anzeichen für Missstände erforderlich sind.[1051] Nicht immer aber werden etwaige Missstände offen zutage treten. Um dennoch eine baldige Entdeckung und Aufdeckung zu gewährleisten, obliegt jedem einzelnen Vorstandsmitglied eine grundsätzliche Informationspflicht.[1052] Diese geht über die Erlangung leicht verfügbarer Informationen hinaus, d.h., es müssen auch schwer zugängliche Informationsquellen angezapft werden. Möglicherweise müssen auf diesem Weg auch Widerstände von Kollegen beseitigt werden, wobei unter Umständen sogar die Einbeziehung anderer Unternehmensgremien wie des Aufsichtsrats oder der Hauptversammlung erforderlich werden kann. Erst dann, wenn sämtliche zumutbaren Möglichkeiten ausgeschöpft worden sind, ist in zivilrechtlicher Hinsicht Haftungsfreiheit anzunehmen.

III. Übertragbarkeit dieser Maßstäbe auf das Strafrecht

Es hat sich gezeigt, dass der Ressortaufteilung im Zivilrecht durchaus eine haftungsmodifizierende Wirkung zugestanden wird. Das nicht ressortzuständige Vorstandsmitglied kommt seinen Pflichten nach, wenn es den Ressortleiter ausreichend überwacht. Eine Pflicht zum tatsächlichen Eingreifen ist nur bei offensichtlichen bzw. in zumutbarer Weise zu erlangenden Anhaltspunkten für ein pflichtwidriges Verhalten begründet. Ob diese Maßstäbe auch für die strafrechtliche Haftung aus § 266 StGB Bestand haben, ist zweifelhaft, jedenfalls aber nicht ohne zusätzliche Zuhilfenahme strafrechtsspezifischer Modelle zur Zurechung von Verantwortung entscheidbar. § 266 StGB ist zudem ein reines Vorsatzdelikt und daher als Begehungsdelikt für das nicht ressortzuständige Vorstandsmitglied eigentlich nur in der Form der Mittäterschaft, als Anstifter oder Gehilfe denkbar. Nun ist aber die Begründung der Strafbarkeit im Falle einer derartigen Form der Beteiligung eigentlich nicht nennenswert problematisch, jedenfalls nicht bei Berücksichtigung der Tatsache, dass es sich beim AG-Vorstand um ein Kollegialorgan handelt. Der eigentliche Schwerpunkt der Untersuchung liegt demgegenüber in der Frage, ob das Nichthandeln, z.B. durch unterlassene Überwachung des Ressortleiters oder weitergehend, durch Nichteingreifen bei tatsächlichen Anhaltspunkten für untreuerelevantes Fehlverhalten, zur Untreuestrafbarkeit des Untätigen führen muss. Da es im Strafrecht aber auch abseits von § 13 StGB durchaus schon theoretische Erwägungen im Hinblick auf die Zurechnung fremden Fehlverhaltens innerhalb eines mehrköpfigen Gremiums gegeben hat, soll im Folgenden zunächst diese – zugegebenermaßen

---

[1051] Siehe zum Ganzen: *Geßler/Hefermehl-Hefermehl*, § 93 Rn. 26; KK-*Mertens*, § 93 Rn. 54; GK-*Hopt*, § 93 Rn. 62; *Golling*, Sorgfaltspflicht und Verantwortlichkeit, 51 ff.; *Dose*, Die Rechtsstellung der Vorstandsmitglieder, 121 ff.; *Thümmel*, Persönliche Haftung, Rn. 181.

[1052] BGH NJW-RR 1995, 669; vgl. auch *Thümmel*, Persönliche Haftung, Rn. 181 f.

vage – Möglichkeit untersucht werden. Im Anschluss folgt die vielversprechendere Auseinandersetzung mit der angesprochenen Unterlassungsproblematik.

IV. Ressortaufteilung und Vorstandsverantwortung im Strafrecht

1. Eingrenzung des Untersuchungsgegenstandes

a) Die aus strafrechtlicher Sicht unproblematischen Konstellationen

Wurde bereits im Rahmen der Ermittlung der Verantwortungsverschiebung im Zivilrecht deutlich gemacht, dass sich die Problematik nur auf wenige Konstellationen begrenzen lässt, so soll und kann dies auch im Hinblick auf die Bedeutung der Ressortaufteilung für die untreuestrafrechtliche Verantwortlichkeit nicht ressortzuständiger Vorstandsmitglieder geschehen. Folgende Konstellationen bereiten keinerlei Schwierigkeiten, was die Ermittlung der strafrechtlichen Verantwortlichkeit anbetrifft: Verwirklicht das ressortleitende Vorstandsmitglied eine Straftat durch positives Tun, an der sich ein weiteres oder mehrere Vorstandsmitglieder ebenfalls durch positives Tun in irgendeiner Form beteiligen, so ist klar, dass alle Beteiligten strafrechtlich haften.[1053] An der Verantwortlichkeit beider oder mehrerer Vorstandsmitglieder kann auch dann nicht gezweifelt werden, wenn ein Vorstandsmitglied durch positives Tun im fremden Tätigkeitsbereich eine Straftat verwirklicht, während das ressortleitende Vorstandsmitglied untätig zusieht.[1054] Fällt eine gebotene Handlung im Rahmen unechten Unterlassens zwar nicht in das Ressort eines Vorstandsmitglied, sondern ist aufgrund eines ungenauen oder lückenhaften Geschäftsverteilungsplans keinem speziellen Ressort zugeordnet, dann bereitet - das Vorliegen der erforderlichen Garantenstellung unterstellt - selbst die Begründung einer Strafbarkeit wegen Untreue durch Unterlassen keine Schwierigkeiten. In diesem Fall besteht nämlich die grundsätzlich gegebene Gesamtverantwortung der Geschäftsleitung fort, so dass alle Vorstandsmitglieder gleichermaßen für das Unterlassen der gebotenen Handlung einzustehen haben.[1055]

Es bleibt nach alledem allein die Frage zu klären, ob das nicht ressortzuständige Vorstandsmitglied für eine Untreue des Ressortleiters als Begehungstäter oder, was näher liegt, als Unterlassungstäter haftet bzw., ob und wann unter Umständen sogar von vollständiger Straffreiheit auszugehen ist.

[1053] BGH wistra 1987, 139, 146; *Rogall*, in: KKOWiG, § 9 Rn. 45; *Göhler*, OWiG, § 9 Rn. 15; *Rebmann/Roth/Herrmann*, OWiG, § 9 Rn. 31 und § 130 Rn. 27; *Rothberg*, OWiG, § 9 Rn. 17; *Scholz-Tiedemann*, GmbHG, § 82 Rn. 30; vgl. auch BGHSt 31, 264, 277 und *Maul*, DB 1989, 185.

[1054] *Rogall*, in: KKOWiG, § 9 Rn. 45; *Demuth/Schneider*, BB 1970, 642; *Rowedder/Schmidt-Leithoff-Schaal*, GmbHG § 82 Rn. 14; *Göhler*, OWiG, § 9 Rn. 15; *Maul*, DB 1989, 185; *Rebmann/Roth/Herrmann*, OWiG, § 9 Rn. 31 und § 130 Rn. 27; *Rothberg*, OWiG, § 9 Rn. 17; *Scholz-Tiedemann*, GmbHG, § 82 Rn. 30; vgl. BGHSt 31, 264, 277.

[1055] *Neudecker*, Strafrechtliche Verantwortlichkeit, 35.

b) Bereiche zwingender Gesamtverantwortung im Vorstand

Im Recht der Aktiengesellschaft gibt es anerkanntermaßen Bereiche, in denen einer Ressortaufteilung keinerlei entlastende Wirkung zugestanden wird. Das Gesellschaftsrecht spricht in diesem Zusammenhang zumeist vom Schlagwort „der zwingenden Gesamtverantwortung“[1056]. Inhaltlich werden diesem Bereich verschiedenste Bedeutungen beigemessen: Einige schließen die Möglichkeit einer Ressortaufteilung auf diesen Gebieten vollständig aus[1057], während andere nur die Pflichtenübertragung auf gremiumsexterne Personen für unzulässig erachten[1058] bzw. diesbezüglich eine zwingende Plenumsentscheidung fordern[1059]. Für die Frage der strafrechtlichen Bedeutung der Ressortaufteilung könnte in diesem begrenzten Bereich nun ausnahmsweise einmal eine vollständige Akzessorietät des Strafrechts gegenüber dem Gesellschaftsrecht erwogen werden, so dass die Ablehnung der entlastenden Wirkung in bestimmten Teilbereichen auch für die Untreuestrafbarkeit gelten würde. In diesem Zusammenhang finden sich sowohl im Strafgesetzbuch (§ 283b StGB) als auch im Nebenstrafrecht Delikte wie beispielsweise § 401 AktG, die die Verletzung solcher Pflichten sanktionieren, welche anerkanntermaßen in der Gesamtverantwortung des Vorstands liegen und aufgrund ihrer seit dem Reichsgericht vertretenen öffentlich-rechtlichen Art jeder Privatautonomie entzogen sind.[1060] Die beispielhaft genanten Tatbestände sind auch im Zusammenhang mit § 266 StGB relevant gewesen.[1061] Aber auch nicht gesetzliche Verhaltenspflichten stehen nach verbreiteter Ansicht zwingend in der vorstandlichen Gesamtverantwortung. Komme nämlich einzelnen Maßnahmen ressortübergreifende Wirkung zu[1062] oder gehe es um die Erörterung wesentlicher Fragen[1063], so zum Beispiel in Krisen- und Ausnahmesituationen, welche organisatorisch nicht vorweg regelbar sind[1064], dann könne die Verantwortung nicht auf einzelne abgewälzt werden. Dies gelte im gleichen

---

[1056] Vgl. *Hommelhoff*, ZHR 143 (1979), 288, 299; *Schwark*, ZHR 142 (1978), 203, 215 f.; *Frels*, ZHR 122 (1959), 8, 24 ff.

[1057] RGSt 4, 418, 421; 13, 235, 239; 64, 81, 85; *Geßler/Hefermehl-Hefermehl*, § 77 Rn. 22; KK-*Mertens*, § 77 Rn. 19; *Scholz-U.H. Schneider*, GmbHG § 43 Rn. 39; *Rowedder/Schmidt-Leithoff-Koppensteiner*, GmbHG, § 37 Rn. 43; *Schlegelberger*, AktG, § 70 Rn. 11; vgl. *Schmid*, ZStrR 105 (1988), 156, 163 ff.

[1058] *Czychowski*, WHG, § 324 StGB Rn. 29; *Sina*, GmbHR 1990, 65, 66 und 68.

[1059] *Martens*, FS Fleck, 191, 196; KK-*Mertens*, § 77 Rn. 19; *Schwark*, ZHR 142 (1978), 203, 216.

[1060] So auch BGH GmbHR 1994, 1351, 1352.

[1061] Vgl. oben 4. Teil A (Buchführung) und 4. Teil C (Insolvenz).

[1062] *Martens*, FS Fleck, 191, 197 und 204; KK-*Mertens*, § 77 Rn. 16.

[1063] *Scholz-U.H. Schneider*, GmbHG, § 43 Rn. 40; *Ebenroth/Willburger*, BB 1991, 1941, 1942; *Czychowski*, WHG, § 324 StGB Rn. 29; *Martens*, FS Fleck, 191, 197; *U.H. Schneider*, FS 100 Jahre GmbHG, 473, 482 und 487; *Weimar*, GmbHR 1994, 82, 87.

[1064] BGHSt 37, 106, 124; *Lutter/Hommelhoff*, GmbHG, § 37 Rn. 31; *Schmidt-Salzer*, Produkthaftung I, 1.160, 1.176; *ders.*, NJW 1990, 2966, 2971.

Maße dort, wo die betriebliche Organisation zur Debatte steht[1065], bzw. dort, wo das Unternehmen als ganzes betroffen ist[1066].

Es ist nun sicherlich richtig, dass die genannten Bereiche einer besonderen Aufmerksamkeit durch den Vorstand bedürfen, deren Verweigerung sich sowohl im zivilrechtlichen wie auch im strafrechtlichen Haftungsbereich niederschlagen wird. Einen nachvollziehbaren Anhaltspunkt dafür, dass die Ressortaufteilung für diese Bereiche ausgeschlossen ist, vermögen sie demgegenüber nicht zu liefern. Diesen statuiert schließlich auch das Gesetz nicht explizit. Dem Grundsatz soll nun allerdings auch nicht seine Daseinsberechtigung abgesprochen werden. Vielmehr wird man dessen inhaltliche Ausgestaltung im Sinne einer praxisnahen Lösung dahingehend verstehen müssen, dass zwar in den angesprochenen Bereichen unabhängig von der strukturellen Ausgestaltung des Vorstands stets eine latente Verantwortung sämtlicher Mitglieder besteht, diese aber nur in den Fällen aktualisiert wird, in denen die Betriebsorganisation versagt.[1067] Ein derartiges Verständnis wird zudem durch die Tatsache gestützt, dass der Vorstand ein jederzeitiges, nicht aufhebbares Interventionsrecht hat, mit dessen Hilfe er jede betriebliche Frage ohne große Hürden wieder an sich ziehen kann.[1068] Und drittens erfolgt die Pflichtenübertragung grundsätzlich immer nur zur Ausführung. Liegen die Voraussetzungen für eine rechtmäßige Übertragung nicht vor oder können auch nur nicht nachgewiesen werden, so besteht in Zweifelsfällen die Ausführungsverantwortung auf der Ebene der Geschäftsleitung fort.[1069] Soweit man im Gesellschaftsrecht also von Bereichen „zwingender Gesamtverantwortung" spricht, verbirgt sich dahinter nichts weiter als die subsidiäre Geltung des Grundsatzes der Gesamtverantwortung auch dort, wo eine Geschäftsverteilung etabliert ist.[1070] Keinesfalls verhindert die Existenz dieser Bereiche jedoch eine mögliche Beachtlichkeit der Ressortaufteilung im Gremium Vorstand.

2. Konkrete Begründung der Entlastungswirkung – Untreue als Begehungsdelikt

Im Strafgesetzbuch finden sich zahlreiche Tatbestände, die das Zusammenwirken mehrerer Personen als unrechtssteigernd qualifizieren[1071]. Stellt man in die-

---

[1065] RGZ 78, 107, 109; 87, 1, 4; *Hassold*, JuS 1982, 583, 584 f.
[1066] *Meier*, NJW 1992, 3193, 3195.
[1067] Siehe dazu auch BFHE 141, 443, 447 und BFH WM 1986, 1023, 1024.
[1068] Der Rückfall der Zuständigkeit an das Gremium wird durch die Initiative eines Gremiumsmitgliedes (*Ebenroth/Willburger*, BB 1991, 1941, 1943; *Martens*, FS Fleck, 191, 196) oder aufgrund einer pflichtgebundenen Entscheidung des Plenums (*Martens*, FS Fleck, 191, 196; KK-*Mertens*, § 77 Rn. 14, 24) ausgelöst.
[1069] *Martens*, FS Fleck, 191, 207.
[1070] *Neudecker*, Strafrechtliche Verantwortlichkeit, 43.
[1071] So z.B. in den §§ 224 I Nr. 4 StGB (mit einem anderen Beteiligten gemeinschaftlich), § 244 I Nr. 2, 244a, 250 I Nr. 2, 260 I Nr. 2, 260a StGB, aber auch bei der Strafbarkeit der Verbrechensverabredung nach § 30 II StGB, der die Straflosigkeit der bloßen Entschlussfassung des Einzeltäters gegenübersteht.

sem Zusammenhang darauf ab, dass sich die erhöhte Gefährlichkeit des Zusammenwirkens vor allen Dingen durch die Möglichkeit der gegenseitigen psychischen Bestärkung manifestiert, so muss diese Aussage grundsätzlich auch für das Kollegialorgan Vorstand gelten. Diese Konstellation entspricht nun aber gerade nicht der vorstehenden Problematik. Hier stellt sich vielmehr zunächst die Frage, ob die nicht ressortzuständigen Vorstandsmitglieder im Falle der Untreuestrafbarkeit des Ressortleiters eine Mitverantwortlichkeit trifft. Sollte eine solche generell begründet werden können, dann stellt sich anschließend die Frage nach der prinzipiellen Entlastungswirkung der Ressortaufteilung, über deren grundsätzliches Bestehen auch im Strafrecht weitgehende Einigkeit besteht[1072], nicht dagegen über deren Umfang. Die diesbezügliche Notwendigkeit folgt allein schon aus dem Gedanken, dass in einem in Ressorts aufgeteilten Vorstand eine gewisse gegenseitige Kontrolle der Mitglieder besteht und die Gelegenheiten zum Delinquieren durch die Verringerung des individuellen Aktionskreises spürbar eingeschränkt sind.[1073] Im Hinblick auf die Beantwortung der Frage, ob sich auch die nichtressortzuständigen Vorstandsmitglieder wegen Untreue zu verantworten haben, wenn eine solche im fremden Ressort begangen wird, soll, wie bereits angedeutet wurde, zunächst die Möglichkeit des Begehungsdelikts ausgeleuchtet werden, bevor zu der wesentlich naheliegenderen Unterlassungsdelinquenz übergegangen wird. Im Rahmen einer Begehungsdelinquenz muss der Blick zunächst auf die verwandten, gesetzlich geregelten Fragenkreise gerichtet werden, die sich explizit mit der Ressortaufteilung bzw. der strafrechtlichen Haftung des Vorstands auseinandersetzen. Daneben ist zumindest kurz auch auf das in diesem Zusammenhang von Stratenwerth entwickelte Modell der primären und sekundären Verantwortung[1074] sowie an den strafrechtlich anerkannten Vertrauensgrundsatz zu denken, demzufolge sich niemand darauf einzurichten hat, dass andere sich sorgfaltswidrig oder unvernünftig verhalten.[1075] Die Hoffnung eines Ertrages aus den beiden letztgenannten Ansätzen sollte jedoch realistischerweise als vage bezeichnet werden, da beide im Grundsatz nur auf das fahrlässige Zusammenwirken von Gremiumsmitgliedern angelegt waren, wogegen § 266 StGB allein bei vorsätzlicher Begehung bestraft wird.

a) Anhaltspunkte im Gesetz

Hilfreiche Hinweise im Hinblick auf eine strafrechtliche Unbeachtlichkeit der Ressortaufteilung könnten unter Umständen den § 14 I Nr. 1 StGB bzw. § 9 I Nr. 1 OWiG entnommen werden, deren Regelungsgegenstand freilich nur die

---

1072 BGH NJW 1955, 1487, 1488; BGHSt 37, 106, 123; *Dreher*, ZGR 1992, 22, 56 f.; *Schmid*, ZStrR 105 (1988), 156, 175; *Stratenwerth*, FS Eb. Schmidt, 383; vgl. *Rudolphi*, FS Lackner, 863, 869.

1073 Vgl. auch *Neudecker*, Strafrechtliche Verantwortlichkeit, 49.

1074 *Stratenwerth*, FS Eb. Schmidt, 383, 390 ff.

1075 *Schönke/Schröder-Cramer/Sternberg-Lieben*, § 15 Rn. 149 m.w.N.; *Frisch*, Das Fahrlässigkeitsdelikt, 99; *Kuhlen*, Strafrechtliche Produkthaftung, 128; *Wilhelm*, Arbeitsteilung in der Medizin, 57, 91; vgl. *Kamps*, Ärztliche Arbeitsteilung, 168.

Zurechung fremder Eigenschaften ist. Diese Tatsache hat zahlreiche Autoren dennoch nicht davon abgehalten, den Wortlaut der Vorschriften in Richtung einer Unbeachtlichkeit der Ressortaufteilung für das Strafrecht zu deuten.[1076] Sie berufen sich hierbei auf die zweite Variante des § 14 I Nr. 1 StGB, nach der jedes Organmitglied zum Normadressaten erhoben wird, ohne danach zu unterscheiden, ob die zur Debatte stehende Angelegenheit nach der internen Geschäftsverteilung in einen bestimmten Zuständigkeitsbereich fällt. Mit dieser Konstruktion konnte sich die herrschende Meinung jedoch nicht anfreunden. Wie bereits oben angedeutet wurde, bleibt jedes Vorstandsmitglied trotz Geschäftsverteilung Normadressat[1077], woran insbesondere im Hinblick auf § 266 StGB keine Zweifel bestehen dürften. Feststehe daneben jedoch ebenso sicher, dass dem ressortleitenden Vorstandsmitglied eine besondere Pflichtenstellung im Hinblick auf sein Ressort zukomme[1078]. Für das ressortfremde Vorstandsmitglied könne eine strafrechtliche Haftung demnach nur dann in Betracht kommen, wenn es die Pflichtverletzung des Ressortleiters erkennt.[1079] Dies folge daraus, dass es dem einzelnen Vorstandsmitglied unzumutbar und unmöglich sei, dem Kollegen in dessen Geschäftsbereich hineinzureden, so dass in den Fällen, in denen sich die Pflichtverletzung aufdrängen musste oder besondere Umstände Anlass zur Überwachung des Vorstandskollegen gaben, lediglich eine Strafbarkeit wegen Fahrlässigkeit in Betracht komme.[1080] Überzeugende Hinweise auf die Lösung der vorstehenden Problematik vermag keine der beiden Ansichten zu liefern. Erstere verkennt, dass die § 14 I Nr. 1 lediglich die sogenannte Organ- und Vertreterhaftung bei Delikten regelt, die ausdrücklich oder nach dem Sachzusammenhang ein besonderes Tätermerkmal voraussetzen.[1081] Für § 266 StGB stellt sich die Notwendigkeit einer derartigen Zurechung jedoch überhaupt nicht. Demgegenüber ist die letztgenannte Ansicht ohne Gewinn für die Problematik, da sie, was der Verweis auf die ausschließliche Möglichkeit fahrlässiger Strafbarkeit deutlich macht, allein auf die Lösung strafrechtlicher Produkthaftungsfälle zugeschnitten ist.

b) Anknüpfungspunkt aktien- bzw. handelsrechtliche Sonderdelikte (§§ 399 ff. AktG; §§ 331 ff. HGB)

Erfolgversprechender könnten in diesem Zusammenhang nun aber die in den §§ 399 ff. AktG geregelten Sonderdelikte bzw. die speziellen Straftatbestände des

---

1076 In diesem Sinne OLG Düsseldorf NStZ 1981, 265; OLG Düsseldorf bei *Göhler*, NStZ 1982, 11; LK-*Schünemann*, § 14 Rn. 44; LK-*Tiedemann*, § 283 Rn. 101.

1077 OLG Hamm NJW 1971, 817; *Demuth/Schneider*, BB 1970, 642, 644; *Göhler*, OWiG, § 9 Rn. 15; *Herzberg*, Verantwortung, 79; *Rebmann/Roth/Herrmann*, OWiG, § 9 Rn. 31.

1078 *Demuth/Schneider*, BB 1970, 642, 644, 645; *Göhler*, OWiG, § 9 Rn. 15; *U.H. Schneider*, FS 100 Jahre GmbHG, 473, 481.

1079 OLG Hamm, NJW 1971, 817 und DAR 1975, 51, 52; *Schönke/Schröder-Lenckner/Perron*, § 14 Rn. 19.

1080 *Demuth/Schneider*, BB 1970, 642, 644; *Dreher*, ZGR 1992, 22, 60; *Müller-Gugenberger/Bieneck-Schmid*, § 30 Rn. 44; NK/StGB-*Marxen*, § 14 Rn. 46.

1081 *Schönke/Schröder-Lenckner/Perron*, § 14 Rn. 1.

HGB sein. Während die Straftatbestände des Aktiengesetzes überwiegend an die Eigenschaft als Mitglied des Vorstands der Aktiengesellschaft anknüpfen, setzen die handelsrechtlichen Delikte die Eigenschaft als Mitglied des vertretungsberechtigten Organs - Vorstand bei der Aktiengesellschaft - voraus. Gemeinsam ist beiden Deliktsgruppen nach ganz überwiegender Ansicht, dass sie einer Relevanz der Ressortaufteilung nicht zugänglich sind.[1082] Für den Fall, dass qualifiziertes Unrecht vorliege und dabei auch der, abgesehen von den Fällen der § 401 II und § 405 I Nr. 5 AktG grundsätzlich erforderliche Vorsatz gegeben sei, habe zwingend der Gedanke der Gesamtverantwortung des Vorstands Vorrang vor einer ohnehin nur pragmatisch bedingten, weil ausschließlich mit Erfordernissen der Arbeitsteilung und einer dadurch zu verbessernden Arbeitseffizienz zusammenhängenden Auflockerung der Pflichten.[1083] Zudem bietet die Wortlautauslegung dieser Vorschriften, die eine Tatbegehung in der jeweiligen Eigenschaft voraussetzen, keinerlei Anhaltspunkte dafür, dass die Begehung darüber hinaus als speziell für dieses Ressort bestelltes Vorstandsmitglied stattfinden müsse. Zu nennen sind in diesem Zusammenhang insbesondere so fundamentale Vorgänge wie etwa die durch § 399 AktG geschützte Gründung, bei der die Verantwortung jeder einzelnen zum Täterkreis gehörenden Person absolut unabdingbar ist. Als weiterer hervorzuhebender Beleg wird vor allen Dingen noch die durch § 401 AktG geschützte Insolvenzantragspflicht genannt, denn nur eine an alle Vorstandsmitglieder adressierte Pflicht kann dem Schutzzweck der für Gesellschaft, Gesellschafter und Außenstehende so wichtigen Norm gerecht werden. Auch wenn § 92 AktG grundsätzlich von der Inpflichtnahme des gesamten Vorstands spricht und nach § 121 II AktG eine wirksame Einberufung der Hauptversammlung gar nicht von einem einzelnen Vorstandsmitglied ausgehen kann, soll doch der Wortlaut dahingehend zu verstehen sein, dass sich jedes einzelne Mitglied im Rahmen seiner tatsächlichen Möglichkeiten und rechtlichen Befugnisse um die durch § 401 I Nr. 1 AktG angestrebte Alarmierung der Aktionäre zu bemühen hat.[1084]

Die Ressortaufteilung ändert demzufolge, was die genannten Tatbestände betrifft, nichts an der Tatbestandsmäßigkeit des Verhaltens auch des nicht ressortzuständigen Vorstandsmitglieds[1085] Versucht man nun, diesen nachvollziehbaren Ansatz auf die Strafbarkeit nach § 266 StGB zu transferieren, der ebenfalls ein Sonderdelikt ist, so fällt auf, dass die aufgeführten Beispiele nur solche Konstellationen erfassen, in denen eine nach dem Gesetz erforderliche Handlung nicht vorgenommen wurde, mithin also den typischen Fall des Unterlassens. Da die genannten Tatbestände zudem richtigerweise in den Kreis der echten Unterlas-

---

[1082] RGSt 64, 81, 85; BGHSt 31, 264, 277; KK-*Geilen*, § 399 Rn. 40; *Geßler/Hefermehl-Fuhrmann*, § 399 Rn. 11.
[1083] KK-*Geilen*, § 399 Rn. 40.
[1084] KK-*Geilen*, § 401 Rn. 19.
[1085] Denkbar wäre allerdings eine Berücksichtigung bei der Bemessung des Grades des Schuldvorwurfs, siehe *Richter*, GmbHR 1984, 113, 118 zu § 84 GmbHG.

sungsdelikte zu zählen sind – zumindest kommt es vorstehend nicht auf § 13 StGB an – lässt sich die Aussage kaum wirklich auf die Begründung einer aktiv begangenen Untreue übertragen. Überdies wird sich die getroffene Aussage der Gesamtverantwortung im Rahmen der genannten aktien- und handelsrechtlichen Tatbestände für die jeweiligen Begehungsvarianten ebenfalls kaum halten lassen. Für die Frage der Strafbarkeit des nicht ressortzuständigen Vorstandsmitglieds wegen Untreue ist der Ansatz damit wiederum nicht fruchtbar. Was eine mögliche Tatbegehung durch Unterlassen anbetrifft, sei demgegenüber explizit auf die an späterer Stelle folgenden Ausführungen verwiesen.[1086]

c) Modell der primären und sekundären Verantwortung

Stratenwerth hat im Bezug auf die vorstehende Problematik strafrechtlicher Verantwortung von arbeitsteilig zusammenwirkenden Personen das Modell der primären und sekundären Verantwortung entwickelt.[1087] Primäre Verantwortung ist danach diejenige, die durch die Beherrschbarkeit des tatbestandserfüllenden Geschehensablaufs begründet werde, sich also ausschließlich auf das eigene, unmittelbar erfolgsrelevante Verhalten beziehe. Sie ende, wo eine andere Person in den Geschehensablauf eintrete und ihrerseits Herrin des Geschehens werde. Eine sekundäre Verantwortung betreffe demgegenüber die Pflichtverletzung; die Sorgfaltspflicht ziele hier nur auf unmittelbare Verhinderung des Erfolges und sei somit als Aufsichtspflicht über den anderen zu verstehen.[1088] Da aufgrund der Fähigkeit des Individuums zu eigenverantwortlichem Verhalten grundsätzlich jeder auf die Sorgfalt des anderen vertrauen dürfe, bestehe eine sekundäre Verantwortung allerdings nur, wenn die Erwartung sorgfaltsgemäßen Verhaltens durch konkrete in der Situation oder in der Person des anderen liegende Umstände entkräftet werde.[1089] Hier greife dann die Vorhersehbarkeit wieder regulierend ein.[1090] Bezogen auf die hier untersuchte Konstellation würde dies bedeuten, dass die genannte primäre Verantwortung für sämtliche Aktionen im eigenen Ressort ausnahmslos dem ressortleitenden Vorstandsmitglied zukommt. Das Verhalten der nicht ressortzuständigen Vorstandskollegen würde demgegenüber nur eine sekundäre Verantwortung auslösen, die nur dann besteht, wenn die grundsätzlich berechtigte Erwartung sorgfaltsgemäßen Verhaltens wegen realer Anhaltspunkte in Zweifel gezogen werden muss. Logische Folge einer solchen Unterscheidung der verschiedenen Verantwortungsbereiche wäre überwiegend die Straffreiheit der nicht ressortzuständigen Vorstandsmitglieder.

[1086] Siehe unten 6. Teil B IV 3.

[1087] *Stratenwerth*, FS Eb. Schmidt, 383, 390 ff.

[1088] *Stratenwerth*, FS Eb. Schmidt, 383, 391; vgl. *Dreher*, ZGR 1992, 22, 55 f.; *Schünemann*, wistra 1982, 41, 44 f.; *Winkemann*, Probleme der Fahrlässigkeit, 142 und 156 ff.; *Wilhelm*, Jura 1985, 183, 185.

[1089] *Stratenwerth*, FS Eb. Schmidt, 383, 392.

[1090] *Stratenwerth*, FS Eb. Schmidt, 383, 393.

Leider vermag dieser Ansatz für die Frage der Verantwortlichkeit wegen Untreue wiederum keinen nennenswerten Gewinn zu bringen. Die von Stratenwerth vorgenommene Unterscheidung der Verantwortungsbereiche ist ihrem dogmatischen Ansatz nach ausschließlich dahingehend ausgerichtet, die strafrechtliche Fahrlässigkeitshaftung[1091] des nicht ressortzuständigen Vorstandsmitglieds zu begründen. Sobald ein Vorstandsmitglied positive Kenntnis vom Fehlverhalten des Ressortleiters hat und nicht eingreift, muss der Lösungsansatz zwangsläufig versagen. Verlangt Stratenwerth nun aber bereits für die Entstehung dieser, eine Fahrlässigkeitshaftung auslösenden, sekundären Sorgfaltspflichten, dass das Fehlverhalten des primär Verantwortlichen durch konkrete Umstände des Einzelfalls indiziert wird[1092], dann lässt die an späterer Stelle vorzunehmende Ermittlung der für die Unterlassungshaftung erforderlichen Garantenstellung des Vorstands ein erhebliches Argumentationsbedürfnis befürchten.

d) Der strafrechtlich anerkannte Vertrauensgrundsatz

Zuletzt könnte man bei der hier beabsichtigen Suche nach der Relevanz der Ressortaufteilung für die Strafbarkeit des nicht ressortzuständigen Vorstandsmitglieds wegen Untreue nun noch auf den sogenannten Vertrauensgrundsatz zurückgreifen. Dieser zunächst ebenfalls nur für den Bereich der Fahrlässigkeitsdelikte geltende Grundsatz statuiert, dass niemand sich bei der Ausrichtung seines eigenen Verhaltens auf sorgfaltswidriges oder unvernünftiges Verhalten anderer einrichten muss.[1093]

Überträgt man diesen Grundsatz nun auf den Untersuchungsgegenstand, so hätte dies zur Folge, dass die nicht ressortzuständigen Vorstandsmitglieder solange auf die ordnungsgemäße Ressortleitung ihres Kollegen vertrauen dürfen, wie keine berechtigten Zweifel an dessen Qualifikation und/oder Seriosität bestehen[1094], so dass sie insoweit von ihrer Verantwortung befreit wären[1095]. Der Grundsatz bewirkt damit bereits auf der Tatbestandsebene eine Begrenzung der Sorgfaltspflichten des einzelnen[1096], was zu einer Erweiterung der individuellen Handlungsfreiheit führt.[1097] Seine Grenze findet er jedoch immer dort, wo dem Vertrauen auf rechtmäßiges Verhalten erkennbar die Grundlage entzogen ist, der

---

[1091] Bezogen auf die zugrundegelegte ärztliche Arbeitsteilung betrifft die Problematik mithin ausschließlich die Begründung fahrlässiger Körperverletzungs- bzw. Tötungsdelikte (§§ 229, 222 StGB).

[1092] *Stratenwerth*, FS Eb. Schmidt, 383, 393.

[1093] *Schönke/Schröder-Cramer/Sternberg-Lieben*, § 15 Rn. 149 ff. m.w.N.; *Frisch*, Das Fahrlässigkeitsdelikt, 99; *Kuhlen*, Strafrechtliche Produkthaftung, 128; *Wilhelm*, Arbeitsteilung in der Medizin, 57, 91; vgl.*Kamps*, Ärztliche Arbeitsteilung, 168.

[1094] Siehe dazu BGH wistra 2000, 305 ff.; *Eidam*, Unternehmen und Strafe, 255.

[1095] So z.B. *Beulke/Bachmann*, JuS 1992, 737, 741; *Kassebohm/Malorny*, BB 1994, 1361, 1363; *Rudolphi*, FS Lackner, 863, 868; *Schmidt-Salzer*, Produkthaftung I, 1.130.

[1096] *Kuhlen*, Strafrechtliche Produkthaftung, 128; LK-*Schröder*, § 16 Rn. 175; vgl. *Schönke/Schröder-Cramer/Sternberg-Lieben*, § 15 Rn. 151.

[1097] *Kuhlen*, Strafrechtliche Produkthaftung, 128.

Vertrauende also positiv weiß oder es sich ihm aus konkretem Anlass aufdrängen muss, dass der Kollege seine Pflichten verletzt. Eine Anwendung des Grundsatzes auf die vorstehende Problematik muss jedoch wieder daran scheitern, dass er deliktssystematisch bei der Prägung der Sorgfaltspflichten im Fahrlässigkeitsbereich ansetzt. Sein Anwendungsbereich soll vor allen Dingen das Verhalten im Straßenverkehr erfassen.[1098] Darüber hinaus führt der Vertrauensgrundsatz anerkanntermaßen noch überall dort zu einer Begrenzung der Sorgfaltsanforderungen, wo gefahrträchtige Handlungen arbeitsteilig vorgenommen werden, so z.B. bei der ärztlichen Heilbehandlung, insbesondere einer Operation[1099]. Entsprechendes gilt etwa im Verhältnis des Ausbilders zum Auszubildenden; so fällt z.B. fahrlässiges Verhalten einem Fahrschüler nicht zur Last, wenn er sich an die Anweisungen des Fahrlehrers hält.[1100] Zwar gilt der Grundsatz anerkanntermaßen auch für die Mitglieder von Leitungsorganen in Unternehmen[1101], also vor allen Dingen auch für die Mitglieder des Vorstands der Aktiengesellschaft, der Anwendungsbereich ist hier jedoch explizit auf die strafrechtliche Fahrlässigkeitshaftung für fehlerhafte Produkte (strafrechtliche Produkthaftung) begrenzt. Vertraut dagegen jemand bei der vorsätzlichen Begehung einer Straftat darauf, dass die anderen sich sorgfältig verhalten etwa, weil er zwar seine eigenen Interessen verwirklichen will, die Umwelt aber doch nicht mehr als zu diesem Zwecke erforderlich beeinträchtigen möchte, so vermag die Geltung des Grundsatzes zwar auch hier einzuleuchten, lässt sich jedoch vom dogmatischen Ausgangspunkt des Vertrauensgrundsatzes her nicht konstruieren.[1102] Verspricht der gewählte Ansatz nun erneut keinen wirklichen Lösungserfolg, so erscheint die Grundaussage des Vertrauensgrundsatzes wiederum von nicht unerheblicher Bedeutung für die Unterlassungsstrafbarkeit.

e) Zwischenergebnis

Die unternommenen Versuche, die strafrechtliche Haftung des nicht ressortzuständigen Vorstandsmitglieds für die durch den Ressortleiter begangene Untreue zu begründen, bleiben somit ohne Erfolg. Das nicht ressortzuständige Vorstandsmitglied macht sich mithin auch in der besonderen Konstellation der Ressortaufteilung innerhalb des Kollegialorgans Vorstand nur dann wegen Untreue strafbar, wenn es selbst tatbestandlich aktiv wird. Die Aussicht auf Begründung einer eigenen Verantwortlichkeit des nicht ressortzuständigen Vorstandsmitglieds beruht damit allein auf der unechten Unterlassung, die im folgenden überprüft wird.

[1098] *Schönke/Schröder-Cramer/Sternberg-Lieben*, § 15 Rn. 149.

[1099] Dazu *Stratenwerth*, FS Eb. Schmidt, 383 ff.; *Ulsenheimer*, in: Laufs/Uhlenbruck, Handbuch des Arztrechts, 1137; aus zivilrechtl. Sicht: *Laufs*, in: ders./Uhlenbruck, Handbuch des Arztrechts, 867 ff.; *Scholz* , JR 1997, 1 ff.

[1100] OLG Hamm NJW 1979, 993.

[1101] Statt vieler *Schönke/Schröder-Sternberg/Lieben*, § 15 Rn. 223.

[1102] *Neudecker*, Strafrechtliche Verantwortlichkeit, 71.

3. Versuch der Herleitung einer Garantenstellung für das nicht ressortzuständige Vorstandsmitglied als Entlastung für das zuständige – Untreue als Unterlassungsdelikt

Die Frage nach der strafrechtlichen Verantwortlichkeit des Vorstandsmitglieds, das nicht dem delinquierenden Ressort vorsteht, führt damit nun zwangsläufig zur Problematik der Unterlassungsdelikte. In diesem Zusammenhang geht es vorwiegend um die Frage, ob den einzelnen Mitgliedern des AG-Vorstands eine besondere Garantenstellung zukommt, die diese insgesamt verpflichtet, gegen das Vermögen der Aktiengesellschaft gerichtete Straftaten ihrer Kollegen zu verhindern. In diesem Fall wäre nämlich das nicht ressortzuständige Vorstandsmitglied aus dem gleichen Tatbestand zu bestrafen, den auch der Ressortleiter durch positives Tun oder Unterlassen verwirklicht hat, obwohl es durch die Ressortaufteilung grundsätzlich von der unmittelbaren Geschäftsleiterpflicht befreit ist. Da der Untreuetatbestand bekanntlich ein reines Vorsatzdelikt ist, muss in diesem Zusammenhang in jedem Fall klar sein, dass sich das nicht ressortzuständige Vorstandsmitglied nur dann wegen Untreue strafbar machen kann, wenn es positive Kenntnis von der gegen das AG-Vermögen gerichteten Straftat des Ressortleiters hat.

a) Anwendbarkeit von § 13 StGB auf die Untreue durch Unterlassen

aa) § 13 I StGB

Fraglich ist nun zunächst, ob die Strafbarkeit der nicht ressortzuständigen Vorstandsmitglieder wegen Untreue durch Unterlassen eine Garantenstellung im Sinne von § 13 StGB voraussetzt und wenn ja, wie diese im speziellen Fall des Kollegialorgans AG-Vorstand hergeleitet werden kann. Seinem Wesen nach ist § 13 StGB auf unechte Unterlassungsdelikte zugeschnitten. In der obergerichtlichen Rechtsprechung wird die Anwendung zum Teil bejaht[1103], wogegen der BGH die Frage ausdrücklich offen gelassen hat.[1104] Nach Ansicht der h.L.[1105] ist § 266 StGB demgegenüber als eine Kombination von Begehungs- und unechter Unterlassungstat zu qualifizieren, woraus gefolgert wird, dass § 13 StGB auf ganzer Linie für die Untreue bedeutungslos ist. Insbesondere sei aber auch die neutrale Tatverhaltensbeschreibung – Verletzung der Vermögensbetreuungspflicht - so zu verstehen, dass das Unterlassen vermögenserhaltender bzw. – mehrender Maßnahmen rechtsgeschäftlicher oder faktischer Natur als vom Tatbestand unmittelbar mitgeregelt anzusehen ist.[1106] Im Ergebnis müsse man daher § 13 StGB als allgemeine Unterlassungsbestimmung hinter dem speziell aus-

[1103] BayObLG JR 1989, 299 ff. m. abl. Anm. *Seebode*, JR 1989, 301 ff.

[1104] BGHSt 36, 227 f.; BGH StV 1998, 127.

[1105] *Arzt/Weber*, BT, § 22 Rn. 41; *Schönke/Schröder-Lenckner/Perron*, § 266 Rn. 35; LK-*Schünemann*, § 266 Rn. 55, 91: „Garantensonderdelikt"; *Wessels/Hillenkamp*, BT/2, Rn. 765; a.A. BayObLG JR 1989, 299 ff. m. abl. Anm. *Seebode*, JR 1989, 301 ff.

[1106] *Steiner*, MDR 1971, 260, 261; *Schöne*, Unterlassene Erfolgsabwendungen und Strafgesetz, 224.

formulierten Garantenunterlassungsdelikt des § 266 I StGB zurücktreten lassen.[1107]

Den insoweit nachvollziehbaren Argumenten des Schrifttums und damit der Absage an eine Anwendbarkeit des § 13 I StGB auf die Untreue durch Unterlassen ist insoweit beizupflichten, als bereits der Tatbestand des § 266 StGB („Verletzung der Pflicht, fremde Vermögensinteressen wahrzunehmen") Tun und Unterlassen gleichermaßen umfasst. Ohne weiteres kann damit das Unterlassen als tatbestandliches Unrechtsverhalten unter die neutral gefasste Verhaltensbeschreibung der „Pflichtverletzung" gefasst werden. Vermögensbetreuungspflichten setzen sich zusammen aus dem Verbot, das vorhandene fremde Vermögen nicht pflichtwidrig zu verringern, und dem Gebot, den Vermögensstand zu erhalten und gegebenenfalls für Vermögensmehrung zu sorgen.[1108] Der Verletzung des Verbots (durch aktives Tun) ist die Verletzung des Gebots (durch Nichtvornahme einer Handlung) gleichgestellt. Wer in den Kreis der Sonderpflichtigen des § 266 StGB fällt, was für die Mitglieder des AG-Vorstands nicht zweifelhaft ist, muss damit von Rechts wegen Beschützergarant für das Vermögen der Aktiengesellschaft sein. Die vermögensbetreuungspflichtigen Vorstandsmitglieder sind mithin wegen des Wortlauts von § 266 StGB ebenso, wie es § 13 StGB für die unechten Unterlassungsdelikte verlangt, von Rechts wegen verpflichtet, Schädigungen des Gesellschaftsvermögens zu vermeiden.[1109] Für die Feststellung einer Untreue durch Unterlassen, die nach alledem der Kategorie der echten Unterlassungsdelikte zuzuordnen ist, bedarf es mithin keines Rückgriffes auf die allgemeine Unterlassungsbestimmung des § 13 I StGB.

Besteht nun also eine Einstandspflicht aller Vorstandsmitglieder zum Schutz des Gesellschaftsvermögens, bleibt die Frage zu klären, wie weit diese Pflicht im Rahmen der vorstehend problematisierten Ressortaufteilung inhaltlich ausgestaltet ist. Es ist nämlich trotz der in jedem Fall gegebenen Einstandspflicht sicher, dass nicht schon jede Untätigkeit der nicht ressortzuständigen Vorstandsmitglieder wegen Untreue strafbar sein kann.

Unabhängig vom speziellen Fall des § 266 StGB misst Rudolphi bereits der Übernahme der Organstellung die Verpflichtung bei, die Rechtsgüter der juristischen Person, also vor allen Dingen auch das Gesellschaftsvermögen, vor Schaden zu bewahren.[1110] Es wird insoweit ein besonderes Vertrauensverhältnis geschaffen, da sich die juristische Person aufgrund ihrer Handlungsunfähigkeit auf

---

[1107] *Seebode*, JR 1989, 302 f.; *LK-Jescheck*, § 13 Rn. 10; *SK-Rudolphi*, § 13 Rn. 6; *Jakobs*, AT, 28/10.

[1108] *Seier*, JuS 2002, 237, 240.

[1109] Vgl. in diesem Zusammenhang *Güntge*, wistra 1996, 84, 88: „Abzuwendender Erfolg i.S.d. § 13 StGB ist ein Vermögensnachteil. Die Garantenstellung des Täters ergibt sich aus seiner tatbestandlich vorausgesetzten Vermögensbetreuungspflicht".

[1110] SK/StGB-*Rudolphi*, § 13 Rn. 54.

die Gefahrabwendung durch die Organe verlassen muss.[1111] Diese Übergabe von Verantwortung begründe eine besondere Hilflosigkeit bzw. Schutzbedürftigkeit des zu schützenden Rechtsguts und dadurch bedingt auch eine gesteigerte Gefahrenlage, welche es rechtfertige, dem Übernehmenden eine strafbewehrte Gefahrabwendungspflicht aufzuerlegen.[1112] Rudolphi hat in diesem Zusammenhang noch festgestellt, „dass sich die Schutzpflichten des jeweiligen Organs auf seinen Aufgabenbereich beschränken". Diese Aussage ist nun aber keinesfalls so zu verstehen, dass sich die Beschränkung auf den innerorganischen Aufgabenbereich beziehen soll, womit die Schutzpflicht des nicht ressortzuständigen Vorstandsmitglieds zu verneinen wäre. Vielmehr bezieht sich die Beschränkung nicht auf Organmitglieder, sondern auf die gesetzlichen Organe der juristischen Person als ganze. Wird mithin sogar für die Gesamtheit der Rechtsgüter der juristischen Person eine aus der Übernahme der Organstellung abzuleitende Schutzpflicht der Vorstandsmitglieder abgeleitet, dann hat diese Pflichtenbindung erst recht für das durch § 266 StGB geschützte Gesellschaftsvermögen zu gelten. Es vermag daher nicht zu verwundern, dass einige sogar eine Garantenstellung der Vorstandsmitglieder zum Rundumschutz des Gesellschaftsvermögens annehmen.[1113]

bb) § 13 II StGB

Mit der nachvollziehbaren Ablehnung der Anwendbarkeit von § 13 I StGB auf die Untreue durch Unterlassen verbindet sich jedoch nicht zwingend auch die diesbezügliche Unanwendbarkeit von § 13 II StGB, der zumindest in analoger Anwendung auf die Treubruchsuntreue anzuwenden sein könnte.[1114] Hierfür könnte sprechen, dass es sich bei der Unrechtsbegehung des § 266 I 2 Var. StGB durch Unterlassen um ein den Strukturen des § 13 StGB entsprechendes Unterlassungsdelikt handelt.[1115] Warum soll dem unterlassenden Treuepflichtigen dann nicht auch die fakultative Strafmilderung des § 13 II zugute kommen? Einem vorschnellen Urteil in diese Richtung könnte man jedoch entgegenhalten, dass auch die im Strafrecht zugunsten des Täters ausnahmsweise zulässige Analogie eine planwidrige Regelungslücke voraussetzt. Ein Blick in die Gesetzesmaterialien zeigt jedoch, dass sich der Gesetzgeber bei der Schaffung der allgemeinen Unterlassungsbestimmung nicht nur solcher ausdrücklich normierter Unterlassungsbestimmungen, wie § 223b I 3. Var. StGB bewusst gewesen ist,

---

[1111] Vgl. SK/StGB-*Rudolphi*, § 13 Rn. 54; *Kratzsch*, ZGR 1985, 506, 520; sowie allgemein zum besonderen Vertrauensverhältnis: *Brammsen*, Entstehungsvoraussetzungen, 188 ff.; *Herzberg*, Unterlassung im Strafrecht, 174; *Maiwald*, JuS 1981, 473, 481 f.; ähnlich: OLG Braunschweig GA 1977, 240, 241.

[1112] Vgl. *Kratzsch*, ZGR 1985, 506, 520.

[1113] *Peter*, Strafrechtliche Verantwortlichkeit, 60 f.; wohl auch SK/StGB-*Rudolphi*, § 13 Rn. 54; *Ulmer*, FS Pfeiffer, 853, 860.

[1114] Dieser Ansicht sind LK-*Schünemann*, § 266 Rn. 161; *ders.*, ZStW 96 (1984), 287, 303; BGHSt 36, 227 ff.; BGH StV 1998, 127; zust. NK/StGB-*Seelmann*, § 13 Rn. 21.

[1115] *Güntge*, wistra 1996, 84, 89.

bei denen dieselbe Verhaltensbeschreibung, wie bei § 266 I 2. Var. StGB, sowohl positives Tun als auch Unterlassen erfasst.[1116] Der Gesetzgeber hat die Anwendbarkeit der fakultativen Strafmilderungsmöglichkeit des § 13 II StGB auf diese Delikte nun aber verneint und stattdessen, was die Strafrahmenausgestaltung im Besonderen Teil verdeutlicht, für das tatbestandlich geregelte Unterlassen ausdrücklich an der Strafdrohung des positiven Tuns festgehalten. Dies spricht einerseits gegen die erforderliche planwidrige Regelungslücke im Rechtsfolgenbereich dieser Bestimmungen, was andererseits zwingend zur Folge haben muss, dass die Möglichkeit einer analogen Anwendung des § 13 II StGB auf § 266 I 2. Var. StGB abzulehnen ist.

b) Pflichtwidrigkeit im Sinne von § 266 StGB – Verhaltensanforderungen an die nicht ressortzuständigen Vorstandsmitglieder

Für die Frage der Pflichtwidrigkeit im Rahmen einer Untreue durch Unterlassen stellt sich nun die Frage, welches Verhalten man dem oder den nicht ressortzuständigen Vorstandsmitglied(ern) im Hinblick auf die Verhinderung des tatbestandlichen Erfolges von § 266 StGB auferlegen kann. Sicher ist in jedem Fall, dass alle Vorstandsmitglieder im Rahmen des tatsächlich und rechtlich Möglichen und Zumutbaren grundsätzlich verpflichtet sind, den Eintritt eines Vermögensnachteils im Sinne von § 266 StGB zu verhindern. Als mögliche Konstellationen pflichtwidrigen Verhaltens kommen zum einen das Nichthandeln bei tatsächlicher Kenntnis hinsichtlich des Fehlverhaltens des Ressortleiters und zum anderen die fehlende Kontrolle bzw. Überwachung des Ressortleiters in Betracht, wobei davon auszugehen ist, dass letztere die Kenntnis von dessen Fehlverhalten ermöglicht hätte. Fraglich ist also einerseits, welche Mittel die Vorstandsmitglieder im Fall der Kenntnis ergreifen können und müssen bzw. welche Mittel sie ergreifen können bzw. müssen, um eine Unkenntnis zu verhindern. Bevor auf diese wichtige Frage eingegangen wird, ist aber zunächst festzustellen, dass eine Verurteilung wegen Untreue durch Unterlassen weiterhin voraussetzt, dass der Täter die Möglichkeit der Erfolgsabwendung hat.[1117] Diesbezüglich gilt auch für die Mitglieder des AG-Vorstands, dass sie erstens nur das tun können, was ihnen physisch-real, unter Einbeziehung aller ihnen zur Verfügung stehenden Hilfsmittel möglich ist und zudem zweitens von der objektiven Rechtsordnung erlaubt ist.[1118] Drittens können sie schließlich nur dann ein bestimmtes Verhalten an den Tag legen, wenn sie in der Lage sind, den Bedarf, der an diesem Verhalten besteht, wahrzunehmen.[1119]

[1116] *Güntge*, wistra 1996, 84, 89; *ders.*, Begehen durch Unterlassen, 95 f.
[1117] *Tröndle/Fischer*, § 13 Rn. 14.
[1118] *Neudecker*, Strafrechtliche Verantwortlichkeit, 136.
[1119] *Neudecker*, Strafrechtliche Verantwortlichkeit, 137.

aa) Verhaltenspflicht bei positiver Kenntnis vom Fehlverhaltens des Ressortleiters

Erhält ein Vorstandsmitglied nun bereits im Vorfeld positive Kenntnis von einem das Vermögen der Aktiengesellschaft beeinträchtigenden strafbaren Verhalten des Ressortleiters, dann stellt sich die Frage, welche Mittel es ergreifen muss, um den Nachteil für das Gesellschaftsvermögen abzuwenden. Zunächst steht ihm zweifellos das Recht zu, die betreffenden Maßnahmen dem Gesamtvorstand vorzutragen.[1120] Man spricht in diesem Zusammenhang von einem Interventionsrecht, dass sich auf Grund der organschaftlichen Treubindung gegenüber der Gesellschaft vor allen Dingen bei Beeinträchtigungen des Gesellschaftsvermögens zwingend zur Pflicht verdichtet.[1121] Dringt das Vorstandsmitglied hier mit seinen Bedenken nicht durch, so ist bei schwerwiegenden Vorgängen der Aufsichtsrat zu unterrichten.[1122] Schließlich kann das Vorstandsmitglied nicht einwenden, dass ein Einschreiten wegen der dominierenden Stellung bestimmter Kollegen von vornherein aussichtslos gewesen sei.[1123] Umstände dieser Art schränken die zivilrechtliche Verantwortung des einzelnen Vorstandsmitglieds nicht ein.[1124] Zwar entspringen die hier aufgeführten Verhaltenspflichten zunächst nur dem Gesellschaftsrecht, jedoch bestehen keine Zweifel daran, dass sie zumindest, was den Schutz des Gesellschaftsvermögens anbetrifft, nicht wesentlich hinter dem durch § 266 StGB bezeichneten Pflichtwidrigkeitsmaßstab zurückstehen dürfen. Vielmehr ist sogar anzunehmen, dass die Pflichten in diesem Fall vollständig korrespondieren. Eine Pflicht zur Einschaltung der Strafverfolgungsorgane wird sich demgegenüber grundsätzlich nicht begründen lassen. Bedenkt man nämlich, dass eine solche für Privatpersonen nur dann angenommen wird, wenn diese von Rechts wegen dazu berufen sind, an der Strafverfolgung mitzuwirken[1125], dann kann für die durch § 266 StGB begründete Einstandspflicht grundsätzlich nichts anderes gelten. Nur für den schwer vorstellbaren Fall, dass die Verhinderung des Vermögensnachteils nicht durch gesellschaftsinterne Maßnahmen möglich erscheint, ist eine Erweiterung

[1120] GK-*Kort*, § 77 Rn. 38; *Landwehrmann*, in: AnwK-AktienR, § 93 Rn. 81; KK-*Mertens*, § 77 Rn. 22.

[1121] Vgl. *Hoffmann-Becking*, ZGR 1998, 497, 512; *Schiessl*, ZGR 1992, 64, 68; MünchHdb-GesR/AG-*Wiesner*, § 22 Rn. 14 („unter Umständen verpflichtet"). Sehr klar: BGHZ 15, 71, 78 „Ein Vorstandsmitglied darf seine Bedenken gegen eine Geschäfts- oder Verwaltungsmaßnahme nicht unterdrücken. Das folgt aus seiner Stellung als Organmitglied und seinem Treueverhältnis zur Gesellschaft...".

[1122] Dazu *Götz*, AG 1995, 337, 339; MüKo/AktG-*Hefermehl/Spindler*, § 93 AktG Rn. 77; GK-*Hopt*, § 93 AktG Rdnrn. 52-53; *Landwehrmann*, in: AnwK-AktienR, § 93 AktG Rdnrn. 81 und 124.

[1123] Vgl. BGHSt 37, 106, 125; für die GmbH: *Michalski-Haas*, GmbHG, § 43 Rn. 163; *Roth/Altmeppen*, GmbHG, § 43 Rn. 14; s. auch MüKo/AktG-*Hefermehl/Spindler*, § 93 AktG Rn. 77.

[1124] Vgl. BGHSt 37, 106, 125.

[1125] BGHSt 43, 82 m. Anm. *Rudolphi*, NStZ 1997, 599; *Lackner/Kühl*, § 258 Rn. 7a; *Tröndle/Fischer*, § 258 Rn. 6.

der Einstandspflicht insoweit denkbar, dass die Strafverfolgungsorgane angerufen werden müssen, soweit dies im Einzelfall zumutbar ist. Zu berücksichtigen ist in diesem Zusammenhang schließlich, dass der der Gesellschaft durch eine Strafanzeige entstehende Imageschaden nicht selten größer sein wird als der Nachteil, dessen Eintritt durch die Anzeige verhindert werden soll. Die Gesellschaft dürfte daher ein grundsätzliches Interesse daran haben, den Nachteilseintritt durch interne Maßnahmen zu verhindern. Eine solche Vorgehensweise dürfte in der überwiegenden Zahl der Fälle erfolgreich sein.

bb) Pflichtverletzung durch mangelhafte Überwachung des ressortleitenden Kollegen

Neben der oben begründeten Interventionspflicht bei positiver Kenntnis des Fehlverhaltens im fremden Ressort, könnte schließlich auch dem Vorwurf unzureichender Überwachung des Ressortleiters Bedeutung für die Untreuepflichtwidrigkeit zukommen. Dazu müsste die Pflicht zur Überwachung des Ressortleiters ihrerseits Ausdruck der Vermögensbetreuungspflicht des § 266 StGB sein. Wie bereits ausgeführt, sind alle Vorstandsmitglieder, was den Bereich des Zivilrechts anbetrifft, auch bei einer Ressortverteilung unverändert für die Geschäftsleitung im Ganzen verantwortlich. Sie müssen die Ressortgeschäftsführung der Kollegen auf ihre Recht- und Zweckmäßigkeit überwachen und bei Bedarf eingreifen. Die nähere Entfaltung dieser Überwachungspflicht stellt sich als eine Maß- und Gradfrage dar: Wie viel Vertrauen darf ein Vorstandsmitglied seinen Kollegen schenken, wie viel Misstrauen muss er ihnen entgegenbringen? Sicher dürfte auch hier wieder der aus der Ermittlung der gesellschaftsrechtlichen Pflichtenbindung gewonnene Synergieeffekt sein. Denn ist es dem Vorstandsmitglied schon aus gesellschaftsrechtlichen Gründen verwehrt, den ressortleitenden Kollegen über ein bestimmtes Maß hinaus zu überwachen, dann kann diesem bei Beachtung des vorgegebenen Maßstabs grundsätzlich auch kein strafrechtlicher Vorwurf erwachsen.

(1) Maßstab für die Überwachungspflicht

Bei dem schwierigen Vorhaben, das gebotene Maß für die Überwachungspflicht zu ermitteln, wird man zwangsläufig auf unternehmens-, aufgaben- und personenbezogene Parameter zurückgreifen müssen. In erster Linie hat sich die Überwachungsintensität an der Art, Größe und Organisation des Unternehmens auszurichten.[1126]. Weitere Anhaltspunkte ergeben sich sicherlich auch aus der Bedeutung der übertragenen Aufgabe[1127], die dem Vorstandskollegen gegebenenfalls eine gesteigerte Überwachungssorgfalt abverlangt. Dazu kommen Umstände in der Person des jeweiligen Vorstandskollegen: Je kürzer er die ihm zu-

[1126] *Fleischer*, NZG 2003, 449, 453.

[1127] Vgl. BGH GRUR 1980, 242, 245 (GmbH): außergewöhnliche, aus dem Rahmen der üblichen Tätigkeit eines Wirtschaftsinformationsdienstes fallende Aktion; OLG Köln AG 2000, 281, 284: überragende Funktion und Bedeutung eines Emissionsprospekts. Dazu auch MüKo/AktG-*Hefermehl/Spindler*, § 77 Rn. 28.

gewiesene Aufgabe wahrnimmt, desto sorgfältiger wird die Aufsicht ausfallen müssen; umgekehrt sinken die Anforderungen an die Überwachung bei einer bewährten langjährigen Zusammenarbeit. Blindes Vertrauen ist allerdings niemals angebracht.

Einvernehmen besteht zunächst darüber, dass Vorstandsmitglieder Hinweisen auf Fehlentwicklungen oder Unregelmäßigkeiten in einem fremden Ressort unverzüglich nachgehen müssen.[1128] Die pflichtgemäße Neugier beginnt also spätestens dort, wo greifbare Anhaltspunkte für eine pflichtwidrige Amtsführung eines Vorstandskollegen vorliegen. In diesem Sinne hatte bereits das RG judiziert[1129], und BGH wie BFH haben diese Rechtsprechungslinie in langen Urteilsreihen fortgeführt[1130]. Dabei ist es grundsätzlich ohne Belang, woher die Informationen stammen, die auf Missstände in einem anderen Ressort hindeuten.[1131] Gegebenenfalls muss sich das Vorstandsmitglied durch Befragen von Vorstandskollegen oder Mitarbeitern oder vermittels stichprobenartiger Kontrollen Gewissheit verschaffen und, falls sich der Verdacht bestätigt, Maßnahmen zur Beendigung des Missstandes ergreifen.[1132] Darüber hinaus sind bestimmte Konstellationen anerkannt, deren Eigenart eine über das genannte übliche Maß hinausgehende Überwachung erforderlich machen. Der ordentlichen Gerichtsbarkeit zufolge sind dies vor allen Dingen finanzielle Krisenzeiten[1133], wogegen die Finanzgerichtsbarkeit schon dann erhöhte Aufmerksamkeit fordert, wenn die laufende Erfüllung aller Verbindlichkeiten nicht mehr gewährleistet ist und infolgedessen Unregelmäßigkeiten in der Erklärung der Steuern oder der Erfüllung der Steuerschulden zu besorgen sind.[1134] In solchen Fällen soll sich ein Vorstandsmitglied dann auch nicht mehr ohne jeden Beleg und Nachweis auf Angaben eines Vorstandskollegen verlassen dürfen.[1135] Gewährleistet werden kann eine solche Kontrolle nur mittels eines reibungslosen Informationsflusses innerhalb des Gesamtorgans. Dieser wird wiederum durch den Aufbau eines

---

1128 Vgl. MüKo/AktG-*Hefermehl/Spindler*, § 93 Rn. 71; GK-*Hopt*, § 93 Rn. 62; *Hüffer*, AktG, § 93 Rn. 13b; KK-*Mertens*, § 93 Rn. 54.

1129 Vgl. RG HRR 1929 Nr. 750 (GmbH): „bestimmte, greifbare Anhaltspunkte für eine ordnungs- und pflichtwidrige Handhabung [der Buchführung]"; RG HRR 1941 Nr. 132 (GmbH); implizit auch RGZ 98, 98, 100 f.

1130 Vgl. BGH WM 1986, 789 (GmbH); BGH NJW 1986, 54, 55 (GmbH); BGHZ 133, 370, 377 f. (GmbH); BFH BStBl II1986, 384, 385 (GmbH); BStBl II1998, 761, 763 f. (Verein). Aus der obergerichtlichen Rechtsprechung ferner OLG Köln, AG 2000, 281, 284; OLG Koblenz, NZG 1998, 953, 954 (GmbH).

1131 Vgl. GK-*Hopt*, § 93 Rn. 74: außerdienstlich erlangte Informationen; KK-*Mertens*, § 93 Rn. 54.

1132 Vgl. BGH WM 1986, 789 (GmbH); OLG Koblenz ZIP 1991, 870, 871 (GmbH).

1133 Vgl. BGHZ 133, 370, 379 (GmbH); BGH DStR 2001, 633, 634; OLG Hamburg AG 2001, 141, 144; OLG Bremen ZIP 1999, 1671, 1678; LG Aachen ZIP 1995, 1837, 1838. zust. die h.L.; vgl. GK-*Hopt*, § 93 Rn. 59; für die GmbH: *Scholz-U. H. Schneider*, GmbHG, § 43 Rn. 37b.

1134 Vgl. BFH BStBl II1984, 776, 778; BFH GmbHR 1989, 170, 172.

1135 Vgl. OLG Düsseldorf GmbHR 1996, 368.

zweckmäßigen Berichtssystems ermöglicht, in das alle Vorstandsmitglieder zwingend eingebunden sein müssen. Die diesbezügliche Einzelausgestaltung steht im Ermessen der Vorstandsmitglieder. Dieses findet seine Grenze allerdings darin, dass ein jederzeitiger Überblick über die wirtschaftliche und finanzielle Situation der Gesellschaft möglich bleibt.[1136]

Die Anforderungen an die Intensität der Kontrolle des fremden Ressorts dürfen nach überwiegender Ansicht im Schrifttum nicht überspannt werden.[1137] Als ausreichend wird in der Regel die kontinuierliche Verfolgung der Aktivitäten und Vorkommnisse in den Sitzungen des Gesamtvorstands angesehen werden können.[1138] Dieser Ansicht wird wiederum entgegengehalten, dass es nicht genügen könne, sich allein auf das Bild zu verlassen, das der Bericht des Ressortleiters in einer Gesamtvorstandssitzung produziert.[1139] Vorzugswürdig erscheint nach alledem jedoch eher ein Kompromiss im Hinblick auf die unterschiedlichen Anforderungen. Es bestehen keine Zweifel bezüglich der Notwendigkeit einer umfassenden, keine wesentlichen Bereiche aussparenden Würdigung der Ressortberichte durch die nicht ressortzuständigen Kollegen in der Sitzung des Gesamtvorstands. Etwaig entstehende Lücken sind durch gezielte Nachfragen zu schließen. Auf der anderen Seite kann und darf man den nicht ressortzuständigen Vorstandsmitgliedern aber auch kein generelles Misstrauen gegenüber dem ressortleitenden Kollegen auferlegen. Würde man dergleichen verlangen, dann würde dessen gezielt übertragene primäre Ressortzuständigkeit vollkommen außer Kraft gesetzt.[1140] Zudem setzt ein gedeihliches Miteinander innerhalb eines Kollegialorgans wie dem AG-Vorstand ein Mindestmaß an gegenseitigem Vertrauen voraus. Diese Prämisse wurde von der Rechtsprechung auch für andere Bereiche arbeitsteiligen Zusammenwirkens anerkannt und als sog. Vertrauensgrundsatz dem dogmatischen Zugriff zugänglich gemacht.[1141] Waren danach Fehlentwicklungen im Nachbarressort auch bei sorgfältiger und kritischer Be-

---

[1136] Ausdrücklich in diesem Sinne BGH GmbHR 1995, 299, 300 (GmbH; einer solchen Organisationspflicht zustimmend *Baumbach/Hueck*-Zöllner, GmbHG, § 35 Rn. 18. Das Element der Selbstinformation betonend auch BGH NJW 1995, 2850, 2581; OLG Koblenz NZG 1998, 953.

[1137] Vgl. MüKo/AktG-*Hefermehl/Spindler*, § 93 Rn. 71; *Hüffer*, AktG, § 77 Rn. 15; GK-*Kort*, § 77 Rn. 40; MünchHdbGesR/AG-*Wiesner*, § 19 Rn. 16; ferner *Wiedemann*, Organverantwortung und Gesellschafterklagen in der Aktiengesellschaft, 14, der von einer „notwendigen Entlastungsfunktion" spricht.

[1138] Vgl. MüKo/AktG-*Hefermehl/Spindler*, § 77 Rn. 28; GK-*Hopt*, § 93 Rn. 62; GK-*Kort*, § 77 Rn. 40.

[1139] *Hüffer*, AktG, § 93 Rn. 13b; *Rieger*, FS Peltzer, 339, 347; ferner KK-*Mertens*, § 93 Rn. 54 unter Hinweis darauf, dass es oft von einem Vorstandsmitglied selbst abhänge, ob eine sein Ressort betreffende Frage in einer Sitzung des Gesamtvorstands eingebracht werde; für eine stärkere Betonung der Überwachungsaufgabe auch *Götz*, AG 1995, 337, 339.

[1140] Wie hier für die GmbH *Lutter/Hommelhoff*, GmbHG, § 37 Rn. 32; ferner *Michalski*-Haas, GmbHG, § 43 Rn. 161 („keine Personalaufsicht").

[1141] Vgl. *Palandt-Sprau*, BGB, § 823 Rn. 144 (Arzthaftung) und 248 (Kraftverkehr).

gleitung der gesamten Geschäftsführung nicht erkennbar, so fehlt es bereits an einer Pflichtverletzung im Sinne von § 93 I AktG und nicht erst am zivilrechtlichen Verschulden.[1142] Die Pflichtenbindung kann schließlich richtigerweise nicht davon abhängen, ob es sich um ein normales Vorstandsmitglied oder um den Vorsitzenden handelt. Denn schon von Rechts wegen erschöpft sich die Sonderrolle des Vorsitzenden in der Koordination der Vorstandsarbeit und der Sitzungsleitung; darüber hinausgehende Sonderrechte - etwa in Form einer Richtlinienkompetenz - stehen ihm nicht zu. Spiegelbildlich obliegen ihm dann auch keine weiterreichenden Sonderpflichten, etwa dahin, seine Vorstandskollegen genauer zu beobachten und sie auch in einzelnen Angelegenheiten zu kontrollieren.[1143]

Es hat sich gezeigt, dass der Umfang der Überwachungspflicht von zahlreichen Faktoren abhängig ist, so dass eine pauschale Festlegung für den Einzelfall kaum möglich ist. Wichtigste Erkenntnis der vorstehenden Erörterungen war jedoch das Erfordernis, die Überwachungspflichten im Hinblick auf die primäre Verantwortung des Ressortleiters sowie den zwischen den Mitgliedern eines Kollegialorgans geltenden Vertrauensgrundsatz maßvoll zu begrenzen. Da die Überwachungspflicht vornehmlich auch dem Schutz des Gesellschaftsvermögens als wichtigstem Schutzgut der Aktiengesellschaft zu dienen bestimmt sein wird, lässt sich relativ unproblematisch auch der Bezug zur Vermögensbetreuungspflicht des § 266 StGB herstellen. Die nach den genannten Grundsätzen zivilrechtlich relevante Verletzung der Überwachungspflicht durch Untätigkeit kann demnach mit der Verletzung der Vermögensbetreuungspflicht durch Unterlassen gleichgesetzt werden. Damit ist die vorsätzliche Missachtung der Pflicht, den ressortleitenden Kollegen angemessen zu überwachen, grundsätzlich als Untreue durch Unterlassen strafbar, soweit zusätzlich ein kausaler Vermögensnachteil der Aktiengesellschaft entstanden ist.

(2) Problem der Eigenverantwortlichkeit im Hinblick auf die festgestellte Pflicht zur Überwachung des ressortleitenden Vorstandskollegen als Drittem

Die Missachtung der ermittelten Überwachungspflicht war nach den vorstehenden Erörterungen nicht nur zivilrechtlich sondern auch strafrechtlich im Sinne von § 266 StGB relevant. Das gefundene Ergebnis könnte nun aber in Zweifel gezogen werden, wenn der, in diesem Zusammenhang in der Dissertation von Neudecker[1144] geäußerte dogmatische Einwand Platz greift. In der genannten Monographie zur strafrechtlichen Verantwortlichkeit[1145] von Kollegialorganen

[1142] *Fleischer*, NZG 2003, 449, 455.

[1143] Wie hier *v. Hein*, ZHR 166 (2002), 464, 488 ff.; i.E. auch KK-*Mertens*, § 77 Rn. 17, § 84 Rn. 90.

[1144] *Neudecker*, Strafrechtliche Verantwortlichkeit, 76 ff.

[1145] Zwar geht es in der Arbeit um die Frage der strafrechtlichen Verantwortlichkeit für fehlerhafte Produkte. Der geäußerte dogmatische Einwand der Eigenverantwortlichkeit des Ükritisiert Neudecker[1146], ein Großteil aller zu den Garantenstellungen ergangenen Begründungen lasse außer Acht, dass eine Pflicht zur Überwachung anderer Personen über den Entstehungsgrund der Sonderverantwortlichkeit hinaus nur dann in Frage kommt, wenn eine Pflicht zur Überwachung vollverantwortlicher Dritter generell möglich ist.[1147] Zwar verwirft sie wegen der Gemeinschaftsbezogenheit des Menschen den ersten Aspekt des Vertrauensgrundsatzes, wonach sich grundsätzlich niemand auf fremdes Fehlverhalten einzustellen braucht, verdeutlicht aber gleichzeitig explizit dessen weitere Facetten. Prinzipiell hat danach niemand für fremde Delikte oder fremde Schuld einzustehen; zudem fehle dem Überwachenden die Möglichkeit, zuverlässig Einfluss auf eine andere, verantwortliche Person auszuüben.[1148] Daneben sei zu bedenken, dass die Rechtsordnung schon die vollverantwortliche Person mit Strafe bedrohe und dieser Vollverantwortliche auch selbst von dem Normbefehl erreicht werde. Aus Aspekten der Generalprävention bestehe demzufolge nur ein geringes Bedürfnis, weitere Personen als Überwachergaranten in die Strafbarkeit mit einzubeziehen.[1149]

In der Literatur gibt es jedoch durchaus Stimmen, die die Eigenverantwortlichkeit des Überwachten in Rechnung stellen und mit Hilfe verschiedenster Kriterien versuchen, die Pflicht zur Überwachung voll Verantwortlicher Personen zumindest einzuschränken. Teilweise wird eine solche Garantenstellung daher nur bei ausdrücklicher gesetzlicher[1150] Verankerung anerkannt.[1151] Da im Hinblick auf eine Garantenstellung zur gegenseitigen Überwachung der Vorstandskollegen jedoch keine diesbezüglichen Spezialregelungen existieren, müsste man konsequenterweise den Schluss ziehen, dass es eine solche Garantenstellung nicht geben kann.[1152] Diese logische Folge versuchen einige wiederum über eine doppelte Analogie des § 130 OWiG zu umgehen, wobei sie auf die struktu-

---

berwachten stellt sich jedoch prinzipiell, wenn eine Überwachungspflicht der Mitglieder eines Kollegialorgans untereinander begründet werden soll.

1146 *Neudecker*, Strafrechtliche Verantwortlichkeit, 76.

1147 Diese Frage übergeht auch ein Großteil der Rechtsprechung völlig: siehe RGSt 53, 292, 293; 57, 148, 151; 58, 130, 132; 71, 176, 177; 72, 19; 74, 283, 285; BGHSt 5, 187, 190; 8, 186, 189; 19, 286, 288; BGH NJW 1951, 204, 205; BGH NJW 1953, 591; OLG Düsseldorf, NJW 1994, 272, 273; anders jedoch RGSt 48, 316, 320, dazu *Schünemann*, Unternehmenskriminalität und Strafrecht, 73. Aus der Rechtslehre ignorieren das Problem z.B. *Lackner/Kühl*, § 13 Rn. 14 f.; *Peter*, Strafrechtliche Verantwortlichkeit, 173; *Winkelbauer*, JZ 1986, 1119, 1120.

1148 Siehe dazu auch *Schönke/Schröder-Stree*, § 13 Rn. 53; BGH GA 1967, 115; a.A. RGSt 74, 283, 285; BGH NJW 1951, 204, 205.

1149 *Neudecker*, Strafrechtliche Verantwortlichkeit, 77.

1150 Dies ist beispielsweise in den §§ 357 StGB, § 41 WStG, 4 II UWG und § 108 SeemannsG der Fall.

1151 *Peter*, Strafrechtliche Verantwortlichkeit, 78; *Schmitz*, NJW 1993, 1167, 1169 f.; *Brammsen*, Entstehungsvoraussetzungen, 226, 233, sowie SK/StGB-*Rudolphi*, § 13 Rn. 35a.

1152 So zur Geschäftsherrenhaftung, LK-*Jescheck*, § 13 Rn. 45; SK/StGB-*Rudolphi*, § 13 Rn. 35a.

relle Ähnlichkeit der Position des Geschäftsherrn mit jener anderer Aufsichtspersonen wie etwa Erziehungsberechtigten, Lehrern oder militärischen Vorgesetzten, verweisen.[1153] Im Ergebnis kann diesem Ansatz allerdings schon im Hinblick auf fehlende Analogiefähigkeit nicht zugestimmt werden. Zunächst hat der Gesetzgeber das Problem in § 130 OWiG einer Regelung unterworfen, so dass erhebliche Zweifel im Hinblick auf die für die Analogie erforderliche planwidrige Regelungslücke bestehen müssen. Zudem ist der Grundgedanke aus den zitierten Normen nicht auf eine Überwachungspflicht im Vorstand übertragbar, denn zwischen dessen Mitgliedern besteht, anders als bei der Geschäftsherrenhaftung, grundsätzlich kein vergleichbares hierarchisches Verhältnis. Schließlich ist eine Analogie zuungunsten des Täters auch innerhalb des allgemeinen Teils des StGB äußerst umstritten.[1154]

Naheliegender erscheint demgegenüber ein anderer Ansatz im strafrechtlichen Schrifttum, nachdem eine Überwachungspflicht nur innerhalb gewisser Autoritäts- oder Befehlsverhältnisse anzuerkennen ist.[1155] Die Anforderungen an das Vorliegen des Autoritätsverhältnisses fallen hier allerdings recht unterschiedlich aus. So wird zu dessen Begründung teilweise auf vergleichbare, allerdings nur entfernt verwandte Konstellationen staatlicher Autorität zurückgegriffen, wie etwa die des Gefängniswärters über die Häftlinge.[1156] Andere lassen im Hinblick auf die Überwindung der Eigenverantwortlichkeit bereits genügen, wenn dem Überwachenden die organ- oder gesellschaftsinterne Möglichkeit zur Verhinderung der strafbaren Handlung des strafrechtlich Verantwortlichen eingeräumt ist.[1157]

Einer weiteren Ansicht zufolge genügt für die Begründung einer Garantenstellung zur Überwachung einer verantwortlichen Person bereits jedwede Weisungsbefugnis, auch eine solche, die nur auf tatsächlichen Machtmitteln beruht.[1158] Es wurde bereits oben festgestellt, dass den Mitgliedern des AG-Vorstands nicht nur das Recht, sondern die Pflicht obliegt, den ressortleitenden Kollegen unter Beachtung der festgestellten Grenzen zu kontrollieren. Sofern

---

[1153] *Brammsen*, Entstehungsvoraussetzungen, 277; *Landscheidt*, Garantenpflichten, 113.

[1154] *Jescheck/Weigend*, AT, 136 m.w.N.; *Schmitt*, Jura 1982, 549, 553. Gegen die Analogiefähigkeit der zitierten Normen auch *Schünemann*, Unternehmenskriminalität und Strafrecht, 63 f.

[1155] *Immel*, ZRP 1989, 105, 108; *Jakobs*, AT, 29. Abschn. Rn. 35 und 45; *Jescheck/Weigend*, AT, 628; LK-*Jescheck*, § 13 Rn. 41; *Otto/Brammsen*, Jura 1985, 592, 599 f.; *Rogall*, ZStW 98 (1986), 573, 616; SK/StGB-*Rudolphi*, § 13 Rn. 36 und 37a; *Schünemann*, Grund und Grenzen, 326; *Schönke/Schröder-Stree*, § 13 Rn. 52.

[1156] Vgl. RGSt 53, 292; *Schönke/Schröder-Stree*, § 13 Rn. 52.

[1157] *Peter*, Strafrechtliche Verantwortlichkeit, 80 f.; SK/StGB-*Rudolphi*, § 13 Rn. 35; *Schumann*, Handlungsunrecht, 121; *Thiemann*, Aufsichtspflichtverletzungen, 17; RGSt 53, 292, 293.

[1158] *Otto/Brammsen*, Jura 1985, 592, 599 f.; *Rogall*, ZStW 98 (1986), 573, 616; *Schünemann*, Grund und Grenzen, 330; *Tiedemann/Vogel*, JuS 1988, 295, 299.

man nun die diesbezüglichen Möglichkeiten als zumindest faktische Herrschaft im oben genannten Sinne anerkennt, spricht grundsätzlich nichts gegen die Annahme einer auch strafrechtlich begründeten Überwachungspflicht. Noch gewichtiger erscheinen in diesem Zusammenhang die eine Eigenverantwortlichkeit ablehnenden Argumente Schünemanns, deren Ausgangspunkt allerdings das Verhältnis zwischen Arbeitgeber und Arbeitnehmer ist. Neben dem „überlegenen Informationsfundus" des Arbeitgebers zählt er zu den verbandsspezifischen Vermeidemöglichkeiten u.a. die „rechtliche Befehlsgewalt", die sich wiederum auf drei Säulen stützen lässt: das Direktionsrecht des Arbeitgebers, die „Unternehmensattitüde", die den Arbeitnehmer gewisse Verhaltenserwartungen auch ohne konkreten Befehl als Verpflichtung erleben lasse und schließlich das Wissen des Arbeitnehmers um seine Fungibilität.[1159] Die erhebliche Möglichkeit der Einflussnahme des Geschäftsherrn auf den Arbeitnehmer soll nun auch auf die Mitglieder eines geschäftsführenden Kollegialorgans übertragen werden können. Diese wüssten sich in gleicher Weise dem Betriebsinteresse verpflichtet und die Verbandsattitüde habe auf sie einen noch stärkeren Einfluss als auf die Arbeitnehmer, was die im Vergleich zu den einfachen Arbeitern bestehenden Defizite in der Fungibilität kompensiere. In der Konsequenz dieser Aussagen müsste man eine strafbewehrte Überwachungspflicht der ressortfremden Vorstandsmitglieder gegenüber dem Ressortleiter trotz dessen Eigenverantwortlichkeit grundsätzlich bejahen. Einschränkend wird in diesem Zusammenhang nun allerdings noch verlangt, dass die Stellung des Autoritätsinhabers gerade der Verhinderung der konkret drohenden Straftat dienen muss, wenn sie eine Erfolgsabwendungspflicht auslösen soll. Dies ist für die durch § 266 StGB durchzusetzende Pflicht, das Vermögen der Gesellschaft vor Nachteilen zu bewahren, allerdings nicht problematisch.

Die demgegenüber geübte Kritik von Neudecker, die eine Ausschaltung der Eigenverantwortlichkeit des Ressortleiters trotz der bestehenden Einflussmöglichkeiten der Vorstandskollegen im Ergebnis verneint, erwächst allerdings auf Grundlage eines Untersuchungsziels, das mit unserer Fragestellung grundsätzlich nicht vergleichbar ist. So versucht Neudecker in ihrer Monographie die Verantwortlichkeit einzelner Kollegialorganmitglieder für das Inverkehrbringen drittschädigender Produkte zu begründen. Es mag durchaus sein, dass sich eine Ausschaltung der Eigenverantwortlichkeit des Ressortleiters in der ihrer Untersuchung zugrundeliegenden Konstellation, in der zunächst nur die Interessen gesellschaftsfremder Dritter betroffen sind, nur teilweise oder möglicherweise sogar überhaupt nicht begründen lässt. Dieser Frage soll und kann hier jedoch nicht weiter nachgegangen werden, vielmehr soll die Würdigung ihrer in diesem Zusammenhang vorgebrachten Argumentation fortan allein unter der Prämisse erfolgen, dass das Vermögen der Gesellschaft betroffen ist. Die zweifellos gegebenen Möglichkeiten der Vorstandsmitglieder zur wechselseitigen Kontrolle be-

[1159] *Schünemann*, Unternehmenskriminalität und Strafrecht, 102 f.

deuten Neudecker zufolge nicht, dass das Ergreifen dieser Möglichkeit in das willkürliche Belieben der Gremiumsmitglieder gestellt ist.[1160] Dies folge nun wieder daraus, dass die Autorität nicht Selbstzweck sei, sondern Mittel zur Erfüllung bestimmter Aufgaben.[1161] Das von ihr angesprochene „pflichtgebundene Ermessen", ob und in welcher Weise diese Autorität geltend gemacht wird, erfährt im Hinblick auf die Überwachung des Ressortleiters nun aber richtigerweise insbesondere dann eine Reduzierung gen Null, wenn der Schutz des Gesellschaftsvermögens betroffen ist. Dieser Fall birgt eine der wenigen, wenn nicht sogar die einzige Ausnahmekonstellation, in der die anerkannte Eigenverantwortlichkeit des Ressortleiters gerade nicht dafür sorgen kann, dass die übrigen Vorstandsmitglieder aus ihrer zivilrechtlichen Pflicht, die ja nach obiger Feststellung gleichsam mit der Pflicht aus § 266 StGB korrespondiert, entlassen werden. Wenn Neudecker davon spricht, dass es geradezu gegen die Achtung des anderen als Person spricht, ihm die Fähigkeit zu eigenverantwortlichem Handeln abzusprechen, sobald dieser in einer Betriebshierarchie eingliedert ist[1162], dann kann sie damit wiederum nicht die Vorstandsmitglieder der Aktiengesellschaft als Schutzverpflichtete zugunsten des Gesellschaftsvermögens gemeint haben.

Die Pflicht zum Schutz des Gesellschaftsvermögens ist Ausdruck der organschaftlichen Treuepflicht. Diese trifft alle Vorstandsmitglieder in gleichem Maße, ein Verstoß gegen die gegen die Pflicht zur Achtung der einzelnen Vorstandsmitglieder lässt sich aus dieser Tatsache sicherlich nicht ableiten. Stellt Neudecker schließlich zum Abschluss ihrer Kritik in Rechnung, dass die Mitglieder von Kollegialorganen in einem besonders engen Verhältnis zueinander stehen, welches sie letztlich verpflichtet, ein gemeinsames Ziel, nämlich die optimale Geschäftsleitung durch gegenseitige Information, Zusammenarbeit und wechselseitige Kontrolle zu verfolgen[1163], dann bringt sie die rechtsgewollte Realität für den Vorstand der Aktiengesellschaft wohl entgegen eigener Intention auf den Punkt. Es kann, vor allen Dingen, was das Gesellschaftsvermögen betrifft, nicht angehen, dass die nicht ressortleitenden Vorstandsmitglieder ihre diesbezüglich durch das Strafrecht geschützte Verantwortlichkeit auch nur teilweise einbüßen. Als wichtigstes Schutzgut innerhalb der Aktiengesellschaft muss das Gesellschaftsvermögen mithin so weitgehend geschützt werden, dass die Eigenverantwortlichkeit des Ressortleiters durch die Überwachungspflicht der ressortfremden Vorstandskollegen überwunden wird. Der Eigenverantwortlichkeit wird durch die oben festgestellten Grenzen der Überwachungspflicht immer noch ausreichend Rechnung getragen. Immer dann, wenn die Pflicht zur ausreichenden Überwachung nach den oben genannten Grundsätzen nicht verletzt wird – was zwar nicht die Regel, aber sicherlich auch nicht die Ausnahme

[1160] *Neudecker*, Strafrechtliche Verantwortlichkeit, 84.
[1161] *Neudecker*, Strafrechtliche Verantwortlichkeit, 84.
[1162] *Neudecker*, Strafrechtliche Verantwortlichkeit, 85.
[1163] *Neudecker*, Strafrechtliche Verantwortlichkeit, 86.

sein dürfte - wird die Eigenverantwortlichkeit des Ressortleiters nicht berührt. Dieser ist dann sowohl zivil- als auch strafrechtlich allein verantwortlich.

(3) Zwischenergebnis

Die nicht ressortzuständigen Vorstandsmitglieder haben eine mit der Vermögensbetreuungspflicht korrespondierende Überwachungspflicht gegenüber dem ressortleitenden Kollegen, deren Missachtung eine Strafbarkeit wegen Untreue durch Unterlassen nach sich ziehen kann.

cc) Ergebnis

Die nicht ressortzuständigen Vorstandsmitglieder sind bei positiver Kenntnis vermögensschädigenden Fehlhaltens des Ressortleiters auch strafrechtlich zumindest verpflichtet, den Gesamtvorstand, bzw. den Aufsichtsrat anzurufen. Gegenüber dem ressortleitenden Kollegen besteht zudem eine Überwachungspflicht, deren Verletzung im Rahmen der dargelegten Grenzen ebenfalls eine Strafbarkeit wegen Untreue durch Unterlassen nach sich ziehen kann.

(C) Strafrechtliche Verantwortlichkeit einzelner Vorstandsmitglieder bei untreuerelevanten Mehrheitsentscheidungen im Vorstand

I. Problemeinführung

In den bereits oben angesprochenen Bereichen, in denen die Gesamtverantwortung des Vorstands zwingend zum Tragen kommt, Ressorts also überhaupt nicht vorgesehen sind oder eine spezielle Aufgabe keinem bestimmten Geschäftsbereich zugewiesen ist, wird eine kollektive Entscheidungsfindung erforderlich. Das Aktiengesetz regelt die Entscheidungsfindung der Organe lediglich für den Aufsichtsrat[1164] und die Hauptversammlung[1165], nicht aber explizit für den Vorstand als Leitungsorgan. Da der Vorstand nun aber in großen Gesellschaften bereits wegen der erforderlichen Managementkapazitäten regelmäßig mehrköpfig sein wird, beruht auch dessen Entscheidungsfindung regelmäßig auf einem Beschluss[1166], dem eine Abstimmung vorausgeht, die entsprechend § 77 I 1 AktG grundsätzlich Einstimmigkeit erfordert.[1167]

Für das Strafrecht kann es aber allein auf die Beobachtung solcher Formen, die spezifisch gesellschaftsrechtlichen Zwecken dienen, nicht ankommen. Im Sinne des Strafrechts ist allein relevant, also Indiz, dass ein Entschluss gefasst ist und dann in die Tat umgesetzt worden ist. Selbst der gemeinsam in der Diskussion entwickelte Konsens, eine bestimmte Maßnahme zu unterlassen, beruht auf einer informellen Abstimmung.[1168] Kommt der Vorstand also in der verbalen Auseinandersetzung überein, eine anstehende Frage zu ignorieren, so liegt auch in dieser Einigung eine kollegiale Entscheidung, an die strafrechtliche Folgen anknüpfen können.[1169] Im folgenden sind für den Bereich der vorstandlichen Beschlussfassung nun diejenigen Konstellationen herauszuarbeiten, in denen die Strafbarkeit des einzelnen Vorstandsmitglieds im Hinblick auf sein von den restlichen Kollegen abweichendes Abstimmungsverhalten modifiziert wird. In diesem Zusammenhang lassen sich dann auch die Verhaltensweisen festlegen, die das einzelne Vorstandsmitglied an den Tag legen muss, um nicht wegen Untreue bestraft zu werden. Im Zusammenhang mit der Ermittlung der zivilrechtlichen Individualverantwortung spricht Fleischer davon, dass „der Beschluss eine Barriere innerhalb des zivilrechtlichen Zurechnungszusammenhangs bildet".[1170]

[1164] § 108 AktG.

[1165] § 133 AktG.

[1166] *Geßler/Hefermehl-Hefermehl*, § 77 Rn. 4; *Hüffer*, AktG, § 77 Rn. 6; KK-*Mertens*, § 77 Rn. 27.

[1167] Vg. *Zöllner*, Schranken, § 10 Rn. 93 ff.; *Baltzer*, Der Beschluss, 158 ff. Nach § 77 I 2 AktG sind allerdings Abweichungen von dieser Grundregel gestattet: Häufig lassen Satzung oder Geschäftsordnung des Vorstands für Beschlüsse über Geschäftsführungsmaßnahmen die einfache Stimmenmehrheit genügen. Anzutreffen sind aber auch je nach Beschlussgegenstand variierende Mehrheitserfordernisse; siehe dazu *Fleischer*, BB 2004, 2645.

[1168] Vgl. MüKo/BGB-*Ulmer*, § 709 Rn. 71 ff.; Eine konkludente Stimmabgabe lassen *Baltzer*, Der Beschluss, 148 und *Renkl*, Der Gesellschafterbeschluß, 74, ausdrücklich genügen.

[1169] *Neudecker*, Strafrechtliche Haftung, 193.

[1170] *Fleischer*, BB 2004, 2645.

Auch hinsichtlich der strafrechtlichen Verantwortung liegen die Schwerpunkte ganz klar bei der Frage der individuellen Zurechung, die über die Feststellung von Kausalität und objektiver Zurechung ermittelt werden muss.

II. Ausführungsbedürftigkeit des Beschlusses

Schwierigkeiten könnten in diesem Zusammenhang bereits bei der exakten Bestimmung der Tathandlung auftreten, da sich die Handlung, abgesehen von dem Fall, dass eine Vorstandsentscheidung darauf gerichtet ist, untätig zu bleiben, grundsätzlich nicht in der reinen Beschlussfassung erschöpfen wird. Folglich muss die reine Beschlussfassung regelmäßig als Ausgangspunkt für die Begründung strafbaren Verhaltens ausscheiden, da diese regelmäßig nur eine Rechtsgutsgefährdung bewirken wird, die anerkanntermaßen nur bei wenigen Delikten tatbestandsbegründend ist. Da für die Tatbestandsmäßigkeit von § 266 StGB nach richtiger Ansicht jedoch bereits die schadensgleiche Vermögensgefährdung ausreicht[1171], soll dem hier nicht weiter nachgegangen werden. Nur ausnahmsweise kann in den Fällen des Missbrauchstatbestandes zweifelhaft sein, ob dem formalen Beschluss, der nach vorherrschender Ansicht ja selbst ein Rechtsgeschäft ist, bereits die unmittelbare Außenwirkung zukommt, die die 1. Var. im Rahmen der Tathandlung voraussetzt. Zudem kann in Einzelfällen auch der erforderliche Vermögensnachteil zu verneinen sein, der zwar bei ausführungsbedürftigen Beschlüssen in Form der Vermögensgefährdung gegeben sein dürfte, jedoch mangels Konkretheit dem Schadensbegriff des § 266 I StGB noch nicht unterfällt. Dieser nicht auszuschließenden Möglichkeit ist im Rahmen des § 266 StGB durchaus Beachtung zu schenken, denn letztlich führt die im Endeffekt ausbleibende Ausführung mangels Versuchsstrafbarkeit der Untreue zur Straflosigkeit. Für den in der Praxis wohl eher anzunehmenden Regelfall der Ausführung des Beschlusses ist allerdings zu konstatieren, dass die Beschlussfassung die notwendige Bedingung für das weitere Vorgehen geschaffen hat, wodurch der Inhalt der Ausführungshandlung bereits so maßgebend determiniert wurde, dass kein diesbezüglicher Ausführungsspielraum mehr besteht. Es scheint daher angemessen, die Deliktsvollendung erst in der Ausführung des Beschlusses, im Rahmen der Täterhandlung jedoch sowohl die Stimmabgabe als auch die anschließende Ausführung als einheitliches, den Erfolg herbeiführendes Gesamtverhalten zu würdigen.[1172] Im Ergebnis bedarf es mithin insbesondere in Bezug auf § 266 StGB keiner grundlegenden Differenzierung zwischen ausführungsbedürftigen und nicht ausführungsbedürftigen Beschlüssen. Eine Unterscheidung muss alleine danach vorgenommen werden, ob der Beschluss auf ein Tun oder ein Unterlassen, also die Entscheidung, nicht einzugreifen, gerichtet ist, da insofern die für die Kausalität maßgebende Fragestellung differiert.[1173]

[1171] Siehe schon RGSt 16, 77, 81 zu § 266 a.F.; BGHSt 34, 394; LK-*Lackner*, § 263 Rn. 151 ff.; *Schönke/Schröder-Lenckner*, § 263 Rn. 143 ff.; *Hefendehl*, Vermögensgefährdung, 256 ff; *Riemann*, Vermögensgefährdung und Vermögensschaden, 44 ff.

[1172] So auch *Poseck*, Strafrechtliche Haftung, 148.

[1173] *Poseck*, Strafrechtliche Haftung, 149.

III. Strafrechtliche Relevanz des Abstimmungsverhaltens einzelner Vorstandsmitglieder

Das Abstimmungsverhalten des einzelnen Vorstandsmitglieds ist nun im Hinblick auf seine untreuestrafrechtliche Relevanz genauer zu untersuchen. In diesem Zusammenhang könnte es zunächst nahe liegen, immer dann von der individuellen Strafbarkeit eines Vorstandsmitglieds auszugehen, wenn es seine Stimme für solche Vorstandsmaßnahmen bzw. entsprechendes Unterlassen abgibt, die nach den vorangegangenen Erörterungen als untreuerelevantes Verhalten des Gremiums qualifiziert worden sind. Dass eine solche Aussage jedoch selbst im Falle der positiven Entscheidung für das Unrecht nicht einfach so im Raume stehen gelassen werden kann, hängt, wie bereits angedeutet wurde, insbesondere mit der im Einzelfall schwierigen Feststellung der notwendigen Kausalität zusammen. So könnte sich das einzelne Vorstandsmitglied bei einer deutlichen Mehrheitsentscheidung beispielsweise darauf berufen, Entscheidung und Beschlussfassung wären selbst dann in gleicher Weise erfolgt, wenn es selbst anders, also pflichtgemäß gestimmt hätte. Dies erkläre sich daraus, dass im konkreten Fall mehr positive Stimmen vorhanden seien, als für die nach Satzung oder Geschäftsordnung erforderliche einfache/qualifizierte Mehrheit erforderlich wären. Die Begründung, warum ein solches Ergebnis zwar theoretisch denkbar, nach allgemeinem Rechtsgefühl jedoch keinesfalls erwünscht sein kann[1174], soll Gegenstand der folgenden Ausführungen sein:

Fest steht, dass es in jedem Fall auch, wahrscheinlich sogar überwiegend auf das Fehlverhalten des einzelnen ankommen muss. Worin kann dieses aber bei vorstandlichen Mehrheitsentscheidungen erblickt werden? Mit der Zugehörigkeit zum Gremium Vorstand ist prima facie eine Unterwerfung unter die mehrheitlich getroffene Entscheidung und damit auch ein Verzicht auf die Möglichkeit verbunden, einen schädlichen Erfolg auf eigene Faust zu verhindern. Als Ausgangspunkt für die Begründung strafrechtlicher Verantwortung können jedoch weder die Mitgliedschaft noch der Eintritt in das Gremium in Ansatz gebracht werden, da weder das eine noch das andere ein Fehlverhalten darstellt. Wenn nämlich beim Eintritt in das Kollegium überhaupt irgendein Vorsatz auszumachen ist, dann wird dies höchstens ein „genereller" Vorsatz zur Deliktsbegehung sein, welcher auf keinen konkreten tatbestandsmäßigen Erfolg gerichtet ist.[1175] Ein dermaßen enger Ansatz würde zudem einem Verbot kollektiver Entscheidungsfindung insgesamt gleichkommen, welches absolut sinnlos ist, da Kollegialorgane schon lange und mit weiterhin zunehmender Tendenz soziale Wirklichkeit sind. Ihre daraus abzuleitende uneingeschränkte Berechtigung

[1174] Insoweit herrscht Einigkeit, vgl. u.a. *Puppe*, JR 1992, 30, 32; *Beulke/Bachmann*, JuS 1992, 737, 742; *Kuhlen*, NStZ 1990, 566, 570 sowie die Formulierung in BGHSt 37, 106, 132: „Dass dies nicht rechtens sein kann, liegt auf der Hand.".

[1175] *Neudecker*, Strafrechtliche Verantwortlichkeit, 195; *Franke*, JZ 1982, 579, 582.

kommt schließlich auch darin zum Ausdruck, dass sie eine explizite Verankerung im Gesetz erfahren haben.[1176]

Andererseits könnte man dem Vorstandsmitglied für den Fall, dass sich schon im Vorfeld der Abstimmung eine Mehrheit der Stimmberechtigten gegen die rechtstreue Entscheidung abzeichnet, durchaus auferlegen, der Abstimmung fernzubleiben. In der Tat knüpfen Rechtsprechung[1177] und Teile des Schrifttums[1178] bezüglich der strafrechtlichen Verantwortlichkeit des Gremiumsangehörigen nämlich überwiegend schon an die Teilnahme an der Abstimmung an, weil der einzelne sich durch das Mitstimmen der Kollektiventscheidung unterwerfe und so unabhängig von seinem eigenen Stimmverhalten die Mitverantwortung übernehme. Folge ist dann die Haftung jedes einzelnen Vorstandsmitglieds, unabhängig davon, ob dieses sich rechtstreu verhalten hat oder nicht. Damit werden vor allen Dinge Beweisprobleme verhindert, denn es kommt dann nicht mehr auf das – unter Umständen schwer ermittelbare – Abstimmungsverhalten des einzelnen an, so dass auch der Kausalitätsnachweis zwischen der einzelnen Stimme und dem Erfolg überflüssig wird. Zudem blieben Möglichkeiten der nachträglichen Distanzierung außen vor, da sich kaum haltbare Maßstäbe für die Art und Intensität der Distanzierung entwickeln ließen.[1179] Gegen diese Sichtweise wird jedoch zu recht eingewandt, dass dem rechtstreu votierenden Vorstandsmitglied bereits der erforderliche Deliktverwirklichungswille fehle.[1180] Der von der Rechtsprechung behauptete Wille der Mitstimmenden zur Unterwerfung unter das demokratisch gefundene Ergebnis könne nicht mit dem Vorsatz bezüglich des Schadenserfolgs gleichgesetzt werden[1181], so dass, wenn überhaupt, nur von Fahrlässigkeit ausgegangen werden könne, welche bei § 266 StGB ja bekanntlich nicht strafbewehrt ist.

Es ist nach alledem festzuhalten, dass keiner der vorstehenden Ansätze eine überzeugende Begründung dafür zu liefern vermag, dass ein rechtstreu votierendes Vorstandsmitglied strafrechtlich zur Verantwortung gezogen werden soll. Auf dem schwierigen Weg zur Lösung sollte man daher vielmehr die entgegengesetzte Richtung einschlagen: Das einzelne Vorstandsmitglied ist zur Teilnahme an vorstandsinternen Abstimmungen nicht nur berechtigt, sondern im Hinblick auf seine besondere Stellung als Organ und den mit der Gesellschaft geschlossenen Anstellungsvertrag sogar verpflichtet. Dabei kann nicht zusätzlich auf die sogenannte Treuepflicht abgestellt werden, denn diese obliegt nur Ge-

---

[1176] *Neudecker*, Strafrechtliche Verantwortlichkeit, 195.
[1177] LG Göttingen NJW 1979, 1558, 1561; OLG Düsseldorf NJW 1980, 71; OLG Stuttgart JR 1981, 339, 340; vgl. auch BGHSt 9, 203, 216.
[1178] *Ebenroth/Willburger*, BB 1991, 1941, 1943; *Goll/Winkelbauer*, in: Produkthaftungshandbuch, § 48 Rn. 29; *Marburger*, Die Regeln der Technik im Recht, 552.
[1179] *Neudecker*, Strafrechtliche Verantwortlichkeit, 204.
[1180] *Poseck*, Strafrechtliche Haftung, 166.
[1181] *Franke*, JZ 1982, 579, 582.

sellschaftern und Vorstandsmitglieder sind im Hinblick auf die bei Aktiengesellschaften zulässige Fremdorganschaft nicht zwingend auch Gesellschafter.[1182] Nach der Ansicht Neudeckers kollidieren die strafbewehrte Pflicht, das bedrohte Rechtsgut gegen den Willen der Mehrheit zu retten und die vertragliche Pflicht, sich der Mehrheitsentscheidung zu fügen, nicht[1183], denn der gesetzeswidrige Beschluss ist selbst nichtig und verpflichtet daher auch den nicht, der für ihn gestimmt hat.[1184] Dieser Tatsache kann schließlich auch die nach dem Aktiengesetz mögliche – allerdings grundsätzlich nur für Hauptversammlungsbeschlüsse geregelte - Heilbarkeit nichtiger Beschlüsse nicht entgegengehalten werden. Obwohl zu den in diesem Zusammenhang heilbaren Fehlern auch Verstöße gegen das Strafrecht zählen, wird die Heilungswirkung bei jedweden Eingriffen in die Rechte Dritter, also auch die der Gesellschaft, verneint.[1185] Erlaubt ist nach alledem nun der Schluss, dass der Grund für die Strafbarkeit des einzelnen Vorstandsmitglieds allein in dessen Abstimmungsverhalten zu suchen ist. Insofern wäre grundsätzlich auch nichts dagegen einzuwenden, dass das einzelne Vorstandsmitglied mittels Stimmabgabe versucht, doch noch eine rechtmäßige Lösung herbeizuführen.[1186] Um also zu verhindern, dass durch die „Hintertür" doch wieder Ansätze einer Kollegialdeliktsstruktur eingeführt werden, hat bei Vorstandsentscheidungen fortan zwingend das Einzelvotum als Anknüpfungspunkt für die Ermittlung strafrechtlicher Verantwortlichkeit zu fungieren.[1187] Zu unterscheiden ist auch im Hinblick auf eine mögliche postvotale Einflussnahme zwischen eigenem rechtswidrigem und eigenem rechtmäßigen Stimmverhalten des einzelnen Vorstandsmitglieds.

1. Strafbarkeit bei eigenem, rechtswidrigem Stimmverhalten

So, wie ein Einzelkaufmann, der ein Unternehmen alleine führt, verpflichtet sein kann, im Einzelfall aktiv zum Schutz bedrohter Rechtsgüter einzuschreiten, gilt dies im Geltungsbereich der Vermögensbetreuungspflicht des § 266 StGB auch für die einzelnen Mitglieder des Vorstands.[1188] Dies bedeutet, dass dem einzelnen Andersdenkenden selbst für den Fall keine Resignation zugestanden werden kann, dass eine bereits identifizierbare Mehrheit unter den restlichen Kollegen den Eindruck unumstößlicher Uneinsichtigkeit erweckt. Bei einem Stimmrecht nach Köpfen hat dessen Stimme nämlich die gleiche Erfolgschance, das Abstimmungsergebnis zu beeinflussen, wie die Stimme dessen, der sich zum

---

[1182] Allerdings nimmt die Vorstandsvergütung durch Aktienoptionsprogramme insbesondere bei größeren Aktiengesellschaften stetig zu, vgl. oben 2. Teil B II 1 a.

[1183] *Neudecker*, Strafrechtliche Verantwortlichkeit, 205.

[1184] *Scholz-K. Schmidt*, GmbHG, § 45 Rn. 62.

[1185] Vgl. *Scholz-K. Schmidt*, GmbHG, § 45 Rn. 84 i.V.m. § 45 Rn. 71.

[1186] *Neudecker*, Strafrechtliche Verantwortlichkeit, 204 f.

[1187] So auch *Poseck*, Strafrechtliche Haftung, 145.

[1188] Vgl. *Schönke/Schröder-Cramer/Sternberg-Lieben*, § 15 Rn. 223; *Frisch*, Tatbestandsmäßiges Verhalten, 209; *Volk*, FS Tröndle, 219, 225; vgl. *Sangenstedt*, Garantenstellung, 714 und *Schmidt-Salzer*, Produkthaftung I, 1.080.

„Wortführer und Anwalt der Unrechtslösung aufschwingt".[1189] Ein Recht zur Resignation besteht aber noch nicht einmal dann, wenn dem Befürworter der rechtswidrigen Entscheidung von vornherein ein mehr an Stimmen zusteht - so etwa beim Vetorecht des Vorstandsvorsitzenden -, da es schließlich absolut ungewiss ist, ob er dieses auch tatsächlich ausüben wird. Die Möglichkeit, dass Dritte bereitstehen, um sich über die Norm hinwegzusetzen, vermag nämlich nicht die Geltungskraft der Verhaltenspflicht des einzelnen zu mindern, denn eine Verhaltensnorm hat immer nur Appellfunktion, sie nimmt aber tatwilligen Personen nicht die faktische Möglichkeit zu pflichtwidrigem Verhalten.[1190] Die rechtsgutschützende Verhaltenspflicht muss daher sowohl dem Täter als auch dem tatbereiten Kollegen gleichermaßen auferlegt werden. Enthält sich das einzelne Vorstandsmitglied dagegen „lediglich" seiner Stimme[1191], so kann für seine Verantwortlichkeit im oben genannten Sinne nichts anderes gelten. Dies folgt daraus, dass die Enthaltung anerkanntermaßen in das Lager derer fällt, die gegen die Rechtsordnung stimmen, weil der Schweigende die ihm durch seine Stellung eingeräumte Möglichkeit, die Rechtsgutsverletzung zu vermeiden, nicht wahrnimmt[1192], so dass er die ihm vorstrafrechtlich obliegende Pflicht gemeinsam mit den anderen verletzt.[1193]

a) Möglichkeiten der persönlichen Verteidigung für das einzelne Vorstandsmitglied

Dem rechtswidrig Stimmenden und dem, der sich seiner Stimme enthalten hat, eröffnen sich jedoch auch, was eine Strafbarkeit wegen Untreue betrifft, grundsätzlich zwei argumentative Möglichkeiten, die Beachtlichkeit ihres Verhaltens für die Deliktsverwirklichung in Frage zu stellen. So könnten sie in diesem Zusammenhang einerseits vorbringen, dass ihr Stimmverhalten für sich alleine betrachtet überhaupt nichts bewirken und deshalb auch kein tatbestandsmäßiges Verhalten im Sinne von § 266 StGB sein könne. Des weiteren werden sie behaupten, dass der Beschluss in Anbetracht der tatsächlichen Mehrheitsverhältnisse ebenso zustande gekommen wäre, wenn sie selbst anders gestimmt hätten.

aa) Auseinandersetzung mit der ersten Schutzbehauptung

Dem ersten Schutzargument könnte möglicherweise mit der in § 25 II StGB geregelten Figur der Mittäterschaft begegnet werden. Danach erlaubt es das Gesetz, dem einzelnen Mittäter die von seinem Komplizen verwirklichten Tatbei-

---

1189 So *Neudecker*, Strafrechtliche Verantwortlichkeit, 206 f.; a.A. *Samson*, StV 1991, 182, 185.

1190 *Samson*, Hypothetische Kausalverläufe, 136, 138.

1191 Bei der Stimmauszählung werden Enthaltungen nicht mitgezählt; vgl. dazu MünchHdb-GesR/AG-*Semler*, § 39 Rn. 20.

1192 *Bottke*, JR 1981, 342, 343; *Kassebohm/Malorny*, BB 1994, 1361, 1364; *Kuhn*, BayVBl 1989, 169, 172.

1193 Anders: *Franke*, JZ 1982, 579, 583, demzufolge der Tatbeitrag der sich Enthaltenden gegenüber rechtswidrigen Voten ein Minus bilde.

träge zuzurechnen, als hätte er sie selbst begangen.[1194] Im Hinblick auf eine Einordnung der abstimmenden Vorstandsmitglieder als Mittäter müssen nun aber einerseits die Anforderungen an deren „Zusammenwirken" geklärt werden sowie andererseits die Frage, ob die Abstimmung aufgrund eines gemeinsamen Tatplans der Vorstandsmitglieder erfolgt. In diesem Zusammenhang ist zunächst festzustellen, dass das Abstimmungsverhalten im Vorstand nicht durch den für die Mittäterschaft typischen Aspekt der Arbeitserleichterung durch Arbeitsteilung geprägt ist. Die Mitglieder des Vorstands können, um die geplante Tat zu verwirklichen, nichts weiter tun, als selbst entsprechend zu votieren und darauf zu setzen, dass sich ihrem Vorhaben genügend Gesinnungsgenossen anschließen.[1195] Es geht damit also um die Zurechnung fremden Verhaltens, das der einzelne, selbst wenn er wollte, nicht alleine erbringen könnte. Nun verlangt das Strafgesetzbuch aber in § 25 II zumindest nicht explizit, dass die Mittäter arbeitsteilig zusammenwirken müssen. Zwar wird diese Form der Mittäterschaft sicherlich den Hauptanwendungsfall der Norm ausmachen, richtigerweise sind aber auch hiervon abweichende Konstellationen menschlichen Zusammenwirkens erfasst. Es erscheint mithin zulässig, auch die gleichgerichtete Abstimmung innerhalb des AG-Vorstands als Zusammenwirken im Sinne dieses Tatbestandes zu qualifizieren. In derartigen Konstellationen, in denen identische Handlungen in der Hoffnung vorgenommen werden, die Chancen der Aktion durch ihre Vielzahl zu erhöhen, muss von der sogenannten additiven Mittäterschaft gesprochen werden. Dieser Sonderfall der Mittäterschaft weist erhebliche Parallelen zu Kollegialentscheidungskonstellationen auf: So ist der Erfolg auch hier in dem Sinne überbedingt, dass mehr Ursachen (Stimmen) gesetzt werden, als für den Erfolg notwendig sind.[1196] Einige der Ursachen laufen daher objektiv gesehen leer, ohne dass ermittelbar wäre, welche dies sind. Die Klärung der Kausalität hinsichtlich des einzelnen Stimmbeitrags erfolgt an späterer Stelle.

Hinsichtlich der weiteren grundlegenden Voraussetzung der Mittäterschaft, dem gemeinsamen Tatentschluss, bedarf es ebenfalls argumentativer Auseinandersetzung. Problematisch ist nämlich, dass allein die Stimmabgabe selbst als objektiver Tatbeitrag der Vorstandsmitglieder in Betracht zu ziehen ist, dieser nun aber regelmäßig kein gemeinsam gefasster Tatentschluss zugrunde liegen wird.[1197] In Betracht kommt hier nun allenfalls eine Koinzidenz von Tatentschluss und objektivem Tatbeitrag. In diesem Zusammenhang nennt Neudecker nun drei Fallgruppen, bei denen es auf ein derartiges zeitliches Zusammenfallen von Tatent-

---

[1194] RGSt 71, 23, 24; *Lackner/Kühl*, § 25 Rn. 9.
[1195] *Neudecker*, Strafrechtliche Verantwortlichkeit, 209 f.
[1196] *Knauer*, Kollegialentscheidung, 140.
[1197] Nach *Joerden*, Strukturen, 81, Fn. 201 und *Nettesheim*, BayVBl 1989, 161, 165 scheidet daher eine Mittäterschaft aus; vgl. auch *Erb*, JuS 1992, 197, 200; *Roxin*, JR 1991, 206, 207.

schluss und Tatbeitrag nicht ankommen soll.[1198] Im Zusammenhang mit einer Beschlussfassung, die auf eine untreuerelevante Ausführungshandlung gerichtet ist, erscheint allerdings allein die zweite Fallgruppe relevant, nach der sich eine Mittäterschaft mit dem beschlussausführenden Tatnächsten ergeben könnte. Die untreuerelevante Handlung ist aber nun häufig bereits das Abstimmungsverhalten selbst, so dass es nicht auf die von Neudecker aufgeworfene Frage ankommen kann, ob das Abstimmungsverhalten lediglich als Vorbereitungshandlung zu qualifizieren ist, welche eben gerade noch nicht als mittäterschaftlicher Tatbeitrag qualifiziert werden kann.[1199] Fraglich ist und bleibt somit die bereits oben angedeutete Möglichkeit einer Koinzidenz von Tatentschluss und objektivem Tatbeitrag. Zwar ist dieses Problem nach wie vor äußerst umstritten, seine Aufarbeitung könnte man sich jedoch mit Blick auf zahlreiche neuere Auffassungen[1200], die nicht mehr am formalen Erfordernis eines gemeinsamen Tatentschlusses festhalten, ersparen. Auf die Auseinandersetzung mit diesen Auffassungen soll hier jedoch nicht nur aus Platzgründen verzichtet werden, ohne dass diesem Verzicht auch nur der Ansatz eines Urteils über deren Stichhaltigkeit anhaftet. Der Grund für den Verzicht liegt vielmehr darin, dass eine Mittäterschaft selbst dann angenommen werden kann, wenn man auf dem Erfordernis des Tatentschlusses besteht.[1201] Wer bereits die gemeinsame Beschlussfassung als Tatentschluss und zugleich als objektiven Tatbeitrag ansieht, scheint zwar das Vorstandsmitglied als Gremiumsmitglied härter zu betrafen als den Einzeltäter, verkennt aber, dass ja auch das Gremiumsmitglied, bevor es seine Stimme abgibt, den Vorsatz fasst, gerade so zu votieren. Zudem unterscheidet sich der Tatentschluss der natürlichen Person grundlegend vom dem des Gremiums; er ist rein psychologischer Akt, während der Entschluss im Verband einen Vorgang darstellt, der mittels der Anwendung normativer Regelungen zustande kommt und rechtliche Verbindlichkeit für alle, auch die überstimmten Gremiumsmitglieder, erlangt.[1202] Da es zudem nicht erforderlich ist, dass sich die Mittäter vor Tatbegehung absprechen, wird man es für die wechselseitige Zurechnung der Tatbeiträge schließlich als ausreichend erachten müssen, dass Beschlussfassung und Tatausführung zusammenfallen.[1203]

1198 1. Dem Urnengang gehen Stimmabsprachen voran; 2. Der Abstimmung muss zur Umsetzung eine Ausführungshandlung nachfolgen; 3. Fälle der sogenannten Mitbeihilfe; vgl. *Neudecker*, Strafrechtliche Verantwortlichkeit, 211.

1199 Siehe dazu *Neudecker*, Strafrechtliche Verantwortlichkeit, 240 ff.

1200 *Stein*, Die Strafrechtliche Beteiligungsformenlehre, 313 ff.; *Lesch*, ZStW 105 (1993), 271, 276 ff.

1201 So auch *Neudecker*, Strafrechtliche Verantwortlichkeit, 213 f.

1202 *Baltzer*, Der Beschluss, 91 und 168; *Boesebeck*, JW 1938, 2525, 2526; *Renkl*, Der Gesellschafter-Beschluss, 107.

1203 So im Ergebnis auch: *Franke*, JZ 1982, 579, 582; *Neudecker*, Strafrechtliche Verantwortlichkeit, 214 f.; vgl. auch *Weber*, BayVBl 1989, 166, 167.

bb) Auseinandersetzung mit dem zweiten Argument

Die zweite angedeutete Möglichkeit für eine Schutzbehauptung[1204] kommt dort nicht in Betracht, wo der Abstimmungsmodus Einstimmigkeit verlangt und diese dann auch erzielt worden ist.[1205] Zwingend virulent wird das Problem nur dann, wenn die Entscheidung mit Gegenstimmen getroffen worden ist.

(1) Beschlussfassung mit der notwendigen Stimmenmehrheit

Steht nach Auszählung der Stimmen fest, dass die erforderliche Mehrheit gerade erreicht oder sogar überschritten wurde, könnte jedes rechtswidrig stimmende Vorstandsmitglied versuchen, sich darauf zu berufen, dass seine Stimme für das Abstimmungsergebnis nicht kausal geworden ist. Nach der conditio-sine-qua-non-Formel ist das einzelne Votum nämlich nur dann kausal, wenn es nicht „hinweggedacht werden kann, ohne dass der Erfolg mit an Sicherheit grenzender Wahrscheinlichkeit entfiele".[1206] Kommt der Beschluss nur mit einer Stimme Mehrheit, der also regelmäßig erforderlichen Stimmenanzahl zustande, so ist jede positiv abgegebene Stimme für den Beschluss und die auf diesem aufbauende Vertretungsmacht der Mehrheit ursächlich. Selbst wenn man nämlich nur eine einzige positive Stimme wegdenken würde, könnte man einen positiven Beschluss in der dann regelmäßig vorliegenden Pattsituation nur noch dann annehmen, wenn eine solche Situation nach der konkreten Frageformulierung ausreichen sollte. In der Praxis dürfte dies jedoch eine absolute Ausnahmesituation darstellen. Insgesamt wird daher in dieser Konstellation einer gerade so erreichten Mehrheit nicht an der Aussage der Äquivalenztheorie zu rütteln sein.

(2) Kausalität zwischen Einzelvotum und Beschluss bzw. Ausführung bei deutlicher Stimmenmehrheit

Probleme können im Zusammenhang mit der Kausalitätsbegründung mittels Äquivalenztheorie vor allen Dingen dann auftreten, wenn der Beschluss mit deutlicher Mehrheit getroffen wurde. Auch in dieser Konstellation hat der positiv Abstimmende zunächst grundsätzlich pflichtwidrig im Sinne des Straftatbestandes (§ 266 StGB) agiert. Das Abstimmungsverhalten des einzelnen kann hier jedoch hinweggedacht werden, ohne das der Beschluss und die sich anschließenden Folgen entfallen würden, denn hier hätten auch die verbleibenden Befürworter der Unrechtslösung den gleichen Beschluss mit der Folge eines Nachteils für das Gesellschaftsvermögen fassen können. Es steht damit fest, dass die Begründung der Kausalität in dieser Konstellation auf andere Weise erfolgen muss, jedenfalls hilft die conditio-sine-qua-non-Formel hier in ihrer Grundform nicht weiter. Auf den diesbezüglichen Ausnahmefall der kumulativen Kausalität

---

[1204] Siehe oben 6. Teil C III 1 a.

[1205] So u.a. *Neudecker*, Strafrechtliche Verantwortlichkeit, 215.

[1206] So schon RGSt 1, 373, 374; *Welzel*, Das deutsche Strafrecht, 43. Die Rechtsprechung stützt sich nach wie vor auf diese Formel.

kann hierbei jedoch ebenfalls nicht zurückgegriffen werden.[1207] Von kumulativer Kausalität wird gesprochen, wenn die von mehreren Beteiligten unabhängig voneinander gesetzten Bedingungen erst durch ihr Zusammenwirken den Erfolg herbeiführen.[1208] So liegt es in der vorliegenden Konstellation aber gerade nicht, da auch bei Hinwegdenken der einzelnen Stimme noch eine hinreichende Stimmenanzahl vorhanden wäre. Zudem handeln die Vorstandsmitglieder bei der Beschlussfassung nicht – wie in den Fällen der kumulativen Kausalität – unabhängig voneinander, sondern gerade zusammen mit den Kollegen.[1209] Vielmehr liegt hier eine sogenannte Mehrfach- bzw. Doppelkausalität vor, denn mehrere für den Erfolgseintritt hinreichende Bedingungen sind erfüllt, welche zwar alternativ, aber nicht kumulativ hinweggedacht werden können, ohne dass konkrete Erfolg entfiele. Ob sich insoweit noch auf dem Boden der conditio-sine-qua-non-Formel Kausalität feststellen lässt, erscheint allerdings sehr zweifelhaft, wenn man bedenkt, dass dann das diesen Ansatz prägende Eliminationsverfahren hinsichtlich des Verhaltens des einzelnen aufgegeben werden müsste.[1210] Zudem ist auch für die Figur der Doppelkausalität charakteristisch, dass die Täter unabhängig voneinander handeln. Dies ist aber, wie bereits für die kumulative Kausalität festgestellt wurde, im Fall der vorstandlichen Beschlussfassung gerade nicht die Regel. Keine Beachtung darf daneben dem Argument geschenkt werden, dass der Erfolg beim Wegdenken einer Stimme in seiner konkreten Gestalt entfallen würde, da insoweit der Beschluss aufgrund der unterschiedlichen Stimmenverhältnisse ein anderer wäre.[1211] Entscheidende Bedeutung hat nämlich nicht das Stimmenverhältnis, sondern nur das Bestehen der erforderlichen Mehrheit.[1212] Die Frage nach der Kausalität des Abstimmungsverhaltens kann mithin weder mit der Formel der kumulativen Kausalität noch unter Zuhilfenahme der Formel zur Dolppelkausalität einer überzeugenden Lösung zugefügt werden. Die Suche nach einer Kausalitätsbestimmung, die sich besser mit der vorzugswürdigen conditio-sine-qua-non-Formel vereinbaren lässt, ist daher unbedingt fortzusetzen.

(3) Risikoerhöhung

Daneben könnte man aber auch unter Zuhilfenahme der Risikoerhöhungslehre darauf abstellen, dass der pflichtwidrig Stimmende das Risiko der erfolgten Beschlussfassung trotz etwaiger Zweifel hinsichtlich der Kausalität erhöht hat. Der grundsätzlichen Anwendung dieser Lehre können jedoch gewichtige dogmati-

---

[1207] So aber *Roxin*, AT I, § 11 Rn. 18; *Weber*, BayVBl. 1989, 166, 169; *Baumann/Weber/Mitsch*, AT, § 14 Rn. 37.

[1208] BGHSt 37, 106, 131; *Lackner/Kühl*, Vor § 13 Rn. 11; *Schönke/Schröder-Lenckner*, Vorbem §§ 13 ff. Rn. 83; SK/StGB-*Rudolphi*, Vor § 1 Rn. 51a; *Weber*, BayVBl 1989, 166, 169.

[1209] Sie stimmen gemeinsam ab, üblicherweise nicht, ohne sich vorher ausführlich beraten zu haben; vgl. *Knauer*, Kollegialentscheidung, 94.

[1210] So *Poseck*, Strafrechtliche Haftung, 150

[1211] Eine ähnliche Begründung findet sich beispielsweise bei *Weber*, BayVBl. 1989, 166, 169.

[1212] *Poseck*, Strafrechtliche Haftung, 150 f.

sche Einwände entgegengehalten werden, die auch die h.M.[1213] dazu bewogen hat, den Ansatz dieser Lehre abzulehnen: Sie deutet die Verletzungsdelikte contra legem in Gefährdungsdelikte um[1214] und verstößt gegen den Grundsatz „in dubio pro reo“[1215], wenn sie auf den beschränkten Wissensstand des Urteilers oder sogar auf die Erkenntnisse der Wissenschaft abstellt.[1216] Die Funktion eines tauglichen Ersatzes für die Äquivalenztheorie ist dieser Lehre jedenfalls nicht zuzuerkennen.[1217]

(4) Kausalitätsbegründung über die Mittäterschaft der rechtswidrig Stimmenden

Einige Stimmen versuchen nun, die Kausalität des einzelnen Abstimmungsverhaltens über die Regeln der Mittäterschaft zu begründen.[1218] Da die Ursächlichkeit des objektiven Tatbeitrages jedes Beteiligten für die Erfolgsverwirklichung jedoch gerade zu den Voraussetzungen für die Mittäterschaft zählt[1219], kann die Figur der Mittäterschaft ebenfalls keine grundsätzliche Abhilfe für das vorliegende Kausalitätsproblem liefern. Dann gibt es wiederum Stimmen, die auf die Kausalität des Tatbeitrags des Einzelnen vollkommen verzichten und stattdessen unmittelbar danach fragen, ob die Gesamtheit der Stimmen für den Erfolgseintritt ursächlich war.[1220] Es genüge, dass der einzelne seine Zugehörigkeit zum Kollektiv manifestiere. Diese dem Kollektiv zugebilligte Eigendynamik geht allerdings zu weit. Zwar ist der Wille der Kollektivperson durchaus nicht mit der Summe oder dem Durchschnitt der Willensäußerungen seiner Mitglieder gleichzusetzen; jeder Gruppenangehörige hat jedoch die Chance, den gemeinschaftlichen Willen zu beeinflussen.[1221]

Ausnahmsweise könnte man die kausalitätsbegründende Wirkung der Mittäterschaft nun aber für den oben bereits genannten Fall der sog. additiven Mittäterschaft[1222] annehmen. Diese beinhaltet die Fälle, in denen ein einzelner Mitwir-

---

1213 *Schönke/Schröder-Stree*, § 13 Rn. 61; *Schönke/Schröder-Cramer/Sternberg-Lieben*, § 15 Rn. 179/179a; *Erb*, Rechtmäßiges Alternativverhalten, 136 ff.; *Frisch*, Tatbestandsmäßiges Verhalten, 537 ff.; SK/StGB-*Hoyer*, Anh. zu § 16 Rn. 73 m.w.N.; LK-*Schroeder*, § 16 Rn. 190; *Schlüchter*, JuS 1977, 104, 107 f.; *dies.*, JA 1984, 673, 676.

1214 SK/StGB-*Hoyer*, Anh. zu § 16 Rn. 73; LK-*Schroeder*, § 16 Rn. 190; *Schlüchter*, JA 1984, 673, 676; *Würfel*, Rechtmäßiges Alternativverhalten, 143.

1215 *Baumann/Weber/Mitsch*, AT, § 14 Rn. 86; *Schönke/Schröder-Cramer/Sternberg-Lieben*, § 15 Rn. 173; *Erb*, Rechtmäßiges Alternativverhalten, 134; *ders.*, JuS 1994, 449, 455; SK/StGB-*Hoyer*, Anh. zu § 16 Rn. 73; *Schlüchter*, JA 1984, 673, 676.

1216 *Neudecker*, Strafrechtliche Verantwortlichkeit, 220.

1217 Auch der BGH erteilt dieser Lehre eine klare Absage, vgl. BGHSt 37, 106, 127.

1218 Z.B. *Schmitt*, Jura 1982, 549, 553; ähnlich auch *Deruyck*, ZStW 103 (1991), 705, 726 und 728.

1219 Vgl. *Puppe*, JR 1992, 30, 32; *Samson*, StV 1991, 182 ff.

1220 *Joerden*, Strukturen, 80 f., insb. Fn. 201; *Poseck*, Strafrechtliche Haftung, 151 ff.;

1221 *Neudecker*, Strafrechtliche Verantwortlichkeit, 221.

1222 Siehe oben 6. Teil C III 1 a aa.

kender nicht mit Sicherheit als Mitverursacher identifiziert wurde, sein Tatbeitrag grundsätzlich aber ebenso bedeutsam ist, wie der der anderen Beteiligten und insofern wesentlich ist, als er durch seine Redundanz die Erfolgschancen erhöht hat.[1223] Diese Überlegungen sind indes wiederum nicht auf unsere spezielle Konstellation anzuwenden, denn bei der Beschlussfassung geht es nicht um die Zurechnung des Erfolges an eine Person, von der aus tatsächlichen Gründen nicht feststellbar ist, ob sie oder ein anderer den deliktischen Erfolg herbeigeführt hat.[1224] Vielmehr ist sicher, dass diese Person im Verbund mit den anderen rechtswidrigen Stimmen zur Erfolgsverwirklichung beigetragen hat. Daher ist auch von der Konstruktion der Mittäterschaft keine befriedigende Lösung für unser Kausalitätsproblem zu erwarten. Die Lösung des Problems kann augenscheinlich nicht darauf beruhen, dass man starr an der conditio-sine-qua-non-Formel festhält. Es muss nun vielmehr versucht werden, auf Alternativen zuzugreifen, die allerdings – darauf ist zu achten – nicht grundlegend an den Festen der grundsätzlich begrüßenswerten Äquivalenztheorie rütteln sollten.

(5) Kausalitätsbestimmung nach der Lehre von der gesetzmäßigen Bedingung

Nachdem die Unzulänglichkeit der conditio-sine-qua-non-Formel im Hinblick auf die Kausalitätsfeststellung bei Mehrheitsentscheidungen im Vorstand hinreichend festgestellt wurde, bleibt - quasi als ultima ratio - nur noch der Rückgriff auf die Lehre von der gesetzmäßigen Bedingung.[1225] Mit dieser auf Engisch[1226] zurückgehenden Formel soll die Ursächlichkeit einer Handlung dadurch festgestellt werden, dass man sich fragt, ob diese den Erfolg aufgrund eines Kausalgesetzes „nach unseren Erfahrungen“ tatsächlich herbeigeführt hat. „Für die Kausalität ... kommt es somit allein darauf an, ob sich an eine Handlung zeitlich nachfolgende Veränderungen in der Außenwelt angeschlossen haben, die mit der Handlung nach den uns bekannten Naturgesetzen notwendig verbunden waren und sich als tatbestandsmäßiger Erfolg darstellen“. Die Formel stellt keinen Widerspruch zur üblichen Kausalitätsbestimmung dar, als auch sie die Gleichwertigkeit aller Erfolgsbedingungen betont und damit ebenso auf dem Boden der Äquivalenztheorie steht.[1227] Im Hinblick auf die Kausalitätsbestimmung ist nun also positiv zu fragen, ob die konkrete Handlung im konkreten Erfolg wirksam geworden ist und nicht danach, ob die Einzelursache für die Erfolgsherbeiführung schlechthin notwendig war.[1228] Dies bedeutet für die Kollegialentschei-

---

[1223] *Bloy*, Beteiligungsform, 373 f.

[1224] *Neudecker*, Strafrechtliche Verantwortlichkeit, 222.

[1225] So auch die mittlerweile wohl herrschende Ansicht: Vgl. nur *Jakobs*, AT, 7. Abschn Rn. 12; *Jescheck/Weigend*, AT, 283; *Kühl*, AT, § 4 Rn. 22 ff.; *Roxin*, AT, § 11 Rn. 14; SK/StGB-*Rudolphi*, Vor § 1 Rn. 41; *Schönke/Schröder-Lenckner*, Vorbem §§ 13 ff. Rn. 75; *Wessels/Beulke*, AT, § 6 Rn. 168a.

[1226] *Engisch*, Kausalität, 21, 25 ff.

[1227] Vgl. *Kühl*, AT, § 4 Rn. 22.

[1228] Vgl. *Puppe*, JR 1992, 30, 32.

dung, dass alle Stimmen, die im Sinne der sich letztlich durchsetzenden, rechtswidrigen Entscheidung abgegeben worden sind, kausal sind, weil sie einen notwendigen Bestandteil der hinreichenden Bedingung „Abstimmungsmehrheit für das Unrecht" darstellen.[1229] Zur Verdeutlichung sei schließlich noch darauf hingewiesen, dass die Anwendung der Lehre von der gesetzmäßigen Bedingung keinesfalls als grundsätzliche Abkehr von der conditio-sine-qua-non-Formel zu verstehen ist. Vielmehr ist und bleibt dieser Ansatz grundlegendes Kausalitätskriterium, welches auch weiterhin für die meisten Konstellationen anzuwenden ist. So bleibt es auch richtig, dieses Kriterium im Rahmen der obigen Kausalitätsbestimmung zwischen dem Verhalten des Kollektivs und dem Erfolgseintritt bzw. der Kausalitätsfrage bei Unterlassen hinsichtlich der Möglichkeit der Erfolgsverhinderung zur Anwendung zu bringen. Ausnahmen sind nur dort angebracht, wo die conditio-sine-qua-non-Formel nicht weiterführt und ihre starre Anwendung ein Ergebnis herbeiführen würde, das dem allgemeinen Kausalitätsverständnis widerspricht. Dies gilt vor allen Dingen für den hier relevanten Fall der Mehrfachkausalität, in dem eine Ergänzung durch das Prinzip der gesetzmäßigen Bedingung geboten ist. Eine Entlastung ist daher unabhängig vom Stimmenverhältnis nicht möglich.[1230] Zugleich bedeutet diese Entscheidung aber auch, dass zwischen den unrecht votierenden Vorstandsmitgliedern Mittäterschaft besteht.[1231] Im Ergebnis ist damit richtigerweise jedem von ihnen sowohl die Ausflucht abgeschnitten, sein Tatbeitrag rufe isoliert betrachtet gar keine Wirkung hervor, als auch die zweite denkbare Schutzbehauptung außer Kraft gesetzt, das Abstimmungsergebnis wäre das gleiche, wenn seine Stimme nicht in die Rechnung eingegangen wäre.[1232]

(6) Zwischenergebnis

Unter Zuhilfenahme der Lehre von der gesetzmäßigen Bedingung lassen sich alle im Sinne der Untreue pflichtwidrigen Stimmen der Vorstandsmitglieder als kausal einordnen.[1233] Stimmt ein Vorstandsmitglied mithin einem Beschluss zu,

---

[1229] *Puppe*, JR 1992, 30, 34.

[1230] So auch *Poseck*, Strafrechtliche Haftung, 158; *Neudecker*, Strafrechtliche Verantwortlichkeit, 225.

[1231] So auch *Neudecker*, Strafrechtliche Verantwortlichkeit, 225.

[1232] *Neudecker*, Strafrechtliche Verantwortlichkeit, 225.

[1233] Entgegen der Vorgehensweise von *Neudecker* (*Neudecker*, Strafrechtliche Verantwortlichkeit, 225 ff.) wird eine Auseinandersetzung mit der Frage, ob der kausale Erfolg auch objektiv zurechenbar ist, hier nicht für notwendig gehalten. Neudecker hatte in ihrer Monographie in Erwägung gezogen, die objektive Zurechnung im Zusammenhang mit den Konstellationen: 1. Hypothetischer Kausalverlauf, 2. Rechtmäßiges Alternativverhalten und 3. Pflichtwidriges Drittverhalten auszuscheiden. Diese Überlegung hat sie im Ergebnis richtigerweise verworfen. Es ist auch Neudecker zufolge die Funktion der objektiven Zurechnung schlechthin, das strafbare Unrecht vom straflosen Unglück zu scheiden (*Neudecker*, Strafrechtliche Verantwortlichkeit, 230). Diese Funktion kann und darf aber in der vorliegenden Konstellation, in der vorsätzlich für das Unrecht gestimmt wird, ohne Zweifel nicht zur Anwendung kommen. Auf die Erörterung des vermeintlichen Problems war daher meiner Ansicht nach zu

der eine Vermögensschädigung der Aktiengesellschaft zur Folge hat, dann macht es sich grundsätzlich wegen Untreue im Sinne von § 266 I Var. 1 oder Var. 2 StGB strafbar.

b) Beschlussfassung, die sich als Unterlassen darstellt

Es steht nach den obigen Ausführungen zur Untreue durch Unterlassen außer Zweifel, dass nicht nur der auf aktives Tun angelegten Beschlussfassung Bedeutung zukommt, sondern in jedem Fall auch einer solchen, die ein Unterlassen notwendiger Maßnahmen im Hinblick auf eine mögliche Nachteilsabwendung zu Lasten des Gesellschaftsvermögens zur Folge hat. Genannt werden kann in diesem Zusammenhang beispielsweise ein Vorstandsbeschluss, der darauf gerichtet ist, auf die bei der Kreditvergabe zwingend notwendige Bonitätsprüfung zu verzichten. Versucht man in diesem Zusammenhang zu begründen, dass sich eine solche Entscheidung als Unterlassen darstellt, obschon der Vorstand ja eigentlich durch positives Tun (Stimmabgabe) aktiv geworden ist[1234], so wird man zwangsläufig auf Schwierigkeiten stoßen. Wenngleich eine trennscharfe Grenzziehung zwischen Tun und Unterlassen kaum möglich erscheint, so ist es doch richtig, eine Differenzierung allein nach dem Schwerpunkt der Vorwerfbarkeit vorzunehmen, nicht jedoch nach dem formalen Kriterium des aktiven Stimmverhaltens.[1235] Dieser Schwerpunkt liegt, wenn die eigentlich notwendige, wie auch immer geartete Maßnahme nicht vorgenommen wird, eben doch darauf, dass es unterlassen wurde, den eigentlich gebotenen Beschluss zu fassen. Hier hat also das Unterlassen des entsprechenden Gremiumsbeschlusses die Rechtsgutsbeeinträchtigung herbeigeführt. Im Hinblick auf die bereits ausführlich erörterten Fragen zur Kausalitätsbestimmung muss dann aber auch hier wieder von der beim Unterlassen grundsätzlich umgekehrt anzuwendenden conditio-sine-qua-non-Formel abgewichen und stattdessen auf die Lehre von der gesetzmäßigen Bedingung zurückgegriffen werden. Diese lässt sich erfreulicherweise weitgehend gleich auf alle Verhaltensformen anwenden. Es ist mithin entscheidend, dass in der gleichen Weise wie schon beim oben behandelten Tun gesetzmäßige Abläufe vorliegen, welche unabhängig vom jeweiligen Stimmenverhältnis zum Ausbleiben des Erfolges, also dem Fassen des gebotenen Beschlusses geführt haben.[1236] Auch hier schadet es daher nicht, dass mehrere hinreichende Bedingungen erfüllt sein können; auf hypothetische Überlegungen kommt es mithin nicht an.

---

verzichten; dies vor allen Dingen auch deswegen, weil sich hier kein wirkliches Problem auftat.

[1234] Ein positives Tun ziehen daher in Erwägung: *Pfohl*, NJW 1994, 418, 420; *Beulke/Bachmann*, JuS 1992, 737, 744 (Fn. 102) sowie *Peter*, Strafrechtliche Verantwortlichkeit, 88, für den Fall des einstimmigen Beschlusses aller Gremiumsmitglieder.

[1235] Vgl. zur anzuwendenden wertenden normativen Betrachtung, die auf den Schwerpunkt der Vorwerfbarkeit abstellt, u.a.: BGHSt 6, 46, 59; *Schönke/Schröder-Stree*, Vorbem §§ 13 ff. Rn. 158; *Blei*, AT, 310; kritisch: *Stoffers*, JuS 1993, 23, 24, 27 ff.

[1236] Vgl. *Hilgendorf*, NStZ 1994, 561, 565 f.; *Puppe*, JR 1992, 30, 32.

c) Strafbarkeit bei Stimmenthaltung

Fraglich ist, ob sich auch das Vorstandsmitglied, dass sich seiner Stimme enthält, wegen Untreue strafbar machen kann. Auch hier stellt sich für den Fall einer soliden Mehrheit wiederum die Frage nach der notwendigen Kausalität, die hier zwischen Stimmenthaltung und rechtswidrigem Beschluss vorliegen muss. Nach Teilen der Strafrechtslehre soll nun ein Organmitglied, dass sich die rechtswidrige Beschlussvorlage nicht zu eigen gemacht hat, in Ermangelung eines wesentlichen Tatbeitrages kein Mittäter sein, womit die Zurechnung des Fehlverhaltens der Vorstandskollegen grundsätzlich entfällt.[1237] Dem folgt auch die neuere Rechtsprechung, nach der die Kausalität selbst dann fehle, wenn man eine rechtliche Verpflichtung des Organmitglieds zur Abgabe einer Gegenstimme annehmen würde.[1238] Dieser würde wegen des für die Beschlussfassung geltenden Mehrheitsprinzips keine entscheidende Bedeutung für das Abstimmungsergebnis zukommen.[1239] Gegen die konstatierte Verneinung der Kausalität lässt sich prinzipiell nichts einwenden. Ein Bedürfnis besteht allerdings hinsichtlich der Feststellung, dass auch für das sich enthaltende Vorstandsmitglied zweifellos die durch § 266 StGB sichergestellte Pflicht zum Schutz des Gesellschaftsvermögens besteht, womit die Pflicht zur Verhinderung der letztlich nachteilsbringenden Ausführung des rechtswidrigen Beschlusses höchstwahrscheinlich einhergehen dürfte. Ohne es vorwegnehmen zu wollen, ist schließlich davon auszugehen, dass sich der Umfang der diesbezüglichen Pflicht im Vergleich zwischen rechtstreu und sich enthaltendem Vorstandsmitglied inhaltlich decken dürfte.

2. Strafbarkeit bei eigenem rechtmäßigen Stimmverhalten

Für das Vorstandsmitglied, das selbst rechtstreu votiert, ist eine Strafbarkeit wegen Untreue als Begehungsdelikt nicht denkbar, da die bloße Teilnahme an der Abstimmung ja, wie bereits erörtert, keine Verhaltensnorm verletzt.[1240] Auch über die oben angewandte Figur der Mittäterschaft kann dem einzelnen rechtstreu Stimmenden nicht das Verhalten seiner rechtswidrig votierenden Kollegen zugerechnet werden, da auch diese einen eigenen pflichtwidrigen Beitrag voraussetzt und es obendrein schon an der Einigung über den zu verwirklichenden Taterfolg[1241] bzw. an der Verbindung zu dem Zweck, eine pflichtwidrige Entscheidung zu treffen, fehlen dürfte. Dagegen vermag das eigene rechtmäßige Stimmverhalten eine Untreue durch Unterlassen nicht auszuschließen. Es wurde

[1237] *Franke*, JZ 1982, 579, 583; *Knauer*, Kollegialentscheidung, 206 f.; *Weißer*, Kausalitäts- und Täterschaftsprobleme, 211.
[1238] LG Berlin ZIP 2004, 73, 76.
[1239] LG Berlin ZIP 2004, 73, 76.
[1240] *Tiedemann*, ZIP 2004, 2056, 2057; *Franke*, JZ 1982, 579, 582; *Suarez*, in: Madrid-Symposium für Tiedemann, 1994, 49, 55 f.; LK-*Spendel* (10. Auflage), § 336 Rn. 109. Gleiches gilt für die zivilrechtliche Verantwortlichkeit: *Fleischer*, BB 2004, 2645, 2648; *Foerste*, in: Produkthaftungshandbuch, § 25 Rn. 238.
[1241] *Roxin*, Täterschaft und Tatherrschaft, 285.

bereits im Rahmen der Erörterungen zur Verantwortung der nicht ressortzuständigen Vorstandsmitglieder für vermögensschädigendes Verhalten des Ressortleiters festgestellt, dass die Vorstandsmitglieder als Sonderpflichtige des § 266 StGB auch strafrechtlich verpflichtet sind, das Gesellschaftsvermögen vor Nachteilen zu bewahren.[1242] Im folgenden soll nun unter anderem erörtert werden, welche diesbezüglichen Pflichten dem rechtstreu votierenden Vorstandsmitglied vor und nach der Beschlussfassung im Hinblick auf die Erhaltung der eigenen Straffreiheit auferlegt werden können.

3. Verhaltensanforderungen an das einzelne Vorstandsmitglied vor und nach der Abstimmung im Hinblick auf dessen Straffreiheit

Es hat sich gezeigt, dass das vorstandliche Abstimmungsverhalten in dem Fall, dass es einen Vermögensnachteil der Aktiengesellschaft zur Folge hat, sowohl für die rechtswidrig als auch für die rechtmäßig votierenden Vorstandsmitglieder unter dem Gesichtspunkt der Untreuestrafbarkeit relevant werden kann. Da es bei der in Rede stehenden Beschlussfassung ein Vorher und ein Nachher gibt, wird die folgende Bestimmung der Verhaltenspflicht für beide Zeitpunkte stattfinden müssen. Für den Zeitraum nach der Beschlussfassung ist im Hinblick auf die Verhaltenspflicht dann zwischen der Qualität des Abstimmungsverhaltens – rechtstreu oder rechtswidrig – zu differieren.

Im Hinblick auf die diesbezügliche staatsanwaltliche Ermittlungstätigkeit wird sich nun das Problem stellen, dass sich bei den regelmäßig länger zurückliegenden Abstimmungen im Verdachtsfall nicht mehr herausfinden lässt, wer in welcher Weise abgestimmt hat. Dieses Problem wird darüber hinaus dadurch intensiviert, dass sich die einzelnen Vorstandsmitglieder auf die in der Praxis übliche Geschlossenheit des Vorstands und die Rückendeckung durch die Gesellschaft werden verlassen können. Da aber dieses prozessuale Beweisproblem, so bedauerlich es auch sein mag, nicht das materielle Recht verändern kann, ist es leider insoweit hinzunehmen[1243], so dass im Zweifel vom rechtmäßigen Abstimmungsverhalten aller Vorstandsmitglieder auszugehen ist.[1244] Um dem diesbezüglichen Risiko vorzubeugen, empfiehlt es sich allerdings trotzdem, die Abgabe der rechtstreuen Gegenstimme im Beschlussprotokoll schriftlich vermerken zu lassen.[1245]

a) Vor der Abstimmung

Eine Pflicht des einzelnen Vorstandsmitglieds, bereits vor der Abstimmung Maßnahmen zum Schutz des Gesellschaftsvermögens vorzunehmen, setzt zu-

---

[1242] Siehe oben 6. Teil B IV 3 b cc.

[1243] *Deruyck*, ZStW 103 (1993), 705, 711; *Franke*, JZ 1982, 579, 582.

[1244] *Beulke/Bachmann*, JuS 1992, 737, 742 (Fn. 73); *Deruyck*, ZStW 103 (1993), 705, 711.

[1245] Vgl. MüKo/AktG-*Hefermehl/Spindler*, § 93 Rn. 77; für den GmbH-Geschäftsführer: *Lutter/Hommelhoff*, GmbHG, § 37 Rn. 30; für Aufsichtsratsmitglieder auch *Lutter/Krieger*, Rechte und Pflichten des Aufsichtsrats, Rn. 836; *Zempelin*, AcP 155 (1956), 209, 215.

nächst voraus, dass dieses positive Kenntnis über die durch den Beschluss herbeizuführende vermögensschädigende Maßnahme hat. Die eigenen Anstrengungen, die das Vorstandsmitglied hierbei unternehmen muss, um eine solche Kenntnis zu erlangen, gehen allerdings nicht über die zum Bereich der Ressortaufteilung erarbeiteten Grundsätze hinaus. Zudem ist festzustellen, dass das an der Abstimmung teilnehmende Vorstandsmitglied angesichts des vor allen Dingen auch für den Vorstand geltenden Grundsatzes der Personenautonomie nicht unbedingt den Nachteilseintritt verhindern, sondern vielmehr mit allen rechtlich zulässigen Mitteln auf die anderen Sitzungsteilnehmer einwirken muss, um das Zustandekommen des schädlichen Beschlusses zu verhindern.[1246] Welche verschiedenen Möglichkeiten rechtlich zulässiger Einwirkung existieren, wird im folgenden ermittelt.

aa) Herbeiführung der Beschlussunfähigkeit

Fraglich ist nun, ob das Vorstandsmitglied bei positiver Kenntnis des zu erwartenden Beschlussverhaltens die Pflicht trifft, beispielsweise durch Nichterscheinen oder Verlassen der Vorstandssitzung die Beschlussunfähigkeit des Gremiums herbeizuführen. Obwohl ein rechtswidriger Beschluss auf diese Weise verhindert werden könnte[1247], wird eine solche Verhaltenspflicht im Gesellschaftsrecht eindeutig abgelehnt.[1248] Jedes Vorstandsmitglied ist kraft seiner Amtspflicht gehalten, an den Vorstandssitzungen teilzunehmen. Selbst dann, wenn die Rechtswidrigkeit des avisierten Beschlusses klar zu Tage liegt, könne man dem Vorstandsmitglied nicht die Flucht aus der Vorstandssitzung abverlangen. Dies folge aus der grundlegenden Bedeutung der Beratung für das Beschlussergebnis.[1249] Eine Vorwegnahme bevorstehender Beschlussergebnisse verträgt sich zudem nicht mit der Zäsur, die den Beschluss als notwendig einheitlichen Willensakt von den zuvor geäußerten Einzelstimmen der Vorstandsmitglieder separiert. Trifft das Gesellschaftsrecht diesbezüglich nun aber eine derartig klare Aussage, dann handelt das Vorstandsmitglied auch im Rahmen des Untreuetatbestandes nicht pflichtwidrig, wenn es die tatsächlich vorhandene Möglichkeit, die Beschlussfassung zu verhindern, nicht wahrnimmt.

bb) Niederlegung des Vorstandsamtes

Eine weitere mögliche Maßnahme im Vorfeld der Beschlussfassung könnte die Niederlegung des Vorstandsamtes sein, welche – sofern sie nicht zur Unzeit er-

---

1246 So *Tiedemann*, ZIP 2004, 2056, 2058 (Anm. zu LG Düsseldorf ZIP 2004, 2044 ff.);*ders.*, in: Scholz, GmbHG, vor §§ 82 ff. Rn. 18 sowie § 82 Rn. 31; vgl. auch BGHSt 9, 203, 216; 37, 106, 131.

1247 In diese Richtung: LG Düsseldorf ZIP 2004, 2044, 2045.

1248 *Fleischer*, BB 2004, 2645, 2648.

1249 Näher zur Funktion der Beratung für den Beschluss: *Baltzer*, Der Beschluss, 118 ff.; vgl. auch *Schnorr*, Teilfehlerhafte Gesellschafterbeschlüsse, 108: „Legitimation durch Verfahren".

folgt – grundsätzlich anerkannt ist.[1250] Nun bedeutet die Niederlegung des pflichtenbegründenden Amtes aber nicht zwangsläufig auch die Befreiung von sämtlicher strafrechtlicher Verantwortlichkeit. So versteht zum Beispiel Schünemann[1251] den Verzicht auf die Ausübung von Herrschaftsmacht selbst als Herrschaftsausübung, was wegen der aus der Herrschaft fließenden Garantiepflichten eine Zurechung der dadurch adäquat verursachten Folgen begründe, sofern der Herrschaftsverlust nicht unter Einhaltung der im Verkehr erforderlichen Sorgfalt erfolge.[1252] Er selbst relativiert seine Aussage dann aber insoweit, als bei Unternehmen, bei denen sich die Übertragung der Herrschaft in Form eines Organisationsaktes vollzieht, regelmäßig von einem sorgfaltsgemäßen Herrschaftsverlust auszugehen ist. Bei der Aktiengesellschaft erfolgt die Niederlegung zulässigerweise durch einseitige Erklärung des Vorstandsmitglieds. Früher hat die h.M. noch verlangt, dass sich das Vorstandsmitglied zumindest darauf beruft, dass wichtige Gründe für die Amtsniederlegung vorliegen[1253]. Dieses Erfordernis wurde allerdings bei BGHZ 121, 257, 261 f. für den Geschäftsführer der GmbH aufgegeben[1254], wobei die Lösung anerkanntermaßen für das Aktienrecht zu übernehmen ist.[1255] Aber selbst wenn hinsichtlich einer solchen Übertragung Zweifel aufkommen würden, so wird die durch die Beschlussfassung drohende Strafbarkeit regelmäßig als wichtiger Grund in diesem Sinne zu qualifizieren sein. Legt das Vorstandsmitglied sein Amt nun unter Beachtung der genannten Voraussetzungen nieder, dann steht eines in jedem Fall fest: Eine Pflicht zum Schutz des Gesellschaftsvermögens, also die bei beiden Varianten von § 266 StGB strafbarkeitsbegründende Vermögensbetreuungspflicht kommt ihm dann jedenfalls nicht mehr zu. Abgesehen davon, dass die Amtsniederlegung in einer solchen Konstellation praktisch nur selten vorkommen wird, so ist sie im Falle ihrer Rechtmäßigkeit doch probates Mittel, um einer Untreuestrafbarkeit zu entgehen.

cc) Gerichtliche Verhinderung der Beschlussfassung

Im Hinblick auf ihre Effizienz und Zulässigkeit aber auch ihre persönliche Zumutbarkeit zweifelhaft ist auch die Möglichkeit einer gerichtlichen Verhinderung der Beschlussfassung im Vorfeld oder nach bereits erfolgter Beschlussfassung. Bei allen Beschlüssen, die selbst nicht unmittelbar zur Rechtsgutsverletzung führen, sondern noch eines Ausführungsakts bedürfen, könnte man nämlich grundsätzlich erwägen, dem Vorstandsmitglied im Interesse der größtmöglichen Erhaltung seiner Handlungsfreiheit zu erlauben, die kollegiale Entschei-

---

[1250] BGHZ 78, 82, 84; BGHZ 121, 257, 260 [beide zur GmbH]; BGH AG 1984, 266 [Genossenschaft]; OLG Düsseldorf FGPrax 2001, 82 [GmbH].

[1251] *Schünemann*, Grund und Grenzen, 299; *ders.*, Unternehmenskriminalität und Strafrecht, 99.

[1252] *Schünemann*, Unternehmenskriminalität und Strafrecht, 99.

[1253] So insb. BGHZ 78, 82, 84; a.A. KK-*Mertens*, § 84 Rn. 163: stets wirksam.

[1254] Vgl. seither noch BGH NJW 1995, 2850; OLG Düsseldorf FGPrax 2001, 82.

[1255] *Hüffer*, AktG, § 84 Rn. 36; zust. *Grobys/Littger*, BB 2002, 2292 ff.

dung abzuwarten. Fraglich ist dann allerdings, inwieweit eine Befugnis des einzelnen Vorstandsmitglieds, gegen Beschlüsse des Gesamtvorstands zu klagen, begründet werden kann. Zweifelhaft könnte insoweit nämlich bereits die Klageberechtigung des einzelnen sein, wenn man davon ausgeht, dass dieser einen dem Gremium als ganzes zustehenden Anspruch, wie etwa den der Unterlassungsverfügung gemäß § 940 ZPO[1256], geltend machen will. Die Bedenken erwachsen daraus, dass die Mitglieder des Vorstands nicht durch rechtliche Beziehungen untereinander, sondern nur mit der Gesellschaft verbunden sind.[1257] Ein Anspruch gegen die Kollegen, ihre Stimme nicht pflichtwidrig zu verwenden (rechtmäßige Beschlussfassung), kann dem einzelnen Vorstandsmitglied also unter keinen Umständen zustehen. Betrachtet man in diesem Zusammenhang nun allerdings das sogenannte „ARAG-Garmenbeck"-Urteil des BGH[1258], in dem ausdrücklich – wenn auch nur für den Aufsichtsrat, aber doch bei im übrigen gleicher Interessenlage – die Befugnis eines Organmitglieds anerkannt wurde, gegen Beschlüsse des Gesamtorgans um gerichtlichen Rechtschutz nachzusuchen, so erscheinen die diesbezüglichen Handlungsmöglichkeiten des Vorstands schon weit weniger aussichtlos. Die Befugnis, fehlerhafte Beschlüsse gerichtlich anzugreifen, muss sich auch für den Vorstand aus dem Bedürfnis rechtfertigen, eine objektive Rechtskontrolle von Verbandsbeschlüssen sicherzustellen – und zwar nach Möglichkeit eben auch auf private Initiative von Organmitgliedern. Hätte man diese Befugnis nicht, dann müsste eine staatliche Behörde die deutschen Aktiengesellschaften beaufsichtigen. Diese Idee legitimiert bereits das Recht der Aktionäre, fehlerhafte Hauptversammlungsbeschlüsse ohne Rücksicht auf die eigene subjektive Rechtsbetroffenheit gerichtlich anzugreifen. Nichts anderes kann dann aber in diesem Zusammenhang für das Recht einzelner Vorstandsmitglieder gelten, Beschlüsse des eigenen Organs anzugreifen. Es bedarf mithin auf dem Weg zur Begründung einer Einzelklagebefugnis von Vorstandsmitgliedern gegenüber Vorstandsbeschlüssen keines Rückgriffes auf das angesprochene Postulat eines Anspruchs auf rechtmäßige Beschlussfassung der Kollegen. Bei alledem bleibt jedoch anzumerken, dass der BGH bei seinem Urteil zu „ARAG-Garmenbeck" von der Berechtigung, nicht aber von der Verpflichtung zur Erhebung der Feststellungsklage ausgegangen ist.[1259] Im Regelfall sollte es dabei eigentlich auch sein Bewenden haben.[1260] Eine gerenelle Pflicht zur Klageerhebung würde die weitere Zusammenarbeit im Vorstand nachhaltig

---

1256 Vgl. dazu *Jauernig*, Zwangsvollstreckungs- und Insolvenzrecht, § 37 II; *Scholz-K. Schmidt*, GmbHG, § 45 Rn. 183; *Mertens*, ZHR 154 (1990), 24, 33 f.

1257 Vgl. *Schmitt*, ZIP 1992, 1212; *Schwarz*, Bestellung, 12; KK-*Zöllner*, Einleitung, Rn. 153 ff.

1258 Vgl. BGHZ 135, 244, 248; zuvor bereits BGHZ 122, 342, 350.

1259 Vgl. BGHZ 135, 135, 244, 248.

1260 *Fleischer*, BB 2004, 2645, 2650; ebenso *MüKo/AktG-Hefermehl/Spindler*, § 93 Rn. 77; für überstimmte Aufsichtsratsmitglieder auch: OLG Düsseldorf BB 1996, 230, 231; *Semler-Doralt*, Arbeitshandbuch für Aufsichtsratsmitglieder, § 13 Rn. 39; wohl auch *Stodolkowitz*, ZHR 154 (1990), 1, 17 f.

belasten und der Gesellschaft durch negative Öffentlichkeitswirkung schaden.[1261] Die Berechtigung zur Erhebung der Feststellungsklage sollte sich demnach nur in den Fällen zur Pflicht verdichten, in denen der AG durch die Ausführung des rechtswidrigen Beschlusses ganz erhebliche Vermögensschäden drohen.[1262] In den hier relevanten Fällen einer möglichen Untreuerelevanz von Vorstandsbeschlüssen dürfte allerdings wohl regelmäßig von einer solchen ermessenreduzierenden Situation auszugehen sein.

In der Hauptsache handelt es sich hierbei dann – wie bereits angedeutet – um eine allgemeine Feststellungsklage nach § 256 I ZPO und beim einstweiligen Rechtschutz wäre eine Regelungsverfügung nach § 940 ZPO einschlägig. Es bedarf dann weder in der Hauptsache noch beim einstweiligen Rechtsschutzs eines indivuellen Anspruchs des rechtssuchenden Vorstandsmitglieds.

Nach der Stimmabgabe aber vor Ausführung eines Beschlusses lässt sich eine Einzelklagebefugnis auch noch auf anderer Grundlage begründen. Dies ist vor allem dann der Fall, wenn der Willensbildungsprozess des Gesamtgremiums nicht rechtlich schützenswert ist, weil die Gesamtwillensbildung nachweislich durch unternehmensfremde Erwägungen beeinflusst worden ist. Das Klagerecht wird in diesem Fall § 245 Nr. 5 AktG entnommen und steht grundsätzlich jedem einzelnen Vorstandsmitglied offen, wenn die Vorstandsmitglieder durch die Ausführung des Beschlusses eine strafbare Handlung begehen würden. Zwar erlaubt der Wortlaut der genannten Vorschrift grundsätzlich nur die Anfechtung fehlerhafter Hauptversammlungsbeschlüsse. Sofern der Vorstandsbeschluss jedoch noch der Ausführung bedarf und ebendiese die Gefahr strafbaren Verhaltens des Vorstandsmitglieds in sich birgt, ist die Interessenlage insoweit vergleichbar, dass eine Anwendung auch auf Organbeschlüsse anzuerkennen ist.[1263]

[1261] *Fleischer*, BB 2004, 2645, 2650; für den Aufsichtsrat ebenso *Semler-Doralt*, Arbeitshandbuch für Aufsichtsratsmitglieder, § 13 Rn. 39; *Lutter/Krieger*, Rechte und Pflichten des Aufsichtsrats, Rn. 837.

[1262] *Fleischer*, BB 2004, 2645, 2650; für den Aufsichtsrat ebenso *Lutter/Krieger*, Rechte und Pflichten des Aufsichtsrats, Rn. 837.

[1263] Es ist anerkannt, dass ein einzelnes Vorstandsmitglied zulässigerweise die auf § 245 Nr. 5 AktG basierende Nichtigkeitsklage gegen einen Beschluss des Aufsichtsrats erheben kann, der die Rechtsstellung des Vorstands, wie dies etwa bei Bestellungs- oder Abberufungsbeschlüssen der Fall ist (für die Befugnis der Nichtigkeitsklage in diesem Fall *Vollmer*, GmbHR 1984, 5, 9; auch der BGH hat, ohne die Klagebefugnis näher zu problematisieren, in der Sache über die Klage des Vorstands gegen den Abberufungsbeschluss des Aufsichtsrats entschieden [BGH ZIP 1999, 192]; siehe zum Ganzen auch *Schwab*, Das Prozessrecht gesellschaftsinterner Streitigkeiten, 572). Dem einzelnen Vorstandsmitglied kann es nicht zugemutet werden, die Ausführung des gesetzeswidrigen Beschlusses mit der Folge eigener Strafbarkeit mitzutragen. Es ist daher anzunehmen, dass das einzelne Vorstandsmitglied sich unter analoger Anwendung von § 245 Nr. 5 AktG durch Anfechtung gegen die gesetzeswidrigen Beschlusses zur Wehr setzen kann. Als unabdingabere Voraussetzung ist allerdings auch hier wie im gesetzlichen Grundfall die noch erforderliche Ausführungsbedürftigkeit des Beschlusses zu verlangen.

b) Nach der Stimmabgabe

aa) Bei eigenem rechtstreuem Votum

Ist der Beschluss einmal getroffen, dann wird im Aktienrecht grundsätzlich davon ausgegangen, dass auch das überstimmte Vorstandsmitglied grundsätzlich gehalten ist, die einmal getroffene Mehrheitsentscheidung loyal mitzutragen.[1264] Diese Verpflichtung, die unmittelbar aus dem aktienrechtlichen Kollegialprinzip und der ihm innewohnenden Pflicht zu kollegialer Zusammenarbeit folgt[1265], erfährt jedoch vor allen Dingen bei gesetzeswidrigen Beschlüssen eine wesentliche Einschränkung.[1266] Es besteht mithin nicht nur die durch § 266 StGB strafbewehrte Pflicht zum Schutz des Gesellschaftsvermögens, sondern auch die gesellschaftsrechtliche Verpflichtung, darauf hinzuwirken, dass das Organ, dem das Vorstandsmitglied angehört, bei seiner Geschäftsführung nicht gegen Gesetzesrecht verstößt.[1267] Damit erweitert sich höchstwahrscheinlich auch der Katalog der rechtlich möglichen und vor allen Dingen zumutbaren Maßnahmen, die dem überstimmten Vorstandsmitglied im Hinblick auf die Verhinderung eines beschlussbedingten Vermögensnachteils auferlegt werden können. Die diesbezügliche tatbestandliche Feinzeichnung findet im folgenden statt.

Einigkeit muss im Hinblick auf die Feststellung strafrechtlicher Verantwortlichkeit des rechtstreu votierenden Vorstandsmitglieds insoweit bestehen, als einerseits die bloße Teilnahme an der Beschlussfassung keine strafrechtlichen Folgen nach sich ziehen, die Beteiligung an der anschließenden Ausführung des rechtswidrigen Beschlusses dagegen trotz des zunächst rechtstreuen Votums sehr wohl strafrechtliche Relevanz entfaltet. Problematisch und damit erörterungswürdig ist hingegen die Frage, ob dem Vorstandsmitglied trotz seines rechtstreuen Votums möglicherweise eine strafbewehrte Pflicht zum Einschreiten gegen die Ausführung des rechtswidrigen, das Vermögen der Aktiengesellschaft gefährdenden Beschlusses zukommt. Da die generelle Pflicht zum Schutz des Gesellschaftsvermögens bereits als untreuestrafrechtliche Einstandspflicht für die Vorstandsmitglieder angenommen wurde[1268], kann es auch hier wieder nur darauf ankommen, wie diese Pflicht in der konkreten Situation inhaltlich ausgestaltet ist. Der BGH ist in einer, allerdings die Produkthaftung betreffenden, wegweisenden Entscheidung von Straffreiheit ausgegangen, weil dem einzelnen Vorstandsmitglied gar nicht die Möglichkeit offen stehe, den Schadenseintritt im Alleingang zu verhindern.[1269] Dem kann für den Zeitraum nach der Beschlussfassung nicht nur, was den Schutz des Gesellschaftsvermögens anbetrifft, nicht

---

[1264] Vgl. *Godin/Wilhelmi*, § 77 Rn. 6; *Golling*, Sorgfaltspflicht und Verantwortlichkeit, 73 f., GK-*Hopt*, § 93 Rn. 53; KK-*Mertens*, § 77 Rn. 38.

[1265] Dazu allgemein *Raiser*, Recht der Kapitalgesellschaften, § 14 Rn. 72.

[1266] Vgl. MüKo/AktG-*Hefermehl/Spindler*, § 93 Rn. 77; GK-*Hopt*, § 93 Rn. 53; *Spieker*, DB 1962, 927, 929 f.

[1267] Vgl. *Fleischer*, BB 2004, 2645, 2649.

[1268] Siehe oben 6. Teil B IV 3 b cc.

[1269] BGHSt 37, 106, 125.

zugestimmt werden. Vielmehr ist im Vergleich zum Zeitpunkt vor der Beschlussfassung sogar eher davon auszugehen, dass sich der Katalog der möglichen gesellschaftsinternen- oder externen Gegenmaßnahmen erweitert. Sicher muss im Hinblick auf die Vermeidung von Wertungswidersprüchen allerdings sein, dass die Verhaltenspflichten des rechtstreu votierenden Vorstandsmitglieds inhaltlich keinesfalls so weit gehen können, wie die des Vorstandsmitglieds, dass einer Strafbarkeit nach rechtswidrigem Stimmverhalten durch Verhinderung der Beschlussausführung entgehen möchte.[1270]

Als in diesem Zusammenhang am wenigsten einschneidende und damit zweifellos zumutbare Maßnahme ist zunächst die Möglichkeit der Gegenvorstellung bei den Vorstandskollegen zu nennen.[1271] Hat das Vorstandsmitglied seinen Standpunkt jedoch schon vor der Beschlussfassung unmissverständlich zum Ausdruck gebracht und wurde die Zwecklosigkeit des Einwirkens auf die Kollegen hiermit deutlich, so kann ausnahmsweise auf die Gegenvorstellung verzichtet werden.[1272] Alternativ ist das dissentierende Vorstandsmitglied dann aber jedenfalls zur ebenfalls möglichen und zumutbaren Information des Aufsichtsrats verpflichtet.[1273] Wurde die Möglichkeit der Amtsniederlegung bereits für den Zeitpunkt vor der Beschlussfassung als möglich erachtet[1274], so kann für den Zeitpunkt nach der Beschlussfassung grundsätzlich nichts anderes gelten. Es ist daher auch einhellige Auffassung, dass das überstimmte Vorstandsmitglied berechtigt ist, sein Amt zur Vermeidung von Haftungsrisiken aller Art niederzulegen, wenn die Vorstandsmehrheit an der Ausführung des rechtswidrigen Beschlusses festhält.[1275] Das in jedem Fall bestehende Recht der Amtsniederlegung kann aber nicht zwangsläufig auch in eine diesbezügliche Verpflichtung umgedeutet werden.[1276] Es ist nämlich zu konstatieren, dass der Androhung der Amtsniederlegung zwar eine durchaus nicht zu unterschätzende Rolle als mögliches Druckmittel zukommen kann, richtigerweise wird aber die Beibehaltung der Vorstandstellung im Hinblick auf die direkteren Einflussnahmemöglichkeiten ergiebiger sein als ein stillschweigender Rückzug.[1277] Die denk- und zumutbaren gesellschaftsinternen Möglichkeiten erschöpfen sich nun aber in der vor-

---

1270 *Neudecker*, Strafrechtliche Verantwortlichkeit, 249.

1271 Vgl. MüKo/AktG-*Hefermehl/Spindler*, § 93 Rn. 77; GK-*Hopt*, § 93 Rn. 52 und 53; KK-*Mertens*, § 77 Rn. 38; *Kust*, WM 1980, 758, 761; *Spieker*, DB 1962, 927, 929.

1272 *Fleischer*, BB 2004, 2645, 2649.

1273 Vgl. MüKo/AktG-*Hefermehl/Spindler*, § 93 Rn. 77; GK-*Hopt*, § 93 Rn. 52 und 53; KK-*Mertens*, § 77 Rn. 38; *Kust*, WM 1980, 758, 761; *Spieker*, DB 1962, 927, 929, 930; ferner *Golling*, Sorgfaltspflicht und Verantwortlichkeit, 74 („können").

1274 Siehe oben 6. Teil C III 3 a bb.

1275 Vgl. MüKo/AktG-*Hefermehl/Spindler*, § 93 Rn. 77; GK-*Hopt*, § 93 Rn. 54; KK-*Mertens*, § 77 Rn. 38.

1276 KK-*Mertens*, § 77 Rn. 38.

1277 *Fleischer*, BB 2004, 2645, 2649; ebenso *v. Schenk*, in: Semler, Arbeitshandbuch für Aufsichtsratsmitglieder, E 202.

stehenden Aufzählung[1278]. Selbst wenn nun also auf die aus Effizienzgründen eher abzulehnende Niederlegung des Vorstandsamts verzichtet wird, kann eine Strafbarkeit wegen Untreue durch Unterlassen nicht mehr begründet werden. Entscheidet sich das Vorstandsmitglied demgegenüber doch für die Amtsniederlegung, dann würde es an der Kausalität der Pflichtverletzung fehlen, wenn diese die Ausführung des rechtswidrigen Beschlusses nicht verhindert hätte.[1279]

Ob dem überstimmten Vorstandsmitglied über den begrenzten Katalog der gesellschaftsinternen Maßnahmen hinausgehend auch eine Verpflichtung zur Einleitung gesellschaftsexterner Maßnahmen obliegt, ist schwierig zu beurteilen, da hier ein schmaler Grat zwischen echtem Nutzen und weitergehenden Belastungen für die Gesellschaft bestehen kann. Aus eben diesem Grund ist es auch recht einhellige Ansicht, dass eine Verpflichtung zur Einleitung gesellschaftsexterner Maßnahmen nur im Falle evidenter Kriminalität oder einer den Vorstandsmitgliedern persönlich obliegenden Verantwortung für eigenes rechtmäßiges Verhalten besteht.[1280] Aber selbst im Falle einer Untreue, die zweifelsfrei unter den nach dieser Ansicht pflichtbegründenen Kriminalitätsmoment fällt, zwingt die Beachtung des gesellschaftsrechtlichen Verhältnismäßigkeitsgrundsatzes insoweit zu weitergehender Einschränkung, als von den zur Verfügung stehenden Mitteln grundsätzlich das für die Gesellschaft schonendste ausgewählt werden muss.[1281] Ganz im Sinne dieser Subsidiarität der gesellschaftsexternen Maßnahmen hat der BGH die Abberufung eines Vorstandsmitglieds aus wichtigem Grund bestätigt, dass die Aufsichtsbehörden über angebliche Verfehlungen des Vorstands- und Aufsichtsratsvorsitzenden informiert hatte, ohne zuvor den Aufsichtsrat von den Vorwürfen in Kenntnis zu setzen.[1282] Die oben angedeutete Gefahr einer Kollision zwischen Nutzen und Lasten für die Aktiengesellschaft kann sich nun folgendermaßen äußern:

Offensichtlich ist im Hinblick auf die Offenbarung an gesellschaftsfremde Dritte ein möglicher Konflikt mit der vorstandlichen Pflicht zur Verschwiegenheit, deren Einhaltung die aktienrechtliche Strafvorschrift des § 404 AktG sicherstellen soll. Als Ausgangspunkt gilt hier, dass die Offenbarungspflicht überstimmter Vorstandsmitglieder bei „illegalen Unternehmensgeheimnissen" nicht weiter reichen kann als ihr Rederecht.[1283] Dem wird die h.M. jedoch schon insofern gerecht, als sie ein Anzeigerecht im Hinblick auf rechtswidriges Verhalten der

---

[1278] Siehe 6. Teil C III 3.

[1279] *Fleischer*, BB 2004, 2645, 2649.

[1280] KK-*Mertens*, § 77 Rn. 38.

[1281] KK-*Geilen*, § 404 Rn. 83; *Hachenburg-Kohlmann*, GmbHG, § 85 Rn. 55; allgemein GK-*Hopt*, § 93 Rn. 89.

[1282] BGH WM 1966, 968, 969; dazu auch *Raiser*, Recht der Kapitalgesellschaften, § 14 Rn. 73.

[1283] *Fleischer*, BB 2204, 2645, 2650.

Kollegen bei reinen Bagatellen[1284] oder nur vagem Verdacht[1285] verneint. Darüber hinaus ist ein strengerer Maßstab hier insbesondere auch dann anzulegen, wenn es sich um eine bereits abgeschlossene, präventiv nicht mehr zu beeinflussende und auch für eine künftige Wiederholung nicht in Frage kommende Straftat handelt.[1286] Der aus der Beschlussfassung drohende Nachteil für das Gesellschaftsvermögen erfüllt ersichtlich keines der genannten Einschränkungskriterien, insbesondere verbietet sich aber die diesbezügliche Einordnung als Bagatelle. Aus diesem Grund muss man eine Anzeigepflicht der Vorstandsmitglieder zum Schutz des Gesellschaftsvermögens bejahen, die so weitgehend ist, dass auch den überstimmten Vorstandsmitgliedern zuzumuten ist, ihr nachzukommen. Allerdings kann die hier festgestellte, recht weitgehende Pflichtenbindung des rechtmäßig votierenden Vorstandsmitglieds niemals weiter gehen, als die im folgenden zu ermittelnden Pflichten des rechtswidrig stimmenden Mitglieds im Hinblick auf Erlangung der eigenen Straffreiheit. Erörterungswürdig ist in diesem Zusammenhang schließlich noch die Möglichkeit, den rechtswidrigen Beschluss im Klagewege anzugreifen. Zwar hat der BGH die Berechtigung der Organmitglieder zur Erhebung der Feststellungsklage in der ARAG/Garmenbeck-Entscheidung anerkannt[1287], eine generelle Pflicht zur Klageerhebung sei hieraus jedoch nicht abzuleiten. Hierdurch würde die weitere Zusammenarbeit im Vorstand nachhaltig belastet und der Gesellschaft zudem durch negative Öffentlichkeitswirkung geschadet. Drohen der Gesellschaft durch die Ausführung allerdings erhebliche Vermögensnachteile, dann kann sich das genannte Recht im Gesellschaftsinteresse zur Pflicht verdichten.[1288] Die Beantwortung der Frage, wann von erheblichen Vermögensnachteilen in diesem Sinne gesprochen kann, fällt schwer, sie ist aber wohl nicht erst dann zu bejahen, wenn bereits das Grundkapital der AG betroffen ist.

[1284] Vgl. *Hachenburg-Kohlmann*, GmbHG, § 85 Rn. 55; *Scholz-Tiedemann*, GmbHG, § 85 Rn. 26.

[1285] Vgl. *Hachenburg-Kohlmann*, GmbHG, § 85 Rn. 55; BGH WM 1966, 968, 969.

[1286] KK-*Geilen*, § 404 Rn. 83.

[1287] Vgl. BGHZ 135, 244, 248: „Auf jeden Fall folgt das Feststellungsinteresse aus der Organstellung der Aufsichtsratsmitglieder und ihrer sich daraus ergebenden gemeinsamen Verantwortung für die Rechtmäßigkeit der von ihnen gefaßten Beschlüsse. Das Aufsichtsratsmitglied hat nicht nur das Recht - und die Pflicht -, die ihm im Rahmen seiner Organtätigkeit zugewiesenen Aufgaben in Übereinstimmung mit den Anforderungen, die Gesetz und Satzung an die Erfüllung stellen, wahrzunehmen; aus seiner organschaftlichen Stellung ergibt sich zumindest auch das Recht, darauf hinzuwirken, daß das Organ, dem es angehört, seine Entscheidungen nicht in Widerspruch zu Gesetzes- und Satzungsrecht trifft. Kann es dieses Ziel im Rahmen der Diskussion und Entscheidungsfindung im Aufsichtsrat nicht erreichen, ist es berechtigt, eine Klärung auf dem Klagewege anzustreben. In diesem Fall wendeten sich die Kläger, Mitglieder des Aufsichtsrates der Beklagten, einer Rechtsschutzversicherung in der Form einer Aktiengesellschaft, gegen zwei Aufsichtsratsbeschlüsse, mit denen die Geltendmachung eines Schadenersatzanspruchs gegen den Vorstandsvorsitzenden der Beklagten abgelehnt worden ist; zuvor auch schon BGHZ 122, 342, 350.

[1288] *Fleischer*, BB 2004, 2645, 2650.

Für den im AG-Vorstand höchstwahrscheinlich nur selten vorkommenden Fall, dass ein Vorstandsmitglied der Abstimmung zufällig oder bewusst fernbleibt, bleiben die Rechtsgüterschutzpflichten selbst beim nur zufälligen Fernbleiben in jedem Fall bestehen. Der in der Abwesenheit gefasste Beschluss ist eigenständig zu prüfen, wobei die Feststellung der Rechtswidrigkeit zumindest eine nachträgliche Pflicht zum Widerspruch zur Folge haben muss.[1289] Dringt das sitzungsabwesende Vorstandsmitglied mit seinem Widerspruch nicht durch, so treffen es die gleichen Verhaltenspflichten, die für überstimmte Vorstandsmitglieder gelten.[1290] Dagegen ist bei einem bewussten Fernbleiben von der Vorstandssitzung in Kenntnis der Rechtswidrigkeit des zu fassenden Beschlusses die Annahme pflichtwidrigen Unterlassens bereits dadurch begründet, dass die Möglichkeit des Widerspruchs während der Beschlussfassung nicht wahrgenommen wurde.[1291]

bb) Bei eigenem rechtswidrigem Votum

In der keinesfalls als Einzelfall zu bezeichnenden Konstellation, dass sich die Tathandlung allein in der Beschlussfassung erschöpft, ist grundsätzlich von der Konkretheit der nachteilsbegründenden Vermögensgefährdung auszugehen, so dass die Untreue mit gefasstem Beschluss vollendet ist. Einzuordnen ist hierunter der Großteil der Treubruchsfälle, die ja bekanntlich keine Außenwirkung erfordern. Hier erfolgt die nachteilsbegründende Ausführung entweder schon zeitgleich mit dem gefassten Beschluss oder nur unwesentlich danach, so dass nicht am Vorliegen der schadensgleichen konkreten Vermögensgefährdung zu zweifeln ist. Paradebeispiel sind diesbezüglich die Vorstandsentscheidungen, die darauf ausgerichtet sind, nichts zu unternehmen. In diesen Fällen steht den rechtswidrig votierenden Vorstandsmitgliedern keine Möglichkeit mehr offen, durch Gegenmaßnahmen Straffreiheit zu erlangen. Dies liegt an der schnellen Vollendung und vor allen Dingen auch an der fehlenden Versuchsstrafbarkeit im Rahmen des § 266 StGB. Hier ist schließlich auch keine analoge Anwendung der Regeln über die tätige Reue in Erwägung zu ziehen. Deren Grundsätze sind nämlich schon de lege lata keiner über die geregelten Fälle hinausgehenden Erweiterung zugänglich[1292] und außerdem lässt sich auch gar kein in diese Richtung gehendes Bedürfnis erblicken, wenn man berücksichtigt, dass Vorstandsmitglieder keinesfalls als juristische Laien behandelt werden dürfen.

[1289] *Neudecker*, Strafrechtliche Verantwortlichkeit, 250; *Schmidt-Salzer*, Produkthaftung I, 1.276.

[1290] *Fleischer*, BB 2004, 2645, 2651.

[1291] Vgl. *Neudecker*, Strafrechtliche Verantwortlichkeit, 250; für die zivilrechtliche Verantwortung MüKo/AktG-*Hefermehl/Spindler*, § 93 Rn. 78; MüKo/AktG-*Semler*, § 116 Rn. 58 (für den Aufsichtsrat).

[1292] *Hillenkamp*, in: Wiedergutmachung und Strafrecht, 81, 88; *Schmidhäuser*, AT (Studienbuch), 11/100.

Denkbar sind aber durchaus auch zahlreiche Fälle, in denen der Beschluss noch einer zeitlich nachfolgenden Ausführung – so vor allen Dingen in den Fällen der Missbrauchsuntreue – bedarf. Liegt hier nun regelmäßig ein gewisses Zeitfenster zwischen Beschluss und Ausführung, dann vermag der reine Beschluss eine Untreuestrafbarkeit aus den genannten Gründen noch nicht zu begründen. Hier besteht für die zunächst rechtswidrig votierenden Vorstandsmitglieder die grundsätzliche Möglichkeit, den Abstimmungserfolg zu verhindern und damit trotz der vorausgegangenen rechtswidrigen Abstimmung straffrei auszugehen. Im Hinblick auf die Verhinderung des Nachteilseintritts, der die Strafbarkeit wegen § 266 StGB besiegeln würde, stehen dem rechtswidrig Stimmenden nun prinzipiell die gleichen Möglichkeiten offen, die im Rahmen der Ausführungen zu den Pflichten des rechtmäßig votierenden Vorstandsmitglieds nach der Beschlussfassung gemacht wurden. Im Gegensatz zu letztgenanntem kann man dem rechtwidrig votierenden Vorstandsmitglied hierbei jedoch keine Resignation zugestehen. Ist der Verhinderungsversuch erfolglos, dann tritt die Strafbarkeit ein. Allerdings kommen dem nicht handelnden Vortandsmitglied selbstverständlich die erfolgreichen Rettungsversuche des oder der Kollegen zugute. In jedem Fall hat sich auch das rechtswidrig votierende Vorstandsmitglied bei seinen Bemühungen an die Vorgaben zu halten, die das Gesellschaftsrecht im Hinblick auf das Funktionieren der Aktiengesellschaft aufstellt.

4. Verantwortlichkeit bei Passivität bzw. Verletzung einer Initiativpflicht

Abschließend ist im Rahmen der vorstehenden Fragestellung noch auf die Konstellation einzugehen, in der das Unterlassen einer nachteilsverhindernden Maßnahme nicht darauf basiert, dass im Vorstand keine entsprechende Mehrheit zustande gekommen ist, sondern darauf, dass es überhaupt nicht zu einer Erörterung im Vorstand gekommen ist. Nach den bisherigen Erörterungen steht fest, dass jedes Vorstandsmitglied rechtlich verpflichtet ist, die Verwirklichung von Nachteilen für das Gesellschaftsvermögen zu verhindern. Den größtmöglichen diesbezüglichen Erfolg verspricht zweifellos die Einschaltung des Gesamtvorstands, sprich die Anregung einer Entscheidung im Gremium. Diese Initiativpflicht ist aber nur eine Vor-Pflicht auf dem Weg zum rechtlich gebotenen Stimmverhalten, welches die Erfüllung der Verhaltenspflichten erst komplettiert. Eigenständige Bedeutung kommt dieser Konstellation mithin nur dann zu, wenn es nicht zu einer Beschlussfassung gekommen ist, da ansonsten die Abstimmung der nähere Anknüpfungspunkt ist. Ist nun zumindest ein Mitglied seiner Initiativpflicht nachgekommen, so sind die anderen Mitglieder von der Pflicht befreit.[1293] Da der Dienstvertrag die Vorstandsmitglieder zum gesellschaftsinternen Ausgleich verpflichtet[1294], ist die Einberufung zwar grundsätz-

[1293] *Neudecker*, Strafrechtliche Verantwortlichkeit, 256.

[1294] LG Köln, AG 1976, 329; *Bork*, ZGR 1989, 1, 20; *Ebenroth/Lange*, GmbHR 1992, 69, 74; *Hommelhoff*, ZHR 143 (1979), 288, 312; *Kassebohm/Malorny*, BB 1994, 1361, 1363; *Peter*, Strafrechtliche Verantwortlichkeit, 90, 94; *Steinbeck*, Überwachungspflichten, 223; *Stodolkowitz*, ZHR 154 (1990), 1, 14.

lich nur in den durch das Gesellschaftsrecht oder die Satzung geregelten Fällen zulässig, im Hinblick auf die Bedeutung des Rechtsguts Gesellschaftsvermögen wird hiervon aber immer dann eine Ausnahme als zulässig und zumutbar erachtetet werden müssen, wenn der Dienstweg die Maßnahme so sehr verzögern würde, dass sie zu spät käme.

Fraglich ist nun jedoch, inwieweit sich eine solche Pflichtverletzung (der Initiativpflicht) in dem eintretenden Vermögensnachteil niederschlagen kann, ob mithin der maßgebende Kausalzusammenhang zwischen dem pflichtwidrigen Unterlassen und dem Eintritt des Vermögensnachteils gegeben ist. Auch bei den unechten Unterlassungsdelikten wird die Feststellung der Kausalität nach herrschender, aber nicht unumstrittener Ansicht[1295] mit Hilfe der conditio-sine-quanon-Formel bewerkstelligt. Ob dies so nun aber auch für die vorliegende Konstellation gilt, ist durchaus zweifelhaft, da auch die Einberufung der Vorstandssitzung keinerlei Gewähr für eine im Endeffekt rechtmäßige, nachteilsverhindernde Lösung zu garantieren vermag. Berücksichtigt man in diesem Zusammenhang nun aber einerseits, dass das Ziel der Verhaltensnorm nicht in der Herbeiführung irgendeines kollegialen Beschlusses gesehen werden darf, sondern allein im Schutz des bedrohten Rechtsgutes und geht man andererseits nachvollziehbar davon aus, dass sich die beschlussfassenden Vorstandsmitglieder rechtstreu verhalten werden, die Befolgung der Initiativpflicht mithin regelmäßig in eine schadensverhindernde Beschlussfassung mündet, so lässt sich der erforderliche Kausalzusammenhang auf zufriedenstellende Weise begründen.[1296] Mit Sicherheit zu verneinen ist die Kausalität eigentlich nur dann, wenn aufgrund einer sicher deutbaren Stimmungslage bzw. Erfahrungen aus der Vergangenheit keinesfalls mit einem rechtstreuen Votum zu rechnen ist.[1297] Nimmt man die Kausalität nun folgerichtig an, so ist damit über das Vorliegen des Korrektivs der objektiven Zurechnung noch nichts gesagt. Das Vorstandsmitglied, dem man die Verletzung der Initiativpflicht vorwirft, wird sich im Rahmen seiner Einlassung darauf berufen, dass es den Schaden auch bei angestrengter Beschlussfassung nicht hätte verhindern können, da ihm der Einfluss auf die Kollegen fehle. Dem Vorstandsmitglied ist die Befreiungswirkung seines Verweises auf das pflichtwidrige Verhalten der Gremiumskollegen aber in jedem Fall zu versagen. Das Verhalten des einzelnen muss im Zusammenhang mit dem der Kollegen betrachtet werden. Alle Vorstandsmitglieder hätten den schädlichen Erfolg abwenden können, wenn sich jeder pflichtgemäß verhalten hätte, so dass der Erfolg mithin jedem zuzurechnen ist, der seine Pflicht verletzt hat.[1298] Im Ergebnis ist daher festzuhalten, dass die Verletzung der Initiativpflicht durch ein Vorstandsmitglied aufgrund der gegenüber dem Vermögen der Gesellschaft be-

---

[1295] Siehe nur BGHSt 6, 1, 2; 37, 106, 126; *Jescheck/Weigend*, AT, 619; *Schönke/Schröder-Stree*, § 13 Rn. 61.
[1296] So auch *Poseck*, Strafrechtliche Haftung, 167.
[1297] *Poseck*, Strafrechtliche Haftung, 164.
[1298] *Samson*, Hypothetische Kausalverläufe, 146.

stehenden Erfolgsverhinderungspflicht strafrechtlich als Untreue durch Unterlassen geahndet werden kann, soweit auch deren weitere Voraussetzungen vorliegen.

Zusammenfassung der wesentlichen Ergebnisse

1. Teil

Nach ersatzloser Streichung des die aktienrechtliche Organuntreue explizit regelnden § 294 AktG 1937 im Jahr 1965 wird die Untreue durch den Vorstand der Aktiengesellschaft nur noch durch den allgemeinen Untreuetatbestand des § 266 StGB erfasst. Trotz aller Bedenken gegen dessen tatbestandliche Weite ist davon auszugehen, dass § 266 StGB den überwiegenden Teil schädigender Eingriffe in das Gesellschaftsvermögen in sachgerechter und umfassender Weise erfasst.

Im Hinblick auf die vorab zu stellende, grundsätzliche Frage, wie intensiv der Einfluss der beiden hier relevanten Rechtsgebiete Strafrecht und Gesellschaftsrecht auf die Bestimmung der Tatbestandsmerkmale von § 266 StGB zu sein hat, konnte folgendes festgestellt werden: Das Vermögen der Aktiengesellschaft ist nach § 1 AktG objektiv der Gesellschaft selbst zugeordnet und damit geschütztes Rechtssubjekt im Sinne von § 266 StGB. Es ist der Aktiengesellschaft nicht nur objektiv-formal, sondern auch grundsätzlich materiell-rechtlich mit der Folge zugeordnet, dass der materielle Vermögensschutz im Bezug auf seine Gesamtheit eingreift. Um diesen Gleichlauf von strafrechtlichen und gesellschaftsrechtlichen Vorgaben sicherzustellen, gebietet es der materiell-vermögensschützende Charakter des § 266 StGB, seine tatbestandlichen Voraussetzungen grundsätzlich, keinesfalls jedoch ausschließlich an den gesellschaftsrechtlichen Vorgaben zu orientieren und daher die Strafbarkeit des Vorstands im Hinblick auf Handlungen und Rechtsgeschäfte zumindest auch an den gesellschaftsrechtlichen Vorgaben auszurichten. Ein solches Bedürfnis besteht vor allen Dingen auch im Hinblick auf den Grundsatz der Einheit der Rechtsordnung.

2. Teil

Sowohl nach strafrechtlichem als auch wirtschaftswissenschaftlichem Verständnis sind die mit Blick auf § 266 StGB besonders relevanten Risikogeschäfte als geschäftliche Dispositionen zu qualifizieren, bei denen ungewiss ist, ob Konsequenz eine Vermögensschädigung ist. Typische Erscheinungsformen im Zusammenhang mit der Vorstandstätigkeit in der Aktiengesellschaft sind Kreditvergaben (1.), Spekulationsgeschäfte (2.), Schmiergeldzahlungen (3.) und schließlich das Sanktionsrisiko bei Ordnungswidrigkeiten bzw. Straftaten zugunsten der Aktiengsellschaft (4.).

1. Im Rahmen von Kreditvergabeentscheidungen ist die Tätertauglichkeit des Vorstands vor allen Dingen im Zusammenhang mit Großkrediten von Bedeutung. Hierbei ist zu beachten, dass die reine Kreditbewilligung als interne Maßnahme allein dem Treubruchstatbestand unterfallen kann, wogegen die Kreditzusage als Missbrauchsuntreue zu prüfen ist. Die Pflichtwidrigkeit der Kreditvergabe darf entgegen der Ansicht des 1. Strafsenats des BGH aus dem Jahr

2001 nicht mit der Verletzung der in § 18 KWG normierten Pflicht gleichgesetzt werden. Zwar sind die Vorschriften des KWG in der Praxis regelmäßig in das Innenverhältnis zwischen Aktiengesellschaft und Vorstand miteinbezogen, dies bedeutet aber dennoch nur, dass der Verletzung von § 18 KWG indizielle Bedeutung zukommt. Die Abwägung der Chancen und Risiken des Kredits hat sich darüber hinaus an eigenen, vom KWG unabhängigen, zumindest jedoch nicht allein am KWG angelehnten Kriterien zu orientieren. Der Vermögensnachteil der AG ergibt sich bei der Kredituntreue nicht schon aus der Bankregelverletzung an sich, sondern erscheint in der Regel als schadensgleiche Vermögensgefährdung, die in dem Saldo aus weggegebenem Geldbetrag und gefährdetem Rückzahlungsanspruch zu sehen ist. Darüber hinaus kann ein Vermögensnachteil hier auch über die Grundsätze zum persönlichen Schadenseinschlag begründet werden, wenn die Aktiengesellschaft infolge der Kreditverpflichtung nicht mehr über die Mittel verfügen kann, die zur ordnungsgemäßen Erfüllung ihrer Verbindlichkeiten erforderlich sind. Im Bezug auf den subjektiven Tatbestand kann der vom BGH vertretenen Vorgehensweise, aus dem Wissenselement des dolus eventualis auf das Wollenselement zu schließen, nicht gefolgt werden. Vielmehr bedarf es jeweils einer eingehenden Einzelprüfung von Wissens- und Wollenselement.

Im Hinblick auf den Sonderfall des sogenannten Sanierungskredits wurde festgestellt, dass die Vergabe eines solchen an einen illiquiden Kreditnehmer durchaus pflichtgemäß im Sinne von § 266 StGB sein kann, soweit diese auf einem wirtschaftlich vernünftigen Gesamtplan beruht. Unterlässt der Vorstand die nach den Grundsätzen ordnungsgemäßen Wirtschaftens erforderliche Kreditvergabe an das illiquide Vertragsunternehmen, so ist nach alledem Untreue gegeben, wenn der Kredit mit an Sicherheit grenzender Wahrscheinlichkeit die Rettung des Unternehmens und damit auch der bereits gewährten Altkredite zur Folge haben würde. Hinsichtlich der Wahrscheinlichkeit der Gesundung genügt die Erkennbarkeit in zumutbarer Weise.

2. Im Bereich der Spekulationsgeschäfte als weiterer Erscheinungsform der Risikogeschäfte ist vor allen Dingen zwischen Aktienspekulationen und Termingeschäften zu unterscheiden. Erstere sind pflichtwidrig im Sinne von § 266 StGB bei Beteiligung an einem Unternehmen, dass einem Geschäftszweig entstammt, der nicht in Einklang mit dem in der Satzung angegebenen Unternehmensgegenstand der AG zu bringen ist. Entspricht die Beteiligungsrichtung dagegen dem satzungsgemäßen Unternehmensgegenstand, so hat der Vorstand das besondere Risiko des Wertpapierwerbs durch maximale Diversifikation auf ein Minimum zu reduzieren, um sich pflichtgemäß zu verhalten. Termingeschäfte sind dagegen im Vergleich zu Aktienspekulationen mit einem wesentlich höheren Verlustrisiko behaftet. Bei ihnen ist ein im Sinne von § 266 StGB erhöhter Sorgfaltsmaßstab anzusetzen. Im Rahmen des Vermögensnachteils stellte sich dann die wichtige Frage, inwieweit den erworbenen Wertpapieren Kompensationsfähigkeit zugestanden werden kann. Im Hinblick auf die Gefahr von Kursverlusten ist diese danach nur insoweit anzunehmen, als die kurzfristig zu erwartende Kursentwicklung ausreichend Berücksichtigung findet.

3. Die Zahlung von Schmiergeldern ist immer dann pflichtwidrig im Sinne von § 266 StGB, wenn sie einen Straftatbestand erfüllt oder gegen die Vermögensinteressen der Aktiengesellschaft verstößt. Im Hinblick auf die Begründung des Nachteils ist nicht auf die isolierte Zahlung abzustellen, sondern zu berücksichtigen, dass diese Teil einer wirtschaftlich vorteilhaften Gesamtstrategie sein kann. Sind die in diesem Zusammenhang erwarteten Gewinnaussichten nicht nur höchst zweifelhaft, durfte mit ihnen also nach verständiger Würdigung gerechnet werden, so entfällt der Nachteilszufügungsvorsatz. Empfängt das Vorstandsmitglied demgegenüber Schmiergelder und führt diese nicht an die Aktiengesellschaft ab, kommt nur ausnahmsweise der Treubruchstatbestand in Betracht, wenn sich aus der Würdigung der Intention des Geschäftspartners bei Zahlung ergibt, dass diese der AG zustehen sollte. Ein Nachteil besteht darüber hinaus nur dann, wenn die Schmiergeldzahlungen in die Kalkulation des Bestechenden eingestellt waren. Für den Fall, dass trotz der Nichtherausgabe des Schmiergelds eine Exspektanz, also die hohe Wahrscheinlichkeit auf Erlangung eines ausgleichenden Vermögensvorteils bestand, kann der Nachteil kompensiert werden.

Im Sonderfall der Vereinbarung eines sog. „kick-backs“, welcher als aktive Vernichtung der Chance auf ein besseres Geschäft zu qualifizieren ist, nicht jedoch als unterlassene Wahrnehmung der nur zivilrechtlich begründeten Pflicht zur Vermögensmehrung, ist die Begründung des Vermögensnachteils nur im Fall einer personalisierten Exspektanz problematisch. Nur, wenn das Vorstandsmitglied eine zugunsten der AG bestehende personalisierte Exspektanz vernichtet, ist ein Vermögensnachteil der AG anzunehmen.

4. Zumeist begeht der Vorstand mögliche Straftaten oder Ordnungswidrigkeiten im Zusammenhang mit Risikogeschäften zugunsten der Aktiengesellschaft. Eine Strafbarkeit wegen Untreue lässt sich dann aber, abgesehen von den oben festgestellten Voraussetzungen, nicht allein damit begründen, dass dieses Fehlverhalten Auslöser für eine Sanktion ist, die unmittelbar oder mittelbar die Aktiengesellschaft trifft. Zwar wäre die drohende Sanktion im Falle der Bejahung der Pflichtwidrigkeit auch als Vermögensnachteil, nämlich in From einer schadensgleichen Vermögensgefährdung qualifizierbar. Zu berücksichtigen ist hier jedoch in besonderem Maße eine mögliche Kompensation, die in der Regel der übergeordnete Zweck des sanktionsbedingten Fehlverhaltens gewesen sein dürfte. Die durch das Fehlverhalten herbeigeführten Folgeverträge sind jedoch nur insoweit kompensationsfähig, als ihre Wirksamkeit nicht selbst durch das rechtswidrige Vorverhalten erfasst werden. Dies ist vor allen Dingen dann der Fall, wen deren Ausgestaltung zuungunsten des Geschäftsherrn erfolgt, andererseits, wenn sich der Schutzzweck der Sanktionsnorm auch auf den Folgevertrag bezieht (§§ 134, 138 BGB).

Für alle hier erwähnten Erscheinungsformen von Risikogeschäften wurde die in § 91 II AktG normierte Pflicht als treuhänderische Sorge im Sinne von § 266 StGB qualifiziert. Zudem galt es insbesondere im Hinblick auf Risikogeschäfte die Frage zu klären, ob ein Einverständnis des Vermögensinhabers die Pflichtwidrigkeit der Handlung entfallen lassen kann. Hier wurde festgestellt, dass jeder Eingriff des Vorstands in das aktienrechtlich geschützte Vermögen einem strafrechtlichen Verbot unterliegt. Damit sind die dem Vermögensschutz zuwiderlaufenden Verstöße auch bei Zustimmung sämtlicher Aktionäre als Untreue zu Lasten der AG zu bewerten; es sei denn es liegt ein Ausnahmefall gemäß §§ 71 I, 71 d Satz 2, 237 II, III, 26, 222 AktG vor.

3. Teil

1. Unternehmensspenden durch den Vorstand sind grundsätzlich gesellschafts- und damit auch strafrechtlich zulässig. Dies folgt aus dem Ziel dauerhafter Rentabilität, für dessen Erreichung die AG auf den Rückhalt aller sozialen Bezugsgruppen angewiesen ist. Deren Akzeptanz wird aber insbesondere auch durch finanzielle Zuwendungen erreicht. Grenzen der Kompetenz zur Spendenvergabe werden durch die Größe und finanzielle Situation der AG sowie die soziale Akzeptanz der Spende markiert. Darüber hinaus entscheidet diesbezüglich die Frage der Nähe zum Unternehmensgegenstand und das zwingende Verbot rein privater Interessen über die Pflichtgemäßheit. Nur eine gravierende Verletzung dieser Kriterien führt jedoch im Einzelfall zur Pflichtwidrigkeit. Diese Grundsätze gelten auch für Spenden im engeren Sinne, die einen gemeinnützigen Zweck verfolgen, mithin also auch Parteispenden.

2. Im Zusammenhang mit der Vergütung von Vorstandsmitgliedern besteht ebenfalls die dringende Gefahr der Untreuestrafbarkeit. Vermögensbetreuungspflichtig ist hier jedoch zunächst nur der Aufsichtsrat als für die Vergütungsentscheidung zuständiges Organ. Die bei seiner Vergütungsentscheidung zu beachtende Pflichtenbindung hängt in erster Linie von materiellen Kriterien und hier weniger von der Sicherung des Rentabilitätsinteresses als von der Wahrung der Angemessenheit der Vergütung im Sinne des § 87 AktG ab, welche natürlich mit dem erstgenannten Kriterium verknüpft ist. Die Angemessenheit ergibt sich wiederum aus dem Verhältnis zwischen der Vergütung und dem Wert der Managementleistung. Damit die Pflichtwidrigkeit angenommen werden kann, muß ein gravierender Verstoß gegen die aktienrechtlichen Vorschriften vorliegen. Dies ist im Hinblick auf das Festgehalt der Fall, wenn die aus der Vergütungszusage fließende finanzielle Verpflichtung eine derart erdrosselnde Wirkung für die Aktiengesellschaft hat, dass eine Erreichung des Ziels dauerhafter Rentabilität ausgeschlossen erscheint bzw. die Vergütung aus dem Marktumfeld deutlich heraussticht oder wenn sich die Vergütungshöhe überwiegend an Gesichtspunkten orientiert, die in keinem Bezug zu den in § 87 AktG genannten Kriterien stehen. Dagegen ist die Gewährung variabler Vergütungsbestandteile wie z.B. Aktienoptionen unverhältnismäßig und damit pflichtwidrig, wenn ihre Parameter so weit gefasst werden, dass auch ein Verhalten belohnt wird, das nicht belohnt werden sollte, jedoch eigentlich in einer mit angemessenem Aufwand zu realisierenden Anpassung der Vergütungskriterien ausgeklammert werden könnte. Für die im Fall „Mannesmann/Vodafone" relevanten „appreciation awards" stellt sich die Frage der Angemessenheit erst gar nicht, da diese als nutzengelöste Hingabe von Gesellschaftsvermögen in jedem Fall dem Unternehmensinteresse zuwiderlaufen und daher bereits ihre Gewährung an sich pflichtwidrig ist.

Im Hinblick auf den Vermögensnachteil wurde festgestellt, dass einer durch den Vorstand erreichten Erhöhung des Börsenkurses der AG keine Kompensationswirkung im Hinblick auf eine zuvor erfolgte unangemessene Vorstandsvergütung zugestanden werden kann. Dies folgt nicht zuletzt daraus, dass die durch den Kursanstieg rückfließenden Vermögenswerte nicht auf die Vergütungsentscheidung des Aufsichtsrats zurückzuführen sind. Diese Unmittelbarkeit ist aber gerade zwingendes Erfordernis für die Bejahung der Schadenskompensation.

Für die Strafbarkeit des Vorstands gilt in diesem Zusammenhang, dass eine Täterschaft vor Abschluss des Anstellungsvertrages wegen fehlender Vermögensbetreuungspflicht ausscheidet und daher allenfalls Beihilfe in Betracht kommt. Nach Abschluss des Anstellungsvertrages besteht zwar die erforderliche Vermögensbetreuungspflicht, die Möglichkeiten der Einflussnahme des Vorstands auf die Vergütungsentscheidung sind jedoch so gering, dass auch diesbezüglich regelmäßig nur eine Strafbarkeit als Gehilfe im Sinne von § 27 StGB in Betracht kommen wird.

4. Teil

1. Für die Buchführung und die Aufstellung des Jahresabschlusses ist der Vorstand nach dem Aktiengesetz verantwortlich. Pflichtverletzung im Sinne von § 266 StGB ist bereits die unordentliche Buchführung an sich. Der Vermögensnachteil in Form der schadensgleichen Vermögensgefährdung kann sich zum einen daraus ergeben, dass es aufgrund der unordentlichen Buchführung unmöglich wird, ökonomisch sinnvolle Entscheidungen zu treffen. Dies ist selbst dann der Fall, wenn die einzelne Fehlbuchung und ihr für den konkreten Fall nachteiliger Effekt nicht festgestellt werden kann. Daneben besteht die Möglichkeit, dass die Gesellschaft durch die Gesellschaftsgläubiger doppelt in Anspruch genommen wird. Bedenkt man nämlich, dass Verbindlichkeiten der Aktiengesellschaft in der Regel nach dem gegenwärtigen Buchungstand beglichen werden, dann ist die Wahrscheinlichkeit einer Doppelzahlung so nahe liegend, dass bereits hierin eine konkrete Vermögensgefährdung gesehen werden muss. Schließlich kann sich der Vermögensnachteil aber auch daraus ergeben, dass infolge der

unrichtigen Bilanz zu Unrecht Dividenden an die Aktionäre ausgeschüttet werden.

2. Eine Untreuestrafbarkeit des Vorstands wegen Verletzung der aktiengesetzlich normierten Pflicht zur Verschwiegenheit kommt vor allen Dingen deswegen in Betracht, weil diese Pflicht als Ausfluss der allgemeinen Treuepflicht dem Unternehmensinteresse dient und damit der Vermögensbetreuungspflicht des Vorstands unterfällt. Verletzt wird diese Pflicht bereits mit jeglicher Form der Offenbarung, es sei denn, die Offenbarung ist unter den engen Voraussetzungen einer „due diligence"-Prüfung im Rahmen der Veräußerung einer wesentlichen Beteiligung an der Aktiengesellschaft ausnahmsweise erlaubt. Darüber hinaus kann der Vorstand als für die Offenbarung von Geheimnissen zuständiges Organ ein tatbestandsausschließendes Einverständnis herbeiführen, sofern sich die erklärte Offenbarungsgestattung noch innerhalb der Grenzen des § 93 I 2 AktG bewegt. Zu einem Vermögensnachteil kommt es nicht durch die Preisgabe des Geheimnisses allein, sondern erst durch die Verwertung des Geheimnisses durch einen Dritten. Daran kann auch das Institut der schadensgleichen Vermögensgefährdung nichts ändern, das hier nicht zum Tragen kommt. § 266 StGB kommt auch dann in Betracht, wenn gleichzeitig der Spezialtatbestand des § 404 AktG verwirklicht ist, da § 266 StGB über § 404 AktG hinausgehend den Schutz des Gesellschaftsvermögens bezweckt.

3. Vermögensverschiebungen im Zeitpunkt der Krise der Aktiengesellschaft können neben den Bankrott- und Insolvenztatbeständen auch nach § 266 StGB strafbar sein. Hierbei ist zu beachten, dass die Interessenformel des BGH primär objektiv und im übrigen nicht zwingend zur Anwendung kommt, sondern nur als wichtiges Indiz fungiert. Es kommt daher bei gläubigergefährdenden- oder schädigenden Vermögensminderungen durch den Vorstand sowohl eine Bestrafung aus den §§ 283 ff. StGB als auch aus § 266 StGB in Betracht. Der Vorstand ist mithin immer auch tauglicher Täter im Sinne der §§ 283 ff. StGB, wenn er organspezifische Einwirkungsmöglichkeiten ausnutzt, als nicht nur bei Gelegenheit handelt. Als untreuerelevante Bankrotthandlungen kommen nahezu alle Tathandlungen der §§ 283 ff. StGB als auch des § 401 AktG in Betracht.

4. Eine Untreue durch Insidergeschäfte des Vorstands kommt nicht in Betracht. Dies folgt daraus, dass Insidergeschäfte grundsätzlich für eigene Rechnung getätigt werden. Der Vorstand als gesellschaftsbezogener Insider handelt in diesen Fällen mithin als eigenständiges Vermögenssubjekt, nicht aber in seiner Funktion als Treuhänder für das Gesellschaftsvermögen, welches zudem nicht in den Schutzzweck des Insiderhandelsverbots miteinbezogen ist. Die Missachtung des Insiderhandelsverbots verletzt somit keine spezifische Vermögensbetreuungspflicht. Gleiches gilt für die Untreuerelevanz von Börsenmanipulationen. Der Gesetzgeber wollte dem Vermögen der Aktiengesellschaft bei der Schaffung der Kapitalmarktdelikte keinen, nicht einmal einen reflexartigen Schutz zukommen lassen. Der Schutz des Kapitalmarktes überwiegt hier so sehr, dass die Verletzung der Vermögensbetreuungspflicht durch Kursmanipulationen nicht begründbar ist.

5. Teil

Im Rahmen der für die Aktiengesellschaft so bedeutenden Konzernverbindungen muss in erster Linie die Frage nach der Vermögensbetreuungspflicht des Vorstands gestellt werden, welcher dieser stellvertretend für seine Aktiengesellschaft dieser bzw. dem konzernverbundenen Unternehmen gegenüber zu beachten hat.

1. Vertragliche Konzernverbindungen

Hier wurde für den Beherrschungsvertrag festgestellt, dass dem Vorstand der herrschenden Gesellschaft eine Vermögensbetreuungspflicht gegenüber der abhängigen Gesellschaft zukommt. Sie folgt aus der Rechtsmacht gegenüber der abhängigen Gesellschaft, die das herrschende Unternehmen aus dem Beherrschungsvertrag ableitet. Diese Rechtsmacht reicht nicht selten bis hin zur Möglichkeit faktischer Beherrschung, wobei jedoch vorauszusetzen ist, dass diese Beherrschungssituation nicht nur von unerheblicher Dauer und Umfang ist. Der Vorstand verletzt die Pflicht immer dann, wenn er die Überprüfung der Zulässigkeit einer Weisung unterlässt oder in sorgfaltswidriger Weise zu nicht zutreffenden Ergebnissen gelangt. Dagegen hat der Vorstand der beherrschten AG keine Vermögensbetreuungspflicht gegenüber der herrschenden Gesellschaft. Dies folgt daraus, dass die Zugriffsmöglichkeiten auf das Vermögen der herrschenden Gesellschaft dermaßen durch deren Einwirkungs- und Kontrollmöglichkeiten beschränkt sind, dass von einer fortwährenden Einschränkung der Handlungsmöglichkeiten in Bezug auf das eigene Muttervermögen nicht die Rede sein kann. Die Vermögensbetreuungspflicht des Vorstands der abhängigen Gesellschaft dieser gegenüber bleibt selbstverständlich auch im Konzern bestehen. Festzustellen ist allerdings eine Modifizierung des Pflichtwidrigkeitsmaßstabs, die dahin geht, dass die Befolgung einer rechtswidrigen nachteiligen Weisung nach eingehender Prüfung keine strafrechtliche Pflichtverletzung ist, sofern diese nicht offensichtlich konzernundienlich ist. Fehlt eine Weisung völlig, ist der Vorstand – auch wenn diese im Konzerninteresse läge – nicht zur eigenmächtigen nachteiligen Einflussnahme auf seine Gesellschaft berechtigt, jedoch zur diesbezüglichen Konsultation der herrschenden Gesellschaft verpflichtet.

Bei der Eingliederung ist die Vermögensbetreuungspflicht der Hauptgesellschaft gegenüber der eingegliederten Gesellschaft zu verneinen, da eine Ausübung von Rechtsmacht und dadurch mögliche mittelbare Disposition über das Vermögen der eingegliederten Gesellschaft über die Erteilung von erlaubtermaßen nachteiligen Weisungen erfolgt. Im Verhältnis der eingegliederten Gesellschaft gegenüber der Hauptgesellschaft ist die Vermögensbetreuungspflicht ebenfalls abzulehnen, da erstgenannte im Vergleich zum Beherrschungsvertrag noch stärker fremdbeherrscht ist. Gegenüber der eingegliederten Gesellschaft ändert die Eingliederung wiederum nichts an der Vermögensbetreuungspflicht des Vorstands. Auch hier wird wegen des weiterhin bestehenden Eigeninteresses der eingegliederten Gesellschaft keine Pflicht zum Handeln im weisungsfreien Raum begründet.

Beim Gewinnabführungsvertrag sei hinsichtlich der Vermögensbetreuungspflicht des Vorstands der einstreichenden Gesellschaft auf den Beherrschungsvertrag verwiesen. Auch der Vorstand der abführenden Gesellschaft hat der einstreichenden Gesellschaft gegenüber keine Vermögensbetreuungspflicht, da es an der für ihre Begründung erforderlichen Übertragung von Herrschaftsmacht fehlt.

2. Faktischer Konzern

Bei den faktischen Konzernverbindungen ist tauglicher Anknüpfungspunkt für die Ermittlung einer Vermögensbetreuungspflicht das tatsächliche Ausnutzen der gegebenen Machtposition mit dem Ziel, die abhängige Gesellschaft zum Abschluss von Rechtsgeschäften bzw. zur Vornahme von Maßnahmen zu bewegen. Sie ist im einfachen AG-Konzern abzulehnen, dagegen aber im qualifiziert faktischen AG-Konzern begründet. Im einfachen GmbH-Konzern ist die Vermögensbetreuungspflicht im Gegensatz zum einfachen faktischen AG-Konzern zu bejahen, da die herrschende AG über die Gesellschafterversammlung mittels direkt verbindlicher Weisungen Einfluss auf die laufende und strategische Geschäftsführung nehmen kann. Hinsichtlich des Pflichtwidrigkeitsmaßstabes wurde festgestellt, dass dieser für den einfachen wie qualifiziert faktischen GmbH-Konzern auf dem allgemeinen konzernrechtlichen Schädigungsverbot beruht. Im faktischen AG-Konzern ist die Schädigung dagegen erlaubt, jedoch nur dann, wenn der zugefügte Nachteil durch Einzelausgleichsmaßnehmen kompensiert werden kann. Für den Vorstand der beherrschten AG gilt, dass er sich dieser gegenüber pflichtwidrig im Sinne von § 266 StGB verhält, wenn er auf ein Begehren der herrschenden Gesellschaft ein nachteiliges Rechtsgeschäft abschließt, ohne, dass der Nachteil ausgleichsfähig ist und seitens des herrschenden Unternehmens auch die tatsächliche Bereitschaft und Möglichkeit zum Ausgleich besteht. Pflichtwidrig handelt der Vorstand auch, wenn er ein nachteiliges Geschäft ohne Veranlassung durch die herrschende Gesellschaft vornimmt, selbst, wenn diese zum Ersatz fähig und bereit ist.

Der Vorstand der abhängigen AG ist nur insoweit zur Förderung der herrschenden Gesellschaft bzw. des Konzerninteresses verpflichtet, als das Eigeninteresse seiner Gesellschaft dies verlangt. Aktivitäten, die für die eigene AG schädlich sind, dürfen, auch, wenn sie das Konzerninteresse fördern, nicht ohne Veranlassung vorgenommen werden. Zudem darf der Vorstand sogar Geschäftsführungsmaßnahmen vornehmen, die dem Konzerninteresse zuwiderlaufen, der eigenen Gesellschaft aber nicht schaden.

6. Teil
Im sechsten und letzten Teil der Arbeit ging es um die Frage, unter welchen Voraussetzungen die Untreuestrafbarkeit des einzelnen Vorstandsmitglieds als Teil eines Kollegialorgans begründet werden kann. Als besondere Konstellationen wurden hier die Aufteilung in Ressorts (1.) sowie die vorstandliche Entscheidungsfindung durch Mehrheitsentschluss (2.) behandelt.

1. Für die in der Praxis allgemein übliche Verteilung der Vorstandsaufgaben in verschiedene Ressorts stellte sich die Frage nach der Relevanz für die strafrechtliche Verantwortung des nicht ressortzuständigen Vorstandsmitglieds wegen Untreue. Das Zivilrecht geht in diesem Fall davon aus, dass den nicht ressortzuständigen Vorstandsmitgliedern eine, im Falle der Verletzung haftungsbegründende, generelle Überwachungspflicht hinsichtlich des Geschehens in den fremden Ressorts zukommt. Weitergehende Maßnahmen sind nur bei deutlichen Anzeichen für Missstände angezeigt. Aus Sicht des Strafrechts kann eine Strafbarkeit des nicht ressortzuständigen Vorstandsmitglieds als Begehungstäter nur angenommen werden, wenn dieses selbst tatbestandlich aktiv wird. Weder der Blick in das StGB, die Heranziehung der aktien- bzw. handelsrechtlichen Sonderdelikte, noch die Auseinandersetzung mit dem Modell der primären und sekundären Verantwortung bzw. mit dem strafrechtlichen anerkannten Vertrauensgrundsatz vermochten eine allein aus der Zugehörigkeit zum Vorstand abzuleitende Untreuestrafbarkeit zu rechtfertigen. Damit führte der Weg zwangsläufig zu den Unterlassungsdelikten, wobei die Einstandspflicht der Mitglieder des Vorstands für den Schutz des Gesellschaftsvermögens aufgrund der Tatsache, dass der Wortlaut des § 266 StGB auch das Unterlassen erfasst, nicht über § 13 I StGB begründet werden musste. Inhaltlich ist diesbezügliche Verhaltenspflicht der nicht ressortzuständigen Vorstandsmitglieder so ausgestaltet, dass diese bei Kenntnis im Vorfeld einer vermögensschädigen Maßnahme des Ressortleiters zunächst gesellschaftsinterne Gegenmaßnahmen, d.h. die Anrufung des Gesamtvorstands bzw. des Aufsichtsrats, ergreifen müssen. Dagegen hat die Anrufung der Strafverfolgungsorgane nur im absoluten Ausnahmefall zu erfolgen. Im Falle fehlender Kenntnis vom Fehlverhalten des Ressortleiters ist demgegenüber zu fragen, ob die nicht ressortzuständigen Vorstandsmitglieder ihrer Pflicht zur Überwachung des Ressortleiters ausreichend nachgekommen sind. Diese zivilrechtliche Pflicht korrespondiert mit der strafrechtlichen Pflicht zur Vermögensfürsorge. Sie darf inhaltlich jedoch nur so weit gehen, dass die primäre Verantwortung des Ressortleiters sowie der zwischen Mitgliedern des Vorstands geltende Vertrauensgrundsatz weiterhin Berücksichtigung finden. Dem vor allen Dingen von Neudecker propagierten Grundsatz der Eigenverantwortlchkeit vollverantwortlicher Dritter wird durch die inhaltlichen Grenzen der festgestellten Überwachungspflicht ausreichend Rechnung getragen.

2. In den Bereichen, in denen die Allzuständigkeit zum Tragen kommt, Ressorts also nicht gebildet werden, wird eine kollektive Entscheidungsfindung durch

Beschluss erforderlich. Damit einhergehend stellte sich die Frage nach der Strafbarkeit des einzelnen Vorstandsmitglieds als Teil des beschließenden Gremiums. Als problematisch waren in diesem Zusammenhang insbesondere die Fälle einzustufen, in denen sich der rechtswidrig Stimmende darauf beruft, dass sein Stimmverhalten für sich allein betrachtet überhaupt nichts bewirken könne, bzw. der Beschluss bei deutlicher Mehrheit auch dann zustandegekommen wäre, wenn seine Stimme hinweggedacht werden würde.

Dem ersten Argument konnte mit der in § 25 II StGB geregelten Figur der Mittäterschaft entgegengetreten werden. Lässt man nämlich für die wechselseitige Zurechnung der Tatbeiträge ausreichen, dass Beschlussfassung und Tatausführung zusammenfallen, so kann schon die gemeinsame Beschlussfassung als Tatentschluss und gleichzeitig objektiver Tatbeitrag angesehen werden. Beim zweiten Schutzargument erweist sich die Konstruktion über die Figur der Mittäterschaft dagegen als nicht tragfähig, da die Ursächlichkeit des objektiven Tatbeitrages jedes Beteiligten gerade zu deren Voraussetzungen gehört. Darüber hinaus wurde festgestellt, dass sich die Problematik nicht überzeugend durch die conditio-sine-qua-non-Formel begründen lässt, so dass der Rückgriff auf die Lehre von der gesetzmäßigen Bedingung notwendig erschien. Nach ihr ist positiv zu fragen, ob die konkrete Handlung im konkreten Erfolg wirksam geworden ist und nicht danach, ob die Einzelursache für die Erfolgsherbeiführung schlechthin notwendig war. Dies gilt zudem unabhängig von der Frage, ob sich ein Beschluss als Tun oder Unterlassen darstellt.

Bei eigenem rechtmäßigem Stimmverhalten ist eine Untreuestrafbarkeit zumindest im Hinblick auf die bloße Teilnahme an der Abstimmung undenkbar, so dass allein das Verhalten vor und nach der Abstimmung als Anknüpfungspunkt für strafrechtliche Verantwortung in Betracht kam. Nicht begründen ließ sich in diesem Zusammenhang die Pflicht, die Abstimmung bereits im Vorfeld zu verhindern. Dagegen wurde festgestellt, dass die gesellschaftsrechtlichen Vorgaben entsprechende Niederlegung des Vorstandsamtes vor der Stimmabgabe durchaus probates Mittel ist, um einer Untreuestrafbarkeit zu entgehen. Die Möglichkeit der gerichtlichen Verhinderung der Beschlussfassung ist unter Heranziehung der Grundsätze, die der BGH im „ARAG-Garmenbeck"-Urteil für den Aufsichtsrat aufgestellt hat, im Hinblick auf die im übrigen vergleichbare Interessenlage anzuerkennen. In der Hauptsache handelt es sich dann um eine allgemeine Feststellungsklage nach § 256 I ZPO.

Nach der Stimmabgabe ist das rechtmäßig votierende Vorstandsmitglied ebenfalls zu den oben genannten gesellschaftsinternen Maßnahmen verpflichtet. Eine Amtsniederlegung ist in jedem Fall zulässig, jedoch nicht zwingend notwendig, um einer Strafbarkeit wegen Untreue zu entgehen. Das rechtswidrig votierende Vorstandsmitglied ist nach der Stimmabgabe dagegen in jedem Fall verpflichtet, geeignete Gegenmaßnahmen zur Verhinderung der Ausführung zu ergreifen, sofern es in den Genuss der Straffreiheit gelangen will. Der Pflichtenmaßstab ist dabei deutlich über dem des rechtmäßig votierenden Vorstandsmitglieds anzusetzen.

Zuletzt war die Frage nach der Einzelverantwortlichkeit noch für die Konstellation zu erörtern, dass eine Untreue durch Beschlussfassung hätte verhindert werden können, eine solche aber vollständig unterblieben ist. Grundsätzlich hat jedes Vorstandsmitglied im Bereich der hier relevanten Allzuständigkeit die Pflicht, im Rahmen seiner rechtlichen Möglichkeiten, eine strafbares Verhalten verhindernde Beschlussfassung herbeizuführen. Geht man in diesem Zusammenhang richtigerweise davon aus, dass durch diese Beschlussfassung im Endeffekt auch eine rechtmäßige Lösung herbeigeführt wird, dann lässt sich auch der erforderliche Kausalzusammenhang zufriedenstellend begründen. Für den Fall, dass das Unterbleiben der gebotenen Handlung auf eine Mehrheitsentscheidung im Vorstand zurückzuführen ist, muss die Kausalität dagegen wiederum mit Hilfe der Lehre von der gesetzmäßigen Bedingung begründet werden. Diese ist dann bei deutlicher Mehrheitsentscheidung eindeutig zu bejahen, da es sich insoweit um einen gesetzmäßigen Ablauf handelt.

Literaturverzeichnis

Abeltshauser, Thomas E. Leitungshaftung im Kapitalgesellschaftsrecht - Zu den Sorgfaltspflichten von Unternehmensleitern im deutschen und im US-amerikanischen Kapitalgesellschaftsrecht, Köln/Berlin/Bonn/München 1998.

Achenbach, Hans Aus der 1999/2000 veröffentlichten Rechtsprechung zum Wirtschaftstrafrecht, in: NStZ 2000, 524-529.

Achenbach, Hans
Ransiek, Andreas Handbuch Wirtschaftsstrafrecht (HWSt), Heidelberg 2004. (zitiert als: Achenbach/Ransiek-Bearbeiter, HWSt)

Adams, Michael Aktienoptionspläne und Vorstandsvergütungen, in: ZIP 2002, 1325-1344.

ders. Vorstandsvergütungen – Der Fall Mannesmann und DaimlerChrysler, in: Festschrift für Carl Christian von Weizsäcker zum 65. Geburtstag, Göttingen 2003, 295-362. (zitiert als: Adams, FS Weizsäcker)

Aktiengesetz Großkommentar, 1. Lieferung: Einleitung A-D, 4. Auflage, Berlin/New York Juni 1992; 19. Lieferung: §§ 76-83, 4. Auflage, Berlin/ New York Februar 2003; 11. Lieferung: §§ 92-94, 4. Auflage, Berlin/New York Mai 1999; 8.Lieferung: §§ 399-410, 4. Auflage, Berlin/New York 1997. (zitiert als: GK-Bearbeiter)

Erster Band, 1. Halbband (§§ 1-75), 3. Auflage, Berlin/New York 1973; Band I/2 (§§ 76-147), 3. Auflage, Berlin/New York 1972; Zweiter Band (§§ 148-178), 3. Auflage, Berlin 1970; Vierter Band (§§ 291-410, Einführungsgesetz zum Aktiengesetz, 3. Auflage, Berlin/New York 1975. (zitiert als: GK-Bearbeiter (3. Auflage))

Zweiter Band (§§ 145-304 Aktiengesetz, Kapitalerhöhungsgesetz, Einführungsgesetz, 2. Auflage, Berlin 1965. (zitiert als: GK-Bearbeiter (2. Auflage 1965))

Aktienrecht Anwaltskommentar Thomas Heidel (Hrsg.), Bonn 2003. (zitiert als: Bearbeiter, in: AnwK-AktienR)

Aldenhoff, Hans-Herrmann
Kuhn, Sascha § 266 StGB – Strafrechtliches Risiko bei der Unternehmenssanierung durch Banken?, in: ZIP 2004, 103-111.

Altenhain, Karsten Die Neuregelung der Marktpreismanipulation durch das Vierte Finanzmarktförderungsgesetz, in: BB 2002, 1874-1879.

Alternativ-Entwurf eines Strafgesetzbuches — Besonderer Teil, Straftaten gegen die Wirtschaft, vorgelegt von Ernst-Joachim Lampe u.a., Tübingen 1977.

Altmeppen, Holger — Ausfall- und Verhaltenshaftung des Mitgesellschafters in der GmbH – Zugleich Besprechung des BGH-Urteils vom 25.2.2002 – II ZR 196/00, ZIP 2002, 848, in: ZIP 2002, 961-968.

ders. — Die Haftung des Managers im Konzern, München 1998.

Alwart, Heiner — Über die Hypertrophie des Unikums (§ 265a StGB), in: JZ 1986, 563-569.

Arloth, Frank — Zur Abgrenzung von Untreue und Bankrott bei der GmbH, in: NStZ 1990, 570-575.

Arzt, Gunther — Zur Untreue durch befugtes Handeln, in: Festschrift für Hans-Jürgen Bruns zum 70. Geburtstag, Köln/Berlin/Bonn/München 1978, 365-383.
(zitiert als: Arzt, FS Bruns)

Arzt, Gunther
Weber, Ulrich — Strafrecht Besonderer Teil, Lehrbuch, Bielefeld 2000.
(zitiert als: Arzt/Weber, BT)

dies. — Strafrecht - Besonderer Teil, LH 4: Wirtschaftsstraftaten (Randbereich), Fälschungsdelikte, 2. Auflage, Bielefeld 1989.
(zitiert als: Arzt/Weber, LH 4)

Assmann, Heinz-Dieter
Schneider, Uwe H. — Wertpapierhandelsgesetz, Kommentar, 3. Auflage, Köln 2003.
(zitiert als: Assmann/Schneider-Bearbeiter, WpHG)

Assmann, Heinz-Dieter
Schütze, Rolf A. — Handbuch des Kapitalanlagerechts, 2. Auflage, München 1997.
(zitiert als: Assmann/Schütze-Bearbeiter)

Ayasse, Horst — Untreue im Bankenbereich bei der Kreditvergabe, Tübingen 1990.

Baas, Dieter — Leitungsmacht und Gemeinwohlbindung der AG, Frankfurt am Main und München 1976.

Bachmann, Gregor
Veil, Rüdiger — Grenzen atypischer Beteiligung an einer Aktiengesellschaft, in: ZIP 1999, 348-355.

Baltzer, Johannes — Der Beschluss als rechtstechnisches Mittel organschaftlicher Funktion im Privatrecht, Köln und Berlin 1965.
(zitiert als: Baltzer, Der Beschluss)

Bamberg, Günter
Coenenberg, Adolf Gerhard

Betriebswirtschaftliche Entscheidungslehre, 11. Auflage, München 2002.
(zitiert als: Bamberg/Coenenberg, Entscheidungslehre)

Banerjea, Nirmal Robert

Due Dilgence beim Erwerb von Aktien über die Börse, in: ZIP 2003, 1730-1738.

Baumann, Jürgen
Weber, Ulrich
Mitsch, Wolfgang

Strafrecht Allgemeiner Teil, Lehrbuch, 11. Auflage, Bielefeld 2003.
(zitiert als: Baumann/Weber/Mitsch, AT)

Baumbach, Adolf
Hopt, Klaus J.

Handelsgesetzbuch mit GmbH & Co., Handelsklauseln, Bank- und Börsenrecht, Transportrecht (ohne Seerecht), 31. Auflage, München 2003.
(zitiert als: Baumbach/Hopt-Bearbeiter, HGB)

Baumbach, Adolf
Hueck, Alfred

GmbH-Gesetz, Gesetz betreffend die Gesellschaften mit beschränkter Haftung, 17. Auflage, München 2000.
(zitiert als: Baumbach/Hueck-Bearbeiter, GmbHG)

Baumbach, Adolf
Hueck, Götz

Aktiengesetz, 13. Auflage, München 1968, ergänzt 1970.
(zitiert als: Baumbach/Hueck, Aktiengesetz)

12. Auflage, München und Berlin 1965.
(zitiert als Baumbach/Hueck, Aktiengesetz (12. Auflage 1965))

Baums, Theodor

Aktienoptionen für Vorstandsmitglieder, in: Festschrift für Carsten Peter Claussen zum 70. Geburtstag, Köln/Berlin/Bonn/München 1997, 3-48.
(zitiert als: Baums, FS Claussen)

ders.

Der Geschäftsleitervertrag – Begründung, Inhalt und Beendigung der Rechtsstellung der Vorstandsmitglieder und Geschäftsführer in den Kapitalgesellschaften und Genossenschaften, Köln 1987.
(zitiert als: Baums, Der Geschäftsleitervertrag)

ders.

Rechtsgutachten vom 22.10.2003 zur Zulässigkeit einer freiwilligen Anerkennungsprämie, unveröffentlicht.

Bayer, Walter

Kapitalerhöhung mit Bezugsrechtsausschluss und Vermögensschutz der Aktionäre nach § 255 Abs. 2 AktG, in: ZHR 163 (1999), 505-553.

Bea, Franz Xaver
Friedl, Birgit
Schweitzer, Marcell

Allgemeine Betriebswirtschaftslehre, Band 1: Grundfragen, 9. Auflage, Stuttgart 2004.
(zitiert als: Bea/Friedl/Schweitzer, Allgemeine Betriebswirtschaftslehre 1)

Beck, Heinz
Samm, Carl-Theodor
Gesetz über das Kreditwesen – Kommentar nebst Materialien und ergänzenden Vorschriften, Band 1 Kommentar, Stand: 113. Aktualisierung (November 2005), Heidelberg 2005.
(zitiert als: Beck/Samm-Bearbeiter, KWG)

Beck'scher Bilanzkommentar
Handels- und Steuerrecht - §§ 238 bis 339 HGB -, 5. Auflage, München 2003.
(zitiert als: Bearbeiter, in: Beck'scher Bilanzkommentar)

Beulke, Werner
Bachmann, Gregor
Die „Lederspray-Entscheidung“ – BGHSt 37, 106, in: JuS 1992, 737-744.

Beuthien, Volker
Art und Grenzen der aktienrechtlichen Haftung herrschender Unternehmen für Leitungsmachtmissbrauch, in: DB 1969, 1781-1785.

Bihr, Dietrich
Due Diligence: Geschäftsführungsorgane im Spannungsfeld zwischen Gesellschafts- und Gesellschafterinteressen, in: BB 1998, 1198-1201.

Binding, Karl
Lehrbuch des Gemeinen Deutschen Strafrechts – Besonderer Teil, Band 1, 2. Auflage, Leipzig 1962.
(zitiert als: Binding, Lehrbuch BT 1)

Bitz, Horst
Abgrenzung des Risiko-Frühwarnsystems i.e.S. nach KonTraG zu einem umfassenden Risiko-Managementsystem im betriebswirtschaftlichen Sinn, in: BFuP 2000, 231-241.

Bloy, René
Die Beteiligungsform als Zurechungstypus im Strafrecht, Berlin 1985.
(zitiert als: Bloy, Beteiligungsform)

Boesebeck, Ernst
Unklarheiten in der Geschäftsführung und Verantwortung bei der Aktiengesellschaft, in: JW 1938, 2525-2529.

Boos, Karl-Heinz
Fischer, Reinfried
Schulte-Mattler, Herrmann
Kreditwesengesetz, Kommentar zu KWG und Ausführungsvorschriften, 2. Auflage, München 2004.
(zitiert als: Bearbeiter, in: Boos/Fischer/Schulte-Mattler, KWG)

Bork, Reinhard
Materiell-rechtliche und prozessrechtliche Probleme des Organstreits zwischen Vorstand und Aufsichtsrat einer Aktiengesellschaft, in: ZGR 1989, 1-43.

Bosch, Nikolaus
Anmerkung zum Urteil des BGH v. 13. Februar 2001 – 1 StR 448/00 (LG Augsburg), in: wistra 2001, 257-259.

Bottke, Wilfried
Anmerkung zum Urteil des OLG Stuttgart vom 1.9.1980 - 3 Ss 440/80, in: JR 1981, 342-344.

Bous, Ulrich	Die Konzernleitungsmacht im Insolvenzverfahren konzernverbundener Kapitalgesellschaften, Köln/Berlin 2001. (zitiert als: Bous, Die Konzernleitungsmacht)
Braun, Hebert	Risikomanagement - Eine spezielle Controllingaufgabe, Darmstadt 1983. (zitiert als: Braun, Risikomanagement)
Brammsen, Joerg	Die Entstehungsvoraussetzungen der Garantenpflichten, Berlin 1986. (zitiert als: Brammsen, Entstehungsvoraussetzungen)
ders.	Strafbare Untreue des Geschäftsführers bei einverständlicher Schmälerung des GmbH-Vermögens, in: DB 1989, 1609-1615.
Brauer, Markus	Die aktienrechtliche Beurteilung von „appreciation awards" zu Gunsten des Vorstands, in: NZG 2004, 502-509.
Brebeck, Frank *Herrmann, Dagmar*	Zur Forderung des KonTraG-Entwurfs nach einem Frühwarnsystem und zu den Konsequenzen für die Jahres- und Konzernabschlussprüfung, in: WpG 1997, 381-391.
Bringewat, Peter	Finanzmanipulation im Ligafußball – ein Risikogeschäft?, in: JZ 1977, 667-672.
Brinkmann, Thomas	Unternehmensinteresse und Unternehmensrechtsstruktur, Frankfurt am Main/Berlin/Bern/New York/Paris/Wien 1983.
Bruhn, Manfred *Mehlinger, Rudolf*	Rechtliche Gestaltung des Sponsoring, Band II: Spezieller Teil, Sport-, Kultur-, Sozial-, Umwelt- und Programmsponsoring, 2. Auflage, München 1999.
Bruns, Hans Jürgen	Untreue durch Bildung „schwarzer Kassen", in: ZakDR 1941, 268-269.
Buchta, Jens	Die Haftung des Vorstands einer Aktiengesellschaft – aktuelle Entwicklungen in Gesetzgebung und Rechtspre chung (Teil II), in: DStR 2003, 740-745.
Burkhardt, Björn	Bemerkungen zum Urteil des OLG Hamm v. 22.5.1973 - 5 Ss 519/73, in NJW 73, 1809, in: NJW 1973, 2190-2191.
Busch, Dirk	Konzernuntreue – Eine Untersuchung spezifischer Untreuestrafbarkeit innerhalb von Konzernverbindungen mit Aktiengesellschaften und Gesellschaften mit beschränkter Haftung, Frankfurt am Main/Berlin/Bern/Brüssel/New York/Oxford/Wien 2004.

Cadus, Joachim M. — Die faktische Betrachtungsweise - Ein Beitrag zur Auslegung im Strafrecht, Berlin 1984.

Cahn, Andreas — Pflichten des Vorstandes beim genehmigten Kapital mit Bezugsrechtsausschluss, in: ZHR 163 (1999), 554-593.

Carstensen, Carsten — Vermögensverwaltung, Vermögenserhaltung und Rechnungslegung gemeinnütziger Stiftungen, 2. Auflage, Frankfurt am Main/Berlin/Bern u.a. 1996.

Von Colbe, Walther Busse — Was ist und was bedeutet Shareholder Value aus betriebswirtschaftlicher Sicht, in: ZGR 1997, 271-290.

Cramer, Peter — Vermögensbegriff und Vermögensschaden im Strafrecht, Bad Homburg v.d.H./ Berlin/Zürich 1968.

Czychowski, Werner — Wasserhaushaltsgesetz unter Berücksichtigung der Landeswassergesetze und des Wasserstrafrechts, Kommentar, 7. Auflage, München 1998.
(zitiert als: Czychowski, WHG)

Demuth, Hennrich
Schneider, Tillmann — Die besondere Bedeutung des Gesetzes über Ordnungswidrigkeiten für Betrieb und Unternehmen, in: BB 1970, 642-651.

Deruyck, Filiep — Probleme der Verfolgung und Ahndung von Verbandskriminalität im deutschen und belgischen Recht, in: ZStW 103 (1991), 705-731.

Deutsche Schutzvereinigung für Wertpapierbesitz e.V. — Studie zur Vorstandsvergütung für 2000 und 2001, Düsseldorf 2000 und 2001.

Deutsches Aktieninstitut — Factbook 2002, Frankfurt am Main 2002.

Dierkes, Friedhelm — Die Kreditüberwachung im Bankbetrieb - Ein theoretischer Beitrag zur Überwachung des Firmenkredits, Berlin 1986.
(zitiert als: Dierkes, Kreditüberwachung)

Dingeldey, Thomas — Insider-Handel und Strafrecht, Köln/Berlin/Bonn/München 1983.

Dose, Stefan — Die Rechtsstellung der Vorstandsmitglieder in der Aktiengesellschaft, 3. Auflage Köln 1975.
(zitiert als: Dose, Die Rechtstellung der Vorstandsmitglieder)

Doster, Werner — Strafrechtliche Ermittlungsverfahren gegen Bankmitarbeiter wegen des Verdachts der Untreue, in: WM 2001, 333-339.

Dreher, Meinrad — Die persönliche Verantwortlichkeit von Geschäftsleitern nach außen und die innergesellschaftliche Aufgabenteilung, in: ZGR 1992, 22-63.

Driesen, Werner G. — Verletzung von Geheimhaltungspflichten, in: GmbHR 1989, R 82.

Drygala, Tim — Termingeschäftsfähigkeit und Aufklärungspflicht beim Handel mit Optionsscheinen, in: ZHR 159 (1995), 686-733.

Ebenroth, Carsten Thomas
Willburger, Andreas — Die strafrechtliche Verantwortung des Vorstandes für Umweltstraftaten und gesellschaftsrechtliche Vermeidungsstrategien, in: BB 1991, 1941-1947.

Ebenroth, Carsten Thomas
Lange, Knut Werner — Sorgfaltspflichten und Haftung des Geschäftsführers einer GmbH nach § 43 GmbHG, in: GmbHR 1992, 69-76.

Eckardt, Bernd — Die Beendigung der Vorstands- und Geschäftsführer stellung in Kapitalgesellschaften, Frankfurt am Main/ Berlin/Bern/New York/Paris/Wien 1989.

Eggemann, Gerd
Konradt, Thomas — Risikomanagement nach dem KonTraG aus dem Blickwinkel des Wirtschaftsprüfers, in: BB 2000, 503-509.

Eidam, Gerd — Unternehmen und Strafe - Vorsorge- und Krisenmanagement, 2. Auflage, Köln/Berlin/Bonn/München 2001.

Eisenberg, Ulrich — Kriminologie, 5. Auflage, München 2000.

Eisenhardt, Ulrich — Zum Problem der Haftung der Aufsichtsratsmitglieder von Aktiengesellschaft und GmbH gegenüber der Gesellschaft, in: Jura 1982, 289-300.

Emmerich, Volker — Rechtsfolgen der Bestechung des Vertreters, in: JuS 2000, 87.

Emmerich, Volker
Habersack, Matthias — Aktien- und GmbH-Konzernrecht, Kommentar, 3. Auflage, München 2003.
(zitiert als: Emmerich/Habersack-Bearbeiter)

Emmerich, Volker
Sonnenschein, Jürgen
Habersack, Matthias — Konzernrecht - Das Recht der verbundenen Unternehmen bei Aktiengesellschaft, GmbH, Personengesellschaften, Genossenschaft, Verein und Stiftung, Ein Studienbuch, 7. Auflage, München 2001.
(zitiert als: Emmerich/Sonnenschein/Habersack, Konzern recht)

Engisch, Karl — Die Einheit der Rechtsordnung, Heidelberg 1935.

ders. Die Kausalität als Merkmal der strafrechtlichen Tatbestände, Tübingen 1931.
(zitiert als: Engisch, Kausalität)

Engländer, Armin Anmerkung zum Beschl. des BGH v. 12.3.2002 - 3 StR 4/02, in: JR 2003, 164-165.

Erb, Volker Die Zurechnung von Erfolgen im Strafrecht, in: JuS 1994, 449-456.

ders. Mord in Mittäterschaft – BGH, NJW 1991, 1068, in: JuS 1992, 197-201.

ders. Rechtmäßiges Alternativverhalten und seine Auswirkung auf die Erfolgszurechnung im Strafrecht - Eine systematische Darstellung unter Berücksichtigung der entsprechenden zivilrechtlichen Fragestellung, Berlin 1991.
(zitiert als: Erb, Rechtsmäßiges Alternativverhalten)

Erbs, Georg
Kohlhaas, Max Strafrechtliche Nebengesetze, Band IV (T-Z), Stand: 155. Ergänzungslieferung, München 2005.
(zitiert als: Erbs/Kohlhaas-Bearbeiter, Gesetz)

Ewald, Rolf Untreue zwischen „verbundenen Unternehmen“ – Eine Untersuchung zu Notwendigkeit und Umfang des durch § 266 StGB gewährten Vermögensschutzes im Konzernrecht des Aktiengesetzes, Düsseldorf 1980.

Frhr. v. Falkenhausen, Bernhard Verfassungsrechtliche Grenzen der Mehrheitsherrschaft nach dem Recht der Kapitalgesellschaften (AG u. GmbH), Karlsruhe 1967.

Fahrtmann, Friedhelm Publikumsaktionär und Mitbestimmung, in: BB 1968, 473-477.

Feigen, Hanns W. Untreue durch Kreditvergabe, in: Festschrift für Hans-Joachim Rudolphi zum 70. Geburtstag, Neuwied 2004, 445-462.
(zitiert als: Feigen, FS Rudolphi)

Fleck, Hans-Joachim Die Drittanstellung des GmbH-Geschäftsführers, in: ZHR 149 (1985), 387-418.

ders. Missbrauch der Vertretungsmacht oder Treubruch des mit Einverständnis aller Gesellschafter handelnden GmbH-Geschäftsführers aus zivilrechtlicher Sicht, in: ZGR 1990, 31-49.

Fleischer, Holger Unternehmensspenden und Leitungsermessen des Vorstands im Aktienrecht, in: AG 2001, 171-181.

ders. Zum Grundsatz der Gesamtverantwortung im Aktienrecht, in: NZG 2003, 449-459.

ders. Zur Verantwortlichkeit einzelner Vorstandsmitglieder bei Kollegialentscheidungen im Aktienrecht, in: BB 2004, 2645-2652.

Flum, Joachim Der strafrechtliche Schutz der GmbH gegen Schädigungen mit Zustimmung der Gesellschafter, Konstanz 1990. (zitiert als: Flum, Der strafrechtliche Schutz)

Flume, Werner Um ein neues Unternehmensrecht: Vortrag gehalten vor der Berliner Juristischen Gesellschaft am 28. November 1979, Berlin 1980.

Franke, Einhard Strafrechtliche Verantwortlichkeit bei Redakteurskollektiven, in: JZ 1982, 579-584.

Franzheim, Horst Zur Strafbarkeit des Komplicen- und Dirnenlohnbetruges – Ein Beitrag zum Begriff des Vermögensschadens, in: GA 1960, 269-277.

Freeman, Richard Edward Strategic Management: A Stakeholder Approach, Marshfield/Melbourne/Wellington/Toronto, Pitman Publishing 1984.

Frels, Harro Die Geschäftsverteilung im Vorstand der Aktiengesellschaft, in: ZHR 122 (1959), 8-43.

Frisch, Peter Das Fahrlässigkeitsdelikt und das Verhalten des Verletzten, Berlin 1973. (zitiert als: Frisch, Das Fahrlässigkeitsdelikt)

Frisch, Wolfgang Tatbestandsmäßiges Verhalten und Zurechnung des Erfolges, Heidelberg 1988. (zitiert als: Frisch, Tatbestandsmäßiges Verhalten)

Fuchs, Andreas / Dühn, Matthias Deliktische Schadensersatzhaftung für falsche Ad-hoc-Mitteilungen – Zugleich Besprechung des Urteils des OLG München, BKR 2002, 1096, in: BKR 2002, 1063-1071.

Füsser, Carsten / Gleißner, Werner / Meier, Günter Risikomanagement nach dem KonTraG – Erfahrungen aus der Praxis, in: DB 1999, 753-758.

Gallandi, Volker Die Untreue von Bankverantwortlichen im Kreditgeschäft – Tendenzen zur Haftung und (Ent)kriminalisierung, in: wistra 2001, 281-286.

Frhr. v. Gamm, Otto-Friedrich — Gesetz gegen den unlauteren Wettbewerb, 3. Auflage, Köln/Berlin/Bonn/München 1993. (zitiert als: v. Gamm, UWG)

Garz, Hendrik; Günther, Stefan; Moriabadi, Cyrus — Portfolio-Management: Theorie und Anwendung, Frankfurt am Main 1997.

Gawrisch, Volker — Ermessensentscheidungen des Aufsichtsrates und ihre gerichtliche Kontrolle, Frankfurt am Main/Berlin/Bern/New York/Paris/Wien 2000. (zitiert als: Gawrisch, Ermessenentscheidungen)

Geerds, Detlev — Die Rückzahlung kapitalersetzender Darlehen durch den Allein-Gesellschaftergeschäftsführer in der Krise der GmbH, in: Festschrift für Friedrich Geerds zum 70. Geburtstag, Lübeck 1995, 689 ff. (zitiert als: D. Geerds, FS F. Geerds)

ders. — Schadensprobleme beim Betrug, in: Jura 1994, 309-321.

ders. — Wirtschaftsstrafrecht und Vermögensschutz, Lübeck 1990.

Gehrlein, Markus — Strafbarkeit von Vorstanden wegen leichtfertiger Vergabe von Unternehmensspenden, in: NZG 2002, 463-464.

Geilen, Gerd — Aktienstrafrecht, Erläuterungen zu den §§ 399-405, 408 AktG, Sonderausgabe aus Kölner Kommentar zum Aktiengesetz, Köln/Berlin/Bonn/München 1984. (zitiert als: KK-Geilen)

Gerhold, Thomas — Zweckverfehlung und Vermögensschaden, Berlin 1988.

Geßler, Ernst — Leitungsmacht und Verantwortlichkeit im faktischen Konzern, in: Festschrift für Harry Westermann zum 65. Geburtstag, Karlsruhe 1974, 145-165. (zitiert als: Geßler, FS Westermann)

ders. — Probleme des neuen Konzernrechts (Teil II), in: DB 1965, 1729-1731.

Geßler, Ernst; Hefermehl, Wolfgang; Eckhardt, Ulrich; Kropff, Bruno — Aktiengesetz, Kommentar, Band I (§§ 1-75; §§ 53a-75 (7. Lieferung 1983)); Band II (§§ 76-147), München 1974; Band VI (§§ 291-410; §§ 291-318 (6. Lieferung 1976)); §§ 319-358a (13. Lieferung 1991); §§ 396-410 (18. Lieferung 1994)). (zitiert als: Geßler/Hefermehl-Bearbeiter)

GmbH-Praxis Recht – Steuern – Rechnungslegung (Loseblatt), unter Mit arbeit von: Winfried Eggers, Werner Körner, Helmut Seydel, Jakob Wolf; Stand: Februar 1996, Herne/Berlin 1996. (zitiert als: Bearbeiter, in: GmbH-Praxis)

Frhr. von Godin, Reinhard Über die Rechtsnatur des Vorstandsvertrages, in: ZakDR 1938, 596-597.

Frhr. von Godin, Reinhard / Wilhelmi, Hans Aktiengesetz, Kommentar, Band I (§§ 1-178), 4. Auflage, Berlin/New York 1971; Band II (§§ 179-410), 4. Auflage, Berlin/New York 1971. (zitiert als: Godin/Wilhelmi)

Goette, Wulf Anmerkung zum Urteil des BGH v. 21.4.1997 - II ZR 175/95, in: DStR 1997, 883.

ders. Anmerkung zum Urteil des BGH v. 23.6.1997 - II ZR 132/93, in: DStR 1997, 1463.

ders. Leitung, Aufsicht, Haftung – Zur Rolle der Rechtsprechung bei der Sicherung einer modernen Unternehmensführung, in: Festschrift aus Anlaß des fünfzigjährigen Bestehens von Bundesgerichtshof, Bundesanwaltschaft und Rechtsanwaltschaft beim Bundesgerichtshof, Köln/Berlin/Bonn/München 2000, 123-142. (zitiert als: Goette, FS 50 Jahre BGH)

Göhler, Erich Gesetz über Ordnungswidrigkeiten, 13. Auflage, München 2002. (zitiert als: Göhler, OWiG)

Golling, Hans-Joachim Sorgfaltspflicht und Verantwortlichkeit der Vorstandsmitglieder für ihre Geschäftsführung innerhalb der nicht konzerngebundenen Aktiengesellschaft – Eine Untersuchung zu § 93 Abs. 1—5 AktG, Köln 1968. (zitiert als: Golling, Sorgfaltspflicht und Verantwortlichkeit)

Gössel, Karl-Heinz Anmerkung zum Urteil des BGH vom 17.3.1987 – 5 StR 272/86, in: JR 1988, 256-258.

ders. Strafrecht, Besonderer Teil, Band 2, Heidelberg 1997. (zitiert als: Gössel, BT 2)

Götz, Heinrich Die Überwachung der Aktiengesellschaft im Lichte jüngerer Unternehmenskrisen, in AG 1995, 337-353.

Gribbohm, Günther Untreue zum Nachteil der GmbH – Zur Harmonisierung zivil- und strafrechtlicher Pflichten des GmbH-Geschäftsführers und –Gesellschafters, in: ZGR 1990, 1-30.

Grobys, Marcel
Littger, Michael
Amtsniederlegung durch das Vorstandsmitglied einer AG – Vereinbarung eines ordentlichen Kündigungsrechts im Anstellungsvertrag, in: BB 2002, 2292-2295.

Groß, Wolfgang
Kapitalmarktrecht - Kommentar zum Börsengesetz, zur Börsenzulassungs-Verordnung, zum Verkaufsprospektgesetz und zur Verkaufsprospekt-Verordnung, 2. Auflage, München 2002.

Grossmann, Adolf
Unternehmensziele im Aktienrecht - Eine Untersuchung über Handlungsmaßstäbe für Vorstand und Aufsichtsrat, Köln/Berlin/Bonn/München 1980.
(zitiert als: Grossmann, Unternehmensziele)

Güntge, Georg-Friedrich
Begehen durch Unterlassen – Der gesetzliche Anwendungsbereich des § 13 StGB, Baden-Baden 1995.

ders.
Untreueverhalten durch Unterlassen, in: wistra 1996, 84-89.

Gutmann, Alexander
Der Vermögensschaden beim Betrug im Lichte der neuen höchstrichterlichen Rechtsprechung (II), in: MDR 1963, 91-96.

Hachenburg, Max
Gesetz betreffend die Gesellschaft mit beschränkter Haftung (GmbHG), Großkommentar, Erster Band (Allgemeine Einleitung; §§ 1-34), 8. Auflage, Berlin/New York 1992; Zweiter Band (§§ 35-52), 8. Auflage, Berlin/New York 1997; Dritter Band (§§ 53-85; Register), 8. Auflage, Berlin/New York 1997.
(zitiert als: Hachenburg-Bearbeiter, GmbHG)

Zweiter Band (§§ 13-52), 7. Auflage, Berlin/New York 1979.
(zitiert als: Hachenburg/Bearbeiter, GmbHG (7. Auflage 1979))

Zweiter Band (§§ 35-84), 6. Auflage, Berlin 1959.
(zitiert als: Hachenburg-Bearbeiter, GmbH (6. Auflage 1959)).

Haft, Fritjof
Absprachen bei öffentlichen Bauten und das Strafrecht, in: NJW 1996, 268.

Hanau, Peter
Was bedeutet paritäische Mitbestimmung für das kollektive Arbeitsrecht?, in: BB 1969, 760-764.

Hanau, Peter
Ulmer, Peter
Mitbestimmungsgesetz, München 1981.
(zitiert als: Bearbeiter, in: Hanau/Ulmer, Mitbestimmungsgesetz)

Hansen, Herbert
Der Bestand an Aktiengesellschaften steigt bis Ende 2001 auf mehr als 13000 an, in: AG 2001, R 315-R 320.

ders. — Der GmbH-Bestand steig auf 770000 Gesellschaften an, in: GmbHR 1997, 204-207.

ders. — Die GmbH als weiterhin umsatzstärkste Rechtsform, in: GmbHR 2002, 148-152.

Hardtung, Bernhard — Erlaubte Vorteilsnahme - §§ 331 StGB, 70 BBG, 10 BAT – Zugleich ein Beitrag zur Einheit der Rechtsordnung und zur „Rückwirkung" behördlicher Genehmigungen im Straf recht, Berlin 1994.
(zitiert als: Hardtung, Erlaubte Vorteilsnahme)

Häsemeyer, Ludwig — Der interne Rechtschutz zwischen Organen, Organmitgliedern und Mitgliedern der Kapitalgesellschaft als Prob lem der Prozessführungsbefugnis, in: ZHR 144 (1980), 265-288.

Hassold, Gerhard — Die Lehre vom Organisationsverschulden, in: Jus 1982, 583-587.

Hefendehl, Roland — Vermögensgefährdung und Exspektanzen - Das vom Zivil recht konstituierte und vom Bilanzrecht konkretisierte Herrschaftsprinzip als Grundlage der strafrechtlichen Vermögensbegriffs, Berlin 1994.
(zitiert als: Hefendehl, Vermögensgefährdung)

Heidelberger Kommentar zum Ordnungswidrigkeitengesetz — von Michael Lemke, Heidelberg 1999.
(zitiert als: HKOWiG)

Heimbach, Heinz J.
Boll, Lothar — Führungsaufgabe und persönliche Haftung der Vorstandsmitglieder und des Vorstandsvorsitzenden im ressortaufgeteilten Vorstand einer AG, in: VersR 2001, 801-809.

von Hein, Jan — Vom Vorstandsvorsitzenden zum CEO, in: ZHR 166 (2002), 464-502.

Hellmann, Uwe — Verdeckte Gewinnausschüttungen und Untreue des GmbH-Geschäftsführers, in: wistra 1989, 214-218.

Henn, Günther — Handbuch des Aktienrechts, 7. Auflage, Heidelberg 2002.

Herzberg, Rolf Dietrich — Die Verantwortung für Arbeitsschutz und Unfallverhütung im Betrieb, Köln 1984.
(zitiert als: Herzberg, Verantwortung)

ders. — Die Unterlassung im Strafrecht und das Garantenprinzip, Berlin/New York 1972.
(zitiert als: Herzberg, Unterlassung im Strafrecht)

Hilgendorf, Eric — Fragen der Kausalität bei Gremienentscheidungen am Beispiel des Lederspray-Urteils, in: NStZ 1994, 561-566.

Hillenkamp, Thomas — Möglichkeiten der Erweiterung des Instituts der tätigen Reue, in: Wiedergutmachung und Strafrecht. Symposium aus Anlass des 80. Geburtstages von Friedrich Schaffstein, München 1987, 81-106.

ders. — Risikogeschäft und Untreue, in: NStZ 1981, 161-168.

Hirmer, Hans-Peter — Zivil- und strafrechtliches Verbot pflichtwidriger Schädigung für Vorstandsmitglieder von unabhängigen und durch Beherrschungsvertrag gebundenen Aktiengesellschaften, Augsburg 1984.
(zitiert als: Hirmer, Verbot pflichtwidriger Schädigung)

Hirsch, Ursula — Der Strafrechtsschutz und die strafrechtliche Haftung der Arbeitnehmervertreter im Aufsichtsrat der Aktiengesellschaft, Köln 1966.
(zitiert als: Hirsch, Strafrechtsschutz)

Hoffmann, Dietrich
Liebs, Rüdiger — Der GmbH-Geschäftsführer: Handbuch für die Praxis des Unternehmers und Managers, 2. Auflage, München 2000.

Hoffmann-Becking, Michael — Gestaltungsmöglichkeiten bei Anreizsystemen, in: NZG 1999, 797-804.

ders. — Zum einvernehmlichen Ausscheiden von Vorstandsmitgliedern – Bemerkungen im Anschluss an die Entscheidung BGHZ 79, 38 („Poullain/WestLB"), in: Festschrift für Walter Stimpel zum 68. Geburtstag am 29. November 1985, Berlin/New York 1985, 589-602.
(zitiert als: Hoffmann-Becking, FS Stimpel)

ders. — Zur rechtlichen Organisation der Zusammenarbeit im Vorstand der AG, in: ZGR 1998, 497-519.

Hommelhoff, Peter — Der aktienrechtliche Organstreit – Vorüberlegungen zu den Organkompetenzen und ihrer gerichtlichen Durchsetzbarkeit, in: ZHR 143 (1979), 288-316.

Hopt, Klaus J. — Aktionärskreis und Vorstandsneutralität, in: ZGR 1993, 534-566.

Horn, Norbert — Die Haftung des Vorstands der AG nach § 93 AktG und die Pflichten des Aufsichtsrats – Zugleich Besprechung der Urteile des Bundesgerichtshofs vom 21. April 1997, ZIP 1997, 833 und des OLG Düsseldorf vom 28. November 1996, ZIP 1997, 27, im Fall ARAG/Garmenbeck, in: ZIP 1997, 1129-1139.

Hsü, Yü-hsiu — Garantenstellung des Betriebsinhabers zur Verhinderung strafbarer Handlungen seiner Angestellten?, Pfaffenweiler 1986.
(zitiert als: Hsü, Garantenstellung)

Hueck, Götz
Windbichler, Christine — Gesellschaftsrecht – Ein Studienbuch, 20. Auflage München 2003.

Hüffer, Uwe — Aktienbezugsrechte als Bestandteil der Vergütung von Vorstandsmitgliedern und Mitarbeitern – gesellschaftsrechtliche Analyse, in: ZHR 161 (1997), 214-245.

ders. — Aktiengesetz, 6. Auflage, München 2004.

ders. — Corporate Governance: Früherkennung nach § 91 II AktG - Neue Pflichten des Vorstands zum Risikomanagement?, in: Festschrift für Hans-Diether Imhoff als Erinnerung anlässlich seines Ausscheidens aus dem Unternehmen VEW Energie AG, Frankfurt am Main 1998, 91-106.
(zitiert als: Hüffer, FS Imhoff)

ders. — Mannesmann/Vodafone: Präsidiumsbeschlüsse des Aufsichtsrats für die Gewährung von „Appreciation Awards" an Vorstandsmitglieder (im Auftrag der Deutsche Bank AG erstattetes Rechtsgutachten), in: BB 2003, Beilage 7.

Immel, Burkhard — Die Notwendigkeit eines Sondertatbestandes im Umweltstrafrecht – Umwelt-untreue, in: ZRP 1989, 105-110.

Ipsen, Jörn — Transparenzgebot und „Sanktionensystem" bei der staatlichen Parteienfinanzierung – Anmerkungen zu einer parteienrechtlichen und rechtspolitischen Debatte, in: JZ 2000, 685-693.

Jahn, Joachim — Lehren aus dem „Fall Mannesmann", in: ZRP 2004, 179-184.

Jakobs, Günther — Strafrecht Allgemeiner Teil - Die Grundlagen und die Zurechnungslehre, Lehrbuch, 2. Auflage, Berlin/New York 1991.
(zitiert als: Jakobs, AT)

Jaskulla, Ekkehard M. — Zur Rechtsnatur des Börsentermingeschäfts gemäß § 50 Abs. 1 BörsG, in: ZBB 1997, 171-177.

Jauernig, Othmar — Zwangsvollstreckungs- und Insolvenzrecht, 21. Auflage, München 1999.

Jescheck, Hans-Heinrich
Weigend, Thomas
Lehrbuch des Strafrechts, Allgemeiner Teil, 5. Auflage, Berlin 1996.
(zitiert als: Jescheck/Weigend, AT)

Joecks, Wolfgang
Anleger- und Verbraucherschutz durch das 2. WiKG, in: wistra 1986, 142-150.

Joerden, Jan C.
Strukturen des strafrechtlichen Verantwortlichkeitsbegriffs: Relationen und ihre Verkettungen, Berlin 1988.
(zitiert als: Joerden, Strukturen)

Joost, Detlev
Grundlagen und Rechtsfolgen der Kapitalerhaltungsregelungen im Aktienrecht, in: ZHR 149 (1985), 419-443.

Jordan, Adolf-Dietrich
Untreue und Betrug durch Zweckverfehlung, in: JR 2000, 133-140.

Junge, Werner
Das Unternehmensinteresse, in: Festschrift für Ernst von Caemmerer zum 70. Geburtstag, Tübingen 1978, 547-557.
(zitiert als: Junge, FS Caemmerer)

Kallmeyer, Harald
Pflichten des Vorstands der Aktiengesellschaft zur Unternehmensplanung, in: ZGR 1993, 104-113.

ders.
Vorstandsbezüge – viel Lärm um nichts?, in: ZIP 2002, 1663.

Kamps, Hans
Ärztliche Arbeitsteilung und strafrechtliches Fahrlässigkeitsdelikt, Berlin 1981.
(zitiert als: Kamps, Ärztliche Arbeitsteilung)

Käpplinger, Markus
Zur aktienrechtlichen Zulässigkeit von Abfindungszahlungen, in: NZG 2003, 573-574.

Kargl, Walter
Der strafrechtliche Vermögensbegriff als Problem der Rechtseinheit, in: JA 2001, 714-720.

Karlsruher Kommentar zum Gesetz über Ordnungswidrigkeiten
Hrsg. v. Karlheinz Boujoung, 2. Auflage, München 2000.
(zitiert als: Bearbeiter, in: KKOWiG)

Kassebohm, Kristian
Malorny, Christian
Die strafrechtliche Verantwortung des Managements, Produktverantwortlichkeit und deren Einflussbereich auf die qualitätsorientierte Unternehmensführung, in: BB 1994, 1361-1371.

Kaufmann, Jochen
Organuntreue zum Nachteil von Kapitalgesellschaften, Frankfurt am Main/ Berlin/Bern/Brüssel/New York/Wien 1999.
(zitiert als: Kaufmann, Organuntreue)

Keller, Alexander
Sauer, Dirk — Zum Unrecht der sogenannten Bankenuntreue – zugleich Anmerkung zu BGH 1 StR 185/01 v. 15.11.2001, in: wistra 2002, 365-370.

Kerber, Markus C. — Anmerkung zum Urteil des BGH vom 23.7.1997 – II ZR 132/93, in: DZWir 1998, 326-328.

Kiethe, Kurt — Die zivil- und strafrechtliche Haftung von Vorstandsmitgliedern eines Kreditinstituts für riskante Kreditgeschäfte, in: WM 2003, 861-869.

ders. — Höchstgrenzen für Vorstandsbezüge im Maßnahmenkatalog der Bundesregierung zur Aktienrechtsreform 2003 – verfassungswidrig oder standortgefährdend, in: BB 2003, 1573-1579.

ders. — Vorstandshaftung aufgrund fehlerhafter Due Diligence beim Unternehmenskauf, in: NZG 1999, 976-983.

Kittner, Michael — Unternehmensverfassung und Information – Die Schweigepflicht von Aufsichtsratsmitgliedern, in: ZHR 136 (1972), 208-251.

Kleinschmitt, Martin — Das Informationsmodell bei Börsentermingeschäften, Berlin 1992.

Knauer, Christoph — Die Kollegialentscheidung im Strafrecht – Zugleich ein Beitrag zum Verhältnis von Kausalität und Mittäterschaft, München 2001.
(zitiert als: Knauer, Kollegialentscheidung)

ders. — Die Strafbarkeit der Bankvorstände für missbräuchliche Kreditgewährung, in: NStZ 2002, 399-404.

Knobbe-Keuk, Brigitte — Bilanz- und Unternehmenssteuerrecht, 7. Auflage, Köln 1989.

Koch, Wolfgang — Das Unternehmensinteresse als Verhaltensmaßstab der Aufsichtsratsmitglieder im mitbestimmten Aufsichtsrat einer Aktiengesellschaft, Frankfurt am Main/Berlin/Bern/New York/Paris/Wien 1983.
(zitiert als: Koch, Das Unternehmensinteresse)

Kohler, Klaus — Stock Options für Führungskräfte aus der Sicht der Praxis, in: ZHR 161 (1997), 246-268.

Kohlmann, Günter — Die strafrechtliche Verantwortlichkeit des GmbH-Geschäftsführers, Heidelberg 1990.
(zitiert als: Kohlmann, Strafrechtliche Verantwortlichkeit)

ders. Untreue zum Nachteil des Vermögens einer GmbH trotz Zustimmung sämtlicher Gesellschafter?, in: Festschrift für Winfried Werner zum 65. Geburtstag, Berlin/New York 1984, 387 ff..
(zitiert als: Kohlmann, FS Werner)

Kohlmann, Günter
Felix, Günter Zur Zulässigkeit der Förderung politischer Parteien durch Kapitalgesellschaften - Steuerrechtliche Überlegungen zur sogenannten Parteispendenaffäre -, in: DB 1983, 1059-1063.

Kölner Kommentar zum Aktiengesetz Hrsg. Zöllner, Wolfgang, Einleitungsband, Text des Aktiengesetzes, Einleitung, Sachregister zum Gesamtwerk, Köln/Berlin/ Bonn/München 1984; Band 1 (§§ 1-75), 2. Auflage 1988; Band 2 (§§ 76-117 und Mitbestimmung im Aufsichtsrat); (§§ 76-94 Stand der Bearbeitung: Dez. 1988)), 2. Auflage, Köln/Berlin/Bonn/ München 1996; Band 6, 1. Lieferung (§§ 291-338 AktG, Konzernrechnungslegung, §§ 290-315 HGB unter Einschluss von IAS und US-GAAP), 2. Auflage, Köln/Berlin/München 2004.
(zitiert als: KK-Bearbeiter)

Kort, Michael Das „Mannesmann"-Urteil im Lichte von § 87 AktG, in: NJW 2005, 333-336.

ders. "Change-of-Control"-Klauseln nach dem "Mannesmann"-Urteil des BGH: zulässig oder unzulässig?, in: AG 2006, 106-109.

ders. Rechtsfortbildung im GmbH-Konzernrecht – Rückblick auf den „Supermarkt"-Beschluss des BGH und dessen Umfeld, in: ZIP 1989, 1309-1312.

KPMG Integrity Services - Umfrage zur Wirtschaftskriminalität, November 1999.

dies. Wirtschaftskriminalität in Deutschland 2003/04 – Ergebnisse einer Umfrage bei 1000 Unternehmen, Köln Dezember 2003.

Krämer, Hans-Jörg Das Unternehmensinteresse als Verhaltensmaxime der Leitungsorgane einer Aktiengesellschaft im Rahmen der Organhaftung, Berlin 2002.
(zitiert als: Krämer, Das Unternehmensinteresse)

Kratzsch, Dietrich Das „faktische Organ" im Gesellschaftsstrafrecht – Grund und Grenzen einer strafrechtlichen Garantenstellung, in: ZGR 1985, 506-535.

Krieger, Gerd	Personalentscheidungen des Aufsichtsrats, Köln/Berlin/ Bonn/München 1981. (zitiert als: Krieger, Personalentscheidungen)
ders.	Zahlungen der Aktiengesellschaft im Strafverfahren gegen Vorstandsmitglieder, in: Festschrift für Gerold Bezzenberger zum 70. Geburtstag am 13. März 2000, Berlin/New York 2000, 211-231. (zitiert als: Krieger, FS Bezzenberger)
Krome, Almuth	Ertragssteuerliche Behandlung des Sponsoring - Hinweise für die Praxis, DB 1999, 2030-2033.
Kromschröder, Bernhard *Lück, Wolfgang*	Grundsätze risikoorientierter Unternehmensüberwachung, in: DB 1998, 1573-1576.
Kropff, Bruno	Der „faktische Konzern“ als Rechtsverhältnis (Teil I), in: DB 1967, 2147-2153.
Kübler, Friedrich	Gesellschaftsrecht, 5. Auflage, Heidelberg 1998.
ders.	Institutioneller Gläubigerschutz oder Kapitalmarkttransparenz, in: ZHR 159 (1995), 550-566.
ders.	Kapitalmarktgerechte Aktien?, in: WM 1990, 1853-1858.
ders.	Sind zwingende Bezugsrechte wirtschaftlich sinnvoll?, in: ZBB 1993, 1-7.
Kühl, Kristian	Strafrecht Allgemeiner Teil, 4. Auflage, München 2002. (zitiert als: Kühl, AT)
Kuhl, Karin *Nickel, Johann-Peter*	Risikomanagement im Unternehmen – Stellt das KonTraG neue Anforderungen an die Unternehmen, in: DB 1999, 133-135.
Kuhlen, Lothar	Fragen einer strafrechtlichen Produkthaftung, Heidelberg 1989. (zitiert als: Kuhlen, Strafrechtliche Produkthaftung)
ders.	Strafhaftung bei unterlassenem Rückruf gesundheitsgefährdender Produkte – Zugleich Anmerkung zum Urteil des BGH vom 6.7.1990 – 2 StrR 549/89 (NStZ 1990, 588), in: NStZ 1990, 566-570.
Kuhn, Herbert	Indemnität für ehrenamtliche Gemeinderatsmitglieder? Zugleich Anmerkungen zu Nettesheim: „Können sich Gemeinderäte der Untreue schuldig machen?“ (BayVBl 1989, 161 ff.), in: BayVBl 1989, 169-172.

Kühne, Hans-Heiner — Anmerkung zum Urteil des BGH v. 15.11.2001 – 1 StR 185/01 (LG Mannheim), in: StV 2002, 198-199.

Kulitz, Peter — Unternehmerspenden an politische Parteien, Berlin 1983.

Kümpel, Siegfried — Bank- und Kapitalmarktrecht, 3. Auflage, Köln 2004.

Kunze, Otto — Zum Stand der Entwicklung des Unternehmensrechts, in: ZHR 144 (1980), 100-135.

Kust, Egon — Zur Sorgfaltspflicht und Verantwortlichkeit eines ordentlichen und gewissenhaften Geschäftsleiters, in: WM 1980, 758-765.

Küting, Karlheinz
Weber, Claus-Peter — Handbuch der Rechnungslegung - Kommentar zur Bilanzierung und Prüfung, Band Ia, 4. Auflage, Stuttgart 1995. (zitiert als: Bearbeiter, in: Küting/Weber, Hdb. der Rechnungslegung Bd. Ia)

Labsch, Karl Heinz — Die Strafbarkeit des GmbH-Geschäftsführers im Konkurs der GmbH, in: wistra 1985, 1-9 und 59-63.

ders — Einverständliche Schädigung des Gesellschaftsvermögens und Strafbarkeit des GmbH-Geschäftsführers – BGH, NStZ 1984, 118, in: JuS 1985, 602-607.

ders. — Grundprobleme des Mißbrauchstatbestandes der Untreue (I), (§ 266 Abs. 1, 1. Alt. StGB), in: Jura 1987, 343-352.

ders. — Grundprobleme des Missbrauchstatbestandes der Untreue (II), (§ 266 Abs. 1, 1. Alt. StGB), in: Jura 1987, 411-419.

ders. — Untreue (§ 266 StGB) - Grenzen und Möglichkeiten einer neuen Deutung, Lübeck 1983.

Lackner, Karl
Kühl, Kristian — Strafgesetzbuch mit Erläuterungen, 25. Auflage, München 2004. (zitiert als: Lackner/Kühl)

Lampe, Ernst-Joachim — Unternehmensaushöhlung als Straftat, in: GA 1987, 241-260.

Landscheidt, Christoph — Zur Problematik der Garantenpflichten aus verantwortlicher Stellung in bestimmten Räumlichkeiten - Zugleich ein Beitrag zur Gefahrquellenverantwortlichkeit im Rahmen der unechten Unterlassungsdelikte, Berlin 1985. (zitiert als: Landscheidt, Garantenpflichten)

Lange, Oliver — Die Belohung von Vorstandsmitgliedern auf Veranlassung des Aufsichtsrats, in: AuR 2004, 83-87.

ders. Gesellschaftsrecht: Zu den gesellschaftsrechtlichen Grenzen des Handlungsspielraums eines Vorstandsmitglieds, in: DStR 2002, 1102-1103.

Larenz, Karl Lehrbuch des Schuldrechts, Erster Band: Allgemeiner Teil, 14. Auflage, München 1987.
(zitiert als: Larenz, Schuldrecht AT I)

Laske, Stephan Unternehmensinteresse und Mitbestimmung, in: ZGR 1979, 173-200.

Laskos, Thomas Die Strafbarkeit wegen Untreue bei der Kreditvergabe, Baden-Baden 2001.

Laub, Detlef Grenzen der Spendenkompetenz des Vorstands, in: AG 2002, 308-313.

Laufs, Adolf
Uhlenbruck, Wilhelm Handbuch des Arztrechts, 2. Auflage, München 1999.
(zitiert als: Bearbeiter, in: Laufs/Uhlenbruck, Handbuch des Arztrechts)

Leipziger Kommentar Großkommentar, StGB, Hrsg. Jähnke, Burkhard/Laufhütte, Heinrich Wilhelm/Odersky,Walther, Erster Band (Einleitung §§ 1- 31), 11. Auflage, Berlin 2003; §§ 13-14, (11. Lieferung), 11. Auflage, Berlin/New York 1993; §§ 15-18 (14. Lieferung), 11. Auflage, Berlin/New York 1994; §§ 263; Nachtrag zu §§ 264, 265, 265a, (33. Lieferung), 11. Auflage, Berlin/New York 2000; Band 4, §§ 263a, 266, 266a, b; §§ 284-287 (27. Lieferung), 11. Auflage, Berlin/New York Juli 1998; §§ 283-283d (21. Lieferung), 11. Auflage, Berlin/New York 1996; §§ 288-302 (41. Liefe rung), 11. Auflage, Berlin/New York Februar 2002.
(zitiert als: LK-Bearbeiter)

Sechster Band (§§ 263-302a), 10. Auflage, Berlin/New York 1988; Siebenter Band (§§ 303-358), 10. Auflage, Berlin/New York 1988.
(zitiert als: LK-Bearbeiter (10. Auflage))

Lenckner, Theodor Vermögensschaden und Vermögensgefährdung beim sogenannten Eingehungsbetrug, in: JZ 1971, 320-324.

ders. Zum Problem des Vermögensschadens (§§ 253, 263 StGB) beim Verlust nichtiger Forderungen – Zugleich eine Be sprechung des Urteils des OLG Hamburg v. 8.6.1966 – 1 Ss 97/65, in: JZ 1967, 105-110.

Lenzen, Ursula Das neue Recht der Kursmanipulation, in: ZBB 2002, 279-287.

Leo, Hans-Christoph — Der Schutz der Aktionärsinteressen durch den Vorstand nach geltendem Aktienrecht, AG 1957, 152-157.

Lesch, Heiko H. — Die Begründung mittäterschaftlicher Haftung als Moment der objektiven Zurechnung, in: ZStW 105 (1993), 271-294.

Leßmann, Herbert
Wied, Götz — Die abhängige Gesellschaft im Personengesellschaftskonzern – Ein Überblick über Lösungsansätze und Rechtsfolgen, in: JuS 2000, 959-965.

Lewerenz, Karl, Jochen — Leistungsklagen zwischen Organen und Organmitgliedern der Kapitalgesellschaft, Berlin 1977.
(zitiert als: Lewerenz, Leistungsklagen)

Liebers, Hans-Joachim
Hoefs, Christian — Anerkennungs- und Abfindungszahlungen an ausscheidende Vorstandsmitglieder, in: ZIP 2004, 97-103.

Linker, Anja Elina
Zinger, Georg — Rechte und Pflichten der Organe einer Aktiengesellschaft bei der Weitergabe vertraulicher Unternehmensinformationen, in: NZG 2002, 497-502.

Lipps, Wolfgang — Nochmals – Verdeckte Gewinnausschüttung bei der GmbH als strafrechtliche Untreue?, in: NJW 1989, 502-504.

Louis, Jürgen — Strafrechtliche Konsequenzen bei Falsch- und Nichtbuchungen – Teil 2: Untreue, Betrug, in: BC 2002, 90-94.

Lück, Wolfgang — Der Umgang mit unternehmerischen Risiken durch ein Risikomanagementsystem und durch ein Überwachungssystem, in: DB 1998, 1925-1930.

Lüderssen, Klaus — Die Wiederkehr der „Befreiung des Strafrechts vom zivilistischen Denken“ – eine Warnung, in: Festschrift für Ernst-Walter Hanack zum 70. Geburtstag am 30. August 1999, Berlin/New York 1999, 487-499.
(zitiert als: Lüderssen, FS Hanack)

ders. — Entkriminalisierung des Wirtschaftsrechts, Baden-Baden 1998.

ders. — „Nützliche Aufwendungen“ und strafrechtliche Untreue, in: Festschrift für Heinz Müller-Dietz zum 70. Geburtstag, München 2001, 467-477.
(zitiert als: Lüderssen, FS Müller-Dietz)

Lutter, Marcus — Corporate Governance und ihre aktuellen Probleme, vor allem: Vorstandsvergütung und ihre Schranken, in: ZIP 2003, 737-743.

ders. Die Haftung des herrschenden Unternehmens im GmbH-Konzern- Überlegungen zur „Autokran"-Entscheidung des BGH vom 16.9.1985, ZIP 1985, 1263, in: ZIP 1985, 1425-1435.

ders. Due diligence des Erwerbers beim Kauf einer Beteiligung, in: ZIP 1997, 613-620

ders. Organzuständigkeiten im Konzern, in: Festschrift für Walter Stimpel zum 68. Geburtstag am 29. November 1985, Berlin/New York 1985, 825-854.
(zitiert als: Lutter, FS Stimpel)

Lutter, Marcus
Hommelhoff, Peter GmbH-Gesetz, Kommentar, 16. Auflage, Köln 2004.
(zitiert als: Lutter/Hommelhoff-Bearbeiter, GmbHG)

15. Auflage, Kommentar, Köln 2000.
(zitiert als: Lutter/Hommelhoff (15. Auflage), GmbHG)

Lutter, Marcus
Krieger, Gerd Rechte und Pflichten des Aufsichtsrats, 4. Auflage, Köln 2002.

Luttermann, Klaus Anmerkung zum Urteil des BGH v. 6.4.2000 – 1 StR 280/99 (LG Augsburg), in: ZIP 2000, 1212-1213.

Maiwald, Manfred Grundlagenprobleme der Unterlassungsdelikte, in: JuS 1981, 473-483.

Marburger, Peter Die Regeln der Technik im Recht, Köln/Berlin/Bonn/München 1979.

Martens, Klaus-Peter Der Grundsatz gemeinsamer Vorstandsverantwortung, in: Festschrift für Hans-Joachim Fleck zum 70. Geburtstag am 30. Januar 1988, Berlin/New York 1988, 191-208.
(zitiert als: Martens, FS Fleck)

ders. die Unternehmensbewertung nach dem Grundsatz der Methodengleichheit oder dem Grundsatz der Meistbegünstigung – Zugleich Besprechung der Entscheidung des OLG Düsseldorf vom 31.1.2003 – I 9 W 9/00 AktE – „Siemens/SNI", in: AG 2003, 593-600.

Martin, Susanne Bankuntreue, Berlin 2000.

Marxen, Klaus
Müller, Ulrike Kurzkommentar zum Urteil des BGH v. 15.11.2001 – 1 StR 185/01 (LG Mannheim) +, ZIP 2002, 346, in: EWiR 2002, 307-308.

Matthießen, Volker Stimmrecht und Interessenkollision im Aufsichtsrat, Köln/Berlin/Bonn/München 1989.

Maul, Karl-Heinz	Geschäfts- und Konzernlagetäuschungen als Bilanzdelikte, in: DB 1989, 185-192.
Maurach, Reinhart *Schröder, Friedrich-Christian* *Maiwald, Manfred*	Strafrecht Besonderer Teil, Teilband 1, Straftaten gegen Persönlichkeits- und Vermögenswerte, 9. Auflage, Heidelberg 2003. (zitiert als: Maurach/Schröder/Maiwald, BT 1)
Maurach, Reinhart *Gössel, Karl Heinz* *Zipf, Heinz*	Strafrecht Allgemeiner Teil, Teilband 1, Grundlehren des Strafrechts und Aufbau der Straftat, 8. Auflage, Heidelberg 1992. (zitiert als: Maurach/Gössel/Zipf, AT 1)
Meier, Bernd-Dieter	Verbraucherschutz durch Strafrecht? Überlegungen zur strafrechtlichen Produkthaftung nach der „Lederspray"-Entscheidung des BGH, in: NJW 1992, 3193-3199.
Meilicke, Heinz	Verdeckte Gewinnausschüttung: Strafrechtliche Untreue bei der GmbH?, in: BB 1988, 1261-1264.
Merkt, Hanno	US-amerikanisches Gesellschaftsrecht, Heidelberg 1991.
Mertens, Hans-Joachim	Der Vorstand darf zahlen – Zur Beteiligung von Aktiengesellschaften an der Stiftungsinitiative der Deutschen Wirtschaft „Erinnerung, Verantwortung und Zukunft", in: AG 2000, 157-163.
ders.	Organstreit in der Aktiengesellschaft? - Eine rechtspolitische Kritik, in: ZHR 154 (1990), 24-38.
ders.	Zur Auslegung und zum Verhältnis von § 76 I und § 58 AktG im Hinblick auf uneigennützige soziale Aktivitäten der Aktiengesellschaft, in: Festschrift zum 65. Geburtstag von Reinhard Goerdeler, Düsseldorf 1987, 349-360. (zitiert als Mertens, FS Goerdeler)
Mertens, Kai	Die Information des Erwerbers einer wesentlichen Unternehmensbeteiligung an einer Aktiengesellschaft durch deren Vorstand, in: AG 1997, 541-547.
Mestmäcker, Ernst-Joachim *Behrens, Peter*	(Hrsg.), Das Gesellschaftsrecht der Konzerne im internationalen Vergleich, Baden-Baden 1991. (zitiert als: Bearbeiter, in: Mestmäcker/Behrens)
Meyer, Fritz	Die Strafvorschriften des neuen Aktiengesetzes, in: AG 1966, 109-117.
Meyer-Landrut, Joachim	Die Verschwiegenheitspflicht amtierender und ausgeschiedener Vorstands- und Aufsichtsratsmitglieder der Aktiengesellschaft, in: AG 1964, 325-327.

Meyer-Landrut, Joachim
Miller, Georg
Niehus, Rudolf J.
Gesetz betreffend die Gesellschaft mit beschränkter Haftung (GmbHG) einschließlich Rechnungslegung zum Einzel- sowie zum Konzernabschluss, Berlin/New York 1987.
(zitiert als: Meyer-Landrut/Miller/Niehus-Bearbeiter, GmbHG)

Michalski, Lutz
Kommentar zum Gesetz betreffend die Gesellschaften mit beschränkter Haftung (GmbH-Gesetz), Band II (§§ 35-86 GmbHG), München 2002.
(zitiert als: Michalski-Bearbeiter, GmbHG)

Mitsch, Wolfgang
Strafrecht Besonderer Teil 2, Vermögensdelikte (Kernbereich)/Teilband 1, 1 Auflage, Berlin/Heidelberg/New York/Hong Kong/London/Mailand/Paris/Tokio 2003.
(zitiert als: Mitsch, BT 2/1)

Möhring, Philipp
Das neue Konzernrecht und seine Auswirkungen auf andere Rechtsgebiete, Rechts- und Staatswissenschaftliche Vereinigung, Frankfurt am Main, Juristische Gesellschaft Heft Nr. 2, 14.12.1966.
(zitiert als: Möhring, Das neue Konzernrecht)

Möller, Andreas
Die Neuregelung des Verbots der Kurs- und Marktpreismanipulation im Vierten Finanzmarktförderungsgesetz, in: WM 2002, 309-317.

Mosenheuer, Andreas
Untreue durch mangelhafte Dokumentation von Zahlungen? in: NStZ 2004, 179-181.

Mosiek, Marcus
Risikosteuerung im Unternehmen und Untreue – zur Untreuestrafbarkeit Unternehmensverantwortlicher in Aktiengesellschaft und GmbH bei Verstößen gegen gesetzliche Risikosteuerungspflichten, in: wistra 2003, 370-375.

Mülbert, Peter O.
Shareholder Value aus rechtlicher Sicht, in: ZGR 1997, 129-172.

Müller, Hans-Peter
Unterbewertete Aspekte des Mitbestimmungsgesetzes, in: DB 1978, 2168-2175.

Müller, Klaus J.
Gestaltung der Due Dilgence durch den Vorstand der Aktiengesellschaft, in: NJW 2000, 3452-3456.

Müller, Hans-Jürgen
Jegutidse, Sarina
Der GmbH-Geschäftsführer: Rechte, Pflichten und Vermeidung von Haftungsrisiken, 2. Auflage, Berlin 1995.

Müller, Rudolf
Wabnitz, Heinz-Bernd
Janovsky, Thomas
Wirtschaftskriminalität – Eine Darstellung der typischen Erscheinungsformen mit praktischen Hinweisen zur Bekämpfung, 4. Auflage, München 1997.
(zitiert als: Müller/Wabnitz/Janovsky, Wirtschaftskriminalität)

Müller-Gugenberger, Christian
Bieneck, Klaus
Wirtschaftsstrafrecht, 3. Auflage, Münster und Köln 2000.
(zitiert als: Müller-Gugenberger/Bieneck-Bearbeiter)

Münchener Handbuch des Gesellschaftsrechts
Band 4: Aktiengesellschaft, Hrsg. Hoffmann-Becking, Michael, 2. Auflage, München 1999.
(zitiert als: MünchHdbGesR/AG-Bearbeiter)

Münchener Kommentar zum Aktiengesetz
Hrsg. Kropf, Bruno und Semler, Johannes: Band 2 (§§ 53a-75), 2. Auflage des Geßler/Hefermehl/Eckardt/Kropff, Aktiengesetz, München 2003; Band 3 (§§ 76-117 – MitbestG - § 76 BetrVG 1952), 2. Auflage, München 2004; Band 5/1 (§§ 148 – 151, 161 – 178 AktG; §§ 238 – 264 c, 342, 342a HGB), 2. Auflage, München 2003; Band 8 (§§278-328), 2. Auflage, München 2000.
(zitiert als: MüKo/AktG-Bearbeiter)

Münchener Kommentar zum Bürgerlichen Gesetzbuch
Hrsg. Kurt Rebmann, Franz Jürgen Säcker und Roland Rixecker: Band 1: Allgemeiner Teil (§§ 1-240, AGB-Gesetz), 4. Auflage, München 2001; Band 5: Schuldrecht Besonderer Teil III (§§ 705-853), Partnerschaftsgesellschaftsgesetz; Produkthaftungsgesetz, 4. Auflage, München 2004.
(zitiert als: MüKo/BGB-Bearbeiter)

Münchener Kommentar zum Strafgesetzbuch
Band 1 (§§ 1-51 StGB), München 2003.
(zitiert als: MüKo/StGB-Bearbeiter)

Nack, Armin
Untreue im Bankbereich durch Vergabe von Großkrediten, in: NJW 1980, 1599-1602.

Nelles, Ursula
Untreue zum Nachteil von Gesellschaften - Zugleich ein Beitrag zur Struktur des Vermögensbegriffs als Beziehungsbegriff, Berlin 1991.

Nettesheim, Wolfgang
Können sich Gemeinderäte der „Untreue" schuldig machen, in: BayVBl 1989, 161-165.

Neudecker, Gabriele
Die strafrechtliche Verantwortlichkeit der Mitglieder von Kollegialorganen, Frankfurt am Main/Berlin/Bern/New York/Paris/Wien 1995.
(zitiert als: Neudecker, Strafrechtliche Verantwortlichkeit)

Neuhaus, Jürgen
Der Schadensersatzanspruch des außenstehenden Aktionärs gegenüber dem Vorstand einer faktisch beherrschten Aktiengesellschaft nach § 93 AktG 65 (1. Teil), in: DB 1971, 1193-1197.

Neumann, Ulfrid
Der Verbotsirrtum (§ 17 StGB), in: JuS 1993, 793-799.

Nölle, Jens-Uwe
Die Eigenhaftung des GmbH-Geschäftsführers für Organisationspflichtverletzungen, Regensburg 1995.

Nomos Kommentar zum Strafgesetzbuch	Band I (§§ 1-37), 13. Lieferung März 2003; Band V (§§ 263-358), 13. Lieferung, Baden–Baden März 2003. (zitiert als: NK/StGB-Bearbeiter)
Ostermayer, Helmut	Kollektivschuld im Strafrecht - Der Contergan-Prozess zeigt die Grenzen der Strafjustiz, in: ZRP 1971, 75-76.
Ott, Claus	Recht und Realität der Unternehmenskorporation, Tübingen 1977.
Otto, Harro	Anmerkung zum Urteil des BGH v. 6..4.2000 – 1 StR 280/99 (BGHSt 46, 30), in: JR 2000, 517-518.
ders.	Bankentätigkeit und Strafrecht, Köln/Berlin/Bonn/München 1983.
ders.	Die neuere Rechtsprechung zu den Vermögensdelikten – Teil 2, in: JZ 1985, 69-77.
ders.	Die Struktur des strafrechtlichen Vermögensschutzes, Berlin 1970.
ders.	Gutachten zur Verteidigung von Helmut Kohl für die Kanzlei Holthoff-Pförtner, Essen 1999.
ders.	Keine strafbare Untreue im Fall Kohl, in: RUP 2000, 109-110.
ders.	Können Parteispenden Betriebsausgaben sein?, in: wistra 1983, 213-219.
ders.	Untreue der Vertretungsorgane von Kapitalgesellschaften durch Vergabe von Spenden, in: Festschrift für Günter Kohlmann zum 70. Geburtstag, Köln 2003, 187-205. (zitiert als: Otto, FS Kohlmann)
Otto, Harro Brammsen, Joerg	Die Grundlagen der strafrechtlichen Haftung des Garanten wegen Unterlassens (II), in: Jura 1985, 592-602.
Pahlke, Anne-Kathrin	Risikomanagement nach KonTraG – Überwachungspflichten und Haftungsrisiken für den Aufsichtsrat, in: NJW 2002, 1680-1688.
Palandt	Bürgerliches Gesetzbuch, 64. Auflage, München 2005. (zitiert als: Palandt-Bearbeiter, BGB)
Park, Tido	Börsenstrafrechtliche Risiken für Vorstandsmitglieder von börsennotierten Aktiengesellschaften, in: BB 2001, 2069-2076.

ders. (Hrsg.) Kapitalmarktstrafrecht, Handkommentar, Baden-Baden 2004.
(zitiert als: Park-Bearbeiter, Kapitalmarktstrafrecht)

Paus, Ulrich Börsentermingeschäfte: Begriff und Erscheinungsformen nach neuem Börsenrecht, Baden-Baden 1995.
(zitiert als: Paus, Börsentermingeschäfte)

Pelz, Christian Strafrecht in Krise und Insolvenz, München 2004.

Peltzer, Martin Haftungsgeneigte Personalentscheidungen des Aufsichtsrates, in: Festschrift für Johannes Semler zum 70. Geburtstag am 28. April 1993, Berlin/New York 1993, 261-275.
(zitiert als: Peltzer, FS Semler)

ders. Wider den „greed“ – Betrachtungen zu §§ 86 und 87 AktG, in: Festschrift für Marcus Lutter zum 70. Geburtstag, Köln 2000, 571-586.
(zitiert als: Peltzer, FS Lutter)

Peter, Jörg Die strafrechtliche Verantwortlichkeit von Kollegialorganmitgliedern der AG und der GmbH für das Nichteinschreiten bei Gründungsschwindelhandlungen anderer Kollegialorganmitglieder, Rheinfelden 1990.
(zitiert als: Peter, Strafrechtliche Verantwortlichkeit)

Pfohl, Michael Strafbarkeit von Amtsträgern wegen Duldung unzureichender Abwasserreinigungsanlagen, in: NJW 1994, 418-423.

Philipp, Wolfgang Darf der Vorstand zahlen? Die Zwangsarbeiter und das Aktienrecht, in: AG 2000, 62-69.

Pollanz, Manfred Konzeptionelle Überlegungen zur Einrichtung und Prüfung eines Risikomanagementsystems – Droht eine Mega-Erwartungslücke?, in: DB 1999, 393-399.

ders. Offene Fragen der Prüfung von Risikomanagementsytemen nach KonTraG, in: DB 2001, 1317-1325.

Poseck, Roman Die strafrechtliche Haftung der Mitglieder des Aufsichtsrats einer Aktiengesellschaft, Baden-Baden 1997.
(zitiert als: Poseck, Strafrechtliche Haftung)

Preussner, Joachim
Pananis, Panos Risikomanagement und strafrechtliche Verantwortung – Corporate Governance am Beispiel der Kreditwirtschaft, in: BKR 2004, 347-356.

Preussner/Joachim
Zimmermann, Dörte Risikomanagement als Gesamtaufgabe des Vorstandes – Zugleich Besprechung des Urteils des LG Berlin v. 3.7.2002 – ZO 358/01, in: AG 2002, 657-662.

Prieß, Dorothea — Die aktienrechtliche Untreue (§ 312 HGB), Hamburg 1933.

Produkthaftungshandbuch — Band I, Hrsg. Friedrich Graf von Westphalen, München 1989; Band I: Vertrag-liche und deliktische Haftung, Strafrecht- und Produkt-Haftpflichtversicherung, 3. Auflage, München 1997.
(zitiert als: Bearbeiter, in: Produkthaftungshandbuch)

Puppe, Ingeborg — Anmerkung zum Urteil des BGH vom 6.7.1990 – 2 StR 549/89, in: JR 1992, 30-34.

Raisch, Peter — Zum Begriff und zur Bedeutung des Unternehmensinteresses als Verhaltensmaxime von Vorstands- und Auf sichtsratsmitgliedern, in: Festschrift für Wolfgang Hefermehl zum 70. Geburtstag am 18. September 1976, 347-364.
(zitiert als: Raisch, FS Hefermehl)

Raiser, Thomas — Recht der Kapitalgesellschaften – Ein Handbuch für Praxis und Wirtschaft, 3. Auflage, München 2001.

ders. — Unternehmensziele und Unternehmensbegriff, in: ZHR 144 (1980), 206-231.

Ranft, Otfried — Betrug durch Verheimlichung von Submissionsabsprachen – Eine Stellungnahme zu BGHSt 38, 186, in: wistra 1994, 41-45.

Ransiek, Andreas — Anerkennungsprämien und Untreue - Das „Mannesmann"-Urteil des BGH*, in: NJW 2006, 814-816.

ders. — Untreue im GmbH-Konzern, in: Festschrift für Günter Kohlmann zum 70. Geburtstag, Köln 2003, 207-223.
(zitiert als: Ransiek, FS Kohlmann)

ders. — Zur deliktischen Eigenhaftung des GmbH-Geschäftsführers aus strafrechtlicher Sicht, in: ZGR 1992, 203-231.

Rebmann, Kurt
Roth, Werner
Herrmann, Siegfried — Gesetz über Ordnungswidrigkeiten, Kommentar, §§ 1-110 (8. Lieferung – Stand: Aug. 2003), 3. Auflage, Stuttgart/Berlin/Köln 2003; §§ 111-Ende (7. Lieferung – Stand: Jan. 2003), 3. Auflage, Stuttgart/Berlin/Köln 2003.
(zitiert als: Rebmann/Roth/Herrmann, OWiG)

Frhr. v. Rechenberg, Wolf-Georg — Die Hauptversammlung als oberstes Organ der Aktiengesellschaft, Heidelberg 1986.
(zitiert als: v. Rechenberg, Die Hauptversammlung)

Reiß, Wolfram — Verdeckte Gewinnausschüttungen und verdeckte Einnahmen als strafbare Untreue des Geschäftsführers?, in: wistra 1989, 81-86.

Rengier, Rudolf Strafrecht Besonderer Teil I, Vermögensdelikte, 7. Auflage, München 2005.
(zitiert als: Rengier, BT 1)

Renkl, Günter Der Gesellschafterbeschluss, Stuttgart/Berlin/Köln/Mainz 1982.

Reuter, Dieter Bestellung und Anstellung von Organmitgliedern im Körperschaftsrecht, in: Festschrift für Wolfgang Zöllner zum 70. Geburtstag, Band I, Köln/Berlin/Bonn/München 1998.
(zitiert als Reuter, FS Zöllner I)

Richter, Hans Der Konkurs der GmbH aus der Sicht der Strafrechtspraxis, in: GmbHR 1984, 113-121 (I) und 137-150 (II).

Rieger, Harald Gesetzeswortlaut und Rechtswirklichkeit im Aktiengesetz, in: Festschrift für Martin Peltzer zum 70. Geburtstag, Köln 2001, 339-357.
(zitiert als: Rieger, FS Peltzer)

Riemann, Thomas Vermögensgefährdung und Vermögensschaden, Heidelberg 1989.

Rittmeister, Maximilian Due Diligence und Geheimhaltungspflichten beim Unternehmenskauf – Die Zulässigkeit der Gestattung einer Due Diligence durch den Vorstand oder die Gesellschafter der Zielgesellschaft, in: NZG 2004, 1032-1037.

Rittner, Fritz Zur Verantwortung des Vorstands nach § 76 Abs. 1 AktG 1965, in: Festschrift für Ernst Geßler zum 65. Geburtstag am 5. Mai 1970, München 1971, 139-158.
(zitiert als: Rittner, FS Geßler)

Rogall, Klaus Dogmatische und kriminalpolitische Probleme der Aufsichtspflichtverletzung in Betrieben und Unternehmen (§ 130 OWiG), in: ZStW 98 (1986), 573-623.

Rönnau, Thomas „kick-backs“: Provisionsvereinbarungen als strafbare Untreue – Eine kritische Bestandsaufnahme, in: Festschrift für Günter Kohlmann zum 70. Geburtstag, Köln 2004, 239-261.
(zitiert als: Rönnau, FS Kohlmann)

ders. Untreue und Vorteilsannahme durch Einwerbung von Drittmitteln? – BGH, NJW 2002, 2801, in: JuS 2003, 232-237.

ders. Untreuevorwurf wegen Verletzung aktienrechtlicher Pflichten - Mannesmann/Vodafone, NStZ 2006, 218-221.

Rönnau, Thomas
Hohn, Kristian
Die Festsetzung (zu) hoher Vorstandsvergütungen durch den Aufsichtsrat – ein Fall für den Staatsanwalt?, in: NStZ 2004, 113-123.

Roschmann, Christian
Frey, Johannes
Geheimhaltungsverpflichtungen der Vorstandsmitglieder von Aktiengesellschaften bei Unternehmenskäufen, in: AG 1996, 449-455.

Roth, Günther H.
Altmeppen, Holger
Gesetz betreffend die Gesellschaft mit beschränkter Haftung (GmbHG), 4. Auflage, München 2003.
(zitiert als: Roth/Altmeppen, GmbHG)

Roth, Markus
Unternehmerisches Ermessen und Haftung des Vorstands - Handlungsspielräume und Haftungsrisiken insbesondere in der wirtschaftlichen Krise, München 2001.

Rothberg, Hans-Eberhard
Ordnungswidrigkeitengesetz, Kommentar, 5. Auflage, München 1975.
(zitiert als: Rotberg, OWiG)

Rowedder, Heinz
Schmidt-Leithoff, Christian
Gesetz betreffend die Gesellschaften mit beschränkter Haftung (GmbHG), Kommentar, 4. Auflage, München 2002.
(zitiert als: Rowedder/Schmidt-Leithoff-Bearbeiter, GmbHG)

Roxin, Claus
Anmerkung zum Urteil des BGH vom 15.1.1991 – 5 StR 492/90, in: JR 1991, 206-208.

ders.
Strafrecht Allgemeiner Teil, Band I (Grundlagen, der Auf bau der Verbrechenslehre), 3. Auflage, München 1997.
(zitiert als: Roxin, AT I)

ders.
Täterschaft und Tatherrschaft, 7. Auflage, Berlin/New York 2000.

Rudolphi, Hans-Joachim
Anmerkung zum Urteil des BGH v. 30.04.1997 – 2 StR 670/96 (LG Kassel), in: NStZ 1997, 599-601.

ders.
Strafrechtliche Verantwortlichkeit der Bediensteten von Betrieben für Gewässerverunreinigungen und ihre Begrenzung durch den Einleitungsbescheid, in: Festschrift für Karl Lackner zum 70. Geburtstag am 18. Februar 1987, Berlin/ New York 1987, 863-887.
(zitiert als: Rudolphi, FS Lackner)

Rumpff, Klaus
Zur Verantwortlichkeit des Vorstandes bei Verletzung der am Unternehmensleben beteiligten Interessen (Belegschaft und Öffentlichkeit). Unterscheidet sich § 76 I AktG 1965 von § 70 AktG 1937?, in: DB 1971, 1400-1406.

Rützel, Stefan Illegale Unternehmensgeheimnisse, in: GRUR 1995, 557-561.

Säcker, Franz Jürgen Aktuelle Probleme der Verschwiegenheitspflicht der Aufsichtsratsmitglieder, in: NJW 1986, 803-811.

ders. Unternehmensgegenstand und Unternehmensinteresse, in: Festschrift für Rudolf Lukes zum 65. Geburtstag, Köln/Berlin/Bonn/München 1989, 547-557.
(zitiert als: Säcker, FS Lukes)

ders.
Boesche, Katharina Vera Vom Gutsherren zum Gutsverwalter: Wandlungen im Aufsichtsratsrecht unter besonderer Berücksichtigung des Mannesmann-Urteils, in: BB 2006, 897-905

Salm, Eberhard Das Unternehmensinteresse – Ein Beitrag zur Auseinandersetzung um den Begriff, Tübingen 1986.

Samson, Erich Hypothetische Kausalverläufe im Strafrecht - Zugleich ein Beitrag zur Kausalität der Beihilfe, Frankfurt a.M. 1972.
(zitiert als: Samson, Hypothetische Kausalverläufe)

ders. Probleme strafrechtlicher Produkthaftung, in: StV 1991, 182-186.

Sangenstedt, Christof Garantenstellung und Garantenpflicht von Amtsträgern - zugleich eine Untersuchung zu den Grundlagen der straf rechtlichen Garantenstellung, Frankfurt am Main/Berlin/New York/Paris 1989.
(zitiert als: Sangenstedt, Garantenstellung)

Schäfer, Carsten Zur strafrechtlichen Verantwortlichkeit des GmbH-Geschäftsführers (II), in: GmbHR 1993, 780-798.

Schäfer, Frank A. Haftung für fehlerhafte Anlageberatung und Vermögensverwaltung, 2. Auflage, Köln 1994.

Schäfer, Helmut Die Entwicklung der Rechtsprechung zum Konkursstrafrecht, in: wistra 1990, 81-89.

Schauß, Wolfgang Das Weisungsrecht des herrschenden Unternehmens bei Bestehen eines Beherrschungsvertrages (§ 308 AktG) – Zugleich ein Beitrag zu den Möglichkeiten der betriebswirtschaftlichen Gestaltung der konzerninternen Organisation, Frankfurt am Main 1973.
(zitiert als: Schauß, Das Weisungsrecht)

Schiessl, Maximilian Gesellschafts- und mitbestimmungsrechtliche Probleme der Spartenorganisation (Divisionalisierung), in: ZGR 1992, 64-86.

Schilling, Wolfgang Anmerkung zum Urteil des BGH v. 19.1.1961 – II ZR 217/58 (OLG Braunschweig), in: JZ 1961, 545-546.

ders. Das Aktienunternehmen, in: ZHR 144 (1980), 136-144.

Schlegelberger, Franz Gesetz über Aktiengesellschaften und Kommanditgesellschaften auf Aktien vom 30. Januar 1937, 3. Auflage, Berlin 1939.
(zitiert als: Schlegelberger, AktG)

Schlüchter, Ellen Zusammenhang zwischen Pflichtwidrigkeit und Erfolg bei Fahrlässigkeitstatbeständen, in: JA 1984, 673-680.

dies. Zweites Gesetz zur Bekämpfung der Wirtschaftskriminalität, Kommentar mit einer kriminologischen Einführung, Heidelberg 1987.

Schmid, Niklaus Einige Aspekte zur strafrechtlichen Verantwortlichkeit von Gesellschaftsorganen, in: ZStrR 105 (1988), 156 ff..

Schmidhäuser, Eberhard Strafrecht Allgemeiner Teil, Studienbuch, 2. Auflage, Tübingen 1984.
(zitiert als: Schmidhäuser, AT (Studienbuch))

Schmidt, Karsten Gesellschaftsrecht, 4. Auflage, Köln/Berlin/Bonn/München 2004.

Schmidt-Leithoff, Christian Die Verantwortung der Unternehmensleitung, Tübingen 1989.

Schmidt-Salzer, Joachim Produkthaftung, Band I: Strafrecht, 2. Auflage, Heidelberg 1988.
(zitiert als: Schmidt-Salzer, Produkthaftung I)

ders. Strafrechtliche Produktverantwortung - Das Lederspray-Urteil des BGH, in: NJW 1990, 2966-2972.

Schmitt, Hermann Einstweiliger Rechtschutz gegen drohende Gesellschafterbeschlüsse in der GmbH, in: ZIP 1992, 1212-1216.

ders. Zwei Strafrechtsklausuren für Anfänger, in: Jura 1982, 549-553.

Schmitz, Roland „Wilde" Müllablagerungen und strafrechtliche Garantenstellung des Grundstückseigentümers, in: NJW 1993, 1167-1171.

Schmoll, Anton Praxis der Kreditüberwachung - Ertragssteigerung durch effiziente Risikoreduzierung, Wiesbaden 1991.
(zitiert als: Schmoll, Kreditüberwachung)

Schneeweiß, Hans Entscheidungskriterien bei Risiko, Heidelberg/New York 1967.

Schneider, Dieter Investition, Finanzierung und Besteuerung, 7. Auflage, Wiesbaden 1992.

Schneider, Eberhard Die Untreue nach dem neuen Aktienrecht, Bochum 1972.

Schneider, Uwe. H. Aktienoptionen als Bestandteil der Vergütung von Vorstandsmitgliedern – Vertragsrechtliche, gesellschaftsrechtliche und kapitalmarktrechtliche Probleme, in: ZIP 1996, 1769-1776.

ders. Die Personengesellschaft als verbundenes Unternehmen – Prolegomena zu einem Konzernrecht für Personengesellschaften, in: ZGR 1975, 253-293.

ders. Die Wahrnehmung öffentlich-rechtlicher Pflichten durch den Geschäftsführer - Zum Grundsatz der Gesamtverantwortung bei mehrköpfiger Geschäftsführung in der konzernfreien GmbH und im Konzern, in: Festschrift 100 Jahre GmbH-Gesetz, Köln 1992, 473-499.
(zitiert als: U.H. Schneider, FS 100 Jahre GmbHG)

ders. Gesellschaftsrechtliche und öffentlich-rechtliche Anforderungen an eine ordnungsgemäße Unternehmensorganisation – Zur Überlagerung des Gesellschaftsrechts durch öffentlich-rechtliche Verhaltenspflichten und öffentlich-rechtliche Strukturnormen, in: DB 1993, 1909-1915.

ders. Unentgeltliche Zuwendungen durch Unternehmen, in: AG 1983, 205-216.

ders. Unentgeltliche Zuwendungen durch Unternehmen als vertragsrechtliches und gesellschaftsrechtliches Problem, in: Jahrbuch der Fachanwälte für Steuerrecht 1983/1984, 165-194.

Schnoor, Gerhard Die Pflichten und Rechte der Arbeitnehmervertreter im Aufsichtsrat, in: AuR 1953, 132-138.

Schnorr, Randolf Teilfehlerhafte Gesellschafterbeschlüsse, Köln 1997.

Scholz, Frannz Kommentar zum GmbH-Gesetz mit Anhang Konzernrecht, I. Band (§§ 1-44, Anh. Konzerntrecht), 9. Auflage, Köln 2000; II. Band (§§ 45-87), 9. Auflage, Köln 2002.
(zitiert als: Scholz-Bearbeiter, GmbHG)

Scholz, Rainer Zur Arzthaftung bei Tätigwerden mehrerer Ärzte, in: JR 1997, 1-4.

Schön, Wolfgang	Der Einfluss öffentlich-rechtlicher Zielsetzungen auf das Statut privatrechtlicher Eigengesellschaften der öffentlichen Hand: - Gesellschaftsrechtliche Analyse -, in: ZGR 1996, 429-457.
Schöne, Wolfgang	Unterlassene Erfolgsabwendungen und Strafgesetz, Köln/Berlin/Bonn/München 1974.
Schönke, Adolf *Schröder, Horst*	Strafgesetzbuch, Kommentar, 26. Auflage, München 2001. (zitiert als: Schönke/Schröder-Bearbeiter)
Schramm, Edward	Untreue durch Insolvenzverwalter, in: NStZ 2000, 398-402.
ders.	Untreue und Konsens, Berlin 2005.
Schreiber, Hans-Ludwig *Beulke, Werner*	Untreue durch Verwendung von Vereinsgeldern zu Bestechungszwecken - BGH, NJW 1975, 1234, in: JuS 1977, 656-661.
ders.	Anmerkung zum Urteil des BGH, 5. StS v. 7.12.65 - 5 StR 312/65, in: JR 1966, 185-186.
Schröder, Ulrich	Darf der Vorstand der Aktiengesellschaft dem Aktienkäufer eine Due Dilgence gestatten?, in: DB 1997, 2161-2166.
Schüller, Annette M.	Vorstandsvergütung – Gesellschaftsrechtliche Fragen der Vergütung des Vorstands in der börsennotierten Aktiengesellschaft, Baden-Baden 2002.
Schulte, Theo	Strafbarkeit der Untreue zum Nachteil einer KG?, in: NJW 1984, 1671-1672.
Schumann, Heribert	Strafrechtliches Handlungsunecht und das Prinzip der Selbstverantwortung der Anderen, Tübingen 1986. (zitiert als: Schumann, Handlungsunrecht)
Schünemann, Bernd	Die Unterlassungsdelikte und die strafrechtliche Verantwortlichkeit für Unterlassungen, in: ZStW 96 (1984), 287-320.
ders.	Grund und Grenzen der unechten Unterlassungsdelikte - Zugleich ein Beitrag zur strafrechtlichen Methodenlehre, Göttingen 1971. (zitiert als: Schünemann, Grund und Grenzen)
ders.	Organuntreue – Das Mannesmann-Verfahren als Exempel?, Berlin 2004. (zitiert als: Schünemann, Organuntreue)
ders.	Strafrechtsdogmatische und kriminalpolitische Grundfragen der Unternehmenskriminalität, in: wistra 1982, 41-50.

ders.	Unternehmenskriminalität und Strafrecht, Köln/Berlin/ Bonn/München 1979.
Schwab, Martin	Das Prozessrecht gesellschaftsinterner Streitigkeiten, Tübingen 2005.
ders.	Übersicherung und Sicherheitenfreigabe – BGH, NJW 1998, 671, in: JuS 1999, 740-746.
Schwark, Eberhard	Börsengesetz: Kommentar zum Börsengesetz und den börsenrechtlichen Nebenbestimmungen, 2. Auflage, München 1994.
ders.	(Hrsg.) Kapitalmarktrechtskommentar: Börsengesetz mit Börsenzulassungsverordnung, Verkaufsprospektgesetz mit Verkaufsprospektverordnung, Wertpapierhandelsgesetz, Wertpapiererwerbs- und Übernahmegesetz, 3. Auflage, München 2004. (zitiert als: Schwark, Kapitalmarktrechtskommentar, Gesetz)
ders.	Spartenorganisation in Großunternehmen und Unternehmensrecht, in: ZHR 142 (1978), 203-227.
Schwarz, Christian	Bestellung und Anstellung der Verwaltungsmitglieder von Kapitalgesellschaften, Berlin 1983. (zitiert als: Schwarz, Bestellung)
Schwinge, Erich *Siebert, Wolfgang*	Das neue Untreuestrafrecht in strafrechtlicher und zivilrechtlicher Beleuchtung, Berlin 1933. (zitiert als Schwinge/Siebert, Das neue Untreuestrafrecht)
Schwintowski, Hans-Peter *Schäfer, Frank A.*	Bankrecht, Commercial Banking – Investment Banking, 2. Auflage, Köln/Berlin/Bonn/München 2004.
Seebode, Manfred	Anmerkung zum Beschluss des BayObLG vom 18.2.1988 – RReg. 1 ST 309/87, in: JR 1989, 301-303.
ders.	Anmerkung zum Urteil des BGH vom 26.7.1972 – 2 StR 62/72, in: JR 1973, 117-120.
Seelmann, Kurt	Grundfälle zu den Eigentums- und Vermögensdelikten, München 1988.
Seibert, Ulrich	Aufsichtsratsreform in der 13. Wahlperiode, in: ZBB 1994, 349-353.

ders. Die Entstehung des § 91 Abs. 2 AktG im KonTraG – „Risikomanagement“ oder „Frühwarnsystem“?, in: Festschrift für Gerold Bezzenberger zum 70. Geburtstag am 13. März 2000, Berlin/New York 2000, 427-438.

(zitiert als Seibert, FS Bezzenberger)

Seier, Jürgen Zur Übung – Strafrecht: Der ungetreue Vereinsvorstand, in: JuS 2002, 237-241.

Semler, Johannes (Hrsg.), Arbeitshandbuch für Aufsichtsratsmitglieder, München 1999.
(zitiert als: Bearbeiter, in: Semler, Arbeitshandbuch für Aufsichtsratsmitglieder)

Sina, Peter Voraussetzungen und Wirkungen der Delegation von Geschäftsführer-Verantwortung in der GmbH, in: GmbHR 1990, 65-68.

Sonnen, Bernd-Rüdiger Untreue § 266 StGB: Vermögensbetreuungspflicht und Vermögensgefährdung, in: JA 1995, 627-628.

Sonnenschein, Jürgen Organschaft und Konzerngesellschaftsrecht, 1. Auflage, Baden-Baden 1976.

Sorgenfrei, Ulrich Zum Verbot der Kurs- und Marktpreismanipulation nach dem 4. Finanzmarktförderungsgesetz, in: wistra 2002, 321-331.

Spatschek, Rainer
Wulf, Martin Straftatbestände der Bilanzfälschung nach dem HGB – ein Überblick, in: DStR 2003, 173-180.

Spieker, Wolfgang Die haftungsrechtliche Verantwortlichkeit der Mitglieder eines mehrköpfigen Vorstands in der nicht konzerngebun denen Aktiengesellschaft, in: DB 1962, 927-930.

ders. Die Verschwiegenheitspflicht der Aufsichtsratsmitglieder, in: NJW 1965, 1937-1944.

Spindler, Gerald Vergütung und Abfindung von Vorstandsmitgliedern, in: DStR 2004, 36-45.

ders. Vorstandsvergütungen und Abfindungen auf dem aktien- und strafrechtlichen Prüfstand - Das Mannesmann-Urteil des BGH, in: ZIP 2006, 349-355.

Staub, Hermann Handelsgesetzbuch, Großkommentar, Dritter Band, 2. Teilband (§§ 290-342a), 1. Auflage, Berlin/New York 2002.
(zitiert als: Staub-Bearbeiter, HGB)

Von Stebut, Dietrich — Geheimnisschutz und Verschwiegenheitspflicht im Aktienrecht, Köln/Berlin/Bonn/München 1972.

Stein Ulrich — Die strafrechtliche Beteiligungsformenlehre, Berlin 1988.

Steinbeck, Claudia — Überwachungspflicht und Einwirkungsmöglichkeiten des Aufsichtsrats in der Aktiengesellschaft, Berlin 1992.
(zitiert als: Steinbeck, Überwachungspflicht)

Steiner, Rolf — Die Begehung schlichter Tätigkeitsdelikte durch Unterlassen, de lege lata et ferenda, in: MDR 1971, 260-262.

Steiner, Manfred
Bruns, Christoph — Wertpapiermanagement, 7. Auflage, Stuttgart 2000; 8. Auflage, Stuttgart 2002.

Stimpel, Walter — Die Rechtsprechung des Bundesgerichtshofs zur Innenhaf tung des herrschenden Unternehmens im GmbH-Konzern, in: AG 1986, 117-123.

Stodolkowitz, Heinz Dieter — Gerichtliche Durchsetzung von Organpflichten in der Aktiengesellschaft, in: ZHR 154 (1990), 1-23.

Stoffers, Kristian F. — „Schwerpunkt der Vorwerfbarkeit“ und Abgrenzung von Tun und Unterlassen, in: JuS 1993, 23-29.

Strafgesetzbuch — Lehr- und Praxiskommentar, 2. Auflage, Baden-Baden 2005.
(zitiert als: LPK/StGB-Kindhäuser)

Stratenwerth, Günter — Arbeitsteilung und ärztliche Sorgfaltspflicht, in: Festschrift für Eberhard Schmidt zum 70. Geburtstag, Göttingen 1961, 383-400.
(zitiert als: Stratenwerth, FS Eb. Schmidt)

Suárez, Carlos — Zur Strafbarkeit von Kollegialorganen des Unternehmens, in: Madrid-Symposium für Klaus Tiedemann, Köln/Berlin/Bonn/München 1994.

Systematischer Kommentar zum Strafgesetzbuch — Band I - Allgemeiner Teil (§§ 1-79b), 7., teilweise 8. Auflage, Stand: 40. Lieferung, Neuwied/Kriftel Februar 2005; Band Besonderer Teil II (§§ 201-266b), 5., 6. bzw. 7 neubearbeitete Auflage, Stand: 56. Lieferung, Neuwied/Kriftel Mai 2003; Band Besonderer Teil III (§§ 267-358), 7., teilweise 8. Auflage, Stand: 58. Lieferung, Neuwied/Kriftel September 2003.
(zitiert als: SK/StGB-Bearbeiter)

Taschke, Jürgen Straftaten im Interesse von Unternehmen – auch strafbar wegen Untreue?, in: Festschrift für Klaus Lüderssen zum 70. Geburtstag am 2. Mai 2002, Baden-Baden 2002, 663-671.
(zitiert als: Taschke, FS Lüderssen)

Tegtmeier, Stefan Die Vergütung von Vorstandsmitgliedern in Publikumsaktiengesellschaften – Eine vergleichende Untersuchung zum deutschen, englischen und US-amerikanischen Recht, Berlin/Bern/New York/Paris/Wien 1998.

Tenckhoff, Jörg Anmerkung zum Beschluss des BGH v. 28.4.1987 – 5 StR 566/86, in: JR 1988, 126-128.

Thiemann, Werner Aufsichtspflichtverletzungen in Betrieben und Unternehmen, Bochum 1976.
(zitiert als: Thiemann, Aufsichtspflichtverletzungen)

Thomas, Sven Untreue in der Wirtschaft, in: Festschrift für Peter Riess zum 70. Geburtstag am 3. Juni 2002, Berlin/New York 2002, 795-809.
(zitiert als: Thomas, FS Riess)

Thümmel, Roderich C. Persönliche Haftung von Managern und Aufsichtsräten, 3. Auflage, Stuttgart/München/Hannover/Berlin/Weimar/Dresden 2003.
(zitiert als: Thümmel, Persönliche Haftung)

Thüsing, Gregor ECCR Auf der Suche nach dem iustum pretium der der Vorstandstätigkeit - Überlegungen zur Angemessenheit im Sinne des § 87 Abs. 1 Satz 1 AktG, in: ZGR 2003, 457-507.

Tiedemann, Klaus Anmerkung zum Urteil des LG Düsseldorf v. 22.7.2004 – XIV 5/03 (nicht rechtskräftig), in: ZIP 2004, 2056-2058.

ders. Das Betrugsstrafrecht in Rechtsprechung und Wissenschaft, in: 50 Jahre Bundesgerichtshof, Festgabe aus der Wissenschaft, Band IV Strafrecht, Strafprozeßrecht, München 2000, 551-567.
(zitiert als: Tiedemann, Festgabe 50 Jahre BGH, Band IV)

ders. Die strafrechtliche Verschwiegenheitspflicht des Bankiers – Bemerkungen zum Fall Leo Kirch ./. Deutsche Bank, in: Festschrift für Günter Kohlmann zum 70. Geburtstag, Köln 2003, 307-318.
(zitiert als: Tiedemann, FS Kohlmann)

ders. Die strafrechtliche Vertreter- und Unternehmenshaftung, in: NJW 1986, 1842-1846.

ders. Grundfragen bei der Anwendung des neuen Konkursstrafrechts, in: NJW 1977, 777-783.

ders. Handelsgesellschaften und Strafrecht: Eine vergleichende Bestandsaufnahme, in: Festschrift für Thomas Würtenber ger zum 70. Geburtstag am 7.10.1977, Berlin 1977, 241-256.
(zitiert als: Tiedemann, FS Würtenberger)

ders. Handhabung und Kritik des neuen Wirtschaftsstrafrechts – Versuch einer Zwischenbilanz, in: Festschrift für Hanns Dünnebier zum 75 Geburtstag am 12. Juni 1982, 519-540.
(zitiert als: Tiedemann, FS Dünnebier)

ders. Insolvenzstraftaten aus der Sicht der Kreditwirtschaft, in: ZIP 1983, 513-522.

ders. Wirtschaftsstrafrecht, Köln/Berlin/München 2004.

ders. Untreue bei Interessenkonflikten – Am Beispiel der Tätigkeit von Aufsichtsrats- mitgliedern, in: Festschrift für Herbert Tröndle zum 70. Geburtstag am 24. August 1989, Berlin/New York 1989, 319-335.
(zitiert als: Tiedemann, FS Tröndle)

Tiedemann, Klaus
Vogel, Joachim Strafrecht: Parfüm im Supermarkt, in: JuS 1988, 295-301.

Tieves, Johannes Der Unternehmensgegenstand der Kapitalgesellschaft, Köln 1998.

Timm, Wolfram Die Mitwirkung des Aufsichtsrates bei unternehmensstrukturellen Entscheidungen, in: DB 1980, 1201-1207.

ders. Grundfälle zum Konzernrecht, in: JuS 1999, 553-557.

Trifterer, Otto Vermögensdelikte im Bundesligaskandal, in: NJW 1975, 612-617.

Tripmaker, Stefan Der subjektive Tatbestand des Kursbetrugs – Zugleich ein Vergleich mit der Neuregelung des Verbots der Kurs- und Marktpreismanipulation im Vierten Finanzmarktförderungsgesetz, in: wistra 2002, 288-292.

Tröndle, Herbert
Fischer, Thomas Strafgesetzbuch und Nebengesetze, 52. Auflage, München 2004.
(zitiert als: Tröndle/Fischer)

Ulmer, Peter Die Bedeutung des Mitbestimmungsurteils des Bundesverfassungsgerichts für die Auslegung von Mitbestimmungs- und Gesellschaftsrecht, in: BB 1979, 398-401.

ders. Schutz der GmbH gegen Schädigungen zugunsten ihrer Gesellschafter – Zur Relevanz der Rechtssprechung zu § 266 StGB für das Gesellschaftsrecht, in: Festschrift für Gerd Pfeiffer zum Abschied aus dem Amt als Präsident des Bundesgerichtshofes, Köln/Berlin/Bonn/München 1988, 853-871.
(zitiert als: Ulmer, FS Pfeiffer)

Velten, Petra Untreue durch Belastung mit dem Risiko zukünftiger Sanktionen am Beispiel verdeckter Parteienfinanzierung, in: NJW 2000, 2852-2857.

van Venroy, Gerd J. Das strafrechtliche Risiko des Geschäftsführers bei Verletzung von Geheimhaltungspflichten, in: GmbHR 1993, 609-616.

Volhard, Rüdiger Die Untreuemode - Ist die Abgabe eines unvollständigen Rechenschaftsberichts einer politischen Partei wegen Untreue strafbar?, in: Festschrift für Klaus Lüderssen zum 70. Geburtstag am 2. Mai 2002, Baden-Baden 2002, 673-682.
(zitiert als: Volhard, FS Lüderssen)

Volk, Klaus Zur Abgrenzung von Tun und Unterlassen - Dogmatische Aspekte und kriminal- politische Probleme, in: Festschrift für Herbert Tröndle zum 70. Geburtstag am 24. August 1989, Berlin 1989, 219-237.
(zitiert als: Volk, FS Tröndle)

Vollmer, Lothar Die Abberufung von Geschäftsführern der mitbestimmten GmbH, in: GmbHR 1984, 5-13.

Vonnemann, Wolfgang Strafbarkeit von GmbH-Geschäftsführern wegen Untreue zu Lasten der GmbH bei Zustimmung der Gesellschafter? Anmerkungen zur Entscheidung des BGH v. 29.5.1987 – 3 StR 242/86, in: GmbHR 1988, 329-334.

Vorderwülbecke, Martin Die Spendenkompetenz der Geschäftsführung, in: DB 1989, 505-510.

Wabnitz, Heinz-Bernd
Janovsky, Thomas Handbuch des Wirtschafts- und Steuerstrafrechts, 2. Auflage, München 2004.
(zitiert als: Wabnitz/Janovsky-Bearbeiter)

Wallner, Rainer Der Unternehmensgegenstand der GmbH als Ausdruck der Unternehmensfreiheit, in: JZ 1986, 721-731.

Waßmer, Martin Paul Untreue bei Risikogeschäften, Heidelberg 1997.

Weber, Martin Kursmanipulationen am Wertpapiermarkt, in: NZG 2000, 113-129.

Weber, Ulrich — Können sich Gemeinderatsmitglieder durch ihre Mitwirkung an Abstimmungen der Untreue (§ 266 StGB) schuldig machen? Strafrechtliche Bemerkungen zu Nettesheim (BayVBl 1989, 161 ff.), in: BayVBl 1989, 166-169.

ders. — Überlegungen zur Neugestaltung des Untreuestrafrechts, in: Festschrift für Eduard Dreher zum 70. Geburtstag am 29. April 1977, Berlin/New York 1977, 555-571.
(zitiert als: Weber, FS Dreher)

Wehleit, Burkhard — Die Abgrenzung von Bankrott und Untreue – Zugleich ein Beitrag zur strafrechtlichen Vertreterhaftung, Kiel 1985.

Weimar, Robert — Umweltrechtliche Verantwortung des GmbH-Geschäftsführers, in: GmbHR 1994, 82-89.

Weißer, Bettina — Kausalitäts- und Täterschaftsprobleme bei der strafrechtlichen Würdigung pflichtwidriger Kollegialentscheidungen, Berlin 1996.
(zitiert als: Weißer, Kausalitäts- und Täterschaftsprobleme)

Weisner, Arnd
Kölling, Lars — Herausforderungen für den Aufsichtsrat: Herabsetzung von Vorstandsbezügen in Zeiten der Krise, in: NZG 2003, 465-568.

Wellkamp, Ludger — Organuntreue zum Nachteil von GmbH-Konzernen und Aktiengesellschaften, in: NStZ 2001, 113-120.

ders. — Vorstand, Aufsichtsrat und Aktionär, Bonn 1998.

Welzel, Hans — Das deutsche Strafrecht – Eine systematische Darstellung, 11. Auflage, Berlin 1969.

Von Werder, Axel — Organisation der Unternehmensleitung und Haftung des Top-Managements, in: DB 1987, 2265-2273.

Wessels, Johannes
Beulke, Werner — Strafrecht Allgemeiner Teil - Die Straftat und ihr Aufbau, 33. Auflage, Heidelberg 2003.
(zitiert als: Wessels/Beulke, AT)

Wessels, Johannes
Hillenkamp, Thomas — Strafrecht Besonderer Teil/2 – Straftaten gegen Vermögenswerte, 27. Auflage Heidelberg 2004.
(zitiert als: Wessels/Hillenkamp, BT/2)

Wessing, Jürgen — Zur Strafbarkeit des Vorstands einer AG beim verdeckten Sponsoring, in: EWiR 2002, 305-306.

Westermann, Harm Peter — Gesellschaftsrechtliche Verantwortung des Unternehmens als Gesellschaftsproblem, in: ZIP 1990, 771-777.

Weyand, Raimund — Insolvenzdelikte – Unternehmenszusammenbrüche und Strafrecht, 5. Auflage Bielefeld 2001.

Wiedemann, Herbert — Organverantwortung und Gesellschafterklage in der Aktiengesellschaft, Opladen 1989.

Wilhelm, Dorothee — Strafrechtliche Fahrlässigkeit bei Arbeitsteilung in der Medizin, in: Jura 1985, 183-188.

dies. — Verantwortung und Vertrauen bei Arbeitsteilung in der Medizin - Zu den rechtlichen Grenzen ärztlicher Sorgfalt, Stuttgart 1984.
(zitiert als: Wilhelm, Arbeitsteilung in der Medizin)

Wilhelm, Jan — Die Vermögensbindung bei der Aktiengesellschaft und der GmbH und das Problem der Unterkapitalisierung, in: Festschrift für Werner Flume zum 70. Geburtstag am 12. September 1978, Band II, Köln 1978, 337-397.
(zitiert als: Wilhelm, FS Flume Bd. II)

Windolph, Jürgen — Risikomanagement und Riskcontrol durch das Unternehmensmanagement nach dem Gesetz zur Kontrolle und Transparenz im Unternehmensbereich (KonTraG); ius cogens für die treuhänderische Sorge i.S. von § 266 StGB – Untreue?, in: NStZ 2000, 522-524.

Winkelbauer, Wolfgang — Anmerkung zum Beschluss des BGH vom 15.07.1986 - 4 StR 301/86 (LG Paderborn), in: JZ 1986, 1119-1121.

ders. — Strafrechtlicher Gläubigerschutz im Konkurs der KG und der GmbH & Co. KG, in: wistra 1986, 17-20.

Winkemann, Thomas — Probleme der Fahrlässigkeit im Umweltstrafrecht - erläutert anhand des § 324 III StGB -, Frankfurt am Main 1991.
(zitiert als: Winkemann, Probleme der Fahrlässigkeit)

Winter, Martin — Mitgliedschaftliche Treubindungen im GmbH-Recht, München 1988.
(zitiert als: Martin, Treubindungen)

Wittig, Petra
Reinhart, Michael — Untreue bei verlängertem Eigentumsvorbehalt, in: NStZ - 1996, 467-472.

Wodicka, Josef Maria — Die Untreue zum Nachteil der GmbH bei vorheriger Zustimmung aller Gesellschafter, Frankfurt am Main/ Berlin/Bern/New York/Paris/Wien 1993.
(zitiert als: Wodicka, Die Untreue zum Nachteil)

Wollburg, Ralph Unternehmensinteresse bei Vergütungsentscheidungen – Oder: Verstieß die Zahlung der Mannesmann-Prämien gegen das Unternehmensinteresse der Mannesmann-AG?, in: ZIP 2004, 646-658.

Wolz, Matthias Zum Stand der Umsetzung von Risikomanagementsystemen aus der Sicht börsennotierter Aktiengesellschaften und ihrer Prüfer- Eine empirische Studie, in: WpG 2001, 789-801.

Würdinger, Hans Aktienrecht und das Recht der verbundenen Unternehmen, 4. Auflage, Karlsruhe 1981.
(zitiert als: Würdinger, Aktienrecht)

Würfel, Jörg Rechtmäßiges Alternativverhalten und Risikoerhöhung im Strafrecht, Göttingen 1971.
(zitiert als: Würfel, Rechtsmäßiges Alternativverhalten)

Zachert, Nico Grenzen des unternehmerischen Ermessens bei der Vergabe von Unternehmensspenden im US-amerikanischen Gesellschafts- und im deutschen Kapitalgesellschaftsrecht – Ein Beitrag zur Konkretisierung der Haftungsvoraussetzungen des § 93 AktG und des § 43 GmbHG, Bayreuth 2003.
(zitiert als: Zachert, Grenzen)

Zempelin, Hans Günther Fragen der Aufsichtsratshaftung, in: AcP 155 (1956), 209-244.

Zieschang, Frank Der Einfluss der Gesamtrechtsordnung auf den Umfang des Vermögensschutzes durch den Betrugstatbestand, in: Festschrift für Hans Joachim Hirsch zum 70. Geburtstag am 11. April 1999, Berlin/New York 1999, 831 ff..
(zitiert als: Zieschang, FS Hirsch)

Ziouvas, Dimitris Das neue Recht gegen Kurs- und Marktpreismanipulation im 4. Finanzmarktförderungsgesetz, in: ZGR 2003, 113-146.

Zöllner, Wolfgang Die Schranken mitgliedschaftlicher Stimmrechtsmacht bei den privatrechtlichen Personenverbänden, München 1963.
(zitiert als: Zöllner, Schranken)

Zuck, Rüdiger Die Telekom-Story – ein Lehrstück in drei Teilen, in: NJW 2002, 3441-3442.

FSC
www.fsc.org
MIX
Papier | Fördert
gute Waldnutzung
FSC® C083411

Kolibri 360 GmbH
Ferdinand-Jühlke-Straße 7
99095 Erfurt, Deutschland
produktsicherheit@kolibri360.de

Druck:
CPI Druckdienstleistungen GmbH
im Auftrag der
Kolibri 360 GmbH
Ferdinand-Jühlke-Str. 7
99095 Erfurt